赛达破产法丛书

总主编 李曙光

BANKRUPTCY
LAW REVIEW

破产法评论

（第3卷）

个人破产与违约债

李曙光 刘延岭 主编
张钦昱 赵坤成 执行主编

法律出版社
LAW PRESS·CHINA
——北京——

图书在版编目(CIP)数据

破产法评论. 第3卷, 个人破产与违约债 / 李曙光,
刘延岭主编. -- 北京 : 法律出版社, 2021
(赛达破产法丛书)
ISBN 978-7-5197-5013-8

Ⅰ. ①破… Ⅱ. ①李… ②刘… Ⅲ. ①破产法—研究
—中国 Ⅳ. ①D922.291.924

中国版本图书馆CIP数据核字(2020)第190755号

破产法评论:个人破产与违约债(第3卷)
POCHANFA PINGLUN:GEREN POCHAN
YU WEIYUE ZHAI(DI-3 JUAN)

李曙光 刘延岭 主编

责任编辑 薛 晗 田 浩
装帧设计 马 帅

出版发行 法律出版社
编辑统筹 法商出版分社
责任校对 王沁陶
责任印制 胡晓雅
经 销 新华书店

开本 710毫米×1000毫米 1/16
印张 28.5 字数 490千
版本 2021年11月第1版
印次 2021年11月第1次印刷
印刷 固安华明印业有限公司

地址:北京市丰台区莲花池西里7号(100073)
网址:www.lawpress.com.cn
投稿邮箱:info@lawpress.com.cn
举报盗版邮箱:jbwq@lawpress.com.cn

销售电话:010-83938349
客服电话:010-83938350
咨询电话:010-63939796

书号:ISBN 978-7-5197-5013-8
定价:108.00元
凡购买本社图书,如有印装错误,我社负责退换。电话:010-83938349

专家委员会

Expert Consultative Committee

个人破产是共同富裕的底层制度

——《破产法评论(第3卷)》序

本卷《破产法评论》的主题是“个人破产”与“债券违约”。我先简单谈谈债券违约市场的情况,然后重点探讨一下个人破产问题。

一、关于债券违约与破产法

债券市场是我们离不开的市场,债券违约是我们离不开的现象,而且在目前经济语境下会越来越多。

债券市场应该是一个健康市场,不能逃废债,但现在借市场制度漏洞逃废债的违约很大胆。如河南永煤与辽宁华晨,这容易引发金融风险。

债券市场规模及违约债发展情况与破产法息息相关。截至目前,中国债券市场的规模已经达到120万亿元,是世界第二大债券市场,其中政府发行的债券规模为48万亿元,金融债券规模为40万亿元,非金融企业发行的公司债券为27万亿元,单看公司债市场也位居世界第二。

2014年开始出现债券违约。截至2021年9月,公司债市场共有191家发行人违约,涉及违约债券654支,累计违约本金规模约5000亿元。2021年以来,71支债券发生违约,规模约为712亿元。

随着债券违约事件的增多,破产程序发挥越来越重要的作用。自2014年“超日债”违约至今,近三分之一的债券违约企业进入或正在进入破产程序。在破产程序选择上,以重整程序居多,但也有个别企业进行了破产清算与破产和解。总的来看,债券的基础法律关系仍是普通债权债务关系,在破产程序中并未表现出实体权利上的特殊性;但债券经过“证券化”后,具有了快速转让、杠杆交易、风险转移等特征。此外,由于债券融资属于信用融资,能发债的都是信用评级较高的大型企业。我国目前有3000多家企业发行债券,基本都是大型央企国企、行业龙头企业、上市公司或上市公司母公司。因此一旦这些企业进入破产程序,注定是重大复杂的破产案件,对企业所属行业、地方经济、金融市场、甚至社会稳定等都会产生一定影响。

例如近年来的东北特钢、北大方正、海航等涉及债券的破产案件都受到了中央和社会各界的高度关注。

对债券违约的破产法应对要点有四：

(1)债务违约有公共的部分，如政府债券，也有市场与私人的部分。处理公共部分主要靠暂停债务上限与释放流动性来解决。解决市场上的债务违约只能靠破产法。

(2)破产法是很好的处置债券违约的工具，也能有效率地解决债券市场预期问题。

(3)破产法正在通过重整等制度有效处理债券违约企业如海航、北大方正等案。

(4)破产法要加快修改步伐，以更好处理债券市场的争议问题如预重整、合并破产(申请主体、司法管辖、认定标准、债权异议等)。

二、关于个人破产

个人破产，也叫自然人破产、消费者破产。它考虑的是解决诚实但因为外在不幸的原因导致债务缠身不能按期清偿的债务人负债问题。个人破产制度是让“诚实而值得同情的人”有东山再起的机会。

2021 年 8 月 17 日中央财经委员会第十次会议召开，该次会议强调共同富裕是社会主义的本质要求，是中国式现代化的重要特征，共同富裕是全体人民共同富裕，是人民群众物质生活和精神生活都富裕，要分阶段促进共同富裕。

破产制度，与共同富裕密切相连，个人破产制度更是共同富裕的底层制度，没有破产制度，就不会有市场决定资源配置、也不会有公平竞争与优胜劣汰的市场经济机制。2006 年，《企业破产法》在我国正式颁布。2021 年，全国人民代表大会将该法修改提上议事日程，《企业破产法》已经出台 15 年，实施 14 年，此次修改要面临的重大问题比较多，但社会最关注的问题是破产法的适用范围能否扩大到个人破产，是否将个人破产制度纳入其中成为业界讨论的热点。

而在 2021 年 3 月 1 日，深圳试行个人破产制度，7 月 19 日，全国首宗个人破产案件由深圳中级人民法院裁定。近日，深圳市破产事务管理署等机构又推出《关于建立破产信息共享与状态公示机制的实施意见》，在国内率先建立个人破产信息共享和公示机制。

我认为破产法是市场经济的基本法，个人破产是共同富裕的底层制度，深圳的试点对于个人破产制度的全面铺开具有重要的示范价值。

(一)个人破产是共同富裕的底层制度

多年前就曾有一位陕西的债务人跟我写信，说他经商失败后欠了别人 200 多万元,但手里只有30万,他愿意把30万全部用于还债,但债权人还是会继续向他追偿,所以他很希望我们国家有个人破产制度,让他豁免部分债务。现实中有很多这样陷入债务泥沼的人,希望能得到法律保护,得到一个喘息的机会。

因此,个人破产是市场经济中不可或缺的一个底层制度,让“诚实而不幸”的债务人有一个新的开始,鼓励创业者去大胆创新和试错。这个制度为市场主体建立了预期,让他们知道,即便自己失败了,大不了过一段苦日子,但如果没有这个制度,债务的压力就会伴随他们终生,无法翻身。

个人破产制度还有利于加强对“老赖”的打击。在破产法律制度体系里,有相关利益人、信息披露制度等,各种眼睛会盯着“老赖”,对他的消费行为进行监督。

目前深圳的破产试点,让大家逐步认识到个人破产的积极意义。不过,单独一个地区的试点会面临许多问题,比如有的地方债务人的债务可豁免,有的就不行,这造成同一国家债权人与债务人地位的不平等,又如债务人在外省的财产如何执行等。目前,全国人民代表大会已将《企业破产法》的修改提上议事日程,国家立法机构正在考虑是否将个人破产制度纳入其中。深圳的试点,为全国立法提供了重要示范价值。

(二)将个人破产写入全国立法,需要建立哪些配套措施

首先要解决关于“逃废债”的争议问题。建立个人破产制度,很多人会担心大家是不是都会欠钱不还?但我认为,这一问题目前已有解决办法:第一,我国已建立失信名单制度,进入这一名单后,将面临不能乘高铁不能坐飞机等后果,处处受限,这一举措可惩戒大多有资金实力却故意不还款的人;第二,随着大数据技术的应用,还有支付体系的变化,大额交易是可跟踪的,足以控制转移资产的行为;第三,深圳试点建立了个人破产信息共享和公示机制,这可以有效防范与打击利用个人破产程序来“逃废债”的行为,减少信息提供、收集与处理的成本。

另外,在我国建立个人破产制度,特别需要公众观念的改变。在“吉兆文化”的传统看来,“破产”似乎是一个凶兆,但市场主体与自然人一样有生老病死,“破产”实际上是一个中性词。

我国的社会保障体系也需要进一步完善,并不是每个人都有资格申请个人破产,你首先要是一个有责任、有信用、有稳定年收入的人。但即便针对这些群体,社会保障力度仍然不够,医疗、养老、生育、工商等许多险种不够健全。

个人破产还涉及许多法律的修改,深圳进行试点后就发现一个问题:许多申请人不会填表,不知道家里哪些财产要列入破产资产清单中,这些需要法律进一步明确。而对欺诈性破产、逃废债、隐匿资产、转移资产、暴力催债等行为,刑事打击的配套也要跟上。

(三)个人破产立法的另类价值

目前,个人破产制度在一些地方进行试点,深圳最近首宗裁定生效的个人破产案件具有重大社会影响,也是我们破产法修改的一个重要参考。现在大家比较关注的是个人破产立法时机是否成熟,讨论焦点为个人破产制度的主要价值即在于给诚实而不幸的债务人东山再起的机会,如何防止老赖通过个人破产逃债,以及如何更好地实现个人重整和清算制度功能。我想强调两个大家讨论不多,但对于推进个人破产立法至关重要的方面:

第一,建立个人破产制度,将改变数千年中国人不愿意个人自负其责的文化传统。个人破产是市场经济信用的基石,也是一个新型商业与社会文化的基石。传统观念中,个人负债通常与家庭或家族相关。将个人负债、个人行为,特别是在市场经济中的行为归咎于家庭、亲戚关系当中,而个人破产制度在某种程度上意味着个人要自负其责,要对自己在市场经济中的任何交易行为、任何市场行为以及民事行为负责。个人破产制度将改变我国数千年形成的一种集体主义文化传统,这是一种生活行为责任哲学的变化。

第二,个人破产制度在某种程度上是约束债权人的机制。目前我国社会中存在很多“子债父还”的现象,很多借贷并非是期待父债子还,而是期待子债父还。在2015年股灾的融资购股中,存在网络P2P平台诱导年轻债务人借贷的现象,一些高利贷债权人不在乎年轻债务人的偿债能力,而看中的是年轻人身后其父母与家庭的偿债能力,特别在独生子女的社会结构中,这种高利贷借贷很有市场。伴随而来的是在民间存在大量的暴力催债行为,暴力催债与高利贷现象相伴相随,商业交易活动中股权质押抵押现象非常严重。另外,一些金融机构在贷款时,也存在很多不良贷款行为,如现在诱导型的网络借贷。这些都是导致个人出现破产的原因或在个人破产中经常出现的问题,而这些问题很多都是由不良债权人主导的,因而个人破产制度能够在一定程度上约束债权人的行为,使债权人借贷时能够更加审慎,对借贷后果更加负责。在中国信用体系尚未完全建构起来时,通过个人破产制度的实施,约束限制债权人通过子债父还、暴力催债,去进行诱导性或诱骗性借贷的行为。

可见,个人破产制度的构建具有非常重要的价值,我们应当加快个人破产立法的步伐。

三、个人破产防范逃废债的域外经验

下面我简述一下防范和打击个人破产逃废债的域外经验。

破产逃废债是一种故意违法行为，也是一种不诚信的行为。个人破产逃废债是个人债务人在申请破产前或者在破产程序进行中，采取欺诈方式，逃避依破产程序应清偿债务的行为。利用破产程序逃废债务是指，个人债务人先行通过隐匿、转移、变卖财产、偏颇清偿等行为处置优质资产后，再通过破产程序免除债务。破产逃废债行为对市场交易秩序、营商环境和社会诚信价值造成重大危害。对其他诚信的债务人和债权人也构成了不公平与合法权益的损害。因此，在各国和各地区破产规范中对此都有较详细的规定，形成很值得借鉴的经验。

（一）破产免责制度中的防范规制

个人破产免责制度是个人破产中最重要的制度，它不仅让“诚实而值得同情”的债务人有东山再起的可能，从另一方面看，也设置了严谨苛刻的免责门槛与条件以识别真假诚信债务人，防范逃废债行为。

为防止破产人利用破产免责制度欺诈破产，逃废债务，许多国家的破产法都规定，破产人如果有某些情形或事由，不得享受免责利益，主要国家或地区的破产制度中，如德国、美国、英国、日本，都规定了不许免责的具体情形。个人破产免责制度主要有当然免责和许可免责两种。

《德国破产法》采用许可免责制度，规定债务人在申请破产时，要将破产申请和免除剩余债务的申请一并提交给法院，由法院审查债务人是否满足免除剩余债务的条件。在许可免责主义之下，法院对债务人进行审查并最终决定是否对其免除债务。这在一定程度上有利于防止免责制度的滥用，从而维护债权人的利益。

《美国破产法》采用的是当然免责或自动免责。美国现行的破产法即 1978 年卡特总统签署并颁布的《破产改革法》，其第七章和第十三章给个人申请破产提供了清算与重整两种不同路径，对应的是面临不同财务情况的公民。

第七章“清算”的主要目的是清偿某些债务，给诚实的个人债务人一个“新的开始”。个人在第七章框架下申请破产后，破产受托人依照规定，将债务人的非豁免资产集中出售，并将其收益支付给债权持有人。债务人的部分财产可以留置，也可以抵押给其他债权人。债务人在破产清算后，无需得到法院的免责许可即能自动免除剩余债务。但同时赋予债权人向法院提出对债务人免责异议的权利。若债权人提出免责异议，则法院应审查并决定是否免除债务人的剩余债务。不可豁免的债务有税、学生贷款、政府担保、子女抚养费、罚款、欺诈性债务等等。

另外，《美国破产法》规定，如果债务人的收入高于所在州收入中值，且其每月的超额收入能够向债权人清偿至少 124.59 ~ 207.92 美元（具体数额取决于债务总额），就得推定该债务人存在滥用第七章破产清算程序的行为。《美国破产法》第

707 条(b)款规定,如果债务人的当月收入减去法律规定的金额,再乘以 60,少于(1)债务人在本案中的非优先无担保债权的 60% 和 6000 元二者中的较多者与(2)10000元相比的较少者,则可判定为债务人滥用破产程序。如果法院认定债务人存在滥用,就应当驳回第七章程序,除非债务人"同意"转换至第十三章个人债务重整程序。

英国个人破产制度也采当然免责模式,并通过破产限制令和破产限制承诺制度来防止可能发生的欺诈破产。《英国破产法》规定,如果债务人在法院做出破产令之前或之后有过违反破产法及相关法律规定的行为,法院可以基于相关主体的申请,颁布破产限制令,对债务人(包括免责后的债务人)的行为在一定期限内(2 年至 15 年)做出相应的限制,此即破产限制令。债务人也可以向内阁大臣(secretary of state)提出一个破产限制承诺,而免于走法院破产程序,如果内阁大臣同意,则债务人的行为也将在一定期限内受到限制,其限制范围与破产限制令相同。虽然免责可以自动获得而且免责期限一再缩短,却也并未让个人破产成为债务人逃废债务的通道。

我国《香港破产条例》规定,如果破产人在四年的破产令期间遵守相关规定,那么四年之后,破产令就可解除。对于曾有过破产经历的人,则需要经过五年。在破产令颁布实施期间,破产人的行为要受到严格的限制,如不能置房、不得进行高档的消费、不能申请信用卡等。破产管理署相关人员也会到破产人家中进行视察,以保证该破产人没有实施违反规定的行为。经过该破产令期间之后,对符合规定的破产人进行免责,解除破产令,使其恢复自由身,从而对于之前的债务能够免于承担。

(二)破产失权与复权制度对债务人的威慑

破产失权制度,即指进入破产程序的债务人失去特定权利和特殊职务任职资格的制度。各国和各地区制度主要有两种模式。

第一种为当然失权主义模式,即债务人在进入破产程序后将自动失去某些权利或职业资格。如《德国破产法》规定,破产程序启动后,对于建筑师债务人,一些联邦州有权将该建筑师从名单上删除;对于律师债务人,可以撤销律师执业许可;且债务人不能成为商事案件合议庭的陪审员,也不能成为名誉法官。《英国破产法》规定破产债务人不得担任法官、参议院议员等职务。

第二种为裁判失权主义模式,即只有在法官审查债务人各方面情况后,裁判破产人才失去某些权利或职业资格。《日本破产法》对破产人的资格限制并未在破产法中统一规定,而是由各个部门法基于公法与私法上的理念对破产人的行为作出限制性规定,如在公法上,破产人不能担任律师、注册会计师、专利代理人、税理士等工作;私法上,破产人不能成为监护人、遗嘱执行人、法人理事等。《法国破产法》也规定了破产人的失权制度,包括破产人不能直接或间接领导、经营、管理或监督企业;没有表决权;不能担任由选举产生的公职等。

根据《香港破产条例》,香港个人破产制度中对失权制度的规定主要可以概括为以下四个方面:第一,出行上的限制。未经破产法院许可,破产人不能擅自出境或离开住所地。有特殊情况必须外出的,也应当向管理署报备。第二,消费上的限制。消费上的限制囊括了破产人的吃穿住行,如规定破产债务人不得购买奢侈品、不得购置物业、不得入住高档宾馆、不得乘坐出租汽车等。值得注意的是,根据破产管理署网站的回答,破产人并非完全无法出境旅行,但只有在所有开支不由自身支付的情况下才有可能前往。第三,收入支配上的限制。从接管令发出,直至破产程序结束,破产人在此期间的收入除自由财产部分外,均应用于偿还所欠债务。第四,职务行为的限制。破产人不得从事某些行业,如律师、产业代理、保险代理和证券交易商及有限公司的董事。

除了上述权利受限外,破产人还需注意不得在破产期间额外举债,同时在自身进行涉及商事内容的活动时必须向对方明示自己作为破产人的身份。如果破产人突破了失权制度赋予其的限制,则很可能无法获得复权。

破产复权制度主要有三种立法模式:第一种为许可复权主义,即失权的债务人向法院申请复权,法院审查债务人是否履行了清偿义务和其他特定义务,并由法院决定是否对其复权。《法国破产法》采用这一模式。第二种为当然复权主义,即债务人在满足复权条件后,即可自动恢复因失权而丧失的某些权利或职业资格。英国采用此种复权模式。第三种为混合复权主义,是当然复权主义和许可复权主义的结合。日本采用这一模式,在其破产法中明确规定当然复权的几种情形。另外若有其他情形,可向法院提出复权申请。

《香港破产条例》第 30A 条列举了当然复权模式中法院应不准复权的情况。即使破产人获得了破产免责,其免责的范围也是有限制的。《香港破产条例》第 32 条规定,破产解除并不影响破产人的因欺诈导致的债务、因触犯刑法而导致的财产上的法律责任、伤害他人身体所承担的财产上的法律责任,也不免除破产人偿付除已订明的破产案以外其他破产债项的责任。即使破产已经解除的,法院也可以命令破产人继续向其产业按法院认为合适的款额及供款期作出供款,这个期限不会超过破产令作出之日后的 8 年。

(三)通过个人信用评级与破产登记制度来防止破产逃债

美国是世界上消费信贷相当发达的国家之一,其个人信用制度较为成熟。比较正规的消费信贷已有上百年的历史。美国在个人信用与消费信贷方面通过了一系列法律,《信贷机会平等法》《诚实借贷法》《公平信贷报告法》《社会再投资法》《诚实贷款法》《信用卡发行法》《公平贷款记录法》《美国破产法》等完善的个人资信评估机制。个人资信档案一般包括两方面:一方面是借款人向银行申请借款时提交的贷款申请表,包括贷款历史、居住情况、收入情况、婚姻情况等方面的信息;另一方面,是信用管理机构提供的与借款人信用历史有关的资料,包括未偿还的债务情况、信用卡透支情况,在其他金融机构的贷款记录等。在美国,信用机构是现在IT技术应用得最为彻底的金融类机构,高度的货币电子化为个人消费信用档案登记提供了极大的便利,个人收支状况都可以通过发达的信息网络反映出来,银行和资信机构可以通过互联网获得比较全面的资料。个人信用的全部表现,包括第一次信贷消费后的每一次贷款、透支及还贷情况等,都将被输入电脑系统,记入个人信用档案。个人信用登记制度的建立,是通过成立消费者信用报告机构来完成的。

FICO信用分是由美国个人消费信用评估公司开发出的,且已经得到社会广泛接受的一种个人信用评级方法。美国的法律禁止信用分作为拒绝消费贷款的理由。一般地说,如果借款人的信用分达到680分以上,金融机构就可以认为借款人的信用卓著,可以毫不迟疑地同意发放贷款。如果借款人的信用分低于620分,金融机构或者要求借款人增加担保,或者干脆寻找各种理由拒绝贷款。如果借款人的信用分介于620~680分之间,金融机构就要作进一步的调查核实,采用其他的信用分析工具,作个案处理。FICO信用分的计算方法至2021年未向社会完全公开。为了平息人们对它的疑问,Fair Isaac公布了一小部分FICO信用分的打分方法(略)。

《英国破产法》规定,破产程序中的相关决定和重要事项,需要在指定的平台进行登记备案,将会对破产人的资格和行为产生相应的影响。同时,债务人的破产记录也会对其信用记录产生影响,但法律并未规定官方接管人等机构有必须向信用评级机构提供有关信息的义务。

(1)个人破产登记系统。根据《英国破产法》《破产规则》及有关法律的规定,破产服务局的一项法定职责,就是对个人破产的相关事项进行登记备案,并提供给公众查询,为此,破产服务局建立了专门的个人破产登记和查询系统。

(2)土地注册登记。破产申请和破产令亦需在英国土地注册管理局的土地收费部门(Land Charges Department of HM Land Registry)进行登记,这些记录应当保存至登记之日起的5年期满为止。破产人在破产程序中获得免责,对这些记录的保存期限没有影响。而且,官方接管人在特定情况下(如免责期限被中止),可以申请延长保存期限。在土地登记项目中记载破产事项,既可以保护债权人的利益,也可以防止财产被不当处置。在破产免责之后,如果财产权益回到债务人名下,则官方接管人应当通知土地注册部门,告知这些财产不再属于破产财产。

(3)信用评级或征信机构。官方接管人不需要发送任何形式的通知给信用评级机构。信用评级机构可以从其他渠道获取到债务人的信息,如郡法院债务判决登记平台(Register of County Court Judgements)。此外,破产人也可能需要提供免责的信息给信用评级机构,以更新自己的信用记录。

(四)对破产欺诈行为的规制

美国在1984年颁布了《统一欺诈转让法》。该法一经颁布,不仅原来采纳《统一欺诈交易法》的州采纳了该法,其他许多州也逐渐采纳了该法。《美国破产法》中的§548是《统一欺诈交易法》在破产法典中的体现,《美国破产法》§548规定了欺诈性的财产转让和债务承担。虽然两者在具体规定上有一些差异,但总体上两者是相同的。《美国破产法》授权托管人可以依据§544(b)的规定适用州法撤销欺诈性转让,也可以直接适用§548撤销欺诈性转让。§544(b)授权托管人拥有相当于实际上无担保债权人的地位。超过一半的州采纳了《统一欺诈转让法》,在这些州当中,托管人究竟是依据§544(b)适用《统一欺诈转让法》的规定撤销了欺诈性转让,还是依据§548的规定撤销了欺诈性的转让是很难作出明确区分的。这反而为托管人撤销欺诈性转让提供了更多的选择。实践中,托管人经常交替采用两种依据来撤销欺诈性转让。在司法实践中,有事实欺诈和推定欺诈之分。在20世纪八十年代末,美国个人破产制度的宽松变相鼓励了个人过度消费行为,导致个人破产案例数大增。2005年通过《防止破产滥用及消费者保护法》后,美国在破产豁免范围上扩大了不可免责的债务范围,如税收、学生贷款、政府担保、子女抚养费等;在时间上将偿债计划期限由最短3年提高到5年,延长了两次申请破产的时间间隔。

2011年,在美国内华达州发生的Ransom v. FIA Card Services一案,就充分说明债务人会利用破产免责制度而逃避应支付的费用。

《美国破产法》第十三章规定,如果个人根据法院批准的计划每月向债权人支付部分收入,则他的债务可以获得免除。为确定债务人有能力支付一定的收入,第十三章使用了一种称为"经济状况调查"的法定公式,以帮助确保债务人能向债权人偿还。经济状况调查允许债务人从其当前的每月收入中扣除特定的费用,特别是维持或支持生存的费用,剩下的就是他的"可支配收入",即他可以用来偿还债权人的金额。在Ransom v. FIA Card Services一案中,无担保债权人反对确认高于中等收入的债务人根据第十三章的重整计划不满足破产法规定的"预期可支配收入"要求。美国内华达州破产法院判决支持债权人的反对意见,债务人提出上诉。破产上诉委员会支持原判,债务人继续上诉。第九巡回上诉法院依然维持原判,并发出案件移送令。最高法院审理后,仍然支持了原判决(美国最高法院2011年562 U. S. 61)。

本案涉及车辆拥有成本费(vehicle – ownership costs)是否可纳入可免责范围。本案的争议焦点在于,像债务人Jason Ransom这样完全拥有他的汽车,因而不支付贷款或租赁费用的债务人是否可以申请扣除汽车拥有成本费(从而减少他将偿还债权人的金额)。法院认为相关法律条文的文本、背景和目的不支持这一结果。不支付贷款或租赁费用的债务人不得在计算可支配财产时扣除汽车拥有成本费。可扣除的汽车所有权类别仅包括汽车贷款或租赁的成本。

《英国破产法》第十章专门规定了"欺诈、诈骗等罪",涉及法条包括第206条、207条、213条等。

在大陆法系国家,欺诈主要是在民法的民事法律行为制度范畴中进行研究。根据民法欺诈基本原理与相关破产法律规定,一般破产欺诈行为的外部表现为故意损害债权人的利益,引起无效或可撤销的法律后果。《德国破产法》第129条规定了因破产而提出撤销的原则是,要求该行为损害破产债权人利益且发生在支付不能程序前。

(五)关于破产犯罪

破产欺诈罪在很多国家和地区的破产法或刑法典中都有明确表述。

《英国破产法》规定了八种适用于个人破产的破产犯罪,包括不披露信息、隐匿财产、隐匿或伪造账簿和文件、虚假陈述、对财产的欺诈性处置、破产人潜逃、欺诈性处分赊购财产、获取信用或商业运营。破产人很容易触犯破产法的规定而构成犯罪,即使是相关破产令已被取消,也可以适用犯罪行为。破产人免责后的行为不会引发这些罪行条款规定的责任。

《法国商法典》在第七编(第196~202条)规定了"欺诈破产罪及其他违法行为",主要规定了欺诈破产罪的要件和刑罚。包括企图避免或推迟司法重整程序的进行、挪用或隐藏债务人的全部或部分资产、以欺诈手段增大债务人的负债等行为。犯有欺诈破产罪的,处5年监禁及50万法郎的罚金。《日本破产法》第265条规定了"破产欺诈罪"。

《香港破产条例》第129条也规定了破产欺诈罪。《香港破产条例》第129条第(1)款规定有欺诈行为的债务人是指:任何人如已被判定破产,则在以下任何一种情况下,该人均属犯罪——

(由1996年第76号第63条修订)

(a)如他没有尽他所知所信,全面并真实地向受托人披露其所有土地财产及非土地财产,和他曾以何方式、向何人、以何代价及于何时就该等财产的任何部分作产权处置,但如他证明他并无意图欺诈则除外;如曾在其业务(如有的话)的通常运作中就该等财产的任何部分作产权处置,或该等财产的任何部分曾用于支付其家庭日常开支,则该部分不计在内;

(b)如他没有向受托人交出或按受托人的指示交出其动产或不动产中在他保管或控制下而法律规定他须交出的所有部分,但如他证明他并无意图欺诈则除外;

(c)如他没有向受托人交出或按受托人的指示交出在他保管或控制下而与其财产或事务有关的所有簿册、文件、文据及文书,但如他证明他并无意图欺诈则除外;

(d)如在他提出或有人针对他提出破产呈请后,或在紧接提出呈请前12个月内,他隐瞒其财产中价值达50美元或多于50美元的任何部分,或隐瞒别人欠他或他欠别人的任何债项,但如他证明他并无意图欺诈则除外;

(e)如在他提出或有人针对他提出破产呈请后,或在紧接提出呈请前12个月内,他欺诈地移走其财产中价值达50美元或多于50美元的任何部分;

(f)如他在任何有关其事务的陈述书中作任何关键性的遗漏或错误陈述,但如他证明他并无意图欺诈则除外;

(g)如他知道或有任何理由相信任何人曾在其破产案中证明虚假的债权,但他没有在1个月内将此事通知受托人;

(h)如在他提出或有人针对他提出破产呈请后,他阻止或参与阻止将任何影响或有关其财产或事务的簿册、文件、文据或文书出示,但如他证明他并无意图隐瞒其事务状况或并无意图使法律无法执行则除外。

总结上述,个人破产制度在西方发达国家及一些地区建制已久,个人破产制度实施中出现的债务人逃废债、破产欺诈及犯罪现象具有高度相似性,而破产法先进国家与地区对此有较成熟的防范经验,我国在建构中国特色的个人破产制度时,完全可以他山之石,为我所用,学习借鉴域外成熟先进的制度技术经验,为我们个人破产制度立法提供有益的参考。

是为序。

李曙光

2021年10月于蓟门法大

目录 CONTENTS

个人破产法

金融违约债

破产执业者

个人破产数据

目录 CONTENTS

Individual Bankruptcy Law

Financial Enterprise Bankruptcy and Defaulted Debt

Community

Individual Bankruptcy Statistics

个人破产法

BANKRUPTCY
LAW REVIEW

消费者破产法何以可能？*

理查·海因斯

弗吉尼亚大学法学院教授。

赵惠妙 译

北京化工大学副教授，加州大学洛杉矶分校访问学者，香港大学法学博士。

任 越

北京化工大学文法学院法律系硕士研究生。

第一部分 引 言

很多学者为破产债务免除或者“重新开始”提供了理由。[①] 他们的理论或许可以解释为什么社会会提供债务减免给无力偿债的人，但是他们没有解释为何这种减免是通过破产债务免除而非其他方式。虽然很多人认为破产（bankruptcy）和无力偿债（insolvency）没有区别，[②]但这两个词语所表达的含义并不同。无力偿债（insolvency）是指“没有能力偿还债务”，[③]现有证据表明大多数无力偿债的消费者违约

---

* 原文刊载于阿拉巴马法律评论（Alabama Law Review）2004 年第 1 期。

① Charles G. Halinan, The “Fresh Start” Policy in Consumer Bankruptcy: A Historical Inventory and an Interpretative Theory, 21 *U. RICH. L. REV.* 49 (1986)（综述文献）; Margret Howard, A Theory of Discharge in Consumer Bankruptcy, 48 *OHIOST. L. J.* 1047 (1987); Thomas H. Jackson, The Fresh - Start Policy in Bankruptcy Law, 98 *HARV. L. REV.* 1393, 1402 (1985); Charles Jordan Tabb, The Scope of the Fresh Start in Bankruptcy: Collateral Conversions and the Discharge - ability Debate, 59 *GEO. WASH. L. REV.* 56, 89 - 103 (1990)（综述文献）。“重新开始”一词源自 20 世纪初最高法院的一项判决。Local Loan Co. v. Hunt, 292 U. S. 234, 244 (1934)。破产使“诚实但不幸的债务人放弃了破产时所拥有的财产的分配，从而为生活中的新机遇和未来努力提供了广阔的领域，而不受现有债务的压力和沮丧的阻碍”。

② Webster's Third New International Dictionary 172 (3d ed. 1961)（将破产者定义为“破产的人”）。

③ Webster's Third New International Dictionary 172 (3d ed. 1961), 1170.

而未申请破产。[①] 破产以外的法律并没有为债权人提供足够的补救措施以迫使这些消费者全额还款。债权人不仅面临着从萝卜中挤出血的困难;联邦和州法律又都有意限制债权人催收。所有的消费者破产规范理论必须说明破产与破产之外的法律在债务减免制度中是如何相互作用、相互影响的。

几代学者都是在更大范围的债务人－债权人的法律制度来讨论破产的作用,[②]但这些文献几乎只关注了破产企业,而没有关注破产消费者。[③] 很不幸,关于企业破产的辩论中所体现的破产目标并不适用于我们现行的消费者破产。这些企业破产理论着重于破产制度在无法获得全额偿付的债权人之间更好地分配稀缺资产的能力。[④] 但是,《破产法》第七章(最常见的消费者破产形式)[⑤]通常不会给普通债权人分配任何资产。95%的第七章破产案件的普通债权人未获分文,[⑥]而真正产生资

---

① AM. Banker's ASS'N,1997 Installment Credit Survey Report 109 (9th ed. 1997)(报告指出,所有银行消费者信贷损失中约有70%发生在破产之外); VISA U. S. A. ,INC. ,1999 Annual Bankruptcy Survey (2000)(报告说,由于无法收回而被冲销的信用卡贷款中有三分之二与破产无关)。但是要注意,这些贷款中的某些可能会在冲销后在破产程序中被免责。还要注意,这些百分比是基于未偿贷款而不是个人。但是,使用破产的债务人的百分比可能更低,因为那些最有可能在破产之外受到司法保护的人,即低收入者不太可能有大笔的贷款。

② Charles Jordan Tabb,bankruptcy Anthology 51 – 133 (2002) (providing excerpts of articles on the role of bankruptcy);Garrand Glenn,Essentials of Bankruptcy:Prevention of Fraud,and Control of Debtor,23 *VA. L. REV.* 373 (1937);James Monroe Olmstead,Bankruptcy a Commercial Regulation,15 *HARV. L. REV.* 829 (1902);Max Radin,The Nature of Bankruptcy,89 *U. PA. L. REV.* 1 (1940).

③ 例如,在关于破产在更大的债务人－债权人法律制度中的作用的著名辩论中,道格拉斯·贝尔德(Douglas Baird)教授和伊丽莎白·沃伦(Elizabeth Warren)教授明确将其辩论限于企业破产。See Douglas G. Baird, Loss Distribution, Forum Shopping, and Bankruptcy: A Reply to Warren, 54 *U. CHI. L. REV.* 815 (1987);Elizabeth Warren,Bankruptcy Policy,54 *U. CHI. L. REV.* 775,776 – 77 (1987)("为了更清楚地讨论问题,并在某种程度上缩小辩论的重点,贝尔德教授和我同意在企业破产的背景下辩论破产政策的基础。").

④ Thomas H. Jackson, Bankruptcy, Non – Bankruptcy Entitlements, and the Creditors' Bargain, 91 *YALE L. J.* 857 (1982)(主张破产可以通过按比例分配给一般债权人,从而解决资产竞争).为债权人最大化收款); Elizabeth Warren,Bankruptcy Policy,54 *U. CHI. L. REV.* 第785页("破产法的首要目标是保护和分割无法履行其所有义务的遗产……")。

⑤ 在2004年第二季度,大约73%的非商业破产债务人选择了第七章。ABI World,Non – Business Bankruptcy Filings by Chapter,1990 – 2004,per Quarter,available at http://www. abiworld. org/Template. cfm? Sectio = Non – businessBankruptcy – Filin gs&CONTENTID = – 10996&TEMPLATE = /ContentManagement/ContentDisplay. cfm (last visited Sept. 26,2004)。

⑥ Executive Office for U. S. Trustees,United States Trustee Program:Preliminary Rfport on Chapter 7 Asset Cases 1994 to 2000,7 (2001),[解释说,"从历史上讲,绝大多数(95%至97%)第七章案件不产生任何资产。"]参见 http://www. usdoj. gov/ust/libraiy/chapterO7/assetcases/Publicat. pdf。

产分配的很多都是申请第七章破产的企业破产。①

破产可能为无力偿债的消费者及其债权人提供重要的程序优势,但这并不能证明我们目前的债务人 - 债权人法律结构就是合理的。我们的社会本可以采用一个很大程度上是程序性的破产制度,该制度具有将破产收益有组织地分配给债权人的假定优势,并且仍然为消费者提供了与其在非破产法下同等的债务减免待遇。② 但我们的现行消费者破产制度与这种程序模式大相径庭。尽管现行《美国破产法》在很大程度上参照破产以外的法律来确定债权人可获得多少消费者的资产(如果有),而在确定消费者必须偿还多少债务以及持续偿还多长时间时,③它却忽略了破产以外的法律。④

其他学者已经意识到,我们的消费者破产制度可以采取截然不同的形式。例如,杰克逊教授指出:在一个不从债务人处收集资产或将收益分配给债权人的机制程序中也可以施予债务免除待遇。⑤ 然而,他建议的提供债务免除替代性选择的公告制度仍然是破产的一种形式,因为它将作为一种程序,迫使个人债务人的所有债权人接受"其针对破产人债权的某种安排或某些处置,无论他们是否都同意如此。"⑥

本文提出了更强有力的主张:通过修改非破产性的追收法律制度,社会可以在很大程度上无须任何正式程序就复制破产债务免除制度所提供的"重新开始"。⑦非破产法可为破产消费者提供工资免遭扣发、资产免受扣押的保护,其他法律也可以保护消费者免受债权人骚扰。当然,消费者的债务仍未得到彻底解决,其必须在债权人有一天会执行其债权主张或判决的威胁下工作。但是,社会可以采用简短

---

① U. S. GEN. Accounting Office, Bankruptcy Administration: Case Receipts Paid to Creditors and Professionals, Gaoiggd - 94 - 173 (July 28, 1994)(请注意,商事案例代表了第七章中所有资产的三分之一,并产生了全部收入的约 80%),请访问 http://archive.gao.gov/t2pbat2/152238.pdf。

② 参见下文第二部分 C. 3。

③ 参见下文第二部分 C。

④ 《破产法》使债务人可以选择非破产法规定的豁免或某些仅破产的豁免。U. S. C. 11 § 522(d)(2000)。但是,该法规还赋予每个州"退出"这些仅用于破产的豁免权的权利,并迫使其居民选择非破产豁免,大约三分之二的州已经这样做。See Richard M. Hynes et al. , The Political Economy of State Property Exemptions, 47 *J. L. & ECON.* 19, 26 - 27 (2004) [hereinafter Political Economy].

⑤ Thomas H. Jackson, The Fresh - Start Policy in Bankruptcy Law, 98 *HARV. L. REV.* 第 1396 页 n. 8("例如,法律可能通过公告系统准予解除,从而某些资产(如未来工资)将从现有债权人的债权中解脱出来。公告将通知债务人债务人的选择。")。

⑥ Max Radin, The Nature of Bankruptcy, 89 *U. PA. L. REV.* 1 (1940), 第 4 页。

⑦ 参见下文第二部分。

的时效法规,以使消费者在经过合理的时间后不必担心这些主张和判决。①

本文所要解决的中心问题是,为什么破产制度中提供的债务减免要比非破产法提供的更多或至少有所不同。② 本文认为最合理的解释是,破产有助于进行平均收入检验,广义上讲,平均收入检验是对消费者欠缺偿债手段的确定。因此,在是否应该对消费者破产进行该检验的问题上应该没有争议。③ 消费者破产的存在理由正是平均收入检验。

但是,有人可能对这种平均收入检验应采取的形式存在异议。对所有债权人具有约束力的正式程序可能有助于评估消费者的财务状况,因为与每个债权人通过重新提起诉讼来解决此问题的成本太高。但是,《美国破产法》从未明确要求消费者如果有足够的收入就用于偿还债务,④而且破产法学者在传统上反对对消费者的偿债能力进行成本过高的调查。⑤ 法律不必对"平均收入检验"破产进行任何调查;法律可以依靠惩罚来证明消费者需要救济。⑥ 破产或许有助于这种惩罚。

如果有人确实得出破产程序有助于确认消费者需要债务减免的结论,那么他就必须解释为什么社会向未申请破产的债务人提供债务减免。也就是说,社会可以根据以下理论采取严厉的非破产催收措施:如果消费者确实无法偿还债务,其需要在破产程序中证明这一事实。但是法律并没有这样做。相反,它创建了部分重叠

---

① 参见下文第二部分 B.3。

② 先前的文献的确为该难题提供了三种可能的解释,但这些解释都无法经受仔细的审查。参见下文第三部分 A。破产解除与时效法规之间的关系在文献中尚未得到充分探讨。But see, e. g, Discussion, 41 Law & Contemp. Probs. 123,125 (1977)(注意到解除责任和时效法规也提出了类似的问题,并呼吁进一步研究).

③ Judge Edith H. Jones & Todd J. Zywicki, It's Time for Means - Testing, 1999 *BYU. L. REV.* 177 (1999); Gary Klein, Means - Tested Bankruptcy: What Would it Mean?, 28 *U. MEM. L REV.* 711 (1998); Resolved: The Time has Come for Means - Tested Consumer Bankruptcy, 17 *AM. BANKR. L. J.* 6 (1998) (excerpting a debate); Jack F. Williams, Distrust: The Rhetoric and Reality of Means - Testing, 7 *AM. BANKR. INST. L. REV.* 105 (1999).

④ 今天,如果法院认为债务人的申请是对《破产法》第七章的"实质性滥用",则可以拒绝其使用。U. S. C. 11 §707(b)(2000)。尽管大多数(如果不是全部)法院会在实质性滥用分析中考虑债务人的"支付能力",但对于"实质性滥用"一词的含义以及法院应如何积极执行此规定,存在广泛的分歧。请参阅下面的注释 48 - 50 和随附文本。

⑤ 例如,八十多位破产法学教授给国会写了一封公开信,称待定的破产法中的经济状况审查规定将给破产制度带来不可接受的高成本。See Letter from various law professors to Congress (Sept. 7, 1999) [hereinafter Letter of Sept. 7, 1999] (on file with author)("第 625 条第 20 条……增加了制度的成本和复杂性。").

⑥ 见下文第三部分 B.2。有关使用惩罚和信息来验证债务人无力偿还债务的有趣理论研究,See Kelly Welch, From Debtor's Prison to Bankruptcy: The Enforcement of Optimal Debt Contracts (Working Paper 2001) (on file with author)。

的债务减免制度,并允许消费者在它们之间进行选择。

也许这种重叠的制度设计旨在使因各种情形而容纳无力偿债的各种债务人都能够适用。如果社会需要一个更复杂的制度来确定何时更富裕或收入更高的消费者应偿还部分债务,则可以采用这种复杂制度,与为资产较少或收入较低的消费者设计的制度并行。社会必须构建这些制度,由此每个消费者可以选择适合其自身情况的制度。

把破产法的角色放在广义的债务减免制度中来考量对当前破产改革的争论具有重要意义。例如,消费信贷行业目前正在推动进行平均收入检验,该检验是为破产法学者几乎一致反对的。① 学者们反对改革的主要论据之一是,他们将把申请破产的成本提高到真正需要破产救济的消费者所无法承受的水平。②

如果无力申请破产的消费者能够从限制催收的非破产法律中获得足够的债务减免,那么上述反对意见就站不住脚了。尽管相关文献认识到这些非破产法的存在,③但在很大程度上将此类限制视为破产法规范性讨论中的外生因素。④ 实际上,与非破产收债制度的变革相比,相关文献似乎更愿意讨论国家社会保险⑤甚至公共

① Charles Jordan Tabb, The Death of Consumer Bankruptcy in the United States?, 18 *BANKR. DEV. J.* 1, 48 (2001)(强调"美国绝大多数破产法专业人士一再表示强烈反对破产改革法案。约有100位教授在四次书面会议上恳求国会不要通过这样的法案。只有两位法学教授希望尽快通过。")。

② Letter from various law professors to Congress (Sept. 7, 1999) [hereinafter Letter of Sept. 7, 1999] (on file with author)("诀窍是以可接受的成本确定真正的滥用者,而又不公平地负担那些合法需要第七章破产救济的'诚实但不幸的'债务人。"); Jean Braucher & Charles W. Mooney, Jr., Means Measurement Rather Than Means - Testing: Using the Tax System to Collect from Can Pay Consumer Debtors After Bankruptcy, 22 *AM. BANKR. INST.* J. 6 (Feb. 2003)("由于准备进行经济状况调查计算将使申请破产更加复杂且耗时,因此可预见的结果将是提高律师和文件准备者的费用。其中一些最糟糕的情况是债务人连破产免责后的责任都无力承担。")。

③ Elizabeth Warren & Amelia Warren Tyagi, the Two Income Trap 154 (2003)("尽管从所有激烈的言论中都不会猜到,破产申请仅占贷款行业损失的一小部分;在大多数情况下,银行只是厌倦了收债。"); Jean Braucher, Increasing Uniformity in Consumer Bankruptcy: Means - Testing as a Distraction and the National Bankruptcy Review Commission Proposals as a Starting Point, 6 *AM. BANKR. INST. L. REV.* 1, 9 (1998)("当然,被排除在破产保护范围之外的债务人不一定偿还债务,因此减少破产损失并不等于减少违约损失。")。

④ 这些学者有时批评消费信贷行业夸大了破产成本,并指出,即使债务人不提出诉讼,破产所的豁免大部分债务也不会被收回。Elizabeth Warren, The Phantom $400, 13 *J. BANKR. L. & PRAC.* 77, 82 (2004). 同样,我们不应高估破产带来的好处;许多陷入财务困境的消费者即使无法破产也能够避免偿还债务。

⑤ Teresa A. Sullivan, Elizabeth Warren & Jay Lawrence Westbrook, the Fragile Middle Class: Americans in Debt 257 - 61 (2000)(讨论破产在更大的社会安全体系中的作用).

教育制度[①]的改革。[②] 本文认为，破产法与非破产法之间的区别在很大程度上是人为的。由于两者都是更大的债务减免制度的一部分，因此必须把它们放在一起考虑。

本文第二部分认为，法律可以粗略地复制消费者破产所提供的救济，而无须采取我们称为破产法的正式程序。从社会效果上来看，破产程序提供了一些非破产法所没有的优势。但是，这些优点可以在程序性破产制度中实现，该制度依靠非破产法来确定消费者必须偿还的债务总额。

本文第三部分建议，如果破产程序有助于确定消费者的救济需求，则社会可能希望脱离纯粹的程序性破产程序模式。

本文第四部分探讨了非破产救济的合理性，前提是假定破产为验证消费者的救济需求提供了更为优越的手段。第四部分表明，这种非破产救济存在的主要理由是，它为确定无力偿债的低收入债务人提供了一种成本更低而效益更高的方法。该结论对有关破产改革的辩论具有重要意义，因为它表明很多破产消费者都不属于破产范畴。

第二部分　通过非破产法提供破产法上的“重新开始”

法律可以不通过破产免责而提供有效的债务减免的最佳依据是，多数无偿付能力的消费者并不会申请破产。[③] 当然，在某些情况下，债权人也许会放弃讨债努

---

① Elizabeth Warren & Amelia Warren Tyagi, the Two Income Trap 154 (2003)，第 32 ~ 46 页。

② 实际上，这些学者在讨论剥夺消费者获得破产免责的不利影响时有时会完全忽略这些法律的存在。Elizabeth Warren & Amelia Warren Tyagi, the Two Income Trap 154 (2003)，第 154 ~ 155 页（很多家庭［被禁止接受破产清算］，他们将不能够摆脱某些无抵押债务，因此，他们将被要求付清其中的一些账单(加上罚款，滞纳金和利息)，即使这些付款占了他们工资的 100% 。）该报价无视联邦法律，该法律禁止一般债权人扣押债务人实得工资的25% 以上。15 U. S. C. § 1673 (2002). 当然，税收和某些家庭法债权人最多可以夺取某些消费者薪水的百分之六十，但这些债权无论如何都不会在破产程序中被免除。11 U. S. C. § §523(a)(1)，(5)(2000)。

③ AM. Banker's ASS'N, 1997 Installment Credit Survey Report 109 (9th ed. 1997)（报告指出，所有银行消费者信贷损失中约有 70% 发生在破产之外）；VISA U. S. A. , INC. , 1999 Annual Bankruptcy Survey (2000)（报告说，由于无法收回而被冲销的信用卡贷款中有三分之二与破产无关）。但是要注意，这些贷款中的某些可能会在冲销后在破产程序中被免责。还要注意，这些百分比是基于未偿贷款而不是个人。但是，使用破产的债务人的百分比可能更低，因为那些最有可能在破产之外受到司法保护的人，即低收入者不太可能有大笔的贷款。

力，因为他们相信如果消费者受到压力的话会选择申请破产①，实际上很多无偿付能力的消费者也确实选择了破产。因此，对破产制度所提供的债务减免进行描述和对非破产法可以（并且在多大程度上确实）提供的类似减免措施进行说明是大有用处的。

A. 破产制度所提供的保护

绝大多数接受破产免责的美国消费者都获得了第七章提供的破产保护。美国社会可以接受一种非常不同的消费者破产制度。② 几代破产学者都主张，债务调整制度（如我们现行破产法第十三章所使用的制度）应该得到更普遍的适用。③ 另外，学者们周期性地提倡一种制度（类似于在一些其他的普通法系国家应用的破产制度④），即为了债权人利益而对消费者的破产后收入进行有效征税。⑤

---

① Michele White, Why Don't More Households File for Bankruptcy?, 14 *J. L. ECON. &ORG.* 205 (1998)（认为很多消费者不申请破产清算的原因是他们可以通过公开威胁这样做来逃避偿还债务）.

② 第七章对大约百分之七十的非商事破产申请，以及第十三章中规定的几乎全部剩余的非商事破产都作出了解释。见 ABI World, 1990－2004 每季度的按章节规定申请的非商事破产，可以在以下网站浏览：http://www.abiworld.org/Template.cfm? Sectio＝Non_business_Bankruptcy_Filings&CONTENTID＝10996&TEMPLATE＝/ContentManagement/ContentDisplay.cfm，最后访问日期：2004 年 9 月 26 日。这个统计数据避重就轻地描述了第七章的作用，因为依据第十三章的申请中只有大约三分之一获得了免责。Teresa A. Sullivan, Elizabeth Warren & Jay Lawrence Westbrook, As We Forgive our Debtors 215－17 (1989)（该研究发现依据第十三章进行的破产案件有三分之二的失败率）；Jean Braucher, An Empirical Study of Debtor Education in Bankruptcy: Impact on Chapter 13 Completion Not Shown, 9 *AM. BANKR. INST. L. REV.* (2001) 第 557 页（该研究发现大多数的计划没有完成）；Marjorie L. Girth, The Role of Empirical Datain Developing Bankruptcy Legislation for Individuals, 65 *IND. L. J.* (1989) 第 17 页，第 40 页至第 42 页（研究发现纽约州布法罗城有百分之六十三的完成率）；Scott F. Norberg, Consumer Bankruptcy's New Clothes: An Empirical Study of Discharge and Debt Collection in Chapter 13, 7 *AM. BANKR. INST. L. REV.* (1999)，第 415 页，第 440 页（该研究发现在密西西比州的一个地区完成率为三分之一）；William C. Whitford, The Ideal of Individualized Justice: Consumer Bankruptcy as Consumer Protection, and Consumer Protection in Consumer Bankruptcy, 68 *AM. BANKR. L. J.* (1994)，第 397 页，第 411 页 tbl. 2（该研究发现在第十三章破产案中只有百分之三十一的案件完整结束）。

③ 事实上，提高个人偿付计划利用的想法是支撑 Bankruptcy Reform Act of 1978. H. R. Rep. No. 95－595, ch. 3，第 122 页 (1977) 的重要论据。

④ Rafael Erfat, The Fresh Start Policy in Israel, 7 *AM. BANKR. INST. L REV.* 第 555 页 (1999)（提供了各种普通法国家的破产制度的简要说明）；Paul B. Lewis, Can't Pay Your Debts, Mate? A Comparison of the Australian and American Personal Bankruptcy Systems, 18 *BANKR. DEV. J.* (2002)，第 297 页（描述澳大利亚破产制度）。

⑤ Jean Braucher & Charles W. Mooney, Jr., Means Measurement Rather Than Means－Testing: Using the Tax System to Collect from Can Pay Consumer Debtors After Bankruptcy, 22 *AM. BANKR. INST. J.* 6 (Feb. 2003)（提出了一种对破产消费者的收入进行有效税率评估的系统）；Hung－Jen Wang & Michelle J. White, An Optimal Personal Bankruptcy Procedure and Proposed Reforms, 29 *J. LEGAL STUD.* (2000)，第 255 页（提出了一种对破产消费者的收入进行有效税收评估的系统）。

尽管消费者破产可以采取很多种形式,但通常情况下个人破产制度提供四个方面的保护。第一,破产可以为消费者提供临时保护以对抗债权人骚扰和持续不断的催收。第二,破产可以使消费者的资产和收入在破产阶段至少得到一定保护。第三,破产免责能够有效地使消费者的所有未来收入和资产从破产前债权人的催收中解脱出来,并且使债务人免受债权人骚扰的保护永久化。第四,破产有时(但并非总是)会为消费者提供保护,使其免受担保债权人取消抵押品赎回权的威胁。

1.第七章

当消费者申请破产保护时,法院会强制执行自动中止制度①,该中止会立即(尽管可能是暂时的)停止催收工作,如催收电话和信件等。当消费者申请第七章破产并满足某些要求时,其可获得即时债务免除保护,②这种保护会限制将来的催收,并使其免受催收骚扰的保护永久化。③ 该债务免除有效地保护了消费者获得的破产申请后收入,以及消费者从请愿书前债权人的依附中获得的任何新资产。这一免除有效地保护了消费者获得的任何申请后收入和获得的任何新资产不受消费者破产申请前的扣押。因此,第七章保护消费者在破产过程中或之后所获得的收入。

第七章还可以在破产期间为消费者的资产提供实质性保护。为了获得债务免责,消费者在提交破产申请时必须上交其不受破产豁免制度保护的任何财产。④ 这些财产之后将被清算,清算收益须先分配给享有优先债权人,⑤其次按比例分配给普通债权人。⑥ 但是,相对于大多数美国人的实际资产而言,破产财产豁免通常是慷慨的,⑦更不用说大多数处于财务困境的美国人了。⑧ 另外,破产法院允许消费者

---

① 11 U. S. C. § 362(2000)。

② 第七章将不会免除一些债务,如子女抚养费,税款或以欺诈手段获得的债务。11 U. S. C. § 727.

③ 11 U. S. C § 524.

④ 11 U. S. C § 522.

⑤ 11 U. S. C § 507.

⑥ 11 U. S. C § 726.

⑦ 例如,在1995年,中位房主拥有大约五万美元的房屋净值。U. S. DEP'T of Commerce Current Population Reports:the Survey of Income and Program Participation v – vii (Michael E. Davem & Patricia J. Fisher) (2001). 22个州有豁免权,使它们至少可以豁免此金额。Richard M. Hynes, Non – Procrustean Bankruptcy, 2004 U. Ill. L. Rev. 第301页,第309页至第312页[hereinafter Non – Procrustean Bankruptcy]。

⑧ 1991年对破产债务人的一项研究表明,破产的房主中位数只有5500美元的房屋净值。Teresa A. Sullivan, Elizabeth Warren & Jay Lawrence Westbrook, the Fragile Middle Class: Americans in Debt (2000),第221页。

在申请破产之前出售非豁免财产并购买豁免财产。① 由此导致的结果是，在第七章破产中，只有极少数消费者在申请破产时拥有非豁免财产。在第七章非商事破产案中，很大程度上可以说普通债权人获得破产分配只有在于理论中。②

如上文提到过的，破产消费者应当满足特定要求才能获得第七章的破产免责。例如，消费者不得向债权人隐瞒资产或者欺骗法院，③同时，其在最近六年内未曾获得破产免责。④ 此外，自从 1984 年以来，如果破产法官或美国破产财产管理人（但并非消费者的债权人或破产财产管理人）相信消费者的破产申请是对《美国破产法》的“实质性滥用”，那么他就会驳回申请。⑤“实质性滥用”这个术语的含义尚不明确，但许多法院认为它与债务人偿还到期债务的能力有关。⑥ 正在进行的破产改革将会运用一种更加明确的测试方法来检测消费者以将来收入来偿还负债的能力。⑦

第七章针对消费者的担保资产仅提供有限的保护。理论上，消费者有权通过

---

① 有关破产前计划的限制的讨论，请参见 Lawrence Ponoroff & F. Stephen Knippenberg, Debtors Who Convert Their Assets on the Eve of Bankruptcy: Villains or Victims of the Fresh Start?, 70 N. Y. U. L. REV. (1995)，第 235 页。

② Executive Office for U. S. Trustees, united States Trustee Program: Preliminary Rfport on Chapter 7 Asset Cases 1994 to 2000, (2001)，第 7 页［解释说，“从历史上讲，绝大多数（95% 至 97%）第 7 章案件不产生任何资产。”］见 http://www. usdoj. gov/ust/libraiy/chapterO7/assetcases/Publicat. pdf。U. S. GEN. Accounting Office, bankruptcy Administration: Case Receipts Paid to Creditors and Professionals, Gaoiggd - 94 - 173 (July 28, 1994)（请注意，商事案例代表了第 7 章中所有资产的三分之一，并产生了全部收入的约 80%），请访问 http://archive. gao. gov/t2pbat2/152238. pdf。

③ 11 U. S. C. 727(2000).

④ 如果债务人先前的债务是在第七章中作出的，则该债务人可能能够获得第七章的债务。在第十二章或第十三章中，她至少支付了无担保债权人债权的 70%，并且“尽了最大的努力”。见 11 U. S. C. §727 (2000). 正在进行的破产改革立法将使消费者等待八年。Bankruptcy Abuse Prevention and Consumer Protection Act of 2003, H. R. REP. No. 108 - 975, §312(2003).

⑤ 11 U. S. C. §707(b)(2000).

⑥ 一些法院认为，仅靠偿还债务的能力就支持对重大虐待的认定。In re Kelly, 841 F. 2d. (9th Cir. 1988)，第 908 页，第 914 页至第 915 页；accord United States v. Harris, 960 F. 2d (8th Cir. 1992)，第 74 页，第 76 页。但是，其他法院发现，偿还债务的能力本身不足以发现严重的虐待。In re Green, 934 F. 2d 568, 572 (4th Cir. 1991). 尽管如此，大多数法院似乎仍将付款能力作为实质滥用分析中的主要考虑因素。In re Lamanna, 153 F. 3d(1st Cir. 1998)第 1 页，第 5 页；In re Stewart, 175 F. 3d(10th Cit. 1999)，第 796 页，第 808 页至第 809 页。如下所述，一些学者声称这些标准没有得到严格执行。Todd J. Zywicki, With Apologies to Screwtape, 9 *J. BANKR. L. & PRAC.* 第 423 页。（类似地，律师兼前法学教授乔治 · 华莱上（George Wallace）观察到，“那里有 300 多位破产法官，而在他们的大多数法院中，11 U. S. C. §707(b)只是无法落实的规定。”）

⑦ Bankruptcy Abuse Prevention and Consumer Protection Act of 2003H. R. REP. No. 108 - 975 §102 (2003).

向担保债权人支付欠款总额或抵押品市场价值中的较小者来赎回抵押物。[①] 然而在实践中,这项权利相当受限,因为赎回需要现金,很少有破产消费者拥有大量现金。[②] 因此,如果担保债权人未能获得足额偿付,担保债权人在破产程序终结时就会威胁消费者收回担保物[③]。[④] 因为这种威胁,消费者经常会重新确认这些担保债务,因为其仍希望保留这些担保物。[⑤]

简单来说,除了那些消费者自己重新确认以及无法被豁免的债务,申请了第七章破产程序的消费者将会从债务中解脱出来。破产豁免制度可以将债务人从债权人的催收中解脱出来,还可以使其未来收入免于被扣押。虽然理论上消费者必须牺牲其未豁免财产以获得此种免责,但在实践中,拥有未豁免财产的破产消费者数量可以忽略不计。另外,第七章最多只能使消费者从担保债务中暂时解脱出来,如果消费者想要保留其担保财产,他们很有可能会去重新确认这些债务。

2. 第十三章及其他债务调整制度

与更高效的第七章相比,第十三章规定的重整程序可持续长达五年的时间,消费者若要获得免责,必须提出并完成债务清偿计划。[⑥] 在这段时间里,自动中止将会以与第七章大致相同的方式来保护消费者免受债权人骚扰。[⑦] 如果消费者成功完成了清偿计划,法庭将会批准免责,按照第七章规定保护消费者永久免受骚扰,

---

① 第 506 条将有担保债权人的债权分为等于抵押品市场价值的有担保债权和等于贷款余额的无担保债权。债务人可以通过偿还有担保的债权来赎回破产抵押物。U. S. C. 11722(2000)。但是,如果债务人未在破产中赎回抵押品,则债权人将保留留置权,其留置权的价值等于其原始债权的全部票面价值。Dewsnup v. Timm,502 U. S. 第 410 页,第 418 页至第 419 页 (1992)。

② Elizabeth Warren & Jay Lawrence Westbrook, The Law Of Debtors And Creditors 293 (2001)("对大多数债务人而言,第 722 条也可能以债务人以三分钟的路程为基础进行赎回。")。

③ 有担保债权人如能从自动延期中获得救济,可以提前取消赎回权。11 U. S. C. §362(2000).

④ 少数法院允许债务人继续继续进行破产前付款以保留其抵押品,但是这种推理在《守则》中几乎没有支持。Elizabeth Warren & Jay Lawrence Westbrook, The Law Of Debtors And Creditors 293 (2001), 第 293 ~ 294 页。(描述了法院在《破产法》中发现"未陈述的替代品"的情况)。

⑤ 有关重新确认在破产中的作用的讨论,参见 Marianne B. Culhane & Michaela M. White, Debt After Discharge: An Empirical Study of Reaffirmation, 73 *AM. BANKR. L. J.* (1999),第 709 页,第 713 页(发现抽样的案例中有 25% 在文件中有重申确认)。消费者重申的一些债务是无抵押的。消费者可能希望与债权人保持良好关系,以便他在破产后可以获得信贷。消费者还可能担心债权人会声称债务是通过欺诈获得的,否则就无法在破产中解除债务。11 U. S. C. §523 (2000).

⑥ 11 U. S. C. § 1322(d) (2000)(规定了三年还款计划的默认规则,但允许法院下令制定五年计划).

⑦ 11 U. S. C. §362 (2000).

保护消费者破产后的收入和财产免受破产申请前债权人的索要。①

第七章与第十三章最主要的区别是在破产期间对消费者的收入和财产的处理。第十三章最常被提到的优势是能帮助消费者保留没有被豁免或未被抵押作担保物的财产。② 第十三章要求消费者在清偿计划中提出清偿与未豁免财产等额的债务,而不是去变卖消费者的未豁免财产。③ 或许更为重要的是,第十三章允许消费者无须重新确认其债务就能保留担保财产,因为消费者不需要用大量现金立即赎回担保物。也就是说只要消费者提出清偿与担保物价值等额的债务,第十三章即允许消费者保留该担保物。④ 值得注意的是,破产通常会减少该担保债权,从而将消费者必须提议偿还的金额减少为抵押品的价值,但前提是该金额必须低于消费者担保债务的总额。⑤

作为财产保护的交换,第十三章要求获得消费者在破产期间的部分收入。⑥ 具体而言,如果债权人反对消费者的清偿计划,消费者必须承诺将三年内预计收入超

---

① 第十三章所提供的偿付要比第七章所提供的偿付要宽得多。例如,第十三章中的消费者可以因消费者故意和恶意伤害－故意侵权而获得债务偿还。11 U. S. C. § 1328.

② Barry Adler et al. , Regulating Consumer Bankruptcy: A Theoretical Inquiry, 29 *J. LEGAL STUD.* (2000),第585页,第587页至588页("正如该梗概所暗示的,债务人根据第13章提出申请的,若他的非豁免资产的评估价值超过了法院批准的计划中的未来收益部分,法院将要求他放弃。")。

③ 该计划必须付给无抵押债权人一笔等于他们在无抵押债权人中应得的金额。第七章的备案,或等于债务人非豁免资产的数额。11 U. S. C. § 1325(a)(4) (2000).

④ 11U. S. C. § 1325(a)(5) (2000).

⑤ 11U. S. C. §506(2000). 贷款的其余部分成为无抵押义务。但是请注意,破产法院不会以这种方式降低房屋抵押贷款的价值。11U. S. C. §1322(b)(2). 如果最近使用贷款购买相关抵押品,则正在进行的破产立法将豁免其他有抵押贷款。Bankruptcy Abuse Prevention and Consumer Protection Act of 2003, H. R. REP. No. 108－975, § § 306(b), 309(a)(1)(c).

⑥ 从1978年创立到1984年,第十三章唯一明确的还款要求迫使消费者偿还与第七章一样的还款。Robert B. Chapman, The Bankruptcy of Haig－Simons? The Inequity of Equity and the Definition of Income in Consumer Bankruptcy Cases, 10 *AM. BANKR. INST. L. REV.* (2002),第765页,第783页。没有非豁免资产的消费者开始提出计划,承诺对无担保债权人很少或根本不偿还。第十三章的前身第八章要求债权人同意该计划。11U. S. C. § § 1051, 1052(1978年废止),结果,几乎所有计划都承诺向所有债权人全额偿还。David T. Stanley & Marjorie Girth, Bankruptcy: Problem, Process Reform 94 (1971)(发现第XI章计划中约有99%提议全额偿还所有债务); accord BENJAMIN WEINTRAUB & ALAN N. Resnick, Bankruptcy Law Manual Ⅱ 9. 01, at 9－3 (2d ed. 1986). 一些法官对低还款计划或没有还款计划的出现做出了反应,认为该计划违反了第十三章的诚实信用要求。In re Burrell, 2 B. R. 650, 653 (Bankr. N. D. Cal. 1980)"尽管债务人的计划符合尽力而为的测试,但仍远远不能满足实质性的付款要求。" In re Rabum, 4 B. R. 624, 625 (Bankr. M. D. Ga. 1980)(拒绝确认计划,除非它支付了允许的无担保债权的70%)。有关这些案件的一般性评论,参见 Brandon L. Johnson, Good Faith and Disposable Income: Should the Good Faith Inquiry Evaluate the Proposed Amount of Repayment?, 36 *GONZ. L. REV.* (2000－01),第375页。

出合理必要支出的余额偿还给债权人。[①] 从字面意思来看，第十三章简单地用消费者依据其清偿能力确定的一套新义务来替换消费者的申请前义务。第十三章的运行将会是“调整具有固定收入的个人的债务”。[②]

需要注意的是，这种债务调整制度不是第十三章特有的。例如，第十二章中规定的家庭农场主的破产就有一个与第十三章几乎完全相同的条款。[③] 英国的破产法院一直以来都是根据消费者的清偿能力给予一定数额的附条件免责。[④] 当然这种债务调整并不绝对。如果消费者的财产状况发生了重大变化，第十二章、[⑤]第十三章[⑥]以及英国的制度[⑦]都允许对消费者的义务进行额外的调整。

在实践中，第十三章也许不会像字面上表明的那样运行。有些学者认为在很多法域，消费者应必须为普通债权人提供一个最小偿付比例，否则将会面临超出其负担能力的昂贵诉讼。[⑧] 其他学者则认为，预期可支配收入条款并没有为债权人提供多少优势，因为多数消费者仍然可以申请第七章破产程序，因此可以提出数额极小的清偿计划。[⑨] 最终，一些法院要求消费者在清偿计划中保证，如果其实际收入

---

① 11 U. S. C. § 1325(b)(2000).

② 实际上，这是第十三章的标题。11 U. S. C. § § 1301 – 1330.

③ 11 U. S. C. 1225(b).

④ 参见 Jacob S. Ziegel，《比较消费者破产制度：加拿大观点》115 – 19(2003)(讨论“收入支付命令”，该命令由法院对债务人的支付能力进行评估确定)；Douglass G. Boshknff，《英美破产诉讼中的限制、有条件和中止履行》131U. PA. L. REV. 69，(1982)，第 81 ~ 82 页(描述了一种系统，在该系统中，债务人从其未来收入中做出“自愿”还款承诺以换取清偿)。

⑤ 11 U. S. C. § 1229(2000).

⑥ 11 U. S. C. § 1329.

⑦ Douglass G. Boshknff，《英美破产诉讼中的限制、有条件和中止履行》，131*U. PA. L. REV.* 69，(1982)，第 75 页至第 103 页 (describing the English system)；The Insolvency Service，Dep't of Trade & Industry of England and Wales，Guide to Bankruptcy (2004)，available at http://www. insolvency. gov. uktpdfs/gtbweb. pdf (last visited Sept. 26，2004)。

⑧ Jean Braucher，Lawyers and Consumer Bankruptcy：One Code，Many Cultures，67 *AM. BANKR. L. J.* 501，532 (1993)(“现实是，[研究过的]四个城市的第 13 章受托人和法官有效地阻止了 0% 的计划，并使大多数计划保持在当地从业者所知的最低百分比之上。”)那些建议消费者如何申请破产的人都有这种印象。Robin Leonard，Chapter 13 Bankruptcy：Repay Your Debts 7/1 (5th ed. 2001)(“在某些法院中，除非您提议向无抵押债权人支付您欠债权人的大部分款项，通常至少为 70%，否则法官不会批准您的计划。然后，律师的回应是很少或从未提交少于指定百分比的计划。”)。

⑨ Douglas G. Baird，the Elements of Bankruptcy(Revised ed. 1993)，第 55 页至第 61 页。

超出了预期就相应增加清偿数额。① 这样的条款实际上是对消费者征收了所得税。

简言之,与第七章一样,第十三章也为消费者提供了免受债权人骚扰的保护。第十三章没有为消费者提供即时免责,而要求消费者用自己三年到五年的收入偿还债务。作为交换,消费者有更强的能力保留他们的财产。

3. 基于税收的破产

如果按照字面含义来理解,进行预期可支配收入测试将产生一笔等于消费者预期支付能力的一次性税,因此不会扭曲(但依旧会影响)消费者在破产期间工作的动机。② 然而,从要求消费者将合理支出之外的实际收入全部进行清偿的角度来看,第十三章会使消费者负担100%的边际税率,这将使消费者在合理消费额度之外全无动力去赚取更多收入。③ 出于对消费者工作热情的考虑,国家破产审查委员会④提出了一种改革方案,即:在第十三章规定的破产期间对消费者取得的实际收入征收累进税,来代替预期可支配收入测试。⑤ 一些学者认为,基于税收的破产制

---

① Rowley v. Yamall,22 F. 3d 190,193 (8th Cir. 1994);In re Smith,222 B. R. 846,858 (Bankr. N. D. Ind. 1998);In re Krull,54 B. R. 375,378 (Bankr. D. Col. 1985)(要求债务人偿还其所有“预计可支配收入”,再加上其实际收入超出其可支配收入的百分之五十)。后来,In re Riggleman,76 B. R. 111,114 (Bankr. S. D. Ohio 1987)中采用了这种方法。但是,俄亥俄州南部地区自此采用了 In re Anderson,21 F. 3d 355 (9th Cir. 1994)的方法。See In re Bass,267 B. R. 812,819 (Bankr. S. D. Ohio 2001). 有关这些案件的更详细说明,请参见 Richard M. Hynes, Optimal Bankruptcy in a Non - Optimal World,44 *B. C. L. REV.* (2002),第1页,第57页至第68页(hereinafter Optimal Bankruptcy)。

② Richard M. Hynes, Optimal Bankruptcy in a Non - Optimal World,44 *B. C. L. REV.* (2002),第57页至第62页。简言之,一笔总付税不会“扭曲”一个人的工作动机,因为允许她保留所赚取的最后一元钱的全部。因此,没有“替代效应”。但是,存在“财富效应”。税收使她的财富减少了,从而激励了她更加努力地工作。更全面地描述消费者破产的这两种效果,参见 Richard M. Hynes, Optimal Bankruptcy in a Non - Optimal World,44 *B. C. L. REV.* (2002)。

③ Nat'l Bankr. Rev. Comm'n, Bankruptcy: The Next Twenty Years, Final Rep. (1997),第269页[hereinafter, NBRC REPORT], available at http://govinfo. libraryunt. edulnbrclreport/OItitle. ht nl; Lynn M. LoPucki, Common Sense Consumer Bankruptcy,71 *Am. BANKR. L. J.* 第461页,第471页(1997年版);Hung - Jen Wang & Michelle J. White, An Optimal Personal Bankruptcy Procedure and Proposed Reforms,29 J. LEGAL STUD,第256页。但是,从理论上讲,不能得出这样的结论,即百分之一百的破产税率会比较低的边际税率更不利于总的工作激励。较高的税率肯定会阻止破产人士工作。但是,这也将为那些濒临破产边缘的人提供更大的动力,使其努力工作并避免违约。如果不比较这两组人的规模,就无法确定哪种税率平均可以提供更好的工作激励。Richard M. Hynes, Optimal Bankruptcy in a Non - Optimal World,44 *B. C. L. REV.*,第74页。

④ 1994年,国会成立了国家破产审查委员会,以研究破产制度。Bankruptcy Reform Act of 1994, Pub. L. No. 103 - 394, § 602 - 03,108 Stat. (1994),第4106页,第4147页。

⑤ Nat'l Bankr. rev. Comm'n, Bankruptcy: The Next Twenty Years, Final Rep. 第269页。

度也应当成为美国破产的标准形式,①正如其他国家比如澳大利亚一样②。

除了要求消费者在一定年限内以其一部分收入偿还债务之外,这些提议的细节都各不相同。有一些提议并未改变破产法的其他重要方面,例如,对于担保债权和破产后取得的财产的处置,③但其他提议却未涉及这些问题。④ 相比之下,其他国家目前适用的基于税收的破产制度与美国法律对这些问题的规定却大相径庭。例如,在澳大利亚,如果消费者不能获得适当的豁免,⑤那么他在破产期间取得的任何财产都将被扣押;并且,如果担保债权人在债权到期后未获得偿付,则有权取消消费者的抵押品回赎权。⑥

B. 在破产程序之外重塑破产债务减免制度

很不幸,财务困境不是近期才有的现象。⑦ 不管近期的破产申请记录数据如何,有数据显示财务困境在前几代人时就已司空见惯。Charles Warren 教授指出,1833 年前后,每年大约有 75,000 个美国人因为欠债入狱。⑧ 若果真如此,那么 1833 年全美因欠债入狱的个人占人口总数的比例与 2002 年全美申请破产人占当年人口

---

① Jean Braucher & Charles W. Mooney, Jr., Means Measurement Rather Than Means – Testing: Using the Tax System to Collect from Can Pay Consumer Debtors After Bankruptcy, 22 *AM. BANKR. INST. J.* 6 (Feb. 2003); Hung – Jen Wang & Michelle J. White, An Optimal Personal Bankruptcy Procedure and Proposed Reforms, 29 *J. LEGAL STUD.* (2000), 第 255 页。

② Rafael Erfat, The Fresh Start Policy in Israel, 7 *AM. BANKR. INST. L REV.* 第 555 页(1999)(提供了各种普通法国家的破产制度的简要说明); Paul B. Lewis, Can't Pay Your Debts, Mate? A Comparison of the Australian and American Personal Bankruptcy Systems, 18 *BANKR. DEV. J.* (2002), 第 297 页(描述澳大利亚破产制度)。

③ Jean Braucher & Charles W. Mooney, Jr., Means Measurement Rather Than Means – Testing: Using the Tax System to Collect from Can Pay Consumer Debtors After Bankruptcy, 22 *AM. BANKR. INST. J.* 6 (Feb. 2003).

④ Hung – Jen Wang & Michelle J. White, An Optimal Personal Bankruptcy Procedure and Proposed Reforms, 29 *J. LEGAL STUD.* (2000), 第 255 页(在提案中未提及对担保信贷或后来获得的财产的处置)。

⑤ Paul B. Lewis, Can't Pay Your Debts, Mate? A Comparison of the Australian and American Personal Bankruptcy Systems, 18 *BANKR. DEV. J.* 297 (2002), 第 323 页至第 324 页。

⑥ Paul B. Lewis, Can't Pay Your Debts, Mate? A Comparison of the Australian and American Personal Bankruptcy Systems, 18 *BANKR. DEV. J.* 297 (2002), 第 326 页至第 328 页。

⑦ 有关美国历史上杰出的消费者信用史,请参见 Lendol Calder, Financing the American Dream: a Cultural History of Consumer Credit (1999).

⑧ Charles Warren, Bankruptcy in United States History (1935), 第 52 页脚注 8。

总数的比例大致相当。①

虽然财务困境并不是什么新鲜事物，但消费者破产却明显比以往更加常见。直到19世纪末，美国都未能建立一个稳定运行的破产制度，②在此之后的几十年里破产依然寥寥。直到1961年，每年企业破产的申请数量都不超过10万件。③ 相比之下，2003年有150多万件个人破产申请案件。④ 这些数据低估了破产数量的增加速度，因为直到1978年，配偶才被允许提出联合申请。⑤

本文最核心的观点是，即使美国没有消费者破产制度，法律仍然可以赋予消费者有效的摆脱债务的机会。让我们再来回顾一下消费者破产制度所能提供的一般保护：(1)保护消费者免受债权人骚扰；(2)保护消费者免受担保债权人取消抵押品回赎权的威胁；(3)保护消费者在破产期间的财产和收入；(4)通过债务减免保护消费者的财产和收入永久免受申请前债权人的索要。非破产救济的债务减免制度直接或者经修改之后可以提供与上述保护类似的替代保护方式。

1. 免受债权人骚扰

一直以来债权人依靠羞耻、恐吓或与其他激进的催收手段迫使违约债务人偿还债务。在古老的印度和爱尔兰社会，未受清偿的债权人会坐在债务人家门槛上，

---

① 1833年美国人口约为1400万人。根据1970年美国商务部对美国殖民地时期的商业统计，A6－8(1975)(报告人口约为14,162,000人)。因此，每年大约每200名美国人中就有1名被债务人送入监狱。See Press Release, Administrative Office of the U. S. Courts, http://www. uscourts. gov/Press Releases/cy02. pdf(表明在2002财政年度，约两亿八千万总人口中有超过一百五十万份破产申请)；U. S. Census Bureau, American Community Survey Profile 2002, available at http://www. census. gov/acs/www/Products/Profiles/Single/2002/ACSfTabular/010/10OOUSI. htm (estimating the 2002 population of the United States at 280,540,330). 因此，在2002年，每200个人就有大约1件破产申请。

② 《宪法》授予国会制定统一破产法的权力，U. S. CONST. art. I, § 8, cl. 4. 然而，在1898年之前，国会颁布了三项破产法，这些法令持续了不到20年。国会废除了the Bankruptcy Act of 1800 in 1803, 2 Stat. 248 (1803), the Bankruptcy Act of 1841 in 1843, Act of March 3, 1843, 5 Stat. 614 (1843), and the Bankruptcy Act of 1867 in 1878, Act of June 7, 1878, 20 Stat. 99 (1878). 有关美国破产的历史，请参见David A. Skeel, JR., Debt's Dominion: A History of Bankruptcy Law in America (2001); Charles Jordan Tabb, The History of Bankruptcy Laws in the United States, 3 *AM. BANKR. INST. L. REV.* (1995), 第5页。

③ Dir. of Admin. Office of the U. S. Cts., 1961 Ann. Rep., Reports of The Proceedings of the Judicial Conference of the U. S. (1962), 第211页。

④ 在截至2003年12月31日的十二个月中，共有1,625,208份非企业破产申请。See the Federal Judiciary, Table F－2 U. S. Bankruptcy Courts, at http://www. uscourts. gov/PressReleases/1203f2. xls (last visited Sept. 26, 2004).

⑤ 有关因这些变化而造成的经验复杂性的研究，请参见Ian Domowitz & Thomas Eovaldi, The Impact of the Bankruptcy Reform Act of 1978 on Consumer Bankruptcy, 36 *J. L. &ECON.* (1993), 第803页，第821页 (估计1978年的《破产改革法案》将破产申请的数量增加了22%，但注意到由于标准误差非常大，这种估计的效果在统计上并不显著)。

靠社会舆论压力来迫使债务人还债。① 与之相似，在早期的英国，债权人会雇用女性在债务人工作场所对其进行公开谴责，②而且直到今天，拉丁美洲还发现有讨债人雇用穿着奇装异服的地痞流氓和衣衫褴褛的妇人去当众羞辱违约债务人。③ 甚至在美国，一些讨债人利用他们的身份例如"赛车手"来恐吓债务人清偿债务。④ 最后，一些评论人将债权人催收债务的信件与电话归类为催收骚扰。⑤

历史上，非破产法律对催债手段几乎无限制。⑥ 然而，20 世纪的侵权法扩张和各种学说兴起，可适用于多种形式的骚扰，如侵犯隐私权、滥用法律程序、故意造成精神痛苦和干涉合同关系等。⑦ 美国所有的五十个州都已经通过了一般消费者保护法案，大多数的规定都很灵活，可以适用于多种形式的滥用催债权利的行为。⑧ 20 世纪 70 年代，一些州增加了全面的债务追收规定来明确保护债务人免受债权人骚扰和催收欺诈，并赋予了债务人私人诉权。⑨ 1977 年，国会颁布了全面的债务催

---

① Louis Levinthal, The Early History of Bankruptcy Law, 66 *U. PA. L. REV.* (1917 - 1918)，第 223 页，第 229 页。当然，在这些社会中，"sitting dharna"和绝食的技巧是最近使用的，尽管通常是作为抗议或公民抵抗命令的一种形式。Irish Northern Aid, Inc., Irish Hunger Strikes Chapter10 (2001), at http://www.inac.org/irishhistory/hungerstrikes/chapters/10（描述了其他文化中使用的凯尔特人绝食和"sitting dharna"的方法）。

② Samuel A. Rea, Arm Breaking, Consumer Creditand Personal Bankruptcy, 22 *ECON. INQUIRY*. 188, 195 (1984)（声称债权人雇用妇女闹事，以公开羞辱违约债务人）.

③ Marc Lifsher, In Venezuela, If You Don't Pay Your Bills, A Devil Might Pay You a Visit, WALL ST, J., June 25, 2001, at Al（描述自称"暗黑破坏神博士"的收债员的滑稽动作）.

④ Elizabeth Warren & Jay Lawrence Westbrook, the Law of Debtors and Creditors (2001)，第 26 页至第 28 页（描述了一家收债公司，该公司依靠强硬的骑车人形象说服债务人偿还债务）。

⑤ Daniel Keating, Offensive Uses of the Bankruptcy Stay, 45 *VAND. L. REV.* (1992)第 71 页，第 75 页（"因此，在当前的自动冻结期间，即使是非正式的催收活动，例如骚扰电话或在债务人的房屋上张贴无人看管的标志，也都构成了中止行为。"）；Michelle J. White, Why It Pays to File for Bankruptcy: A Critical Look at the Incentives Under U. S. Personal Bankruptcy Law and a Proposal For Change, 65 *U. CHI. L. REV.* (1998)，第 685 页，第 690 页（提出一个假设，"两个债务人都不拥有房屋。债权人经常通过威胁性的电话骚扰两个债务人，并开始扣发工资。"）；纽约州银行部，常见问题解答请访问 http://www.banking.state.ny.usffaq.htm#faqcrdtr（最后访问日期：2004 年 9 月 26 日）（显示询问如何停止此类骚扰电话是一个"常见问题"）。

⑥ 2 Howard J. Alperin & Roland F. Chase, Consumer Law (1986)，第 438 页至第 440 页。

⑦ 2 Howard J. Alperin & Roland F. Chase, Consumer Law (1986), at § § 676 - 681; Robert M. Berger, The Bill Collector and the Law - A Special Tort, At Least for a While, 17 *DEPAUL L. REV.* (1968)，第 327 页；Charles E. Hurt, Debt Collection Torts, 67 *W. VA. L. REV.* 201 (1965); William Richard Carroll, Comment, Debt Collection Practices: The Need for Comprehensive Legislation, 15 *DUQ. L. REV.* (1976)，第 97 页。

⑧ 2 Howard J. Alperin & Roland F. Chase, Consumer Law (1986)，第 356 页。

⑨ CAL. CIV. CODE § 1788 (West 1998); 2 Howard J. Alperin & Roland F. Chase, Consumer Law (1986), § 632（催债条款）.

收追收法案——《公平债务催收法案》,①联邦贸易委员会也颁布了不同的规定完善这种保护。② 现代美国讨债人不再雇佣穿着奇装异服的地痞流氓和衣衫褴褛的妇人去当众羞辱违约债务人,原因就是法律已经禁止了这些行为。③

本文认为非破产法也可以提供破产豁免所能提供的债务救济,而不仅是目前做到的这种程度而已。很多人感觉目前非破产救济对催收行为的限制是不够的。例如,《公平债务催收法案》不适用于原债权人,④并且很少有债务人知道他们可以通过提交书面申请阻止债务催收公司向他们发送催收函。⑤ 学者们早就已经提出了可以弥补这些不足的改革方案,⑥但如果人们真的希望改进的话,国会没有理由否决这些改革。⑦

2. 预防赎回权丧失

第七章作为最常用的消费者破产制度,并没有提供足以对抗担保债权人的保护措施。消费者一般没有足够现金赎回担保物,⑧但自动冻结通常仅能略微延长丧失赎回权的时间。⑨ 其他普通法系国家建立的消费者破产制度也只能为消费者对

---

① 15 U. S. C. A. § 1692 (1997).

② 2 Howard J. Alperin & Roland F. Chase, Consumer Law (1986),第 349 页。

③ Fair Debt Collection Practices Act; Graziano v. Harrison, 763 F. Supp. 1269, 1275 (D. N. J. 1991)(“本法目的是保护消费者免受不公平、欺骗性和骚扰性的追收行为的影响,同时让收债者可以自由地采用有效、合理和道德的行为来追求自己的职业。”)15A AM. JUR. 2D Collection and Credit Agencies § 15 (2003)(解释说,收债员可能会为“企图收债的极端粗暴行为承担责任”。)。

④ 15 U. S. C. § 1692(a) (2000)(债务人定义中不包括原始债权人)。

⑤ Elwin Griffith, The Search for More Fairness in the Fair Debt Collection Practices Act, 37 *U. RICH. L. REV.* (2003),第 511 页,第 555 页至第 557 页(主张收债人应告知消费者他们可以停止催款信,从而暗示消费者通常不知道这项权利)。

⑥ Elwin Griffith, The Search for More Fairness in the Fair Debt Collection Practices Act, 37 *U. RICH. L. REV.* (2003),第 555 页至第 563 页。

⑦ 本文并不主张国会应对债权人集体法进一步限制,只是因为那是不可能的。

⑧ Elizabeth Warren & Jay Lawrence Westbrook, the Law of Debtors and Creditors 293 (2001)(“对大多数债务人而言,第 722 条也可能以债务人行驶三分钟的路程为基础进行赎回。”)。

⑨ Stephen Elias ET AL., How to File for Chapter 7 Bankruptcy 1/15 (11th ed. 2004)(“如果房屋抵押权处于丧失抵押品赎回权状态,自动冻结权将暂时停止诉讼。但是,债权人通常早晚都会收回抵押品赎回权。”)。

抗担保债权人提供类似的有限保护；而澳大利亚、①加拿大、②英国等国家的破产制度通常不能防止担保物赎回权的丧失。③

相比之下，《美国破产法》第十三章为消费者对抗担保债权人提供了充分保护。首先，第十三章给了消费者一定的时间。消费者可以通过自动冻结制度延长赎回权丧失的时间，最多可长达五年。④ 但同时也有人认为消费者会滥用这种权利，通过重复申请第十三章规定的救济来无限延后取消赎回权的时间，⑤甚至正在进行的破产改革在消费者首次申请保护的时候都会赋予其自动冻结的效力。⑥ 其次，如果抵押物的价值低于其债务总额，消费者就能将担保债权人的抵押权价值减少至与抵押物价值相等。⑦

显然，美国社会并不需要通过一个约束消费者所有债权人的破产制度来提供第十三章所提供的任一形式的保护措施。举例来说，近一半州要求抵押权人通过

---

① Paul B. Lewis, Can't Pay Your Debts, Mate? A Comparison of the Australian and American Personal Bankruptcy Systems, 18 *BANKR. DEV. J.* (2002)，第326页。

② Jacob S. Ziegel, Comparative Consumer Insolvency Regimes: a CanadianPerspective (2003)，第25页至第27页（"加拿大消费者破产法比美国法律更有利于有担保债权人。在破产中没有自动冻结制度……"）；BankruptcyCanada. com，网址为 http://www. bankruptcycanada. com/question1. htm（最后访问日期：2004年9月14日）（"根据法律，在提交文件后，对破产人的一切诉讼必须停止。这不适用于有担保债权人，例如持有汽车留置权的银行。"）。

③ The Insolvency Service, Dep't of Trade & Industry of England and Wales, Guide to Bankruptcy (2004), available at http://www. insolvency. gov. uktpdfs/gtbweb. pdf (last visited Sept. 26, 2004)，第12页至第13页（解释说，在英国制度下，如果抵押贷款中断，有担保债权人可以出售您的房屋）；Douglass G. Boshknff, Limited, Conditional, and Suspended Discharges in Anglo - American Bankruptcy Proceedings, 131 *U. PA. L. REV.* (1982)，第78页脚注44（请注意，英国的"接收令"并不阻止有担保债权人扣押其抵押品）。

④ 11 U. S. C. §1322(d)(2000)（规定了三年还款计划的默认规则，但允许法院因故下令制定五年计划）。

⑤ Elizabeth Warren, A Principled Approach to Consumer Bankruptcy, 71 *AM. BANKR. L. J.* (1997)4，第83页，第502页至503页（"[国家破产审查]委员会收到了债务人律师的大量证词，声称许多人没有为获得解除而申请第13章破产；他们仅向破产管理人提出诉讼自动冻结"）。但是请参见 Susan L. DeJarnatt, Once is Not Enough: Preserving Consumers' Rights to Bankruptcy Protection, 74 *IND. L. J.* (1999)，第455页，第474页至第480页（认为第13章受托人不认为旨在延迟丧失抵押品赎回权的连续申请是滥用破产的重要原因）。

⑥ Bankruptcy Abuse Prevention and Consumer Protection Act of 2003, H. R. 975, 108th Cong. §§ 302 - 303 (2003).

⑦ 11U. S. C. §506(2000). 贷款的其余部分成为无抵押义务。但是请注意，破产法院不会以这种方式降低房屋抵押贷款的价值。11U. S. C. §1322(b)(2). 如果最近使用贷款购买相关抵押品，则正在进行的破产立法将豁免其他有抵押贷款。Bankruptcy Abuse Prevention and Consumer Protection Act of 2003, H. R. REP. No. 108 - 975, §§ 306(b), 309(a)(1)(c).

诉讼程序请求法院剥夺赎回权,[1]但是发布公告和其他程序性要求都会大大延后剥夺赎回权的时间。[2] 此外,很多州赋予违约抵押人在丧失回赎权两年内以相同的价格赎回抵押物的权利。[3] 大部分赋予了消费者赎回权的州都允许抵押人在此期间保留抵押物。[4] 这些非破产方式的"抵押人保护制度"为消费者提供了恢复财务能力的时间,而且适用于破产救济免责的保险和市场失灵的原因也同样适用于这些制度。[5] 即使某个州并没有提供类似保护措施来对抗其他担保债权人剥夺赎回权,事实上没有什么特别的原因让它不能提供这样的措施。

社会可以修订非破产法来为破产消费者提供类似"赋予消费者减少抵押权价值的能力"这样的保护。为了实现这种保护,非破产法需要启动一种程序,使法官估测抵押物的价值并对其进行调整。但这项程序仅针对单个债权人,因此没有理由约束所有的债权人,并且也没有理由认为这种调整仅能在我们称为破产的制度中进行。[6] 当然,除非各州明令禁止,债权人有权根据不足额判决寻求足额偿付,[7] 但作为无担保债权,其只能针对消费者其他的财产和收入来执行。

3. 在消费者破产期间保护其财产与收入

即使债务人尚未获得破产免责,其债权人也尚未获得偿付,破产法也允许消费者保留部分财产和收入。非破产制度也可以为消费者提供临时保护。违约的消费者如果不申请破产,那么他的工资将会被扣发。但联邦非破产法规定,联邦最低工资的三十倍或消费者税后工资的百分之七十五免于扣发,且每个州都可以规定更

---

① Michael H. Schill, An Economic Analysis of Mortgagor Protection laws, 77 *VA. L. REV.* (1991),第489页,第492页至第493页。

② Michael H. Schill, An Economic Analysis of Mortgagor Protection laws, 77 *VA. L. REV.* (1991),第493页("抵押贷款通常更喜欢出售赎回权,因为它们比司法赎回权更快捷,成本更低")。

③ Michael H. Schill, An Economic Analysis of Mortgagor Protection laws, 77 *VA. L. REV.* (1991),第495页。

④ Michael H. Schill, An Economic Analysis of Mortgagor Protection laws, 77 *VA. L. REV.* (1991).

⑤ Michael H. Schill, An Economic Analysis of Mortgagor Protection laws, 77 *VA. L. REV.* (1991),第495页。

⑥ Max Radin, The Nature of Bankruptcy, 89 U. PA. L. REV. (1940),第1页(将破产描述为约束所有债务人债权人的程序)。

⑦ Michael H. Schill, An Economic Analysis of Mortgagor Protection laws, 77 *VA. L. REV.* (1991),第494~495页(描述了对缺陷判断的限制)。

多的豁免额。[①] 一些州对扣发工资规定了更多的限制,[②]甚至有些州完全禁止扣发工资。[③] 因此,消费者的大部分收入,甚至某些情况下其全部收入都可以获得保护,国家可以简单地修改这些法律来增加受保护的收入额度。

在大多数情况下,消费者可以在破产程序之外得到同样的财产豁免。《美国破产法》赋予了消费者选择权,消费者既可以选择适用第522条d款中破产程序专有的免责,也可以选择各州法律或联邦非破产法中的免责制度。[④] 但是,《美国破产法》规定各州有权拒绝其居民进行选择而强制适用州法或联邦非破产法。[⑤] 绝大多数州在实施此选择的最初几年内"弃用"了第522条d款,[⑥]很多没有弃用的州都另行制定了更加优惠的非破产免责制度,因此联邦法律第522条d款中规定的破产免责制度就没有了实际应用意义。[⑦]

若某个州弃用了第522条d款规定的免责制度,居民在破产程序内外的财产豁免能力可能会因此出现差异。一些选择弃用联邦免责制度的州颁布了本州的仅适用于破产程序的免责制度,[⑧]但是这样做的州寥寥无几。更显著的区别在于破产消费者在破产申请时只需通过财产豁免的形式就能保存其财富。换句话说,没有申请破产的消费者如果持有未豁免财产,例如,储蓄账户中的现金,那么他将始终面临财产被扣押的威胁。[⑨] 当然,如果豁免额度足够大,那么就没有多少消费者会面

---

① 15 U.S.C. §1673(2002)(豁免联邦最低工资的三十倍或债务人实得工资的百分之七十五).

② DEL. CODE ANN. tit. 10, § 4913 (2003)(免除已获得但未支付工资的百分之八十五);740 ILL. COMP. STAT. 170/4 (2004)(豁免已赚取但未支付的每周工资的百分之八十五,或联邦最低时薪的四十五倍).

③ 42 PA. CONS. STAT. § 8217 (2002)(禁止以一般债权人为名的扣押工资);TEX. TROP. CODE. ANN §42.001(b)(1)(2000)(禁止为一般债权人扣押工资).

④ 11U.S.C. §522(b) (1) (2000).

⑤ 11U.S.C. §522(b) (1) (2000).

⑥ Richard M. Hynes et al., The Political Economy of State Property Exemptions, 47 *J. L. & ECON.* (2004),第26~27页。

⑦ Richard M. Hynes et al., The Political Economy of State Property Exemptions, 47 *J. L. & ECON.* (2004),第26~27页。

⑧ Ohio Rev. Code Ann. § § 2329.66(A)(4)(a),(A)(17) (West 2003);CAL. CIVIL PROCEDURE CODE § 703.140 (2004).

⑨ 一些州确实对银行存款提供了特定的豁免。N. Y. Debt. & Cred. Law § 283(2) (2001)(最高2500美元的银行存款免税)。其他州提供了可用于保护有限数量的任何财产的豁免。ALA. CODE § 6-10-6 (1975)(免除3000美元的个人财产)。

临现实的财产被扣押的情况,因此这种差别也就无关紧要了。[①] 另外,破产法也无须对免责制度进行这样的改变。其他国家也设有长达数年的破产程序,且债权人有权扣押消费者在破产期间获得的未豁免财产。再者,法院可以对破产前计划施加严格限制,[②]以此来限制债务人利用美国破产仅在一个瞬间测量债务人的非豁免财产这一事实的能力。

本文并未主张现行的非破产法对消费者的财产和收入给予了充分保护;关键在于联邦政府和各州政府都能够保护消费者的财产和收入,从而使破产程序存在的必要性降低。事实上,支持联邦法律对财产扣押进行限制的主要论据是,这些限制可以避免很多穷人破产。[③]

4. 为债务人提供"重新开始"

也许获得了破产免责的消费者和无财产可供债权人扣押的消费者之间最主要的区别在于,后一种消费者的债务始终未偿。即使消费者现有的收入和财产被豁免,如果他将来的财产与收入不能得到保护,他可能还是没有动力去储蓄、购买新财产或者努力工作增加收入。这样说来,非破产法只能提供暂时的保护,而消费者可能继续生活在"债务悬而未决"的状态,这使她丧失了努力工作和储蓄的意愿。[④]破产免责可以消除这种债务负担,并为消费者提供一个新的起点,使她重返生产社会。[⑤]

---

① Douglass G. Boshknff, Limited, Conditional, and Suspended Discharges in Anglo – American Bankruptcy Proceedings, 131 *U. PA. L. REV.* (1982),第 82 页(注意到英国的破产法院可以取得债务人的申请后收入);Paul B. Lewis, Can't Pay Your Debts, Mate? A Comparison of the Australian and American Personal Bankruptcy Systems, 18 *BANKR. DEV.* J. (2002),第 323 ~ 324 页(指出澳大利亚破产法院可以追索债务人在提出申请后但在解除债务之前获得的财产)。

② 本文未必主张对破产前计划进行严格限制。有关解决此问题的文章,请参见 Lawrence Ponoroff & F. Stephen Knippenberg, Debtors Who Convert Their Assets on the Eve of Bankruptcy: Villains or Victims of Fresh Start?, 70 *N. Y. U. L. REV.* (1995),第 235 页。Juliet M. Moringiello, Distinguishing Hogsfrom Pigs: A Proposalfor a Preference Approach to Pre – Bankruptcy Planning, 6 *AM. BANKR. INST. L. REV.* (1998),第 103 页,第 140 页(辩称"对破产前规划的偏爱方式将进一步推动破产法统一的理想目标,并为法院和债务人的律师提供一定的确定性")。

③ Consumer Credit Protection Act: Hearings on H. R. 11601 Before the Subcomm. on Consumer Affairs of the House Comm. on Banking & Currency, 90th Cong. , 1st Sess. 721 (1967) (Vern Countryman 主张对扣押令加以限制,以"减轻联邦破产系统的案件负担……仅是为了避免扣押而提起诉讼")。

④ 但是,请注意,一些经济学家现在建议,如果不存在清算,则消费者平均而言将工作更多,因为他们会激励他们努力工作并偿还债务。Igor Livshits ET AL. , Consumer Bankruptcy: A Fresh Start (Federal Reserve Bank of Minneapolis, Research Department, Working Paper No. 617, 2002) (认为破产解除可能会降低消费者的工作动机)。

⑤ Local Loan Co. v. Hunt, 292 U. S. (1934)第 234 页,第 244 页。

即使债务永远未偿,如果消费者几乎没有机会获得足够的收入或储蓄以拥有非豁免资产或收入,它们也不会给消费者造成巨大的债务负担。因此,非破产法通过扩大财产豁免范围,或者以其他使债务执行更加困难的方式来克服悬而未决的债务问题。早期的消费者金融学者,在消费者破产还远非如此普遍的时候,提倡对非破产债务催收设定严格限制,以此作为债务减免的一种方式。实际上,一些学者认为法律应当禁止强制执行债务,或者至少禁止(强制执行)无担保债务。[①] 尽管这听起来很极端,但在描述这个提议与可自由适用的免责之间的区别时一定要小心。该问题将在本文第三部分中进行讨论。

非破产法对于未决债务的问题则有不那么极端的措施,即规定诉讼时效条款。[②] 在破产程序中豁免的债务与实行时效规制的债权曾一度具有大致相同的法律地位。两者都可以不作进一步考虑而予以债务再认,[③]而消费者在债务人提起的强制执行债务的诉讼中须就豁免与时效作出辩护来进行积极性抗辩。[④] 如今,消费者在破产期间想要进行债务再认就必须遵守特定的程序要求,[⑤]并且破产免责是对进一步催收的禁止,因此消费者不需要再就此作出积极抗辩了。[⑥] 破产法的这些变化是非常重要的。但是,如果说这些变化对破产免责本身至关重要,那可就错了。破产制度在没有这些变化的条件下已经运行了七十余年,约占其存在时间的三分之二。[⑦] 另外,国家可以改变时效限制的效力来更紧密追踪破产免责的效力。举例来说,《公平债务追收行为法案》现在禁止讨债人对已过时效限制的债务援用司法救济程序,[⑧]国家也可以扩大这种禁令的适用范围,来模仿破产免责中附带的禁令。

---

① David Caplovitz, Consumers in Trouble: A Study of Debtors in Default (1974),第 301 页至第 304 页(有效地呼吁废除无抵押信贷的正式补救措施); Archibald Rosser, Credit Pernicious(1823),第 31 页至第 43 页(主张法院不应强制执行借贷金额所定义的消费者债务)。

② 破产解除与时效法规之间的关系在文献中基本上未得到探讨。有关引起该问题的文章,请参见 Discussion, 41 Law & Contemp. Prob. (1977),第 123 页,第 125 页(注意到解除责任和时效法规也提出了类似的问题,并呼吁进一步研究)。

③ Mills v., Wyman, 20 Mass. (1825),第 207 页,第 227 页。

④ Charles Jordan Tabb, The History of Bankruptcy Laws in the United States, 3 *AM. BANKR. INST. L. REV.* (1995),第 35 页。

⑤ 11 U.S.C. § 524(c) (2000).

⑥ 11 U.S.C. § 524(a)(2) (2000).

⑦ 破产解除的影响在 1970 年发生了变化。Dischargeability Act, Pub. L. No. 467, 84 Stat. 990 (1970).

⑧ 15 U.S.C.A. § 1692(f) (West 2003); Kimber v. Fed. Fin. Corp., 668 F. Supp. 1480, 1487 (1987)("法院同意金伯的说法,收债员对似乎有时间限制的债务提起诉讼……是一种不公平且不合理的收取债务的手段。")。

同样,社会还可以修改非破产法,如此,对已过时效限制的债务的再认将丧失强制执行力,除非消费者自愿遵守那些他们自认为是必要的保护他们的程序。

时效限制随债务类型的不同而不同;对于书面合同,最长可达十五年。① 一些州将时效规定为三年到五年,②在这段时期内美国消费者可能需要完成第十三章的清偿计划,而澳大利亚③或者英国④的消费者可能需要花费这一时间才能获得破产免责。如果消费者没有可设定抵押的财产或收入,债权人也许只能放弃,他的偿付请求最终也会因这种限制而受到阻碍。

一些债权人会起诉并获得判决,在普通法下,一份判决书可以无期限地存在,但若债权人在判决签署后一年半内未采取足够的措施执行该判决,则其可能会处于休眠状态。⑤ 而现在除特拉华州之外,各州法律都规定判决书在数年之后会失效。⑥ 有人可能会担心特拉华州提供了一个例外,这个例外吞噬了该规则,因为有很多信用卡发行行都位于特拉华州。⑦ 但是,即使债权人可以在特拉华州起诉消费者,他仍须到消费者所在州执行,因为消费者的财产都在当地。⑧ 因此,时效限制应以消费者所在州的规定为准。

应当注意,规定判决书的时效不只是为了惩罚懒惰的债权人。与债权时效法令不同,如果债权人正在积极尝试执行判决,该判决依然可以适用时效限制。实际

---

① KY. Rev. Stat. Ann. § 413. 090 (Michie 2002). 有关限制状态的州法规,请参见 CardReport. com, Statute of Limitations For Debt, at http://www. cardreport. comlaws/statute – of – limitations. html (last visited Sept. 26,2004)。

② Idaho Code § 5 – 216 (Michie 2003); Kan. Stat. Ann. § 60 – 511 (Supp. 2002); Va. Code Ann. § 8. 01 – 246 (Michie 2003).

③ Paul B. Lewis, Can't Pay Your Debts, Mate? A Comparison of the Australian and American Personal Bankruptcy Systems, 18 *BANKR. DEV. J.* (2002),第 318 页("最后,像第 13 章一样,澳大利亚债务免除之前的典型期限也是三年。")。

④ Douglass G. Boshknff, Limited, Conditional, and Suspended Discharges in Anglo – American Bankruptcy Proceedings, 131 U. PA. L. REV. (1982),第 87 页(指出,申请破产五年后获得债务解除的债务人比申请后立即获得债务解除的债务要多)。但是请注意,英格兰最近通过了一项立法,该立法将为大多数破产的债务人提供仅一年后的债务解除。Enterprise Act, 2002, c. 40 (Eng.). 该法规中有关消费者破产的部分于 2004 年 4 月生效。

⑤ Thomas D. Crandall ET AL. , The Law of Debtors and Creditors (2002), § 6. 79,第 227 页; Stefan A. Riesenfeld, Collection of Money Judgments in American Law – A Historical Inventory and Prospectus, 42 *IOWA L. REV.* (1957),第 155 页,第 172 页。

⑥ 47 Am. Jur. 2d Judgments § 969 (2003)(解释说判决在特定时间段后到期).

⑦ Comment, Smiley v. Citibank (South Dakota), N. A. : Charging Toward Deregulation in the Credit Card Industry, 22 *DEL. J. CORP. L.* 601, 628 n. 221 (1997)(注意"全美十大信用卡发卡行中有五个位于特拉华州……").

⑧ Thomas D. Crandall ET AL. , The Law of Debtors and Creditors(2002), § 6. 79,第 227 页。

上,很多州坚持认为,执行判决所需要的所有行为都应在时效期限内完成;即使止赎的抵押物已经开始售卖,唯一剩下的要求就是对售卖进行司法确认,债权人还是会遇到判决过期的情况。①

本文并不主张目前非破产法利用诉讼时效来复制破产免责的效力,只是说它可以。判决的时效期限可以很长;很多州规定判决的效力可长达二十年。② 另外,绝大部分的州允许债权人对判决进行无限次数的更新或者恢复,因此理论上一份判决可以永远有效。③ 然而,如果债务积压真的存在(如果消费者永远不可能全部清偿),则低顺位债权人也不太可能会花很多精力来恢复判决。

需注意的是,利用短期而不可更新的时效限制来复制破产免责的效果的可能性并不完全是空想。目前,有几个州都对判决书规定有相当短的、并且在某些情况下不可重新获得效力的时效限制。一些州则规定了短至四年④或五年⑤的判决执行期。更重要的是,有几个州规定债权人只有一次机会去更新他们的判决,因此这样的判决就有一个绝对的时间限制。⑥ 诚然,这些州都允许初始判决效力持续十年,⑦以便勤勉的债权人可以将其判决效力维持长达二十年。然而,这些州里面至少有一个州曾经有过五年的限制,⑧或者说是即将颁布的破产立法将迫使高收入消费者在获得免责之前停留在第十三章中的期限。⑨ 同样,本文并不主张现行非破产法的免责等同于《美国破产法》所提供的破产免责。本文只是主张可以对非破产制度进行改革以提供这种免责。

最后,判决书的诉讼时效并不会草率地不顾判决本身的性质而适用于全部判决。就像破产免责一样,诉讼时效会根据潜在的救济需求而豁免一些判决书。举例

---

① Hazel v. Van Beek,954 P.2d (Wa. 1998),第 1301 页,第 1307 页。

② Ala. Code § 6 - 2 - 32 (2003);Fla. Stat. ch. 55.081 (2003).

③ Thomas D. Crandall ET AL. ,the Law of Debtors and Creditors(2002), § 6.79,第 226 页至第 234 页。债务人是否续签或恢复其判决可能会影响其相对于其他债权人的优先权,但是本文不需要此详细信息。

④ 42 PA. Cons. Stat. § 5525 (2002).

⑤ Kan. Stat. Ann §60 - 2403(2002 年增补); Wyo. Stat. Ann. tit. 12 §1 - 17 - 307(Michie 2003)。

⑥ N. D. Cent. Code §28 - 20 - 35(2003)(要求在 20 年后取消所有判决或续签);or. Rev. STAT. 18.360 (1) (2003)(将判决留置权限制为十年,允许续签一次);Wash. Rev. Code Ann. § § 4.56.210 (1),(3),6.17.020(3) (West 1989)(将判决留置权限制为十年,允许续签一次)。

⑦ N. D. Cent. Code § 28 - 20 - 35 (2003);Or. Rev. STAT. § 18.360 (2003);Wash. Rev. Code Ann. § 6.17.020(1) (West 1989).

⑧ Ky. Rev. Stat. Ann. §427.030(Michie2002);Vt. Stat. Ann. tit. 12, §1270(2)(2003);Wyo. Stat. Ann. § 1 - 20 - 106b (Michie 2003).

⑨ Bankruptcy Abuse Prevention and Consumer Protection Act of 2003,supra note 47, § 318.

来说，一些州的诉讼时效专门为因家庭法[①]或者恶意损坏财产所产生的债务作出了特殊规定，[②]似乎没什么理由来禁止修改诉讼时效以便更贴近破产免责之例外。

如果一个州颁布了时效条款，那么较短时效且无更新可能的判决书与破产免责制度之间的功能对等可能会引发宪法问题。[③] 但联邦政府没有理由不能作出这种限制。如果说联邦政府可以限制州法院有权扣押的收入的百分比和财产种类，当然也可以限制收入可被扣押的年限。当然，联邦政府对于扣押财产的限制是参照联邦政府的破产权限制定的，[④]此种诉讼时效也可以根据该权力来制定。但我们并不仅因为债权人偿债要求的收入百分比由国会破产权监管就将扣押程序视为“破产”，同样，我们也不会仅因为扣押程序的持续时间受同样的权力所规制而将之视为“破产”。

C. 程序性破产

或许消费者破产制度有两个重要方面是非破产法无法有效复制的。第一，在债权人不能够获得全额清偿时，破产制度能够更好的分配稀缺财产。第二，破产或者至少自愿破产制度通过允许消费者决定何时承认失败而将相当大的权力交到了消费者手中。然而，即使人们认为这些区别很重要，他们也不能证明我们当前的制度就是正当的，因为社会可以将这些目标纳入破产制度中，从而为消费者提供与非破产情况下大致相同的救济。

1. 破产收益分配

许多破产文献都包含了正在进行的关于“传统主义者”和“程序主义者”之间的争论，争论的主要内容是破产法应在何种程度上尊重非破产权利。[⑤] 传统主义者认

---

① Wash. Rev. Code § 4.56.210(2) (West 1989)(前提是对抚养儿童的判决留置权可以保留到被命令抚养的最小的儿童 18 岁生日后的十年为止).

② N. D. Cent. Code § 32 - 03 - 09 (2003)(规定对财产故意损害的判决不会被一般性的时效限制法令所撤销).

③ U. S. Const. art. I, § 8, cl. 4. 适用于在解除债务颁布之前发生的债务的国家创造的解除合同被认为违反了合同条款。Sturges v. Crowinshield, 17 U. S. (4 Wheat.) 122 (1819). 如果仅适用于预期的解除，即使该解除适用于外国公民的债务，也可能违反诚信与信用条款。Ogden v. Saunders, 25 U. S. (12 Wheat) 213, 368 - 69 (1827)。此外，现有的《破产法》很可能会规避这种解除义务。International Shoe Co. v. Pinkus, 278 U. S. (1929)，第 261 页，第 265 页。

④ Consumer Credit Protection Act § 301, 15 U. S. C. § 1671(b) (2003)(“国会确定本分节的规定对于实施国会管理商业和制定统一破产法的权力是必要和适当的”).

⑤ Douglas G. Baird, Bankruptcy's Uncontested Axioms, 108 *YALE L. J.* (1998 - 99)，第 573 页；Charles W. Mooney, Jr., A Normative Theory of Bankruptcy Law: Bankruptcy As (Is) Civil Procedure, 61 Wash. & Leel. Rev. (forthcoming 2004).

为非破产催收法旨在解决单个债权人与拒绝清偿的债务人之间的冲突，而破产制度则在无力偿债的债务人财产不足以清偿全部债务时如何进行财产分配的问题上发挥独特作用。[①] 因为传统主义者相信破产制度在解决财务危机方面无可替代，他们认为破产制度不需要遵循非破产的优先次序规定。

程序主义者则反驳说，非破产法实际上旨在确定当无力偿债的债务人的资产不足以偿还所有债权人时应如何分配；非破产法通过其各种优先权规则来做到这一点。[②] 因此，程序主义者认为必须找到进一步的目的来解释破产制度存在的意义，并且破产法应仅在实现这一目的所必需的范围内偏离非破产法规定的优先事项。他们通常认为此立法目标是为了解决一般债权人之间的集体诉讼问题，这可能会减少从无力偿债债务人那里收取的总金额。根据这些学者的主张，非破产法对“先来后到”的优先次序向债权人分配财产的规则的依赖会导致潜在的“财产争夺竞赛”，导致公司过早和碎片化的清算，从而无法最大化清偿债权人。[③] 破产通过将所有可用收益按比例分配给一般债权人，有助于解决这一集体诉讼问题，从而减少了提早清算的动机。[④]

程序主义者与传统主义者之间的争论主要集中在商业破产领域，[⑤]一些学者对财产争夺竞赛理论在消费者领域的适用提出了质疑。[⑥] 消费者不会像公司法人那样被清算，这些学者认为即使债权人冲进家门夺走消费者的大部分财产家当，消费

---

① Elizabeth Warren, Bankruptcy Policy, 54 *U. CHI. L. REV.* (1987), at 782. (“国家收债法针对单个债权人的申诉而采取行动，它为债权人提供了追究欠债权的途径。一项债权人的权利，州收债法并未解决收债将使债务人无法支付其剩余债权人的可能后果。”).

② Douglas G. Baird, Loss Distribution, Forum Shopping, and Bankruptcy: A Reply to Warren, 54 *U. CHI. L. REV.* (1987)，第 822 页（“从 UCC 第 9 条至 ERISA 的许多法律都关注分配此类损失。非破产优先权规则将分配损失，并且无论是否有特殊的规定存在破产优先权规则。”）。

③ Thomas H. Jackson, Bankruptcy, Non - Bankruptcy Entitlements, and the Creditors' Bargain, 91 *YALE L. J.* (1982)，第 861 页至第 868 页。

④ 当然，这是该辩论的大大简化版本。

⑤ Elizabeth Warren, Bankruptcy Policy, 54 *U. CHI. L. REV.* (1987)，第 776 页至第 777 页（“为了更清楚地加入议题，并在一定程度上缩小辩论的重点，贝尔德教授和我同意在企业破产内容下就破产政策的基础进行辩论”）。

⑥ 另外，学者指出，非破产法可以通过预先通过担保权益分配债务人资产的权利，从而在商业环境中抢占许多问题。See Randal C. Picker, Security Interests, Misbehavior, and Common Pools, 59 *U. CHI. L. REV.* (1992)，第 645 页。

者还是会“像以前一样继续存在”。[①] 但理论上来说这种质疑是没有根据的。过早扣押某些财产(如交易工具)可能会损害消费者工作能力和赚取收入的能力这些收入可用于偿还债权人团体的债务。例如,如果消费者丢失了汽车,她就可能无法开车去上班。而且,一些评论家长期以来一直争辩说,如果一个或多个债权人对消费者的雇主提出扣押令,则其雇主可能会解雇消费者以避免必要的文书工作,或者雇主会由此认为该雇员不值得信任。[②] 显然,消费者失业会危及对债权人的任何清偿。非破产法在一定程度上解决了这些困难。很多州规定交易工具免受扣押,[③]联邦和州法律都禁止因法院对雇员下达扣押令而解雇雇员。[④] 不幸的是,这种规定的效果还没有得到检验;甚至是关于扣押导致失业的主张也完全取决于轶事证据,但是争相获取判决的竞赛至少有可能会造成收债总金额的减少。

本文并未重提关于财产争夺竞赛理论的概念有效性的争论,而是指出,程序主义者和传统主义者的解释在第七章的绝大多数非商业破产中都没有太大的意义,因为没有收益可分配给一般债权人。[⑤] 消费者有时会对担保债权人甚至无担保的债权人的借款数额进行再认,[⑥]但这些债务再认一般只是基于保留特定财产、避免

---

① Barry Adler et al. ,Regulating Consumer Bankruptcy:A Theoretical Inquiry,29 *J. LEGAL STUD.* 586 (2000)(“如果有集体诉讼问题,则采取的形式必须不同于企业破产所采取的形式。要知道为什么,假设没有破产程序,只有一个债权人,急于作出判决,没收了无力偿债的消费者的大部分资产,这会伤害其他债权人,但损害只是财富转移,正如刚才所说的,无论债权人是非常豪爽分享还是按比例分享,消费者都将像往常一样继续前进。”)。

② 例如,在颁布联邦对工资扣押的限制之前,国会宣称数百名工人由于扣押程序而失业,因为他们的工资是由“不道德的商人”和放贷人提供的,他们的做法“诱捕不知情的工人”。H. R. REP. No. 90 - 1040 (1967),reprinted in 1968 U. S. C. C. A. N. 1962,1966[引用总统关于城乡贫困的建议,H. R. Doc. No. 90 - 88,10 (1967)].

③ Va. Code Ann. § 34 - 26 (Supp. 2003)(如果职业或教育需要,可免税的工具,书籍和贸易工具的税额最高为 10,000 美元).

④ 15 U. S. C. § 1673(a) (2000).

⑤ Executive Office for U. S. Trustees, United States Trustee Program:Preliminary Rfport on Chapter 7 Asset Cases 1994 TO 2000,7 (2001),[解释说,“从历史上讲,绝大多数(95% 至 97%) 第七章案件不产生任何资产。”]参见 http://www. usdoj. gov/ust/libraiy/chapterO7/assetcases/Publicat. pdf。U. S. Gen. Accounting Office, Bankruptcy Administration:Case Receipts Paid to Creditors and Professionals, Gaoiggd - 94 - 173 (July 28,1994)(请注意,商事案例代表了第 7 章中所有资产的三分之一,并产生了全部收入的约 80%),请访问 http://archive. gao. gov/t2pbat2/152238. pdf。

⑥ 有关重新确认在破产中的作用的讨论,参见 Marianne B. Culhane & Michaela M. White, Debt After Discharge:An Empirical Study of Reaffirmation,73 *AM. BANKR. L. J.* (1999),第 709 页,第 713 页(发现抽样的案例中有 25% 在文件中有重申确认)。消费者重申的一些债务是无抵押的。消费者可能希望与债权人保持良好关系,以便他在破产后可以获得信贷。消费者还可能担心债权人会声称债务是通过欺诈获得的,否则就无法在破产中解除债务。11 U. S. C. §523 (2000).

诉讼或者能够在破产之后保留信用额度，因此与争夺资产竞赛问题无关。简言之，更好地将破产收益分配给债权人的需求无法解释在无收益可供分配情况下为何绝大多数破产消费者仍选择破产。

2. 让消费者自行宣告违约

美国颁布的第一个破产制度不允许债务人自愿提出破产免责申请，①但是很多债务人可以说服一些友善的债权人为他们提出申请。② 现在，自愿申请似乎已经成为破产申请的最主要形式。消费者自愿申请破产免责可以获得更多的利益，而非破产制度则很难复制这些利益。在非破产法中，债权和判决都有单独的时效，债权人可以一直等到诉讼时效结束之前来起诉，如此可以最大化消费者的收入和资产受到扣押威胁的期限，并推迟新的开始。当然，尽管诉讼时效需要保留相对较长的时间以便原告可以发现自己的损失并及时立案，但若国家认为这个期限过长，它可以缩短期限。此外，消费者可以从申请破产和宣布违约所带来的确定性中获得一些情感上的慰藉。

非破产法通过允许消费者提起对违约的声明性判决来解决这些问题，这将启动对收债的诉讼时效。③ 但这种方法十分烦琐，消费者需要进行多次申报才能解决多个债权人的问题。相较而言，单一破产申请通常是宣告一般违约的更有效的管理手段。

我们不应高估一个正式破产制度的程序优势。举例来说，希望通过宣告违约的方式来实现财务结算的消费者，可以在不申请破产或者援用其他法院程序的情况下做到这一点。实际上，如果消费者书面请求债务人停止进一步的催收行为，《公平债务催收法案》要求除采取司法行动系必需的情形以外，收款人应依其请求。④

3. 创造纯粹的程序性破产制度

即使破产所提供的程序优势是非常重要的，但这些优势并不能证明破产内外

---

① Charles Jordan Tabb, The History of Bankruptcy Laws in the United States, 3 *AM. BANKR. INST. L. REV.* (1995)，第 14 页（“只有债权人，在证明债务人实施破产行为后，才可以发起破产”）。

② Charles Jordan Tabb, The History of Bankruptcy Laws in the United States, 3 *AM. BANKR. INST. L. REV.* (1995)，第 14 页（“然而，债务人显然常常能够说服友好的债权人提起诉讼”）。

③ 这与杰克逊教授提出的一个建议有关，即社会可以采用一种程序，使债务人可以进行公开申报，以免除债权人的债权中的某些资产（如债务人的未来收益），但不能起到收集作用。Thomas H. Jackson, The Fresh - Start Policy in Bankruptcy Law, 98 *HARV. L. REV.* (1985)，第 1396 页脚注 8。

④ Federal Trade Commission Facts for Consumers, Fair Debt Collection (1999), http://www.ftc.gov/bcp/conlinelpubslcredidfdc.htm (last visited Sept. 26, 2004)（“您可以阻止收债员与您联系，方法是写信给收债人，要求他们停止收债。收债人收到您的信后，他们可能不会再与您联系，除非说不再与您联系或通知您，收债员或债权人打算采取某些具体行动。”）。

的免责制度之间的不平衡是正当的。相反,国家可以采纳以程序性规定为主的破产制度,这样不仅可以获得这些优势,还能为消费者提供与未提起诉讼时应获得的同等程度的债务减免。① 但是否应当这样做,我们会在下面的第三部分中进行讨论。

想象一个与现行的《美国破产法》第七章在以下方面相同的破产制度:(1)大多数的程序性问题,包括自愿提出破产申请;(2)担保债权人的待遇;(3)分配的优先次序;(4)利用非破产法来决定消费者的哪些财产将成为破产财产。② 但也需要想象一下,这种程序性破产制度仍旧要依靠非破产法以及其他实体法。具体来说,此程序性破产制度还应借鉴非破产的扣押规定来决定消费者多大数额的将来收入应偿还给破产申请前的债权人,借鉴非破产法对于判决效力的时效条款来决定消费者在未获得免责之前必须偿还债务的年限。

如果非破产法对判决效力规定了严格的诉讼时效,比如三年,并且采用比较宽松的财产扣押豁免规定,则此程序性破产制度实际上与一些学者③倡导并已在一些

---

① 本节概述的消费者破产制度将比 Mooney 教授提出的制度更具程序性,因为 Mooney 教授的制度将在破产内部和外部采用不同的税率。Charles W. Mooney, Jr. , A Normative Theory of Bankruptcy Law:Bankruptcy As (Is) Civil Procedure,61 *WASH. &LEEL. REV.* (forthcoming 2004).

② 如上所述,这不是对当前破产法的完全准确的描述。11U. S. C. §522(b) (1) (2000)。11U. S. C. §522(b) (1) (2000)。Richard M. Hynes et al. ,The Political Economy of State Property Exemptions, 47 J. L. & ECON. (2004),第 26 ~27 页. OHIO REV. CODE ANN. § § 2329. 66(A)(4)(a),(A)(17)(West 2003);Cal. Civil Procedure Code § 703. 140 (2004). 一些州确实对银行存款提供了特定的豁免。N. Y. DEBT. & CRED. LAW § 283(2) (2001)(最高 2500 美元的银行存款免税)。其他州提供了可用于保护有限数量的任何财产的豁免。ALA. CODE § 6 - 10 - 6 (1975)(免除 3000 美元的个人财产)。Douglass G. Boshknff, Limited, Conditional, and Suspended Discharges in Anglo - American Bankruptcy Proceedings,131 *U. PA. L. REV.* (1982),第 82 页(注意到英国的破产法院可以取得债务人的申请后收入);Paul B. Lewis,Can't Pay Your Debts,Mate? A Comparison of the Australian and American Personal Bankruptcy Systems,18 *BANKR. DEV. J.* (2002),第 323 ~324 页(指出澳大利亚破产法院可以追索债务人在提出申请后但在解除债务之前获得的财产)。

③ 11U. S. C. §522(b) (1) (2000) ;Richard M. Hynes et al. ,The Political Economy of State Property Exemptions,47 *J. L. & ECON.* (2004) ;Ohio Rev. Code Ann. § § 2329. 66(A)(4)(a),(A)(17)(West 2003);Cal. Civil Procedure Code § 703. 140 (2004),一些州确实对银行存款提供了特定的豁免,N. Y. DEBT. & CRED. LAW § 283(2) (2001)(最高 2500 美元的银行存款免税),其他州提供了可用于保护有限数量的任何财产的豁免,ALA. Code § 6 - 10 - 6 (1975)(豁免 3000 美元的个人财产);Douglass G. Boshknff, Limited, Conditional, and Suspended Discharges in Anglo - American Bankruptcy Proceedings,131 *U. PA. L. REV.* (1982),第 82 页(注意到英国的破产法院可以取得债务人的申请后收入);Paul B. Lewis,Can't Pay Your Debts, Mate? A Comparison of the Australian and American Personal Bankruptcy Systems,18 *BANKR. DEV. J.* (2002), 第 323 ~324 页(指出澳大利亚破产法院可以追索债务人在提出申请后但在解除债务之前获得的财产)。

国家①适用的基于税收的破产制度没有区别。如果非破产法完全豁免了消费者的收入并且限定判决书的时效限制短到可忽略不计,那么此程序性破产制度将与《美国破产法》第七章的规定非常相似。

第三部分　消费者破产法应是纯粹的程序性规定?

第二部分表明如果国家欲在非破产法之下为消费者提供与破产制度同样的免责效果,那么它应当采纳纯粹的程序性破产制度,从而为消费者提供重新开始的机会,并确保消费者可以克服困难。实践中,很多消费者发现,现行的《美国破产法》提供的救济要比现行的非破产法宽裕得多;所以在 2003 年有 150 万个非商业破产申请。②

社会可能有充分的理由为消费者提供比未申请破产更好的破产救济,但是现有的文献并没有对这种分歧给出合理的理由。本文认为可以通过扩充债务免责与

---

① Nat'l Bankr. Rev. Comm'n, Bankruptcy: the Next Twenty Years, Final Rep. (1997), 第 269 页 [hereinafter, NBRC REPORT], available at http://govinfo. libraryunt. edulnbrclreport/OItitle. ht nl; Lynn M. LoPucki, Common Sense Consumer Bankruptcy, 71 *AM. BANKR. L. J.* 第 461 页, 第 471 页 (1997 年版); Hung – Jen Wang & Michelle J. White, An Optimal Personal Bankruptcy Procedure and Proposed Reforms, 29 *J. LEGAL STUD.*, 第 256 页。但是,从理论上讲,不能得出这样的结论,即百分之一百的破产税率会比较低的边际税率更不利于总的工作激励。较高的税率肯定会阻止破产人士工作。但是,这也将为那些濒临破产边缘的人提供更大的动力,使其努力工作并避免违约。如果不比较这两组人的规模,就无法确定哪种税率平均可以提供更好的工作激励。Richard M. Hynes, Optimal Bankruptcy in a Non – Optimal World, 44 *B. C. L. REV.*, 第 74 页。1994 年,国会成立了国家破产审查委员会,以研究破产制度。Bankruptcy Reform Act of 1994, Pub. L. No. 103 – 394, § 602 – 03, 108 Stat. (1994), 第 4106 页, 第 4147 页。Nat'l Bankr. Rev. Comm'n, Bankruptcy: the Next Twenty Years, Final Rep. 第 269 页。Jean Braucher & Charles W. Mooney, Jr., Means Measurement Rather Than Means – Testing: Using the Tax System to Collect from Can Pay Consumer Debtors After Bankruptcy, 22 *AM. BANKR. INST. J.* 6 (Feb. 2003); Hung – Jen Wang & Michelle J. White, An Optimal Personal Bankruptcy Procedure and Proposed Reforms, 29 *J. LEGAL STUD.* (2000), 第 255 页。Rafael Erfat, The Fresh Start Policy in Israel, 7 Am. Bankr. Inst. L Rev. 第 555 页(1999)(提供了各种普通法国家的破产制度的简要说明); Paul B. Lewis, Can't Pay Your Debts, Mate? A Comparison of the Australian and American Personal Bankruptcy Systems, 18 *BANKR. DEV. J.* (2002), 第 297 页 (描述澳大利亚破产制度)。Jean Braucher & Charles W. Mooney, Jr., Means Measurement Rather Than Means – Testing: Using the Tax System to Collect from Can Pay Consumer Debtors After Bankruptcy, 22 *AM. BANKR. INST. J.* 6 (Feb. 2003). Paul B. Lewis, Can't Pay Your Debts, Mate? A Comparison of the Australian and American Personal Bankruptcy Systems, 18 *BANKR. DEV. J.* 297 (2002), 第 323 页至第 324 页, 第 326 页至第 328 页。

② 在截至 2003 年 12 月 31 日的十二个月中,共有 1,625,208 份非企业破产申请。The Federal Judiciary, Table F – 2 U. S. Bankruptcy Courts, at http://www. uscourts. gov/PressReleases/1203f2. xls (last visited Sept. 26, 2004).

保险之间的类比来找到合理解释。[①] 破产制度可以提供更宽裕的债务免除,因为破产程序确保消费者在遭受了不幸时有获得更多救济的权利;破产制度给予消费者更好的债务免除,是因为破产程序是一种平均收入检验手段。

A. 现有解释的不足

现有文献提出了三种可能的理由来解释为什么破产制度可以给予更多的债务免除:(1)债务人合作理论;(2)联邦主义;(3)宽恕理论。正如我们所看到的,这些解释没有一种是可行的。

1. 债务人合作理论

破产免责制度最初作为一种奖励债务人与破产程序所建立的更优化的催收程序协作来最大化债权人受偿的手段而被证明了其正当性。[②] 然而这种证明主要是在破产制度对债权人更有利的时期所使用。[③] 例如,美国颁布的某些早期破产法不允许债务人自愿申请免责,[④]并且仅在债务人偿还了最低份额的债务或者获得债权人同意,或者两者兼而有之时才能获得免责。[⑤] 另外,在普通法法域中,最早的破产法仅向商人开放。[⑥] 因为商人能够轻易地向债权人隐藏重要的财产,因此债务人与催收程序进行合作也许是必需的。

即使我们接受了债务人合作理论作为早期免责的正当依据,这个理论与现代消费者破产并没有什么关系,现在学者在解释破产免责的正当性时使用的是其他理论。[⑦] 简言之,最常用的第七章破产形式在绝大多数破产中并不能为一般债权人创造任何好处,[⑧]因此人们也不再相信破产能使债权人的收益最大化。

---

① 参见下文注释 228 - 231 及其所附文本。

② Charles Jordan Tabb, The Historical Evolution of the Bankruptcy Discharge, 65 *AM. BANKR. L. J.* (1991), 第 325 页。

③ Charles Jordan Tabb, The Historical Evolution of the Bankruptcy Discharge, 65 *AM. BANKR. L. J.* (1991), 第 325 页。

④ Charles Jordan Tabb, The Historical Evolution of the Bankruptcy Discharge, 65 *AM. BANKR. L. J.* (1991), 第 346 页。

⑤ Charles Jordan Tabb, The Historical Evolution of the Bankruptcy Discharge, 65 *AM. BANKR. L. J.* 325 (1991), 第 346 页至第 347 页。

⑥ Charles Jordan Tabb, The Historical Evolution of the Bankruptcy Discharge, 65 *AM. BANKR. L. J.* 325 (1991), 第 334 页至第 335 页。

⑦ Charles Jordan Tabb, The Historical Evolution of the Bankruptcy Discharge, 65 *AM. BANKR. L. J.* 325 (1991), 第 355 页, 第 363 页至第 364 页。

⑧ Executive Office for U. S. Trustees, United States Trustee Program: Preliminary Rfport on Chapter 7 Asset Cases 1994 to 2000, 7 (2001) [解释说,"从历史上讲,绝大多数(95% 至 97%) 第七章案件不产生任何资产"], available at http://www. usdoj. gov/ust/libraiy/chapterO7/assetcases/Publicat. pdf.

2. 联邦主义

州与联邦的对信贷市场的监管相结合为联邦主义学者提供了沃土。[①] 学者们将破产法归为联邦法，将非破产法归为州法来简化分析。[②] 他们常常主张(作为联邦法律的)破产法应发挥更重要的作用，因为各州在制定非破产的债务免责法律方面做得很差。举例来说，大量的学者认为联邦破产法不应纳入州财产豁免规定，因为各州的免责规定要么很陈旧，[③]要么价值上相差甚远，以至于“根本上不公平”。[④]

在有关破产免责的开创性工作中，Jackson 教授对破产法对消费者未来收入的更慷慨待遇提出了稍有不同的解释。[⑤] Jackson 教授认为，(作为联邦法律的)破产免责可以保护消费者的人力资本，因为作为强制债务减免理由的市场失灵给人力资本带来了特殊的问题，而这些市场失灵在某种程度上可由全国性规则来修正。[⑥]

尽管联邦政府应在何种程度上控制债权债务关系法律仍然没有定论，[⑦]但这项讨论很大程度上与“为何破产应当比非破产法提供更好的债务免除效果”的问题是

① Adam Feibelman. Federal Bankruptcy Law and State Sovereign Immunity，81 *TEX. L. REV.*，第 1381 页，第 1402 页至第 1407 页 (2003)；Thomas E. Plank，Bankruptcy and Federalism，71 *FORDHAM L. REV.* (2002)，第 1063 页。

② Thomas H. Jackson，The Fresh – Start Policy in Bankruptcy Law，98 *HARV. L. REV.* (1985)，第 1431 页。

③ Lee Robert Bogdanoff，Exemptions Under the Bankruptcy Code：Using California's NewHomestead Law as a Medium for Analysis，72 *CAL. L. REV.* 922，932 n. 70 (1984)；Julia Patterson Forrester Mortgaging the American Dream：A Critical Evaluation of the Federal Government's Promotion of Home Equity Financing，69 *TUL. L. REV.* (1994)，第 373 页，第 403 页脚注 164；Richard M. Lombino，Uniformity of Exemptions：Assessing the Commission's Proposals，6 *AM. BANKR. INST. L. REV.* (1998)，第 177 页，第 184 页；Jean-McGreevy，Proposed Reforms in Iowa Bankruptcy Exemption Laws：A Solution to the Fraudulent Conveyance Dilemma，74 *IOWA L. REV.* (1989)，第 1219 页，第 1234 页；William J. Woodward，Jr.，Exemptions，Opting Out，and Bankruptcy Reform，43*OHIOST. L. J.* (1982)，第 335 页，第 342 页。Vern Countryman，For a New Exemption Policy in Bankruptcy，14 *RUTGERS L. REV.* (1960)，第 678 页，第 681 页至第 684 页。

④ Nat'l Bankr. rev. Comm'n，Bankruptcy：The Next Twenty Years，Final Rep. (1997)，at 121 – 25，available at http://govinfo. libraryunt. edulnbrclreport/OItitle. html. Letter from various law professors to Senator Patrick Leahy and Congressman F. James Sensenbrenner (May 22，2002)，at http://nacba. com/homestead. html (last visited Sept. 26，2004)(“联邦参议院统一的宅基地豁免上限的主要目的是改善一个州的居民可以在‘统一’联邦破产制度中保护价值数百万美元的资产而其他州的居民在他们可以保护的财产数量方面面临着严格的限制。”)。

⑤ Thomas H. Jackson，The Fresh – Start Policy in Bankruptcy Law，98 *HARV. L. REV.* 1393，(1985)，第 1431 页至第 1433 页。

⑥ Thomas H. Jackson，The Fresh – Start Policy in Bankruptcy Law，98 *HARV. L. REV.* 1393，(1985)，第 1431 页至第 1433 页。

⑦ G. Marcus Cole，The Federalist Cost of Bankruptcy Exemption Reform，74 *AM. BANKR. L. J.* (2000)，第 227 页(主张继续对豁免政策进行国家控制)。

正交关系。首先,联邦政府能够,并且确实,在规范非破产程序的催收行为。[①] 回想一下,联邦政府限定了扣押财产不能超过个人税后工资的百分之二十五,[②]联邦政府当然也有权力豁免其他财产。[③] 联邦非破产法也为债务人提供了有限的保护来对抗讨债人的骚扰,[④]规定违约报告不与破产相关联。[⑤] 即使现存的联邦非破产法规定的保护措施仍不充足,但是解决这个问题的方案仍是提供破产免责而非加强非破产法中对催收的限制,这点很令人费解。

为什么联邦主义者的讨论与本文的分析是正交的第二点原因在于,国家可以采用免责条件比非破产法更宽松的破产制度,并且允许各州提供可在破产制度内外使用的实体法。自从 1898 年建立稳定运行的破产制度以来,消费者已经能够在破产程序中适用本州的财产豁免规定。[⑥] Hanover 国家银行诉 Moyses 案迅速挑战了"全美破产统一法律"[⑦]体系中适用国家财产豁免的问题。[⑧] 但最高法院基于破产在"地理上"是统一的这一理论支持了他们的申请,因为每个州的债权人在破产中都有权获得与该州催收法所规定的同样的财产。[⑨]

---

① 鉴于各州在历史上的重要作用,联邦对非破产债务人 - 债权人法的严格控制可能会遇到重大阻力。但是,根据宪法的商业条款,联邦政府这样做的权力似乎很明确。即使联邦政府感到被迫行使其破产权力,就像它在颁布联邦对工资扣押进行限制时所做的那样,除非这些新法律适用于提出破产申请的消费者,否则我们不会将其视为破产法。U. S. CONST. art. I, § 8, cl. 4. 适用于在解除债务颁布之前发生的债务的国家创造的解除合同被认为违反了合同条款。Sturges v. Crowinshield, 17 U. S. (4 Wheat.) 122 (1819). 如果仅适用于预期的解除,即使该解除适用于外国公民的债务,也可能违反诚信与信用条款。Ogden v. Saunders, 25 U. S. (12 Wheat) 213, 368 - 69 (1827). 此外,现有的《破产法》很可能会规避这种解除义务。International Shoe Co. v. Pinkus, 278 U. S. (1929), 第 261 页, 第 265 页。Consumer Credit Protection Act § 301, 15 U. S. C. § 1671 (b) (2003) ("国会确定本分节的规定对于实施国会管理商业和制定统一破产法的权力是必要和适当的。")。

② See 15 U. S. C. § 1673 (2002) (豁免联邦最低工资的三十倍或债务人实得工资的百分之七十五).

③ 但是,如今,许多联邦豁免都限于由诸如联邦法官之类的狭义团体持有的资产。28 U. S. C. § 376 (n) (2000) (免除支付给包括破产法官在内的法官幸存者的年金).

④ Fair Debt Collections Practices Act, Pub. L. No. 90 - 321, 82 Stat. 146 (1968) [codified as amended at 15 U. S. C. § § 1692 - 1692o (2000)].

⑤ Fair Credit Reporting Act, 15 U. S. C. § § 1681 - 81u (2000).

⑥ Charles Jordan Tabb, The History of Bankruptcy Laws in the United States, 3 *AM. BANKR. INST. L. REV.* 5 (1995).

⑦ U. S. CONST. art. I, § 8, cl. 4.

⑧ 186 U. S. 181, 188 - 89 (1902).

⑨ Hanover, 186 U. S. 第 190 页 ("我们同意这种观点,并认为,从宪法的意义上讲,[破产]制度在整个美国是统一的,当受托人进入每个州时,债权人可以得到的一切 如果破产法尚未通过,则该法律的一般运作是统一的,尽管在不同国家可能会导致某些细节有所不同")。

在1978年《破产改革法》通过后，一些州通过颁布仅在破产程序中适用的豁免规定加强了州法对财产豁免的进一步控制。① 这些豁免规定也受到了挑战和质疑，迄今为止针对这些质疑的决定也各有不同。一些法院裁判认为这些豁免规定是违宪的，因为Hanover案中的地理统一性论点仅适用于破产范围之外的可用豁免。② 其他法院认为这些豁免规定与最高条款相冲突了，③因为当国会授权各州可以自由退出522(d)规定的豁免时，④并没有明确授权各州制定只适用于破产制度中的豁免规定。⑤ 其他法院也在质疑这些仅适用于破产制度的免责是否违反了平等保护条款，因为这些免责规定并不适用于未提出破产申请的消费者。⑥ 无论如何，许多

① See CAL. CIV. PROC. CODE § 703.140 (2004).

② In re Mata, 115 B. R. 288, 291 (Bankr. D. Colo. 1990); In re Lennen, 71 BR. 80, 83 (Bankr. N. D. Cal. 1987); In re Reynolds, 24 B. R. 344, 347 (Bankr. S. D. Ohio 1982); Contra In re Kulp, 949 F. 2d 1106, 1109 n. 3 (10th Cir. 1991); In re Cross, 255 B. R. 25, 30 - 31 (Bankr. N. D. Ind. 2000); In re Vasko, 6 B. R. 317, 319 - 20 (Bankr. N. D. Ohio 1980); In re Shumaker, 124 B. R. 820, 825 (Bankr. D. Mont. 1991).

③ U. S. CONST. art. VL, cl. 2.

④ 11 U. S. C. § 522(b) (2000).

⑤ Mata, 115 B. R. at 291("该法典或该法典的通过所依据的立法历史中没有任何内容表明国会打算将这种权力下放给各个州。"); Lennen, 71 B. R. at 83(522(b)(2)(A)的法定措词规定，债务人可以根据"适用的州或地方法律"主张财产豁免，鉴于宪法方面的考虑，不应如此宽泛地解释以至于授权一种仅适用于联邦破产法院的州豁免计划。); Cross, 255 B. R. at 34(禁止……的权力与被赋予创造权力的权力是不同的。因此，在赋予各州选择退出联邦破产豁免权的能力时，国会没有赋予他们创建破产豁免权的权力。) Contra Vasko, 6 B. R. 第320页至第322页(认为仅在破产中适用的国家豁免不违反至上条款); Shurnaker, 124 B. R. 第826页["根据§ 522(b)(1)，国会的颁布……对每个州都是明确的信号，根据地理统一性原则，每个州可以有效地采用自己的破产豁免方案。"]; 此外，一些法院质疑国会是否可以授权设置仅破产豁免的权利，即使它愿意。Reynolds, 24 B. R. 第346页("如果不这样做，将间接允许逃避或废除联邦破产法，因为如果可以做到的话，国会不会将其破产权下放，因此不会直接得到联邦政府的支持。")。

⑥ Reynolds, 24 B. R. 第347页["俄亥俄州法规制定了特别的破产立法，或颁布了违反第四条第二节(特权和豁免条款)和平等保护条款，美国宪法第XIV条的立法。"]。Contra Bloom, 5 B. R. 第453页; Shumaker, 124 B. R. 第826页; Vasko, 6 B. R. 第323页 (citing Bloom, 5 B. R. 第453页)。

法院都支持这些法规,①包括唯一处理此问题的上诉法院。②

如果国会可以将只适用于破产程序的财产豁免制度下放给各州,那么它几乎没有理由不采用可以对消费者的未来收入征收某种税款的破产制度,然后授权各州规定税率和征税期间。也就是说,国家几乎没有理由不能在破产中提供所有(或几乎所有)需要的实体法。同样,本文并没有说国会应当这样做,而只是认为国会可以这样做。

3. 宽恕理论

一些学者在讨论破产清算时避开了保险的无用语言,转而采用了更为情绪化的道德和宽恕性语言。③ 根据该文献,宽恕需要一定的先决条件:"首先应存在错误,该错误伤害了他人,受伤的一方对发生的事情表示愤慨,而做错事的人承认做错了事并采取措施加以纠正。④ 这一理论可以解释如果申请破产是消费者对自己

---

① In re Mata,115 B. R. 288,291 (Bankr. D. Colo. 1990) ;In re Lennen,71 BR. 80,83 (Bankr. N. D. Cal. 1987);In re Reynolds,24 B. R. 344,347 (Bankr. S. D. Ohio 1982);Contra In re Kulp,949 F. 2d 1106, 1109 n. 3 (10th Cir. 1991);In re Cross,255 B. R. 25,30 – 31 (Bankr. N. D. Ind. 2000) ;In re Vasko,6 B. R. 317,319 – 20 (Bankr. N. D. Ohio 1980);In re Shumaker,124 B. R. 820,825 (Bankr. D. Mont. 1991)。U. S. CONST. art. VL,cl. 2. 11 U. S. C. § 522(b) (2000). Mata,115 B. R. at 291("该法典或该法典的通过所依据的立法历史中没有任何内容表明国会打算将这种权力下放给各个州。");Lennen,71 B. R. at 83[522(b)(2)(A)的法定措词规定,债务人可以根据"适用的州或地方法律"主张财产豁免,鉴于宪法方面的考虑,不应如此宽泛地解释以至于授权一种仅适用于联邦破产法院的州豁免计划。];Cross,255 B. R. at 34(禁止……的权力与被赋予创造权力的权力是不同的。因此,在赋予各州选择退出联邦破产豁免权的能力时,国会没有赋予他们创建破产豁免权的权力。)Contra Vasko,6 B. R. 第 320 页至第 322 页(认为仅在破产中适用的国家豁免不违反至上条款);Shurnaker,124 B. R. 第 826 页["根据 § 522(b)(1),国会的颁布……对每个州都是明确的信号,根据地理统一性原则,每个州可以有效地采用自己的破产豁免方案。"];此外,一些法院质疑国会是否可以授权设置仅破产豁免的权利,即使它愿意。Reynolds,24 B. R. 第 346 页("如果不这样做,将间接允许逃避或废除联邦破产法,因为如果可以做到的话,国会不会将其破产权下放,因此不会直接得到联邦政府的支持。")。Reynolds,24 B. R. 第 347 页["俄亥俄州法规制定了特别的破产立法,或颁布了违反第四条第二节(特权和豁免条款)和平等保护条款,美国宪法第 XIV 条的立法。"]。Contra Bloom,5 B. R. 第 453 页;Shumaker,124 B. R. 第 826 页;Vasko,6 B. R. 第 323 页 (citing Bloom,5 B. R. 第 453 页)。

② In re Kulp,949 F. 2d (10thCir. 1991),第 1106 页。

③ Karen Gross,Failure and Forgiveness (1997);Richard E. Flint,Bankruptcy Policy:Toward a Moral Justification for Financial Rehabilitation of the ConsumerDebtor,48 *WASH. &LEE L. REV.* (1991),第 515 页;Jason J. Kilbom,Mercy,Rehabilitation,and Quid Pro Quo:A Radical Reassessment of Individual Bankruptcy,64 *OHIO ST. L. J.* (2003),第 855 页;Terrence L. Michael & Michael R. Pacewicz,Settling Objections to Discharge in Bankruptcy Cases:An Unsettling Look at Very Unsettled Law,37 *TULSA. L. REV.* (2002),第 637 页;Robert Weisberg,Commercial Morality,the Merchant Character,and the History of the Voidable Preference,39 STAN. L. REV. (1986),第 3 页。

④ Karen Gross,Failure and Forgiveness (1997),第 93 页,[citing Joram Graf Haber,forgiveness 32 (1991)].

不当行为的一种承认,则消费者在破产中获得的债务减免幅度可以大于其根据非破产法可能获得的债务减免。"[①]

即使宽恕理论证明债务减免是合理的,[②]但宽恕只有在消费者承认自己的错误之后才是适当的,[③]宽恕理论也无法解释社会为什么在破产法中比非破产法提供更多的救济。破产既不是对消费者债务的承认,也不是对消费者不偿还债务而犯错的承认。即使消费者坚决否认其对特定债权人的责任,即使该债权人有争议且未清算的债权,该债权人仍有权在其破产程序中申报债权。[④] 破产免责将阻碍债权人为确定消费者的个人责任而做出的努力,[⑤]并且消费者根本无须承认该债权申报的有效性。实际上,一些学者认为,消费者可以并且应该将破产作为解决争议债权的终极武器。[⑥] 总之,不能简单地说破产就是对消费者义务的承认。因为破产并没有提供对消费者义务的承认,所以这种宽恕理论不能解释为什么社会能在破产中提供更大的救济。

B. 破产制度可以起到"平均收入检验"的作用吗?

也许在破产程序中给予消费者更宽松的债务免责的理由可以通过回到为何为消费者提供债务免责的理由来找到。尽管存在不同的观点,[⑦]但最合理的一种观点认为,它为消费者提供了由于某种形式的市场失灵而导致消费者无法购买的保险

---

① Karen Gross, Failure and Forgiveness (1997),第 94 页("最后,债务人通过采用法律制度承认失败并采取措施纠正其错误。该制度使该错误成为公共记录,并要求债务人进行司法审查。")。

② 一些学者质疑偿还债务的道德义务和法律义务之间的联系。Todd J. Zywicki, With Apologies to Screwtape, 9 J. BANKR. L. & PRAC. (2000),第 513 页(注意到许多宗教和文化对债务有法律上的宽恕,但这种宽恕并不能解除债务人的情况随后改善的道德义务)。

③ 例如,有些宗教将悔改视为宽恕的前提,而另一些则没有。Michael E. Mccullough, Kenneth I. Pargament & Carl E. Thoresen, Forgiveness 32 – 35 (2000).

④ 11 U.S.C. § 101 (5) (2000). Douglas G. Baird, the Elements of Bankruptcy (Revised ed. 1993),第 79 页至第 87 页,对这个问题的特别理解的处理。

⑤ 11 U.S.C. 524(2000).

⑥ William C. Whitford, The Ideal of Individualized Justice: Consumer Bankruptcy as Consumer Protection, and Consumer Protection in Consumer Bankruptcy, 69 *AM. BANKR. L. J.* (1994),第 397 页,第 401 页至第 404 页(主张破产可能是解决有争议索赔的有用工具)。

⑦ Charles G. Halinan, The "Fresh Start" Policy in Consumer Bankruptcy: A Historical Inventory and an Interpretative Theory, 21 *U. RICH. L. REV.* (1986), at 50 – 52; Charles Jordan Tabb, The Scope of the Fresh Start in Bankruptcy: Collateral Conversions and the Discharge – ability Debate, 59 *GEO. WASH. L. REV.* (1990),第 56 页至第 57 页。

形式①。② 就像保险制度一样，破产制度在消费者遭受困境的时候提供了一种利益（债务免除），消费者用更高的利率为该保险支付保费。③

本文的第二部分表明，用保险理论作为破产免责辩护仍然是不完全的，因为对催收的其他限制可以提供债务免责的效果，从而可能提供消费者无法在市场中购买到的保险。然而，当我们关注到保险所带来的道德风险时，这种将破产与保险的类比可能会帮助我们理解在一个更大范围的债务救济制度中破产更合适扮演的角色。

在讨论道德风险时，关于消费者金融的文献更倾向于关注这样一个事实：即保险降低了个人避免被保险事务发生的动机。④ 在论证这个问题时，文献中常常运用更加丰富多彩的措辞来表达：就像蚱蜢没有准备好过冬一样，如果保险降低了被保

---

① Barry Adler et al., Regulating Consumer Bankruptcy: A Theoretical Inquiry, 29 *J. LEGAL STUD.* (2000)，第 587 页（"实际上，最好将消费者破产作为部分工资保险……"）；Charles G. Halinan, The "Fresh Start" Policy in Consumer Bankruptcy: A Historical Inventory and an Interpretative Theory, 21 *U. RICH. L. REV.* (1986)，第 50 页至第 52 页；TERESA A. SULLIVAN, ELIZABETH WARREN & JAY LAWRENCE WESTBROOK, As WE FORGIVE OUR DEBTORS (1989)，第 252 页至第 261 页（讨论破产与其他形式的社会保险之间的关系）；Hung - Jen Wang & Michelle J. White, An Optimal Personal Bankruptcy Procedure and Proposed Reforms, 29 *J. LEGAL STUD.* (2000)，第 155 页（"个人破产的一项重要功能是，当债务人的偿还能力很低时，通过解除一些债务来为规避风险的债务人提供部分财富保险"）。但是请注意，越来越多的经济学家质疑破产提供的保险是否会改善消费者的福利。Kartik B. Athreya, Welfare Implications of the Bankruptcy Reform Act of 1999, 49 *J. MONETARY ECON.* (2002)，第 1567 页（发现通过彻底消除破产使福利大大增加）；Kartik B. Athreya & Nicole B. Simpson, Personal Bankruptcy or Public Insurance? (Fed. Reserve Bank of Richmond, Working Paper No. 03 - 14, 2003)（建议如果大大减少破产法的制定，将会改善消费者的福利）；Satyajit Chatterjel et al., A Quantitative Theory of Unsecured Consumer Credit With Risk of Default (Fed. Reserve Bank of Phila., Working Paper No. 02 - 6, 2002)（发现从第 7 章申请的禁止中可以发现福利大大提高了，收入高于中位数的债务人）。But see IGOR LIVSHITS ET AL., CONSUMER BANKRUPTCY: A FRESH START (Federal Reserve Bank of Minneapolis, Research Department, Working Paper No. 617, 2002)（发现破产解除可能会根据所做的假设而增加或减少消费者的福利）。

② Richard M. Hynes & Eric A. Posner, The Law and Economics of Consumer Finance, 4 *AM. L. & ECON. REV.* (2002)，第 68 页，对可能困扰信贷市场的失败进行了讨论。

③ Charles G. Halinan, The "Fresh Start" Policy in Consumer Bankruptcy: A Historical Inventory and an Interpretative Theory, 21 *U. RICH. L. REV.* (1986)，第 103 页至第 105 页。

④ Barry Adler et al., Regulating Consumer Bankruptcy: A Theoretical Inquiry, 29 *J. LEGAL STUD.* (2000)，第 585 页，第 587 页至第 588 页（讨论破产法的各个方面对债务人避免财务困境的动机的影响）。

险人损失的痛苦,她将可能会无法防范不幸——这就是"蚱蜢难题"。① 在债务免除的语境下,消费者花费了超出他能够偿还的金钱数额,未能购买足够的健康保险,或者表现出会导致失业的一些行为。

不幸的是,"蚱蜢难题"并不能帮助我们理解在更大范围的债务救济制度中破产应扮演何种角色的问题。理论上,破产程序可以直接通过拒绝那些未尽足够注意义务避免财务困境的消费者的免责申请来解决"蚱蜢难题"。② 在面对保险损失的时候,一个理性的个体会采取合理的保护措施来避免损失,这样就不会出现蚱蜢难题。实际上,英国破产法长期以来赋予破产法官以酌情权,如果消费者"通过轻率决定、冒险的投机行为、不合理的生活浪费、赌博或者其业务中可罚的过失等来故意引起或者继续破产程序",破产法官可以拒绝其免责。③

当然,破产法院通过拒绝未尽充足注意义务的消费者免责申请来解决蚱蜢难题的能力,正说明合理建立的过失标准可以诱导消费者尽到合理的注意义务。如果个人能够为其因疏忽导致的结果投保,那么他尽注意义务的积极性就会大大减弱甚至消失。④ 但是如果完全禁止消费者为自己的疏忽投保,就会将他们置于无法承受的高风险中。法院可能错误地将合理的行为归于过失,消费者有时无法达到法院规定的合理注意水平。⑤ 因此,至少从 20 世纪开始,美国法律允许⑥——就机动车责任保险情形而言,普遍要求⑦——消费者为过失行为投保。相似地,公共保

---

① 很多杰出的破产学者都曾用过蚂蚁和蚱蜢的故事来解释破产带来的道德风险。Judge Edith H. Jones & Todd J. Zywicki, It's Time for Means - Testing, 1999 *BYU L. REV.* (1999),第 219 页至第 220 页。Lynn M. LoPucki, Common Sense Consumer Bankruptcy, 71 *Am. BANKR. L. J.* (1997),第 464 页;Elizabeth Warren, The Bankruptcy Crisis, 73 *IND. L. J.* (1998),第 1079 页,第 1084 页。在伊索关于蚂蚁和蚱蜢的寓言中,蚱蜢玩耍了一整个夏天,而蚂蚁辛辛苦苦地为冬天存储食物。这个寓言有很多版本,它们在蚱蜢如何对待冬季来临方面有很大不同。JACOB LAWRENCE, AESOP'S FABLES (1998).

② 尽管学者们并未普遍主张采用这种方法,但有些人建议,如果能够避免这种困境,则在进一步的困境之后,应禁止在第十三章寻求救济的消费者修改其还款计划。Karen Gross, Preserving a Fresh Start for the Individual Debtor: The Case for Narrow Construction of the Consumer Credit Amendments, 135 *U. PA. L. REV.* (1986),第 59 页,第 148 页。

③ Bankruptcy Act, 1914, 4 &5 Geo. 5, c. 59, § 26(3) (Eng.). 有关英格兰破产的说明,请参见 Douglass G. Boshknff, Limited, Conditional, and Suspended Discharges in Anglo - American Bankruptcy Proceedings, 131 *U. PA. L. REV.* (1982),第 69 页,第 81 页至第 82 页。

④ Steven Shavell, Economic Analysis of Accident Law 211 (1987).

⑤ Steven Shavell, Economic Analysis of Accident Law 212 (1987). (建议此难度部分说明了我们确保自己避免疏忽的能力)。

⑥ Breeden v. Frankford Marine, Accident & Plate Glass Ins. Co. , 119 S. W. (Mo. 1909),第 576 页。

⑦ Richard A. Posner, Economic Analysis of Law(4th ed. 1998),第 221 页("汽车责任险现在几乎普及了,尽管部分原因是各州要求驾驶员购买保险或出示同等的事故经济责任证明。")。

险计划(如失业险)可以为过失的不当行为提供免责,[①]不足为奇,美国债务免责法律也会为因过失的财政管理而导致破产的消费者提供债务免除。[②]

被保险人在遭受了太多损失之后若想获得更多保护,保险费将超出其承受能力。同样地,消费者如果太过频繁地拖欠借款将不能再借贷,至少借贷的利率会超出其能负担的正常水平。承保人可以通过限制免责的条件进一步解决蚱蜢难题。举例来说,保险单经常要求共同付费,这样一来就可以规避"蚱蜢难题",至少可以避免其中的一部分后果。相似地,法律可以通过加重违约代价来防止蚱蜢难题的发生。但实际上破产法和非破产法都能够实现加重违约代价,所以这种形式的道德风险几乎无法为我们的研究提供指引。

本文主要讨论的是第二种道德风险。正如负鼠通过装死来躲避猎食者,被保险人可能会为了得到最大限度地免责而夸大其不幸的境遇——这就是"负鼠难题"。在私人保险市场中,负鼠会作出虚假索赔。在公共援助的情形下,负鼠们拒绝通过付出合理的劳动来养活自己,反而依靠公共援助生活。相似地,在债务免除的情形下,债务人假装陷入财政绝境,尽管他们可以在并不过分困难的情况下偿还部分或全部债务。

本文认为,如果破产能为消费者提供比非破产法更大的救济,究其原因,在于破产程序可以作为平均收入检验手段以遏制负鼠难题的发生。这并不意味着破产程序必须采纳这种信贷行业常用的平均收入检验。有两种方法可以解决负鼠难题:(1)调查每一位消费者的支付能力;(2)惩罚违约的消费者,从而消除他们玩负鼠游戏的动机。本节的核心的问题在于破产的程序如何促进这种调查或者惩罚。第一部分将探讨破产如何促进信息的收集和使用,以衡量消费者的支付能力。第二部分将研究如何运用惩罚来确定消费者是否有支付能力,以及破产如何促进或控制这种惩罚机制的应用。

1. 破产与信息

回想一下,本部分的问题是正式的破产程序是否有助于核实消费者对破产救济的真正需求。如果债务免除制度可以利用有关消费者财政情况的大量信息来确定是否消费者有能力清偿其债务,一种有力的观点认为,在对所有债权人具有约束

---

① Mark A. Rothstein ET AL. ,Employment Law 771 (2d ed. 1999)(请注意,除非因故意行为引起的解雇,否则一般情况下工人将获得失业保险)。

② See Richard M. Hynes,Optimal Bankruptcy in a Non - Optimal World,44 *B. C. L. REV.* (2002),第17页至第33页。

力的程序中应该一次性收集这种信息,以避免重复诉讼。[①] 提供更多破产救济理由的强弱取决于在破产程序中收集信息的成本,而成本的高低又依托于所利用信息的类型。如果破产程序中的国家负责预测消费者未来收入及支出这样艰巨而昂贵的任务,则其理由是相当有说服力的。如果采纳了像破产法第七章或者基于税收破产那样只考虑消费者实际的收入或财产的制度,则理由就没有那么令人信服了。毕竟,非破产法在为消费者设置清偿义务时会考虑相同的事实,尽管破产程序可能有助于更广泛地查询消费者的收入或财产。[②] 一个制度如果设置了非常广的免责范围,导致绝大多数消费者根本不用作出清偿,这种理由的吸引力就更不那么令人信服了。如果豁免范围大大超过了消费者借贷时的收入,债权人在债务人违约后就不会启动司法程序,因为那样会导致消费者的收入与财产免责获得司法确认。

还要注意的是,在美国破产法中,信息数据并没有在调查消费者的清偿能力方面起到重要的作用。尽管主流观点认为消费者的清偿能力对于判断是否存在"实质性滥用"有重要作用,[③]但还是有一些学者抱怨这项规定实际上是"死信",[④]这种潜在的平均收入检验都是最近的创新。1984 年增加了"实质性滥用"条款,[⑤]现行破产法第七章基本结构的建立也可以回溯到它的前身——1898 年破产法第七章。[⑥] 与现行的破产法第七章一样,1898 年破产法第七章要求债务人将所有未豁免财产用于偿债。但是同时与现行第七章相同的一点是,1898 年第七章很少使普通债权人获得任何清偿,[⑦]部分原因是,相对于普通美国人的资产,财产豁免历来都相当慷慨。[⑧]

---

① John C. Weistart, The Costs of Bankruptcy, 41(4) L. & CONTEMP. PROBS. 107 (1977); Thomas H. Jackson, The Fresh - Start Policy in Bankruptcy Law, 98 *HARV. L. REV.* (1985), 第 1395 ~ 96 页。

② 现有的第 7 章显然就是这种情况。See Executive Office for U. S. Trustees, United States Trustee Program: Preliminary Rfport on Chapter 7 Asset Cases 1994 to 2000, 7 (2001), [解释说,"从历史上讲,绝大多数(95% 至 97%) 第七章案件不产生任何资产。"] 参见 http://www.usdoj.gov/ust/libraiy/chapterO7/assetcases/Publicat.pdf.

③ 今天,如果法院认为债务人的申请是对《破产法典》第 7 章的"实质性滥用",则可以拒绝其使用。11 U. S. C. §707(b)(2000). 尽管大多数(如果不是全部)法院会在实质性滥用分析中考虑债务人的"支付能力",但对于"实质性滥用"一词的含义以及法院应如何积极执行此规定,存在广泛的分歧。

④ 同上。

⑤ Bankruptcy Amendments and Federal Judgeship Act of 1984, Pub. L. No. 98 - 353(1984).

⑥ See Richard M. Hynes, Optimal Bankruptcy in a Non - Optimal World, 44 *B. C. L. REV.* (2002), 第 1 页, 第 57 页至第 68 页。

⑦ David T. Stanley & Marjorie Girth, Bankruptcy: Problem, Process Reform (1971), at 87 n. 27(报告称在 1964 年 89% 的第七章破产没有对债权人产生任何回报)。

⑧ 调整通货膨胀因素后,在 1978 年《破产改革法》生效前,消费者可获得免税额通常超过了如今的免税额。Richard M. Hynes et al., The Political Economy of State Property Exemptions, 47 *J. L. & ECON.* (2004), 第 19 页, 第 26 页至第 27 页。

美国采用的其他形式的消费者破产可能没有利用更大量的信息来确定债务人的支付能力。很多早期破产形式,包括现行破产法第十三章的前身即 1898 年的第十三章,都要求债权人同意后才能豁免债务。① 债权人可以使用这项同意权来要求消费者证明自己正在偿还与其支付能力相对应的金额。不幸的是,学者们的研究显示这项要求是不合理的,根据第八章作出的偿付计划中的承诺几乎都是相同的,都对所有债权人进行完全清偿。② 同样,很多学者质疑第十三章规定的可支配收入调查是否真的能够根据消费者的清偿能力作出债务调整,他们辩称,要么消费者被迫承诺按照其辖区的标准清偿率进行还款,③要么消费者能够通过威胁转入第七章破产清算程序来规避此规定。④

2. 破产制度与惩罚机制

如果据以判断消费者清偿能力的信息相当昂贵,国家可能会理性地拒绝收集任何信息。用更形象的话来讲就是"得不偿失"。⑤ 这并不意味着破产制度将会无视负鼠难题,这意味着它必须找到替代性的平均收入检验方法。在保险计划未能使用信息来保证真正陷入财务困难的人才能得到救济时,通常会采取惩罚措施将负鼠与真正有需要的人区分开来。下文 a 部分将简要论述惩罚机制是如何帮助解决负鼠难题的。b 部分中将会探究破产在执行惩罚措施中起到的作用。

a. 惩罚如何缓解负鼠难题?

保险公司可以通过提供对不需要救济的人没有吸引力的救济方案,还可以采用多种措施来排除那些假装陷入财务困难的人。国家可以构建一些制度,使这些援助对于有真正需求的人更有价值。例如,有补贴的医疗保健对病人更有价值。⑥

---

① Charles Jordan Tabb, The History of Bankruptcy Laws in the United States, 3 *AM. BANKR. INST. L. REV.* 5 (1995),第 11 页。

② David T. Stanley & Marjorie Girth, Bankruptcy: Problem, Process Reform 94 (1971).

③ Jean Braucher, Lawyers and Consumer Bankruptcy: One Code, Many Cultures, 67 *AM. BANKR. L. J.* (1993),第 501 页,第 532 页{"现实是,[被研究的]四个城市的第 13 章受托人和法官有效地阻止了 0% 的计划,并使大多数计划保持在当地一般从业者所认为的最低百分比之上。"}。那些建议消费者如何申请破产的人都有这种印象。See ROBIN LEONARD, CHAPTER 13 BANKRUPTCY: REPAY YOUR DEBTS 7/1 (5th ed. 2001)("在某些法院,法官不会批准你的计划,除非你建议向无抵押债权人支付大部分欠款,通常至少为 70%。")然后,律师很少或不会提交少于指定百分比的计划来回应。

④ Douglas G. Baird, the Elements of Bankruptcy (Revised ed. 1993),第 55 页。

⑤ Charles Jordan Tabb, The Death of Consumer Bankruptcy in the United States?, 18 *BANKR. DEV. J.* (2001),第 15 页至第 16 页。

⑥ Gary Burtless, The Economist's Lament: Public Assistance in America, 4 *J. ECON. PER SP.* (1990),第 57 页,第 67 页。

其他形式的解决措施就没有这么柔和了。例如,国家可以提供极其不受欢迎的公共住房,这样一来只有真正需要救济的人才会同意住在那里。一些经济学家声称,即使这些工作没有任何有价值的产出或者培训,包含工作要求(工作福利)的社会救济计划也可能是有效的。[①] 工作要求有效地把援助计划转变为向受救济人提供超低工资的工作,那些可以获得更高工资养活自己的人将会拒绝此种救济,这样一来就只留下了真正有需要的人去申请此种救济。

如果惩罚对于那些夸大了救济需求的人比真正受苦的人来说代价更高,那么惩罚就可以解决负鼠问题。当然,要想在排除假装陷入财务困难的人的同时做到不损害需要救济的人的利益,虽不能说完全不可能,但也确实是极其困难的。那些由于自己确实很穷而选择劣质公共住房的人,只能被迫租住不符合标准的住房;选择工作福利的人也被迫参加劳动(因此牺牲了闲暇时间),即使他们的产出几乎没有社会价值。

债务免除制度包含几种形式的惩罚措施或者说"负鼠对策"。电影中放高利贷者和赌注登记人[②]从不关心债务人的福利。如果债务人没有清偿,他们甚至可能会打断他们的胳膊以惩罚债务人。这种可靠的惩罚威胁可以将应偿还贷款和无须偿还的债务人区分开来。那些拥有可支配收入的人会节省开支来清偿贷款以避免胳膊被打断的后果,而不能削减开支的人将承受这些惩罚。

债务人-债权人法律制度不必采用这样可怕的惩罚形式。只要惩罚措施本质上是非金钱性质的,就可以将能够清偿债务的人与不能清偿债务的人区分开。惩罚制度可以帮助核实消费者是否真的没有清偿能力,因为真正穷困的消费者会比拥有大量现金时更加珍惜他拥有的每一元钱。如果一个人有大量现金,那么舍弃1000 美元对他来说是非常轻易的事情;但是如果一名消费者需要钱来养活自己的孩子,那么他承受极大艰辛,避免还款。相比之下,罚款就不会有这种功能,因为无论是生活小康者还是无力偿债的消费者都会愿意忍受不超过 1000 美元的罚款,以避免偿还 1000 美元的债务。

---

① Timothy Besley & Stephen Coate, The Design of Income Maintenance Programmes, 62 *REV. ECON. STUD.* (1995),第 187 页,第 201 页。

② ROCKY(Mgm/Ua Studios 1976)(在夺冠之前,Rocky Balboa 是费城暴徒的执法者);《黑道家族:快乐流浪者》(HBO 电视台播出,2000 年 2 月 20 日);《黑道家族:破产》(HBO 电视广播,2000 年 3 月 19 日);《黑道家族:游乐园》(HBO 电视台,2000 年 4 月 9 日播出)(展示了一种类似的无视债务人福祉的情形,"朋友"的赌债使托尼·索普拉诺(Tony Soprano)夺取了"朋友"的体育用品存储并用于洗钱操作)。

也许消费者清偿债务的主要原因在于他们担心未能清偿债务带来的道德上的负罪感、社会污名或者信誉受损。① 使消费者承受负罪感或者耻辱感可以视为一种惩罚形式，因为这会对消费者造成伤害，除非它能够使消费者清偿债务，否则便不能给债权人或者其他任何人带来利益。同样，向信用咨询公司报告违约情况的债权人通过使消费者将来难以获得贷款来对消费者施加惩罚。尽管此违约报告有利于帮助将来的贷方避免坏账而使其受益，但并不能给现有的债权人带来直接的收益。

先前学者们已经提出，惩罚制度可以用来控制扰乱信贷市场的其他问题。如果债权人无法区分高风险债务人和低风险债务人，但债务人自己却十分清楚自己的违约风险，这种信息不对称会使债权人害怕只有高风险债务人申请贷款，因而会对信用额度进行定量分配。② 若想避免信用配给的限制，低风险债务人可以提供有效证据将自己与高风险邻居们可靠地区分开。低风险债务人可以通过同意还债条款来表明自己的素质，这些条款会使违约后的生活变得很难熬。③ 这些还债条款标志着该债务人风险较低，因为低风险债务人违约可能性较低，因此与高风险债务人相比，苛刻条款的成本更低。同时，苛刻还债条款还可以缓解"蚱蜢难题"，或减少各种可能导致财务困境的债务人不当行为。④ 简单来说，如果财务困境会更加令人不快，债务人将更加注意避免这种情况。

通过惩罚制度来控制信贷配给和"蚱蜢难题"的论点是不完整的，因为人们可以简单地提高违约消费者的偿还金额也可以缓解这些问题。实际上，只需加重违约后果就能够解决信用限额问题与"蚱蜢难题"。与其采用惩罚制度，社会可以加重违约后果，在消费者发生违约后提高其偿还金额，从而使违约消费者忍受较低的

---

① Todd J. Zywicki, Bankruptcy Law as Social Legislation, 5 *TEX. REV. L. & POL.* (2001)，第 393 页，第 420 页至第 421 页。

② Joseph E. Stiglitz & Lawrence Weiss, Credit Rationing in Markets with Imperfect Information, 71 *AM. ECON. REV.* (1981)，第 393 页，第 401 页。

③ Samuel A. Rea, Arm Breaking, Consumer Creditand Personal Bankruptcy, 22 *ECON. INQUIRY* (1984)，第 188 页，第 195 页。

④ 例如，Robert Scott 教授建议，可以使用惩罚来控制各种形式的债务人不当行为，例如逃避债务，过度借贷和从事风险项目。Robert E. Scott, Rethinking the Regulation of Coercive Creditor Remedies, 89 *COLUM. L. REV.* (1989)，第 730 页，第 744 页至第 746 页。这些形式的不当行为中的每一种都可视为蚱蜢问题，因为它们会加大财务困境发生的可能性。

生活水平。[①] 更重要的是,只要其他形式的市场失灵没有影响信贷市场,那么违约后增加偿还金额的规定就比惩罚更可取,因为增加偿还金额会给债权人带来收益(至少可以使债权人得到部分清偿),而惩罚却不能。[②]

举例来说,Robert Scott 教授支持允许债权人扣押违约消费者的家用物品的法律,虽然这些物品对债权人而言价值很小或没有价值,理由是这种惩罚能令消费者更加注意避免陷入财务困境。[③] 假设债权人没收的不是消费者的家用物品,而是对消费者同样重要但转售价值更高的物品,则没有这种督促效果。因为每一项财产对消费者的重要性是相同的,失去每一项财产对于督促消费者采取注意义务的效果都是相同的。然而,具有重大转售价值的财产收益可以增加贷方利润或降低初始利率。当然,法律可能会阻止债权人扣押消费者更多的有价值财产或收入,[④]但这并不能作为惩罚的正当理由。[⑤] 相反,人们必须解释为什么法律要强迫消费者承受惩罚而非承诺更多还款。

Scott 教授提出了一个理由来证明惩罚制度比直接有利于债权人的措施更有效率。他将担保物权和没收抵押物做了类比,认为当债权人拥有市场价值非常高的抵押物时,将有足够的动机故意制造违约行为来获得抵押物。[⑥] 例如,债权人可能会夸大违约行为的重要性,尽管只是违反了美国《统一商法典》第九条中的程序性保护,[⑦]债权人仍可能以低于市场价的价格将抵押财产出售给朋友,并在不足额判决中要求消费者补足差额。[⑧] 然而,如果抵押物的转售价值很小或没有价值,债权

---

① Aghion & Hermalin 教授提出了与 Rea 教授类似的论点,该论点基于偿还额而不是惩罚。Phillipe Aghion & Benjamin Hermalin, Legal Restrictions on Private Contract Can Enhance Efficiency, 6 *J. L. ECON. & ORG.* (1990),第 381 页,第 401 页。

② 这一论点是在公共援助的背景下提出的。Timothy Besley & Stephen Coate, The Design of Income Maintenance Programmes, 62 REV. ECON. STUD. (1995),第 206 页(认为如果政府的社会援助提供最低程度的效用或幸福感,那么通过提供较小的福利来筛查那些能够养活自己的人总是更加有效的方法,而非施加诸如工作要求之类的惩罚,因为政府通过减少福利还可以减少支出)。

③ Robert E. Scott, Rethinking the Regulation of Coercive Creditor Remedies, 89 *COLUM. L. REV.* (1989),第 730 页,第 746 页至第 748 页。

④ 例如,消费者可能不会放弃其破产解除的权利。11 U.S.C. §524(a)(2)(2000).

⑤ Robert E. Scott, Rethinking the Regulation of Coercive Creditor Remedies, 89 *COLUM. L. REV.* (1989),第 730 页,第 747 页。

⑥ Robert E. Scott, Rethinking the Regulation of Coercive Creditor Remedies, 89 *COLUM. L. REV.* (1989),第 730 页,第 748 页。

⑦ U.C.C. §§9-601 to -624(2000).

⑧ Alan Schwartz, The Enforceability of Security Interests in Consumer Goods, 26 *J. L. & ECON.* (1983),第 117 页,第 119 页至第 120 页,系关于质疑有担保债权人出售低于其公允价值的资产的动机的文章。

人就没有理由这么操作了。[①]

尽管Scott教授提供了一种选择惩罚制度的可能论点，但这种论点并不可信，并且与观察到的市场行为不符。如果抵押低价值的担保物比高价值的担保物更有效率，那么富裕的消费者就会在抵押汽车或房产之前先抵押家用物品。然而，即使法律允许在家庭用品上设置担保物权，相对于从专门从事家用物品设置担保物权的金融公司，拥有房屋的消费者从银行那里获得贷款的可能性更大。[②]

如果合同关系也受到"负鼠难题"困扰，那么消费者和债权人会选择采用惩罚制度解决信用分配和"蚱蜢难题"。此外，根据社会援助文献，使用惩罚制度还有其他可能的理由，那就是这种制度可以调整。但是这种论点在极度贫困的人之外适用范围有限。有人认为，社会援助计划中的工作要求可以作为一种惩罚方式来控制上文所讨论的"负鼠难题"以及"蚱蜢难题"。[③] 例如，工作福利要求可能会使社会救助的吸引力降低，从而激励人们发展必要的技能来养活自己，从而解决了"蚱蜢难题"。当人们在有能力养活自己时，工作福利要求也可能阻止他们依赖社会援助，从而解决了"负鼠难题"。[④] 但是，如果社会采用了社会援助计划来保证人们享有最低标准的福利和幸福，它将永远不会使用工作福利制度来激励穷人发展必要的技能养活自己，因为只需要减少社会援助利益就能够达到同样的激励效果。[⑤]

然而，假设国家仅仅希望保证最贫困的公民可以享有最低限度的消费水平，但实际上并不关心这些公民的幸福。通过假设，国家绝对不会同意将社会援助减少到低于其保证的水平。然而，通过威胁惩罚接受社会援助的消费者，国家能够激励穷人发展必要的技能来养活自己。当然，并不是所有人都能够做到，但没能做到的人将会遭受相应惩罚。但是，通过假设，这种惩罚所导致的不幸福不会给社会带来麻烦。[⑥]

---

① Robert E. Scott, Rethinking the Regulation of Coercive Creditor Remedies, 89 *COLUM. L. REV.* (1989)，第730页，第749页。

② Gregory E. Boczar, Competition Between Banks and Finance Companies: A Cross Section Study of Personal Loan Debtors, 33 *J. FIN.* (1978)，第245页，第250页。

③ Timothy Besley & Stephen Coate, The Design of Income Maintenance Programmes, 62 *REV. ECON. STUD.* (1995)，第187页，第201页。

④ Timothy Besley & Stephen Coate, Workfare versus Welfare: Incentive Arguments for Work Requirements in Poverty – Alleviation Programs, 82 *AM. ECON. REV.* (1992)，第249页讨论了社会援助背景下惩罚的"筛查"（负鼠问题）和"威慑"（蚱蜢问题）功能。

⑤ Timothy Besley & Stephen Coate, Workfare versus Welfare: Incentive Arguments for Work Requirements in Poverty – Alleviation Programs, 82 *AM. ECON. REV.* (1992)，第253页至第256页。

⑥ Timothy Besley & Stephen Coate, Workfare versus Welfare: Incentive Arguments for Work Requirements in Poverty – Alleviation Programs, 82 *AM. ECON. REV.* (1992)，第256页至第258页。

与此类似,如果债务免责法旨在确保消费者享有最低水平的消费,使得其他公民不会被迫目睹其贫穷惨状,则可以主张使用惩罚制度来够解决"蚱蜢难题",因为国家并不在意惩罚措施带来的伤害。但是,债权债务关系法律的立法目的并不是帮助消费者维持现有的生活水平;结果,一些违约消费者能够过上舒适的生活,而另一些仍然处于贫困状态。①

b. 破产程序如何帮助惩罚消费者?

众所周知,惩罚制度可以防止消费者在应还款时违约。② 但是,像破产这样的程序能如何促进以及为何应当促进惩罚的问题却少有研究。因为非破产法也可能对消费者施加惩罚,所以我们必须先回答后一个问题才能明白破产制度在更大的债务减免制度中起到的作用。

思考一下这样一个论点:因为申请破产会对消费者未来的借贷产生负面影响,所以只有真正需要免责救济的消费者才会选择破产。申请破产是消费者信誉上的污点,③联邦法律允许信用咨询机构将十年内的破产申请记录在案。④ 申请破产会损害消费者的信誉,因为曾申请过破产意味着他再次违约的可能性比信用记录良好的人更大。但是信用市场是否需要破产制度来记录消费者的违约?

从历史上看,破产申请的公共性质可以帮助债权人了解消费者的违约情况,并据此调整对向该消费者贷款风险的评估。合同通常是私人合同,除非当一个债权人在法院寻求某种补偿,否则其他债权人可能根本没有机会了解消费者的违约行为。但是现在,很多债权人订阅了信用报告服务。这些服务为债权人提供了有关消费者财务状况的大量信息,包括消费者向每个订阅债权人付款的历史记录。因此,主要的贷方能够据此知晓消费者是否拖欠了先前债务。如果时间的流逝清楚地表明消费者确实将不偿还到期债务,债权人就会作为坏账冲销,并将该违约事实记入信用报告。像其他任何非破产信息一样,这笔坏账冲销记录会在七年内清除,⑤但是法律可能允许在申请破产之前报告非破产违约情况。简单来说,尚不清楚信贷

---

① Richard M. Hynes, Non – Procrustean Bankruptcy, 2004 *U. Ill. L. Rev.* 第 301 页,第 309 页至第 312 页。

② Samuel A. Rea, Arm Breaking, Consumer Creditand Personal Bankruptcy, 22 ECON. INQUIRY (1984),第 188 页,第 195 页(声称债权人雇用妇女"闹事",以公开羞辱违约债务人)。

③ David Musto, What Happens When Information Leaves a Market? Evidence from Post – Bankruptcy Consumers, 77 J. Bus. (forthcoming), at http://finance. wharton. upenn. edu/ – musto/papersc7 . pdf (last visited Sept. 27, 2004).

④ 15 U. S. C. § 1691c (2000).

⑤ 注意,如果时效时限超过七年,则不满意的民事判决可能会报告超过七年。

市场是否需要破产这样的制度来识别未能清偿债务的消费者。

其次,要考虑破产带来的社会耻辱。破产显然曾一度是用来羞辱违约债务人的。例如,在中世纪,破产商人被迫参加“充满着托儿所智慧”的“排斥仪式”。① 如今,美国破产法已不再竭尽全力公开羞辱债务人。实际上,1978 年破产法修正案已经作出了一些修改以减轻消费者的耻辱感,包括使用更温和的“债务人”替换原来“破产者”的称谓。② 有些人对此感到失望,③甚至将破产申请的增加归咎于羞辱感的丧失。④

与本文更为相关的是,当历史记录清楚表明他们不需要时,债权人是否还需要像破产这样的制度来羞辱消费者。如上文曾提到的,自古以来债权人竭尽全力羞辱那些没有使用破产程序的违约债务人,方法是在债务人家门口静坐、禁食或者雇用衣衫褴褛的妇人和穿戏服的演员来羞辱债务人。⑤ 实际上,因为大部分消费者只

---

① Garrard Glenn, Essentials of Bankruptcy: Prevention of Fraud, and Control of Debtor, 23 *VA. L. REV.* (1937)第 373 页,第 387 页。

② Karen Gross, Preserving a Fresh Start for the Individual Debtor: The Case for Narrow Construction of the Consumer Credit Amendments, 135 *U. PA. L. REV.* (1986),第 110 页(认为进行此更改是为了减少破产的耻辱)。

③ G. Marcus Cole, A Modest Proposal for Bankruptcy Reform, in 5 GREEN BAG 269(主张以轻度形式的债务人监狱作为羞辱形式,以阻止债务人超支)。

④ David B. Gross & Nicholas S. Souleles, An Empirical Analysis of Personal Bankruptcy and Delinquency, 15 *REV. FiN.* (2002),第 319 页(认为破产申请的增加大部分一定是由于申请耻辱感的下降所致,因为它不能用经济因素来解释)。

⑤ Louis Levinthal, The Early History of Bankruptcy Law, 66 *U. PA. L. REV.* (1917 – 1918),第 223 页,第 229 页。当然,在这些社会中,“sitting dharna”和绝食的技巧是最近使用的,尽管通常是作为抗议或公民抵抗命令的一种形式。Irish Northern Aid, Inc. , Irish Hunger Strikes Chapter10 (2001), at http://www. inac. org/irishhistory/hungerstrikes/chapters/l0(描述了其他文化中使用的凯尔特人绝食和“sitting dharna”的方法)。Samuel A. Rea, Arm Breaking, Consumer Creditand Personal Bankruptcy, 22 *ECON. INQUIRY* 188, 195 (1984)(声称债权人雇用妇女闹事,以公开羞辱违约债务人)。Marc Lifsher, In Venezuela, If You Don't Pay Your Bills, A Devil Might Pay You a Visit, WALL ST, J. , June 25, 2001, at Al(描述自称“暗黑破坏神博士”的收债员的滑稽动作)。Elizabeth Warren & Jay Lawrence Westbrook, the Law of Debtors and Creditors (2001),第 26 页至第 28 页(描述了一家收债公司,该公司依靠强硬的骑车人形象说服债务人偿还债务)。Daniel Keating, Offensive Uses of the Bankruptcy Stay, 45 VAND. L. REV. (1992)第 71 页,第 75 页(“因此,在当前的自动冻结期间,即使是非正式的催收活动,例如骚扰电话或在债务人的房屋上张贴无人看管的标志,也都构成了中止行为。”); Michelle J. White, Why It Pays to File for Bankruptcy: A Critical Look at the Incentives Under U. S. Personal Bankruptcy Law and a Proposal For Change, 65 *U. CHI. L. REV.* (1998),第 685 页,第 690 页(提出一个假设,“两个债务人都不拥有房屋。债权人经常通过威胁性的电话骚扰两个债务人,并开始扣发工资。”);纽约州银行部,常见问题解答请访问 http://www. banking. state. ny. usffaq. htm#faqcrdtr(最后访问日期:2004 年 9 月 26 日)(显示询问如何停止此类骚扰电话是一个“常见问题”)。

有在足够严厉的惩罚威胁下才愿意作出更多清偿,所以债权人有动力向违约债务人施加过多的惩罚。如前文第二部分所说,非破产法也可能规范这种骚扰,但是我们通常认为减少这种骚扰或惩罚是破产所应扮演的角色。①

在破产制度中有两种形式的惩罚是非破产法不能轻易复制的:(1)强迫消费者停止向任何债权人清偿,包括她更喜欢清偿的债权人;(2)限制消费者申请债务免责的频率。实务中,第一种惩罚在我们的破产法中的作用很小。但是第二种惩罚几乎在创始之初就成了美国破产法的固定内容。

破产债务人会向大多数债权人违约,②但是她可以通过债务再认对她更愿意清偿的债务保留清偿义务。针对破产程序中债务再认协议作用的争论大多集中在这些协议签订时是否符合消费者的最大利益。③ 支持者认为当事方只有在互惠互利的情况下才能达成协议;因此,在消费者破产之际,债务再认协议必须能够改善消费者的境遇。债务再认协议的批评者则认为应当对这些协议进行更好的司法监管,因为消费者(即便是有律师代理)经常在确认方面会作出错误的决定。④

更有趣的是,有人认为即使签订债务再认协议可以改善消费者的境遇也应当

① 同上。另参见 Howard J. Alperin & Roland F. Chase, Consumer Law(1986),第438页至第440页。ALPERIN & CHASE, supra note 96, at §§ 676-681; Robert M. Berger, The Bill Collector and the Law - A Special Tort, At Least for a While, 17 *DEPAUL L. REV.* (1968),第327页; Charles E. Hurt, Debt Collection Torts, 67 *W. VA. L. REV.* 201(1965); William Richard Carroll, Comment, Debt Collection Practices: The Need for Comprehensive Legislation, 15 DUQ. L. REV. (1976),第97页。2 Howard J. Alperin & Roland F. Chase, CONSUMER LAW(1986),第356页。Cal. Civ. Code § 1788 (West 1998); 2 Howard J. Alperin & Roland F. Chase, Consumer Law(1986), § 632(催债条款). 15 U. S. C. A. § 1692 (1997). 2 Howard J. Alperin & Roland F. Chase, Consumer Law (1986),第349页。Fair Debt Collection Practices Act; Graziano v. Harrison, 763 F. Supp. 1269, 1275 (D. N. J. 1991)("本法目的是保护消费者免受不公平、欺骗性和骚扰性的追收行为的影响,同时让收债者可以自由地采用有效、合理和道德的行为来追求自己的职业。") 15A AM. JUR. 2D Collection and Credit Agencies § 15 (2003)(解释说,收债员可能会为"企图收债的极端粗暴行为承担责任"。) 15 U. S. C. § 1692(a) (2000)(债务人定义中不包括原始债权人)。Elwin Griffith, The Search for More Fairness in the Fair Debt Collection Practices Act, 37 *U. RICH. L. REV.* (2003),第511页,第555页至第557页(主张收债人应告知消费者他们可以停止催款信,从而暗示消费者通常不知道这项权利)。Elwin Griffith, The Search for More Fairness in the Fair Debt Collection Practices Act, 37 U. RICH. L. REV. (2003),第555页至第563页。本文并不主张国会应对债权人集体法进一步限制,只是因为那是不可能的。

② 出于公共政策原因,破产可以免除部分贷款。11 U. S. C. §523(2000)(前提是《破产法》第七章并未免除因故意和恶意伤害而产生的债务)。

③ Barry Adler et al., Regulating Consumer Bankruptcy: A Theoretical Inquiry, 29 *J. LEGAL STUD.* 601-02 (2000).

④ Marianne B. Culhane & Michaela M. White, Debt After Discharge: An Empirical Study of Reaffirmation, 73 *AM. BANKR. L. J.* (1999),第709页,第764页至第765页。

禁止。Adler 和他的合著者提出了相应的理由，但是他们的理由并不全面。概括来说，他们认为债务再认协议减轻了消费者的违约之痛，会导致他们不再尽力避免财务危机。[①] 但是禁止签订债务再认协议作为一种惩罚方式，减少了消费者违约后的福利，同时也没有给任何一方带来直接收益。如前文论述的，关于采用惩罚制度就能使消费者更注意避免陷入财务困境的论点是不完整的。社会可以通过强迫消费者在违约后增加清偿数额来更有效地督促消费者履行注意义务。[②]

通过关注"负鼠难题"，人们可以为反对债务再认协议提供更强有力的论据。Elizabeth Warren 认为，富裕的消费者利用债务再认协议"操纵这项制度"，并举例说明了一个富有的破产消费者重新确认了她的奔驰豪车租约。[③] 如果我们认为破产制度应该把破产消费者未来的所有收入保护起来从而免于债权人的追讨，那么我们就不应该为消费者选择将这些收入中的一部分花在她目前驾驶的豪华车上而感到困扰。如果法律没有很好地限定哪些消费者应当获得免责，那么禁止再认可以作为一种惩罚机制来帮助筛选那些应该作出更多清偿的债务人。也就是说，如果

① See Joseph E. Stiglitz & Lawrence Weiss, Credit Rationing in Markets with Imperfect Information, 71 *AM. ECON. REV.* (1981)，第 601 页至第 603 页。

② Joseph E. Stiglitz & Lawrence Weiss, Credit Rationing in Markets with Imperfect Information, 71 *AM. ECON. REV.* (1981)，第 393 页，第 401 页。Samuel A. Rea, Arm Breaking, Consumer Creditand Personal Bankruptcy, 22 *ECON. INQUIRY* (1984)，第 188 页，第 195 页。例如，Robert Scott 教授建议，可以使用惩罚来控制各种形式的债务人不当行为，例如逃避债务，过度借贷和从事风险项目。Robert E. Scott, Rethinking the Regulation of Coercive Creditor Remedies, 89 *COLUM. L. REV.* (1989)，第 730 页，第 744 页至第 746 页。这些形式的不当行为中的每一种都可视为蚱蜢问题，因为它们会加大财务困境发生的可能性。Aghion&Hermalin 教授提出了与 Rea 教授类似的论点，该论点基于偿还额而不是惩罚。Phillipe Aghion & Benjamin Hermalin, Legal Restrictions on Private Contract Can Enhance Efficiency, 6 *J. L. ECON. & ORG.* (1990)，第 381 页，第 401 页。这一论点是在公共援助的背景下提出的。Timothy Besley & Stephen Coate, The Design of Income Maintenance Programmes, 62 *REV. ECON. STUD.* (1995)，第 206 页（认为如果政府的社会援助提供最低程度的效用或幸福感，那么通过提供较小的福利来筛查那些能够养活自己的人总是更加有效的方法，而非施加诸如工作要求之类的惩罚，因为政府通过减少福利还可以减少支出）。Robert E. Scott, Rethinking the Regulation of Coercive Creditor Remedies, 89 *COLUM. L. REV.* (1989)，第 730 页，第 746 页至第 748 页。11 U. S. C. § 524(a)(2)(2000).。U. C. C. § § 9 – 601 to – 624(2000). Alan Schwartz, The Enforceability of Security Interests in Consumer Goods, 26 J. L. & ECON. (1983)，第 117 页，第 119 页至第 120 页，系关于质疑有担保债权人出售低于其公允价值的资产的动机的文章。Robert E. Scott, Rethinking the Regulation of Coercive Creditor Remedies, 89 *COLUM. L. REV.* (1989)，第 730 页，第 749 页。Gregory E. Boczar, Competition Between Banks and Finance Companies: A Cross Section Study of Personal Loan Debtors, 33 *J. FIN.* (1978)，第 245 页，第 250 页。Timothy Besley & Stephen Coate, The Design of Income Maintenance Programmes, 62 *REV. ECON. STUD.* (1995)，第 187 页，第 201 页，第 249 页，第 253 页至第 258 页。

③ Elizabeth Warren, A Principled Approach to Consumer Bankruptcy, 71 *AM. BANKR. L. J.* (1997)，第 500 页。

债务再认意味着消费者必须对所有的贷款违约,那么消费者可能会厌恶违约。

尽管美国破产评论委员会早期已就此问题进行过讨论,[①]但却几乎没有机会禁止债务再认协议。破产使用的一种更为重要的惩罚方式是限制消费者再次获得债务免责机会。1898 年的《破产改革法案》首次规定了消费者无需获得债权人的同意就可以获得免责。在这项改革之后国会迅速推行了另一项改革,消费者在获得第二次免责之前必须等待若干年时间。[②] 如今,如果消费者在过去六年之内曾获得过破产法第七章免责,或者清偿率在 70% 以下的清偿计划中的免责,则其无法再获得第七章免责。[③] 正在进行的破产立法将这段等待期限延长至八年,并且删除了清偿计划的清偿率在 70% 以上不受申请时间限制的例外。[④] 现在,已经获得免责的消费者仍然可以获得第十三章免责,但是正在进行的立法规定,若想再次申请第十三章免责,在其获得第七章免责之后需等待四年,获得第十三章其他免责之后需等待两年。[⑤] 尽管有人质疑将连续免责的限制扩展至第十三章是否明智,[⑥]但是相关文献却没有提及对第七章免责施加的限制。

禁止重复申请有两种相互冲突的方式,可能会影响消费者最初申请破产的动机。禁止重复申请能阻止消费者申请破产的念头,如果他们担心这样做会使得他们丧失再次申请第七章的权利,从而危及他们承受未来不幸的能力。这种效果的作用类似于惩罚,因为消费者失去了一些东西,失去了在第七章种享有进一步免责的权利,而债权人也没能获得直接收益。如果针对后来免责的禁令旨在作为一种惩罚方式,人们很可能会质疑其可取性。理想情况下,社会制定的惩罚措施对真正遭受不幸的消费者造成的伤害要远小于对有清偿能力的消费者的伤害,因为这样能使惩罚的社会成本最小化。但是,真正遭受不幸的消费者(如住院或者长期失业),比起其比较幸运的同伴来说更容易在未来遭受更多不幸,因而也就需要进一步债务免责。

---

① Elizabeth Warren, A Principled Approach to Consumer Bankruptcy, 71 *AM. BANKR. L. J.* (1997), 第 498 页至第 502 页。

② Charles Jordan Tabb, The Historical Evolution of the Bankruptcy Discharge, 65 *AM. BANKR. L. J.* 325 (1991), 第 365 页至第 367 页。

③ 11 U. S. C. § 727(2000).

④ Bankruptcy Abuse Prevention and Consumer Protection Act of 2003, H. R. 975, 108th Cong. §312 (1) (2003).

⑤ Bankruptcy Abuse Prevention and Consumer Protection Act of 2003, H. R. 975. § 312(2)(f)(1) - (2).

⑥ Susan L. DeJarnatt, Once is Not Enough: Preserving Consumers' Rights to Bankruptcy Protection, 74 *IND. L. J.* (1999), 第 455 页, 第 474 页至第 480 页。

但是需要注意的是，禁止连续申请可能会鼓励消费者申请破产。为了理解这一论点，假设连续申请第七章免责没有次数限制，消费者在破产程序中也没有什么财产可供没收，①法院也不会使用《美国破产法》中的实质性滥用条款，从而拒绝将债务免责权利赋予有能力从未来收入中偿还其债务的消费者。② 如果这些假设是真的，消费者在决定是否申请破产免责时唯一需要考虑的就是信用声誉。在这个世界上，破产申请可能会对消费者未来获得信贷的能力带来毁灭性的影响，因为债权人会担心他会再次提出申请。一些消费者可能会遭受极大的苦难以避免名誉上的损失。但是如果申请破产会使消费者获得未来债务减免的能力受到限制，违约的后果可能就没那么严重。易言之，债权人会更愿意向以前拖欠其贷款的人提供信贷，因为他们知道这些消费者清楚再次违约将带来更严重的后果。通过限制"诚实而不幸"的消费者获得进一步债务免责的能力，法律可以帮助此类消费者获得重新开始生活所需的信用，从而有助于他们的重新开始。

当然，消费者还会继续承受未来的风险，因此需要进一步的债务免责，即使免责条件不太慷慨。举例来说，国家可以提供两种形式的破产免责，其中更为慷慨的免责只能申请一次。国家还可以规定只能申请一次破产，迫使遭受更多不幸的消费者寻求非破产法上的庇护。这个问题将在下一节进行讨论。

第四部分　为什么需要与债务免责平行的制度?

第三部分认为，如果国家认为破产程序有助于验证违约消费者缺乏清偿能力，则可以采用比非破产法免责更为慷慨的破产制度。若此假设是真的，为什么国家要向没有申请破产的消费者提供债务免责？具体而言，如果可能的话，国家可以采用这样的非破产债权人－债务人关系法：(1)假设未申请破产的消费者必须完全清偿所有债务；(2)若可能，采取严厉的催收手段迫使债务人完全清偿。但是，现代非

---

① 如上所述，对此假设有足够的支持。Executive Office for U. S. Trustees, United States Trustee Program: Preliminary Rfport on Chapter 7 Asset Cases 1994 to 2000, 7 (2001), [解释说，"从历史上讲，绝大多数(95% 至 97%) 第七章案件不产生任何资产。"]参见 http://www. usdoj. gov/ust/libraiy/chapterO7/assetcases/Publicat. pdf。U. S. Gen. Accounting Office, Bankruptcy Administration: Case Receipts Paid to Creditors and Professionals, Gaoiggd－94－173 (July 28, 1994)(请注意，商事案例代表了第七章中所有资产的三分之一，并产生了全部收入的约 80%)，请访问 http://archive. gao. gov/t2pbat2/152238. pdf。

② 今天，如果法院认为债务人的申请是对《破产法》第七章的"实质性滥用"，则可以拒绝其使用。U. S. C. 11 § 707(b)(2000)。尽管大多数(如果不是全部)法院会在实质性滥用分析中考虑债务人的"支付能力"，但对于"实质性滥用"一词的含义以及法院应如何积极执行此规定，存在广泛的分歧。

破产法显然没有这样做。债务人因未偿还债务[①]而遭受监禁乃至被判处死刑的时代早已过去。如今,非破产法限制了债权人扣押消费者收入和财产的数额,[②]以及债权人联系违约消费者或者向第三方报告其违约情况的方式。[③] 这些法律规定使得对消费者提起诉讼程序要么不可能,要么太昂贵,从而保护了消费者与司法审判的绝缘。[④]

既然国家还提供破产免责,为什么它还要大大限制非破产催收行为呢? 对此有两种解释,尽管每一种解释都不太全面。第一,非破产法可能旨在延迟催收行为而不是禁止催收。[⑤] 这种解释是符合非破产法的大部分结构的,但是明显与以下事实不符:银行作为坏账处理的大多数贷款并不是破产消费者所欠的。[⑥] 第二,非破产法可以为消费者提供一些救济,来减轻第七章限制消费者免责申请次数限制的影响。[⑦] 这种解释欠缺说服力,因为消费者申请第七章免责被拒绝后仍有机会获得第十三章免责。[⑧]

也许对非破产提供的债务免责更有力的辩护是,非破产催收程序能够以更低

---

① 古雅典认为拖欠债务是死罪。Lawrence H. White, Bankruptcy as an Economic Intervention, I *J. LIBERTARIAN STUD.* 281,281 (1977). 在古罗马,违约债务人的债权人可以奴役债务人或"将债务人的身体分成相应的份额"。

② 见前文第二部分 B.3。

③ 见前文第二部分 B.3。

④ Susan D. Kovac,《破产证明专家》,65*AM. BANKR. L. J.* 675(1991)(讨论免于审判的债务人)。

⑤ 见下文第四部分 A。

⑥ Am. Banker's Ass'n,1997 Installment Credit Survey Report 109 (9th ed. 1997)(报告指出,所有银行消费者信贷损失中约有 70% 发生在破产之外);VISA U. S. A. , INC. , 1999 Annual Bankruptcy Survey (2000)(报告说,由于无法收回而被冲销的信用卡贷款中有三分之二与破产无关)。但是要注意,这些贷款中的某些可能会在冲销后在破产程序中被免责。还要注意,这些百分比是基于未偿贷款而不是个人。但是,使用破产的债务人的百分比可能更低,因为那些最有可能在破产之外受到司法保护的人,即低收入者不太可能有大笔的贷款。

⑦ Susan L. DeJarnatt, Once is Not Enough: Preserving Consumers' Rights to Bankruptcy Protection, 74 *IND. L. J.* (1999),第 455 页,第 474 页至第 480 页。如上所述,对此假设有足够的支持。Executive Office for U. S. Trustees, United States Trustee Program: Preliminary Rfport on Chapter 7 Asset Cases 1994 to 2000, 7 (2001),[解释说,"从历史上讲,绝大多数(95% 至 97%)第七章案件不产生任何资产。"]参见 http://www. usdoj. gov/ust/libraiy/chaptero7/assetcases/publicat. pdf。U. S. Gen. Accounting Office, Bankruptcy Administration: Case Receipts Paid to Creditors and Professionals, Gaoiggd - 94 - 173 (July 28, 1994)(请注意,商事案例代表了第 7 章中所有资产的三分之一,并产生了全部收入的约 80%),请访问 http://archive. gao. gov/t2pbat2/152238. pdf。今天,如果法院认为债务人的申请是对《破产法》第 7 章的"实质性滥用",则可以拒绝其使用。U. S. C. 11 §707(b)(2000)。尽管大多数(如果不是全部)法院会在实质性滥用分析中考虑债务人的"支付能力",但对于"实质性滥用"一词的含义以及法院应如何积极执行此规定,存在广泛的分歧。

⑧ 11 U. S. C. §1328(2000).

的成本核实无力清偿债务的消费者并给予他不那么慷慨的免责，尽管这种核实方式并不完美。[①] 对非破产法作用的这种解释对当前有关破产法改革的辩论具有重要意义。几十年以来，消费者信贷行业一直在游说某种基于信息的平均收入检验手段，如果他们的收入远远超过生活支出，这将阻止消费者立即获得第七章免责。[②]我国破产法学教授通常反对这种明确的平均收入检验手段，[③]而如今这种反对在学术界已然势不可当。[④]

反对的观点主要从平均收入检验的细节上提出质疑，本文也不会增加大量关于各种破产法案精要点的文献讨论。[⑤] 本文的重点是针对更明确的平均收入检验手段提出更基本的论点：明确的平均收入检验会大大增加破产申请的成本，从而使很多美国人无法获得破产救济。[⑥] 尽管此论点是在消费者信贷行业推进的改革的

---

① 见前文第四部分 C。

② Vern Countryman, Bankruptcy and the Individual Debtor – And a Modest Proposal to Return to the Seventeenth Century, 32 *CATH. U. L. REV.* (1983)，第 809 页，第 820 页至第 827 页。

③ Vern Countryman, Bankruptcy and the Individual Debtor – And a Modest Proposal to Return to the Seventeenth Century, 32 *CATH. U. L. REV.* (1983)，第 827 页（比较经济状况测评与契约奴役或"大量人身伤害"）。

④ Charles Jordan Tabb, The Death of Consumer Bankruptcy in the United States?, 18 *BANKR. DEV. J.* (2001)，第 1 页，第 48 页（强调"美国绝大多数破产法专业人士一再表示强烈反对破产改革法案。约有 100 位教授在四次书面会议上恳求国会不要通过这样的法案。只有有两位法学教授希望尽快通过。"）。

⑤ 例如，批评家认为，拟议的改革将使破产太微不足道，要么要求消费者偿还过多年的费用，要么通过提供过低的生活费用。参见 1999 年 9 月 7 日八十多位破产法学教授给国会写的一封公开信。请注意，这种观点与新兴经济学文献有些矛盾，后者表明，如果限制债务减免的慷慨性，消费者的福利将会增加。Igor Livshits ET AL., Consumer Bankruptcy: A Fresh Start (Federal Reserve Bank of Minneapolis, Research Department, Working Paper No. 617, 2002) 批评者还指称，改革将对消费者的支付能力施加过分严格的考验，而破产法则可通过现行法律的更具自由裁量权的标准得到更好的解决。See Letter from various law professors to Congress (Sept. 7, 1999). 这是规则与自由裁量权辩论的另一种表现形式。给国会的信中提出的另一种论点是，所有消费者都必须保持容易获得破产解除的机会，以增强家庭法债权人追逐无为的父亲的能力。从根本上说，破产解除增强了家庭法债权人的能力，因为一般义务是可以解除的，而家庭法债权则不能。*See* 11 U. S. C. § 523 (2000). 当然，可能会很好地质疑为什么法律不能通过改革非破产法或做出其他更特定于僵硬父亲的更改来增强家庭法债务人的能力。例如，近年来，联邦政府通过了大量旨在提高家庭法债权人收款能力的立法，其中包括要求各州提供所有非监护父母的工资，即使这些父母有从未错过付款。See Family Support Act of 1988, Pub. L. No. 100 – 485, § 101(b), 102 Stat. 2343 (1988)（要求各州对 1994 年 1 月 1 日之后发布或修改的所有子女抚养费命令立即扣留工资，除非父母双方或法院安排了不同的计划）。但是，由于这些义务存在独特的问题，因此对家庭法义务的完整讨论不在本条的范围之内。

⑥ Letter from various law professors to Congress (Sept. 7, 1999)（"诀窍是以可接受的成本确定真正的滥用者，而又不公平地负担合法需要第七章破产救济的那些"诚实但不幸的"债务人。"）。Judge Edith H. Jones & Todd J. Zywicki, It's Time for Means – Testing, 1999 *BYU L. REV.* (1999)，第 177 页；（主张破产改革带来的行政费用不会过分负担低收入破产消费者的负担）。

特定背景下提出的,但它反映出了破产和非破产的适当作用方面更根本的问题。对于消费者经济情况的任何要求都会延长程序并且增加成本。社会必须在准确性和成本中选择正确的平衡。这种平衡可能很难达到,因为同一个制度不可能适合所有人。旨在收集足够多的事实以识别有能力偿付债务的高收入消费者的程序带来的成本可能会很高,以至于使穷人无法申请破产。但是,对穷人的影响并不足以使我们彻底放弃基于信息的平均收入检验,至少抽象来讲,只要低收入的消费者能够在非破产法中获得足够的救济即可。

A. 非破产免责是暂时的救济手段

即使法律假定未申请破产的消费者应该全额清偿债务,但法律无须假定他们必须马上做出清偿。举例来说,消费者能够以将来的收入支付判决确定的清偿数额,但是可能手头没有资金来立刻支付。当然,如果信贷市场运行良好,消费者能够预支将来的收入来完成支付。但是消费者可能无法这样做,部分原因是破产制度和其他债务免除制度使他们免于全部清偿。认识到消费者需要一段时间完成支付,法律应当明智地限制消费者必须偿还债务的比例。

这种理论与非破产催收制度的推定结构非常吻合。非破产催收制度可保护消费者的一部分收入与财产免受债权人扣押,但通常允许勤勉催收的债权人无限期地保留判决书效力。① 但这种理论与经验证据则不太吻合,经验证据表明大部分被债权人作为坏账冲销的债务并未在破产中免责,②也与非破产法通过保护消费者全部收入与财产免受普通债权人追索而使其免于司法审判的事实不符。③

B. 有限的救济与连续免责

如上所述,限制消费者一段时间内获得破产免责的次数,可能对确保消费者仅

---

① Thomas D. Crandall ET AL. ,The Law of Debtors and Creditors § 6.79,6 – 227(2002).

② Am. Banker's Ass'n,1997 Installment Credit Survey Report 109 (9th ed. 1997)(报告指出,所有银行消费者信贷损失中约有 70% 发生在破产之外);VISA U. S. A. ,INC. ,1999 Annual Bankruptcy Survey (2000)(报告说,由于无法收回而被冲销的信用卡贷款中有三分之二与破产无关)。但是要注意,这些贷款中的某些可能会在冲销后在破产程序中被免责。还要注意,这些百分比是基于未偿贷款而不是个人。但是,使用破产的债务人的百分比可能更低,因为那些最有可能在破产之外受到司法保护的人,即低收入者不太可能有大笔的贷款。

③ Susan D. Kovac, Judgment – Proof Debtors in Bankruptcy, 65 *AM. BANKR. L. J.* 675 (discussing judgment – proof debtors)(讨论免于审判的债务人)。

在真正需要债务免除时才使用破产程序起着重要作用。[①] 不幸的是，已申请破产的消费者仍然面临着与最初导致其陷入财务困境同样的风险。对于那些因申请次数限制而没能获得第七章破产免责的消费者，国家可能希望为他们提供非破产债务免责。对于非破产催收法所提供免责的这种解释是不全面的，因为国家可以，并且确实，为最近获得免责的人再次提供了破产免责。尽管这些消费者不能申请第七章免责，但是可以自由地再次申请第十三章免责。[②]

C. 非破产法是一种更低成本的债务免责形式

一代人以前，典型的破产者被描述为下层阶级或者工薪阶层成员，[③]学者们以两种方式对这一事实做出了一些回应。一些杰出的破产法学者主张改革非破产程序催收制度，如工资扣押，以使穷人能够在不增加破产法院负担的情况下找到债务免责的方式。[④] 另一些学者则认为，应大大简化破产制度来减少破产法院在处理消费者破产时所面临的负担，一些学者甚至认为破产制度应当受到行政机关的控

---

① Susan L. DeJarnatt, Once is Not Enough: Preserving Consumers' Rights to Bankruptcy Protection, 74 *IND. L. J.* (1999)，第 455 页，第 474 页至第 480 页。如上所述，对此假设有足够的支持。Executive Office for U. S. Trustees, United States Trustee Program: Preliminary Rfport on Chapter 7 Asset Cases 1994 TO 2000, 7 (2001)，[解释说，"从历史上讲，绝大多数(95% 至 97%) 第七章案件不产生任何资产。"] 参见 http://www. usdoj. gov/ust/libraiy/chapterO7/assetcases/Publicat. pdf。U. S. GEN. Accounting Office, Bankruptcy Administration: Case Receipts Paid to Creditors and Professionals, Gaoiggd - 94 - 173 (July 28, 1994)(请注意，商事案例代表了第 7 章中所有资产的三分之一，并产生了全部收入的约 80%)，请访问 http://archive. gao. gov/t2pbat2/152238. pdf。今天，如果法院认为债务人的申请是对《破产法》第七章的"实质性滥用"，则可以拒绝其使用。U. S. C. 11 §707(b)(2000)。尽管大多数(如果不是全部)法院会在实质性滥用分析中考虑债务人的"支付能力"，但对于"实质性滥用"一词的含义以及法院应如何积极执行此规定，存在广泛的分歧。

② 11U. S. C. §1328(2000)。值得注意的是，债务人获得随后的破产保护的能力与选择破产救济有关。也就是说，在第七章中获得放电的消费者六年之内不能再在第七章中获得另一放电。U. S. C. 11 §523(2000). 另外，只要在第十三章中得到解除的消费者已经偿还了至少 70% 的无抵押索偿要求并做出了"最大努力"，就可以立即根据第七章申请救济。这种差异与惩罚理论非常吻合。如果债务人确实证实债务人无法偿还债务，那么惩罚债务人毫无意义，也许"尽力而为"标准可确保消费者真正是穷人。但是，由于第十三章的计划似乎有相当高的失败率，因此不应过多地强调这种差异。

③ David T. Stanley & Marjorie Girth, Bankruptcy: Problem, Process Reform (1971), at 42("在这些地区接受采访的典型债务人是一名工业工人，每周收入略高于 100 美元。")。

④ Consumer Credit Protection Act: Hearings on H. R. 11601 Before the Subcomm. on Consumer Affairs of the House Comm. on Banking & Currency, 90th Cong. 721 (1967)(Veto Countryman 主张对扣押加以限制，以"减轻联邦破产制度的负担，即为避免被扣押而提起破产申请的责任")。

制。① 如今,要求改革非破产催收制度的倡议似乎已半途而废,②我国的法学教授普遍认为破产制度应足够简便,便于穷人获得适当的救济。③

如今,人们对破产消费者的普遍看法正在发生改变。报纸关于名人破产的报道提供了一些轶事证据,证明一些富人们(或至少曾经富有)利用了破产制度来保护自己。④ 更重要的是,对美国破产者最近的研究表明,大多数的破产申请来自中产阶级,⑤他们是普罗大众的典型代表。⑥ 正如每个美国公民的金融资源有着巨大

---

① David T. Stanley & Marjorie Girth, Bankruptcy: Problem, Process Reform (1971), at 4(“除公司改组外的所有破产案件都将由新成立的行政机构处理。”)。

② See Susan D. Kovac, Judgment - Proof Debtors in Bankruptcy, 65 *AM. BANKR. L. J.* 763(主张将抵押法放宽一些,以减轻破产法院的大量申请量)。

③ See Letter from various law professors to Congress (Sept. 7, 1999) [hereinafter Letter of Sept. 7, 1999] (on file with author)(“诀窍是以可接受的成本确定真正的滥用者,而又不公平地负担那些合法需要第七章破产救济的‘诚实但不幸的’债务人。”); Jean Braucher & Charles W. Mooney, Jr., Means Measurement Rather Than Means - Testing: Using the Tax System to Collect from Can Pay Consumer Debtors After Bankruptcy, 22 *AM. BANKR. INST. J.* 6 (Feb. 2003)(“由于准备进行经济状况调查计算将使申请破产更加复杂且耗时,因此可预见的结果将是提高律师和文件准备者的费用。其中一些最糟糕的情况是债务人连破产免责后的责任都无力承担。”)。

④ Philip Shenon, Home Exemptions Snag Bankruptcy Bill, N. Y. TIMES, Apr. 6, 2001, at Al(“其他几位名人……近年来在佛罗里达州和得克萨斯州[宣布破产],并保留在大房子里。演员伯特·雷诺兹(Burt Reynolds)在1996年宣布破产后保留了他在佛罗里达州的250万美元房屋,瓦尔哈拉……前棒球专员鲍伊·库恩(Bowie Kuhn)买了100万美元的五居室,五浴室之家……得克萨斯州前州长约翰·B. 康纳利(John B. Connally)于1987年宣布破产,负债4900万美元。

⑤ Teresa A. Sullivan, Elizabeth Warren & Jay Lawrence Westbrook, the Fragile Middle Class: Americans in Debt(2000),第257页至第261页。有些人根据收入来定义中产阶级。Christine Dugas, Middle Class Barely Treads Water, USA TODAY, Sept. 15, 2003, at http://www. usatoday. com/money/perf'lgenerall2003 - 09 - 14 - middle - cover_x. htm (last visited Sept. 26, 2004)(指出“中产阶级家庭”通常被定义为“收入在25,000美元至99,999美元之间的家庭”)。但是,沙利文(Sullivan),沃伦(Warren)和威斯布鲁克(Westbrook)希望采用除收入或财富以外的其他指标。. Teresa A. Sullivan, Elizabeth Warren & Jay Lawrence Westbrook, the Fragile Middle Class: Americans in Debt (2000),第28页至第33页。实际上,很难定义“中产阶级”一词,据作者说,“了解美国中产阶级最重要的一点是,大多数美国人相信他们是其中一员。”Teresa A. Sullivan, Elizabeth Warren & Jay Lawrence Westbrook, the Fragile Middle Class: Americans in Debt (2000), At 28. 的确,沙利文,沃伦和威斯布鲁克(Warren & Westbrook)定义了包括自己在内的“中产阶级”。Teresa A. Sullivan, Elizabeth Warren & Jay Lawrence Westbrook, the Fragile Middle Class: Americans in Debt (2000), at 1(固执的中产阶级,例如我们自己……)

⑥ Bankruptcy Becoming Prosperity's Partner Largely Declaration of the Middle Class, CHI. TRIB., July 5, 1998, at 6(引用伊丽莎白·沃伦的话,“[破产债务人]是中产阶级,这很可怕……他们不是边缘工人。他们是你和我,他们是我们的邻居。”)。

差别，美国破产者的资产也是如此。[①] 我们并没有理由相信同一个债务免除制度能适用于所有的美国人。[②]

幸运的是，法律并没有强行为每个消费者提供相同的保险。[③] 正如较富裕的人往往购买能保证其更高生活水平的保险单一样，不同的债务免除制度往往会使他们在违约之后能保有比更不幸的同伴更高的生活水平。[④] 然而，法律还应该设置一种可适用的识别程序，以用来区分消费者的不同情况并分别给予不同程度的免责。也许法律可以根据消费者的特定情况来调整单一的债务免除制度中的程序。但是依据经验假设，并行的债务免责制度可能允许法律以更低的成本完成此项任务。

1. 所有消费者都会为同样的债务免除程序讨价还价吗？

这个国家似乎已经达成了一个普遍共识，即我们的破产制度不应强迫极度贫穷的人偿还债务。尽管有时被称为“气量狭小”，[⑤]但过去几年中信贷行业在每一次

---

① 正如人们所期望的，破产的美国人的收入和财富往往比有偿债能力的美国人要少得多。Teresa A. Sullivan, Elizabeth Warren & Jay Lawrence Westbrook, the Fragile Middle Class: Americans in Debt 257 – 61 (2000)，第 59 页至第 69 页（描述破产美国人的收入和资产）。但是，很显然，至少有几个破产债务人拥有或至少曾经有大量收入。Philip Shenon, Home Exemptions Snag Bankruptcy Bill, N. Y. Times, Apr. 6, 2001, at Al. 其他破产债务人从不喜欢这种奢侈的生活方式。Susan D. Kovac, Judgment – Proof Debtors in Bankruptcy, 65 AM. BANKR. L. J. 第 677 页（discussing judgment – proof debtors）。

② Teresa A. Sullivan, Elizabeth Warren & Jay Lawrence Westbrook, the Fragile Middle Class: Americans in Debt 257 – 61 (2000). 有些人根据收入来定义中产阶级。Christine Dugas, Middle Class Barely Treads Water, USA TODAY, Sept. 15, 2003, at http://www.usatoday.com/money/perf'lgenerall2003 – 09 – 14 – middle – cover_x.htm (last visited Sept. 26, 2004)（指出“中产阶级家庭”通常被定义为“收入在 25,000 美元至 99,999 美元之间的家庭”）。但是，沙利文（Sullivan），沃伦（Warren）和威斯布鲁克（Westbrook）希望采用除收入或财富以外的其他指标。TERESA A. SULLIVAN, ELIZABETH WARREN & JAY LAWRENCE WESTBROOK, THE FRAGILE MIDDLE CLASS: AMERICANS IN DEBT (2000), at 28 – 33. 实际上，很难定义“中产阶级”一词，据作者说，“了解美国中产阶级最重要的一点是，大多数美国人相信他们是其中一员。” Teresa A. Sullivan, Elizabeth Warren & Jay Lawrence Westbrook, the Fragile Middle Class: Americans in Debt (2000), at 28. 的确，沙利文，沃伦和威斯布鲁克（Warren&Westbrook）定义了包括自己在内的“中产阶级”。Teresa A. Sullivan, Elizabeth Warren & Jay Lawrence Westbrook, the Fragile Middle Class: Americans in Debt (2000), at 1（固执的中产阶级，例如我们自己……）Bankruptcy Becoming Prosperity's Partner Largely Declaration of the Middle Class, CHI. TRIB., July 5, 1998, at 6（引用伊丽莎白 · 沃伦的话，“[破产债务人]是中产阶级，这很可怕……他们不是边缘工人。他们是你和我，他们是我们的邻居。”）。

③ 见前文第四部分 C。

④ Richard M. Hynes, Non – Procrustean Bankruptcy, 2004 *U. Ill. L. Rev.*

⑤ 147 Cong. Rec. S7721, 7725 (daily ed. July 17, 2001)（参议员 Wellstone 批评破产改革立法是“严厉，卑鄙的立法”）。

破产改革立法迭代，都旨在使收入低于指定阈值的人免于新的平均收入检验。[①] 最新的规定豁免了所有收入低于其所在州中等家庭收入水平的人。[②] 也许这样的豁免只是为了迎合民粹主义情绪，但值得一问的是，是否存在更合理的理由支持这些豁免。

人们不能简单地按照定义认为低收入消费者的收入不足以偿还债务。根据2001 年的数据，一个四口之家的中等收入范围从最低点的新墨西哥州的46,596 美元，到最高点的马里兰州的82,879 美元不等。[③] 显然，很多收入低于本州中等水平的美国人并没有经历破产法规定的不幸，因此没有理由假定他们无清偿能力。结果是大部分低收入美国人全额偿还了债务，这就是为什么这么多中等收入以下的美国人能够获得信贷。[④]

人们可能会说，收入低于一定标准的消费者不应清偿债务，因为那会使他们的消费水平低于社会试图为所有公民担保的最低水平。因此，这种偿还给整个社会都带来了成本。社会的确为穷人提供了社会保障，而这些保障计划通常是基于富人关心穷人的生活水平的理论，从而被认为是合理的。[⑤] 此外，这些社会保障计划可能会诱导消费者过度借贷，国家可能会通过禁止债权人扣押消费者的收入或者限制债权人可能收取的利率来阻止借贷。这种论点并不完全符合破产制度并不应对中等收入水平以下的人进行平均收入检验的观点，因为美国的社会福利制度并不那么慷慨。[⑥] 这种论点可以解释为何对扣押进行限制可以完全豁免了相当于三

---

① Judge Edith H. Jones & Todd J. Zywicki, It's Time for Means - Testing, 1999 *BYU. L. REV.* (1999), at 183 - 207.

② H. R. REP. No. 108 - 975, § 102(h)(2).

③ U. S. Census Bureau, Median Income for 4 - Person Families, By State, athttp: f/www. census. gov/hhes/income/4person. html(最后访问日期:2004 年9 月27 日)。所有家庭的中等水平收入略低，从西弗吉尼亚州的30,982 美元到新泽西州的58,759 美元。See U. S. Census Bureau, Median Household Income (In 2003 Inflation - Adjusted Dollars) Households (State Level), at http://Iwww. census. gov/acs/www/Products/Ranking/2002/RO7TO40. htm(最后访问日期:2004 年9 月27 日)。

④ 例如，收入低于20% 的美国人中有将近25% 的人有信用卡债务，收入在40% ~60% 的美国人中这一比例上升到50% 以上。See Ana M. Aizcorbe, Arthur B. Kennickell, & Kevin B. Moore, Recent Changesin U. S. Family Finances: Evidence from the 1998 and 2001 Survey of Consumer Finances, FED. RESERVE BULL., Jan. 2003, at 22, available at http:/www. federalreserve. gov/pubs/bullet in/2003/03bulletin. htm#jan.

⑤ Harold M. Hochman & James D. Rodgers, Pareto Optimal Redistribution, 59 *AM. ECON. REV.* (1969), 第542 页，第543 页。

⑥ Eric A. Posner, Contract Law in the Welfare State: A Defense of the Unconscionability Doctrine, Usury Laws, and Related Limitations on the Freedom to Contract, 24 *J. LEGAL STUD.* 283, 307 - 09 (1995); Thomas H. Jackson, The Fresh - Start Policy in Bankruptcy Law, 98 *HARV. L. REV.* (1985), 第1402 页。

十倍联邦最低工资的实得工资,[①]因为如果一个人只有这么低的收入,他宁可辞职去申请社会救济。但是很少有人会直言不讳地认为,如果要求马里兰州的一位年收入接近 83,000 美元的居民(作为一个四口之家的唯一赚钱者)向其债权人偿还任何款项,她将因此辞职并决定以失业保险为生。即使她有资格获得马里兰州的失业保险,每周的支付也不会超过 280 美元。[②]

拒绝对低于中等收入水平的人进行平均收入检验的更好理由是,调查其支付能力并不划算。使用最佳合同文献可以更清楚地解释该论点,在该文献中,债务人希望从债权人那里借款,而当事人各方可以自由地协商他们想要的任何合同条款。该文献的核心问题在于债务人的未来财富是不确定的,债权人无法在偿还债务时无成本地观察债务人的实际财富,因此无法无成本地核实债务人的免责需求。这些模型中的核心问题是负鼠难题。

在某些模型中,债权人能够通过花费一些固定成本(例如,通过审计债务人的账目)来核实债务人的财富(从而证明其还款能力)。[③] 在其他模型中,债权人通过施加大致等于还款缺口的惩罚来验证债务人无力偿还债务。[④] 无论如何,他们选择的合同大致相同。根据一些技术假设,[⑤]人们发现最优的合同约定其实非常简单,只要债务人的财富超过一定水平,就需要支付一定的固定金额(债务的面值)。这种合同通过要求债务人在足够富裕的情况下偿还相同的金额,从而避免了在大多数情况下进行调查或惩罚。

当债务人的收入低于此固定金额时,合同允许债务人支付低于债务面值的款项,并要求债权人(或法院)核实债务人是否无力偿还全部债务。债权人可以通过调查债务人的财务状况来核实其债权要求。如果债务人如实报告了自己的财务状况,则允许他为自己的消费保留固定的金额,并要求他偿还超过该数额的任何款项。[⑥] 债权人还

---

① 15 U. S. C. § 1673(2002).

② Economic Policy Institute, Issue Guide on Unemployment Insurance, at http://www.epinet.org/content.cfm/issueguides_unemployment_index (last visited Sept. 24, 2004).

③ Robert M. Townsend, Optimal Contracts and Competitive Markets with Costly State Verification, 2t *J. ECON. THEORY* (1979),第 265 页。

④ Douglas W. Diamond, FinancialIntermediationandDelegationMonitoring, 51 *REV. ECON. STUD.* (1984),第 393 页。

⑤ 文献通常假定贷方和借方不能为随机实施的调查订立合同。Douglas Gale & Martin Hellwig, Incentive - Compatible Debt Contracts: The One - Period Problem, 52 *REV. ECON. STUD.* 647 (1985).

⑥ Douglas Gale & Martin Hellwig, Incentive - Compatible Debt Contracts: The One - Period Problem, 52 REV. ECON. STUD. (1985),第 654 页至第 655 页。

可以通过施加与欠款相等数额的罚款来进行核实。①

在最近的一篇文章中，Kelly Welch 教授通过允许当事方在其合同中同时约定核实方法和惩罚补充了这一分析。② 重要的是，假定收集信息的成本是固定的。作为对比的是，随着债务人的财富向全额还款点靠拢，惩罚数额会下降。这是因为偿还额的缺口变小，而债权人施加的惩罚只要能够避免债务人无法全额偿还的风险即可。因此，最优合约可能包含三个部分：如果债务人的财富超过某点，则债务人将全额偿还；如果略低于此金额，债务人将部分偿还，而债权人将处以与短缺额相等的罚款；如果债务人的财富下降到更低的门槛以下，则债权人不再惩罚债务人，而是进行调查以核实债务人确实遭受了不幸。③

惩罚和信息之间的"临界点"取决于进行调查的成本。如果调查费用很高，则该合同可能几乎完全依靠惩罚来核实债务人的债务减免要求。还要注意的是，查询的成本与贷款规模和债务人财力规模有关。因此，如果对债务人的财务状况进行调查的成本过大，那么对某些债务人（穷人）进行这种调查可能永远不会具有成本效益。

该文献提供了有关破产法和非破产法在催收中的作用的一些有趣的直觉。例如，Welch 教授认为，破产制度使用信息来证明债务人无法偿还债务，而非破产法则使用惩罚。④ 根据非破产法，债务人的确可能遭受更多的惩罚。破产程序中的自动冻结制度能够防止债务人受到催收电话和信件的骚扰，⑤但是目前尚不清楚最常见的第七章破产程序是否使用了大量信息来验证债务人无力偿还债务。就"实质性滥用"条款确实是"死信"而言，⑥非破产法似乎对债务人的支付能力进行了更有力的考察，因为在确定债权人可扣押多少财产时需要考虑债务人的收入。⑦ 但是如下文所述，该理论可能有助于证明破产改革提议结构的合理性。

---

① Douglas W. Diamond, Financial Intermediation and Delegation Monitoring, 51 *REV. ECON. STUD.* (1984)，第 393 页。

② Kelly Welch, From Debtor's Prison to Bankruptcy: The Enforcement of Optimal Debt Contracts (Working Paper 2001) (on file with author).

③ 同上。

④ 同上。

⑤ 11 U. S. C. § 362(2000).

⑥ Todd J. Zywicki, With Apologies to Screwtape, 9 J. BANKR. L. & PRAC. (2000)，第 423 页［"类似地，律师兼前法学教授乔治·华莱士(George Wallace)观察到，'那里有 300 多名破产法官，而且在他们的大多数法院中，§ 707(b)简直就是没有任何作用'"］。

⑦ 见 15 U. S. C. § 1673 (2002)(豁免联邦最低工资的 30 倍或债务人实得工资的 75% 中的较大者).

2. 引导消费者选择最适合程序

上一节的基本主张是，不同的消费者会选择不同的程序来确定违约后应该偿还的金额，因为调查富人的还款能力更具成本效益。这符合我们一般人的直觉。与生活在贫困线附近的人相比，对收入为六位数的消费者的收入和支出进行彻底调查显然更合理。

几十年来，消费者信贷行业一直倡导在破产中采用明确的"平均收入检验"。① 从根本上说，这种测试将试图根据对消费者财务状况的调查来评估消费者偿还债务的能力，但产生的高昂的调查费用仅对部分人来说是合适的，却不适合其他人。例如，如果在借款时消费者可以指定解决违约的程序，结果则可能是高额借入大量款项的高薪专业人士同意对其财务进行昂贵的调查。但如果消费者的收入仅略高于最低工资，她将永远不会同意如此昂贵的调查。如果发生违约，她将会依赖成本更低的评估形式。

当然，社会可以实施将不同调查级别应用于不同消费者的破产制度。可能有人会认为，目前管理人使用"实质性滥用"条款②来审查那些收入很高的少数几个消费者，而忽略了其他所有人。然而，这种方法只能减轻而不能消除准确性和成本之间的权衡，因为破产制度必须找到某种方式确定哪些消费者需要接受进一步调查。

许多破产学者对拟议的改革提出了批评，因为这些改革未能使收入低于中等水平的消费者免于增加的程序要求。③ 尽管这些学者对拟议改革的批评可能是正确的，但他们的批评假定法院可以轻易地确定消费者的收入，这种假设与现有的关于破产申请准确性的现有证据严重矛盾。某位破产法官进行的一项研究表明，百分之九十九的破产申请中至少包含一个严重的内部矛盾。④ 此外，百分之四十三的申请文件显示，陈述的收支之间存在明显的不平衡，这意味着要么消费者错误地陈

① Vern Countryman, Bankruptcy and the Individual Debtor – And a Modest Proposal to Return to the Seventeenth Century, 32 *CATH. U. L. REV.* (1983)，第 820 页至第 827 页（将此艰苦奋斗历程及入编年史）.

② 11 U. S. C. § 707(b) (2000).

③ Jean Braucher & Charles W. Mooney, Jr., Means Measurement Rather Than Means – Testing: Using the Tax System to Collect from Can Pay Consumer Debtors After Bankruptcy, 22 *AM. BANKR. INST. J.* (Feb. 2003), at 7 指出正在进行中的立法要求所有债务人都应计算预期的偿付能力"即使对那些显然缺乏债务偿还能力的人也会构成障碍。"; Charles Jordan Tabb, The Death of Consumer Bankruptcy in the United States?, 18 BANKR. DEV. J. (2001)，第 18 页（"一个明显的缺陷是，尽管研究估计实际上只有不到四分之一的债务人会接受经济审查，但所有个人债务人都必须按照时间表进行经济审查。"）。

④ Steven W. Rhodes, An Empirical Study of Consumer Bankruptcy Papers, 73 *AM. BANKR. L. J.* (1999)，第 653 页，第 678 页。

述了收入或者支出,要么表明消费者在申请破产后不久将再次陷入财务困境。[①] 国家可以通过强迫消费者提供进一步的文件来支持其申请(如前几年的纳税申报表)来提高报告收入的准确性,但是提供这种文件对消费者而言可能会产生巨大的成本。实际上,正在进行的破产立法要求消费者提交纳税申报表是该立法中最被诟病的部分之一。[②]

国家可以尝试通过一定的方式将进行调查的成本转移给债权人。例如,让消费者提供很少的初始信息并要求债权人为任何其他发现付费。但即便这是可行的,也无法从根本上解决问题,因为在竞争激烈的市场中,消费者将以较高的利率提前为这项调查付费。对于许多消费者而言,不宜对其财务状况进行任何调查;最好通过惩罚来对他们进行“平均收入检验”。强制收取申请费和特定的程序要求可能会服务于以下目的:让消费者止步于破产程序,转而投向非破产的债务免除。

一些人认为,正在进行的立法提出的额外文书工作仅仅是为了提高破产的成本,从而减少低收入消费者申请破产。[③] 如果是真的,这显然不能成为改革的合理理由。即使要用价格将消费者排除出破产制度中,也不应通过施加额外的文书要求来实现。文书工作的增加能够提高申请成本,这不是因为它代表破产律师获得意外之财,而是因为他们需要花费更长的时间来完成工作。简言之,如果这项文书工作并没有什么必要,那么完成这项工作所花费的时间就浪费了,雇用律师支出的额外费用仅仅是对任何人都没有好处的一种罚款。罚款不仅不能将有清偿能力的消费者与无清偿能力的消费者区分开,而且也是强迫低收入消费者选择其他形式的债务免责的一种相当低效的手段。通过提高申请费(从而使法院受益)或强加一些最低还款要求(从而使债权人受益),可以很容易地将这些消费者排除在破产制度之外。

与破产法相比,非破产法或许可以用比破产法更低的管理成本提供债务减免,

---

① Steven W. Rhodes, An Empirical Study of Consumer Bankruptcy Papers, 73 *AM. BANKR. L. J.* (1999),第653页,第678页(发现有43%的债务人报告的收入超过了支出的百分之十)。当然,这可能仅意味着债务人夸大了他们的支出或他们可能再次陷入财务困境。

② Jean Braucher. Means Testing Consumer Bankruptcy: The Problem of Means, 7 *FOROHAM J. CORP. & FIN. L.* 407,444 (2002)(“总而言之,即使债务人的收入低于中等水平,所有案件的处理对于债务人及其律师和破产系统来说都将花费更多。债务人通常是杂乱无章的,他们必须向法院备案纳税申报表以避免被解雇。”)。

③ Eric A. Posner, Commenting on Means Testing Consumer Bankruptcy by Jean Braucher, 7 *FORDHAM J. CORP. & FIN. L.* 457,461 (2002)(“限制免责的另一个问题是,对于较低收入的个人,所涉金额太小,不值得第13章监视计划的成本。我想,这就是将“滥用”测试限于高收入债务人,而对低收入债务人使用文书工作和其他昂贵的要求。”)。

这种主张与先前的主张相反，即消费者与每个债权人在法庭上争论其支付能力，比在破产程序中一次性地解决该问题的成本要高得多。然而，非破产法不需要使用同样的方法来评估消费者的支付能力。在极端情况下可以制定非破产法，使当事方不愿意对消费者支付能力进行司法调查，除非这种调查可能具有成本效益。

国家或许能够制定非破产债务减免法律，以便高收入债务人寻求破产救济，而低收入债务人则不寻求。例如，假设国家使大量收入免于扣押，且债权人在借款时对消费者的财力有很好的评估。债权人可能会向曾经拥有大量收入或资产的消费者追讨，如果这些消费者无法还款，法院可能会不得不处理他们的财务状况。但如果消费者在借款时缺乏足够的非豁免收入或资产，债权人可能会简单地认为，由于债务人的情况有所改善的可能性很小，因此在违约后提起诉讼并不划算。如果这是真的，那么正确的做法不是比较一项破产程序与多项非破产程序的成本，而是比较一项破产程序的成本和根本无须启动任何程序的成本。

债务免责的并行性为更重要的平均收入检验的支持者既提供了机遇，也提出了问题。它提供了一个机会，因为非破产债务减免的存在为破产系统的设计提供了更大的灵活性。如果国家愿意使用非破产法律为那些被排除在破产制度之外的人提供有效的债务减免，那么就不必再设计一个能够容纳所有消费者的破产制度。然而，该论点也带来了挑战，因为支持平均收入检验的一个主要论点是，它旨在针对富裕的客户，而不是使有需要的消费者花更多的钱来提起诉讼。① 如果平均收入检验的支持者也支持非破产法的修改，以接纳那些将不再有充足机会获得破产救济的消费者的话，那么这种论点将更具说服力。

当然，有人可能会争辩说，非破产的债务免除制度目前足以完成这项任务。人们可能会争论非破产对财产和收入的豁免是否足够慷慨，催收方式是否得到充分监管以及社会是否需要对其诉讼时效进行改革。但不幸的是，这种辩论的证据很少。尽管有一群研究人员继续发布有关破产法院运作情况的有用信息，但自 30 年前 David Caplovitz 进行研究以来，②没有人对非破产催收程序再有类似看法。③ 虽然仍然有用，但 Caplovitz 教授的研究早于许多最重要的联邦和州消费者保护法，因

---

① Judge Edith H. Jones & Todd J. Zywicki, It's Time for Means - Testing, 1999 *BYU L. REV.* (1999)，第 181 页至第 182 页。

② Teresa A. Sullivan, Elizabeth Warren & Jay Lawrence Westbrook, The Fragile Middle Class: Americans in Debt (2000)，第 257 页至第 261 页。

③ David Caplovotz, Consumers in Trouble: a Study of Debtors in Default (1974)，第 310 页至第 304 页。

此不太可能准确地代表现代做法。鉴于大多数未偿还的消费贷款并未通过破产得到免除，[①]对非破产催收信息的缺乏令人担忧。

第五部分　总　　结

随着消费者破产申请数量的不断增加，人们一定不能忽视这样一个事实，即破产只是更大的债务免责制度的一部分。本文认为，国家可以完善非破产制度的构建，以提供与目前破产所提供的救济大致相当的债务减免。[②] 此外，如果破产相对于非破产具有程序上的优势，那么国家可以采用能够实现这些优势的破产制度，同时仍然向消费者提供他们在非破产法下应享有的救济。[③] 但是，国家并没有这么做，反而在通常情况下向违约消费者提供非破产的债务减免，如果他们申请破产则提供更大的减免。

因为破产只是更大的债务免责制度的一部分，所以现有的消费者破产规范理论是不完整的。这些理论可能解释了为什么国家应当提供债务免责，但不能解释为什么必须在我们称为破产的制度中提供债务免责。因此，长期以来一直主导着公司破产学术研究的问题也必须在消费者的背景下得到回答。破产在更大的债务人－债权人法律制度中起什么作用？为什么破产程序参与者的实体权利与非破产债务人－债权人法律制度中的权利不同？公司破产文献中的标准解释着重于破产公司采用更优手段在债权人之间分配债务人稀缺资产的能力。这些理论与消费者破产制度无关，在企业破产制度中，几乎不存在向一般债权人进行分配的情况。[④]

---

① AM. Banker's Ass'n,1997 Installment Credit Survey Report 109 (9th ed. 1997)(报告指出，所有银行消费者信贷损失中约有70%发生在破产之外)；VISA U. S. A. ,INC. ,1999 Annual Bankruptcy Survey (2000)(报告说，由于无法收回而被冲销的信用卡贷款中有三分之二与破产无关)。但是要注意，这些贷款中的某些可能会在冲销后在破产程序中被免责。还要注意，这些百分比是基于未偿贷款而不是个人。但是，使用破产的债务人的百分比可能更低，因为那些最有可能在破产之外受到司法保护的人，即低收入者不太可能有大笔的贷款。

② 参见上文第二部分。

③ 参见上文第二部分C。

④ Executive Office for U. S. Trustees, United States Trustee Program: Preliminary Rfport on Chapter 7 Asset Cases 1994 to 2000,7 (2001),[解释说，"从历史上讲，绝大多数(95%至97%)第七章案件不产生任何资产。"]参见 http://www. usdoj. gov/ust/libraiy/chapterO7/assetcases/Publicat. pdf。U. S. Gen. Accounting Office, Bankruptcy Administration: Case Receipts Paid to Creditors and Professionals, Gaoiggd－94－173 (July 28,1994)(请注意，商事案例代表了第7章中所有资产的三分之一，并产生了全部收入的约80%)，请访问 http://archive. gao. gov/t2pbat2/152238. pdf。

本文认为,如果破产制度能够证明消费者的破产能力以及他们对债务减免的需要,那么可以合理地为消费者提供更多的破产救济。因此,关于消费者破产改革的争论不应该集中在破产是否应该包括平均收入检验上,而应该集中在收入检验采取的形式上。债权人或法院可以调查消费者偿还债务的能力,但是美国破产法在其大部分历史上都很大程度上避免了此类调查。相反,美国破产法更多采用了惩罚形式以证明消费者无力偿还债务。

在确定破产制度对消费者进行平均收入检验的方法时,必须认识到以下事实:非破产法也可以采用许多此类技术。非破产债务人 - 债权人法可以通过提供并行的债务免除制度来减轻破产法中某些不可避免的漏洞,从而形成破产制度的有益补充。如果破产迫使消费者等待一段时间之后才能获得债务免除,则非破产法可以帮助消费者承受更多的不幸。破产制度对消费者的还款能力进行调查并因此变得更加昂贵,在此程度上,非破产法可以减轻那些无法负担破产程序的人的负担。

如果非破产债务人 - 债权人法继续发挥这些作用,则可能需要对破产法进行改革。然而,很难分析非破产债务人 - 债权人法需要做出的必要变化,因为该制度在很大程度上已经摆脱了三十多年来的经验主义分析。如果我们要有效地评估破产制度和非破产债务人 - 债权人法在更大的债务减免制度中所扮演的角色,则必须弥补这一漏洞。

数字时代脆弱的消费者：破产、废弃、停业、僵尸公司中的消费者债权人*

蒂博尔·塔吉蒂

中欧大学法学教授兼国际商法项目主席。

刘紫钰 译

中国政法大学民商经济法学院经济法专业硕士研究生。

本文创作的目的①在于引起比较法学者、研究人员和决策者对在破产程序中处于劣势地位的消费者债权人的关注。在欧洲消费者金融保护发展过程中，这是一个被忽略的问题。如果消费者对零售商或服务提供商尚未交付的某些商品或服务已经支付了对价，而该零售商或服务提供商随后进入破产程序，消费者就可能成为债权人。由此导致的问题是消费者债权人在破产法中被视为无担保债权人，在优先权顺序上处于劣后的位置，即使债权能够被偿还，其也注定只能收回一小部分债权。

为填补这方面的空白，本文试图探寻消费者债权人问题的真实维度。本文从介绍消费者债权人概念和废弃公司、停业公司②对消费者债权造成损害的破产案件入手，具体包括近年来由于技术变革而导致的重大破产③和网络欺诈行为的案例研究。本文的第二部分梳理了监管措施，包括20世纪70年代美国法律针对破产程序中的消费者债权人实施有限优先权的规范路径、2016年英国法律委员会多管齐下

* 本文刊登于《蒂尔堡法律评论》(Tilburg Law Review)2019年第1期。

① 这篇文章也在“数字时代的负责任消费者”国际会议上发表。

② 这些公司通常不会给债权人留下任何财产。

③ 下文将以因出现互联网竞争对手而破产的英国法雷帕克公司为例进行论述。

的指导意见、某些后社会主义制度国家专门的监管措施，例如，克罗地亚和塞尔维亚针对冻结账户公司的法律制度，匈牙利的强制删除制度和斯洛伐克征收的特别规则。

在破产情境中被归类为无担保债权人的消费者，处于十分接近债务清偿顺位底部的位置，并且经常无法收回任何债权。消费者往往也不了解法律问题，有时，管理人提供的错综复杂的信息使局面更加令人困惑。①

——英国法律委员会

1 问题的提出

1.1 谁是消费者债权人？他们为什么需要特殊保护？

在许多情况下，消费者可能会在破产程序②中无意间变成债权人，不受司法管辖地域的限制。事实上，由于零售商或服务供应商的破产，我们中的许多人可能已经遭受了金钱损失，该金钱损失源于预付给零售商以获取将在未来交付的商品或服务。

现代破产法的核心问题在于，消费者在破产程序中成为无担保债权人，在破产债务清偿顺序中位于最末端，其清偿顺序在许多优先权类型③和担保债权之下，在股东等股权持有人之上。由于破产债务人的资产分配是按照破产法设定的清偿顺序进行的，只有在所有高顺位的资产全部得到清偿之后，无担保债权人才能得到偿付。通常情况下，留给那些拥有大量债权的代表众多类型的无担保债权人的财产

① 引自英国法律委员会网站，"Consumer Prepayments on Retailer Insolvency"，网址：〈http://www.lawcom.gov.uk/project/consumer - prepayments - on - retailer - insolvency/〉. Accessed 19 Jan. 2019. 在研究的进程中，逐渐产生越来越多的法律文件。对我们而言，以下文件具有重要价值：1. Consumer Prepayments on Retailer Insolvency No. 368 (2016)（以下简称：英国法律委员会 2016 年报告）；2. Consumer Prepayments on Retailer Insolvency - Summary (2016)（以下简称：英国法律委员会 2016 年报告摘要）；3. Consumer Prepayments on Retailer Insolvency - Consultation Paper No. 221 (2015)（以下简称：英国法律委员会 2015 年咨询文件）；and 4. Consumer Prepayments on Retailer Insolvency - Consultation Paper, Executive Summary No. 221 2015（以下简称：英国法律委员会 2015 年执行摘要）。

② 就不同类型的破产法（法律上申请破产抑或债务人客观上资不抵债导致破产）而言，在不同的司法管辖区，英语法律术语有很大的不同。因此，本文使用"bankruptcy"和"bankruptcy proceedings"来指代所有类型的破产。这与美国使用法律术语的方式相同，美国是本文提及的主要司法管辖区之一。读者应当注意，本文使用的"bankruptcy"一词并不仅指代涉及消费者的破产程序，也包括英国法和遵循英国法律的其他地区的实例。同样，"'insolvency"也不仅包括公司的破产。

③ 清偿顺序中的优先权类型，在不同的司法管辖区有不同规定，通常包括各种税款和应付给政府的费用、职工工资和其他职工福利（通常会有一个预先设定的金额标准），以及破产费用（例如，庭审费用、破产从业人员和专家的薪酬）。

已所剩无几。因此,破产企业的消费者与大型债权人[①]或不具有优先清偿权的职工工资和其他职工福利的命运相同。此外,由于无担保债权人受到平等对待,他们有权将剩余的破产财产按照各自债权比例进行分配,由此导致的结果是,消费者债权人得到的偿付很少,甚至什么都得不到。

非破产法的保护路径也可以纳入消费者维权的考量范围,消费者可以根据一般合同法或侵权法提起诉讼。然而,即使消费者在法庭上胜诉,其债权最终依旧会沦为破产程序中的无担保债权。因此,在许多情况下,提起诉讼是得不偿失的。另一个问题在于,正如英国法律委员会(UK Law Commission)所指出的"……消费者往往不了解法律问题,有时,管理人提供的错综复杂的信息使局面更加令人困惑。"[②]消费者可能没有资源、时间甚至勇气参与破产程序。他们的个人债权金额通常相对较小,不值得把时间和精力投注在旷日持久的破产程序上。

立法者注意到消费者债权人问题的一个可能原因,在于成千上万的小额债权累积起来可能构成系统性风险,甚至演变为一个政治问题——正如2006年英国储蓄俱乐部(UK savings club)法雷帕克(Farepak)破产案,"它是如此地令人群情激愤,成千上万经济脆弱的消费者损失了将近一年的圣诞储蓄"。[③]

消费者债权人问题是众多国家目前面对的难题,但这些国家中大多数都没有针对消费者债权人问题的专门应对措施。美国是运用法律解决该问题的国家之一。1977年的美国国会报告,阐述了关于消费者债权人的核心问题:

> "消费者支付对价用于分期付款[④]或商品订金,或者购买服务、课程以及办理健身会员卡,这些消费者即成为他所提供资金的企业的无担保债权人。很少有消费者意识到他们处于一般无担保债权人的地位。如果相关企业依据破产法申请破产,消费者通常要承担一定后果。尽管他们认为自己投入企业的资金相当于信托基金,但他们从债务人的破产财产中什么也得不到,因为剩余可以分配的财产对无担保债权人来说微不足道。消费者缺乏专业知识和能力与商家讨价还价,他们无法采取信用调查或

---

① 此处大型债权人包括公用事业公司、大多数供应商等。

② 引自该委员会官网。See n 1. Accessed 19 Jan. 2019.

③ See n 1, UK Law Commission Report 2016, para 1.4., page 1.

④ 《布莱克法律词典》对分期付款的定义如下:"卖方将货物单独放置,并承诺未来以协议价格将货物出售给买方。买方将货物价格的一部分先行支付给卖方,并可与卖方约定其他条件,例如分期付款。一旦支付了全部货款,买方就会收到货物。Bryan A. Garner(主编),《布莱克法律词典》(精装本第七版,1999)。

与商家签订特别条款等保护自身权益的方式，而一个真正的债权人应该懂得这样做”。[①]

在所有破产程序中，清算对消费者债权人构成真正的威胁。本文将主要讨论消费者债权人的此类问题。消费者债权人也可能在重整或重组过程中遭受损失，但一项成功的重整程序意味着债务人能够存活下来并且留有部分有价值的财产。消费者债权人在重整程序中所面临的问题属于另一个独立的研究范畴。当然，本文的许多结论在经过必要修改后也适用于这些情况。

清算更适用于废弃企业和停业企业，这些企业通常没有资产可供债权人收集并分配。此时消费者债权人的处境甚至比在破产程序中更糟糕，因为在重组程序成功的情况下，债权人还有公平收回部分债权的机会。因此，为结束清算过程中企业和相关债权人之间的纠纷，除注销废弃和停业企业之外，别无它法。

“僵尸公司”指的是那些只会“出生”而不会“发展”的公司，该类公司随时都有可能破产或被废弃。正如英国广播公司（BBC News）首席经济记者休·皮姆（Hugh Pym）在2012年所说：“‘僵尸公司’赚的钱足以维持自身生存，但不足以投资创造新的机遇。”[②]在这种情况下，消费者债权人面临的潜在威胁值得关注，因为僵尸企业很容易由于任何重大危机而破产。本文中任何针对消费者债权人问题真实维度的分析都不应将其排除在外。

1.2　为什么现有的保护措施不充分？

诚然，在每种制度体系中，消费者债权人都可以得到一些保护。问题在于这些保护通常是不充分的。

例如，在欧洲，最频繁使用的银行卡是威士（Visa）和万事达信用卡（MasterCard），有关退款的规定会确保消费者有可能相对快速而便宜地收回钱款。然而消

---

① HR Report No. 595, 95 Cong, 1st Sess 188 (1977). The above excerpt is quoted as well by William T. Vukowich, “Consumer and Fraud Victim’s Claims in Bankruptcy: Constructive Trusts and the Consumer Priority” (1988) 1988 Norton Annual Survey of BankrL, at 2. [Hereinafter: Vukowich 1988].

② “僵尸公司”一词主要用于媒体领域，而不是法律学术领域，但它也正在被后者所接受。此外，它恰当地反映了它所联系的问题的重点。See Hugh Pym, “Zombie” companies eating away at economic growth, (13 Nov. 2012) BBC News, article available at 〈https://www.bbc.com/news/business-20262282〉; accessed 13 October 2018. For a law review using the term see e. g. Xuan-Thao Nguyen, Zombie Patents and Zombie Companies with Patents, (2017) 69 *Fla. L. Rev.* 1147. See OECD, Breaking the Shackles: Zombie Firms, Weak Banks and Depressed Restructuring in Europe, Economics Department Working Papers No. 1433 (16 Nov. 2017).

费者不仅难以收到关于适用该规定的准确通知,[1]退款通常也只能提供有限的救济,而不能向所有受到影响的消费者提供救济。之所以会发生这种情况,是因为信用卡退款实际上是"由信用卡计划提供的一种主动保护[2]……允许发卡行要求商家、收单行撤销信用卡的支付"。[3] 这种主动保护并不充分,存在强有力的事实可以证明。例如,在英国,1974 年《消费者信贷法》第 75 条为消费者提供了一层额外的法律保护,但受最低和最高货币限额的约束。[4] 换句话说,法律从货币层面设置了限制,但信用卡方案须受公司本身制定的规则管束,不会在每种情况下都对消费者给予保障。[5]

消费者在其零售商破产时所遭受或可能遭受的损失,以及非信用卡支付或不能通过退款获得赔偿的金额,都是不容忽视的。遗憾的是,衡量损失所必需的定量数据十分有限。但存在一些例外,比如英国法律委员会最近发布的 2016 年报告可以作为证明。以 2006 年零售商法雷帕克(Farepak)破产为例,每 10 万消费者债权人中,约有 3700 万英镑的消费者债权处于风险状态。[6]

该法律委员会补充说,新技术可能会导致类似甚至更严重的问题,但没有具体说明问题是什么。[7] 在撰写本文期间,区块链的传播受到人们的关注,其中加密货币就是著名的例子。事实上,这些新技术市场通常将消费者视为"客户"。在技术运用中与之相关的关键问题是,在加密货币计划崩溃的情况下,消费者的具体法律地位尚不清晰,他们应被视为债权人还是所有者,人们意见不一。如果美国证券交易委员会的立场占上风,消费者将被视为某些类型加密货币的发行计划股权的"投

---

① 例如,英国法律委员会 2016 年的报告指出,"退款方案需要被更好的了解和理解。"出处同前,第 63 页,第 7.3. 节。

② 英国法律委员会 2016 年的报告,第 62 页,第 7.2. 节。

③ 英国法律委员会 2016 年的报告,第 64 页,第 7.9.(2)节。

④ 英国法律委员会 2016 年的报告,第 65 页,表 3。

⑤ 除了以上所述,这两种消费者保护方式之间的其他主要区别是:(1)存在于威士和万事达信用卡的相关规定中的退款方案是主动提供的,而另一种方式是有法律依据的;(2)退款适用于信用卡和借记卡,而法律制度只对信用卡提供保护;(3)通过退款的方式,只能收回信用卡支付的金额,然而另一种方式甚至允许收回损害赔偿(间接损失);(4)若发生退款,则债权请求权通常要求必须在预期交货日期后 120 天内提出,而法律制度规定了 6 年(苏格兰:5 年)的时效;(5)最后也是最重要的一点,如果零售商破产,损失的承担者是不同的(但都不会是消费者)。英国法律委员会 2016 年的报告,第 65 页,表 3。

⑥ 英国法律委员会 2016 年的报告,第 44 页,第 5.1. 节。

⑦ 英国法律委员会 2016 年的报告,第 62 页,第 7.3 节。

资者”。[①] 换言之,消费者将被视为所有者。由此消费者投资者将被视为股权持有者,他们的破产清偿顺序甚至排在最后一级无担保债权人之后。

最后,除了可以通过退款得到清偿的债权外,消费者债权人的地位取决于一个国家破产程序的执行效率。虽然“平均每1美元债权可收回4~5美分”的公式[②]适用于本文涵盖的所有司法管辖区,[③]但在尚不成熟的破产体制中,结果可能有所不同。由于破产程序的管理效率低下,在许多后社会主义的中东欧国家,与更发达和更有效的破产制度相比,消费者债权人往往得不到任何补偿。

上述问题表明,探讨对消费者债权人采取特殊保护的合理性是十分必要的。

1.3 消费者债权人问题为何受到忽视?

消费者债权人问题在学界受到冷落,是许多因素导致的结果。这些因素包括经验数据的缺乏、路径依赖分离[④]和宏观政策指引。[⑤] 即使是某些受到特别关注的领域,该问题依然没有严重到令监管机构作出回应。在这方面,只要研究一下国际著名学者们在破产法[⑥]和消费者保护法[⑦]领域中最受推崇的著作,就足以看出在破

① 美国证券交易委员会2017年7月25日第81207号文件,依据1934年《证券交易法》第21(a)条制作的关于DAO的调查报告。DAO是一家德国非法人实体,在2016年4月和5月出售了11.5亿DAO代币,总价值为1.5亿美元。然而,这个基于区块链的系统在2016年6月17日遭到攻击,当时一个未知的黑客(攻击者)将大约三分之一的DAO代币转移到该黑客控制的一个地址。

② See JS Ziegel,“the New Personal Property Security Regimes – Have we Gone too Far?” [1990] 28 (4) *Alberta LRev* 739. (The article is based on the Canadian Ziegel – Garton study from 1988, focusing on business bankruptcies in Toronto industrial zone, and found that while on average unsecured creditors recover four to five cents on a dollar, the recovery of secured creditors was about 45 cents.)

③ 在英国,根据破产从业者协会的数据(1997年至1998年的数据),“平均75%的案例里无担保债权人的债权完全没有收回,只有2%的案例可期待获得100%的清偿。”引自杰拉德·麦科马克(Gerard McCormack):《英美法下的担保债权》,剑桥大学出版社2004年版,第7页。英国法律委员会在2016年的报告中证实了这一点。报告称,“通过破产法定清偿顺序收回的债权通常是可笑的。”英国法律委员会2016年报告第7.1节,第63页。

④ 此处指学界未能将破产法和消费者法结合在一起进行研究。

⑤ 宏观政策指引的例子包括赋予清偿职工债权更高的地位。在欧洲,职工债权通常排在破产优先权的前列。这甚至适用于对债权人最有利的英国制度。这一原则在2016年法律委员会的报告指导意见4a中得到了适当的体现,该报告建议(作为一种可能的保护措施)为消费者债权人提供优先权,排在职工债权之后,但仍高于浮动抵押担保债权人(最重要的担保债权人)。参见英国法律委员会2016年报告,第4a条指导意见,116页。

⑥ 伍德是国际著名的英国顶级商业律师之一,他在谈到担保债权人与无担保优先权的大多数债权人之间的优先权冲突时,甚至没有提到消费者;只列举了执行一项担保物权的费用、税收、职工工资和福利、伤害和死亡的侵权损害赔偿以及环境清理成本。Philip R Wood, Comparative Law of Security Interests and Title Finance (2nd edn, Sweet & Maxwell, 2007), para 14 – 033.

⑦ See Hans – W Micklitz, Jules Stuyck and Evelyne Terryn (gen. eds) with Dimitri Droshout (coord. ed), Cases, Materials and Text on Consumer Law (1st ed, Hart Publishing, 2010).

产法中没有关于消费者债权人待遇的探讨。

在探讨消费者债权人地位低下和缺乏保护的问题时，一个重要前提是预付钱款的消费者所对应的零售商或服务提供商破产。在正确认识消费者债权人问题时，应注意其实质上是一个破产问题，而不是消费者保护层面的学术问题。

既然谈及人们对消费者债权人问题缺乏兴趣，那么研究破产耻感也很重要，尤其是在欧洲大陆国家。① 欧盟委员会多次提到破产耻感带来的广泛影响，但并未提及其对消费者债权人的影响。这在欧盟委员会2004年、2007年和2008年的公文，以及2014年的指导意见中可见一斑。② 破产耻感是一种多维度的现象，它影响着一个国家破产制度运行的效率，进而影响消费者债权人的债权清偿效率。

破产耻感还影响公民和企业主的心理，即人们如何看待破产是公司经营必然存在的风险、对遭遇破产的商业伙伴的态度，甚至包括对破产公司内部董事和经理的看法。由于这种严重的破产耻感，一旦获知对方公司破产或者曾经被宣告破产，供应商可能停止与其合作。因为他们错误地认为如果一家公司曾经破产，而该公司的董事和经理任由破产发生，那么同样的结局也注定会在未来重演。③

严重的破产耻感和由此带来的对破产的负面看法也导致了企业主——作为"债权人"当然地成为破产中的关键角色——拒绝参与破产程序。他们拒绝与破产从业人员合作，而破产法院可以运用的迫使他们参与合作的方式非常有限。例如，在匈牙利，企业经常拒绝交出财务报告、逃避向破产从业人员披露关键数据，或是

---

① 关于破产耻感可以参考 Tibor Tajti 的文章，"Bankruptcy Stigma and the Second Chance Policy: The Impact of Bankruptcy Stigma on Business Restructurings in China, Europe and the United States" (2017) 6(1-2) China-EU LJ, at 1.。

② See Commission communication of 1st of October 2004 Community guidelines on State aid for rescuing and restructuring firms in difficulty (2004) OJ 244, pp. 2-17; Commission communication of 5 October 2007 Overcoming the stigma of business failure - for a second chance policy - Implementing the Lisbon Partnership for Growth and Jobs (COM 2007, 584); Commission Communication of 25 June 2008, Think Small First" - A Small Business Act for Europe (COM 2008, 3941) and Commission Recommendation of 12 March 2014 on a new approach to business failure and insolvency (2014) OJ L 74/65.

③ 根据欧盟委员会2007年的公文，47%的公民不愿意从曾经失败过的企业订货，51%的公民永远不会对财务困难的企业投资。在25%的案例中，负面后果（破产耻感）甚至波及到家庭成员，在大约15%的案例中，会导致关系破裂。最终，由于高度的破产耻辱（尤其是在欧洲大陆国家），只有一小部分失败的企业家会重新开始创业。2007年欧盟委员会公文，第4页。

在履行这类职责时严重拖延或不完全履行。① 然而,破产程序的进行从始至终都需要企业配合,由此带来的损失最终还由债权人承担。

欧盟委员会提到了上述问题,并指出:"社会普遍缺乏对创业的认知和理解,企业困境甚至企业失败尚未被充分认同作为正常商业发展的结果和一个重新开始的机会。"②正是由于对破产的消极看法,破产法不一定是法学院和欧洲大陆学者最喜欢的学科。此外,关于破产和消费者法的话题似乎难以引起人们的注意,部分原因是破产法学者本身很少涉足那些跨越破产法技术性界限的领域。一个有趣的现象是,与破产有关的出版物只是简单地提到破产耻感所带来的负面影响,即使如此,也不会详细讨论这方面的内容。"破产耻感"是一个跨学科的话题,更多地由社会学家和社会人类学家负责。③

1.4 本文框架:主旨和目标、研究方法和局限性

1.4.1 主旨和目标

本文的目的在于引起比较法学者和政策制定者对破产程序中消费者债权人弱势地位的关注。诚然,本文并非为欧盟的立法行动提供保障,而是要解释为什么在这个阶段需要首先进行有针对性的实证研究。

为使消费者债权人问题得到更多关注,本文将从比较法视角阐述各国的主要监管措施,包括现行法律或指导意见,还将提供一些具有代表性的实证案例研究。在参考这些案例研究时,可以看到消费者债权人问题不容小觑,它涉及的范围已经超出了人们的预期,值得深入的思考和探讨。

实证案例研究是多种实证数据的集合。本文将介绍由于网络平台竞争者的出

① 匈牙利破产法学者 Laszlo Juhasz 发现,在他的两卷专著中有一点很重要:"在实践中,(破产企业的)董事和经理们常常延迟且不完全履行其法定职责。" László Juhász, A magyar fizetésképtelenségi jog kézikönyve (Novotni Publishing, Miskolc, 2014), at 444. 此外,破产从业人员(受托人)经常抱怨,他们没有法律途径去找到破产债务人的财产,例如破产法(最新修订之一)授权他们进入债务人的场所检查其财产。2007 年欧盟委员会公文,第 445 页。

② 2007 年欧盟委员会公文,第 3 页。

③ 就德国而言,Reinhard Bork 的告诫值得一读。他说:"这个问题(破产耻感)很容易被认为不重要,但任何构建一部有效的(破产)重组法律的认真尝试,都必须考虑到这一点,直到有证据表明,公众心态出现了广泛而持续的变化。See Reinhard Bork, Rescuing Companies in England And Germany (2012, Oxford University Press), para 2. 12. Similar concerns were expressed by Gerard McCormack related to the UK and Europe generally: "On the ' stigma' point, it is very difficult to find hard empirical evidence but within Europe as a whole, including the UK, there is certainly the opinion that stigma exists and that this works as a deterrent to entrepreneurial initiative. " See G McCormack, "Apples and Oranges? Corporate Rescue and Functional Convergence in the US and UK" (2009) 18 *Int. Insolv. Rev.* 109, 114.

现而放弃公寓建设项目最终导致破产的零售商,在该案例中消费者债权人因企业破产而被迫卷入无担保劣势地位中。本文也将探讨目前的监管措施和2016年英国法律委员会的指导意见。以上案例研究有助于证明消费者债权人问题的真实性和深度。

本文将分为两部分:第一部分是案例研究,包括各种报告的结论、现有法庭案例,以及来自媒体和消费者保护机构的深层实证数据。第二部分集中于各国当前和未来的监管措施,总结相关司法管辖区针对消费者债权人问题的处理路径。

由于欧洲企业破产或濒临破产的主要原因在各地有所差异,因此本文从实证研究入手,逐步而谨慎地展开研究。2016年英国法律委员会报告指出,互联网竞争对手的出现和其他技术的快速变革,是传统零售商破产的主要原因。在中东欧的后社会主义国家,也存在其他原因,例如,尚未完成的结构性改革、缺乏商业经验、无力应对全球化挑战、执法不畅和破产制度失灵以及腐败现象。换言之,消费者债权人问题的起因、结果和表现形式在欧洲大陆存在显著差异。问题无处不在,表现形式却不尽相同。

1.4.2　本文范畴下的法律体制

考虑到不同地区的现实差异,为使本文能够站在全局角度进行总结而非局限于少数几个司法管辖区,本文不仅关注英国和美国这两个在该领域最成熟的国家,也将视线聚焦于中国和一些中东欧国家的实例。将这些体制并置呈现的目的在于探索不同问题及其处理路径之上的差异。

本文对各立法例的选取受以下因素影响。

其一,选取美国是因为美国在20世纪70年代就已经在破产法背景下出台了保护消费者债权人的特别规定,彼时一系列爆发的丑闻和随后的案件调查促使法律进一步完善。在欧洲,类似的深入而全面的实证研究直到2015年才开始,此类实证研究伴随英国法律委员会的项目和指导意见同步进行,目前正在等待立法机构的回应。二者的不同之处在于,2016年英国的实证研究主要是由破产问题和新技术所带来的挑战所推动的,而美国在20世纪70年代遇到的困境却并非如此。对于今天面临技术变革等挑战的新兴经济体来说,20世纪70年代美国的经验仍然有值得借鉴之处。

其二,另一个重要问题在于英文文献的支持。除了来自英国和美国的资料数据外,英文媒体对中国现实问题的报导和与日俱增的关于中国法律的英文资料也同等重要。如今,媒体对中国的报导主要集中于大量中国人[①]的过度负债,以及数量庞大的僵尸企业所引发的系统性问题。

其三,本文将详细介绍少数几个中东欧国家的法律制度,如克罗地亚、匈牙利和塞尔维亚,因为本文作者精通上述国家的语言。介绍这些国家法律制度的部分文献是英文的,但大多数资料数据只存在于各国的母语版本中。

1.4.3 研究方法和局限

本文的研究范围有一定局限性,这不仅是由于作者的语言能力有限。首先也是最重要的一点,关于消费者债权人问题的文献极其稀少。这种现象甚至存在于英国和美国,而这两者法律体制中研究消费者债权人问题的学者已经是最多的了。举个例子,大约十年前,瑞典也通过了旨在保护消费者债权人的法律,瑞典学者广泛使用英语,但也无法找到具体的英文资料来解释该国是如何处理消费者债权人问题的。

在匈牙利、克罗地亚或塞尔维亚,很少能找到关于破产法领域的学术论文和实证研究,甚至当地语言的出版物也是如此。这意味着消费者债权人的问题还没有引起人们的关注。

首先,在1990年以前的社会主义时期,破产法并不存在,即使有破产法也不适用。消费者债权人的危险处境甚至没有被相关国家所注意,这是因为在那些国家,例如德国和法国此类通常被视为中东欧法制典范的国家,尚无基于消费者债权人特定问题制定的法律。立法的推动力也并非来自欧盟,如果没有经济实力最强的成员国的支持,欧盟几乎不涉足新的法律问题。消费者债权人问题还没有被纳入优先考虑的范畴,欧盟依然保留着已经"脱欧"的英国和斯堪的纳维亚的有限措施。

其次,缺乏实证研究,而零星的统计或定量数据仅限于一年内启动和完成的破产程序的数据之类。这些数据往往具有局限性,应当谨慎对待基于此类数据得出的结论。但是,在某些方面也可以利用这些数据,毕竟在研究中它们通常是唯一可用的实证数据。

再次,消费者债权人的跨学科属性也是一个难题,因为消费者保护法律专家通常不了解破产法,而破产律师在消费者法律方面的专业知识也很贫乏。为正确理解该问题,这两个领域都需要准确的专业知识。通过研究这些学科的主要教材就足以发现,关于消费者保护的出版物中很少涉及破产问题,与其他学科相关的著作也是如此。

---

① 相关新闻报导尤其将热点集中在信用卡用户上。

最后,不可否认的是,对于一些读者,下文的实证案例研究也许看起来不正规,尤其是部分资料并未得到法律学者使用的传统法律来源的支持。有必要指出,当新事物产生时,主流法律期刊不会在第一时间对其发表研究结论,而是会经历一段空白期。此类新事物涉及的问题通常首先出现在调查记者的报道中,而非最高法院的判决里。[①] 因此,在法院和学者对问题进行适当的审查和分析之前,应该对之持谨慎的态度。事实上,这些新型主题和本文的创新性使下文内容更加丰富而具有实用价值。

2 基于司法案例的实证研究

在阅读司法案例时,读者应当记住以下几点。

首先,案例不仅阐明了消费者债权人问题可能出现的背景,而且还说明了问题的维度和属性。

其次,尽管大多数案例都是在许多国家反复出现的问题,但其中一些仅发生于少数几个国家。例如,英国经常采用下文将要介绍的圣诞储蓄计划,但在匈牙利及其邻国,这些计划基本上是不为人知的,而与之完全不同的商业模式却被正常采用。同样地,对于中国住宅的建设问题,在其他国家和地区也可能发生。

最后,本文最重要的实证数据是,随着互联网商务的发展,大量各种类型的预付款方案所产生的消费者债权人的数量也随之增加。因此,尽管不能完全归因于技术变革,消费者债权人问题的确在一定程度上是技术变革的产物。后文将会详细说明,新时代的问题有时也可通过传统的解决措施进行改善。具有典型性的例子是美国从 20 世纪 70 年代开始实施的监管行为,和近年的中国住宅建设问题。

2.1 英国

英国关于消费者债权人问题的探讨并非始于 2016 年法律委员会的报告。1982 年科克报告指出"拒绝为消费者提供更多的保护,消费者承受的通常是小额且能够承担的损失,而供应商遭受的影响可能是毁灭性的"。[②]然而,近年来一些知名零售

---

① 零售商的衰落是一个过程,而不是可以从下述媒体报道中轻易得知的现时状态。例如,在完成这篇论文的同时,爱尔兰中心报道了著名的爱尔兰时尚品牌 Oral Kiely(成立于 1963 年)的主动清算,其不仅关闭了它在伦敦和基尔代尔村的零售店,还关闭了该品牌的商业网站 Orlakiely. com。See IrishCentral,20 Sept. 2018, at 〈https://www. irishcentral. com/business/irish – fashion – brand – orlakiely – goes – into – voluntary – liquidation〉, accessed 4 Nov. 2018.

② See UK Law Commission, the Work of the Law Commission – Incorporating the Twelfth Program (Dec. 2015), at 10.

商的破产，使消费者债权人损失了数百万美元，由此开始产生了与之前截然相反的意见，具体表现于法律委员会的报告和 2016 年提交给议会的一系列指导意见。就目前而言，只有在所有与脱欧相关的问题得到解决后，政府才有可能做出现实回应。①

正如法律委员会所认为的那样，在破产程序中，使消费者转变为无担保债权人的交易的本质各不相同。法律委员会对比了圣诞储蓄计划和借记卡或信用卡计划。尽管前者类似于储蓄账户，而后者是一种贷款，但这并未影响法律委员会以它们为例来强调消费者债务人的劣势地位。事实上，每一种情况都有一个共同要素引起了英国法律委员会的关注：即在每一个零售商或服务提供商破产的案例中，消费者成为无担保债权人，通常仅能收回一小部分债权。同样的结论也适用于其他案例：未完工或已废弃的公寓建设项目或废弃公司未知的消费者受害人。换句话说，尽管交易属性和动机不同，对应的处理措施也不同，但每个案例的本质问题都在于：消费者债权人作为无担保债权人位列破产清偿顺序的末端。

2006 年法雷帕克圣诞储蓄俱乐部（Farepak Christmas Savings Club）破产在英国引起了广泛关注。该俱乐部的章程规定：允许低收入家庭每周向法雷帕克存取一小笔钱，例如家庭的利息收入，以此节省购买圣诞礼物的花销，之后这些节省下来的钱会兑换成优惠券或礼物篮。② 据称，法雷帕克最大的债权人——当时的哈里法克斯（HBOS）银行③，强迫董事们不要透露任何关于法雷帕克财务问题的信息。这意味着消费者储户以每周总计支付约 100 万英镑的速度，一直持续支付到公司破产。④ 截至公司破产时，储户们的平均储蓄约为 400 英镑，而储蓄最多的人则达到了 2000 英镑。⑤ 鉴于储户在破产法中被视为无担保债权人，而银行是担保债权人，最终资产分配的结果是银行全部收回了 3100 万英镑的贷款，而消费者债权人每储蓄 1 英镑，只能收回 15 便士。另一个问题是，破产企业对消费者债权人的未偿还债

---

① See the webpage of the UK Law Commission n 1 stating that "We laid our report before Parliament on 13 July 2016 and await the Government's response."

② See e. g. Hilary Osborne, "Farepak Victims to get Compensation of £ 8 Million" the Guardian (6 July 2012), available at https://www.theguardian.com/money/2012/jul/06/farepak-victims-get-compensation and Jonathan Russell, "Farepak Trial Collapse: Whos' to Blame?" the Telegraph (23 June 2012 issue), available at . Both accessed 5th May 2018.

③ 现在是劳埃德集团的一部分。

④ See Rupert Neate, "Farepak Collapse Caused by Banks, Says Judge" the Guardian (21 June 2012), available at accessed 5th May 2018.

⑤ 英国法律委员会 2016 年报告摘要，第 4.6. 节。第 12 页。

务高达3700万英镑，但相关庭审案件却又为纳税人带来了约2000万英镑的诉讼费用。

2012年慧星集团（Comet Group）的破产更加说明了互联网商务的发展对传统零售企业的冲击。彗星集团成立于1933年，是一家在英国运营的电器零售连锁企业，其辉煌历史一直持续到1984年左右。作为市场领导者和富有吸引力的收购目标，其于同年被翠丰集团（Kingfisher）收购。然而，21世纪网络市场的爆炸式发展，导致翠丰集团在2012年以2英镑的名义价格将彗星集团出售给一家投资公司。彗星集团的破产管理程序于同年11月1日启动。

对彗星集团进行破产清算的德勤会计师事务所强调，彗星集团破产的关键原因在于，它在与“管理成本低得多、能够提供更廉价产品的线上零售商”[①]的竞争中失败了。2008年的全球金融危机加剧恶化了该公司的财务状况。这种风险的不确定性在供应商和其他潜在融资者之间产生了多米诺骨牌效应，他们在圣诞节高峰期间拒绝延长信贷，迫使彗星集团停止运营。[②]

法律委员会的报告中提到彗星集团，其在破产管理程序开始以后停止使用优惠券。[③] 具体地说，在破产管理程序启动之前，总计有470万英镑的优惠券仍在流通。[④] 尽管此后它们有可能兑现，此事还是引起了监管机构的注意，因为在英国20家大规模破产企业中，有15家发行了优惠券，这使得流通中的超过700万英镑优惠券变得一文不值。[⑤]

问题在于，优惠券的持有者沦为了无担保债权人，根据英国法律，他们不享有特殊保护，他们能否收回债权取决于发行公司的财务状况。仅当破产公司的财务状况允许全部或部分还款时，消费者债权人方能收回债权。在法雷帕克公司的案

---

① See the article in the Telegraph (no author indicated), "Comet Collapse: Deloitte Blames Internet and Lack of First - Time Home Buyers" (2 November 2012). Available at 〈https://www.telegraph.co.uk/finance/newsbysector/retailandconsumer/9652085/Comet - collapse - Deloitte - blames - internet - and - lack - of - first - time - home - buyers.html〉. Accessed 5 May 2018.

② See the article in the Telegraph (no author indicated), "Comet Collapse: Deloitte Blames Internet and Lack of First - Time Home Buyers" (2 November 2012). Available at 〈https://www.telegraph.co.uk/finance/newsbysector/retailandconsumer/9652085/Comet - collapse - Deloitte - blames - internet - and - lack - of - first - time - home - buyers.html〉. Accessed 5 May 2018.

③ See the Telegraph (no author mentioned), "Comet Gift Vouchers Suspended as Chain Collapses into Administration" (3 Nov. 2012). Available at . Accessed 5 May 2018.

④ See Lorraine Conway, "Consumer Prepayments (Deposits, Gift Vouchers, etc.) on Retailer Insolvency" House of Commons Library, Briefing Paper No. CBP 6540 (20 Dec. 2016), at 4 - 5.

⑤ 英国法律委员会2015年执行摘要，第2~26段，第8页。

例中,消费者债权人最终能够获得50%的清偿率,但70%的赔偿都来自特别补偿基金,在此种情况下,“这些钱直到6年后才能分配到位”。①

法律委员会的调查结果指出,家具和家居装饰行业的零售商有时也持有消费者订金。委员会调查其中6家零售商,发现它们持有的预付资金总额达到了6000万英镑。②

上述英国案例表明,互联网时代的到来给“线下零售商”带来了风险,这种商业模式的崩溃催生了大量的消费者债权人。技术变革导致线下企业陷入破产深渊,现实中这样的例子有很多。③

2.2 美国

1978年美国通过所谓“消费者优先权制度”来为消费者债权人提供特别保护的理念,具体内容将在下文详细阐述。美国在20世纪70年代也面临着各种各样的破产问题,这吸引了人们的关注,有时甚至引起了公愤,但那个时代只有少量的消费者保护法规定。与21世纪英国的案例不同,美国的多数消费者债权人问题由欺诈交易行为引发,而非源于技术进步。许多典型的欺诈案例都与预付款有关。

1970年就有这样一个案例,盾国际公司(Shield International Corporation)被申请破产,这家公司不仅是书籍、唱片和星盘的邮购销售商,也是“为消费者保护机构所熟知的一家公司,一年多来,一直在兑现顾客的支票,却没有给他们寄过任何商品”。④在破产程序中,破产公司列出了4616个消费者债权人,这些债权人中有些人付清了全款,却什么也没有得到。⑤ 1978年以前,消费者是“破产程序中彻底被遗忘的一方”,⑥当时的结果是4616人中只有87人申请了破产债权,而所有消费者债权

---

① 英国法律委员会2016年报告,第5.1段,第44页。

② 英国法律委员会执行摘要,第2.27~2.29段,第8页。

③ Charlotte Jee, “the UK's Best – Known Brands Bankrupted by new Technology” (Techworld, 1 May 2018). at https://www.techworld.com/picture – gallery/apps – wearables/eight – big – companies – bankrupted – by – new – technology – 3611714/, Accessed 27 May 2018. 列举的例子中包括电子零售商 Maplin (2018年2月破产)和HMV公司;玩具反斗城(2018年2月破产);电影和视频游戏租赁公司Blockbuster (2010年9月破产);美国胶卷巨头柯达(2012年1月破产);图书和音乐零售商Borders(2011年破产)。

④ Philip G. Schrag and Bruce C. Ratner, “Caveat Emptor – Empty Coffer: The Bankruptcy Law has Nothing to Offer” (Nov. 1972) 72/7 Columbia LRev 1147, 1147. [Hereinafter: Schrag and Ratner 1972].

⑤ Philip G. Schrag and Bruce C. Ratner, “Caveat Emptor – Empty Coffer: The Bankruptcy Law has Nothing to Offer” (Nov. 1972) 72/7 *Columbia LRev*1147.

⑥ Philip G. Schrag and Bruce C. Ratner, “Caveat Emptor – Empty Coffer: The Bankruptcy Law has Nothing to Offer” (Nov. 1972) 72/7 *Columbia LRev* 1149.

人都没有得到任何赔偿。[①]

从数字时代的角度来看,这一案例可能被认为有些过时,但人们不应忘记,在新兴时代下,如果没有任何或只有一些基本的破产法和消费者保护法,在没有法律干预的情况下,类似的情况在今天仍可能发生。一般来说,只有在破产法律制度有效运行时,债权人才有可能在破产中获得清偿,因为只有这样才能确保资产能够分配给债权人。破产法律制度越有效,无担保债权人获得清偿的机会就越大。

例如,破产管理人可以通过撤销权制度,从破产程序开始前达成的交易中收回大量款项。最好的例子是美国的"麦道夫受害者基金",[②]它证明了一个有效的破产法撤销权制度意义重大。该基金的网站显示了支付款项的受害者的人数和每天受害者被分配的数额。尽管麦道夫案涉及的是对庞氏骗局的投资,而不是消费者对零售商的预付款项,但它表明破产法可能是有效的。

尽管近年来涌现了更多案例,但最具代表性的例子发生在美国消费者预付款问题关注度最高的时期。1972 年美国发生了一起重要案例,即 FAS 国际公司[③]破产案。在 FAS 国际公司旗下,一些知名的函授学校开设不同课程,并要求消费者预付学费。全美约有 11.4 万名消费者预付了全款或部分款项。一名调查记者揭露了该公司的欺诈性销售策略,导致其财务状况迅速恶化,随后该公司诉诸破产程序。[④]如果没有调查记者的介入,这个欺诈策略可能会持续更长的一段时间,从弱势消费者那里掠夺更多利益。

1978 年建立的消费者债权人的破产优先权制度似乎扭转了局势,但新的案例依然还在发生。在 2012 年美国菲德利斯公司(U. S. Fidelis, Inc.)[⑤]破产案中,有犯罪前科的阿特金森斯(Atkinsons)兄弟创立了这家以"通过电话直销提供汽车服务"

---

① Philip G. Schrag and Bruce C. Ratner, "Caveat Emptor - Empty Coffer: The Bankruptcy Law has Nothing to Offer" (Nov. 1972) 72/7 *Columbia LRev* 1148.

② 网址:http://www.madoffvictimfund.com/。美国司法部资产罚没分配项目组织运行(纳税人的钱被用来确保赔偿更高效)。在最后一日(2018 年 10 月 14 日),来自 121 个国家的 28,045 名受害者收回了价值约 13 亿美元的款项。

③ In Re FAS Int'l Corp., No. 72 B 128 (S. D. N. Y., filed petition Feb. 8, 1972) cited by Schrag and Ratner 1972, at 1150.

④ In Re FAS Int'l Corp., No. 72 B 128 (S. D. N. Y., filed petition Feb. 8, 1972) cited by Schrag and Ratner 1972, at 1150.

⑤ In Re U. S. Fidelis, Inc., 481 B. R. 503 (Bkrtcy E. D. Mo. 2012) (Chapter 11 reorganization). 该案的判决书翻印在 100 页纸上,其本身就证明了其复杂性。中心问题是关于三个消费者债权人是否有权反对第十一章关于债务人公司清算的确认方案——法院作出了否定的决定。该方案还将所有消费者债权人的债权列为第 6 类,其有权按比例分配剩余现金。

模式运营的债务人公司。这一汽车服务合同中表明由第三方金融机构和保险公司承担消费者购买车辆之后可能发生的全部维修费用。该销售模式大受欢迎,部分原因是消费者客户的信用值无须受到检查。最终,两兄弟在 2004 ~ 2009 年接到了 65 万份订单。有趣的是,没有人意识到这些合同不是由设计合同的公司签订的,而是由第三方签订的。

2010 年,在第三方金融机构宣布将停止为该模式融资后,公司主动申请了破产。在公司存续的四年多的时间里,两兄弟一直把公司当作自己的个人提款机。最终消费者债权人的债权总额高达 1410 万美元。[①] 该案例具有重要作用,因为其反映了在欺诈性案件中,在被授权机构和专门机构尚未有充足时间介入的情况下,欺诈者可能会采取这样一种方式:声称消费者的钱款并未受到影响,然后将收集到的钱款藏起来并最终通过申请破产的方式脱身。

2.3 匈牙利

在匈牙利,消费者债权人问题还没有成为一个政策问题或学术问题。与德国的破产法[②]类似,匈牙利破产法并没有对消费者债权人提供特别保护,他们被视为处于债权清偿顺序最末端的无担保债权人。然而,匈牙利也出现了零售商破产的情况,消费者遭受部分或全部预付款的损失。鉴于消费者债权人的问题本质上并未受到关注,无法找到该国消费者债权人数量的数据资料也就不足为奇了。事实上,除下文的案例研究之外,只有匈牙利消费者保护署的数据可以作为最可靠的信息来源。尽管数据资料存在一定空白,但以下案例表明,匈牙利同样存在消费者债权人问题。

诚然,与英国或美国不同,匈牙利破产法在该国所起的作用并不是很大,尤其是撤销权制度,似乎是无效的。匈牙利无担保债权人在破产中收回债权的可能性比更高效的其他国家要低得多,[③]其他后社会主义制度也存在这种不足之处。

消费者保护机构的权力十分有限。在对损害消费者债权人的行为进行调查

---

① In Re U. S. Fidelis, Inc. ,481 B. R. 503 (Bkrtcy E. D. Mo. 2012) (Chapter 11 reorganization).

② 德国破产法是匈牙利破产法的主要参照来源。

③ See the World Bank Doing Business 2016 Report, at 85, on the "easy of resolving insolvency". 根据这些数据,匈牙利的破产程序通常平均持续两年,破产者的财产损失为 14.50% 。由于成本高昂,破产程序最有可能的结果是"公司将被零敲碎打地出售"。这使匈牙利在 189 个国家中排名第 65 位。虽然该报告没有具体说明无担保债权人的债权回收率,但担保债权人的回收率与加拿大或其他西方国家的回收率大致相同,为每 1 美元可收回 41.70 美分。到 2018 年,数据有所改善,世界银行营商环境报告将匈牙利在解决破产问题的难易程度方面排在第 62 位。See World Bank, Doing Business 2018 – Reforming to Create Jobs , at 166. Accessed 3 Nov. 2018.

或处罚时，由于缺乏明确法律依据，消费者保护机构只有两个有限权力：就现有的法律制度向消费者提供指导意见；就某些零售商的争议性行为以及其可能带来的危险向零售商发出警告。这些“软性机构权力”显然无法与美国破产法和英国法律委员会2016年报告的指导意见赋予消费者债权人的优先权相提并论。

举例来说，像在 ematrix. hu 和 bemutatoterem. hu 这样的网络平台案例中，相关部门仅限于警告公众，与这些零售商交易是有风险的，因为他们的资产已经被税务机关以逃税罪为由没收。① 包玛克斯家居商店(Baumax home store)决定在2015年第二季度退出匈牙利市场，相关部门在该案中也做出类似的行为。该案中，消费者投诉主要与公司停止运营后产生的保修索赔有关。② 随着包玛克斯被德国欧倍德公司收购，包玛克斯的保修义务被其法定继承者接管。否则那些持有保修债权的消费者可能会两手空空。

相关部门的举措表明，针对某些特定的法律纠纷，消费者可以就合同预付款提起诉讼。然而，这些部门没有提示消费者，提起诉讼可能也不会有什么好处。相关部门没有适当强调的是，如果零售商在此期间破产，或如果其停止运营且没有留下任何最终的法院判决可以强制执行的资产，通常只有一小部分消费者债权和投入诉讼的资金可以收回。

鉴于匈牙利和欧洲其他地区使用的信用卡相同，根据欧洲其他国家的现有规定，在匈牙利也可对信用卡消费办理退款。退款需要通过消费者账户所在的银行办理，这通常耗时3～6个月。③ 在一些航空公司的破产案例中，退款能够较好地保护消费者的权益。④ 然而，在匈牙利大多数情况下也并不必然保证退款能返还给所有消费者。

即使记者经常在第一时间发现和调查违法交易和其他不正当商业行为，匈牙利仍然有许多案件没有报道出来。为了取得真实的案例，我们必须实际接触到真

---

① Nemzeti Fejlesztési Minisztérium [Ministry of Economic Development], Kockázattal jár az alábbi webáruházakból való rendelés! [It is Risky to Order from the Webshops Listed Below]. Available in Hungarian at:〈http://fogyasztovedelem. kormany. hu/node/7673〉. Accessed 30 June 2018.

② Nemzeti Fejlesztési Minisztérium [Ministry of Economic Development], Mi lesz a bauMaxban vásárolt meghibásodott termékekkel? [What will Happen to Defective Goods Purchased in Baumax?]. Available in Hungarian at:〈http://fogyasztovedelem. kormany. hu/node/7808〉. Accessed 30 June 2018.

③ 从匈牙利国家发展部收到的资料。文件(匈牙利语)与作者一起归档。

④ 以2015年的立陶宛案例为例。Nemzeti Fejlesztési Minisztérium [Ministry of Economic Development], Az Air Lituanica légitársaság müködésének leállásával kapcsolatos fontos információk [Information on the Stoppage of Operations by Airline Lituanica]. Available in Hungarian at:〈http://fogyasztovedelem. kormany. hu/node/8345〉. Accessed 30 June 2018.

实破产案件,而有些案件要求必须是当事人一方才可以获知详细内容。这着实令人叹息,法学理论研究不幸落后于现实发展,而这一现象不仅局限在匈牙利。

有一个未被报道出来的破产案件,[①]起亚(KIA)汽车公司在匈牙利新成立的一家小型经销商破产,致使消费者损失其预付款。这是 2008 年之后全球金融危机时期的一个范例,因为其背后的商业模式有两个显著的特征。

第一个特征是,第三方融资人为购买汽车而发放的贷款的价值以瑞士法郎表示,但是消费者偿还贷款是按照到期日适用的官方汇率,以匈牙利福林形式按月分期支付。[②] 这种贷款方式并非欺诈手段,相反,它表明了每当全球范围或地区内发生重大危机时,零售商、批发商、代理商或分销商可能会出现类似的意外破产,就像 2008 年的信贷危机一样。

外币贷款在当时是监管机构所认可的主要融资模式。这不是例外,而是当时的规则。事实上,住房抵押贷款中绝大部分都是这类贷款,不仅是在匈牙利,在它的许多邻国——罗马尼亚、克罗地亚或塞尔维亚也是如此。抵押贷款体系的崩溃,最终迫使匈牙利政府采取了一系列非常措施以缓和经济和政治的紧张局势。然而此类事件直到今天依然在法庭上演。最新的一个案例是,匈牙利最大的国有银行 OTP 银行集团(OTP Nyrt)及其分公司诉公民特雷斯·伊利亚斯(Teréz Ilyés)和埃米尔·基斯(Emil Kiss)案,[③]布达佩斯地方法院对此案进行初步裁决,之后上诉,欧洲法院在 2018 年 9 月 20 日以案号 C-51/17 作出了判决。

第二个特征是,分销商采用了一种独特的融资方案,称为"12×0 分期付款"方案,其体现了匈牙利商人的创新精神。根据该方案,分销商以几乎是正常首付[④]的两倍作为交换,在一个日历年度内,以每月分期付款的方式代替客户直接向第三方金融机构桑坦德银行付款[⑤]。客户还可以选择将汽车交给经销商然后重新购买,以折扣价获得一辆新车。

不出所料,在 2008 年 6 月签订合同的几个月之后,分销商终止了对第三方金融机构的付款,并宣布破产,也没有通知客户。此后,破产程序正式启动,消费者债权

---

① 案号 No. 10. Fpk. 01-2010-101/13. 由首都布达佩斯法院(清算司)裁决。文件的作者是消费者债权人之一。

② 例如,2008 年 8 月分期付款适用的瑞士法郎汇率还很低(141,34 福林/法郎),而到了同年 12 月则增长为 171,02 福林/法郎,之后为 216,41 福林/法郎(2010 年 7 月),2012 年 2 月则为 244,38 福林/法郎。

③ ECLI:EU:C-2018:750.

④ 具体地说,正常的首付款是 41 万胡夫,上面提到的较高的是 70 万胡夫。

⑤ 该方案假定汇率保持在一个固定的数字以下。

人处于债权清偿顺序的最末端，收回债权的可能性微乎其微。

小规模分销商的所有者拒绝与破产从业者合作。破产法庭不仅需要很长时间才能与其取得联系，他们也没有按照法律要求上交财务报告和相关文件。

破产公司只不过是一个没有资产的空壳，最终很可能的结果是，无论是有优先权的银行，还是清偿顺序十分靠后的消费者债权人，都得不到任何清偿。由于破产程序中有效分配的数据并不公开，参与诉讼的债权人只从法院得到关于谁有权得到多少的决定，而不知道谁具体得到了多少。

此外，债权人必须支付破产程序中的债权申报费用。尽管人们怀疑这些钱注定会成为一笔损失，但支付债权申报费用是参与破产程序的前提。其他国家也有相似的要求，破产程序的费用须由债务人和债权人支付，而非国家预算承担。这方面一个重要区别在于，在破产制度不成熟的国家，破产财产甚至往往不足以支付破产程序本身的费用。

这里需要指出的一个问题是，除了收回债权的微小可能性之外，破产法通过诸如庭审费用等程序性规定，无视消费者债权人利益，使此类债权人几乎不可能参与进入破产程序中。

2.4 中国

中国是社会主义国家，尽管引入了许多市场经济因素，其所面临的仍然不仅限于西方或中东欧国家遇到的问题，还有自己独有的问题。即使是那些看起来与西方国家相似的案件，在中国也经常有其独特的外在表现。换言之，这个国家值得关注，因为其面临的问题与本文探讨的内容密切相关，包括由于过度使用信用卡导致的大量人群超额负债、重大企业破产问题，和成千上万僵尸企业的固有威胁。

近年来中国有一类涉及消费者债权人的案例，关于未完工的住宅建设项目，建筑商为私人企业，消费者分不同阶段预先支付购买住宅的对价，该类案例很少能够在英文文献中看到。这种模式比较简单：未来的住宅业主必须支付一定预付款，不仅包括买卖合同中规定的价格，还包括建设期间的各个阶段需要提前支付未来的分期款项。然而，在相当多的案件中，建筑公司中途停止建设并申请破产。更有甚者，直接抛弃企业并带着收到的房款突然消失。最终，未来业主既没有得到住宅，也失去了预付的房款。

与其他国家的法律规定相似，这些未来业主是处于破产清偿顺序最末端的无担保债权人。[1] 在中国，破产制度的缺陷使他们的处境更糟。建筑商能够肆意滥用破产制度，持不正当动机试图延长企业寿命、逃避债务或拒绝履行合同义务，顺利启动和延长破产程序。[2]

在中国，破产法中没有任何条款为消费者债权人提供特别保护，参与破产程序也是收回债权的先决条件。中国有一个特点，如果与地方政府利益相关联的企业处于危险之中，这些企业通常会通过债转股或其他在经济上不一定合理的解决方案得到有计划性拯救，这些方案将强制实施于债权人。[3] 学界关注了上述行为对宏观经济的不利影响，但几乎找不到一篇能够记录消费者债权人因此遭受损失的文章。据推测，上述行为影响的消费者债权人在中国至少数以万计。

中国案例值得深入分析，作为正在发生的实例，该类模式和导致的问题也可能在其他国家的新兴体制中出现。此外，尽管中国借鉴所有优秀的“西方”法律制度，这种借鉴模式在过去 10 年法律发展中留下了印记，但中国不一定能从中真正获益。中国破产程序中的消费者债权人问题已发展成为重大问题。

3 监管措施实例

到目前为止，只有以美国和英国为首的少数几个国家关注消费者债权人的无担保劣势地位。尽管在国际范围内难以逐一列举，但大多数国家没有就该问题专门制定破产法规则。举例来说，在以民法体系为主的德国，依据前文提到的一般适用的优先权规定，消费者债权人在破产程序中享有与其他无担保债权人平等的权利，如果能得到清偿的话，只能期待收回一部分债权。

少数国家实施了各种新型监管措施以应对监管层面的挑战。我们将在下文阐述，除运用破产法外，解决消费者债权人问题可能存在其他途径。

3.1 规定模式：美国

美国是这一模式的代表，早在 20 世纪 70 年代，美国就出台了明确的破产法律制度以保护消费者债权人的权益。下文将详细说明，该制度提升了消费者债权的

---

① 有趣的是，中国最高人民法院（2002 年 6 月 20 日发布）对 1999 年《合同法》第 286 条对建筑合同条款发布了司法解释。司法解释表示，对于半成品或废弃的住宅建设项目，消费者债权人应享有优先权。至少安徽省高级人民法院在 2017 年的一起案件中采用了该解释的规定。由于这些报告仅使用中文，因此不清楚这一司法解释是否也毫无保留地适用于破产程序。

② See Liu Mingkang and Chuyi Wei, ‘Towards a better Future for Chinese Bankruptcy Law: Problems and Potential’ (2017) *Int’l Company and Commercial Law Review*, 450.

③ See Liu Mingkang and Chuyi Wei, ‘Towards a better Future for Chinese Bankruptcy Law: Problems and Potential’ (2017) *Int’l Company and Commercial Law Review*, 450.

优先权地位。落实到司法实践中,尽管无法得到详细的定量数据,消费者债权人的债权回收率毫无疑问地得到显著提升。这一模式可以简称为"规定模式"。

3.1.1　1978 年前 消费者债权人追偿权理论

在 1978 年美国破产法改革之前,有两种保护消费者债权人的理论,都是以信托法为基础:推定信托①和一些州法律规定的与信托类似的措施。这些措施延续至今,但没有转化成一般适用的法律规定。相反,他们只有在与消费者债权人和欺诈或其他不当行为有关的破产案件中才适用。此外,只有当无法通过其他方式为预付钱款的消费者维护权益时,法院才会破例采取这些措施。

推定信托是法院强制设立的信托,而非当事人协议设立的信托。该信托过去应用于"因欺诈和一些传统合理途径取得的财产",②用以纠正严重的不公。正如贝尔德(Baird)所说,"推定信托保护遭受恶意欺诈的消费者"。③ 如果实施恶意欺诈的破产债务人持有的财产被强制执行该信托,债务人财产将被视为"债务人不当行为的受害者"④的信托财产。欺诈行为的受害者可以是预付钱款的消费者。实施推定信托的财产并不是破产财产的一部分,法院将这些财产返还给消费者债权人,以维护其利益和提供保护。⑤ 因此,预付钱款的消费者债权人将完整收回财产,而不是作为无担保债权人得到最低程度的补偿。

在涉及明显欺诈的案件中,推定信托的实用性是最强的,可谓"正义总能抚慰人心"。然而,对于不向消费者披露公司财务困境,反而继续吸收订金或预付款的行为,法院并不必然认定其足以构成执行信托的前提。⑥ 债务人欺诈行为和非欺诈行为之间界限的模糊造成了措施适用的不确定性,这使推定信托对消费者债权人的积极作用在一定程度上减弱。该缺陷能够解释为何美国后来要制定具体法律将消费者债权人的受偿权顺序提升至更高水平,是为了提供更有效且普遍适用的方法。

除推定信托外,一些州法律还通过与信托类似的措施提供保护。这些措施各

---

① 按照布莱克法律词典的定义,推定信托是"法庭根据公平原则实施的信托,以此对抗通过不当行为获取财产的一方,从而阻止不当持有方不正当获利"。其通常被称为"隐藏信托"、"非自愿信托"或"补救信托"。这种形式的信托足以提供保护,例如,对于受到欺诈的预付钱款的消费者,其可以据此要求将相关财产与债务人零售商的破产财产分离开。

② Wukovich 1988, n 7, at 4.

③ Douglas G. Baird, the Elements of Bankruptcy (Foundation Press, New York, 2010), at 112.

④ Wukovich 1988, n 7, at 4.

⑤ 根据美国破产法第 541(d)节。

⑥ See In Re Faber's Inc., 360 F. Supp. 946 (DC. D. Conn. 1973).

有特色，都是为实现某些特定目的而制定的。1982 年伊利诺伊州的远程电子（Teltronics）股份有限公司①案就是一个很好的代表，该案债务人通过收取尚未交付的手表的预付款，对消费者实施欺诈。根据伊利诺伊州《消费者欺诈与欺骗性商业行为法》，②司法部长可以任命一位由纳税人出资聘用的特别接管人，通过收集被欺诈消费者的财产来保护他们的利益。该案中，接管人在破产程序前一个月接受聘任以对抗债务人，成功收集到超过 80 万美元。破产管理人因为债务人资金的流失起诉了接管人，但未得到破产法庭的支持，因为接管人是由州法律授权而从事被诉行为，并未违反破产法。③

这些与信托类似的措施与推定信托相似，只在特定情况下适用，且必须有专门法律规定作为依据。他们与破产优先权制度不同，因此仅对消费者债权人起有限的作用。

尽管大陆法系国家有将推定信托或与信托类似的措施引入制度的趋势，④推定信托的适用性仍然是一个有待探讨的话题。2015 年英国法律委员会的指导意见提到了此类措施，并指出其“充满了困难”。⑤ 特别是其法律成本将会很高，因为“将所有预付款项作为信托会剥夺企业的营运资金，使企业难以提供商品或服务”。⑥

在美国，尽管只适用于特殊情况，推定信托和与信托类似的措施仍可用于保护消费者债权。

3.1.2 规定模式：通过美国联邦破产法的具体规定，提升消费者债权人的优先权

除推定信托和一些州法律规定的与信托类似的措施外，1978 年《破产法》第 507（a）条还增加了一项一般适用的消费者优先权制度。⑦ 这表明美国法律认识到了消费者债权人的弱势地位，并通过在破产法中增加一项明确条款，给予消费者债权人在破产程序中的优先地位。如前所述，如果没有这一制度，消费者债权人将作

① In Re Teltronics, Inc. ,649 F2d 1236 (CA7,1981). Cited by Wukovich 1988, n 7, at 5.

② Ill. Rev. Stat. ch. 121 & frac 12, § 261 et seq.

③ Wukovich 1988, n 7, at 5.

④ See Tibor Tajti and Robert Whitman, ‘Common Law Trusts in Hungary and other Continental European Civil Law Systems’ (Spring 2016) 49/3 *John Marshall LRev*.

⑤ 英国法律委员会 2015 年咨询文件 1a，第 5.8. 节和第 5.9. 节，第 16 页。

⑥ 英国法律委员会 2015 年咨询文件 1a，第 5.8. 节，第 16 页。

⑦ 起初，破产法将消费者债权人列为优先权第六位，后来改为优先权的第七位，现载于第 507（a）（7）条，内容如下：“（下述费用和具有优先权的债权按照以下顺序）……第七，持无担保债权的个人的订金，用于案件受理前发生的尚未交付的货物购买、租赁、财产租赁或服务购买，若其用途为个人、家人或家庭使用，每人以 2850 美元为限。”最初，货币上限设定在 900 美元。See Vukowich 1988, n 7, at 1.

为无担保债权人排在破产清偿顺序的最末端,即使能够收回部分债权,其回收率也是极低的。根据新的优先权制度,他们被提升至具有优先权的债权人等级。正常来讲,这[①]将确保消费者的债权回收率在整体上获得提高。

然而,这一例外制度以某些先决条件和货币限制为前提。货币上限是参议院和众议院彼此妥协的结果,[②]其基本考虑围绕着这样一个认识:"尽管消费者应该得到比其他债权人更好的待遇,但他们不应当耗尽财产损害其他债权人的利益。"[③]

除货币限额外,破产法还规定了其他三个前提。前两个前提是为了确保只有消费者有资格享有优先权。一方面,将优先权主体限制为"个人",不包括公司和其他商业组织;另一方面,将债权限制为仅供"个人、家人或家庭使用"。[④] 第三个前提将债权优先权的适用范围缩小为恢复原状,而恢复原状要求必须"源于……货币的订金"。[⑤] 上述前提导致了一些新的争议。

即使在第507(a)条设立四十年后的今天,仍然存在的一个关键难题在于如何解释"订金"一词。例如,未兑现的礼品卡是否符合"订金"条件?[⑥] 判例法是前后矛盾的。2005年的萨拉萨尔(Salazar)股份有限公司案[⑦]中,第九巡回上诉法院裁定,对特定货物的全额付款[⑧]符合"订金"的定义。[⑨] 与之相反,2016年特拉华州的城市运动(City Sports)股份有限公司案,价值118万美元的消费者预付礼品卡遭遇兑现困境,法院认为,鉴于礼品卡的交付行为作为一项独立的交易已经完成,"消费者已经收到了他/她在合同中的对价,不需要再实施其他行为来结束该交易"。[⑩]

---

① 这里必须加上"正常"的条件,因为只有在有足够的财产可供分配的情况下,高层级的优先权才能确保消费者债权人收回债权,而情况可能并不总是如此。例如,没有"无资产"的破产案件就没有破产制度,这是一种要求简化和快速地完成破产程序的特殊类型的破产案件。在这种情况下,通常债务人甚至没有财产来支付破产程序的费用,并且没有债权人愿意介入融资。

② 虽然众议院支持更高的限额(2400美元的限额),但参议院提出了600美元限额的保证。此外,还有一个进一步的限额,根据该限额,优先权的受益者应当是收入最高为20,000美元的家庭。Vukowich 1988,n7,at 4.

③ Vukowich 1988,n 7,at 4.

④ Vukowich 1988,n 7,at 2 with reference to the text of Bankruptcy Code Section 507(a)(7).

⑤ Vukowich 1988,n 7,at 3 with reference to the text of Bankruptcy Code Section 507(a)(7).

⑥ See Justin R. Alberto and Gregory J. Flasser,"Solving the Gift Card Conundrum" (Dec 2016) 35 - DEC American Bankruptcy Institute Journal,32. [Hereinafter:Alberto and Flasser 2016].

⑦ Salazar v. McDonald (In Re Salazar),430 F. 3d 992 (9th Cir. 2005).

⑧ 该案中,在针对债务人的破产程序启动时,购买的水池尚未完工但款项已付。

⑨ Alberto and Flasser 2016,n 80,at 33.

⑩ Alberto and Flasser 2016,n 80,at 33.

3.2 多元模式:英国

前文阐述了英国法律委员会2016年报告,[①]这份159页的文件提出了五项保护消费者债权人的指导意见,每一项都包含多个程序。这些指导意见是英国针对发现的消费者债权人各类问题的应对措施。其中一些可能在其他国家很少有人关注,例如,在匈牙利很少有人了解圣诞储蓄计划。

其中两项指导意见分别与两种特定的细分市场和两种特定类型的预付款方式有关。第一项包含前文提及的"圣诞储蓄计划及类似计划",第二项是关于使用信用卡或借记卡情形下的退款。[②] 就储蓄计划而言,主要建议通过信托或保险来提供保护。[③]

退款的情况更加复杂,因为退款的相关规定包含在威士和万事达信用卡的所谓"制度方案"中,这是英国使用最广泛的两种信用卡方案。[④] 换言之,退款在很大程度上依赖复杂而不甚透明的技术规范。这可以解释为何英国法律委员会指出"需要更深入地了解退款方案",[⑤]并建议"增加有关退款的规定"。[⑥] 这里需要强调的是,退款并不能确保在每一种情况下都全额返还钱款。这与英国法律委员会报道[⑦]的事实无关——在一些英国零售商破产的案件中,数百万英镑的收回都是通过退款方式进行的。

以上两项指导意见得到了第三项指导意见的补充,即授予国务卿权力,"针对国务卿认为的对消费者具有重大风险的行业,应当着重保护消费者的预付款"。[⑧] 该意见也考虑到了在新环境下出现预付款问题的可能性。

第四项指导意见借鉴了美国的做法,提议在破产程序中给予数量有限的消费者债权更高的优先权地位。[⑨] 优先权顺位应当"低于职工的优先权,但高于浮动抵押的优先权"。[⑩] 其局限性在于,该规定只适用于在破产程序启动前6个月内预付

---

① 英国法律委员会2016年报告。

② 基于英国经验产生的退款规定,参见英国法律委员会2016年报告,第62页,第七章。

③ 英国法律委员会指导意见1a,第115页。

④ 英国法律委员会指导意见1a,第7.4.节,第62页。

⑤ 英国法律委员会指导意见,关于退款内容的第七章,第62页。

⑥ 英国法律委员会指导意见1a,第7.3.节,第62页。

⑦ 在英国零售商彗星集团破产一案中,通过退款方式返还的钱款约为210万美元。See UK Law Commission Report 2016, para 2, at 62.

⑧ 英国法律委员会指导意见2a,第115页。

⑨ 英国法律委员会指导意见4a和4b,第116页。

⑩ 英国法律委员会指导意见4a,第116页。

了250英镑及以上的消费者,“无论是在单笔交易中,还是在一系列关联交易中”。[①]

第五项也是最后一项指导意见旨在通过改变对已完成预付的货物的所有权转移规则来保护预付款项的消费者,即所有权在签订合同时转移。[②]

法律委员会指导意见的出台是一个大转变,它在这一特定问题上将英国制度体系从自我监管转变为以成文法为基础的制度体系。[③] 一旦指导意见贯彻落实,英国将与美国一样,明确认识到消费者债权人的不稳定地位,并为其提供特殊的法律保护,而非仅依赖一些临时制定并自主适用的应对措施,例如,上述推定信托和信用卡方案。该指导意见也表明,在破产程序中,除职工权益和环境保护外,消费者债权人应当得到更密切的关注和更有力的保护。

4 问题的真实维度:破产、废弃、停业和僵尸公司的消费者债权人

4.1 为什么要重视破产公司和其他类型的问题公司?

本文论述的重点是破产程序中消费者债权人的地位。在探索消费者债权人问题的真实维度时,对于进入破产程序的零售商和服务提供商,应当仅考虑已结案的破产案件的数量、性质和结论的数据和资料。诚然,并非所有破产案例都涉及消费者债权问题,但可以推论得出其中相当多的案例都涉及该问题。无论是直接销售产品还是通过代理商和分销商销售产品,无论其是建筑公司还是从事其他类型的商业活动,企业可能作为其他企业的客户,也可能成为为得到产品或服务提供预付款的消费者。

收集一年内启动并结束的破产程序的数量和类型的数据是有必要的,因为其有利于显示消费者债权人的地位。然而这些数据尚不够充足,因为消费者也可能在其他类型的问题公司遭受损失,包括废弃公司、停业公司,以及其他更特殊的实体,如账户被封的公司。除此之外,如果想要对问题的真实维度作出现实估计,我们应当更密切地关注那些濒临破产的“僵尸公司”。

无论是分析消费者债权人问题的真实维度,还是充分弥补因路径依赖和消费者保护法缺陷而产生的差距,都有必要从整体角度来分析。应当注意,消费者组织

---

① 英国法律委员会指导意见4b(3)。

② 详见英国法律委员会2016年报告,第117页。

③ 详见英国法律委员会2016年报告,第3.1.节,第20页。

关注的是消费者保护层面的传统问题,[①]却不一定了解破产程序。消费者组织在破产程序中很少,甚至从来没有为消费者债权人发声。在完善破产法的探讨中,几乎听不到作为利益相关者的消费者的声音。近年来,最密切关注消费者债权人问题的是英国法律委员会 2016 年的指导意见。

综上所述,我们将在下文分析中加入破产公司之外所有其他类型的公司。

4.2　环境背景的重要性

本文范畴内不同国家的社会经济环境存在显著差异,因此有必要强调环境背景的重要性。事实上,影响消费者债权人问题的法律、经济和社会背景差异并不局限于东西方法律体系之间的区别。例如,在中东欧,加入欧盟的国家与未加入欧盟的国家之间存在显著差距,前者加快了各项改革的进程,其中就包括加强消费者权益的保护。

就破产法而言,虽然破产一直是西方资本主义制度的一部分,但直到最近几十年,它才成为一个重大的社会经济问题和政治问题。不仅在中东欧,在中国也是如此。计划经济时期,政府通常利用纳税人的钱来救助国有企业。时至如今,这一现象发生了转变,救市举措已不再是惯例,而是作为例外。换言之,计划经济时期对破产法的依赖程度不高。在中东欧地区,柏林墙倒塌后市场环境发生了改变,各社会主义国家进入了重新引入市场经济的过渡阶段。中国破产法是受西方模式的启发制定的,1986 年中国颁布了第一部现代破产法,2006 年又通过了新破产法。

尽管环境发生了巨大转变,对于这些国家来说,破产依然是相对较新的事物。鉴于大部分西方破产法中同样没有涵盖消费者债权人问题,消费者债权人在破产程序中处于不稳定地位是可以理解的。如前文所述,德国破产法并未考虑消费者债权人问题,匈牙利和其他习惯于把德国法律视为法律改革最重要的借鉴来源的中东欧国家,也难以认清该问题的重要性。此外,这些国家的破产法存在许多缺陷,这些缺陷背后的制度问题掩盖了消费者债权人的实际困境。[②] 在许多欧洲国家的破产法中,对职工的特殊保护比消费者更加重要。

巴尔干西部地区之所以特殊,是因为巴尔干战争推迟了这些国家的改革和经

---

① 关于消费者法应当涵盖的范围,始终存在争议。因而使用“传统消费者保护”也并不完全正确。尽管如此,在探讨本文所述问题时仍然可以找到立足点,参见 Hans – W Micklitz, Jules Stuyck 和 Evelyne Terryne 所著的 Consumer Law – Cases, Materials and Text (Hart Publishing, 2010),作为欧洲顶级著作和案例法书籍,该书所研究的范围可以被视为“消费者保护法的传统领域 ”;以销售商品、提供服务和产品责任的各层面问题为典型代表。

② See DanCake S. A. v. Hungary, ICSID case No. ARB/12/9, in which the arbitral tribunal decided against Hungary because of the inappropriately conducted bankruptcy proceedings in Hungary.

济结构调整。例如,塞尔维亚的私有化制度直到2005年发布《私有化法案》修正案之后才开始实施。① 因此废弃企业和破产企业的数据稀缺,在对僵尸公司研究分析时几乎没有任何可用数据。由于没有政府愿意承担失业可能带来的社会动荡的风险,尽管很多企业的财务状况显示其随时有倒闭风险,在政府的默许下这些企业依然得以存续。上述情况在不同程度上也适用于波斯尼亚、黑塞哥维那、马其顿、门的内哥罗和塞尔维亚。

4.3 破产案件的数据说明了什么?

每年启动和终结的破产程序的数量在东方②和西方③所有国家都相当可观。不同地区破产程序的执行效率差异巨大,这不可避免地影响消费者债权人收回债权。在那些缺乏专门制度的国家,消费者债权人仍然处于十分劣势的地位。同样值得注意的是,法庭内部重整和外部重组的数量和完成情况上存在差异,但在重整和重组程序中消费者债权人收回债权的机会要高于破产清算。通常来讲,重整和重组程序在英国和美国运行得最好,而其他国家仅仅正处于运用上述程序的初期阶段。④

---

① See Vojin Draškoci,"The Knjaz Miloš Affair and a Loophole in Serbian Takeover Law" in Stefan Messmann and Tibor Tajti (eds),the Case Law of Central and Eastern Europe:Leasing,Piercing the Corporate Veil and the Liability of Managers & Controlling Shareholders,Privatization,Takeovers and the Problems with Collateral Laws (European University Press,Bochum,Germany,2007),at 432 ff. See Tijana Kojović,"the Privatization Process in the Republic of Serbia:Legal Framework" (2001) 8/2 – 3 Journal of East European Law (Columbia University,New York).

② 2018年6月5日塞尔维亚正在进行的企业破产程序约2084个,官方数据平台:http://www.alsu.gov.rs/bap/upload/documents/statistika/BrojPredmeta_Po_Sudovima_lat.pdf。在克罗地亚,2016年的数据可以查到,该年有18,881起新的破产程序启动,20,821起终结,14,523起正在进行中。See the Statistical Bulleting of the Croatian Ministry of Justice at 〈https://pravosudje.gov.hr/UserDocsImages/dokumenti/Pravo%20na%20pristup%20informacijama/Izvje%C5%A1%C4%87a/ Statisticki%20pregled%20za%202016%20godinu.pdf〉. 在罗马尼亚,司法部国家贸易登记局公布的破产数据:https://www.onrc.ro/index.php/en/statistics? id=252&lg=en。根据这些数据,2017年共有2526起破产案件在法院审理,截至2018年4月30日,这一数字为2965起。

③ 只有企业破产,特别是清算,属于消费者债权人可能丧失其债权的破产程序类型。两个司法管辖区的数据如下。根据美国法院行政办公室网站提供的数据,2017年美国企业破产申请数量为23,443宗。See 〈http://www.uscourts.gov/news/2017/07/21/june – 2017 – bankruptcy – filings – down – 28 – percent〉. Accessed 4th Nov. 2018. 需要注意,这一数字还包括比清算数量低的重整申请。英国2017年公司因资不抵债而破产的情况约为:英格兰和威尔士17,243起,苏格兰856起,北爱尔兰302起。破产服务数据平台:https://www.gov.uk/government/statistics/estimated – company – insolvency – rate – in – the – united – kingdom – january – to – december – 2017,Accessed 4th Nov. 2018。

④ 有关欧洲当前形势和欧盟委员会相关进展的概要,详见欧洲议会和理事会关于预防性重组框架、第二次机会和提高重组效率措施的指导意见。insolvency and discharge procedures and amending Directive 2012/30/EU as of 22nd Nov. 2016,COM(2016) 723 final.

虽然缺乏消费者债权人遭受损失的具体数据,我们可以有把握地推测,在每年完成的大量破产程序中,众多消费者损失财产的数目绝对不容小觑。这个结论也可以从一些后社会主义的中东欧国家公布的少量数据中推论得出。

4.4　消费者债权人面对的真正威胁:废弃、停业和账户被冻结的公司

4.4.1　划分不同类型的问题公司

在本文中,我们可以划分不同类型的问题公司。因为各国经济结构和商业领域运行状况可能有显著差异,各国在描述实际情况相同的企业时,使用的名称和内涵会有一定偏差,这并不罕见。例如,在克罗地亚,账户被冻结的公司可能被称为废弃公司或停业公司,但不会同时是这两种。同样地,斯洛伐克人所称的"僵尸公司"通常是一家已停业的公司,这与西方的观点相反,西方人认为"僵尸公司"只是一家无法发展的公司,在其他方面仍然能够持续经营。在阅读本节时,读者必须考虑到上述细节差异。

需要关注的是,这些困境企业都是尚未经历破产或解散程序的商业组织。这使消费者债权人的处境在废弃公司中比在经历破产程序的公司中时更加糟糕,因为后者至少有一个可预见的结局,可能会收回一些债权。与此相反,对于那些废弃和停业的公司,消费者债权人的痛苦可能会永远持续下去,根本没有任何收回债权的希望。

正如其名称之意,废弃公司被公司所有者和管理人员遗弃,大多数情况下没有任何资产可供债权人分配。该类公司仅仅是没有资产的躯壳,这就是为什么债权人通常认为不值得对其提起破产或解散程序。出现这种情况的原因在于启动破产程序需要预付资金来支付破产程序费用,在没有任何资产可以提供时,破产程序费用从一开始就注定成为损失。不仅如此,废弃公司的所有者和管理人员经常失去音信,不仅导致法院在破产程序中无法获得企业的财务文件和其他材料,还使相关人员之间无法顺利沟通。

"停业公司"这一名称也经常被使用。这些公司可能放弃了自身业务,因为"停业"可以指某个公司由于某种原因处于非运行状态,但还没有被废弃。在英国,停业公司有时指的是进入破产或解散程序的公司。[①] 上述细节差异十分重要,如果执行适当的破产程序,破产债务人的数据和文件能够获取,废弃公司却并非如此。如果没有相关文件,消费者债权人的债权可能就此永远无法收回。

如果一家废弃公司没有任何资产,也没有执行破产程序所需的财务文件和其

---

① 在英国法律的背景下,还应区分"停业公司"这一特殊类别。从 1934 年起,在证券交易委员会(追溯到 1825 年)的主持下,会定期公布专门的停业公司登记册。登记册中所列的大多数公司因清算或解散而被注销。See W. B. Stephens, *Sources for English Local History*, Cambridge, 1981, at 131.

他材料，法律接下来起到的作用非常有限。例如，根据英国 2006 年的公司法，对于符合“废弃公司”定义的困境企业，如果事实证明该企业没有开展业务活动或没有处于经营状态，相关部门有权根据特定程序对该企业注销登记。①

账户被冻结的公司也应当被列为困境企业的一个特殊子类。这些公司可能也会被废弃或停业，引发监管措施。例如，在塞尔维亚和克罗地亚，许多账户被冻结的公司并没有废弃或停业，他们利用了法院执法效率低下和破产法缺陷的漏洞。这些公司意识到，司法运行的迟缓使不按时偿还债务有利可图，同时他们找到了不将所有收入通过银行账户转移的方法。此类逃避债务的行为逐渐成为一种社会风气，形成了制度性问题，不仅破坏了人们对法律的信任，也严重损害了国民经济，迫使国家不得不尽快制定针对该问题的专门法律。

逃避偿还债务的现象在如今发展成熟的经济体系中并不常见。事实上，它可以被认作是十分不寻常的事情。但是这一现象的确存在于现有体制中，只有在案件数量更少、法院执行效率更高和破产法更完善的环境中，国家才可以确保不需要通过专门法律来处理这一现象。但如果一个国家出现的不是少数案例，而是成千上万的报道案件，就像塞尔维亚②和克罗地亚③的情况一样，那么毫无疑问必须建立针对该现象的专门法律制度。

依据法律，对于逃避偿还债务的企业，可以根据法院、专门机构或其他主管政府部门的决定，冻结该企业的银行账户，因为它们既不能、也不愿在到期时偿还债务。在没有同时启动破产程序的情况下，冻结银行账户程序可能受阻。这是因为冻结账户与破产程序不同，后者耗费时间，并且需要债务人公司及其大多数债权人的

---

① CA 2006，sections 1000 and 1001. 根据这些规定，如果注册机构有合理理由确认公司不在运营，其可向公司发送一份相关的通知，并要求对方 14 天内答复。如果在 14 天内未收到回复，则必须发送与第一封相关联的第二份通知，并且说明如果在另一个 14 天内未收到回复，则公司将从登记册中注销，并在官方公报中公布相关信息。根据第 1024 条，注册机构可以在公司注销后 6 年内恢复注册。

② 塞尔维亚在其 2009 年颁布的破产法（Official Gazettes 104/2009，99/2011，and 71/2012）中增加了第十章（sections 150 – 154），用来处理此类问题。这一章的标题不言而喻：“在长期丧失支付能力情况下的特别诉讼”（塞尔威亚语：Poseban postupak u slučaju dugotrajne nesposobnosti za plaćanje].）塞尔维亚宪法法院第 83/2014 号裁决废除了该章。破产公司登记和塞尔维亚破产法文本可在塞尔维亚经济部网站（http://priv. gov. rs）上查阅。需要补充的是，根据《法人、企业家和自然人支付法》（Zakon o obavljanju plaćanja pravnih lica，preduzetnika i fizičkih lica，Official Gazette No. 68/15），所有公司都必须在正式授权的银行或其他金融机构开立账户。因此，该制度的假设前提是，公司的所有收入必须使用国家银行范围内的其中一个银行账户。

③ 第一个克罗地亚的《银行账户执行法》在 2010 年通过（Zakon o provedni ovrhe na novčanim sredstvime，克罗地亚官方公报［Narodne Novine］ Nos. 91 – 10 and 112 – 12），2018 年通过的新法（Official Gazette 68/2018）替代了这部法律。以下简称：克罗地亚冻结账户法。

合作,而前者作为特殊的法律手段应确保迅速执行,不需要债务人合作和债权人参与。一个值得借鉴的做法是,通过阻止债务人使用其银行账户,迫使债务人主动偿还债务,或者发起并积极参与破产程序。

在克罗地亚和塞尔维亚,在授权冻结账户的法律制度通过后的一两年内,逃债公司的数量并未显著减少,依然令监管机构头疼。新法也并非毫无缺陷,例如在塞尔维亚,如果一家公司的账户被冻结超过一年,破产程序就会自动启动,但这一规定在 2012 年被塞尔维亚宪法法院废除,①导致账户被冻结的公司仍在市场存续。塞尔维亚政府的一项特别行动计划要求在破产程序中将一些公司强制私有化,但该计划只取得了部分成效。②

克罗地亚采取了相似的措施,该国金融部门③编制了统计数据,并对账户被冻结超过 120 天的公司启动破产清算程序。然而该职权是在 2015 年破产法修订之后才被授予的,在 2015 年之前,克罗地亚有成千上万的公司被"无限期"冻结银行账户,其中大多数没有启动破产程序。虽然金融部门难以对每个存在问题的案件都启动破产,但这种处理措施仍在实施。

本节论述的公司应与虚构公司加以区别,虚构公司的设立目标与普通公司不同,其活动内容往往具有犯罪性质。④ 虚构公司存在的问题不属于本文探讨范围,

---

① 塞尔维亚宪法法院 2012 年 7 月 12 日的裁决 No. IUz - 850/2010. 按照塞尔维亚破产法第 150 章(被宪法法院废除)塞尔维亚国家银行应在每个月最后一天,将停止且不能偿付债务超过 1 年的法律实体名称通知所有破产法院。有司法管辖权的破产法院应依职权启动所谓的"初步破产程序"(prethodni stečajni postupak)。

② 按照 2015 年塞尔维亚政府议案,188 个大规模公司预计将在破产程序中私有化。然而,鉴于私人投资者对其他公司没有任何兴趣,2016 年,只有其中的 55 家公司启动破产程序。See e. g. the short report by G. Vlaovi ć and M. N. Stevanovi ć of 7th of February 2016 'Sa spiska za stečaj u postupku tek svaka treća firma' in the weekly Danas at 〈https://www. danas. rs/ekonomija/sa - spiska - zastecaj - u - postupku - tek - svaka - treca - firma/〉. Accessed 22th June 2018.

③ See the website of FINA, the Croatian Financial Agency at https://www. fina. hr/Default. aspx?sec = 1134 with English pages as well.

④ 波斯尼亚和黑塞哥维那近期对虚构公司进行了调查。大约有 500 家这样的公司是由来自阿拉伯国家、俄罗斯和乌克兰的创始人创立的。See Er. M. /Klix. ba, Rezultat istrage: U BiH posluje 500 fiktivnih firmi u vlasništvu arapskih državljana Rezultati akcije [The Result of the Investigations: 500 Fictitious Firms Owned by Citizens of Arab States Exist in BiH], as of 9th Dec. 2016 available at 〈https://www. klix. ba/vijesti/bih/rezultat - istrage - u - bih - posluje500 - fiktivnih - firmi - u - vlasnistvu - arapskih drzavljana/161209014〉, and "Nekretnina": Firme prijavljene na fiktivnim adresama, stranci kršili imigracione propise [The Results of the Action "Immovables": Firms Registered on Fictitious Addresses, Foreigners Breaking the Immigration Laws] news of 14th of December 2016 available at 〈https://www. klix. ba/vijesti/bih/rezultati - akcijenekretnina - firme - prijavljene - na - fiktivnim - adresama - stranci - krsili - imigracione - propise/161214052〉. Both accessed 30ty June 2018.

所以不在本文论述框架之内。

4.4.2　废弃公司和停业公司:监管措施实例

关于废弃和停业公司,我们所知甚少,因为该领域的实证数据和学术出版物都很缺乏。可以提出两种假设:其一,一个国家有效的破产程序必然会影响废弃公司的数量。如果企业主清楚破产法能够有效运行,并且值得信任,他们就会大量求助于破产程序,而非放任自己的企业成为空无资产的躯壳。相反,如果人们普遍知道破产法是失灵的,①那么大多数债权人甚至不会为参与破产程序而浪费时间和金钱。与刑事或行政程序不同,在现代破产法中,债权人并非必须参与破产程序。至于债权人不参与程序可能导致其损失破产债权,则是另一个问题了。

其二,鉴于破产所带来的强烈耻感和破产法的缺陷,中东欧后社会主义国家的废弃公司数量通常比西方发达国家高得多。匈牙利的数据可以作为该区域其他后社会主义国家体制的代表。

在匈牙利,除了简易破产程序外,还采用了特别的便捷程序,称为“强制删除”,②以便将废弃公司和停业公司从市场上清除。这类似于英国注册机构有权注销停业公司。为准确反映废弃公司和停业公司对消费者债权人构成的重大威胁,应当把破产诉讼和强制删除程序的相关统计数据结合起来。

---

① 匈牙利破产法领域的一位国际知名教授 Andrea Csöke,他的文章是从以下匈牙利破产法的局限性开始的:“在匈牙利,每个人都熟知破产法很难起作用,破产程序十分耗费金钱且效率不高,但没有人打算对此做出什么,例如考虑改变或者对基本问题做出判断。”这段节选说明了一切。Andrea Csöke, “Preservation Measures in Hungarian Insolvency Proceedings” in Heinz Vallender, Regulations and Measures of Protection in National Legislations within the European Union (INSOL Europe, Nottingham - Paris, 2011), 89 - 95, at 89.

② 强制删除在 2006 年颁布的关于公司公示、法院公司登记及决算的第五号法令中规定(“2006. évi V. törvény a cégnyilvánosságról, a bírósági cégeljárásról és a végelszámolásról”)。以该法第 9/B(1)(a)条规定为例,被清算或强制从公司登记册中删除但未偿付债权人债权的公司高级管理人员或实际控制人,可被禁止担任公司高级管理人员或取得公司控股权。按照第 9C 条,这项制度最多可约束五年。该法最近进行了修订,一些旨在将范围扩大到更多类型公司并使删除这些公司更加便捷的制度于 2018 年 7 月 1 日生效。特别之处还在于,从现在起无须任命外部清算人,清算任务将由现任管理层完成。此外,还应向税务机关提出申请,税务机关随后将通知主管破产法院。需要注意,有些翻译不用“final accounting”,而是使用“winding up”这一英文术语。但这也许无法准确反映内容的实际含义而且可能造成误解。以英国律师为例,将“winding up”作为“清算”的同义词。然而在匈牙利,“强制删除”与另一个法令所规定的清算程序不同。该法令是 1991 年关于重整和清算程序的经修订的第四十九号法令(“1991. évi XLIX. Törvény a Csödeljárásról és a Felszámolási Eljárásról”)。

匈牙利的可靠统计数据如下。① 2017 年破产清算程序的数量为 8248 起，破产重整的数量只有 136 起，而已结束的"强制删除"的数量达到了惊人的 9253 起。将上述数据与 2015 年的相关数据进行比较可以发现，该现象几乎不具有周期性，而是一种系统性问题，且近年内不会消失。具体地说，2015 年清算程序的数量是 25,928 起，重整的数量仅为 36 起，但是有 27,634 起刚出现的和 20,817 起已结束的"强制删除"案例。这意味着，匈牙利有大量废弃公司未经破产程序就从市场上直接消失。在这种情况下，通常不会有债权人能够收回债权。这些损失债权的债权人当然可能包括消费者债权人。由于除简易程序的年度数量外没有其他可靠的统计数据，消费者债权人的数量是未知的。

针对废弃公司和停业公司导致的系统性问题，斯洛伐克采取的是另一种措施。2014 年该国通过征收一种特殊的执照税，成功地化解了这一困境。② 征收执照税的主要目标在于打击法人实体的不当行为。例如，为防止公司启动破产程序或为自身债务统计制造障碍，强制要求大量公司进行合并。合并的公司中通常包括废弃公司和停业公司，斯洛伐克学者有时称它们为"僵尸公司"，这与西方对"僵尸公司"一词的使用有差异。在斯洛伐克，该词主要是指那些参与欺诈或可疑的公司交易的公司，③而不是那些无法发展的公司。

4.5 消费者债权人的潜在威胁：僵尸公司

4.5.1 僵尸公司是什么？

僵尸公司可以简单定义为不可持续的公司。僵尸公司也被定义为"负债率高的低生产率公司"，与所谓的"羚羊公司"④形成对比。还有一个较长的定义介绍僵

---

① 参考数据为匈牙利语，可以从国家法院办事处（"Országos Bírósági Hivatal"）的网站〈http://birosag/hu〉中获取。该数据在 2009 年以后的年鉴中（"Statisztikai évkönyvek"）。破产和重整程序的数据在破产法的专门档案中（"csöd és felszámolás"），而"强制删除"的数据在公司文件夹中（"cég"）。See〈http://birosag. hu/kozerdeku informaciok/statisztikai – adatok/2017 – evkonyvek#〉. Accessed 30ty June 2018.

② 按照斯洛伐克《商法典》第 68（6）章，如果在一个日历年内没有召开股东大会，或者该公司至少连续两个日历年没有提交财务报表，法院可以将该公司除名。See the column by Redakcia Podnikajte. sk, Po zavedení daňovych licencií stúpol počet likvidácií firiem dvojnásobne, as of 9th of February 2014，斯洛伐克语版本的电子版：〈https://www. podnikajte. sk/pravo – a – legislativa/c/1230/category/ ukoncenie – podnikania/article/stupol – pocet – firiem – v – likvidacii. xhtml〉. Accessed 30ty June 2018。

③ See generally Jana Duračinská, Povinnost' lojality jediného spoločníka spoločnosti s ručením obmedzenym, in: 2017: Vybrané vyzvy vslovenskom práve obchodnych korporácií, Olomouc: Iuridicum Olomoucense, 2017, at 39 – 61 [online].

④ Andrew G. Haldane, Productivity Puzzles, speech at London School of Economics (20ty March 2017), page 16. Mr. Haldane 是英国银行的首席经济学家。

尸公司是“一家仅仅依靠反复的债务再融资而存续的公司,即使通过重组和享有低利率,仍然无法用营业利润来支付利息支出,更不用说偿还本金了。”①

这些定义是正确的,但问题的关键在于该词本身的意义,每个国家对僵尸公司以及它们所产生的问题的看法可能各有不同。实证数据和学术研究的缺乏进一步加剧了问题的复杂性。有学者对一些西方国家僵尸公司的规模进行了统计,但目前没有关于消费者债权人面对僵尸公司的风险敞口的资料。

4.5.2 僵尸公司的短暂历史

与僵尸公司有关的大多数现有文献仅涉及我们将在下文提到的几个国家,但是不能由此推断僵尸公司不存在于其他地区。学术研究通常应结合不同定义探讨问题的各个层面,但主要局限是相关资料很单一。不幸的是,这也意味着本文既缺乏定性数据,也难以针对僵尸公司对消费者债权人的影响进行数据分析。

以美国为例,“僵尸公司”一词“出现于2008年,当时许多公司通过持续的救市措施或仅偿还贷款利息而非本金以维持经营。”②此类公司大多是不良资产救助计划的受助人,但该事实尚不能得出所有受助人都是僵尸公司的结论。在相关案例中,消费者是如何受到影响的,他们遭受了哪些损失,这一切发生的背景是什么,上述问题在当时都没有受到关注。在后信贷危机时代,金融领域开始得到重视,2010年多德—弗兰克(Dodd - Frank)《华尔街改革和消费者保护法案》③设立了消费者金融保护局,为金融消费者提供保护。

在英国和美国,僵尸公司是指那些因为“吸收新资金的速度快于债务将公司拖垮的速度”④而勉强生存下来的公司。据估计,2013年英国僵尸公司的数量在10万~22.7万元;⑤数据估计的差异受不同衡量标准的影响。

正如资料所表明,“僵尸公司”一词源于20世纪90年代的日本,与僵尸银行在

---

① 这一描述显然反映了欧洲近年的低息信贷(货币宽松政策)——出自 Daniel Lacalle,他的文章 The Rise of Zombie Companies — And Why It Matters,2017年8月8日。网站:〈https://mises. org/profile/daniel - lacalle〉. Accessed 30 June 2018。

② 引自 John Baguley,Fundraising and Zombies:A Guide to Charity Management (Matador - Troubador Publ. ,Leicester,UK,2017),at 169. [Hereinafter:Baguley 2017].

③ Publ. L. 111 - 203,H. R. 4173 [2010].

④ Baguley 2017,n 118,at 169.

⑤ Baguley 2017,n 118,at 169. Baguley 提到了英国周转研究所(IFT),其于2013年计算估计有100000个僵尸公司。“the Inexorable Rise of Britain's Army of the Walking Corporate Dead”(2013) 6 Corporate Rescue and Insolvency 180. Vanessa Finch 和 David Milman 提到了 Hood 的观点,Corporate Insolvency Law - Perspectives and Principles (Cambridge,3rd ed. ,2017),n 3,at 1.

僵尸公司的存续中扮演的角色有关。僵尸银行被批评为“惊人的资本浪费”①的制造者。深尾三次郎(Mitsuniro Fukao)这样描述日本的恶性循环:“破产债务人造成的大额贷款损失削弱了银行的资本基础,资本不足的银行开始隐瞒损失,同时公司在监管机构的纵容下继续与吸收存款的僵尸银行合作。”②

如今,中国的僵尸公司成为人们关注的焦点。“清除僵尸企业”③被提升为供给侧改革的核心内容之一。中国僵尸公司问题的特点、规模和严重性与世界其他地区有很大不同。僵尸公司不仅持续多年亏损而没有宣布破产,并且正在从繁荣的市场经济中攫取资源,④目前僵尸公司已经成为一个严重问题。这个问题很难在短时间内得到彻底的解决,因为数量惊人的职工可能会因此失去工作,并且可能会带来潜在的政治风险。

中国的另一个特点在于地方政府所起的重要作用。一方面,地方政府应当落实改革方针;另一方面,出于对失业问题和地方税基缩减的担忧,地方政府通常对救助本地公司更加关注。在中国,政府重点关注的并非消费者债权人的地位,而是破产所导致的失业问题。这是因为中国是社会主义国家,充分就业是宏观经济的首要任务。基于政策目标的考量,消费者保护的地位难以得到重视。然而,近年来电子商务的指数式增长可能很快会让消费者债权人的问题浮出水面。

5　结论与数字时代的思考

综上所述,消费者债权不仅存在于各种破产程序中,也易于消失在废弃公司和停业公司的汪洋中,欧洲立法者和关注消费者保护的群体必须重新审视消费者债权人问题及其应对措施。消费者债权人问题十分严重,其对消费者的损害即使不大,也可能与消费者法所禁止的各种不正当市场行为一样恶劣。在欧洲许多国家,监管不正当市场行为能够间接对消费者债权人起到一定意义上的保护,但对于本文所探讨的主题而言,这种保护是十分有限或根本不存在的。

前文案例研究表明,消费者债权人的现实问题不应受到质疑。我们必须承认,

---

① Economist,8 October (2005:11).

② Mitsuniro Fukao,“Financial Market Efficiency:A Comparative Perspective” in Dongchul Cho,Takatoshi Ito and Andrew Mason (eds),Economic Stagnation in Japan:Exploring the Causes and Remedies of Japanization (Elgar Publ.,2018),page 139.

③ Kjeld Erik Brφdsgaard and Koen Rutten,From Accelerated Accumulation to Socialist Market Economy in China (Brill,2017),160.

④ Kjeld Erik Brφdsgaard and Koen Rutten,From Accelerated Accumulation to Socialist Market Economy in China (Brill,2017),160.

破产法和消费者保护法之间的鸿沟似乎使人们难以正确评估欧洲大部分国家消费者所面临的风险。或许消费者法和破产法学者都应该对消费者债权人问题给予更多关注。

本文提到的一些实例，例如圣诞储蓄计划，在欧洲并非众所周知，这些相对特殊的实例似乎只影响部分国家，但这不能成为回避该问题的理由。事实上，鉴于该类实例反映的问题源于当代技术进步和必然的社会经济变化，使这些实例对所有国家都特别重要。由于网络平台竞争者的出现和新技术发展，法雷帕克公司和其他零售商被挤出了市场，这无疑是时代挑战向我们袭来的前兆。从逻辑上讲，新技术的发展已经渗透到越来越多的经济和社会部门，甚至包括传统贸易模式的替代品，与上述类似的风险也将再次出现。还会有多少法雷帕克公司和零售商会因此倒闭，消费者会损失多少，这很难预测。

我们还应当重新考虑现有的优先权制度和具体法律措施，以保护易遭受损失的特定债权人群体。出于对职工权益保护的政策考虑，许多国家或许难以接受破产程序中消费者债权人具有更高的法定优先权。但如果从另一个角度思考，消费者预付钱款的货物并非债务人破产财产的一部分，相反消费者能够立即取得货物所有权，那么实际上优先考虑破产企业的职工是错误的。此时消费者将得到全额或部分赔偿，他们拥有所有权的货物与破产财产彼此分离，职工债权能否收回取决于破产财产的规模和具有优先权的所有债权，二者不构成冲突。换言之，在实际收回破产债权时，生硬的法律条文有时并未充分考虑到现实情况。

需要明确的是，如果没有有效的应对措施，我们将面临这样的风险——新时代将前所未有地受到逐渐加剧的技术变革的推动，使消费者陷入本文所述的不稳定劣势地位。按照著名丹麦童话作家汉斯·克里斯蒂安·安徒生（Hans Christian Andersen）的风格来说：问题将持续存在，消费者依然得不到保护，只有外在“表象”会随时间而改变。问题的复杂性逐渐加剧，我们甚至可能不会注意到，更不用说充分认识和解决了。

债务人的破产法教育*

让·布劳彻

亚利桑那大学法学院法学教授。

魏斯晗 译

中国政法大学中欧法学院经济法专业硕士研究生。

一、介绍与概述

赋权理论和社会控制理论是两种解释破产中债务人教育的典型理论。这两种理论的基本观点为现有和计划中的教育项目提供了理论基础。赋权理论下,教育能使债务人有权学习避免债务问题的新财务管理技能,计划如何实现财务目标。当使用一种不强于大多数消费者保护法蕴含的社会控制理论时,教育鼓励债务人更加关注有关信贷交易的信息,抵制被销售和营销技巧操纵,在消费中更加注重自我控制。债务人教育是否真的达到了这两种理论的目的,还有待证明。

赋权理论中有一种更激进批判的观点,认为要赋权债务人表达对鼓励过度负债的消费文化担忧的机会。这一观点可能导致社会生活方式发生重大变化,甚至系统性变革。社会控制理论中更为激进的观点则认为,重度负债者是可能还有其他问题的社会行为偏常者,这些问题是由不可控或冲动行为引起的,例如滥用药物和不稳定的家庭状况。但这种激进观点缺乏实证支持。①

本文的目标是描述现有的美国债务人教育项目,并引入第三种理论——从社

---

* 本文原文载[芬兰]约翰娜·尼米-基西莱宁、[澳]伊恩·拉姆、[英]威廉·惠特福德编著:《全球视角下的消费者破产》,哈特出版社 2003 年版,第 319~342 页。

① See CA Curnock, "Insolvency Counselling – Innovation Based on the Fourteenth Century" (1999) 37 *Osgoode Hall Law Journal* 387. 关于对加拿大强制债务人咨询服务的批评,其中涉及探索债务问题的有害社会心理原因。

会学学派的“制度主义”学说演进而来的理论观点,[①]我将之称为“利益分析”,因为它涉及辨别债务人教育如何服务于消费者破产中不同参与者的利益。

从大多数角度来看,教育作为应对消费者过度负债和破产的手段似乎是有意义的。不赞成教育是很难的,特别是当教育只是高度抽象概念的情况下。[②] 尽管在破产程序中具有广泛吸引力,教育理念也仍受到许多人的合理质疑和批评。教育不是没有成本的。在破产制度中引入教育环节,破产费用和时间成本会增加,某些债务人进入破产的机会将减少。教育并不能解决所有破产问题。评估任何教育项目,在衡量其有效性之前,必须先确定其目标。教育项目因此产生了规范化难题。例如,是否应该鼓励债务人减少消费和借贷?减少程度是多少?

破产教育有多种形式。债务人可以在提出和执行还款计划的过程中积累经验。正如欧洲的债务调整程序一样,《美国破产法》第十三章个人债务调整程序也具有内在的教育潜力。[③] 执行还款计划,债务人可以通过尝试偿还全部或至少部分债务来控制债务问题。但“全新开始”或直接免责的破产形式并不像还款计划那样具有固有的教育属性,尽管部分债务人可能会在此过程中吸取教训,避免在未来承担过多债务。不幸的是,还款计划的教育功能可能往往华而不实。许多《美国破产法》第十三章破产案件的主要目的是允许债务人保留抵押品,很少或根本没有向无

---

① See JR Sutton, “Rethinking Social Control” (1996) 21 *Law & Social Inquiry* 943 for a review of WW Powell and PJ DiMaggio (eds), *The New Institutionalism in Organizational Analysis* (Chicago, University of Chicago Press, 1991. [新制度主义]和关于社会法学系统下的制度理论的讨论。

② See CA Curnock, “Insolvency Counselling – Innovation Based on the Fourteenth Century” (1999) 37 *Osgoode Hall Law Journal* 387 at 399. 将财务管理教育和咨询当作一种“母性(motherhood)”的解决方案。See also *National Bankruptcy Review Commission: The Next Twenty Years, Final Report* (1997) at 114 – 16 (*NBRC Report*). 美国破产审查委员会的报告建议增加破产和破产外债务人都参与自愿金融财务教育项目的机会。尽管在许多消费者破产问题上存在分歧,但9位委员都支持这一建议。See *NBRC Report, Individual Commissioner Views, Recommendations for Reform of Consumer Bankruptcy Law by Four Dissenting Commissioners at* 3 [*Four Dissenters' Recommendations*]. 其中指出“九名专员同意有必要这样做……促进破产程序前后债务人教育”。

③ See J. Braucher, “An Empirical Study of Debtor Education in Bankruptcy: Impact on Chapter 13 Completion Not Shown” (2001) 9 *American Bankruptcy Institute Law Review* 557 at 565 [“Empirical Study of Debtor Education”]. 讨论对13章的深入理解具有康复和教育目的;J Niemi – Kiesilainen, “The Role of Consumer Counselling as Part of the Bankruptcy Process in Europe” (1999) 37 *Osgoode Hall Law Journal* 409 at 413 [“Consumer Counselling in Europe”]. 其中提出“在欧洲,我们期望通过信贷咨询来实现预防、康复、改变生活方式和部分偿还债务的目的”。

担保债权人付款的案件,[①]而且大多数还款计划都没有完成。[②]

在不同国家用于不同目的的个人信贷咨询可能在消费者查明其过度负债的原因、计划于破产程序之内或之外偿还旧债以及降低未来债务危机的风险等方面具有教育意义。在美国,消费者信贷咨询通常旨在安排债务调整计划以期债务人免于破产,也可能包含财务管理咨询内容。[③] 加拿大的破产法律要求债务人接受个人和资金管理咨询,[④]或者债务人可以咨询与长期财务管理相反的复杂破产程序。有关法律行政程序的咨询通常在整个欧洲债务调整程序中占据主导地位。[⑤] 在美国,律师或文书编制人(document - preparers)都提供破产程序相关咨询。可能只有一小部分美国律师会花时间提供有关未来财务管理的详细咨询。[⑥]

教授个人财务管理的集体课程是最明确、最正式的破产教育项目类型。我的研究重点在那些为已经申请破产的债务人提供的教育项目上。美国大多数这种性质的现有债务人教育项目是针对《美国破产法》第十三章个人债务调整程序债务人的。但美国破产审查委员会(National Bankruptcy Review Commission)在 1997 年的报告中承认,教育对帮助适用《美国破产法》第七章"全新开始"程序的债务人恢复

---

① See J. Braucher, "Lawyers and Consumer Bankruptcy: One Code, Many Cultures" (1993) 67 *American Bankruptcy Law Journal* 501 at 529 - 31 ["Lawyers and Consumer Bankruptcy"]. 律师认为,尽管存在欠款因素,但持有抵押品是申请《美国破产法》第十三章破产的最常见的原因;许多《美国破产法》第十三章破产涉及的是低百分比的还款计划,大部分金额支付给有担保的放款人。

② See W. C. Whitford, "The Ideal of Individualized Justice: Consumer Bankruptcy as Consumer Protection, and Consumer Protection in Consumer Bankruptcy" (1994) 68 *American Bankruptcy Law Journal* 397 at 411. 1993 年全国平均完成率为 31%。

③ See D. A. Lander, "Essay: A Snapshot of Two Systems that are Trying to Help People in Financial Trouble" (1999) 7 *American Bankruptcy Institute Law Review* 161 at 176 - 84. 关于美国消费者信贷咨询机构的咨询、债务管理计划和教育项目。

④ See R. E. Berry and SLT McGregor, "Counselling Consumer Debtors under Canada's Bankruptcy and Insolvency Act" (1999) 37 Osgoode *Hall Law Journal* 369 at 380, 385. See also I Ramsay, "Mandatory Bankruptcy Counselling: The Canadian Experience" (2002) 7 *Fordham Journal of Corporate and Financial Law* 525 at 529 ["Counselling"]. 其中描述了两个必修的课程,一是消费和信贷教育课程;二是个人咨询课程。

⑤ See Niemi - Kiesilainen, "The Role of Consumer Counselling as Part of the Bankruptcy Process in Europe" (1999) 37 *Osgoode Hall Law Journal* 409 at 412. 由于复杂的法律要求,信贷咨询师在实践中做债务人的律师助理工作。

⑥ See J. Braucher, "Lawyers and Consumer Bankruptcy: One Code, Many Cultures" (1993) 67 *American Bankruptcy Law Journal* 501 at 554 - 55. 在对 45 位美国消费者破产律师的做法和观点进行的访谈研究中,只有一位花费大量时间为债务人破产后时期进行财务规划。

财务平衡和避免再次破产也很重要。①

一项立法提案掀起了研究美国破产债务人教育项目的热潮，该提案要求申请《美国破产法》第七章或第十三章破产程序的债务人想要获得债务免除，必须先参加财务管理教育。此项立法提案还建议将债务人参与消费者信贷咨询做为其申请破产前的强制性规定，引导债务人考虑非破产债务偿还计划。虽然这项提案由于复杂的原因没有在2002年颁布，但仍在2003年重新提起，尽管其前景并不明朗。②

强制性教育和咨询也是加拿大以要求更多还款为特点的"强硬"法律规范的组成部分。③ 在欧洲国家，根据20世纪90年代颁布的个人债务调整法，欧洲各国没有提供"全新开始"的债务免责选项，信贷咨询的重点是调整债务人生活方式，使其能够提出可行的还款方案。④ 在北美和欧洲，教育和咨询项目主要为了丰富破产还款形式，而不是直接免责形式。

目前，管理美国债务人教育项目的破产官员并未寻找到教育改变了人们行为

---

① See *National Bankruptcy Review Commission*:*The Next Twenty Years*,*Final Report* (1997) at 114 - 15;*NBRC Report*,*Individual Commissioner Views*,*Recommendations for Reform of Consumer Bankruptcy Law by Four Dissenting Commissioners* at 21. 其中指出"如果债务人有机会学习个人财务管理技能，'全新开始政策'将得到进一步发展"。

② 美国强制性咨询和教育立法提案是一项由信贷行业支持的法案的一部分，该法案要求所有债务人接受《美国破产法》第七章的严格资格测试，试图将更多的债务人推入《美国破产法》第十三章，这一过程，让所有人的破产风险变得更加复杂和昂贵。*Bankruptcy Abuse Prevention & Consumer Protection Action of* 2002, HR 333, Conf Rep 107 - 617. 美国委员会(the US commission)支持两章破产程序都添加选修教育项目，see *National Bankruptcy Review Commission*:*The Next Twenty Years*,*Final Report* (1997) at 114 - 16 (*NBRC Report*)，国会审议的法案将会更进一步，使教育成为强制性的。关于立法提案施加的新障碍的更多信息，see J. Braucher, "Means Testing Consumer Bankruptcy: The Problem of Means" (2002) 7 *Fordham Journal of Corporate & Financial Law* 407 at 433 - 47 ["Means Testing"]. See also MB. Jacoby, "Generosity versus Accessibility: Bankruptcy, Consumer Credit, and Health Care Finance in the US" in this volume.

③ See J. S. Ziegel, "The Philosophy and Design of Contemporary Consumer Bankruptcy Systems: A Canada - United States Comparison" (1999) 37 *Osgoode Hall Law Journal* 205.

④ See J. Niemi - Kiesilainen, "Consumer Bankruptcy in Comparison: Do We Cure a Market Failure or a Social Problem?" (1999) 37 *Osgoode Hall Law Journal* 473 at 475 ["Bankruptcy in Comparison"]. 其中指出，强制性还款和强制性咨询是1990年代欧洲债务调整法的主要特征。

的证据。[①] 相反,破产官员注重从破产教育课程评价表中得到的债务人主观反应,尽管课程评价表只是看似产生了良好反应。第二部分中,我在1999年至2000年进行的研究,大概是美国第一项试图直接衡量教育项目行为性影响的研究。[②] 关于债务人态度变化的研究非常有限,这种研究的重点在于教育如何增强债务人对其财务生活的控制感。[③] 总之,美国决策者一直支持扩大债务人教育,并在几乎没有成效证明的情况下强制推行债务人教育。[④]

要求扩大并强制债务人教育的运动表明了本文第三章关于利益分析理论的需求。无法确定教育是不是债务人赋权或社会控制理论的有效手段,但教育显然能服务于以下三方维护自我利益的目的:破产管理人能扩大和证明其作用、债权人能在解除债务方面设置障碍,甚至债务人能以社会可接受的方式解释自己。利益分析的视角是对赋权和社会控制理论的补充还是取代,这取决于实证研究最终揭示的教育影响。本文在第四章建议,利益分析理论也有助于解释其他国家个人破产制度的各个方面。

---

① 管理人已要求项目中的债务人填写课后发布的评估表,但他们并未找到债务人行为改变的证据。See J. Braucher,"An Empirical Study of Debtor Education in Bankruptcy:Impact on Chapter 13 Completion Not Shown" (2001) 9 American Bankruptcy Institute Law Review 557 at 585 – 86 ["Empirical Study of Debtor Education"]. 一个与破产管理局运行的程序相反,专门用于项目评估与发展的临时项目已建成。该项目不由破产系统中的官员运行;《美国破产法》第7章和第13章的债务人都可以选择适用此项目。该项目可见 K Gross,"Establishing Financial Literacy Programmes for Consumer Debtors:Complex Issues On the Platter" in this volume. See also S Block – Lieb *et al*, "Lessons from the Trenches:Debtor Education in Theory and Practice" (2002) 7 *Fordham Journal of Corporate & Financial Law* 503.

② See J Braucher, "An Empirical Study of Debtor Education in Bankruptcy:Impact on Chapter 13 Completion Not Shown" (2001) 9 *American Bankruptcy Institute Law Review* 557 at 565 ["Empirical Study of Debtor Education"].

③ See P Stokes and S Polansky,"Shifting the Economic Locus of Control:Improving Financial Decision – Making in High – Risk Populations", (1999) 3 *Academic Accounting Financial Studies Journal* 95. 一项针对同一地区的58名在班级前填写调查材料的债务人和61名在上课后1个至12个月填写调查材料的债务人进行的调查,显示了人们的态度从外部控制更多转向内部控制。斯托克斯(Stokes)早前对同一地区进行了两次调查研究,在该调查中,债务人在下课后立即对教育课作出了积极反应,并在随后的后续调查中报告了使用课堂教学技巧的情况。See P Stokes,"Moving from Bankruptcy to Solvency:An Educational Experience that Works" (1995) 97 *Business Credit* 20. 因此,后续调查是行为性改变的间接证据,正如债务人的自我报告一样。

④ 立法提案规定,只有项目实施后才能对教育进行有限的研究。其研究方法显然是使用债务人满意度调查方法。See *Bankruptcy Abuse Prevention & Consumer Protection Action of* 2002, HR 333, Conf Rep ss 105 – 6.

二、关注美国现有教育项目

了解一些具体实例会对探讨债务人教育的理论观点有所帮助,本部分总结了我在美国一些现有教育项目中的研究结果。

(一)《美国破产法》第十三章的强制性项目

1. 美国南部的三个长期项目

尽管《美国破产法》目前没有明确规定债务人教育,[①]《美国破产法》第十三章程序中的部分破产管理人多年来一直要求债务人上课,而其他程序下的管理人最近也增加了教育项目。[②] 我研究的重点是三个都在美国南部的破产管理人机构,他们的强制性债务人教育课程可以追溯到70年代。由于多年的合作,这三个项目有许多相似之处。这些项目位于北卡罗来纳州格林斯伯勒、沃思堡和得克萨斯州圣安东尼奥。他们有着独特的文化风格,认为承认错误或软弱,重新遵从直接明了的对错信条,可以激发人们对个人人生复兴的热情和信念。例如,圣安东尼奥的管理人解释他的理念是,“是非曲直,自有定论——你应该为你亏欠的付出代价。”[③]这些项目中也曾使用激励性视频宣传“昨日已在前夜结束,今天是你余生的第一天”的理念。[④] 这些教育项目模仿宗教福音主义采用了一种世俗的自我完善精神,但其文化风格没有任何明确的宗教内容或参照。美国司法部下属的受托人执行办公室(EOUST)的联邦破产官员在观察这些计划后提出了这样的文化风格在北部或西部环境下是否可行的疑问。[⑤]

---

① See 11 USC § 1302(b)(4)(1994)(规定《美国破产法》第十三章中的破产管理人应……提供法律事务以外的咨询,协助债务人执行计划。)这被当作实施债务人教育的法律依据,但美国破产审查委员会指出,《美国破产法》第十三章管理人使用破产资金进行教育的权力受到了挑战。See *National Bankruptcy Review Commission*:*The Next Twenty Years*,*Final Report* (1997) at 115.

② 这三个长期的强制性项目组建了破产管理人教育网络公司,这是一个帮助其他管理人开办项目的非营利组织。这些项目的强制性是通过司法支持和债务人律师协会的默许来实现的。See J. Braucher,“An Empirical Study of Debtor Education in Bankruptcy:Impact on Chapter 13 Completion Not Shown”,(2001) 9 *American Bankruptcy Institute Law Review* 557 at 580 – 81.

③ See J Braucher,“Lawyers and Consumer Bankruptcy:One Code,Many Cultures” (1993) 67 *American Bankruptcy Law Journal* 557.

④ See *Goal Setting by Zig Ziglar* [美国维萨集团(VISA,USA)制作的视频,作为其“个人财务选择”课程的一部分].

⑤ 1999年6月作者在华盛顿进行的采访中听到了这一点。

2. 定量研究:未显示对《美国破产法》第十三章破产程序完成情况的影响

我在 1999 ~ 2000 年[①]开展的研究项目,兼具定量和定性的特点。在定量研究部分,我从《美国破产法》第十三章破产程序会计记录中收集了三个长期项目还款计划完成情况的信息,并将它们与北卡罗来纳州夏洛特市和加利福尼亚州萨克拉门托市的两个未提供债务人教育项目的《美国破产法》第十三章管理人机构的计划完成率做对比。研究发现,这两组的大多数债务人都没有完成他们的计划,这一结果与早先的研究结果基本一致,即《美国破产法》第十三章还款计划的失败率很高。[②] 接受教育的债务人完成率为 41.9%,而没有接受教育的债务人完成率为 29.6%。[③] 研究完成率的部分原因是,有教育项目的管理人机构明确将提高完成率作为一个目标,并且一项还款计划的完成情况是衡量教育影响的客观行为尺度。

尽管提供教育项目的管理人机构中的债务人还款计划完成率高于未提供教育项目的,但无法得出债务人教育有助于还款计划完成的结论。[④]《美国破产法》第十三章管理人采用了可能比教育更有助于还款计划完成的其他地方性做法。提供教育项目的管理人机构都拥有专职管理人。他们致力于使《美国破产法》第十三章破产程序发挥作用,并尝试寻找最佳做法,最大限度地实现还款计划成功。例如,其中一些管理人采用的一种策略是使用工资令(wage orders),要求债务人的每次计划还款由其雇主直接支付给管理人。如果不使用工资令,债务人必须记住每月写一张支票并寄给管理人。工资令似乎是提高完成率的一个关键途径。

有趣的是,在研究中完成率最高的破产管理人机构是北卡罗来纳州夏洛特市(54.9%),但其并没有提供债务人教育。这表明债务人教育对相对较高的还款计划成功率并不重要。[⑤] 夏洛特市管理人机构确实要求一旦债务人拖欠付款,就使用

---

① J. Braucher, "An Empirical Study of Debtor Education in Bankruptcy: Impact on Chapter 13 Completion Not Shown" (2001) 9 *American Bankruptcy Institute Law Review* 557 at 568, 580 – 86.

② J. Braucher, "An Empirical Study of Debtor Education in Bankruptcy: Impact on Chapter 13 Completion Not Shown" (2001) 9 *American Bankruptcy Institute Law Review* 557. See also WC Whitford, "The Ideal of Individualized Justice: Consumer Bankruptcy as Consumer Protection, and Consumer Protection in Consumer Bankruptcy" (1994) 68 *American Bankruptcy Law Journal* 397 at 411.

③ J. Braucher, "An Empirical Study of Debtor Education in Bankruptcy: Impact on Chapter 13 Completion Not Shown" (2001) 9 *American Bankruptcy Institute Law Review* 557 at 557, 568 – 72. (报告 1994 年提交的破产案件完成率).

④ J. Braucher, "An Empirical Study of Debtor Education in Bankruptcy: Impact on Chapter 13 Completion Not Shown" (2001) 9 *American Bankruptcy Institute Law Review* 557 at 557 – 58, 572 – 79.

⑤ J. Braucher, "An Empirical Study of Debtor Education in Bankruptcy: Impact on Chapter 13 Completion Not Shown" (2001) 9 *American Bankruptcy Institute Law Review* 557 at 558 – 59, 576.

工资令。它还规定了一个通常会被批准的相对较低的律师费,并将全额支付律师费推迟到还款计划实施的3年后。这些做法减小了律师为获得更高报酬而引导客户陷入履行困难的《美国破产法》第十三章破产还款计划的动机。简言之,夏洛塔市管理人机构在结合已有破产管理实践方面找到了一个相对成功的模式。

由于研究的数据来源是会计记录,我的研究没有包括个人债务人的人口统计信息和破产原因信息。① 也有可能,某些地区的债务人在接受教育的情况下,或在不接受教育情况下,更容易还款成功。我的研究也无法回答教育是否会使某些债务人比其他债务人受益更多的问题。

3. 定性调查:管理人对教育的强力保证

研究的定性部分包括采访《美国破产法》第十三章破产程序中的管理人机构和工作人员,了解4个教育项目中债务人课程的方法、内容和目标,其中3个项目是定量研究中的项目,另外一个是俄亥俄州哥伦布市的项目。② 我还观察了圣安东尼奥、沃思堡和哥伦布3个城市的课程。哥伦布市破产管理人机构不包括在定量研究中的主要原因是它们没有使用同一个计算机会计系统,使完成率数据的来源不同。此外,哥伦布市教育项目与其他3个项目的不同之处在于,它是在债务人还款计划接近尾声时提供的非强制性项目,而不在计划开始时提供。下文将单独介绍。

在三个接受强制债务人教育的地方,《美国破产法》第十三章破产管理局都从19世纪70年代就开始上课,并且都对破产教育作出强力保证。管理人们在没有法律授权的情况下开始并持续实施教育项目,同时面对作为项目预算批准者的监督官员的反对③。很多破产管理局及其工作人员曾坦率地说,即使没有能够证实的系统性效益,他们仍致力于推行教育项目。他们相信,即使只能影响少数人,也值得付出代价和努力。

4. 课程评估

所有教育项目都要求债务人学生在课程结束时填写评估表,所有报告都表明

---

① See J. Braucher, "An Empirical Study of Debtor Education in Bankruptcy: Impact on Chapter 13 Completion Not Shown", (2001) 9 *American Bankruptcy Institute Law Review* 557 at 590 – 91 and n 215. 关于数据集的限制,特别是所用会计记录缺乏人口统计资料。

② J. Braucher, "An Empirical Study of Debtor Education in Bankruptcy: Impact on Chapter 13 Completion Not Shown", (2001) 9 *American Bankruptcy Institute Law Review* 557 at 580 – 90. 基于定性研究的项目说明,包括对破产管理局及其工作人员的访谈和参观课程。

③ 由于国会考虑强制推行债务人教育规定,这种抵制已转向支持。

教育课程在这些表格中获得了优良评估成绩。[①] 评估表只是记录了债务人对课程的直接主观反应,不能被用来确定债务人态度的变化或是否影响将来行为。例如,我在圣安东尼奥参观债务人课程的那天,债务人提交的评估表格对这个课程的评分如下:优秀——12;良好——9,合格——4,不合格——0。在此次课程评估中,有几位债务人没有填写调查表。一位评价该课程"优秀"的债务人写道:"直到今天的课,我才开始研究如何管理资金和预算。"这是一种使讲师感到振奋的评价。一位仅对课程评价为"合格"的债务人说到,"我已经知道了课程所涵盖的大部分内容。我的财务问题是因为我的一任前夫拒绝理智消费而产生的。"负责这些项目的工作人员为他们从债务人那里得到的高评价感到非常自豪,并对批评和建议作出了尽可能多的回应。

5. 目标和内容

由于多年来破产管理人在制定这些项目方面的共同努力,我所研究的强制性教育项目的目标和内容非常相似。[②] 这些项目的破产管理局和工作人员都表示,课程有两套相关的目标:提高还款计划完成率和教授个人理财的基本知识。考虑到第一个目标,破产管理局及其工作人员明确表示希望与债务人建立良好关系,以激励债务人推进《美国破产法》第十三章程序。他们尊重、同情并避免羞辱和指责债务人。他们也试图传达他们对债务人的关心。教育课程讲师以第一人称复数形式发言,并使用他们自己生活中的故事来讨论消费问题,以此建立融洽的师生关系。一位破产管理人解释说,债务人"感到了鼓舞而不是羞辱"。[③] 破产管理局和工作人员会对以申请《美国破产法》第十三章破产程序的方式承担责任的债务人进行表扬与祝贺。[④]

除了花费时间激励债务人完成他们的还款计划外,讲师们还强调完成计划的技巧。他们回顾《美国破产法》第十三章破产程序流程,并告知债务人需继续按还款计划付款。在一些教育项目中,三分之一或更多的时间都被用于教育债务人履

---

① J. Braucher,"An Empirical Study of Debtor Education in Bankruptcy: Impact on Chapter 13 Completion Not Shown",(2001) 9 *American Bankruptcy Institute Law Review* 557 at 585 - 86.

② J. Braucher,"An Empirical Study of Debtor Education in Bankruptcy: Impact on Chapter 13 Completion Not Shown",(2001) 9 *American Bankruptcy Institute Law Review* 557 at 580.

③ J. Braucher,"An Empirical Study of Debtor Education in Bankruptcy: Impact on Chapter 13 Completion Not Shown",(2001) 9 *American Bankruptcy Institute Law Review* 557 at 586, n 177.

④ J. Braucher,"An Empirical Study of Debtor Education in Bankruptcy: Impact on Chapter 13 Completion Not Shown",(2001) 9 *American Bankruptcy Institute Law Review* 557 at 585, n 169. 节目中使用的美国维萨集团制作的视频,播音员说:"破产管理人个人建议您选择《美国破产法》第十三章"。

行《美国破产法》第十三章程序,而不是长期财务管理技能。

讲师还会讨论信用报告机构对破产还款计划所列债务的可能处理方式,以及如何纠正错误的信用报告。有人可能会批评这种讨论具有误导性,这暗示申请《美国破产法》第十三章程序将有助于重新树立信誉。事实上,债权人有时会更快地向适用《美国破产法》第七章破产清算程序的债务人提供新的信贷,因为他们能够获得使自身至少能够申请一些新信贷的快速债务免除,并且在之后六年内债务人不能获得第二次的破产清算债务免除。① 信用重建被视为教育项目的重要目标,在未来使用信贷也被视为是不可避免的。②

财务管理的教学内容包括:如何记录和削减开支使其保持在自己的能力范围内;为缓冲临时挥霍性开销,培养对销售技巧和人们用金钱满足情感需要方式的认识;倡导常规性储蓄对于弥补意外开支和实现目标的重要性,并教授财务目标作为维持预算和增加储蓄动力的价值。破产教育课程中有关财务管理内容讲授从一到两个小时不等,通常占用一半或稍短一点的课程时长。破产教育讲师会强调,你应该"先给自己发工资",即从每张工资单中留出一些做储蓄。教育课堂上会探讨必需和欲望之间的区别,以及通过金钱来表达爱,愤怒,力量或自我鼓舞而导致的滥用金钱结果。课堂有时也会讨论除非我们有意识地抵制,广告和销售技巧是如何诱使我们购买那些我们不必需也买不起的东西。

教育课程的激励部分侧重于将个人的消费与价值观挂钩。尽管在这部分课程中有对当下主流消费规范和行为的隐含、温和的批评,讲师们也没有过分强调减少开销。有趣的是,与之相对比,1998 年在公共广播服务公司(Public Broadcasting Service)首次播出的节目《富贵病》(Affluenza),该节目大力提倡减少消费,并对商业广告中反映的价值观采取了批评态度。③

---

① 11 USC §727(a)(8). See *National Bankruptcy Review Commission*:*The Next Twenty Years*,*Final Report* (1997) at 94. 关于破产免除债务后不久可获得的新信贷。《美国破产法》第十三章的债务人通常只有在完成"3 年到 5 年"还款计划后才能免除债务。

② See Personal Financial Choices—Setting a New Course,Lesson Six,6 – 1 to 6 – 23. [课程使用的由美国维萨集团提供的工作薄中"您的未来信贷(your credit future)"的论述。]在格林斯伯勒,两个小时的课程之一用于重建信用。

③ See *Affluenza* Video Website 〈http://www.pbs.org/kcts/affluenza/show/about.html〉(visited:29 January 2003). 该网站称,"去年,仅占世界人口 5% 的美国人使用了近三分之一的资源,产生了将近一半的危险废物。"再加上过度工作、个人压力、家庭和社区的侵蚀、巨额债务以及贫富差距的不断扩大,我们很容易理解为什么有些人说美国梦是不划算的。许多人选择退出消费追逐,重新定义"梦想",并将"自愿的简单"作为 90 年代前十大趋势之一。" See J De Graaf *et al*,*Affluenza*:*The All – Consuming Epidemic* (Berrett – Koehler,2001).

6. 一次两小时到四小时的研讨课

格林斯伯勒、圣安东尼奥和沃思堡的教育课程时长是每天两小时到四小时。[①]这使破产管理人意识到，可能是由于时间太短，教育课程不足以产生显著的行为影响。尽管几年前使用了更长时间更多类型的课程，[②]但作为折衷，这些课程已缩减到目前的长度，以降至最低成本并维持美国破产管理局的支持。

7. 额外选修研讨课参与率不高

教育项目中是有提供额外的选修课和一对一课程的，但只有一小部分债务人利用了这些机会。[③] 债务人可能太忙、压力过大或没有组织，无法利用这些机会，但这种对教育课程的低数量自发性回应也可能表明债务人并不认为教育很有价值。[④]即使债务人参加了强制性课程，拥有积极、非屈辱性的课程体验并通常给该课程出色的评分，他们参与额外选修研讨课的比率也并不高。

8. 时间问题

除了将教育项目缩短为一个强制性课程外，我所研究的三个破产管理人机构中的两个也作出另一项妥协，即根据管理人审查债务人债务，开支表及其还款计划的日期划分课程。[⑤] 在这种方式下，尽管债务人可以在同一天参加课程和考试很方便，但讲师们意识到，考试相关压力可能会干扰债务人学习财务管理技能的注意力。

课程时间安排的另一个值得注意的方面是，课程发生在债务人申请和提出还款计划之后。这意味着，教育来不及在破产程序的选择中发挥作用，甚至无法帮助债务人认识到以切合实际的预算作为《美国破产法》第 13 章还款计划基础的重要性。不幸的是，许多债务人在其《美国破产法》第 13 章还款计划中承诺偿还的债

---

① See J. Braucher, "An Empirical Study of Debtor Education in Bankruptcy: Impact on Chapter 13 Completion Not Shown", (2001) 9 *American Bankruptcy Institute Law Review* 557 at 581 – 82.

② J. Braucher, "An Empirical Study of Debtor Education in Bankruptcy: Impact on Chapter 13 Completion Not Shown", (2001) 9 *American Bankruptcy Institute Law Review* 557 at 581.（沃思堡曾经有一个为期五天的课程，有两天是强制性的）

③ J. Braucher, "An Empirical Study of Debtor Education in Bankruptcy: Impact on Chapter 13 Completion Not Shown", (2001) 9 *American Bankruptcy Institute Law Review* 557 at 581 and n 129. 例如，只有 5% 的债务人会选择沃思堡的选修预算课程。

④ See also Block – Lieb *et al*, "Lessons from the Trenches: Debtor Education in Theory and Practice", (2002) 7 *Fordham Journal of Corporate & Financial Law* 503 at 517 – 18. 关于让债务人参加选修试点课程项目的困难。

⑤ See J. Braucher, "An Empirical Study of Debtor Education in Bankruptcy: Impact on Chapter 13 Completion Not Shown", (2001) 9 *American Bankruptcy Institute Law Review* 557 at 581 – 83.

务，远远超出其实际承受能力。理论上，债务人可以在参加财务管理课程后提交一份修改后的还款计划，但这些教育课程并没有提到这一操作。由于他们的律师在提交计划申请前的咨询不力，许多债务人被迫陷于还款失败的境地。破产教育项目也没有被用来改变这一债务人与律师之间动态关系。美国相关立法草案不但要求债务人在破产前进行信贷咨询，从而推广非破产债务偿还计划方式来阻止破产申请，还要求在债务人提交破产申请后实施教育项目，①这只会延续美国现行破产实践中失败的法律规范。

9. 利益冲突

在许多情况下，教育可能涉及教育者的一些利益冲突，教育者试图对学生进行社会化以适应教育者的目标，而不是为了学生纯粹自身设定的目标而服务。当《美国破产法》第 13 章破产管理局向债务人提供教育项目时，这一冲突尤为明显。管理人是债权人的受托人，使债权人获得最大回报是其法律义务，这是管理人及其讲师没有告诉班级中债务人的事实。尽管课程概述了有关《美国破产法》第 13 章程序的法律法规和管理机构，但他们不会，甚至因为要遵守自身信托义务而不能告诉债务人不符合债权人利益的现有法律选择。例如，他们不会告诉债务人，他们可能能够转为《美国破产法》第 7 章破产清算程序并迅速清偿债务，或者如果预算中没有编列所有必要费用，可能能够修改还款计划。②

与债权债务人之间的忠诚冲突类似的矛盾也出现在破产前的消费者信贷咨询中，该咨询由受债权人资助的机构提供给债务人。信贷顾问通常不会提及破产这一选择，或者如果他们提及破产，他们可能会给出误导信息以避免债务人诉诸破产。③ 尽管如此，信贷顾问以及《美国破产法》第 13 章破产管理局及其工作人员都致力于帮助债务人以调和他们心目中的忠诚冲突。具体表现为，他们相信引导债

---

① See *Bankruptcy Abuse Prevention & Consumer Protection Action of* 2002, HR 333, Conf Rep 107 – 617.

② 11 USC § 1307(a)（债务人随时变更程序权）and s 1329(a)（修改计划权，包括减少清偿金额或延长支付期限）。管理人不能向债务人提供法律建议，11 USC § 1302(b)(4)，但不禁止他们提供一般法律信息，事实上，他们在讲解《美国破产法》第十三章程序时就做了这些事。

③ See H. B. Hoffman, "Consumer Bankruptcy Filers and Pre – petition Consumer Credit Counseling: Is Congress Trying to Place the Fox in Charge of the Henhouse", (1999) 54 *Business Law* 1629 at 1632. 通常，非营利性的消费者信贷咨询机构从债权人的出资中获得大部分资金。See also D. A. Lander, "Essay: A Snapshot of Two Systems that are Trying to Help People in Financial Trouble", (1999) 7 *American Bankruptcy Institute Law Review* 161 at 176 – 77. 其中提到不同机构的不同做法，有些咨询机构选择转入破产程序，而另一些则从未这样做。根据州和联邦法律，虚假陈述或未能披露重要信息可能被当作不公平和欺骗性的做法。

务人承担债务责任,学习如何处理债务过度延期的后果并由此树立避免过度延期的动机,是帮助债务人的有效手段。简言之,他们将"信贷道德"①的重要性提升到由破产清算程序快速免责制度带来的经济效益之上,并没有以向债务人提供充分的信息让其自主选择的方式赋权于债务人。

10. 未来使用信贷被视为不可避免的和毫无问题的

在提供有关未来信贷使用的教育时,管理人对债权人的忠诚义务与债务人学生的利益之间也存在冲突。破产管理人和讲师们告诉债务人要负责任地使用信贷,但没有特别强调减少信贷消费和避免对非耐用消费品进行高息信贷。管理人对债权债务人之间的忠诚冲突可以用和解方式避免,即从债务人打算使用信贷时,管理人就告知他们需要负责任地使用信贷。

我所研究的那些强制性教育项目并没有重点说明债务人在破产后可能面临的高额信贷成本或为当前消费提供的高额融资成本,也没有说明将信贷用途限制在能够获得担保信贷并且利率可能会降低的住房和汽车上的可能性。这些教育项目所使用的工作薄(workbook)与我所观察到的一致,即认为未来使用信贷被视为不可避免的,而且在很大程度上是没有问题的。其中"理智信贷"一章指出,"未来你可能需要某种类型的贷款"。② 工作簿最初制作资金来自美国维萨集团。工作簿还提出,"信贷是用明天的钱来支付我们今天得到的东西。除非你没有正确使用信用卡,否则这不是坏事。如果没有信用卡,很多我们需要的东西对大部分人来说都是买不起的。"尽管工作簿建议债务人每月尽可能多地偿还信用卡债务,并指出先存钱比用信贷购买更便宜,但如果其主要的重点是推广含混不清的"明智使用信贷",上述可能性很容易落空。

11. 微批判视角

相对于一对一的咨询,公共课在理论上似乎更能让债务人看到他们的问题是社会和结构性的,并形成对现有社会规范的批判。③ 由离婚、疾病或失业引起的经济不安全,增加的促销活动和消费信贷使用率,再加上不完善的社会保障体系,必

---

① 至少从20世纪70年代中期起,债权人就使用了这个词语。See D. A. Skeel Jr, *Debt's Dominion: A History of Bankruptcy Law in America* (Princeton, NJ, Princeton University Press, 2001) at 191 and n 5. 其中讨论了信贷行业在1975～1976年国会破产改革听证会上使用的"信贷道德"一词。

② See *Personal Financial Choices—Setting a New Course* at 7－5. 课程中使用的材料,并由美国维萨集团支付。

③ See I. Ramsay, "Mandatory Bankruptcy Counselling: The Canadian Experience", (2002) 7 *Fordham Journal of Corporate and Financial Law* 525 at 539 ["Counselling"]. 指出关于信贷咨询的某些赋权观点,例如与女权主义者和少数群体有关赋权观点,将批判性视为信贷咨询的一项功能。

然会导致更多的过度负债,导致破产制度的需要。[①] 但实际上公共课并不会提到以上观点。尽管债务人在课堂上被告知他们和大多数人处境相同,[②]课程也仅暗示所有人面临的都是如何避免过度负债的困难,而不是社会变革的可行性。一次性的公共课程几乎没有机会让债务人之间私下互动,尽管互动可能会鼓励人们从社会、批判或政治的角度看待过度负债问题。课程讲师会邀请债务人学生提出问题和意见,但大多数学生保持沉默。公共课教授的明确信息是要承担个人责任,而不是对普遍过度负债现象作出系统性回应。即使是非常规的个人回应,如大幅减少未来消费和信贷使用,也没有在课堂上出现。

(二)《美国破产法》第十三章的选修性项目

1. 较晚开课的四节研讨课

俄亥俄州哥伦布市的《美国破产法》第十三章选修教育项目与刚才描述的强制性教育项目形成了一些有趣的对比。只有一小部分的债务人参加了这门课程,但他们确实得到了一个更为详尽的课程:在四个月的时间里,每个月都会进行一次为期两小时的研讨课。[③] 这些课程不是像强制性教育项目那样在申请后不久就开始,而是在债务人《美国破产法》第十三章还款计划结束前两年之内开设。因为计划通常是 3 年到 5 年,这意味着会在申请后 1 年到 3 年开设。

2. 课后作业和讲师讲评

哥伦布市教育项目所涉及的主题与上述强制性项目中的主题类似,主要教授《美国破产法》第十三章破产程序事项,如何确定目标和优先事项,认识信用报告和重建信用声誉,做预算和储蓄,成为精明的购物者和理性信贷。不过,因为时间比较多,所以课程给出的细节也比较多,讲义、练习和外来演讲嘉宾,如主管消费者教育的官员和大学讲师,也比较多。债务人会在每次上课后收到课后作业,并有机会获得讲师讲评。债务人会被要求记录一个月的开支,并将其做成预算表上交。讲师向

---

① See J. Braucher, "Means Testing Consumer Bankruptcy: The Problem of Means" (2002) 7 *Fordham Journal of Corporate & Financial Law* 407 at 428 – 30. 如果要解决过度债务问题,就需要通过放宽信贷和扩大供应来改变需求。See also I. Ramsay, "Mandatory Bankruptcy Counselling: The Canadian Experience", (2002) 7 *Fordham Journal of Corporate and Financial Law* 525 at 540. 提到信贷咨询趋向不对现况提出问题,而将问题个人化,不提出系统性问题。

② See J. Braucher, "An Empirical Study of Debtor Education in Bankruptcy: Impact on Chapter 13 Completion Not Shown", (2001) 9 *American Bankruptcy Institute Law Review* 557 at 585 and n 164. 提到圣安东尼奥的一位管理人人在一堂课上的开场白:"你并不孤单。数以百万计的人经历了这一切。"

③ J. Braucher, "An Empirical Study of Debtor Education in Bankruptcy: Impact on Chapter 13 Completion Not Shown", (2001) 9 *American Bankruptcy Institute Law Review* 557 at 586 – 87.

提交预算表的债务人提供建议,例如削减预算的方法,然后债务人有机会修改预算表。在该教育项目的最后一次研讨课,债权人会讨论债务人是否可以重新获得并理智使用信贷。

3. 信用重建的目标

该教育项目的主要目标是重建信用,即教导债务人个人理财,使其做好有资格获得高质量信贷,并理智使用信贷的准备。那些完成课程的人会得到一份协商申请表,在申请借款时他们可以和某位债权人协商。此教育项目是对成功还款债务人的奖励,因为大多数还款计划并没有持续足够长的时间以使债务人有资格获得该项目。此项目也向律师提供了一些正面信息来告诉客户们关于《美国破产法》第十三章破产程序的优势——债务人将有机会学习重建他们的信用。①

利益冲突可能成为这一项目的关注点,因为它公开提倡再次使用信贷。哥伦布的讲师比强制性项目中的讲师更明确地区分了信贷类型。该讲师将次级贷款者排除在最后一节课之外,都在敦促债务人不要在信用卡上欠款。如果有欠款,也要有一份关书面偿还计划。信用重建以外的其他目标,如退休计划和儿童的大学教育储蓄也会在课堂中讨论。减少和延迟消费对长期金融健康的好处似乎能够通过课程中的实际操作和直接讨论得到更有效的传达。因此,利益冲突对选修教育项目的影响似乎并不比强制性项目大,也许更小。

(三)针对《美国破产法》第七章债务人的项目

1. 缺乏行政基础设施

在美国,大多数债务人教育是为《美国破产法》第十三章债务人开设的部分原因是《美国破产法》第 7 章的行政管理形式存在障碍。《美国破产法》第十三章规定,该章破产管理局是常设管理人,破产管理局通常有许多雇员,他们负责监督某一地区的所有案件,最高可获得分配给债权人 10% 的报酬。②《美国破产法》第七章破产管理人是从管理人小组/名册中抽取的,每个人只获得某一地区案件的部分案件,管理人通常每个案件赚取 60 美元,并只在少数情况下收取一定比例的费用,

---

① See J. Braucher, "Lawyers and Consumer Bankruptcy: One Code, Many Cultures", (1993) 67 *American Bankruptcy Law Journal* 501 at 539.

② 28 USC s 586(e)(费用上限为付款的 10%)。大多数破产管理人收取的比例较小,因为他们可以用较少的收入支付所有花销。See J. Braucher, "An Empirical Study of Debtor Education in Bankruptcy: Impact on Chapter 13 Completion Not Shown", (2001) 9 *American Bankruptcy Institute Law Review* 557 at 588 and n 193.

例如,有资产可供分配的非消费者破产案件。[①] 因此,《美国破产法》第七章管理人缺乏提供教育课程的财力支持。

《美国破产法》第十三章的破产管理局在债权人的监督下作为其受托人,无法适当地资助《美国破产法》第七章清算程序的债务人教育项目。此外,目前执行大多数教育项目的《美国破产法》第十三章破产管理局不认为《美国破产法》第七章债务人应与《美国破产法》第十三章债务人学习同样课程。[②]《美国破产法》第十三章破产管理人不希望适用《美国破产法》第十三章程序中承担长期还款计划的债务人能够与适用清算程序迅速获得"全新开始"的债务人一起上课。但纽约东区的一个不是由破产机构官员管理的临时试点项目,正把适用《美国破产法》第七章和第十三章的债务人放在一起。[③]

2. 简单、低成本、无讲师的课程项目

在田纳西州纳什维尔市的一个简单项目中,在债务人接受管理人审查报告的当天,项目组会向适用清算程序的债务人播放两个二十分钟的视频:一个是关于《美国破产法》第七章破产程序的视频,另一个是关于资金管理的视频。[④] 此项目中没有讲师,但债务人有可以带回家的工作簿。这些视频和工作簿都由美国维萨集团捐赠。一位帮助制定该项目的破产管理人报告说,参与项目的债务人都给出非常正面的调查反馈。他提倡每个人支付20美元的课时费,就可以给清算程序债务人上一节和《美国破产法》第十三章强制性教育项目一样的有讲师课程。如果国会强制要求债务人接受教育,可能会采用以上线下课程,也可能是电话或网络教育项目,这些项目可以商业[⑤]或免费方式提供,例如,由大学的课外教育服务(university extension services)提供。

---

① 11 USC s 330(b)(《美国破产法》第七章无资产破产案例中的60美元管理人费用). See *National Bankruptcy Review Commission: The Next Twenty Years, Final Report* (1997) at 137. 在《美国破产法》第七章清算程序中,大约95%的案例是无资产的,而拥有资产的5%的案例中大部分是商业清算。

② See J. Braucher, "An Empirical Study of Debtor Education in Bankruptcy: Impact on Chapter 13 Completion Not Shown", (2001) 9 *American Bankruptcy Institute Law Review* 557 at 589.

③ See S. Block-Lieb *et al*, "Lessons from the Trenches: Debtor Education in Theory and Practice", (2002) 7 *Fordham Journal of Corporate & Financial Law* 503 at 511; K Gross, "Establishing Financial Literacy Programmes for Consumer Debtors: Complex Issues on the Platter" in this volume.

④ See J. Braucher, "An Empirical Study of Debtor Education in Bankruptcy: Impact on Chapter 13 Completion Not Shown", (2001) 9 *American Bankruptcy Institute Law Review* 557 at 588 – 90.

⑤ See S. Block-Lieb *et al.*, "Lessons from the Trenches: Debtor Education in Theory and Practice", (2002) 7 *Fordham Journal of Corporate & Financial Law* 503 at 518 – 19. 关于商务提供商会从事掠夺性行为的风险。

3. 更大的教育需求

与适用《美国破产法》第 13 章程序的债务人相比，清算程序债务人对教育的需求更大，他们完全可能因为接受在债务解除不久后提供的高成本信贷立即再次陷入债务危机。① 教育项目至少可以向债务人发出一些警告。但如果教育是由管理人或信贷融资实体提供的，讲师不太可能发出债权人不会批准的警告。

三、多重理论视角

除讨论破产中债务人教育的赋权和社会控制理论之外，本部分将从第三个理论——利益分析入手探讨。这一视角有助于深入了解债务人教育如何满足破产管理人和立法者关于捍卫缺陷破产制度的需要，如何服务于债权人利益和一定的债务人利益。

（一）赋权理论视角

赋权通常是指给予个人实现自我的工具，以便其充分发挥潜力，体验更大的个人自由感。② 赋权理论是债务人教育中的经典理论，因为它将使债务人能够在信贷经济和财务管理中更有效地发挥作用。赋权理论中最基础和通说的观点仅认为，通过学习新的财务管理技能，债务人将有新的能力来成功处理其财务问题。赋权理论的另一个更强势激进的观点则认为教育要让债务人充分探讨现行消费和信贷规范的缺陷。③ 我所研究的教育项目主要采纳的是赋权理论的基础观点。这些教育项目在一定程度上暗示对消费文化的批判，但各项目都逃避寻找大幅减少消费的替代型生活方式，而且绝对不会提出需要进行系统变革的议题。④

对债务人教育赋权理论的一个挑战是，几乎没有证据表明，缺乏财务管理技能

---

① See *National Bankruptcy Review Commission*：*The Next Twenty Years*，*Final Report*（1997）at 94.

② See I. Ramsay，"Mandatory Bankruptcy Counselling：The Canadian Experience"，（2002）7 *Fordham Journal of Corporate and Financial Law* 525 at 539. See also S. Block-Lieb *et al.*，"Lessons from the Trenches：Debtor Education in Theory and Practice"，（2002）7 *Fordham Journal of Corporate & Financial Law* 503，at 504，509. 其中提到将教育的目标定为赋予债务人权力，以便其在信贷经济中更有效地发挥作用。

③ See I. Ramsay，"Mandatory Bankruptcy Counselling：The Canadian Experience"，（2002）7 *Fordham Journal of Corporate and Financial Law* 525 at 539. 女权主义和少数群体认为信贷咨询是批判现有社会规范的一种手段。

④ See n 48 – 50 and accompanying text. See also S. Block-Lieb *et al.*，"Lessons from the Trenches：Debtor Education in Theory and Practice"，（2002）7 *Fordham Journal of Corporate & Financial Law* 503 at 510. 指出"债务人教育还应设法改变债务人在金钱选择方面的态度和行为"，这一目标似乎超出了赋权范围，至少达到了轻微的社会控制程度。

是区分申请破产者与未申请破产者的理由。大多数美国人可能不知道或不使用财务管理技能。[①] 众所周知,破产的债务人收入比其他人低,债务也比其他人多。[②] 这可能是因为低收入本身对债务问题和破产的影响比任何财务管理技术的缺陷都大。那些收入较高的人可以更从容地支付日常开支并不必承担债务,还会发现自己很容易做财产储蓄。他们可能永远不会使用记录调整预算、长期目标设定或财务管理课程中推荐的其他技能,但却能避免债务危机。简言之,提供培训以改善就业机会,从而提高个人收入,可能比教授其财务管理技术更有效地减少债务问题。[③] 高收入岗位也为追求个人目标提供更多的财力资源,能比债务人教育更广泛地赋权个人实现自我。

提高收入可能是一个不切实际的目标。如果个人收入不增加,低收入者可能比高收入者需要更多财务管理技能。实证研究表明,债务人本就患病、失业或家庭破裂,同时背负与收入挂钩的高额债务负担时往往会诱发破产。[④] 为减少破产和其他债务危机,我认为可以将教育项目目标定为说服人们减少高息借贷,并做财产储蓄以缓冲资产风险。[⑤] 但无论教育的目标是防止破产或长期金融安全,还是两者兼有,如果针对整个风险池即所有低收入债务人进行教育,而不仅仅是那些会带来风险、导致违约和破产的人,教育会更有效。

为什么要赋权给破产者而不是破产风险相对较高的人?有人认为是因为破产

---

① See, e. g. *Jumpstart Coalition for Personal Financial Literacy* 〈www. jumpstart. org〉 (visited: 29th January 2003). Jumpstart 关于强调需要为儿童和年轻人制定金融教育方案的任务声明。See also L. A. Vitt *et al.*, "Personal Finance and the Rush to Competence: Financial Literacy Education in the US" (2000). 一项由美国房利美基金会(the Fannie Mae Foundation)委托和支持,由社会金融研究所(the Institute for Social - Financial Studies)进行的美国国家级实地研究,描述了金融项目的近期发展情况,以应对人们对更多金融知识的明显需求。

② See T. A. Sullivan *et al*, *The Fragile Middle Class: Americans in Debt*, New Haven, CT, Yale University Press, 2000, at 61 - 63, 70 - 72.

③ See I. Ramsay, "Mandatory Bankruptcy Counselling: The Canadian Experience", (2002) 7 *Fordham Journal of Corporate and Financial Law* 525 at 533, 540 - 41; A. M. Dickerson, "Can Shame, Guilt, or Stigma Be Taught? Why Credit - Focused Debtor Education May Not Work", 32 *Loyola of Los Angeles Law Review* 945 at 948. (指出缺乏合适的工作技能会导致债务问题)。

④ See T. A. Sullivan *et al.*, *The Fragile Middle Class: Americans in Debt*, New Haven, CT, Yale University Press, 2000, at 428.

⑤ See D. Ellis, "The Effect of Consumer Interest Rate Deregulation on Credit Card Volumes, Charge - Offs, and the Personal Bankruptcy Rate, FDIC: Bank Trends" (1998), http://www/fdic/gov/ bank/analytical/bank/bt_9805. html. 指出低收入者更倾向于为当前消费借款,即使在高利率下也是如此。

是一个“独特的教育机会”。[①] 犯错误后当然是教育的时机，但教育也可以用来避免和减少错误。例如，申请信贷的时间是一个潜在教育时刻，这一时刻可以提前教育购房者，以避免错误信贷。[②] 另外，因为在中学将教育课程作为年轻人成为独立成年人之前必修课是合理的，强制性教育可能对中学生更有用。美国有一个传播甚广的金融教育运动，[③]其中提出过一个问题，即早期教育或至少在人们承担债务之前的教育是否应比扩大破产债务人教育更优先使用。

（二）社会控制理论视角

“社会控制”这个词有很多含义，从不可避免由社会定义的个人本质到对行为偏离社会常轨者的标签。[④] 咨询培训材料暗示了一些无法充分证明的结论，如债务人是不自控和冲动的，很可能会出现药物滥用，家庭问题以及债务问题，加拿大的咨询项目被批评使用了偏常者行为模式。[⑤] 我从未见过在美国沃思堡、圣安东尼奥、格林斯伯勒和哥伦布市的债务人教育项目背后有如此丰富的臆测暗示。在美国破产教育项目中，债务人缺乏财务管理技能，缺乏自我意识和自我控制的认识，这些隐含论断被大多数人都存在这些问题的暗示所软化。债务人不被视为偏常行为者，而被视为正常消费者。[⑥] 因此，美国破产教育项目中的社会控制理论并不比大量消费者保护法规背后的理论明显，后者假设消费者的理性和意志力有限，并且处于信息弱势。

美国教育项目中，将债务人视为需要更多学习自我意识和自我控制的隐形标

---

① See *National Bankruptcy Review Commission*: *The Next Twenty Years*, *Final Report* (1997) at 114 (reporting this view). See also S. Block-Lieb *et al.*, “Lessons from the Trenches: Debtor Education in Theory and Practice”, (2002) 7 *Fordham Journal of Corporate & Financial Law* 503 at 508.

② See E. C. Yen, “Current Truth In Lending Issues”, (1998) 52 *Consumer Finance Law Quarterly* 25 at 27. 讨论了购房者教育和咨询在帮助购房者获得高质量抵押贷款和避免过度负债方面的作用。

③ See, e. g. Jumpstart Coalition for Personal Financial Literacy 〈www. jumpstart. org〉 (visited: 29 January 2003). Jumpstart Coalition 的任务声明强调需要为儿童和年轻人制定金融教育方案。See also L. A. Vitt *et al.*, “Personal Finance and the Rush to Competence: Financial Literacy Education in the US” (2000). 一项由美国房利美基金会委托和支持，由社会金融研究所进行的美国国家级实地研究，描述了金融项目的近期发展情况，以应对人们对明显的更多金融知识的明显需求。

④ See J. R. Sutton, “Rethinking Social Control”, (1996) 21 *Law & Social Inquiry* 943 at 943 – 44. Sutton notes *ibid*, at 944, 948 – 50. 激进版社会控制论可能涉及对改革者和政策制定者的过分刻画，将其描绘为“幕后精英的傀儡”，从而导致未能检验管理人机构为何偏离工具理性并采用表现不佳的实践。

⑤ See C. A. Curnock, “Insolvency Counselling—Innovation Based on the Fourteenth Century”, (1999) 37 *Osgoode Hall Law Journal* 387 at 392 – 97.

⑥ See I. Ramsay, “Models of Consumer Bankruptcy: Implications for Research and Policy”, 20 *Journal of Consumer Policy* 269 at 274 – 78. 关于消费者破产的三种模式：消费者保护，控制偏常行为和社会福利。

签,可以在课程安排中找到,其课程计划不仅教授预算技巧,还假设债务人需要更多地思考他们的目标,需要使用长期目标在短期内激励自己,需要更好地熟悉他们因情感而消费的方式,比如为了表达爱意、愤怒或权力而消费,以及调查广告是如何操纵他们的。① 教授个人财务管理技巧符合债务人教育的赋权理论目标要求,但所有长期项目都有超越"提供新技能"的目标,以促进债务人对商品价值的审视和态度的转变。此外,债务人价值观被视为一个需要重新思考的问题。简言之,与赋权理论支持的目标齐头并进,美国教育项目存在轻微的社会控制理论支持的目标。

如果教育项目是强制性的,其目的就特别难以理解为纯粹的赋权。即使这些项目只侧重于诸如预算编制等技能,却试图将其传授给那些不愿意学习这些技能的人,也意味着除了自我实现之外的一些目标正在起作用。这些项目的教育内容是人们——至少是已经申请破产的人——在消费和使用信贷时应该更加谨慎并增加储蓄。这一内容反映了中产阶级计划、审慎、积累和延迟满足的价值观,这些价值观会被传授给可能对改变自己价值观不感兴趣的低收入成年人。②

假设信贷供给侧不受任何限制,教育项目目标会是以使债务人更加谨慎的方式来改变信贷需求。在美国,重新实施高利贷或其他供应侧限制在政治上似乎不会被认可,但改变信贷需求是否更现实还有待观察。低收入者对当前消费的信贷需求很大,债权人往往在免除债务不久后又向债务人提供新的贷款。③ 因此,债务人教育项目可能只成为将责任推给债务人的花言巧语。

(三)利益分析理论视角

美国债务人教育和咨询项目的起源体现了一种新的理论视角,这一理论关注

---

① See above text after n 36.

② See I. Ramsay,"Mandatory Bankruptcy Counselling:The Canadian Experience",(2002) 7 *Fordham Journal of Corporate and Financial Law* 525,at 540. 讨论中产阶级咨询师传达自身认为的可接受行为的价值观的可能性。

③ See D. Ellis,"The Effect of Consumer Interest Rate Deregulation on Credit Card Volumes,Charge – Offs,and the Personal Bankruptcy Rate,FDIC:Bank Trends" (1998) 〈http://www/fdic/gov/ bank/analytical/bank/bt_9805. html〉 and National Bankruptcy Review Commission:The Next Twenty Years,Final Report (1997) at 94.

这些项目如何服务于一直经历合法性危机的消费者破产制度中的不同参与者利益。① 美国破产制度正因为宽松和逻辑不清而受到攻击。② 因不明原因而发生复杂债务问题的破产申请者越来越多,破产管理人在这方面负担过重,自然会转向注重债务人教育,努力使陷入困境的破产程序变得合理。但强调教育这一过程而不是某种特定的结果,会使破产管理人难以评估自己的工作,这是一种对困难且思虑不周的工作安排的常见制度反应。即使对债务人行为没有可衡量的影响,教育也有助于满足债权债务人的某些目标和需要,这为破产管理人合法地扩展其管理范围提供了一种无争议方式。

美国破产债务人教育始于《美国破产法》第十三章破产管理人机构的地方倡议,而不是任何国家政策的改变。《美国破产法》第十三章破产管理局清楚地意识到,个人债务调整程序中的债务人绝大多数都是低于中等收入并背负巨额债务的人。这些债务人中的大多数可以在破产清算中得到快速清偿,但或许是在律师的指导下,他们却签署了一个通常很艰苦的3年到5年还款计划。因为大多数人没有完成他们的计划,除非他们变更到清算程序或者在《美国破产法》第十三章程序撤销后申请清算程序,他们不会被免除债务。③《美国破产法》第十三章破产管理局及其员工在日常工作中经常遇到许多因各种不幸而饱受折磨的债务人,他们的还款计划往往明显把自己逼到了极限,还款成功遥遥无期。当不可避免的违约行为发

---

① 利益分析的观点来自一门被称为"制度主义"或"新制度主义"的社会科学思想。See W. W. Powell and PJ DiMaggio (eds.), *The New Institutionalism in Organizational Analysis*, Chicago, University of Chicago Press, 1991, at 11 - 15, 27. 追溯新制度主义的起源同时关注制度执行者在组织合法化过程中遵循的剧本。See also two chapters in W. W. Powell and P. J. DiMaggio (eds.), *The New Institutionalism in Organizational Analysis* (Chicago, University of Chicago Press, 1991).; J. W. Meyer and B. Rowan, "Institutionalized Organizations: Formal Structure as Myth and Ceremony" 41 at 51 - 62. 关于制度化的神话对组织合法性、成功和生存的重要性,特别是在无法证明有效业绩的情况下; and W. W. Powell, "Expanding the Scope of Institutional Analysis" 183 at 190 - 92, 200. (关于对政治动乱和维持低于最佳安排的进程的制度反应). See also J. R. Sutton, "Rethinking Social Control", (1996) 21 *Law & Social Inquiry* 943, at 949 - 55.

② 对《美国破产法》宽松的批判, see *National Bankruptcy Review Commission: The Next Twenty Years, Final Report* (1997) at 114 - 16; *NBRC Report, Individual Commissioner Views, Recommendations for Reform of Consumer Bankruptcy Law by Four Dissenting Commissioners at* 2 [*Four Dissenters' Recommendations*]. 声称"迫切需要修改破产法及其行政管理",因为"越来越多的人认为破产已成为首要手段"意味着"破产救济太容易获得,一度附加在破产上的道德污名已经消失。……"对《美国破产法》逻辑不清的批判, See T. A. Sullivan *et al*, *As We Forgive Our Debtors: Bankruptcy and Consumer Credit in America* (New York, Oxford University Press, 1989) at 239 - 40. 其中指明《美国破产法》第十三章程序中的债务人在财务状况方面并不优于《美国破产法》第7章债务人,因此,这两个章节没有按照谁可以或不能偿还的方式对债务人进行排序。

③ 11 USC s. 1328(a) 规定在完成还款计划后免除债务。

生时，破产管理人通常也会寻求撤销这些案件的机会。

为适应在以上破产制度中工作，创建第一批教育项目的《美国破产法》第十三章管理局希望能提高还款计划完成率。尽管管理人坚信要促进信贷道德，《美国破产法》第十三章程序的高失败率在过去和现在都是对“偿还是可行的”这一观点的挑战。除致力于促进还款率外，初创教育项目的破产管理局还希望为债务人做一些积极的事情。他们相信，《美国破产法》第十三章程序中的还款行为是正确的。“做正确的事情”可能会被视为破产制度本身对债务人的奖励，但如果有更具体的好处，这个制度似乎更公平。初创教育项目的破产管理局希望教育能通过降低债务人未来发生债务危机的风险，通过教他们更好地管理资产，甚至帮助他们为长期目标而储蓄等方式为破产制度提供具体的好处，但这些方式只是妄想。

初创的教育项目并没有立即得到多疑的联邦破产管理机构——美国受托人执行办公室的接受。《美国破产法》第十三章管理人将资金用于教育项目的权力受到了由华盛顿支持的地方管理人的挑战。[①] 债权人并未对这些项目提出申诉，尽管这些教育项目资金来自还款计划中本应分配给债权人的付款。联邦破产管理机构之所以对这些项目缺乏支持，是因为人们对能否用社会服务方式解决破产问题表示怀疑。[②] 人们把破产制度狭义地当作《美国破产法》第七章中的债务免责或第十三章中的征税制度。教育需要资金来实施和监管，没有证据表明强制性教育项目增加税收或债务人长期福利。尽管《美国破产法》第十三章教育项目破产管理局采用让债务人在课程结束时填写表格，给出自身对课程优秀、合格、不合格的主观反应的做法，这些评估表格在抵御对新教育项目合法性被质疑方面比在证明其有效性方面更有帮助。[③]

由于缺乏联邦的行政支持，地方破产教育项目通过美国维萨集团找到了另一赞助来源：信贷业。[④] 这种支持不仅是政治上的，而且是财力上的。维萨集团在制作视频、工作簿和组织发展方面投入了大量资金。集团建立了一个管理人网络，并将该网络的示范性教育项目推广给其破产管理人。

---

① See *National Bankruptcy Review Commission*: *The Next Twenty Years*, *Final Report* (1997) at 115. 讨论了对《美国破产法》第十三章破产管理人将钱用于教育项目的权力的挑战。

② 我听到美国受托人执行办公室的官员对此表示的怀疑。

③ See J. R. Sutton, "Rethinking Social Control" (1996) 21 *Law & Social Inquiry* 943 at 950.（用效率标准描述制度回避的评估标准）。

④ See J. Braucher, "An Empirical Study of Debtor Education in Bankruptcy: Impact on Chapter 13 Completion Not Shown" (2001) 9 *American Bankruptcy Institute Law Review* 557 at 580.

以下讨论的是美国破产审查委员会(National Bankruptcy Review Commission)自1996年5月开始举行的听证会陈述事项。该委员会1997年报告的论题是,信贷供应的增加和由此增长的信贷使用量,加上潜在金融风险,导致了过去20年破产的增加。[①] 该委员会不建议对《美国破产法》进行结构性改革,相反,它倾向于进行一些温和的改革,以提高法律统一性和公平性。[②] 它建议保留现有制度,将处境相似的债务人置于截然不同的破产选择:要么在《美国破产法》第七章解除债务,要么在《美国破产法》第十三章制定偿还计划。委员会要求《美国破产法》第十三章破产管理局捍卫并合理化这一矛盾的破产制度,还支持他们扩大教育。但由于缺乏证据表明破产是由财务管理不善造成的,该委员会倾向于选择自愿教育,而不是强制教育。

委员会的建议很快得到债权人支持并体现在相关法案中。[③] 1997年首次提出的行业立法以及2003年年底之前的每一次修正案都要求将接受教育作为所有债务人免除债务的条件。这些法案在参众两院多次获得大幅度通过,由此消除了联邦官僚对教育的反对,更多的破产管理局建立了教育项目。[④]

信贷业对破产程序中强制性财务管理教育的支持,首先反映在维萨集团的支持上,然后是其所支持的法案上。这似乎令人惊讶,债权人为什么支持债务人教育项目,尤其是在没有明显效果的情况下?需要指出的是,强制性教育只是行业立法众多新要求中的一项,这些要求还包括破产前信贷咨询、提交纳税申报表和准备经济状况测试。[⑤] 从信贷行业的角度来看,这些要求有利于增加启动破产程序的时间与金钱成本。信贷业的这些要求旨在使法律允许其继续扩大向高风险债务人提供信贷的规模,同时让国会削减债务人进入破产程序的机会。这将使更多的债务人得不到努力保障收入公平的税收制度的保护。根据法案的总体计划,对信贷行为没有影响的教育项目是理想的。此法案不阻碍高风险信贷使用,甚至成为提高申

---

① See *National Bankruptcy Review Commission: The Next Twenty Years, Final Report* (1997) at 82 - 94.

② 该委员会指出,这没有上级国会的授权来进行结构改革。See *National Bankruptcy Review Commission: The Next Twenty Years, Final Report* (1997) at iv.

③ See E. Warren, "The Changing Politics of American Bankruptcy Reform", (1999) 37 *Osgoode Hall Law Journal* 189 at 192 - 93,旧金山的莫里森和福雷斯特(Morrison & Forrester)律师事务所为信贷业起草并引用了一份报告,描述了该行业投入大量资金支持这项立法。

④ See J. Braucher, "An Empirical Study of Debtor Education in Bankruptcy: Impact on Chapter 13 Completion Not Shown", (2001) 9 *American Bankruptcy Institute Law Review* 557 at 560 - 61.

⑤ See J. Braucher, "Means Testing Consumer Bankruptcy: The Problem of Means", (2002) 7 *Fordham Journal of Corporate & Financial Law* 407, at 433 - 44. 讨论立法的新负担。

请破产难度的障碍。

虽然强制要求债务人接受教育并因此提出接受教育的必要性的行为似乎不符合债权人认为是债务人不讲信贷道德导致最近破产增加的论点,但这一法案声称其目的是防止欺诈者进入破产,以便将破产者视为没有受过债务人教育的人,而不是本性顽劣之人。让债务人在破产前进行信贷咨询,然后在破产申请后参加财务管理课程,会增加破产申请的时间成本和资金成本,使某些债务人无法进入破产程序,并过度关注债务人对过度负债的责任。

在对 2002 年扩大信用卡申请的反对作回应时,人们关注的重点仍是债务人对过度负债的责任,尽管破产申请数量增涨。美国银行家协会(American Bankers Association)的一位发言人提出,"说不的能力是自由市场的一部分"。[①] 然而,如果债务人教育在现实中灌输了对新的、特别是高成本的信贷说不的好处的理念,信贷需求和利润可能会下降。考虑到美国债权人不惜向风险最高的借款人推销新信贷的热情,[②]这显然不是他们的目标。对信贷需求没有影响的教育项目能提供强调债务人责任等宣誓性好处,但不会对债权人最终盈利产生影响。

教育对地方性破产管理人和信贷业的好处很容易看到,但也许更令人惊讶的是强制性教育在债务人中的普及,这在美国和加拿大都有观察到。[③] 为什么债务人喜欢教育和咨询,即使是强制性的?《美国破产法》第十三章破产长期教育项目中的教育者有一个明确的目标,即与债务人建立良好的关系,并激励他们完成还款计划。债务人喜欢受到尊重,并被赋予重新安排其财务生活的积极意向。他们也会产生这样对自己的财务有更强控制的感觉,这让他们自我感觉良好。这些反应可视为社会所有人所经历的文化总结过程的一部分,对于那些正在经历耻辱化经历的

---

① See C. Weiser, "Credit Card Solicitations Keep Coming Despite Debt" *Elmira, NY Star – Gazette* (16 August 2002) 11A. 除了正文中的引文外,这篇文章还报告了在破产申请数量创纪录情况下的信用卡征集量竟仍达到新高。

② See C. Weiser, "Credit Card Solicitations Keep Coming Despite Debt", Elmira, NY Star – Gazette (16 August 2002) 11A. See also *National Bankruptcy Review Commission: The Next Twenty Years, Final Report* (1997) at 91 – 94, 关于向赌场赌徒、高风险"次贷危机"池中的赌徒、年轻人和穷人以及最近破产的人推销信贷。

③ See above n 34 and accompanying text. See also I. Ramsay, "Mandatory Bankruptcy Counselling: The Canadian Experience", (2002) 7 *Fordham Journal of Corporate and Financial Law* 525 at 536 – 38. 关于加拿大债务人对信贷咨询和教育的热情。

人来说,这一点尤为重要,因为他们需要树立良好的自我形象。① 虽然这种与债务人建立良好关系的方式帮助债务人是有价值的,但教育的目标不应仅仅是短期希望和良好感情。迄今为止,几乎没有证据表明,教育在改善债务人的长期金融安全方面取得成功。破产债务人教育最清楚地实现的是强调个人责任的宣誓性功能,而信贷业则继续向风险更高的市场部门扩张。

四、比较视角和结论

赋权、社会控制和利益分析的视角都起源于美国,但也许它们可以被移植到其他文化和体系中。当然,社会控制视角下的偏常者理论已经普遍存在。例如,有人批评加拿大破产咨询在没有可靠的实证研究的情况下,就要求将债务人视为涉及多种社会心理问题的"破产周期(bankruptcy cyde)"中的偏常者。② 但这一批判貌似转向了利益分析视角:

> 这种[偏常者]模式被认为是可以接受的,而且基于这一概念下信贷咨询是合法的,因为这样做创造了一种理想的情况,即个人破产的利害关系人(不包括破产者)可以实现其优先事项。据称,自20世纪80年代初以来,加拿大就有研究证明需要信贷咨询。债权人支持信贷咨询。这将使破产机构能够更密切地监控管理人开展业务的方式,同时使破产的费用增加合法化。它将为管理人和信贷顾问创造工作,或者至少是一个授予证书程序的机会……任何建议适用咨询程序的人都会被自动地认为"做了正确的事情"。在……有关破产率不断上升的恐怖故事中,一石多鸟的机会太诱人了,不容错过。③

人们可能会对这一分析提出质疑,并注意到加拿大的债务人可能已经被视为利益相关者,因为他们接受了研究机构提供的关于强制性咨询的调查,并给出很高

---

① See P. Stokes and S. Polansky, "Shifting the Economic Locus of Control: Improving Financial Decision - Making in High - Risk Populations", (1999) 3 *Academic Accounting Financial Studies Journal* 95. 关于债务人受教育后更强的控制感。See also I. Ramsay, "Mandatory Bankruptcy Counselling: The Canadian Experience", (2002) 7 *Fordham Journal of Corporate and Financial Law* 525 at 540 - 41. 关于讲述自身痛苦事件能力的价值。

② See C. A. Curnock, "Insolvency Counselling—Innovation Based on the Fourteenth Century", (1999) 37 *Osgoode Hall Law Journal* 387 at 398.

③ C. A. Curnock, "Insolvency Counselling—Innovation Based on the Fourteenth Century", (1999) 37 *Osgoode Hall Law Journal* 387 at 399.

评级。[①] 就当前目的而言，上述分析的惊人之处在于，它明确例证除美国外的他国学者在破产咨询使用了制度主义视角。

在约翰娜·尼米－基西莱宁（Johanna Niemi－Kiesiläinen）对斯堪的纳维亚（Scandinanvian）和欧洲大陆消费者债务调整程序[②]及其信贷咨询部分的分析中，制度利益视角（虽然没有这种标签）似乎也在起作用。[③] 她介绍了欧洲为应对因20世纪80年代放松信贷管制和扩大消费信贷市场造成的经济衰退而通过的债务调整法。当时面临社会挑战的是社会福利制度，因为传统的失业救济金不足以满足负担过重的债务人。债务调整法的实施后，社会福利制度的救助范围似乎被很明显地被限制在遭受类似于福利国家所提供的社会风险的人身上，如失业、疾病和残疾者。正如尼米－基西莱宁所解释的，“通过信贷咨询业务，福利国家得以帮助消费者”。[④] 欧洲对过度负债采取社会服务方式，从而保护和扩大了其社会福利系统。

欧洲破产债务人教育咨询体系的另一个重要组成部分是减少对宣扬消费者信贷文化的投入。当北美的破产教育和咨询机构试图培养更好的信贷消费者时，欧洲债务调整程序的重点是学习如何做到没有信贷，减少消费，为了完成还款计划而真正生活在维持生计的水平上。[⑤] 因此，欧洲信贷咨询内容包括制订一个还款计划和学习如何调整自己的生活方式以达到最低社会保障收入水平。

有趣的是，虽然欧洲政策制定者倾向于接受社会法学分析法[⑥]，但欧洲债务调整法采取的解决方案更像是美国信贷业所青睐的。欧洲学者认为，典型的个人破产案件是因远超债务人控制的过度负债造成的。但欧洲15年以来的新破产法律法规一直将债务人制订偿还计划作为最主要特征，以提高债务人“支付道德”并推动金融复苏。直接免责不是这些法律的特点。此外，即使符合还款计划的要求，债务

① See I. Ramsay, “Mandatory Bankruptcy Counselling: The Canadian Experience”, (2002) 7 Fordham Journal of Corporate and Financial Law 525 at 536－39. 还提到应进一步研究作出积极反应的原因，并表明加拿大一项没有明确发现信贷咨询客观优点的研究。

② See J. Niemi－Kiesiläinen, “Consumer Bankruptcy in Comparison: Do We Cure a Market Failure or a Social Problem?”, (1999) 37 *Osgoode Hall Law Journal* 473 at 475.

③ See J. Niemi－Kiesiläinen, “The Role of Consumer Counselling as Part of the Bankruptcy Process in Europe”, (1999) 37 *Osgoode Hall Law Journal* 409 at 409.

④ J. Niemi－Kiesiläinen, “Consumer Bankruptcy in Comparison: Do We Cure a Market Failure or a Social Problem?”, (1999) 37 *Osgoode Hall Law Journal* 473 at 482.

⑤ J. Niemi－Kiesiläinen, “The Role of Consumer Counselling as Part of the Bankruptcy Process in Europe”, (1999) 37 Osgoode Hall Law Journal 409 at 413.

⑥ 社会法学分析法在美国与捍卫“全新开始”制度相联系。(the socio－legal analysis that in the US is associated with defending the fresh start.)

人也必须通过旨在确保轻率的鲁莽行为不是其陷入债务问题原因的测试。首先要求债务人不应造成自己的债务困境，之后又要求他们还款并接受信贷咨询，这是一种矛盾悖论。或许理解这一悖论的关键在于了解欧洲债务调整法律体系制定与实施之间的差距。那些被剥夺破产债务调整程序的人不必须支付债务，而那些被允许进入程序者也不必支付债务，因为如果他们的计划是片面的或失败的，他们便能延迟免除债务。①

口头与实践之间的差距是美国人熟悉的领域；《美国破产法》第十三章破产程序中的还款计划往往是片面的，而且通常是失败的。然而，推动更多地使用《美国破产法》第 13 章程序的做法却得到了政治上的支持。债务人教育不太可能阻止这一会导致更多还款计划失败的行为。从利益分析的角度来看，人们更清楚地看到，一厢情愿、杜撰神话和原始私利使切实有效地解决过度负债问题的前景蒙上了一层阴影。

---

① J Niemi - Kiesiläinen, "Consumer Bankruptcy in Comparison: Do We Cure a Market Failure or a Social Problem?" (1999) 37 *Osgoode Hall Law Journal* 473 at 503.

谨慎消费者的神话：日本消费者信贷中法律、文化、经济和政策的兴衰*

小塚荘一郎

日本学习院大学法学院教授，主要从事商法、社会法的研究。

卢克·诺特奇

澳大利亚悉尼大学法学院研究比较及跨国商业法教授，专攻仲裁、合同法、消费品安全法及公司治理。担任澳大利亚日本法律网络的创始联合主任和悉尼大学亚洲及太平洋法律中心的副主任，同时也是日本律师联合有限公司的董事及总经理。

李　思译

中国政法大学民商经济法学院经济法学专业硕士研究生。

一、日本无担保消费者贷款需求的兴衰

自2007年下半年开始，美国对高风险住房抵押贷款的高度关注导致了对冲基金的崩溃和各种金融市场的动荡。例如，在澳大利亚，媒体和政府的关注点主要集中在通过信用卡取得的房屋贷款以及无担保消费贷款的问题上。又如，日本无担保消费贷款通常以预支现金的形式发放，自2006年以来，日本政府加强了对这类贷款的监管，从而引发日本金融市场出现类似美国金融市场那样的剧烈动荡。本文阐释了日本金融市场对于无担保消费者贷款的需求呈现出长期增长态势，但在近期却出现了局部下降的情况，并指出其植根于日本社会中一些根深蒂固的观念。具体而言，日本无担保消费者贷款需求的上涨表明日本人常常武断举债、肆意借

---

* 文章来自Johanna Niewmi、Iain Ramsay、William C. Whitford主编：《消费者信用、债务和破产：比较和国际视角》（Consumer Credit, Debt and Bankruptcy: Comparative and International Perspective），哈特出版社2009年版。

贷,而日本无担保消费者贷款需求的局部下降表明,消费者开始转变观念,支持通过立法程序创设权利,也会通过司法程序主张权利。

在本文第二模块中,笔者以批判性的眼光审视了三种有关日本法律与社会经济环境之间关系的传统主流理论范式,并在第三模块中得出结论:一些经过扬弃的传统文化和经济学解释确实有助于我们理解消费者信贷增长的原因。传统理论范式的确为分析消费者信贷增长的原因提供了理论支持,但是想要更好地理解日本政府最近采取重新监管措施的原因,我们必须从"非典型的多元主义"的政治理论中寻求解释。对于这一理论的分析也给人们提供一个开展更多规范性辩论的契机,此外,人们还可以借此机会讨论如何通过消费者信贷解决世界范围内持续存在的消费者过度负债问题。①

自 20 世纪 80 年代以来,日本消费者债务的整体规模上涨到与其他主要工业化经济体相当甚至更高的水平。② 在 20 世纪 90 年代,与购买特定商品有关的销售信用(Hanbai Shino)的比例不断增加。而消费者的信用贷款(Shohisha Kinyu)相应减少,其内部构成从由担保贷款(2004 年为 10 万亿日元)转变为消费者信贷(Shohisha Roon,24 万亿日元),尤其是由非银行类消费信贷公司(Shohisha Kinyu Gaisha,10 万亿日元)而不是银行类消费信贷公司提供的贷款。③ 在 2006 年,在这群背负消费者信贷的 1400 万借款人中,约有 300 万人的负债水平是超过了其自身的承受能力。④ 这一现象也导致出现越来越多关于贷款消费者因负债累累而破产、自杀、激进营销以及暴力催收等问题的新闻。

在日本,消费者信贷的增长几乎都是通过透支现金的方式实现的——明显区别于澳大利亚、英国,特别是美国这些通过信用卡获取贷款的国家。造成这种差异的原因是:第一,日本的国土面积更小,拥有更统一的银行体系;但是日本的金融市场却是分散的,这是因为银行业倾向于向有担保的消费者或公司提供贷款;第二,在日本金融市场中,各金融主体未能充分共享与消费者信用额度和还款记录有关的"积极信息";第三,在 20 世纪 90 年代,与使用现金相比,日本办理信用卡需要缴

---

① Pursued in another companion paper: S. Kozuka and L. Nottage, Reforming Unsecured.

② R. J. Mann, *Charging Ahead: The Growth and Regulation of Payment Card Markets*, Cambridge, Cambridge University Press, 2006, 109.

③ TAPALS (ed), Tapals Hakusho [White Paper] 2006, [TAPALS (Shohisha Kinyu Renrakukai), Tokyo, 2006].

④ S. Suda, Karyugui · Shohisha Kinyu No Jittai [the Reality of the Consumer Finance Foodchain] (Takuma Shinsho, Tokyo, 2006) 180 - 1.

纳更高的通信服务费用。在1982年至2001年,监管部门逐步放开了对银行以信用卡作为贷款方式的管制后,银行仍将借款人需每月按期还清全部贷款设为默认设置。银行也会对申请消费者信贷的贷款人的信用度保持警惕,这通常体现在消费者信贷市场中,贷款人通常会要求较高贷款利率和采取积极的收债行为。① 尽管消费者对消费者信贷公司并不陌生,但他们可能也会出现类似的担忧:大量使用现金贷款可能更容易地导致日本出现现金透支问题。

虽然日本消费者存在着上述担忧,但在日本,无担保消费者信贷的数量仍然呈现出飞速发展的趋势。造成这一现象的原因有:宏观经济增速放缓、自动化和信息技术的普及(特别是从1993年开始投放贷款自动发放机以后)以及广告宣传富有成效——这种宣传方式原先主要是帮助那些在公司里拥有固定工作、但压力大的"薪水工人"(Salarymen)树立"安全"形象,而后越来越多地针对年轻的低收入群体。日本消费者贷款人还研发出一种与美国类似的新商业模式——信用卡公司的"汗水盒子"(Sweat Box)模式,即借款人无休止地还清利息,但无须偿还本金。② 该模式鼓励借款人向相同或其他信誉较差的贷方寻求申请发放贷款,以此偿还初始贷款的利息——这非常类似于美国的"发薪日贷款"(Payday Lending)模式③。事实上,日本最大的贷款方——通用电气金融(GE Money)——从1994年开始开发"雷克"(Lake)网络,但通用电气金融在2008年决定将其售出,而花旗集团从2000年开始接管"大日本油墨化学公司"(DIC)。

在一个缺少监管并且分散的金融市场中,日本消费者贷款数量不断增长。关于"销售信用"主要是规定在《分期付款销售法》(Instalment Sales Law)(1961年第159号令)当中,这部法律是由负责制定工业政策的经济、贸易和工业部(METI)负责制定,而其他信贷方式主要是通过利率和其他限制方式加以规制。这些限制方式规定在《利率限制法》(Interest Rate Restriction Law)(1954年第100号令;但可追溯至明治时代的1877年第66号令)和《资本融资法》(投资,接受存款和其他金融交易),1954年第195号令:《高利贷控制法》(Shusshi Ho)当中。消费者贷款的监管权原本归属于财政部,现在则转移到金融监督局(FSA)。同时,地方政府在对消费信贷公司的注册活动上也享有一部分的监管权。

---

① R. J. Mann, Credit Cards and Debit Cards in the United States and Japan (2002), 55 *Vanderbilt Law Review* 1055.

② R. J. Mann, *Bankruptcy Reform and the "Sweat Box" Of Credit Card Debt* (2007), 2007 *University of Illinois Law* Review 375.

③ R. J. Mann and J. Hawkins, Just until Payday (2007), 54 *UCLA Law Review* 855.

针对消费者贷款问题,日本政府采取的措施看似多元,但日本当前的法定措施仍局限在控制消费者贷款的利率上。例如,在《利率限制法》(Interest Rate Restriction Law)中——一部专门针对消费者贷款问题而制定的私法——会根据具体的贷款金额把利率上限设置在15% ~20%,但是借款人无权请求收回其“自愿”支付的超额利息。《高利贷控制法》(Shusshi Ho)作为刑法,从2000年起就将利息的罚款规定在29.2%以上。这一规定导致在各法定利率之间会存在“灰色地带”。在20世纪60年代,即更广泛的消费者激进主义时代,[①]日本最高裁判所[②]拒绝了对《利率限制法》(Interest Rate Restriction Law)作出文意解释,转而作出更有利于贷款人的判决——裁判所允许将灰色地带的利息转换为本金,后来又允许贷款人追回所支付的超额利息与本金之间的差额。裁判所的这一判决促使《放债人控制法》(Kashikingyo Kiseiho,1983年第32号令)允许贷款人保有灰色地带的利益。最高裁判所于1990年1月22日维持了这一裁决(最高裁判所判例民集44卷332页)。但是,从20世纪90年代后期开始,最高裁判所又从文意解释和目的解释两方面入手来解释法律,这样的解释方式对借款人而言更为有利。几份判决均认为贷方没有充分遵守法律规定的披露要求和程序要求。使贷方完全失去生存希望的是2006年1月13日法院作出的一个判决(最高裁判所判例民集第60卷第1页)。最高裁判所认为,贷款协议中的加速条款对借款人造成巨大压力,以致其并不是“自愿”地支付灰色地带的利息。该判决将贷款人逼入绝境。

这一判决证明法律在控制高贷款利率上有其积极作用,并非只会给日本消费借款人带来不利影响。现行立法给消费者贷款带来的不利影响有以下三个。首先,《放债人控制法》(Kashikingyo Kiseiho)只是对贷款人的超额贷款行为和诱导性广告作出了粗略的限制。直到1997年,日本三个最大型的非银行机构贷款人才同意不再对已经从他方获得三笔贷款的申请人发放贷款。其次,尽管该法有规定禁止贷款人采取特别激进的收债方式。但现实中,连日本规模最大的贷款人都曾实施过损害借款人利益的行为,而执法人员并没有对这类行为做出有效的规制。为帮助借款人减少其所需要偿还的债务,代理律师趋向于把谈判焦点放在借款人并不

① P. L. Maclachlan, *Consumer Politics in Postwar Japan: The Institutional Boundaries of Citizen Activism*, New York, Columbia University Press, 2002; L Nottage, *Product Safety and Liability Law in Japan: From Minamata to Mad Cows*, London, RoutledgeCurzon, 2004.

② 最高裁判所是日本的最高司法机关,即日本的国家最高法院。——译者注

是自愿支付“灰色地带”的利息上。[①] 在2001年对《民事复兴法》(Civil Rehabilitation Law,1999年第225号令)修订之后,律师在对破产过程中或在破产之前的债务减免的问题进行谈判时,他们也同样会关注“灰色地带”的利息。在《民事复兴法》(Civil Rehabilitation Law)的此次修改当中,加强了对债台高筑的个人债务人的保护力度。[②] 尽管日本法律更多采用不拘泥于形式、实质上的法律推理方法[③]——特别是跟有关不公平合同的英联邦法律相比——但对陷入困境的借款人来说,仅凭私法(备受尊崇的民法典,1896年第89号令)或者是《消费者合同法》(Consumer Contracts Act,2000年第61号令)都不能对他们提供足够的帮助。

2006年1月,日本最高裁判所作出的判决再次掀起一股诉讼浪潮——大量借款人向法院起诉,要求贷款人退还他们“非自愿”支付的灰色地带利息。碰巧的是,日本《放债人控制法》(Kashikingyo Kiseiho)将在2006年得到重新修订,因此,一年前在金融服务管理局内成立的,主要由学者和各种利益相关方的代表们组成一个研究小组便在此时派上用场。在2006年4月21日发布“中期报告”以前,该研究小组召开了几次会议,建议废除灰色地带利息,但未能明确提出单一利率应当设定的数值。同年7月6日,执政的自民党(LDP)和公民党联盟(Komeito coalition)建议将单一利率降低到《利率限制法》(Interest Rate Restriction Law)规定的15%~20%,同时保留对小额贷款的例外规定。该例外规定引起了广泛强烈的政治批评,因此未纳入2006年12月20日颁布的“一揽子”立法中(第115号法令)。《放债人控制法》更名为《贷款人公约》(Moneylenders Law),并在其后作出下述修改:[④]

·自2007年1月20日起,对未注册的贷款人施加更为严厉的刑事处罚;

·自2007年12月19日起,制定更加严格的注册、信息处理和披露制度;新设一条“适用性规则”——要求贷款人在充分考察借款人的知识、经验、财务状况和贷款目的之后再作出是否发放贷款的决定,避免出现“不良贷款”(Unsuitable Solicitation);赋予贷款人有更明确的权利来查阅借款人之前的贷款记录;对借款人的人寿

---

① See generally C. Jones, Escaping Your Debts in Japan: Hiroyuki Yagi and Masakazu Kaji, Karita Kane Wa Kaesuna [Book Review] (2007) 12 *Journal of Japanese Law* 259.

② See generally K. Anderson, Japanese Insolvency Law after a Decade of Reform (2006), 43 *Canadian Business Law Journal* 2.

③ See generally L. Nottage, Form and Substance in US, English, New Zealand and Japanese Law: A Framework for Better Comparisons of Developments in the Law of Unfair Contracts (1996), 26 *Victoria University of Wellington Law Review* 247.

④ A Pardieck, Japan and the Moneylenders: Activist Courts and Substantive Justice (2008), 17(3) *Pacific Rim Law & Policy Journal* 529.

保险合同条款和贷款人的某些收债行为作出限制；通过建立新的行业协会来加强行政监管；

· 到 2009 年 6 月，提高对贷款人的最低资本限额要求；在放贷人之间组织"合规人员"考试；授权许可信用报告机构发布有关于信息共享的新"规定"；

· 到 2010 年 6 月，进一步扩大资本基础和提高强制合格合规官数量；强制贷款人对借款人的还款能力、征信局出具的个人信用报告以及超过 50 万日元（或导致债务超过 100 万日元的贷款）的年收入证明进行检查；出台进一步的"适用性规则"：贷款额度禁止超出借款人的还款能力或其年收入的三分之一（尚待法律对借款人的流动资产范围作出具体界定）；废止旧法中有关"自愿"的灰色地带利息对规定并就某些合同条款对《贷款人公约》（IRRL）作出修改。

虽然法律规定 20% 的利率上限在 2010 年之后才生效，但贷款人已经受到最高裁判所对消费者贷款利率判决的限制。

高利率贷款公司的数量急剧减少，这一现象对内部关系日益复杂的主流银行体系和日本的宏观经济都产生了巨大的连锁影响。《贷款人公约》（Moneylenders Law）的修订也促使《分期销售法》（Instalment Sales Law）在 2008 年被大幅度的修订。例如，经营一次性销售的信贷供应商，如信用卡公司，必须在监管部门注册登记，并且必须监督他的下游零售商是否有从事不公平的销售活动。此类供应商以及信用卡公司不得提供容易造成消费者过度负债的信贷产品，同时提供的信贷产品必须符合信贷局的相关规定。

二、三种解释模式

日本无担保消费贷款的兴衰似乎正在挑战日本人，特别是日本消费者的观点：他们既不想要背负债务，也不想要诉诸法律。实际上，这种观点，尤其是所谓的日本人厌恶法律厌恶的观点——只是一系列有影响力并且非常独特的流派思想中的一部分，而有越来越多研究日本法律的西方学者开始关注这种观点。①

通常，持有日本人厌诉观点的流派关注的重点一直是日本的民事诉讼率相对较低。20 世纪 60 年代和 70 年代，研究人员认为这一现象是由儒家倡导和和睦友善的社会秩序和其他与之相类似的行为准则所导致的，而这一观点如今也被大众媒体中所接受。但是，自 20 世纪 70 年代后期，有人对日本人的厌诉行为作出第二

---

① M. Abe and L. Nottage, Japanese Law in J Smits (ed), Encyclopedia of Comparative Law, Cheltenham, Edward Elgar, 2006, 357.

种解释:在日本提起诉讼存在制度上的障碍,也是针对这一问题,日本从 2001 年开始掀起民事诉讼法的改革浪潮。相反,这些现象意味着日本人不可能会喜欢法律。第三种解释是日本精英化的管理。它的影响是从 1980 年开始产生,美国当时的修正主义评论员强调,若要减少贸易摩擦,日本独特的资本主义形式需要创新应对措施。特别是由官员们来负责处理社会问题,迫使日本人对法律产生厌恶之情。

相比之下,随着 20 世纪 90 年代美国经济的再次崛起,新古典经济学家提出第四种解释:基于法律具有更强的可预测性,日本人倾向于在法庭外和解案件中适用法律。除了强调法律规则在日本确实很重要而且确实有效之外,这种"芝加哥学派"的分析方法越来越尖锐地指出:"我们必须明白日本的社会法律行为是由直接的市场力量和狭隘的理性利己主义所引发的。"①

但是,持有"混合理论"(Hybrid Theorists)观点的"新生代"(New Generation)群体②仍然认为日本会受到像是"大型银行"、企业集团和关系契约(*keiretsu* Corporate Groups)等这些特有的社会经济和文化组织的影响,他们在关于自由市场是如何运作的问题上,持有和传统新古典主义学者不同的观点。持有"混合理论"的人也会采取更加折中的方式选择他们的方法论——平衡新古典主义经济学家所青睐的定量分析,将其作为获得真正启蒙的唯一途径,同时重新尊重定性分析。通过这种分析方法,他们得出日本人对于法律的喜欢有阶段性,有时喜欢,有时又不喜欢。他们还得出一个结论:社会法律行为和治理结构正在经历循序渐进但重要的转变。相比之下,传统的文化主义理论家都察觉到一个细微的变化——社群主义仍然强大,芝加哥学派的经济学家们对此讽刺道:"直接的市场力量和富有成效的法律规则一直是现代日本的显著特征。"

对于法律和社会经济是如何影响各种潜在利益相关者在公司治理③中行为的问题,以日本最近风靡的"渐进式转型"(Gradual Transformation)的混合理论为代表,④为这一问题提供了有效的分析和丰富的论据。引领这些思想流派的评论家们

---

① C. Freedman and L. Nottage, You Say Tomato, I Say Tomahto, Let's Call the Whole Thing Off: The Chicago School of Law and Economics Comes to Japan 2006 - 4 Centre for Japanese Economic Studies Research Papers 〈http://www.econ.mq.edu.au/cjes/research〉.

② K. Anderson, The New Generation: Milhaupt and West on Japanese Economic Law (2006), 27 *Michigan Journal of International Law* 985.

③ L. Nottage, Nothing New in the (North) East? The Rhetoric and Reality of Corporate Governance in Japan (2006) 01 - 1 CLPE R. esearch Paper 〈http://ssrn.com/abstract=885367〉 at 8.

④ L. Nottage, L. Wolff and K. Anderson (eds), Corporate Governance in the 21st Century: Japan's Gradual Transformation, Cheltenham, Edward Elgar, 2008.

对于公司治理中异常混乱的过程未能提出令人信服的解释,但主要参与者却通过这些过程制定了相应的法律和社会规范。不仅是对那些支持采用更多社会社会建构主义方法进行法律研究[①],还是对其他反馈方式感兴趣的社会科学家而言[②],合理解释和完善立法这两个方面都很重要。

因此,下文将探讨一些思想流派如何从法律和社会经济制度两个方面来解释日本消费信贷市场增长的原因,还对日本政府最近实施的重复监管(Re - regulation)行为作出解释。具体而言,下文 A 部分将阐述社群主义(communitarianism)和自由主义(liberalism)这两种文化主义者(culturalist Accounts)的观点;B 部分介绍芝加哥学派、信息经济学和行为经济学这三种经济学理论;C 部分是另外两个政治解释,通过进一步强调出现这一现象出现的背景原因并将其结合到解释性框架中,从多学科视角入手、深入开展研究和对话,以便于更好的理解消费者信贷市场增长的原因。

A. 文化方面

i. 再论社群主义(communitarianism revisited)

日本法律和社会的社群主义解释[③]可能会通过强调以下几个因素来解释消费者超额负债数量增长的原因。首先,日本人高度重视他们的社会地位,会为了维护其自身的社会地位而积极参加高消费的下班后饮酒聚会(nomikai)和其他与工作有关的活动。也同样基于这一原因,即使他们自己到了中年已经陷入入不敷出的窘境,但他们仍然会为刚入行的新人埋单。尽管日本经济增长已呈放缓趋势,但日本消费者所背负的压力仍然不亚于其周边国家。在 20 世纪 80 年代日本经济繁荣时期,丰厚的年薪"奖金"导致炫耀性的消费不断增长。尽管从 20 世纪 90 年代以后年薪"奖金"数额逐渐减少,这种炫耀性的消费却变成一个传统沿袭下来。[④]

在过去十年里,日本的失业率已经达到历史新高。作为家庭中流砥柱的丈夫,

---

① L. Nottage,"Translating Tanase:Challenging Paradigms of Japanese Law and Society" (2006), Sydney Law School Research Papers 〈http://papers. ssrn. com/sol3/papers. cfm? abstract_ id = 921932〉; developed into "The Cultural (Re) Turn in Japanese Law Studies" (2008),39 *Victoria University of Wellington Law Review*, forthcoming.

② 1 SK Vogel, *Japan Remodeled: How Government and Industry Are Reforming Japanese Capitalism*, Ithaca, Cornell University Press, 2006.

③ Eg J. O. Haley, The Spirit of Japanese Law, Athens, University of Georgia Press, 1998.

④ See generally L. Nottage and L. Wolff, "Corporate Governance and Law Reform in Japan: From the Lost Decade to the End of History?" in R. Haak and M. Pudelko (eds), Japanese Management: In Search of a New Balance between Continuity and Change (New York, Palgrave Macmillan, 2005) 133.

即便尚未失业,但其微薄的收入也无法完全负担全部的家庭生活开支,由此产生的强烈羞耻感可能会使他们的生活压力变得更大。传统的家庭分工是由妻子负责家庭日常开支,妻子们也可能会陷入"无法维持生计"的困境,致使她们可能会作出背着丈夫、亲戚或同辈,以自己的名义去申请无担保消费贷款的决定。

夫妻双方,尤其是丈夫,也可能会羞愧地承认自己已经陷入涉及约会或其他服务合同这类巨额的骗局当中。数十年来,有不少消费者遇到过这类的麻烦,文化主义者指出,在这一问题上,仅仅是加强立法所能提供的保护稍显滞后,这种观点也体现了"日本人的厌诉"情结①。赌博,包括独特且无处不在的老虎机游戏厅,似乎也是导致消费者超额负债迅速增长的原因。②

持有社群主义观点的人指出,日本具有一种特别突出的文化特征。早期一种非常"原始主义"的观点是:日本人,通常是亚洲人缺少足够的外力去迫使他们信守承诺。尽管日本在这方面有着一系列完善的法律,但当事人却很容易提出或默认对合同进行重新谈判的要求。最新的比较实证研究表明,当他们被问及在这种情况下的态度和会采取的做法时,他们的回答与新西兰等国的统计差异不大。③ 甚至在 20 世纪 70 年代末期,农村地区的民事诉讼比例相对较高,其中主要是债务回收案件。其中一种解释可能是日本消费者基于他们的文化传统而长期忍受敲诈性的高额贷款,而不是积极要求对方履行义务。④ 同样难以想象的是,来自许多其他国家的公民到了日本居然也能长期忍受如此不公正的做法。

文化主义者指出消费者更喜欢现金交易和贷款,而非信用卡的原因之一是这是日本人的传统习惯。文化主义者强调贷款人常常把发放消费贷款的目标瞄准中年男子,通过密集的家庭和社交网络来对他施加压力以此收回贷款。日本社会缺少律师的问题就是公众明显偏好于社会调整而非法律手段,这与大多数借款人不愿求助法院的本能相似。尽管消费者破产申请的数量在 2003 年达到 262,000 的最

---

① Y. Noda, *Introduction to Japanese Law*, Tokyo, Tokyo University Press, 1976.

② Indeed borrowing to pay for the ¥30 trillion annually spent on pachinko is estimated to make up nearly half of consumer debt: "Rules of the Game", *The Economist*, 29 July 2006.

③ L. Nottage, Changing Contract Lenses: Unexpected Supervening Events in English, New Zealand, Japanese, US, and International Sales Law and Practice (2008), 14 *Indiana Journal of Global Legal Studies* 385.

④ Cf T. Tanase, Soshoriyo to Kindaika Kasetsu [Litigation Use and the Modernisation Hypothesis] in Minjisoshoho Riron No Aratana Kochiku [New Constructions in Civil Procedure Law Theory], Tokyo, Yuhikaku, 2001, 287; S Suda, Karyugui—Shohisha Kinyu No Jittai [the Reality of the Consumer Finance Food-chain] Takuma Shinsho, Tokyo, 2006, 53.

高值[①]（这一数字已经接近许多除美国外的其他工业化国家的人均税率水平），但这仅仅是日本300万不良消费者借款者中的一小部分。同样地，尽管制定《预防自杀基本法》（a Basic Law for the Prevention of Suicides，2006年第85号令），日本自杀率始终居高不下。一项通过混合分析所得出的结论表明：这一现象与许多和债务有关的自杀行为背后的文化因素有关。[②]

至于日本最近出现的重新监管（re－regulation）现象，文化学家们可能会对这些措施抱以支持态度，因为贷款人常常采取各种手段侵害借款人的利益[③]——从20世纪90年代开始[④]，贷款人充分利用他们的法定权利来创造巨额利润。平等主义始终潜藏在日本的社会经济秩序当中，但长期以来，"所有公民都是中产阶级"的梦想始终如同一个神话般遥不可及[⑤]，并且在过去十年里，社会不平等的差距还在不断的拉大。[⑥]

采取重新监管措施也可以理解为是政府对因负债累累的消费者贷款人挥霍无度的支出行为[⑦]作出的积极应对措施。日本首相安倍晋三（Shinzo Abe）于2006年第一次执政以来，积极号召民众将日本建设成为充满活力、机会、同情心和拥有自主精神的"美丽的国家"[⑧]，这一倡议也得到公众的广泛认可和支持。

文化主义者低估近期法院在推动法律改革中所发挥的作用。取而代之的是，经过日本最高裁判所数十年的努力，终于在各地方裁判所判决的基础上整理、制定出一套完整的判例（a body of case law），这一套体系也引起了学术界和众多媒体的广泛讨论。这种"自下而上"（top－down）的决策方式也符合日本其他组织的文化理念。以书面请示书（ringisho）的制定过程为例，在这种决策中，大型公司内部所有

---

① K. Anderson, Japanese Insolvency Law after a Decade of Reform (2006), 43 *Canadian Business Law Journal* 2.

② M. D. West, *Law in Everyday Japan: Sex, Sumo, Suicide, and Statutes*, Chicago, University of Chicago Press, 2005.

③ Cf generally D. H. Foote, The Benevolent Paternalism of Japanese Criminal Justice (1992) 80 *California Law Review* 317.

④ 这是一段几乎每一个日本人压力倍增的时期。——译者注

⑤ Y. Sugimoto, *An Introduction to Japanese Society* 2nd edn, New York, Cambridge University Press, 2003.

⑥ G. McCormack, Client State: Japan in the American Embrace, London, Verso, 2007.

⑦ 这是西方尤其是美国社会出现的"道德衰败"的体现。——译者注

⑧ Accordingly, conservative "re－education" campaigns formed a major part of his policy pro－gramme: see 〈http://www.kantei.go.jp/foreign/abephoto/2006/09/29shoshin_e.html〉. Abe stepped down on 12 September 2007.

可能受到影响的员工都有权在决议书上面签名。① 这种机制与英联邦最高法院"自上而下"的决策机制方式形成鲜明的对比,后者通常倾向于上级法院对下级法院的约束和指导,对社会经济行为作出影响。政治议案容易受到立法机关和总统的否决,所以即便是对于美国最高法院来说,也常常是采取这种"自上而下"的决策方式。美国的司法管辖权范围更为有限,而且需要在遵循先例原则的基础上灵活运用类似日本的"实质性推理"办法。②

在监管部门的采取的重新监管措施中,不仅包括限制银行任意发放信用卡的行为,③还包括对无担保的消费贷款业务进行行政审批。1996 年,时任财政部银行局局长积极敦促大型贷款人研究限制贷款的方法。大型贷款人得到这一指令后,于 1997 年 2 月推出"自我监管贷款"(self-regulation whereby loans)——若贷款人发现该借款人此前已经和 3 个人存在借贷关系,贷款方将拒绝对其发放贷款。④ 同时,作为政府职能部门之一的消费者生活中心(CLCs)会给消费者提供免费的咨询服务,有时甚至会给关系僵化的借款人与贷款人之间提供调解服务,以帮助他们解决纠纷。

日本金融执法人员的持续裁量权⑤(the continuing discretionary power)⑥也是日本近期改革的重点之一。2004 年 11 月 5 日,东京地方法院裁定日本最大的消费金融公司——武富士公司(Takefuji)的创始人兼总裁命令雇员追踪并窃听两名调查记者的行为违反了《电信商业法》(Telecommunications Business Law)。不久之后,该公司召开新闻发布会,向其他贷款人公示他们最近半年的利润。在新闻发布会上,武富士公司总裁突然宣布他们将要收购一家银行,所有人都对此行为感到震惊。五富士公司的收购行为对地位更高的银行业及其监管机构都带来了意外的挑战。

接手财政部在消费者贷款领域部分监管权限的金融服务管理局还对 2005 年出

---

① Cf generally N. Kashiwagi and A. Zaloom, Contract Law and the Japanese Negotiating Process in G McAlinn (ed). Doing Business in Japan, Singapore, Butterworths, 1996, 89.

② L. Nottage, The Japanisation of American Law? Substantive Similarities, Compared to Formal Anglo – New Zealand Law (2008), Sydney Law School Research Papers, forthcoming.

③ R. J. Mann, Credit Cards and Debit Cards in the United States and Japan (2002), 55 *Vanderbilt Law Review* 1055.

④ S. Suda, Karyugui—Shohisha Kinyu No Jittai [the Reality of the Consumer Finance Foodchain], Takuma Shinsho, Tokyo, 2006, 60.

⑤ 文化研究者表明这项权力至少可以追溯到前现代德川时代。——译者注

⑥ D. F. Henderson, Foreign Acquisitions and Takeovers in Japan (1995), 39 *Saint Louis University Law Journal* 897.

现的报道感到愤慨。这些报道称,尽管修订《放债人控制法》(Moneylenders Control Law)和《高利贷控制法》(Shusshiho)的目的是加强对信誉差的贷款人的监管,但大型贷款机构仍违反了这一规定。在2006年3月28日,压死贷款人的最后一根稻草出现了:日本最大的五家贷款公司在日本中央银行外的台阶上举行了新闻发布会。尽管金融公司的高管们起初宣布将为负债累累的消费者们提供5000万美元的救济,并减少发放一些诱导性的商业广告,但他们却暗地里批评政府降低利率以消除"灰色地带"利息的做法。他们清楚地知道金融服务管理局和政府其他部门在最高裁判所于2006年1月作出的判决,是对这类措施保持相同的立场,但这五家贷款公司却在没有事先通知相关各方的情况下,以非正式地方式与相关人员探讨此类声明,该行为被视为对监管部门相关规定的一个挑战。仅仅在两周之后的4月14日,金融服务管理局责令Aiful(日本的一个金融公司)暂时关闭其1900个营业网点。在2005年9月,金融服务管理局曾对其开展过一次现场突击检查,发现它仍然有公然违反《放债人控制法》(Moneylenders Control Law)的收债行为。①

此外,从20世纪80年代初以来,日本主要从立法而非法院和政府层面对金融公司施加监管,并且监管范围逐渐覆盖到整个消费者信贷领域。在日本其他领域当中,从性别平等②到法学院改革③,在政策的制定上也是循序渐进的。文化主义者将这种倾向与日本文化中的共识联系在一起。日本政府最近逐步加强了对公民吸烟这种模仿他人社会偏好行为的管制,而渐进主义(gradualism)也能被用来解释政府的管制行为。④ 监管的加强体现在各个国家和国际组织之间必须达成更加明确的共识,即通过强制措施限制这种令人上瘾的产品及其宣传广告。⑤ 在加强监管的问题上,渐进主义理论也发挥一定的解释作用。然而,日趋严格的《反高利贷法》(Usury Laws),当然还有更严格的"适用性规定"(suitability rules)却没能在全球范

---

① S. Suda, Karyugui-Shohisha Kinyu No Jittai [the Reality of the Consumer Finance Foodchain] (Takuma Shinsho, Tokyo, 2006) 20, 26 - 7, 61 - 3.

② K Knapp, Don't Awaken the Sleeping Child: Japan's Gender Equality Law and the Rhetoric of Gradualism (1999), 8 *Columbia Journal of Gender and Law* 143.

③ L. Nottage, "Reformist Conservatism and Failures of Imagination in Japanese Legal Education" (2001), 2 *Asian Pacific Law and Policy Journal* 28.

④ E. Feldman, The Culture of Legal Change: A Case Study of Tobacco Control in Twenty - First Century Japan (2006), 27 *Michigan Journal of International Law* 723.

⑤ 2006年,人们对石棉监管提出了类似的观点,但这两项考试都需要考虑到人们对安全性的强烈担忧——这种担忧不断增长,在大多数其它后工业化国家也有所体现:L. Nottage, The ABCs of Product Safety Re - Regulation in Japan: Asbestos, Buildings, Consumer Electrical Goods, and Schindler's Lifts (2006), 15 *Griffith Law Review* 242.

围内得到广泛的认同。[①] 例如,在2004年出现有争议的咨询报告之后,英国政府决定不再设置利率上限。相反,英国政府扩大事前预防和事后救济的范围,“不公平”的消费者贷款(“unfair” consumer loans)也包含在保护范围内。[②]

文化主义者也认为,日本更为直接的事前控制和其他法律改革只是在2007～2010年才逐步开展的。这不仅给公司更多的时间去适应这些改革,也能使法律能够更好的将现实中存在的问题悉数考虑进来。文化主义者指出,为了能在性别平等和破产法等领域取得实质性的进展,同样可以采取与之相似的发展模式[③]。

最新的实证研究表明,在日本消费信贷的改革历程中,几乎没有传承日本人与生俱来的守时和信守承诺的习惯。诚然,我们希望实施更加严格的利率限制会减少消费者贷款的发放,但更完善的条款、便利的偿还方式有利于加强这一规范。即使只是一项适用性规则——要求贷方评估借款人的还款能力和据此作出相应的贷款限制——也可以视为与日本法律和社会的“社群主义精神”(communitarian “spirit”)保持一致。这项规则能够促使借贷双方建立更为紧密、更加持久的长期借贷关系。[④]

这两个方面都可以通过向弱势一方提供家长式保护来证明其合理性,这种传统现在已经从小企业、租户和雇员[⑤]扩展到消费者群体当中。此外,法律依赖于公法和政府执法,而没有明确创设类似于损害赔偿请求权这样新的私法权利。实际上,从2007年12月开始实施的新“适用性规则”(suitability rule)中甚至都没有规定需要对违法行为直接实施公法制裁。从2010年起,法律规定贷款人必须检查借款人的年收入以确保其发放的贷款通常不超过借款人年收入的三分之一,否则将对贷款人加大处罚力度。另一方面,长期以来,在消费者贷款领域中不具备真正的社会关系,而新法确实存留一些能够发挥私人倡议的空间。[⑥]

总体而言,尽管文化主义者对日本消费信贷市场的增长现象和特征的解释听

---

① N. Howell and J Hughes, Consumer Credit Regulation: An International Overview (April 2005), Centre for Credit and Consumer Law (Griffith University) Background Paper.

② D. Kraft, Private Law Control of Consumer Credit in the United Kingdom (2008), Yearbook of Consumer Law 403.

③ K. Anderson, Japanese Insolvency Law after a Decade of Reform (2006), 43 *Canadian Business Law Journal* 2.

④ J. O. Haley, *The Spirit of Japanese Law*, Athens, University of Georgia Press, 1998.

⑤ See also D. H. Foote, Judicial Creation of Norms in Japanese Labor Law: Activism in the Service of— Stability? (1996), 43 *UCLA Law Review* 635.

⑥ A. Pardieck, Japan and the Moneylenders: Activist Courts and Substantive Justice (2008), 17(3) *Pacific Rim Law & Policy Journal* 529.

起来不太合理，但其中一部分也有助于我们理解渐进式重新监管的各方面，并且这种监管也最终导致影响深远的 2006 年改革。事实上，如果我们承认，参与当代决策过程的很大一部分人主要是受到传统文化主义观念的影响，我们就能明白为什么这个团体几乎不会反对日本近期的一系列改革。相反，他们可能会支持这项改革。

ii. 自由主义(liberalism)终于来了吗？

第一，那些认为日本传统文化中缺少法律适用习惯的人，并不一定认为这种文化在未来也得不到发展，或者他们能够理解当前的情况。诚然，著名的法律社会学家川岛武义曾提出，现代资本主义的观念和权利意识将逐渐取代传统规范，①尽管他在 20 世纪 80 年代并不相信这种情况正在发生或在制度的建立上有什么借鉴价值。② 然而，自在 20 世纪 90 年代社会出现混乱之后，有越来越多的评论员开始赞扬日本以权利为基础的民主制，尽管他们有时也会对在这种过渡阶段中所出现的混乱状况和保守因素而感到担忧。③

这些赞成日本这种新兴的、以自由权利为基础文化的人，会认为日本消费信贷的增长可能与越来越多的炫耀性支出有关。他们还指出，贷款人应该依据判决或依据《服务者法》(the Servicer Law，1998 年第 126 号令)的相关规定来采取合法的收债方法，并且任命律师直接担任公司的法律顾问来开展债务收回业务。尽管日本消费者自杀的现象屡见不鲜，但也有越来越多的债台高筑的借款人选择申请破产。从 20 世纪 90 年代后期开始，日本最高裁判所干预贷款人利率的目的是逐渐加强对日本政府机关权力的限制、扩大司法改革的范围和提高日本社会的法治化进程。④

但是，这一说明实际上仅解释了最近日本政府重新监管出现的时机和性质。因此，自由主义者可能会希望，更加严格的利率上限可能会将一大批小规模的低层级的贷款人挤出市场。这些贷款人很大程度上仅披着合法的外衣，但实际上已经

---

① T. Kawashima, Dispute Resolution in Contemporary Japan' in A von Mehren (ed) Law in Japan: The Legal Order in a Changing Society, Harvard, Harvard University Press, 1963, 41. See also, eg, Henderson (1995) DF Henderson, "Foreign Acquisitions and Takeovers in Japan" (1995) 39 *Saint Louis University Law Journal* 897.

② T. Tanase, Kindai No Rinen to Yuragi-Kawashima Hoshakaigaku No Riron to Jissen [The Ideal and Unsettling of Modernity: The Theory and Practice of Kawashima's Sociology of Law] (1993), 65 Horitsu Jiho 26.

③ S. Miyazawa, Law Reform, Lawyers, and Access to Justice' in G McAlinn, Japanese Business Law (The Hague, Kluwer, 2007) 107.

④ See Kozuka and Nottage, A longer version, including thanks to many colleagues, is available as a Sydney Law School Research Paper via 〈http://www.ssrn.com〉. with further references.

在从事非法的贷款活动。据报道,即便是规模较大的、已经公开上市的银行(如Aiful)也被媒体披露出曾经有从事非法贷款活动。

第二,设置贷款利率上限和确保由更有信誉的公司发放小额贷款,并且这一贷款必须建立在双方真实的意思表示基础之上的规定,将有利于规范日本的贷款市场。这也是自由主义观点中自由选择和自负责任两个核心思想的一种法律表达,进一步增强消费贷款领域的"契约意识"。

第三,由律师或服务公司对违约者进行强制执行。2007 年颁布的适用性规则,因为规定当中缺少对违规行为的公法制裁,从而导致这一规定在适用上存在一定的障碍。在 2010 年,当贷款人发放的贷款总额超过借款人收入的三分之一,即便该行为已经明显违法,但在执行上仍然带有很强的不确定性。这些都意味着,律师在为消费者甚至监管机构提供建议方面有了更多自由发挥的空间。随着一部分毕业生逐渐从法学院步入社会,他们可以在这些新兴的、对法律有需求的领域找到高薪工作。尽管这些工作单位和不断扩张的、从事与公司法业务方向的东京律师事务所的工作相比会显得更加乏味。[①]

让更多的律师参与到强制执行和减少消费者债务的活动当中,也将清扫日本黑社会的肮脏世界。日本黑社会利用股东大会向公司勒索资金的行为已经通过修订《公司法》而受到约束。值得注意的是,1993 年的《公司法》修正案大幅降低了股东向法院提起派生诉讼的诉讼费,这一个微小的变化引起了数百起此类诉讼的出现。[②] 自 1992 年以来,日本黑社会的主要收入来源——卖淫、赌博和毒品——也受到更加严苛的立法和执法的规制。[③] 对消费信贷市场的重新监管能够间接地帮助解决日本的一些社会问题。[④]

第四,必须是有合格的信用调查机构才有权批准延长贷款期限。这些机构必须具备相当大的规模,[⑤]这样严格地监管才能有效规制贷款人过度放贷的行为。新

---

① M. Aronson, Elite Law Firm Mergers and Reputational Competition: Is Bigger Really Better? An International Comparison (2007), 40 *Vanderbilt Journal of Transnational Law* 763.

② M. D. West, Why Shareholders Sue: The Evidence from Japan (2001), 30 Journal of Legal Studies 351.

③ P. B. E. Hill, *The Japanese Mafia: Yakuza, Law, and the State new edn*, Oxford, Oxford University Press, 2006.

④ C. J. Milhaupt and M. D. West, The Dark Side of Private Ordering: An Institutional and Empirical Analysis of Organized Crime (2000) 67 *University of Chicago Law Review* 41.

⑤ According to the draft Ministerial Order, a bureau must have 100 or more members and assess ¥5 trillion or more of outstanding debt.

出台的监管措施响应了金融服务管理局研究小组作出的报告。该报告强调，相较于担心借款人隐私的泄露问题，①促进贷款人之间的信息共享更为重要。尽管金融服务管理局的报告表明了对借款人私人信息泄露的担心，但其在消费者个人隐私保护与信息共享之间的平衡，似乎与财政部8年前共同发起的一个研究小组的报告结果背道而驰。② 日本社会支持信息共享表明社会对于这个问题的处理更偏向于采取家长式作风，而不是倾向于把这个问题留给市场参与者自主处理的自由主义。2005年《个人信息保护法》(the Personal Information Protection Law)的生效，有越来越多的证据表明即便是处于领先地位美国信用信息系统也存在诸多信息泄露问题，③这些因素都加深了日本社会和企业对隐私问题的担忧。

总体来看，与主张传统或是认为新社群主义规范和制度最有助于理解日本社会法律发展的文化主义者相比，持有自由主义观点的人难以对消费者贷款增长的原因作出解释。但是在对最近事态的发展作出分析时，他们却变得更有说服力。正如在下文第二模块的C部分当中进一步解释的那样，过程和结果比持自由主义观点的人预期的要复杂得多。我们可以再次假设，如果一些具有决策权的人是受到这种自由主义观点的影响，那么很明显，他们也会在很大程度上支持最近的改革。

B. 经济方面

i. 芝加哥学派

赞成新古典主义经济学的芝加哥学派作出一个直截了当的解释：缺少管制的市场会导致消费者信贷的增长。如果市场的管制程度较低，贷款利率上限会高于市场清算利率，并且对利率的执行力度也会更弱。贷款利率之所以高是因为高风险借款人发放了小额贷款，律师的垄断行为阻碍了正式的债务回收工作。日本政府最近的重新监管措施可以用“公共选择”理论来解释。日本最高裁判所之所以对消费者贷款利率作出干预，是因为它预测到了自由民主党的新偏好，试图以此获得

---

① Financial Services Agency Study Group on the Moneylending Business, interim report of 21 April 2006, at 〈http://www.fsa.go.jp/singi/singi_kasikin/20060421.html〉.

② Outlined in Part Ⅲ. A. 5 of Kozuka and Nottage (2007), Detailed in our first companion paper: S. Kozuka and L. Nottage, Re – Regulating Unsecured Consumer Credit in Japan: Over – Indebted Borrowers, the Supreme Court, and New Legislation (2007) 07/62 Sydney Law School Research Paper 〈http://ssrn.com/abstract=1019392〉.

③ K. Gross, Expanding the Use of Credit Reports and Credit Scores: The Need for Caution and Empiricism (2008), Yearbook of Consumer Law 327. Cf generally C. Lawson, Japan's New Privacy Act in Context (2006), 29 *University of New South Wales Law Journal* 88.

更多来自消费者的选票,并帮助日本银行消除非银行贷款机构日益增长的竞争威胁。①

然而,几乎没有实例来证明这一论断,自由放任的观点在改革辩论中并没有起到什么实质作用。更值得注意的是,人们对微观经济学中的基础内容缺乏足够的关注,例如实施价格管制会导致市场需求过度,以及人们对更新、更有说服力的经济学学派的观点也缺少足够的关注。

ii. 信息经济学

芝加哥经济学学派假设市场信息具有完全性,但这在现实中的信贷市场上是并不存在的:贷款人和借款人之间存在信息不对称。支持传统监管模式的人往往重点关注借款人是否完全符合贷款条件,但贷款人也发现,预测和分析借款人的风险高成本高、难度大。即使没有利率上限或其他监管,消费者贷款需求过度和信贷错配的情况也可能发生。当贷款人提高贷款利率时,风险较低的借款人便会离开市场,而风险较高的借款人依然留在市场中。这是在一个信息不完全的市场中的典型逆向选择。② 考虑到违约风险,贷款人最终可能无法获得能够使其利润最大化的高利率。如果贷款利率低于市场清算水平,消费者对于信贷的需求就会大幅提高,超过其实际需求。③ 因此,芝加哥学派经济学家的观点不完全正确:只是通过取消利率上限并不一定能够有效解决市场上的需求过度问题。

面对这一逆向选择问题,借款人可能会向贷款人提供一些证明,证明其具备较低的贷款风险,理应获得较低的贷款利率。例如,借款人可能会接受随手收回贷款的要求,或者其可以提供其近亲属作出的个人担保。然而,如果这些条件并不能触动贷款人,限制贷款利率会成为一个有吸引力的公共政策回应。④

由美国信用卡贷款机构开发的"汗箱"(sweat box)商业模式,⑤据说大多数日本消费信贷公司也采用了这一模式,这可能是另外一种解决逆向选择问题的私力

---

① See further Kozuka and Nottage, is available as a Sydney Law School Research Paper via 〈http://www.ssrn.com〉.

② See generally G. A. Akerlof, The Market For "Lemons": Quality Uncertainty and the Market Mechanism (1970), 84 *The Quarterly Journal of Economics* 488.

③ B. Greenwald and J. Stiglitz, *Towards a New Paradigm in Monetary Economics*, Cambridge, Cambridge University Press, 2003, 27.

④ Similar ideas lie behind efficiency - based rationales for regulating private contracting: P. Aghion and B Hermalin, Legal Restrictions on Private Contracts Can Enhance Efficiency (1990) 6, *Journal of Law, Economics and Organization* 381.

⑤ R. J. Mann, Bankruptcy Reform and the "Sweat Box" Of Credit Card Debt (2007), 2007 *University of Illinois Law Review* 375.

解决方式。如果将贷款利率设置得足够高,那么只有高风险的借款人会继续留在市场上。认识到这一问题的消费信贷公司,不再指望他们的本金能够得到偿还,而是依赖借款人支付利息来实现盈利。这种商业模式还有利于信贷公司节省成本、更充分地评估借款人的风险。同样地,采用"汗箱"模式的消费信贷公司也可能更倾向于采用严苛的债务收回方式。对于借款人而言,他们要面对的信息不对称问题将更加突出,并且他们没能预估到贷款人收回贷款方式的严厉程度,而限制贷款利率可以有效的规范借款人的这种行为。①

这些从信息经济学的角度,对贷款利率上限作出的分析可能会和传统观点相一致。传统观点认为依据《高利贷法》(Usury Law)能够对肆无忌惮或滥用权力的贷款人作出有效的规制。② 赞成传统观点的人提倡保留《利率限制法》(interest rate restriction law),并支持重新监管日本的消费信贷市场。为了证明设置贷款利率上限是合理的,需要收集关于借款人和债权人的类型和他们做法的实证数据。在日本相对单一的重新监管过程中,这些问题和全面的数据难以获取。

iii. 行为主义

以上的分析是从基于经济学中一个最新的研究成果,尽管它们极大地促进了日本消费信贷的增长,但在政府最近实施的重新监管中它的作用并不明显。行为经济学是利用社会心理学的理论来挑战以主流的新古典主义经济学为基础的财富最大化行为的一个简化概念,在过去十年中,对于理解在信贷市场上的消费者行为,行为经济学已经产生了特别的影响。③ 最近,在南非开展的一项关于无担保消费者贷款试验中,也确实发现一些有关逆向选择的证据,尽管这些证据的证明力稍

① Technically, the focus will be on the difference between demand curves assuming full or no information about collection methods: Y. Tsutsui et al., Jogenkinri Kisei No Zehi: Kodo Keizaigakutei Approach [Pros and Cons of Regulating High Interest Rates: A Behavioural Economics Approach] (2007), 22 *Gendai Finance* 25.

② L. Drysdale and K. Keest, The Two – Tiered Consumer Financial Services Marketplace (2000), 51 *South Carolina Law Review* 590; Mann and Hawkins (2007) R. J. Mann and J. Hawkins, Just until Payday (2007), 54 *UCLA Law Review*, at 906.

③ S. Block – Lieb and E Janger, The Myth of the Rational Borrower: Rationality, Behaviouralism and the Misguided "Reform" Of Bankruptcy Law (2006), 84 *Texas Law Review* 1481; CR Sunstein, Homo Economicus, Homo Myopicus, and Economics of Consumer Choice: Boundedly Rational Borrowing (2006), 73 *University of Chicago Law Review* 249.

显薄弱,[①]但是这项研究发现了贷款人通过利用消费者行为或心理弱点的市场营销行为所发挥的作用非常明显。因此,贷款企业能够通过提高总需求,而不必遭受太多的基于借款人的逆向选择而带来的不利影响,减少市场中利用价格进行不正当竞争的动机。[②] 令人惊讶地是,行为心理学和经济学的观点尚未被运用在有关日本商业或消费者法律的西方研究中,甚至在消费者信贷领域也是如此。

经过数十年的研究,"乐观偏见"(optimism bias)被认为是社会心理学最有代表性的理论之一。[③] "乐观偏见"(optimism bias)是指个人明显高估了好事发生在自己身上的概率,而低估了坏事发生的概率。这一研究能够用来解释即便人们知道吸烟和饮酒等成瘾行为对于他们的健康有风险情况,但是他们仍然坚持这些不良习惯。这项研究成果不仅具有教育作用,还被运用在立法过程中,如《产品责任法》。后来的实验证实了借款人在作出借款决定时的确存在偏见。最近,这一观点被用来解释和解决在信用卡行业中,即便破产案件高发,人们依旧乐观的借款行为。跨文化实验还发现,日本人也明显更容易期待负面事件发生在别人身上,而不是发生在自己身上。[④] 尤其是在消费者贷款领域中,过于乐观会刺激消费者贷款,继而减少自身的容错机会,在灾难发生时如失去收入或就业、家庭破产或医疗紧急情况,发现自己之前负债过多。

消费者第二个根深蒂固的心理是他们容易出现"自己能够掌控一切的错觉",[⑤] 即自己或多或少都能有效控制偶然事件的发展,并且在开展需要作出选择的活动时,并不会对机会与技能可能会冲突的事件作出区分。当他们能够选择数字时,他

---

① D. Karlan and J. Zinman, Observing Unobservables: Identifying Information Asymmetries with a Consumer Credit Field Experiment (2005), 911 Yale University Economic Growth Center Discussion Paper 〈http://ssrn.com/abstract=725563〉.

② M. Bertrand et al., What's Psychology Worth? A Field Experiment in the Consumer Credit Market (2005), 918 Yale University Economic Growth Center Discussion Paper 〈http://ssrn.com/abstract=770389〉.

③ R. Harris and E. Albin, Bankruptcy Policy in the Light of Manipulation in Credit Advertising (2006), *Theoretical Enquiries in Law* 435.

④ S. J. Heine 和 D. R. Lehman:"不切实际的乐观主义中的文化差异:西方是否感觉比东方更坚不可摧"(1995)《人格与社会心理学杂志》第 68 期,第 595 页:的确发现,与日本同行相比,加拿大人明显更希望积极事件发生在自己身上。但是 E. Chang, K Asakawa 和 L. Sanna("乐观和悲观偏见的文化差异:当预测未来的生活事件时,东方人真的期待最坏的,西方人真的期待最好的吗?")(2001)《人格与社会心理学杂志》第 81 期:没有发现日裔美国人和欧裔美国人之间有这样的差异。还有 E. C. Chang 和 K. Asakawa,关于自我与兄弟姐妹之间的乐观和悲观偏见的文化差异:当指称群体被指定时,是否存在西方的自我提升和东方的自我批评的证据 (2003)《人格与社会心理学杂志》第 854 期,第 569 页。

⑤ E. Langer, The Illusion of Control (1975), 32 *Journal of Personality and Social Psychology* 311.

们会花更多的钱购买彩票。但他们也相信，当司机而不是乘客，或者当他们亲自做饭而不是吃准备好的食物时，他们受到伤害的可能性会更低。① 贷款广告着重强调了借款人的选择权——贷款金额、还款选择、不同的贷款机构——导致消费者产生自己能够控制一切的错觉。

消费者第三个常见的认知偏见是“可用性”(availability)：人们能够轻易地想到那些容易涌入脑海的事物。相反，借款人发现他们很难记清楚自己之前的支出，这会促使他们承担更多的债务。② 即便某个客户是因为他客观的低风险情况而享有较低的利率。但贷款人对利率上限的大肆宣传也可能导致贷款人甚至借款人认为这些低利率是“正常的”。

社会心理学家在其他诸多领域强调的“社会规范级联”③也可能诱发这类借款行为。随着消费者消费金额的增加，再按照高利率去申请贷款，“羊群效应”(herd behaviour)便相继出现了。最近的研究进一步证实，许多人是“双曲线折扣商”(hyperbolic discounters)：他们更喜欢根据不断变化的利率而不是固定的利率去计算未来需要支付的款项。单纯从数学角度建立这样一个计算系统是非常复杂的，因为在更长的“生命周期”内，许多潜在的事情会影响贷款人。④ 计算错误可能导致借款不足，但更有可能在像是过度乐观和产生控制错觉这样的既有偏见的影响下，使自身过度负债。⑤

除此之外，作为社会心理学的一个重要补充，实验和文学也从其他方面证实了“社会影响理论”(social influence theory)。例如，不同类型的影响可以指导行为，并

---

① R. Harris and E. Albin, Bankruptcy Policy in the Light of Manipulation in Credit Advertising (2006), *Theoretical Enquiries in Law* 436 - 437.

② This need not occur only in the context of credit cards: cf J. Srivastava and P. Raghubir, Debiasing Using Decomposition: The Case of Memory - Based Credit Card Expense Estimates (2002), 12 *Journal of Consumer Psychology* 353.

③ C. R. Sunstein, *Risk and Reason: Safety, Law, and the Environment* Cambridge, Cambridge University Press, 2002.

④ 例如，双曲折扣店更喜欢一年 100 美元，而不是两年 140 美元，但七年 120 美元会比六年 100 美元更好。See generally S. Frederick, G. Loewenstein and T. Donoghue, Time Discounting and Time Preference: A Critical Review (2002), 40 *Journal of Economic Literature* 351. 可以肯定的是，无担保消费贷款是短期的。但是短期贷款都被包装成长期贷款起来或者是采取类似的方式，导致很多消费者年复一年地被关在汗水箱里。一些人还转向了无担保消费贷款，他们已经获得了较长期的担保贷款或房屋净值贷款。

⑤ R. Harris and E. Albin, Bankruptcy Policy in the Light of Manipulation in Credit Advertising (2006), Theoretical Enquiries in Law 441 - 2.

产生不充分的条件反射性顺从(reflective compliance)。[①] 其中一个是"一致性":当一个请求与一个即便是虚假的理由结合在一起时,人们也会同意该请求。[②] 第二种影响的类型是"回报":当人们从另一个人那里得到一些东西时,他们会作出一些回报,甚至是有些回报并不需要对方的主动提出。[③] 第三个是"社会认同":如果计划是由他人完成的,那么人们会认为该行动是适当的。广告商经常利用这种倾向,例如说明为什么应该发放贷款,提供利率"折扣",强调某些服务是"增长最快的",或者声称他们自己是"最大的"贷款人。广告商越来越频繁地利用消费者在措辞和框架上的心理弱点。[④]

贷款人常常会利用消费者是在交易谈判过程快结束之前才作出签订消费合同决定的习惯。例如,他们会利用消费者对其自尊心的维护,让他们感知到的谈判过程中的"沉没成本"(sunk costs)从而影响他们的决定。情绪压力过多或者过少也会促使消费者作出不理性的行为。[⑤] 最近的研究甚至表明,潜在的消费者可以扰乱大脑衡量快乐和痛苦的能力。[⑥]

这种来自社会心理学、行为法学和经济学"新浪潮式"(new wave)的见解,越来越多地被用来解释消费信贷市场的增长和随之而来的过度负债行为,这些理论似乎在日本和许多其他国家发挥着重要作用。改革过程中似乎忽视了以往的经验教训,[⑦]这些教训同样也未能对2006年改革的原因和方式作出充分的解释。

在很大程度上,新的社会规范集可能已经演变为媒体长期关注的一系列事件

---

① R. B. Cialdini, Influence: *The Psychology of Persuasion*, 1st Collins Business Essentials edn, New York, Collins, 2007.

② 例如,"我可以先用复印机吗? 因为我需要复印。""一致性"也可能有助于解释为什么消费者对未来支付能力的估计会受到贷款人准备提供的限额的影响:D. Soman and A. Cheema, The Effect of Credit on Spending Decisions: The Role of the Credit Limit and Credibility(2002), 32 *Marketing Science* 32。

③ 正如传统文化主义者所强调的,也许是以东方主义者的方式,这种偿还(社会)债务的意识——道理——在日本仍然是一种强烈的规范:see, eg, S. Scott, The Role of Obligation in the Japanese Marketing System(1998), 53 *Business Quarterly* 92。

④ R. Harris and E. Albin, Bankruptcy Policy in the Light of Manipulation in Credit Advertising (2006), *Theoretical Enquiries in Law* 438 – 40.

⑤ S. Becher, Behavioural Science and Consumer Standard Form Contracts (2007), 68 *Louisiana Law Review* 117.

⑥ C. Camerer, G. Loewenstein and D Prelec, Neuroeconomics: How Neuroscience Can Inform Economics (2005), 43(1) *Journal of Economic Literature* 9.

⑦ F. Hiruma, Kashikingyoho Kaisei Mondai Ni Kansuru Shgiron No Saikento: Kaketa Shiten Wa Nanika? [Revisiting the Debates on Amending the Moneylenders Law: What Is the Missing Viewpoint?] (2007), 38 *Credit Kenkyu* 6.

和局部改革的焦点。此外,将利率上限下调到20%也许看起来会更加公平。这种先天的合作倾向,是通过实验心理学模拟出来的,例如“最后通牒游戏”(ultimatum game)。这个游戏的规则是玩家X提议在他和玩家Y之间平分100美元,玩家Y可以接受或拒绝。如果Y接受,双方就按照X的提议分摊;如果Y拒绝,双方都将一无所获。按照传统理性经济学的观点,若要最大比例的分配财富,X提议分取99美元,而Y将接受1美元。然而在实际的操作当中,无论是在发展中国家还是在发达国家开展这项实验,X都将更大的比例分给对方。① 换句话说,人们似乎有一种与生俱来的公平感。然而,这一理论并不能解释为什么日本政策制定者和公民都决定将新的利率上限设定为20%,而不是15%或25%。也许这一利率的设定也受到“可用性”理论的影响,特别是在考虑到2006年1月13日的判决及其之前的一系列准备工作之后。

如果行为主义者的观点能够发挥更多的直接作用,他们应该实施一些更有针对性的改革。② 即便是行为经济学家,也会发现2006年的部分改革已经是向前迈出了积极的一步,它消除了消费者的一些偏见和缓解了一些容易引发消费者过度负债的心理问题。这个群体可能会加入文化主义者的阵营——无论是新传统主义者还是自由主义者,可能还有一些“信息经济学家”,他们共同反对芝加哥学派经济学家呼吁进一步放松管制的观点,反而赞成已经发生的重新监管。

C. 政治方面

i. 精英管理

从20世纪80年代开始,“由精英负责的管理”(management by elites)——包括大企业、保守的自民党政客——就已经成为西方国家研究日本法律和社会发展的一种主要模式。③ 从20世纪90年代起,在与消费者有关如产品责任等法律领域

---

① Albeit with some variations: J. Henrich et al, In Search of Homo Economicus: Behavioural Experiments in 15 Small - Scale Societies (2001), 91 *The American Economic Review* 73; S - H. Chuah et al., Do Cultures Clash? Evidence from Cross - National Ultimatum Game Experiments, 28 April 2005, 〈http://ssrn.com/abstract=905206〉.

② Kozuka and Nottage, Reforming Unsecured Consumer Credit Markets in Japann and Beyond: Empirically - Informed Normativism, Sydney Law School Research Paper, forthcoming via 〈http://www.ssrn.com〉.

③ F. Upham, *Law and Social Change in Post - War Japan*, Cambridge, Harvard University Press, 1987.

中,司法创新不仅有助于完善政府监管市场的方式和行业行为,而且影响深远持续。① 借款人偏向于向立法机构、律师和法院求助,而不是依赖政府机构。令人讽刺的是,那些偏向于采取精英管理模式的人可能会加入芝加哥学派经济学家的行列去反对借款人的这种偏好,但结果却是徒劳无功。

ii."非典型的多元主义"(less "patterned pluralism")

"典型的多元主义"(patterned pluralism)是另外一种分析方法,主要用于分析20世纪80年代以来的日本政治特征。② "典型的多元主义"反对由政府垄断监管权的模式,而是强调监管权应当由多方共同行使或者要求政府要对社会需求作出积极的回应。因为参与政治化进程的利益集团比大多数政治理论所设想的要稳定,所以日本的多元主义是十分典型的。③ 20世纪90年代日本的政治和经济环境发生巨大变化。在1994年选举制度改革之后,④日本"典型的多元主义"(patterned pluralism)本身可能需要得到修正。2006年的消费信贷监管改革能够作为一个很好的案例研究范本,检验政治进程在多大程度上偏离了原本的分析框架。

在消费者信贷领域中,参与监管改革的主要是贷款人、借款人、律师和其他借款人的支持者、分散的监管机构和以银行为首的金融行业。回顾过去,在政治发展的进程中,贷款人完全处于弱势地位,几乎没有人听取他们的意见。律师们取得的成果超出了他们的预期,因为在最高裁判所于2006年1月13日作出关于加速条款的判决以前,即便是站在消费者一方的律师也没有希望能全部收回属于"灰色地带"(grey zone interest)的利息。⑤ 各银行也没有积极参与到消费者信贷领域重新监管的改革进程当中。这一特征可以通过查阅受邀参与金融服务管理局研究小组讨论的会议记录,发现没有人代表银行业发言。考虑到这些改革措施都属于金融

① See Nottage (2004), Product Safety and Liability Law in Japan: From Minamata to Mad Cows, London, RoutledgeCurzon, 2004; and further Kozuka and Nottage, A longer version, including thanks to many colleagues, is available as a Sydney Law School Research Paper via 〈http://www.ssrn.com〉.

② M. Muramatsu, Patterned Pluralism under Challenge: The Policies of the 1980s' in GD Allinson and Y Sone (eds), *Political Dynamics in Contemporary Japan*, Ithaca, Cornell University Press, 1993, 50.

③ Cf, eg, J. M. Ramseyer and F. M. Rosenbluth, Japan's Political Marketplace, Cambridge, Harvard University Press, 1993. This also downplays Japan's bureaucracy, but substitutes simply the LDP.

④ J. A. A. Stockwin, *Governing Japan: Divided Politics in a Major Economy*, 3rd edn, Oxford, Blackwell Publishers, 1999.

⑤ Minutes of FSA Study Group's 2nd meeting, 〈http://www.fsa.go.jp/singi/singi_kasikin/ gijiyousi/f-20050427-kasikin.html〉.

服务管理局的职责范围内,[①]而这项改革似乎证明了过去十年来多元化模式(patterned pluralism)的日渐衰微。

仔细观察之后我们就能发现,银行业参与程度低是不足以导致"典型的多元主义"发生变化的。首先,主要通过电视广告或地铁广告而获得更高关注度的大型消费者贷款机构和一些规模较小甚至是非法的贷款者,他们中的大多数人内部都有不同甚至相互冲突的利益。更加讽刺地是,在改革的后期,尽管最大的几家银行提供的贷款利率比规模较小或非法的银行更低,但他们却成为公众批评的主要目标。[②] 并非所有的律师都站在消费者一边:据说有些律师与贷款人[③]有来往。银行的立场并不明确,让人无法摸清。银行作为对非银行的竞争者和对消费者的贷方,对非银行金融机构施加更严格的监管是理应持赞成态度。银行也是大型消费金融公司的主要资金供应商,有时也是这些大型消费金融公司的股东(如 Promise 和 Aiful)。银行和金融机构之间的利益冲突使他们难以为改革进程作出任何重大的影响。其次,与银行不同的是,即便是非银行业中的大型贷款人,也没有与金融服务管理局这类监管机构建立紧密的沟通渠道。[④] 最后,借款人不会故意使自己负担过多的借款,所以拥有高额负债的借款人不足以形成一个利益团体。一旦他们过度负债,他们关心的是如何减少自己的债务,而不是社会需要什么样的监管机构。总之,人们并不会对这个过程并不像村松的理论(Muramatsu's Theory)所预测的那么典型而感到诧异。

尽管如此,改革的进程也是多元化的,因为改革需要及时对社会需求作出回应。通过分析日本最高裁判所近期作出的一系列与消费者贷款有关的判决,我们可以发现这是消费者代理律师采取类似竞选的一种诉讼策略——这一诉讼策略起源于日本战后"决策性诉讼"(policy - making litigation)——从而得到这些胜诉成果。甚至一个代表借款人的大型非政府组织也受邀加入金融服务管理局的研究小

---

① For the meaning of jurisdiction, see M. Muramatsu, Patterned Pluralism under Challenge: The Policies of the 1980s' in GD Allinson and Y Sone (eds), *Political Dynamics in Contemporary Japan*, Ithaca, Cornell University Press, 1993, 51 - 2.

② 20 世纪 90 年代初,当大型银行开始以 29.2% 的利率提供消费者信贷时,规模较小的竞争对手抱怨称,利率太低,无法与之竞争。(截至 2000 年,《放债人控制法》规定的最高利率为 40.004%。)

③ 并且其中很大一部分是非法贷款人。——译者注

④ S. Ide, Sarakin Hokai [The Collapse of Loansharking], Tokyo, Nakagawa Shobo, 2007, 68.

组当中,[1]这一借款人代表组织有机会在会议当中发表自己的观点。[2] 特别是在金融服务管理局于2006年年初下令暂停Aiful(日本的一个金融公司)的业务之后,即便新闻媒体也报道了债台高筑的借款人的悲惨处境,但是到目前为止,基于消费者贷款公司是新闻媒体的合作伙伴,媒体并没有过多的公开讨论这个问题。如果媒体对此事进行大肆报道,将反过来影响了改革的进程。[3] 最后,一位年轻议员站出来强烈批评了《基本政策》(the Basic Policy)中披露出来的与中小额贷款有关的规定以及修正案初稿中与小额贷款有关的例外规定,但他却因此意外地成为金融服务管理局(Seimukan)的议会秘书。[4] 令日本政界震惊地是,他竟然在之后辞去了自己的职务。[5] 年轻议员的辞职成为例外规定被撤销的导火索,甚至连自民党通过发挥政客资历体系来进行协调的能力,也被证明已经下降,他们转而开始支持公众舆论。

一部分原因是基于独特的利益群体和相关各方的权力,以消费者贷款为首的贷款人业务通过一种"非典型的多元化"进程得到重新调整。当然,在一个民主国家,这种回应是极为重要的。调整过多会导致民粹主义并对有责任的治理主体带来威胁。这种重新监管是由法院判决引起的,律师们在处理涉及负债过高的借款人案件时,极有可能陷入民粹主义的陷阱当中,无法形成对问题的整体认识。在有关改革的辩论过程中,贷款人反对消除"灰色地带"的理由是:降低贷款利率上限将驱使具有高信贷风险的借款人从合法贷款市场转向非法放贷市场。[6] 尽管担任研究组主席的经济学家吉野直行教授在2006年的《中期报告》中提到了价格(利率)管制可能引发超额信贷需求这一问题,但该问题并没有引起人们的充分重视。显然,没有人尝试计算出这种过度需求的预期程度,更不用说提出一个具有现实意义

① Detailed in our first companion paper: S. Kozuka and L. Nottage, Re – Regulating Unsecured Consumer Credit in Japan: Over – Indebted Borrowers, the Supreme Court, and New Legislation' (2007) 07/62 Sydney Law School Research Paper 〈http://ssrn. com/abstract = 1019392〉

② Minutes of the FSA Study Group's 4th meeting, 〈http://www. fsa. go. jp/singi/singi_kasikin/ gijiyousi/f – 20050615 – kasikin. html〉.

③ S. Suda, Karyugui-Shohisha Kinyu No Jittai [the Reality of the Consumer Finance Foodchain] (Takuma Shinsho, Tokyo, 2006) 203 et seq.

④ S. Ide, Sarakin Hokai [The Collapse of Loansharking] (Tokyo, Nakagawa Shobo, 2007) 70.

⑤ 金融服务管理局的第三个职位是从国会议员中任命的,仅次于部长(一位资深政治家)和副部长(fukudaijin)。Seimukan职位由一位职业生涯较早的政治家担任,自2001年以来随着各部委的中央化而推出。然而,它仍然是一个更加正式的职位,而不是拥有作出决策的实质性权力。

⑥ See "Parliamentary Secretary quits over bill: high consumer rate at issue", *The Japan Times*, 7 September 2006.

的解决方案。相反,争论的焦点主要是关于借款人申请超额贷款以及遭受苛刻的贷款收回手段的问题。

消费者信贷需求过剩是一个严重的问题,它意味着的具有较低信用风险的借款人在利率达到上限的情况下将无法在合法的借贷市场中获得贷款。我们可能需要从更为宏观的角度去思考这一问题,并将其扩大到金融部门的顶层设计之中。或者,我们可以说此类低信用风险借款人应受到社会福利政策的倾斜照顾。更值得我们考虑的做法是,变革国民经济的整体结构从而实现进一步的进展,最终实现经济增长。但是,在2006年的改革过程中几乎没有听到这样的前瞻性观点。若不考虑上述问题,将导致重新监管演变成民粹主义和对"贫困"借款人的纯粹同情。

尽管在随后的讨论过程中出现了政治妥协,但对其他一些辐射范围更窄问题的讨论和提纲却是在研究组审议的既定议程中开展的。这表明审议理事会①在政策制定中仍然保留较多的传统,尽管审议理事会也会通过记录会议内容、邀请非政府组织和媒体代表来扩大参与范围的方式来提高透明度②和重塑传统方式。③ 正如一些人所认为的那样,在20世纪90年代后期,④在强大的司法改革委员会进行审议的过程中,组织者会故意给参会人员提供一些控制会议进程的机会。至少与以议会委员会为中心的政策制定相比是这样的。与20世纪90年代初的产品责任法这类消费者法律领域的改革相比,⑤有关消费信贷重新监管的辩论主要围绕日本金融厅研究小组展开,对消费信贷的重新监管遏制了原始的民粹主义,并在一定程度上重塑日本当代立法的模式。

三、结论

尽管在消费者贷款这个问题上,每一种理论都其难以得到全面论证,但是一些通常用来解释社会经济背景下的日本法律和行为的理论却无法适用。对于无担保

---

① Eg Minutes of the FSA Study Group's 3rd meeting,〈http://www.fsa.go.jp/singi/singi_ kasikin/gijiyousi/f-20050527-kasikin.html〉.

② F. J. Schwartz, *Advice and Consent: The Politics of Consultation in Japan*, Cambridge, Cambridge University Press, 1998.

③ G. Noble, Reform and Continuity in Japan's Shingikai Deliberation Councils in P. Drysdale and J. Amyx (eds), Japanese Governance: Beyond Japan Inc, Sydney, Routledge, 2002, 157.

④ S. Miyazawa, "Law Reform, Lawyers, and Access to Justice" in G. McAlinn, Japanese Business Law, The Hague, Kluwer, 2007, 107.

⑤ L. Nottage, Product Safety and Liability Law in Japan: From Minamata to Mad Cows, London, RoutledgeCurzon, 2004.

消费贷款的增长，最令人信服的解释并非源于传统的“儒家”理论，而是改良的文化主义理论和以行为经济学理论为首的新兴经济学理论。无担保消费贷款数量的部分下降说明了日本政治中“典型多元主义”(patterned pluralism)，甚至是“平民主义”(populism)的特征正在逐渐减少，甚至可能代表民粹主义的色彩也越来越少。同日本的破产改革相比，在过去十年里，这一过程几乎没有得到贷款机构的足够关注，而更多的是得到消费者团体或者认同这一变革的政治人物的关注。① 针对消费者信贷的重新监管，尽管其重心依旧是在可能部分仅具有象征意义的利率上，但这项监管的速度更快、监管范围更加全面。

在对改革进程和某些实质问题作出解释时，这种观点突出强调在特定的利益群体之间会相互影响，而不是为了满足社会的功能需求而对文化进行简单概括。尽管重新监管可能会存在给部分监管机构和律师获益空间的弊端，但这种监管策略也得到其他国家的认可，例如，加拿大也采取类似的方式进行改革。② 现实的经济情况和某些特定的文化特征可能有助于解释该问题为何起始于加拿大和其他一些工业化国家。③ 因此，日本消费者信贷需求的兴衰变化为准确比对世界上不同国家的消费者信贷监管发展情况提供了另外一种有价值的参考。

特别需要注意的是，与芝加哥经济学派所强调的竞争激烈、信息充分、理性的市场[参见第二板块的 C(1)部分]相比，这种消费者信贷的增长似乎涉及的因素要更多，因为消费者信贷的增长中因素可能会出现的畸变，包括信息不对称[参见第二板块的 C(2)部分]、处理共享信息的困难以及行为经济学强调的其他问题[参见第二板块的 C(3)部分]。在日本文化中，只有部分出自再次兴起的文化主义者的观点[参见第二板块的 A(1)部分]听起来是合理的：羞耻感、性别、家庭角色、信守诺言和自杀，以及认可通过日本黑帮超越法律规范和制度来执法的态度。当试图解释最近的变化时，传统的文化主义理论变得不那么富有吸引力。尽管最高裁判所花了 7 年的时间才作出 2006 年 1 月这样的判决，这一进展确实表明司法机构自我意识的转变：成为“人民的拥护者”(people's champion)。④ 这改变了司法机关的

---

① K. Anderson, Japanese Insolvency Law after a Decade of Reform' (2006), 43 *Canadian Business Law Journal* 2.

② I. D. C. Ramsay, Interest Groups and the Politics of Consumer Bankruptcy Reform in Canada (2003), 53 *University of Toronto Law Journal* 379.

③ R. J. Mann, *Charging Ahead: The Growth and Regulation of Payment Card Markets*, Cambridge, Cambridge University Press, 2006, 109.

④ T. Hotta, The Courts as the People's Champion (2007), 34 *Japan Echo* 44.

传统——对于这些案件,规制措施要依靠公法而不是私法,并强调了对个体原告的补偿,而并非关注判决对社会或决策过程带来的整体影响。这些转变的特征以及最近改革方案的各种局限性表明日本尚未实现“最终的自由主义”(liberalism at last)[参见第二板块 A(2)部分]。然而,相比用于解释由炫耀性的“自由”消费社会新规范导致的消费者信贷增长,该理论用来解释日本政府当前实施的重新监管反倒更有说服力。

尽管如此,传统文化和自由主义文化的支持者都可能会同行为经济学家和政治多元主义者一道,支持日本政府近期的“一揽子”改革方案,尽管他们支持的程度和原因上都有所不同。恰恰是因为日本的法律改革进程变得越来越多元化,这样的联盟能够更容易形成,以对抗那些很可能会反对这些“一揽子”改革方案的团体。① 由于这些团体的实力不断下降,因此他们在改革过程中处于劣势地位。

这些结论也可能用于解释其他国家在消费者信贷领域出现的类似问题。研究者们还大体上指出了比较消费者信贷和消费者法研究的另一个含义。例如,根据日本的最新实证研究成果,当社会经济成本增长到无法让人忽视时,即便整体经济管制呈现出放松状态,并不能排除政府会实施更加集中的重新管制。这种趋势在全世界范围内的后工业化社会中十分明显,但是在某些国家,例如澳大利亚,消费者的利益受到越来越多的威胁。这是因为澳大利亚政府拒绝借鉴实施欧洲消费者产品安全制度。这一现象也与日本在 2006 年年末实施的部分重新监管形成了鲜明对比。②《自由贸易协定》使这些国家之间的联系日益紧密,通过有针对性的重新监管来维护健康的竞争环境并解决特定的社会经济问题,可能会使消费者面临更大的压力,这倒颇有讽刺意味。但是,为了最大限度地提高经济利益和稳定社会秩序,应当协调统一推进消费者法改革的进程。协调统一体现在改革需符合法律改革的程序性规定和解决有关干预消费者信贷市场基本原理的实质性问题,制定出最佳的监管手段。

关于其他规范性问题将在《消费者信贷、借款和破产》(*Consumer Credit, Debt and Bankruptcy*)这本书中的其他部分进一步探讨。③ 简言之,在宏观层面上,由于

---

① 那些由芝加哥学派的人为首组成精英团体,还包括消费者信贷行业的利益团体。——译者注

② L. Nottage, Product Safety Regulation Reform in Australia and Japan: Harmonising Towards European Models? (2008), Yearbook of Consumer Law 429.

③ S. Kozuka and L. Nottage, Reforming Unsecured Consumer Credit Markets in Japann and Beyond: Empirically - Informed Normativism, Sydney Law School Research Paper, forthcoming via 〈http://www.ssrn.com〉.

日本政府作出越来越多有关市场和社会福利的承诺,日本社会出现越来越多容易引发过度信贷风险[1]的因素,消费者也逐渐意识到过度信贷会给他们带来负诸多面影响,因此政府实施重新监管行为的合理性也就越发明显,也得到更多人的支持。在微观层面上,行为经济学关注的是广泛存在的偏见问题,而这些偏见往往被消费者贷款人所利用。重新监管可能需要更多的集中在这几个方面:披露要求、适用性规则、简化和标准化消费贷款中使用的各种术语,以及保障消费者诉诸事后私法救济的权利。监管部门将利率上限设定在20%似乎是一种相当粗糙的次优解决方案,这种解决方案是由于其他工具未能有效遏制这一行业不断涌现的问题。长期以来人们都忽视了新古典经济学家关于控制利率而提出反对意见。[2] 但是,其他学派提出的规范性观点也被忽视了。[3] 这些论点认为,贷款人拒绝向具有高风险的借款人发放信用贷款,是否可以从贷款人拥有自主放贷权[4]或者其他社会政治价值的角度来解释。

上述观点提出了一些有关实证的问题,但它们也必须考虑到其他一些关于当代法律与社会经济环境之间的关系问题,本文是以日本为例作出的分析。这一分析借助了一个更加折中的跨学科方法工具包。在分析消费者信贷的增长原因和可能有效的法律对策这两个问题,该工具包始终对来自文化研究、经济学和政治学中不同流派的论点和论据报以包容开放的态度。

---

① E. Posner, Contract Law in the Welfare State: A Defense of the Unconscionability Doctrine, Usury Laws, and Related Limitations on the Freedom of Contract (1995), 24 *Journal of Legal Studies* 283.

② D. Cayne and M. J. Trebilcock, Market Considerations in the Formulation of Consumer Protection Policy (1973), 23 *University of Toronto Law Journal* 396 at 414 – 18.

③ See generally also A. White, Behavior and Contract (2007), September Valparaiso University School of Law Legal Studies Research Paper 〈http://ssrn.com/abstract = 1015381〉.

④ G. Wallace, The Uses of Usury: Low Rate Ceilings Examined' (1976), 56 *Boston University Law Review* 451.

金融违约债

BANKRUPTCY
LAW REVIEW

中国债券市场违约债券交易与处置机制研究报告

中国政法大学破产法与企业重组研究中心

报告说明

近年来我国债券市场快速发展，公司信用类债券发行规模迅速扩大。截至2019年年末，中国债券市场存量规模为97.10万亿元，其中公司信用类债券存量规模超过20万亿元。但随着在经济下行压力的逐步增大，债券市场信用风险上扬，债券违约事件逐步显现。截至2019年12月31日，中国公司信用类债券累计违约规模已达3479.45亿元。健全违约债券交易与处置机制是当前化解金融风险需要解决的重大课题之一，一方面要依靠法律的力量定分止争，保护投资人的权益；另一方面要丰富市场化处置手段，提高风险处置效率。但在我国债券市场建立初期，由于对债券违约现象预期不足，同时担心信用风险传导，监管政策限制了违约债券继续交易流通，给市场造成信用风险与流动性风险的双重叠加；此外，由于违约债券处置工具相对单一，处置效率和回收率处于较低水平。完善与我国债券市场发展水平相适应的法律制度体系，建立科学有效的违约债券交易和处置机制有助于提高债券违约处置效率，从而实现化解和缓释金融风险的目标。

中国政法大学破产法与企业重组研究中心是中国第一家破产法与企业重组专业研究机构，长期从事破产、债务处置和企业重组方面的理论研究与实务工作。本次中国政法大学破产法与企业重组研究中心成立专项课题组，对中国债券市场违约债券交易与处置机制进行研究，探索在中国建立违约债券交易和处置机制的可行路径，并形成本报告。中国政法大学破产法与企业重组研究中心参与此项研究的专项课题组成员包括：

李曙光教授，中国政法大学研究生院院长、破产法与企业重组研究中心主任、教授，最高人民法院中国应用法学研究所研究员，国际破产协会(INSOL)理事会前理事，国际破产协会中国委员会联席主席，美国破产学会(ACB)第十九届终身外籍会员，担任课题组组长。

张钦昱副教授，中国政法大学副教授、破产法与企业重组研究中心秘书长、美国纽约大学法律硕士、国际破产协会会员。

杨阳，华泰联合证券债券业务总部业务董事，中国政法大学破产法与企业重组研究中心研究员。

刘欣东，中国政法大学民商经济法学院经济法专业博士研究生，中国政法大学破产法与企业重组研究中心研究员。

张泽斌，中国政法大学民商经济法学院经济法专业博士研究生，中国政法大学破产法与企业重组研究中心主任助理。

第一部分　中国债券市场违约情况概述

近年来我国债券市场快速发展，债券市场规模迅速壮大。在经济下行压力加大、债券市场化运作深化的背景下，我国债券市场信用风险上扬，债券违约事件频发，受到社会广泛关注。随着债券投资“零风险”和“刚性兑付”的打破，债券违约将不可避免地成为债券市场的常态化现象，违约债券处置的市场化、法治化是必由之路，深化违约债券的法律治理是当前我国证券市场需要解决的重大课题。其中，违约债券的交易与处置机制是最迫切需要解决的问题。建立和完善科学有效的违约债券交易与处置机制，首先要全面了解我国债券违约的现状和发展趋势，本部分针对我国债券市场违约情况展开分析。

一、债券违约的界定

对于违约含义的界定，法律上和实务界存在不同的划分标准和分类。从法律及政策角度看，《合同法》《新巴塞尔协议》以及中国人民银行在2009年发布的《中华人民共和国金融行业标准 JR/0039—2009：征信数据元信用评级数据源》等法律法规和政策文件中对违约进行了界定；除此之外，国内外主要的信用评级机构及市场参与机构也对违约有各自的理解。

（一）债券违约的法律界定

我国《合同法》第 107 条[①]对违约行为进行了规定，即当事人一方不履行合同义务或者履行合同义务不符合约定的行为。具体到债券违约，通常由债券募集说明书进行具体约定，如《公司债券发行与交易管理办法》第 57 条规定，发行人应当在债券募集说明书中约定构成债券违约的情形及违约责任。不同的债券产品对违约的界定会有一些差异，但一般会涉及拖欠付款、企业解散和破产三种情况。

（二）国际评级机构对债券违约的界定

从海外经验来看，国际三大评级机构对于债券违约有着各自明确的界定，综合三大评级公司的标准，债券违约主要包括：未在到期日偿还本金和利息；企业申请破产、清算或被托管；企业发生债务置换或重组计划等三项事件的发生（见表 1）。

表 1　国际评级机构对于债券违约的界定

穆迪	标普	惠誉
(1)未能按照合约规定支付或延期支付利息或本金(不包括在合约允许的宽限期内支付的情况)	长期主体及债项违约定义 (1)债务未在到期日按期偿付，除非主体在未固定宽限期的情况下能在 5 个工作日内偿付，或在有规定宽限期情况下较早或 30 天内可以偿付	(1)债务人未能按照合约规定支付或延期支付利息或本金，但宽限期内偿还债务本息不在违约范畴内
(2)债券发行人或债务人提出破产申请或法律接管，使其未来可能不能履行或延期履行债务协议的支付义务	(2)企业发生破产或协议重组(包括债务置换或回购)等不利于债务人的举动	(2)债务人申请破产保护、被接管、清算或停业
(3)出现不利于债务人的债务置换	短期主体及债项违约定义 (1)债务未在到期日按期偿付，除非标普认定可以在宽限期内完成偿付，不过任何超过 5 个工作日的宽限期均会被视为 5 天	(3)发生债务置换，债权人被提供结构条款或经济条款不如原债券的证券
(4)由主权国家导致的信贷协议或契约付款条件变化，从而使债务人可以承担较少的金融义务	(2)企业发生破产或协议重组(包括债务置换或回购)等不利于债务人的举动	

---

① 《合同法》第 107 条规定，当事人一方不履行合同义务或者履行合同义务不符合约定的，应当承担继续履行、采取补救措施或者赔偿损失等违约责任。

总结三大评级机构的违约情形可以看出，三大评级机构均认为在宽限期内完成相应的支付义务并不算违约，同时三大评级机构均认为发生不利于债权人的债务置换属于违约。这与我国法律的相关规定有一定差异。实践中，我国债券市场关于违约的界定基本采用了《合同法》的相关规定，类型均为到期未能按照约定偿付本金或利息。

二、中国债券违约规模与分布

以 2014 年“11 超日债”违约为起算点，中国境内债券市场违约历史已有 6 年。根据 wind 数据统计，截至 2019 年年末，中国债券市场发生违约的债券共 429 只，累计违约债券金额 3479.45 亿元。从时间分布看，2014 年至 2015 年债券违约企业家数和违约规模均较小，2016 年是债券违约的高峰期，2017 年违约主体和违约规模大幅减少，2018 年至 2019 年违约主体数量增多，违约规模处于较高水平。（见表 2）

表 2　我国债券违约总体情况

年份	违约债券只数（只）	违约规模（亿元）
2014	6	13.40
2015	30	126.10
2016	56	393.77
2017	34	312.49
2018	125	1209.61
2019	178	1424.08
合计	429	3479.45

数据来源：wind 资讯　本课题组整理。

从违约企业的性质来看，国有企业和民营企业均有违约发生，但民营企业占比较大，特别是 2018 年至 2019 年民营企业违约占比超过 80%。从行业分布来看，违约企业主要集中在周期性行业，特别煤炭、钢铁、造船等产能过剩行业。具体来说，违约位列前五的行业分别为制造业、综合类、批发和贸易零售、建筑业、交通运输和仓储业。从地域分布来看，债券违约规模位列前五的地区分布是北京、上海、辽宁、浙江、山西。

三、中国当前债券违约的特点

（一）整体违约率不高违约风险可控

整体来看，中国债券市场整体违约率的水平目前并不算高。与信贷市场违约相比,2018 年年底的公司信用债违约金额占信用债余额的比例(以下简称“公司信用类债券违约率”)是 0.79%,而同期中国银行业不良贷款的比例是 1.89%;2019 年底公司信用类债券违约率为 1.19%,较之 2018 年略有上升。但与国际水平比较,穆迪发布的过去几年国际债券市场违约比率总体在 1.12% ~2.15%。相对而言,中国债券市场违约水平仍处于国际均值低位。因此,当前债券市场违约情况总体处于正常范畴。

(二)债券违约阶段性特征明显

自 2014 年“超日债”首次违约以来,中国债券市场经历了三个明显的违约阶段,且阶段性特征明显。第一阶段是 2014 年至 2016 年,此阶段债券市场从打破刚兑到违约逐步增多,特征表现为违约集中于产能过剩行业,如钢铁、煤炭、化工、船舶、光伏等,具有明显的行业特征,风险的传导性较强;第二阶段是 2017 年,随着供给侧改革和淘汰落后产能工作的深入推进,前期产能过剩行业的亏损情况得到了大幅度扭转,有效地遏制了产能过剩行业信用风险的蔓延,此阶段债券违约出现了阶段性缓和;第三阶段是 2018 年至 2019 年年末,此阶段没有明显的行业特征,违约主体广泛的分布在交通运输、文化传媒等十几个行业,但违约主体集中于民营企业,民企违约占比 80% 以上。

(三)违约主体集中于产能过剩行业,且以民营企业为主

从行业分布上来看,债券违约主要集中在传统制造业,该行业市场饱和、产能过剩、竞争激烈、转型成本高,行业周期性长,受宏观经济影响大,并存在盲目扩大产能问题。地方国有企业的信用风险集中在政策性去产能比较严格的行业;民营企业信用风险暴露比较充分,周期、非周期性行业都存在。从主体性质上来看,债券违约经历了从民营企业蔓延至中央国有企业、地方国有企业,又重回民营企业的路径。债券发行主体民企少、国企多,而违约主体却民企多、国企少。此系国有企业有政府支持,在融资渠道上可能更通畅所致。民营企业因其规模、融资渠道、所处行业等因素,发生信用风险的可能性更大。

(四)违约处置力度有待加强

目前,违约债券的处置仍然面临较大挑战,相关法律法规有待完善,投资人、发行人、主承销商、受托管理人各方的权利义务界限需要进一步明确。此外,在债券违约处置的监管上,各方监管主体的角色定位尚不够科学合理。在当前违约风险化解的语境下,违约处置的管制性有余而引导性和保障性不足。因债券市场的割裂规范状态,债券违约的基础性和统一性规制不足,各主体之间存在监管竞争,缺乏明确和统一的违约处置思路。

(五)违约债券缺乏流动性

2019年之前,中国债券发生违约后无法在公开市场继续流通转让,违约债券丧失流动性。这导致部分投资人无法将手中的违约债券及时转让,也使部分专业投资人或不良资产处置机构难以获得良好的投资机会,不利于市场出清。更深层次的问题是违约债券丧失流动性,会给投资人造成信用风险与流动性风险的双重叠加,加重金融风险的复杂性和处置难度。

四、中国债券违约的原因及典型案例分析

从历年来已经发生过的违约案例来看,最终导致企业违约的因素大致分为内生性因素和外源性因素两大类。其中内生性因素主要是:经营不善盈利下滑,内外部现金流恶化;投资经营策略过于激进,盲目杠杆经营;公司治理结构存在瑕疵,股权过于集中或缺乏实际控制人;涉嫌财务造假,由此丧失外部融资可能性;对外担保较多,互保风险较大。外源性因素主要是实体经济行业景气度下滑和金融市场信用收缩。此外还有担保人不履行担保义务、技术性违约等原因。(见表3)

表3 中国债券违约原因汇总

原因		涉及典型发行人或债券
经营低迷导致内外部现金流突发收缩	行业低迷致使经营持续恶化	保定天威、天威英利、超日、二重、中钢、八钢、东特钢、华昱、苏飞达、川煤、霍煤、铁物资、广西有色、华锐风电、云煤化(云维股份)、舜天船舶、宏达、春和、国裕物流、博源、江泉、鄂华研、亿阳
	政策变化致使经营持续恶化	湘鄂情
	失去主要客户导致经营恶化	珠海中富、青岛三特
激进扩张和多元化高杠杆经营		南京雨润、圣达集团、蒙奈伦、弘昌燃气、丹东港、保千里、凯迪生态、新光控股、永泰能源
担保人不积极或拒绝履行担保		13大宏债、12东飞01、12蒙恒达
实际控制人风险及公司治理因素		山水水泥、佳兆业、河北融投、湘鄂情、亚邦集团、南京雨润、华通路桥、丹东港、保千里、神雾环保
技术性违约		波鸿集团、亿利资源、大连机床
对外担保或互保风险		谷神生物、富贵鸟、中澳控股、大海集团、金茂纺织、东辰控股

（一）经营低迷导致的内外部现金流收缩引发的违约

1. 行业景气周期向下导致企业经营持续恶化

行业低迷致使经营持续恶化多数发生在强周期性行业，如煤炭、钢铁、石油、化工、新能源、贸易、造船等。当重资产行业出现产能过剩问题导致行业景气度快速下滑时，整个行业的利润都出现明显的收缩，即使是行业内竞争力较强的公司也无法幸免，信用资质会出现难以避免的下滑，即使企业在行业恶化的开始还有良好的资产储备，但随着行业景气度的不断恶化，资产的变现能力和变现价值也会明显下降，盈利恶化长时间侵蚀资产负债表之后再好的企业也有陷入偿债困境的可能。而对于产能过剩行业中的中小企业则更是如此，一方面，面临被去产能的政策风险；另一方面，盈利的恶化比大企业更为严重，因此往往风险暴露会更加迅速。

典型案例：

超日太阳能

金融危机和欧债危机成为行业转弱的导火索。超日债就是典型的行业低迷导致的行业内企业盈利状况不断恶化的典型代表。2007～2008 年，多晶硅价格一度上涨至 400 美元/公斤，但随后伴随着金融危机和欧债危机的发酵，欧洲部分国家光伏电站获取资金难度加大，政府补贴一再削减导致行业需求出现大幅下滑，多晶硅价格出现大幅下跌，一度下行至 20 美元/公斤之下。对于原材料和终端需求“两头在外”的国内光伏行业来说，景气度自然也出现了明显的下行。超日经营状况伴随着行业的下行出现快速恶化。2011 年年报之前，超日整体业绩并未出现显著恶化，三季度净利润甚至实现了 50% 的同比增长，但年报业绩突然变脸，在营业收入较为正常的情况下净利润从三季度 2.38 亿的净利润突然跌至 -0.55 亿元。拆分来看，主要是利润表中的财务费用以及资产减值损失出现了明显的增长。一方面，是公司非流动负债出现了快速增长，2011 年年底 35.68 亿元，而年初仅为 16.65 亿元；另一方面，由于欧洲经济状况恶化，2011 年其应收账款也出现了明显增长，同比增长接近 3 倍，形成了大量的坏账，导致资产减值损失大幅增长。随后伴随着行业的景气度进一步下降，2012 年公司营业收入开始明显下滑，然后坏账问题急需侵蚀公司的盈利，最终导致 2013 年、2014 年公司开始出现了持续的亏损，2013 年年底已经资不抵债，最后引发了债券的违约。

2. 政策突发变动引发经营状况急转直下

非周期性行业虽然受到经济周期的影响较小，但也可能出现景气度趋势性下行的情况。例如,当受到政策的调控,或者因为技术的进步被淘汰时,即使是非周期性行业也可能发生长期衰退。若行业景气度难以回升,会导致相关的企业财务状况持续恶化,甚至破产,从而引发违约信用事件。高端餐饮行业是一个典型的例子。高端餐饮本身是受经济周期影响较弱的非周期行业,但是由于国家严抓贪腐和控制“三公消费”的影响,导致行业的景气度持续低迷。行业内某些企业盈利和偿债能力急剧恶化,最终走向违约。

典型案例:

湘 鄂 债

2012 年国务院限制三公消费以来,国内酒楼业务均出现了明显的下滑,而该政策对湘鄂情的负面影响从 2013 年也开始出现。2011 年年报显示湘鄂情净利润 0.94 亿元,增速同比依然达到 60%,但 2012 年开始便出现了缓慢的同比下滑,净利润同比下滑 12%。2013 年之后,公司经营情况进一步恶化,从年报来看,公司营业收入同比下滑 40%,而营业成本却同比持平,导致净利润大幅转负,2013 年全年净利润 -5.64 亿元。2014 年公司亏损幅度进一步加大,到 2014 年年报时公司已经资不抵债,导致公司发行的中票在 2015 年出现违约。

3. 失去主要客户导致经营状况恶化

企业的上下游业务集中度也是导致经营恶化风险的重要原因。如果一家公司的下游客户或者上游供应商的集中程度越高,则公司的议价能力越低,盈利能力也会明显受到影响。不仅如此,供应商和客户的集中导致供应(需求)的稳定性较低,一旦其中一家或多家出现供应不上(需求不足)的情况,就会直接影响公司正常经营,导致经营恶化。

典型案例:

珠 海 中 富

“12 中富 01”为中富发行的公募债于 2015 年 5 月 28 日到期,发行人虽足额支付当期债券 3115.2 万元的利息,可本金却无法足额偿付,构成实质违约。公司的问题在于下游客户集中度过高,可口可乐、百事可乐和统一三家企业 2010 年占公司总销售额的接近 80%。由于饮料行业增速放缓,盈利增速下滑,导致下游企业开始向上游整合产业链,从而减少了从中富采购的产品的需求,这导致公司订单量大减。虽然公司努力开拓了其他新客户,但新增客户需求短期内难以弥补已损失订单量,因此造成公司2012年开始经营状况逐年下滑,2013年计提了较多的资产减值损失造成大幅亏损,企业经营状况也从此急转直下,最终导致违约的发生。

(二)激进扩张和多元化导致的违约

企业的扩张和多元化战略,带来潜在收益的同时也隐藏巨大的风险。一体化和多元化是企业扩张的主要方式,一体化能够使企业实现协同效应和规模经济,降低经营成本;多元化可以使企业进入新的经营领域,寻找新的利润增长点。但是无论是哪种扩张方式,在带来潜在利益的同时,同样也隐藏着风险。激进扩张带来的直接影响即投资现金流的巨大流出,一旦原本主业的经营现金流不及预期或者新投资领域的回报率未达到要求,即可能引发内部流动性问题。而因此带来的财务情况恶化往往会影响发行人信用资质,造成外部现金流支持减少。内外现金流的同时恶化自然引发容易流动性危机,当发行人的资源和能力不足时,盲目扩张的风险往往会颠覆整个企业,最终引发债券违约。

典型案例:

凯迪生态

"11凯迪MTN1"和"16凯迪债"为凯迪生态发行的中票和公司债,2018年5月7日和6月1日分别发生实质性违约,且后续可能造成发行人其他债券连环违约。凯迪生态为生物质发电行业的龙头上市民营企业,近年来管理层对行业趋势判断过于乐观,致使公司战略较为激进,扩张速度过快。公司大规模新建生物质发电机组和收购其他电厂导致大额资本支出,大幅采购原材料累积了大量存货,资本支出及大额资产减值严重侵蚀了公司经营现金流。而经营现金流未达预期与严监管背景下的融资难度提升导致其投资难以为继,自由现金流存在较大缺口,最终资金链断裂导致了信用违约。雨润、圣达、丹东港等违约债券发行人均存在类似的投资激进问题,一旦经营不及预期叠加外部融资收紧,最终走向了同一个结果。

(三)实际控制人风险

实际控制人风险及公司治理因素是信用债违约的重要原因之一,通常表现形式有两种:第一,企业的实际控制人(包括发行人及集团的董事长和实际控制人等)出现难以预料的情况需要接受或协助相关部门的调查,或者由于发生违法乱纪行为被拘留甚至判刑等等。第二,企业实际控制人对公司控制能力较弱,容易因股权收购或其他原因丧失控制权;甚至出现控制权争斗的情况。以上两种情况的发生都会给公司的正常经营及再融资造成巨大的负面影响,在实际控制人变更前后,公司的生产经营往往陷入停滞;同时可能出现的违法乱纪现象也使其信用资质迅速恶化,导致外部融资渠道受限,从而陷入现金流困境,最终走向债券违约。

典型案例:

亚　　邦

"15 亚邦 CP001"为亚邦集团发行的债券,2016 年 2 月 15 日未能按期足额兑付,发生实质性违约,后续虽足额兑付,但亚邦集团仍发生其他债券违约事件。亚邦集团发生违约的主要原因为实际控制人被调查引发融资缩紧,进而导致流动性枯竭。亚邦集团为主要从事物流、燃料和制药的民营化工企业,盈利主要来自下属上市子公司亚邦股份,但持股比例较低且质押比例较高。发行人各项偿债指标较弱,因此对外融资依赖程度较高,但当时盈利能力的增长使得总信用仍向好。然而,发行人董事长许小初被协助调查后,公司内外环境迅速恶化,银行收贷、压贷等行为使得公司外部现金流枯竭,同时拥有股份质押比例较高致使进一步融资空间有限。外部融资的收紧加剧公司的信用风险最终导致违约。

(四)技术性违约

技术性违约主要是指发行人由于非主观的技术性原因,没有按时将资金足额划转至托管机构,由此造成的违约行为。例如,人行的大额支付系统、跨境汇款系统或资金划转等系统操作原因。相较于实质性违约,技术性违约带来的负面影响更小,但由于发行人的还款能力和信用资质可能变化不大,发生的不确定性也更高。虽然技术性违约是由于非主观性原因带来的,与发行人信用资质看似联系不大,但也需关注部分隐藏的问题。一方面,发生技术性违约的公司往往未严格按照规定的流程提前划拨兑付资金,这反映其现金类资产调度能力可能不够充分,导致资金到位时间紧张。另一方面,发生技术性违约后不可避免地会对企业信用资质造成负面影响,后续融资的压力可能增加。另外,技术性违约可能会触发交叉违约条款,甚至造成后续的实质性违约。

典型案例:

新疆建设兵团第六师国有资产经营有限责任公司

2018 年 8 月 13 日,兵团六师公告发行的"17 兵团六师 scp001"未按期兑付本金及利息,构成违约。2018 年 8 月 16 日,兵团六师将兑付资金足额划转至投资者账户。这一操作被债券市场人士定义为"技术违约"而非"实质违约"。

（五）对外担保或互保风险

相对于发行人作为被担保方承担的担保人不积极履行担保义务的风险而言，发行人本身的对外担保或互保风险更加严峻。对外担保可分为单向担保和互保，总体而言单向担保风险高于互保。对外担保通常表现为企业的或有负债形式，但是在实际操作上，由于会计准则估计的不确定性普遍存在隐匿在表外且未披露的问题。担保所带来的风险主要包括对担保义务发生的概率估计不足、对担保方资信缺乏了解、担保合同不规范、后续缺乏有效跟踪管理等。一旦发生需要履行担保连带责任的情况，发行人会发生巨大的现金流出。少则降低公司资产储备，影响其流动性；多则直接吞噬公司现金流和净资产，使其陷入资不抵债和破产的困境。

典型案例：

富　贵　鸟

富贵鸟股份有限公司为主要生产服装皮鞋的上市民营企业，2018 年已经出现债券信用违约事件。截至 2017 年中公司虽然账面上仍有较多的货币资金，然由于下半年发生多起大额代偿事项，截至年末账面货币资金仅 2.27 亿元，还有部分处于受限状态。而目前发行人及其子公司的资金拆借金额合计超过 40 亿元，很可能无法收回。公司 2017 年半年报披露总资产金额为 55 亿元，因此上述资金的回收率直接导致公司存在资不抵债风险。富贵鸟存在明显的违规担保的迹象，首先 2016 年审计中发现公司存在前期未发现的巨额对外担保事项，公司定期报告发生了延迟披露和大面积修正，报表质量不佳。其次对于担保和拆借资金的具体去向和用途都没有说明，多家被担保方的信息合理性也存在问题。总体而言，富贵鸟存在违规对外担保的问题，大额的代偿事项叠加近两年经营下滑导致了最终信用违约。

第二部分　中国违约债券的处置现状分析

随着我国债券违约逐步进入“常态化”，监管机构有序打破刚性兑付已经成为各方共识。在此背景下，投资人、债券发行人及相关方正逐步形成以“市场化”“法治化”为原则的违约债券处置路径。本部分将介绍我国违约债券的处置方式、处置现状及当前违约债券的交易现状。

一、违约债券的处置方式

债券发生违约后，投资人可以选择两种方式维护自身利益，包括催收、落实外部增信措施、追加担保、协议重组等非司法程序,以及诉讼仲裁、财产保全、申请破产等司法程序。

(一)催收或落实外部增信措施

催收是债券违约后投资人最先采用的追偿手段,方式包括召开持有人会议要求发行人及关联方积极筹措资金立即偿付债券本息并支付罚息;也有部分投资人会前往发行人生产经营所在地进行现场催收。实践来看催收是一种较为有效的处置方式,没有完全丧失清偿能力的发行人通过处置有效资产或通过关联企业提供转贷资金可以较快的完成兑付。南京雨润、亚邦集团、珠海中富以及因付款环节操作失误发生技术性违约的企业均通过此种方式完成了处置。此外对于附有外部增信措施的债券,如附担保债券、附有信用风险缓释工具等衍生品保护合约等,可以通过落实外部增信措施的方式完成处置。

(二)协议重组

如果违约企业资产流动性较差,难以在短时间偿付违约债券,投资人会采取协议重组的方式进行处置。协议重组本质上是双方在协商基础上建立新的权利义务关系,是对违约债券的要素进行实质变更。具体来看,协议重组主要涉及资金的筹措和偿债谈判两个环节。对债券持有人而言,资金的筹措环节主要影响偿债资金来源,方式包括引入战略投资者、获取原股东或其他债权人的支持;偿债的谈判环节则主要影响债务偿还的方式和比例等问题,方式包括展期、追加担保、削减利率或本金、折价交易、债转股等。中钢股份的债券违约事件即是通过协议重组的方式予以解决的。

(三)诉讼仲裁

当违约债券发行人还有一定偿付能力,但主观偿付意愿较低时,投资人通常会采取提起民事诉讼或仲裁的方式进行求偿。同时在诉讼前或诉讼中,投资人可以向法院申请财产保全,包括查封、扣押、冻结违约发行人的财产,以保障将来判决能够执行。实践中,大部分久拖不决的债券违约案例投资人都会采取诉讼或仲裁的方式进行处置,如春和集团、山东山水、中城建、云峰集团等。但由于我国民商事诉讼存在立案困难、程序较长、成本较高、执行困难等问题,通过诉讼仲裁方式处置债券的实际效果一般。

(四)破产程序

如果违约债券发行人已经资不抵债或明显缺乏清偿能力,各方可以通过破产程序处置违约债券。根据《企业破产法》相关规定,破产程序包括破产重整、破产清算、破产和解。其中破产重整适用范围较广,是指在法院主持下由债务人与债权人达成协议，制订重整计划，规定在一定期限内债务人按照一定方式全部或部分清偿债务。实践中，东北特钢、保定天威、大连机床等债券违约企业均采取了破产重整的方式，广西有色则采取了破产清算的方式。破产程序能够保证各类债券人在法律的框架下得到公平受偿，但由于信用类债券属于普通债权，在各类破产债权中处于较后的清偿地位，通过破产方式的回收率不高。

二、违约债券处置现状的特点分析

根据中债资信的研究，截至 2019 年 8 月末，我国共有违约债券 329 只，已进行违约处置的债券共 281 只，另外 48 只债券处置进展不明。已进行违约处置的 281 只债券中，已完成全部违约处置流程的债券 53 只，违约债券面值共计 361 亿元；仍处于违约处置流程中的债券 228 只，违约债券面值合计为 2034 亿元。2018 年违约债券共计 127 只，2016 年、2017 年违约债券分别为 51 只、31 只，大幅增长的违约债券导致待处置债券出现一定程度的淤积，导致完成处置债券只数占比从 2018 年年末的 20.3% 降至 2019 年 8 月末的 16.1%。海通证券的研究报告显示，截至 2019 年 12 月 4 日，我国债券违约部分累计回收率仅有 12% ~13%；从兑付时间来看，违约后全额兑付的债券回收时间相对较短，其中技术性违约以及回收期在 3 个月以内的占比较多，但也存在部分回收时间超过 2 年的债券。（见表 4）

表 4　债券违约处置进展情况（截至 2019 年 8 月末）

	违约债券只数 2019.08.31	违约债券规模 2019.08.31	只数占比（%）	违约债券只数 2018.12.31	违约债券规模 2018.12.31	只数占比（%）
已完成	53	361	16.1	49	333	20.3
已开始未完成	228	2034	69.3	155	1511	64.3
未知	48	285	14.6	37	167	15.4
总计	328	2680	100	241	2011	100

（一）技术性违约、自筹资金、担保人代偿处置度高

从不同方式的处置完成度来看，通过技术性违约、自筹资金、担保人代偿等方式进行的最高，而通过诉讼或仲裁方式进行的处置完成度最低。在各种方式中，通过技术性违约、自筹资金、担保人代偿等方式进行处置的完成度最高，均为 100%，主要是由于通过这些方式处置的企业只是技术原因导致违约或者暂时的流动性危机、生产经营能力尚可或者有外部支持，处置压力较小，完成节奏较快。但用上述方

式的债券只是小部分，在其余大部分债券仍然使用诉讼或仲裁、破产重整和协议重组的方式开展处置工作。

（二）采用破产重整方式处置的债券只数占比明显增长

从2019年的违约债券处置情况来看，大部分2019年新违约债券已开始违约后的处置工作，88只2019年新违约债券中除13只处置进展不明、2只完成全部处置流程的债券之外，剩余73只债券均为已启动违约处置但尚未完成全部违约处置流程的债券。其中，36只债券采用破产重整方式进行违约处置，33只债券破产重整申请已被法院裁定受理，剩余3只处于破产重整申请阶段；10只债券采用债务重组方式，3只债券经过协商有望展期，剩余7只债券尚在债务重组推进过程中；8只债券采用诉讼/仲裁方式，均未有确定判决；8只债券发行人将违约债券作为特定债券在交易所进行转让；仅有“16中油金鸿MTN001”1只债券采用债务人自偿方式进行违约处置，发行人已与中石油昆仑燃气有限公司签署合作协议，向其出售所持下属公司股权以获得资金；另有10只债券未能通过公开信息找到具体处置方式。

值得注意的是，2019年1～8月民营企业新违约债券中采取破产重整方式的债券只数占比大幅增长。2019年1～8月79只民企新违约债券中采取破产重整方式的共计34只，只数占比为43.0%；2018年108只民企新违约债券中采用破产重整方式的有31只，只数占比为28.7%，2016年、2017年该指标分别为8.0%、22.2%。破产重整方式占比的提升体现了当前违约债券处置日趋法治化、规范化。

（三）违约处置目前存在的问题

目前违约债券处置仍面临较大挑战，多重困难有待解决。第一，投资人主动维权意识有待进一步提高。个别投资人尚未转变观念，认为地方政府和主承销商等对债券有兜底义务，缺乏必要的市场化法治化的主动维权，使违约处置推进缓慢。第二，相关法律环境亟待完善。目前债券违约案件存在立案难、程序长、执行难等问题，同时各地方法院对于破产案件的受理不明确，也存在地方政府干预本辖区破产案件情况。此外，债券持有人会议、受托管理人代理诉讼资格等重要机制仍然缺少证券法等上位法的支持，债券担保品难以快速处置等，这些都有待于破产法、证券法、物权法等的进一步完善。第三，个别地方企业存在逃废债务的倾向，个别地方政府相关部门对于对公开市场发行的债券产品的特性、投资人结构、违约影响认识不足，对债权人权益保障的力度有待加强。

第三部分　中国违约债券交易机制分析

一、中国违约债券交易现状

目前，我国公司信用类债券的交易市场分为银行间交易市场和交易所交易市场，其中银行间市场的交易平台为外汇交易中心暨全国银行间同业拆借中心提供的本币交易系统，交易所市场的交易平台为上交所和深交所的债券交易系统。从监管体制上看，银行间债券市场交易由中国人民银行监管，交易所债券市场由证监会监管。受制于当前的监管政策和市场环境，实践中两个市场的违约债券实际交易规模较小，未对债券违约处置工作带来实质影响。具体情况如下：

（一）2019年以前大部分违约债券无法继续交易

债券违约从类型上可以划分为本金（息）到期违约和单纯利息违约两种。2019年以前，根据目前两个市场的监管规则，仅有银行间债券市场发生非本金（息）到期违约的债券如可以继续交易，而大多数本金（息）到期违约的券种均无法在二级市场继续交易。据统计，在已经发生违约的债券中，单纯发生利息违约的占比约为30.35%，且此类债券在本金到期后也将丧失交易的可能，客观上未形成有效的违约债券交易市场。

（二）违约债券丧失流动性，可能叠加金融风险

债券违约后其在交易场所内的正常交易秩序即被中断，这将给投资人造成信用风险与流动性风险的双重叠加。此外，尽管对于大多数违约债券到期违约后无法在公开市场继续转让交易，但市场中依然存在部分投资人通过私下签订债权转让协议的方式转让违约债券。由于此类交易是在非公开市场进行的，虽然在法律上可能被认定为有效，但监管机构无法对其进行有效的监管和必要的保护，交易安全与交易秩序难以保障。

（三）违约债券交易存在潜在市场需求

尽管对于大多数违约债券到期违约后无法在公开市场继续转让交易，但市场中依然存在部分投资人通过私下签订债权转让协议的方式转让违约债券。据悉，山东山水债券违约后，个别不良资产管理公司即通过此类方式收购了山东山水的违约债券。由于此类交易是在非公开市场进行的，虽然具有法律效力，但监管机构无法对其进行有效的监管和必要的保护。

(四)交易制度长期缺位影响违约处置效率

从目前市场环境看,债券市场大部分投资人是银行、保险资金和公募基金,其公司内控一般不容许投资AA评级以下的债券。因此违约债券在原始持有人手中可能是“烫手山芋”,不符合继续持有条件,但在专注于不良资产投资的“秃鹫”投资者眼中可能是良好的投资标的。因为交易机制缺失,无论是想通过抛售及时止损的违约债券持有人,还是想低价购买获得后期收益的“秃鹫”投资者,都无法通过正常交易实现投资策略。这必然加剧当前违约债券持有人的后期求偿诉求,甚至加深其刚兑要求,扭曲其行为模式,不利于违约债券的处置。

(五)监管机构完善违约债券交易机制

公司债券方面,证监会指导沪、深交易所分别联合中国结算与2019年5月24发布了《关于为上市期间特定债券提供转让结算服务有关事项的通知》,对违约债券等特定债券的转让、结算、投资者适当性、信息披露等事项作出安排。银行间债券市场方面,人民银行作为银行间债券市场的主管部门已经牵头外汇交易中心、交易商协会、上海清算所等多家机构研究银行间违约债券的交易机制,并修改相应监管规则,允许违约债券继续交易。2019年12月30日,人民银行发布了《中国人民银行公告〔2019〕第24号》,恢复了银行间债券市场到期违约债券转让机制。至此,中国债券市场长期中断的违约债券交易机制得以恢复。

二、债务重组实践中的违约债券交易

2019年以前,由于违约债券交易机制限制,违约债券交易通常发生在债券违约后的债务重组过程中,由一家或少数几家机构对发行人的大部分或所有违约债券进行收购,并作为债权人与发行人、担保人等进行统一谈判。一般来说,相关各方均有意愿推动违约债券的统一收购。对于违约债券原本的持有人而言,其持有的债券只是债券总发行量的一部分,需要与其他持有人组织协调,与发行人进行的谈判则费时费力,且持有人可能并不具有债务重组方面的专业知识,难以实现较高的回收率。而对于发行人来说,在持有人较分散的情况下协调各方利益,在债券债权人会议上通过重组方案有时并不容易,一旦重组失败进入司法诉讼甚至破产程序,则造成的损失可能更大,故发行人亦有动机促成违约债券的收购。而目前我国违约债券的收购方通常是AMC或银行子公司,其对不良资产处置具有丰富的经验和资源,如果重组顺利,违约债券通过各种形式最后得到清偿(部分或全部现金兑付、债转股或实物支付等),则收购方能从中获取丰厚的收益。

（一）中国铁物债券停牌后的交易

中国铁物的债券重组是国内首例私募债重组达成协议的案例。中国铁物是从事铁路物资供应管理的大型央企，在2016年4月宣布其168亿元债券停止交易，成为首家暂停债券交易的央企。国资委高度重视此次违约事件，在4月底即宣布由诚通集团托管中国铁物以促进债务重组。虽然中国铁物在2016年偿还了68亿元的公募债，但仍有100亿元私募债和178亿元银行债务。在中央政府的协调与支持下，长城资产在当年12月即成功与中国铁物签订《合作框架协议》，将收购中国铁物的全部剩余私募债。在2017年1月，长城资产与中国铁物签署正式资产重组协议，同日，中国铁物与私募债持有人和银行债委会成员达成债务重组框架协议，中国铁物确定对私募债部分执行2017年偿还本金15%、剩余部分展期2年、到期后一次性偿还、综合利率下浮70%、预留"债转股"选择权的"一揽子"债务重组方案。根据新闻报道内容，长城资产可能在签订正式协议之前已至少完成了部分对私募债的收购工作，这种"本金安全 + 部分还债 + 留债展期 + 利率优惠 + 转股选择权"的方案为中国铁物与私募债投资者减少了损失，避免了对公开市场的冲击。本次债券重组成功帮助中国铁物在较短的时间内恢复了正常经营。在2018年1月，中国铁物宣布其在2017年年末已根据重组协议，如约偿还债券本息15.32亿元，债务危机宣告解除。2018年上半年，中国铁物利润实现较大增长，提前偿还了银行重组债务，逐步摆脱了之前经营扩张过快以及债务重组的阴影。国资委的强力介入为AMC实现违约债券的收购以及债务重组提供了有力保障。

（二）博源控股违约债券交易

博源控股是从事化工原料生产的一家大型民企，根据公司公告，2018年7月18日"13博源MTN001"发生违约，加上之前尚未偿付的"12博源MTN1""16博源SCP001"，博源控股共有30亿元存续债券违约。目前所有违约债券均已由信达资产收购完毕，博源控股将在信达资产的帮助下制定整体解决方案。据了解，博源控股的违约债券交易是经监管机构特批同意后进行的。从财务报表上看，博源控股母公司本身营收规模不大，财务费用占成本的绝大部分，而远兴能源等子公司的经营情况并无重大风险，合并报表显示集团层面归母净利润还有所增加。而博源控股先前也以部分子公司的股权为质押，为信达资产的债权提供了担保。

一般投资机构并不具备非常完善的回收处置违约债券的经验、资源以及专业能力，且由于债务重组或司法诉讼时间跨度可能较长，违约债券持有人诉讼时间跨度可能较长，违约债券持有人还可能因各类条款对其持有投资标的的时长以及类型的限制而无法执行完整的回收过程。而违约债券交易则可以将回收不良债券的风险从原债券持有人转移到AMC等专业机构。对原持有人而言,这种处理方案较为灵活,损失和回收成本也相对较低。虽然目前国内市场上违约债券交易的案例并不多见,但随着打破刚兑成为现实、债券违约进入多发期,由专业机构对违约债券进行收购在未来或将逐渐成为处理违约债券的常用方法之一。

三、违约债券交易规则的完善

违约债券交易涉及的法律规则体系主要由三个层次构成,一是《中国人民银行法》《证券法》《合同法》等高位阶的法律;二是中国人民银行、证监会等监管部门发布的部门规章及规范性文件;三是同时包含交易商协会、沪深交易所、外汇中心等自律管理机构发布的自律规则。在对相关法律规则进行系统梳理并分析后会发现,违约债券交易问题在法律层面不存在禁止性规定,在此前提下监管部门应当对部门规章和规范性文件中的限制性规定进行修改完善,扫清制度障碍,同时在自律规则层面加强交易机制、交易环节投资者适当性安排、信息披露等配套的设计,以满足违约债券交易的制度需要。

(一)法律允许违约债券继续交易

《中国人民银行法》和《证券法》分别是银行间债券市场和交易所市场的最高法律渊源,两部法律授权中国人民银行和证监会分别监管两个市场。对银行间债券市场来说,《中国人民银行法》第4条、第32条规定了中国人民银行对银行间债券市场的监督管理职责,但对于违约债券交易这类具体问题并未涉及,也未做出任何禁止性规定。对交易所市场来说,《证券法》第60条、第61条规定了公司债券上市交易后,在公司未按照公司债券募集办法履行义务时,由证券交易所决定暂停其公司债券上市交易,当发生严重后果、公司解散或被宣告破产时,证券交易所有权终止其公司债券上市交易。但应当注意的是,《证券法》规定的暂停或终止上市交易与禁止转让有本质区别。即便违约债券不满足上市交易的条件,其本身作为证券的可转让属性并没有被法律禁止。例如,不满足上市条件的股票,在退市后依然可以在全国中小企业股份转让系统的两网及退市板块进行交易流通。可见在《证券法》的框架下,违约债券的交易流通并未被禁止。

(二)银行间市场交易规则的限制及完善

在银行间债券市场,对于违约债券的交易限制性规则主要体现在《中国人民银行公告〔2015〕第9号》中。9号公告第15条列举了债券交易流通终止的情形,包括“(一)发行人提前全额赎回债券;(二)发行人依法解散、被责令关闭或者被宣布破产;(三)债券到期日前一个工作日;(四)其他导致债权债务关系灭失的情形。”据此,银行间债券违约后可能存在以下几种情形:若债券尚未到期仅因不能支付利息而违约,该违约债券仍可以继续交易的;若债券因到期不能支付本金(息)而违约,则不可再进行交易;若违约后发行人主体灭失或债权债务关系终止则不可再进行交易。

可见,银行间市场对于债券是否可以交易的判断标准在于债券是债券发行主体及债券的债权债务关系是否灭失,而非是否发生"违约"。该条规则之所以在客观上限制了违约债券交易是因为在规则制定时对债券违约预期不足,主要考虑了债券到期后债权债务关系会因兑付而消灭,而未考虑到期违约后债权债务关系继续存续的情况,这是典型的技术性失误。

随着债券违约的常态化和转让处置客观需要,该条规则已经有充分的修订依据。2019 年 12 月 30 日,人民银行发布了《中国人民银行公告〔2019〕第 24 号》,明确到期违约债券应当通过银行间债券市场的交易平台和债券托管结算机构予以转让,并采用券款对付结算方式办理债券结算和资金结算。

(三)交易所市场交易规则的限制及完善

相比银行间市场,交易所市场债券违约后将会触发停牌条件,限制更为直接。以深交所为例,根据《深圳证券交易所公司债券上市规则(2015 年修订)》第 6.6 条,"发行人出现不能按时还本付息等情形的,本所可以对其债券实施停牌等措施,相关情形消除后予以复牌"。上交所的债券交易规则中也有相同的规定①。债券停牌后,所有交易渠道全部停止交易,包括竞价系统、综合协议平台和非交易过户,此后,交易所将在 7 个交易日内决定是否暂停债券上市交易。

上述规则在赋予交易所实施的停牌措施时用的"可以"而非"应当"的表述,可见规则本身保留了交易所根据市场实际情况进行判断的可能性。此外,停牌措施依然是在落实《证券法》规定的"暂停、终止上市交易"制度,目的本身不应是全面限制违约债券的流动性。

在意识到上述规则对于违约债券交易造成的制度障碍后,沪深交易所对此进行了修订。《深圳证券交易所公司债券上市规则(2018 年修订)》第 5.6 条,"发行人出现不能按时还本付息或者未能按约定履行提前清偿义务,且未充分披露相关信息情形的,本所可以对其债券实施清偿义务,且未充分披露相关信息情形的,本所可以对其债券实施停牌,待相关信息披露后予以复牌"。上交所也进行了类似修

① 《上海证券交易所公司债券上市规则(2015 年修订)》第 6.6 条,发行人出现不能按时还本付息等情形的,本所可以对其债券进行停牌,相关情形消除后予以复牌。

订。公司债市场将违约债券继续交易的判断标准从“是否发生违约”修正为违约后是否及时履行了信息披露义务，回归了证券监管的正确逻辑。此后，证监会指导沪深交易所分别联合中国结算于2019年5月24日发布了《关于为上市期间特定债券提供转让结算服务有关事项的通知》，对违约债券等特定债券的转让、结算、投资者适当性、信息披露等事项作出安排，全面恢复了公司债券市场的违约转让机制。

第四部分　境外违约债券交易制度分析

在国际上成熟的债券市场，违约债券作为一种高收益债券在发生违约后依然可以正常交易，并通过债务重组、破产等方式进行违约处置，化解风险。在交易制度方面，违约债券与其他高收益债券一样，主要在场外市场（OTC市场）通过做市交易的方式实现转让，投资人可以基于回收率测算对违约债券进行定价，获取投资收益。

一、境外高收益债券与违约债券的基本情况

（一）高收益债券与违约债券的概念辨析

高收益债券指信用等级低于投资级别的债券，因此又被称为垃圾债券（junk bond）或投机级债券（speculative-grade bond）。根据国际三大评级机构对债券的信用等级划分，高收益债券为低于Baa或BBB的债券，也包括那些未被评级但信用质量在投资级以下的债券。

违约债券是指发行人未在到期日偿还本金和利息，或发行人发生不利于债权人的债务置换、债务重组、申请破产等事件的债券。从信用等级划分上看，违约债券是指评级低于C的债券。违约债券是高收益债券的一部分，二者在交易制度、交易方式、登记托管安排等方面机制相同。

值得注意的是，由于高收益债券与违约债券都和发行人的偿债能力、评级级别挂钩，而偿债能力和评级往往是动态调整的，因此境外高收益债券市场与违约债券市场是一个统称的概念，一般不是一个物理上事实存在的独立市场。

（二）境外高收益债券存续与违约情况

1. 美国市场

美国是高收益债券的起源地，同时也是发展最为成熟的国家。2017年，美国高收益债券发行量为2839亿美元，占公司类债券发行的比重为17.2%；截至2017年年末，存量规模突破2万亿美元，已经成为一种较为成熟的债券品种。

从标普统计的美国高收益债券违约情况来看,2000 年互联网泡沫破灭后以及 2008 年金融危机后,高收益债券的违约率显著提高,两个时期均超过 10%。此后伴随经济的企稳复苏,违约率快速下降,维持在 3% 以下。

2. 欧洲市场

欧洲本土的高收益债券市场在 1997 年之后才开始萌芽,兴起速度更快,目前是仅次于美国的全球第二大高收益债券市场。根据欧洲金融市场协会发布的报告,2017 年高收益债全年发行 1291 亿欧元,比 2016 年的 821 亿欧元增长 57.3%。2017 年,欧洲发达国家市场(如德国、法国、意大利等)的高收益债平均单笔发行规模为 4.1 亿欧元,欧洲发展中国家市场(如捷克、匈牙利、波兰等)为 4.75 亿欧元。截至 2017 年年底,高收益债存量约 0.67 万亿欧元,约为投资级债券存量的 17%。从违约情况来看,过去十六年,欧洲高收益债券市场平均违约率为 3.68%,2017 年,欧洲债券市场有 26 家高收益债发行人违约。

(三)境外债券市场整体违约情况

从全球范围来看,违约发债企业数量波动较大,绝大多数的违约企业为投机级主体。在金融危机等违约密集爆发的阶段,全球违约企业数量超过 200 家,其他时间一般在每年 50 家左右。违约金额与违约企业数量的走势高度相同,其中 2009 年违约金额超过了 3300 亿美元。从各等级历年的违约率来看,低等级 Caa 至 C 级的违约占比最高,但也不乏 B 级甚至 Ba 级的企业。级别越低,其违约率的波动性往往越强。根据穆迪 2017 年年度债务违约研究报告,1980 年至 2017 年,全球范围内穆迪评级债券共出现 2499 家违约债券发行主体,违约规模共计 1.90 万亿美元,其中 2017 年全球有 780 亿美元的债务违约,债券违约规模 520 亿美元;从地区分布看,债务违约主要发生在北美地区,占比为 67.03%,其次是欧洲地区,占比 23%。

二、境外违约债券的交易机制

从境外经验来看,违约债券属于高收益债券的一部分,其在发行与交易制度、交易方式、登记托管安排等方面均延续了高收益债券的交易机制。美国作为目前高收益债券存量最多的国家,其高收益债券市场的广度和深度明显高于世界上其他国家和地区。下文将以美国高收益债券市场的交易制度为例介绍境外违约债券的交易机制。

(一)私募发行并向合格机构投资者转让

美国债券发行可以采用公开发行或私募发行,其中私募发行可以豁免向 SEC 注册,但对债券发行后的转让做出了禁止或限制性规定。为了解决私募债券的流动性问题,1990年美国SEC颁布了144A规则,允许依据144A规则私募发行的债券可以向美国国内的合格机构投资者转让;后来在144A规则的基础上又衍生出了S条例,允许依据S条例私募发行的债券可以向美国以外的合格机构投资者转让。144A规则的便利性使其成为美国高收益债券发行的最主要方式,目前依据144A规则发行的高收益债券存量占比超过90%以上,成为美国高收益债券发行的主要方式。根据144A规则和S条例发行的债券在发生违约后,依然可以在美国境内外合格机构投资者之间转让、交易。

(二)交易场所

美国违约债券的交易主要在场外市场(OTC)进行,包括交易商或经纪商柜台组成的传统场外市场以及全美证券商协会(NASD)建立的私募发行和自动转售交易系统(Portal系统)①。此外,美国公司债券的每笔成交都必须上报给美国金融业监管局(FINRA)的交易报告系统(以下简称"TRACE系统")。中间商和交易商必须在所有公司债券包含违约债券交易执行的15分钟内上报给TRACE系统。至此,美国债券的交易场所基本定型,即在交易商或经纪商的柜台转售,且通过Trace系统向FINRA报备。

(三)交易方式

违约债券一般采用做市商交易方式。做市交易的核心是由做市商同时向买卖双方进行双向报价,一方面可以做市商可以给违约债券交易提供流动性支持,以此调动市场交易的积极性;另一方面违约债券买卖双方只与做市商进行交易,可以保证交易的私密性。做市商制度与电子交易平台结合,做市商与投资者之间可以通过单个或多个做市平台进行交易,相关报价信息同步展现在电子系统中,经由中央指令库形成最优报价,使做市商和投资者都能更充分地掌握市场信息,实现了市场透明度的重分配与再均衡。

(四)登记托管结算安排

在登记托管结算安排上,目前国际通行的做法是采用二级托管制度安排,即市场上所有的债券都托管到中央机构处,普通投资者则通过中央托管机构的成员单位开立一个集中性质的代理总账户,广泛参与到债券市场的各个子市场中去,以此降低交易成本,提高托管结算的效率。美国市场中,通常由EURO CLEAR作为债

---

① 该系统是20世纪90年代初期由NASDAQ市场的交易终端和通讯设备组建的,主要为经NASDAQ认定的Portal证券提供报价和交易,并仅限具有Portal资格的交易商、经纪商和合格的机构买卖方参与。

券托管机构，由债务工具中央结算系统 CMU 作为资金清算机构。

（五）信息披露安排

在美国，违约债券交易阶段的信息披露要求根据发行人的类别有所不同。对于公众公司发行人，发行人没有主动信息披露义务，即发行人没有应原持有人要求提供任何信息给受让人的义务；对于非公众公司发行人，持有人或其指定的受让人则有权要求该发行人提供公司经营情况和财务情况信息，如果受让人提出要求，出售人有责任向证券发行人索取基本财务信息。总体来看，美国违约债券交易的信息披露要求比较有限，不会给发行人造成很大负担。

三、境外经验对我国建立违约债券交易市场的启示

从境外债券市场的经验来看，债券并不会因为违约而丧失流动性。既然投资人可以通过回收率测算给出违约债券合理的交易价格，同时交易场所、交易方式可以满足违约债券继续转让的需求，应当允许其继续交易转让。我们认为应参照成熟市场的交易制度，在银行间债券市场率先试点发展违约债券交易，建立完善的市场运行框架：

（一）探索构建多层次债券市场

从整体定位上来看，债券市场与股票市场一样，应当是一个多层次的市场以满足不同风险特征的证券交易需求。违约债券在产品属性、风险特征上与正常流动性良好的债券有较大差异，可以探索建立一个单独的违约债券交易板块满足其交易需求。此外，从金融监管趋势来看，党中央国务院对于债券违约这类突出的金融风险问题要求加强监管协调，强化综合监管，并提出要加强金融基础设施的统筹监管和互联互通。这为搭建跨市场统一的违约债券交易平台提供了良好的政策环境。对于公司信用类债券来说，无论原债券品种、交易场所、交易机制、交易规则有何不同，在发生本金实质违约后法律性质、风险特征和处置进路都趋于统一，客观上形成了跨市场统一交易的条件。

（二）充分考虑违约债券产品特性，健全交易平台的功能定位

应当注意违约债券与正常债券有所不同，具有不良债权的属性。违约债券的期限、利率等核心交易要素不明，同时具有交易频率较低、交易本身可能附加个性化条款，公允价值较难确定等特征，难以向正常债券一样进行标准化交易，具有一定的“非标准化”产品属性。因此为了保障违约债券的交易秩序和交易安全，交易平台在功能定位上除了应当提供一般交易流通服务外，还应该提供交易信息发布、交易撮合、违约债券标准化重组、线下交易协议订立等功能，由此满足违约债券的

交易特性,提高交易效率。

(三)设置合理的投资者适当性标准

鉴于债券违约存在不同的界定和类型,如利息违约、本金违约、回售违约、条款违约等,需要明确可以进入违约债券交易市场的债券品种。同时,考虑到违约债券属于高收益、高风险类债券,客观上要求交易主体的风险识别能力和风险承受能力更强,因此可尝试进一步提高投资者适当性标准,限定为具有较强风险识别能力和风险承受能力的合格机构投资者。对于从事不良资产处置的专门机构,可给予特殊的准入便利。同时可以合理扩大开放程度,引入专业境外投资人,参与违约债券交易。

(四)设置以询价为主,以点击成交、匿名点击为辅的交易方式

违约债券交易具有交易频率较低、单笔交易金额较大、交易定价灵活性强等特点,客观上要求交易平台采用以询价为主的交易方式。点击成交、匿名点击等其他辅助交易方式在银行间货币市场和债券市场也已经有较为成熟的运行经验,将其引入违约债券交易市场,有助于促进违约债券交易的对手方发现和价格发现,将显著提升交易效率。

(五)完善登记托管清算机制,提高灵活性,降低操作风险

良好的交易托管平台、科学的清算结算机制以及高效的清算结算系统可以提高违约债券交易的效率和安全性,降低交易的道德风险和操作风险。同时,在违约债券交易的过程中,必然伴随着债务重组、诉讼仲裁甚至破产重整等处置程序,客观上加大了登记托管和清算结算的难度,需要基础设施平台增强应对能力,提高灵活性,以满足交易需求。

(六)完善配套制度体系,提高投资人保护力度

违约债券的投资人对于信息的敏感性更强,对于债券交易价格具有重大影响的事项,如发行人偿债资金落实情况、资产受限及处置情况、债务重组及诉讼破产情况等,发行人需要真实、准确、完整、及时地向投资者披露,以此保证投资人作出正确的交易决策,保证违约债券交易的公平性。因此,违约债券市场应建立完善的信息披露、债券持有人会议、债券受托管理人等制度体系,逐步构建和完善市场风险监测与防范机制,切实保证违约债券投资人的合法权益。

(七)积极引入境外机构投资者

境外机构投资有违约债券的投资经验,并且具有较强的专业投资能力和较高的投资意愿。建议充分发挥境外投资人的优势,积极引入境外投资机构参与违约债券交易。

第五部分　债券市场发展与法治保障

一、完善与我国债券市场发展程度相适应的法律体系

近十年来，中国的债券市场实现了跨越式的发展，市场规模迅速扩大。截至2019年年末，中国债券市场的余额超过97万亿元，其中公司信用类债券余额超过20万亿，一跃成为了世界第二大债券市场。与此同时，债券违约和债券纠纷也在增多。截至2019年12月31日违约债券本金规模累计已经达到3479.45亿元。但从法律制度体系来看，涉及债券市场的法律表现出明显的滞后性，与世界第二大债券市场的发展程度不相匹配。

（一）债券市场缺少处于统领地位的基本法

债券的基本法律关系是债，但我国法律体系中并无统一的"债法"，导致债券市场缺失一个居于统领地位的基本法。2020年《中华人民共和国民法典（草案）》（以下简称《民法典》）将提请全国人大审议，《民法典》内容涉及债券募集说明书的法律性质、债券法律关系的基本结构、债券发行人与持有人的基本权利义务，这将成为债券市场的基本法。但仅仅有《民法典》是不够的，还需要商法和民事诉讼法的配合。《民法典》是大陆法系的概念，是成文法发展到较高水平后的产物。债券市场的发展更强调产品创新和交易活跃，这需要商法提供制度支持；同时要借鉴英美法系的灵活性缓解成文法的僵硬和空白。因此债券市场的法律体系要体现民法与商法更好的融合，体现大陆法系和英美法系更好的融合。

（二）债券市场现行法律体系落后于债券市场实践

在法律和行政法规层面，涉及国债的主要法律是《国库券条例》，该条例于1992年发布、于2011年修订，只有14个条文，要统领16万亿元的国债市场；涉及金融债券的法律依据是《人民银行法》，只有2条授权人民银行管理银行间债券市场，并不涉及金融债券的实体规范；涉及公司信用类债券的主要法律法规是《公司法》《证券法》《企业破产法》《企业债券管理条例》，但这几部法律的重大修订集中于2005年、2006年，当时我国公司信用类债券的存量不足5000亿元，立法者显然无法预见十几年间公司债券的迅猛发展，因此在法律层面未对债券市场做出足够的安排。法律制度的供给不足导致监管机构只能依靠部门规章、规范性文件补位，但当出现债券违约、债券发行主体财务造假、企业盲目扩张过度举债、非法资金拆借等问题，需要调整市场主体实体权利义务关系时，行政规范性文件法律效力不足的问题凸显。

因此尽快完善与我国债券市场发展程度相适应的法律与基本规则体系是当务之急。

债券市场运行的法律体系应该解决市场进入、市场交易、市场退出三个环节的问题,分别对应《公司法》《证券法》《企业破产法》三部基本法律。但现行三部法律涉及债券的规定都不够清晰,尚不满足当前供给侧改革的实际需要。

就公司法来看,很多公司法学者更关注股东问题,特别是中小股东的保护,但其实公司法也专章规定了公司债券,只是这个规定太狭窄了。《公司法》第 153 条规定的是狭义的公司债券,不是跨市场的公司信用类债券,未包含企业债券和银行间市场非金融企业债务融资工具;第 154 条规定的发行方式是核准制,与债券市场注册制的广泛实施不相匹配;第 159 条规定的交易场所是场内市场,与债券以场外市场为主的交易实践也不符。此外,公司法的一项重要的功能是保护公司债权人,从而降低公司获取外部融资时产生的代理成本。但现行《公司法》制定时主要考虑商业银行是公司的主要债权人,并未建立债券持有人的专门保护制度,如债券持有人会议制度、受托管理人制度。这两项制度是解决公司债券持有人集体行动困难,降低债券持有人之间代理成本的关键性制度,在日本、德国等国公司法中均有规定。当前违约债券处置过程中已经遇到因为这两项制度在法律层面的缺失带来的困难,下一步我们债券市场参与者应该呼吁尽快完善公司法的相关规定,提供充足的制度供给。

证券法应当是债券市场的基础性法律,但由于我国《证券法》"重股轻债"的立法模式,使其无法满足债券市场发展的现实需求。2019 年 12 月 28 日,第十三届全国人民代表大会常务委员会第十五次会议审议通过了《证券法》第二次修订。即便从《证券法(2019 年修订)》的最新稿来看,这种立法惯性仍未改变。对于债券市场来说,证券法至少需要解决三个问题:一是将公司信用类债券统一纳入证券法监管框架,并明确金融债券的适用性,统一基础法律的适用标准。二是增强债券信息披露制度的科学性。"股"和"债"投资属性的本质差异决定了投资者对于信息的关注点是不同的,股票市场和债券市场投资者结构的差异也会影响信息披露制度的有效性和科学性。证券法应当建立契合债券属性和债券市场结构的信息披露制度,而不是简单适用股票规则。三是明确债券市场违法行为的认定标准和责任承担。虚假陈述、内幕交易和操纵市场是三大证券违法行为,由于发行方式、定价机制、交易制度等方面的差异,债券市场违法行为在表现形式、损害后果、责任认定等方面与股票市场都有很大区别,认定难度也很大。如果证券法简单套用股票市场规则和执法逻辑,不对债券违法行为建立更科学的认定标准和责任分担方式,很有可能影响债券市场的发展。

破产法本身是解决困境企业债务清偿问题的，各类债务处置的原理、手段和最终实现效果都可以在破产法的框架下进行评估、判断，因此破产法被认为是涉及债务问题的“基本法”。但与公司法一样，现行破产法在制定时也未预见到债券市场的快速发展，对债券类债权在破产程序内的特殊性考虑不足。其中涉及的破产程序内信息披露问题、破产程序中债券交易问题、次级债券和永续债券的分组表决和清偿顺序问题、债券持有人会议与重整中债权人大会的关系问题、债券受托管理人能否担任破产管理人问题、场外衍生品终止净额结算问题等有待在修法过程中进一步完善。关于场外衍生品终止净额结算，很多国家的破产法直接将“ISDA 主协议”的制度安排采纳为破产法规则。在我国破产法修改过程中，债券市场能否也推动将“NAFMII 主协议”的制度安排写入法律，增强法律保障。

二、完善市场机制，优化“营债环境”

2019 年 10 月，国务院颁布了《优化营商环境条例》，旨在为各类市场主体投资兴业营造稳定、公平、透明、可预期的良好环境。对债券市场来说，要通过完善市场机制，优化“营债环境”。

在我国金融市场中，债券市场是一直具有较高的市场化程度。在央行的指导下，交易商协会于 2007 年就开始在银行间债券市场推行注册制发行，并取得了巨大成功。继续坚定不移地推进债券市场的“市场化”发展依然是解决当前债券市场面临各种问题的基本路径。政府部门在推进市场化发展方面发挥着不可替代的作用：一是优化市场机制，提供制度供给，目的是降低市场参与主体的交易成本；二是严肃市场纪律，维护市场秩序，提供安全、稳定的市场环境。

（一）探索构建多层次债券市场

从整体定位上看，债券市场与股票市场一样，应当是一个多层次的市场以满足不同风险特征的证券交易需求。目前，能在中国债券市场获取融资的企业是一般是中国最优质的前 3000 家至 4000 家企业，但还有更多的企业有融资需求。另外，随着金融市场发展，投资者结构日益多元，这两年间已经涌现出越来越多风险偏好较高机构投资人。探索建立中国的高收益债券市场的时机日益成熟。美国高收益债券市场的存续规模超过 2 万亿美元，占公司信用类债券发行比重接近 20%。

美国经验表明，相对完善的公私募发行制度、多层次的交易方式和场所、较高风险识别和承受能力的机构投资人，可以有效激发债券市场活力，从而进一步支持实体经济的发展。去年，在央行、证监会等监管机构的推动下，我国违约债券交易制度得以恢复,客观上已经形成中国高收益债券市场的开端。有研究者认为目前高收益债券的市场规模仍很小,那是因为当前市场只是最优质的3000～4000家企业偶然出现信用风险形成的,如果债券市场进一步扩容,允许高收益债券常态化存在,这个市场的潜力将会很大。

(二)提供多元化的债券处置机制

2016年以后,中国债券市场遇到了违约常态化新挑战。由于债券违约处置涉及金融安全,与一般债务处理相比更为敏感。其实从国际市场来看,债券违约处置已经历经了近两百年的实践,并形成了以设置集体行动条款和交换要约制度为代表的较为成熟违约债券处置机制。在债券发行文件中设置集体行动条款,当信用风险出现时允许发行人和持有人依照发行文件对债券进行重组,有效解决因债券涉众性和分散性带来的处置困难,这种方法在处理主权债券危机时发挥了重要作用。而交换要约是发行人"以债换债"进行负债管理的一种工具,目前被广泛运用于美国、英国、新加坡、我国香港特别行政区等市场。发行人向流通债券持有人发出要约,以条款不同的新债券置换既有的流通债券,从而缓解短期流动性压力,避免因违约而进入破产程序。2008年,美国金融市场流动性枯竭,重整融资和退出融资的获得非常困难,债券发行人根据《美国破产法》第十一章进行传统的重整架构获得成功的不确定性很大。债券市场的重整需要新的方法,交换要约成为发行人债券违约后避免进入破产程序的市场化的解决方法,并发展成为高收益债券市场的常见品种。2008年美国交换要约总金额达到300多亿美元。建立健全中国版集体行动条款与交换要约制度,提供有效的制度供给,可以降低市场成员在违约债券处置过程中的交易成本,激发市场活力,让市场力量能够更充分发挥。

(三)加强对债券市场违法行为的识别,注重行为监管

由于债券的场外交易特性,交易双方在定价、交易方式、交易条件上有较高自主性,也更容易产生内幕交易和市场操纵的问题。目前证监会、交易所运用科技手段和数据分析能够对场内交易的违法行为有效识别,但场外交易违法行为更难识别和取证。此外,债券市场还不断出现一些新的问题需要研判,例如,结构化发行中发行人自己购买债券是否会构成价格操纵？对自持行为有无信息披露义务？中国债券市场快速发展的同时,监管机构就要做好充分的准备,强化事前预防和事中监管,重视行为监管和实质判断,给债券市场的发展提供一个安全、健康的成长环境。

三、充分发挥司法的释法功能与典型判例示范作用

随着债券违约、违法案件的增多,实践中对人民法院的审判工作提出了较高的

要求。在相关法律滞后于债券市场发展程度的现实背景下，为实现法治保障作用，应当更充分发挥司法在债券市场的引领、推动和保障力量。2019 年以来，最高人民法院会同金融监管机构多次召开研讨会，研究债券纠纷的法律适用问题，相关工作成果将有利于债券市场风险的有序释放和平稳化解，从而促进我国债券市场的长效发展。

一方面，要充分发挥司法的释法功能与典型案例示范作用，统一债券纠纷法律适用。当前司法实践面临很多难题，例如债券违约诉讼主体资格认定——受托管理人能否以自己名义提起诉讼，欺诈发行、虚假陈述案件的受理，案件管辖，诉讼保全的担保以及破产程序中的各类复杂问题等。如果最高人民法院能通过司法解释、司法政策或指导性案例等方式，明确受托管理人主体资格、持有人会议决议效力、证券法适用性等关键法律适用问题，将有利于各级法院统一裁判尺度，保护投资人合法权益。

另一方面，要充分发挥司法震慑作用，提高债券市场的违法违规成本，维护公平公正的市场秩序。司法机关通过强化债券市场违法违规主体的民事赔偿责任，可以有效提高市场参与主体的违法成本，促进各方依法履职、归位尽责，营造良好的市场生态。另外，金融监管部门应该与司法机关加强合作与互动，对于司法程序中涉及的金融监管要求、市场惯例、专业术语，监管机构可以主动向法院释明，让法官听得懂，便于在司法程序中更好地保障投资人的合法权益；对于涉及金融风险防范与金融安全的重要案件，人民法院可以定期向监管部门通报案件情况，从而强化金融监管和金融审判的衔接配合，形成良性互动，推动形成统一完善的金融法治体系。

党的十九大报告强调，从 2020 年到 21 世纪中叶，我们要全面实现依法治国，建成中国特色社会主义法治国家。在这一过程里，社会生活方方面面的法律都将发生深刻变革。中国债券市场的发展离不开法治的保驾护航，希望在这个伟大的历史机遇中，法律工作者和金融工作者携手一道、互励共勉，助力中国债市健康发展。

银行提前收贷纠纷的司法对策

王卫国

中国政法大学教授。

一、问题分析

资金融通是金融行业提供的重要服务之一。银行业作为金融市场最重要的资金供应者,经常通过与企业签订流动资金借款合同,为市场主体提供资金。而为了规避风险,保障自身债权的安全,除了在交易前期严格对借款人的资格审查外,银行常常会在借款合同中设置在一定情形下其有权提前收回贷款的条款。这类条款比较有效地保障了银行债权的实现。然而,由于银行在提供资金时处于强势地位,该条款规定的条件往往比较宽泛,故在法院的商事审判和企业破产案件审理实践中,由“提前收贷条款”(又称“提前到期条款”“加速到期条款”)引起的纠纷日益增多。在这些纠纷中,主要存在两个难点:第一个难点是提前收贷条款的正当性,以及银行行使提前收贷权利的合理边界。第二个难点是企业进入破产程序时提前收贷条款与《企业破产法》相关规定的关系,以及银行在破产程序开始前以自行划款方式提前收贷的合法性。

二、法理研究

(一)关于提前收贷条款的正当性以及银行提前收贷权的合理边界

1. 提前收贷条款的正当性

实践中,借款合同的订立一般是采用银行提供的格式条款,当事人可以依据具体情形进行相应的调整。一般而言,银行为了保障其债权的有效实现,对于提前收贷的事由一般采用宽泛列举的方式,以避免狭窄的规定限制其权利的行使。然而,在银行借款合同提前收贷规定较为宽泛的情况下,企业的资金链条显得相对脆弱。企业随时可能因约定事由的出现而导致银行提前收贷,从而陷入财务困境。对于这个问题,长期以来有一种观点认为应该限制银行的提前收贷条款。这种意见看似保护企业利益,实际上是忽视了金融的系统性和金融安全对企业的重要性。2007年《物权法》颁布以来,提前收贷条款被银行业广泛采用。这对降低银行不良资产率和维护金融安全发挥了积极作用。《物权法》第196条、第219条都规定,除了债务人不履行到期债务外,发生当事人约定的情形也是实现抵押权、质权的原因。这是对1995年《担保法》的突破,目的就是满足保护金融债权的需求。立法加强对金融债权的保护是20世纪90年代以来的国际趋势。由于金融的系统性特点,银行的审慎经营原则不仅要求银行在贷款过程中重视风险防控,也要求企业在资金贷出后加强风险管理和应对。尤其是在债务人欺诈(如骗贷、不按用途使用贷款、违反信息披露义务等)和出现信用危机(如重大违法事件、重大诉讼或仲裁纠纷、重要资产被司法保全或查封、财务状况恶化等)的情形下,允许银行提前收贷有利于抑制金融欺诈和防止风险传递,是十分必要的。

2. 对提前收贷行为的合理限制

但是,也要看到,目前银行在贷款协议中处于强势地位,加上提前收贷条款规定的触发事件范围较宽、解释空间较大,银行营业机构往往根据主观判断或者经营上的需要,任意援用提前收贷条款以规避风险。这种片面维护自身利益而不公平地加大债务人风险的做法,不符合现代金融市场"利益与共、互利共赢"的理念,也不利于实现预防系统性金融风险的宏观要求。所以,司法实践对于银行提前收贷的行为,也要依据诚实信用和公平交易的原则,进行必要的正当性评价,对债权人的权利滥用行为加以约束。

(二)关于提前收贷条款与企业破产法的关系,以及银行在破产程序开始前划款收贷的合法性

1. 破产程序前银行划扣的性质

根据《企业破产法》第31条、第32条的规定,破产管理人对于法院受理破产申请前一年内对未到期债务提前清偿和受理申请前6个月内具有破产原因仍进行个别清偿的行为,有权请求人民法院予以撤销。关于这些撤销权能否适用于银行提前收贷的情况,目前的司法判决并不一致。例如,在南通美嘉利服饰有限公司破产管理人诉江苏银行股份有限公司南通观音山支行破产撤销权一案中,[①]法院认定"银行提前收贷"不属于《企业破产法》第31条、第32条规定的情形,驳回了破产管

① 参见张志新:《对个别清偿行为行使破产撤销权的构成要件》,载《人民司法·案例》2010年第6期。

理人的撤销请求。而在三鹿集团破产管理人诉中国工商银行石家庄桥西支行一案中,河北省高级人民法院则认定银行提前收贷的情形属于《企业破产法》第 31 条第 4 项规定的可撤销行为,判决银行提前收贷无效。[①] 这种司法判决不一致的情况反应出法院对于银行提前收贷行为的性质和效力的理解并不相同,值得探讨。

在涉及银行提前收贷的破产案件中,一个共同的特点是银行收贷采取的是从债务人在债权人银行的存款账户上直接划扣的方法。这种划扣做法,在法律上属于抵销的性质。在银行法上,存款关系是一种债的关系,存款人是债权人,银行是债务人。当存款人对银行负有贷款债务时,便形成为一种互负债务的关系。在双方债务到期的情况下,任何一方都可以通过单方行为实现债的抵销。我国破产法承认破产抵销权。这是破产法对禁止个别清偿规则设置的例外,其法理依据是承认抵销的担保机能,其法律政策是对金融合同的特殊保护。

在金融市场上,一般认为,抵销具有担保债权回收的作用。例如,银行在对存款客户贷款时可以预见到,如客户到期不能还贷,则银行可以用客户的存款抵还贷款,即通过抵销而免除对客户的存款返还义务,从而使自己的贷款请求权得以满足。这就是所谓"抵销的担保机能"。日本学者认为:"对一般担保权,只要它被承认为正当的权利,破产法就以别除权的形式予以保护,对抵销也尊重其担保机能,允许对破产人负有债务的破产债权人以行使抵销权的形式,不依破产程序行使权利。"[②]联合国国际贸易法委员会认为:"根据破产法对债务人的启动前交易或活动引起的互负债务执行抵销权,不仅对商业预测和信贷提供很重要,而且有助于避免在策略上误用破产程序。鉴于这些理由,由破产法为这种抵销权提供保护是十分可取的。"[③]我国破产法基于保护金融交易的需求,承认破产抵销权。《企业破产法》第 40 条规定,债权人在破产申请受理前对债务人负有债务的,可以向管理人主张抵销。这是关于破产抵销权的规定。

破产抵销权与民法上的抵销权相比较,有三个主要的特点:(1)享有破产抵销权的人,须为债权人。在民法上,互负债务的双方当事人都有主张抵销的权利。可是,在破产法上,只有债权人才有抵销权,而与之相对的管理人则无此权利。也就是说,在债权人对债务人财产负有债务的情况下,根据最有利于债务人财产的原则,管理人只能要求相对人清偿债务,而不能以债务人拥有的对债权人的债权去抵销

---

① 参见刘泽华、王志永:《银行宣布贷款提前到期的风险与防控——一起提前收贷纠纷案及其启示》,载《银行家》2010 年第 5 期。

② [日]伊藤真:《破产法》,刘荣军等译,中国社会科学出版社 1995 年版,第 206 页。

③ 联合国国际贸易法委员会编:《破产立法指南》,2006 年纽约,中文版第 139 页。

其对该债权人的债务。(2)债权人用于抵销的债务,须为其于破产申请受理前对破产债务人所负的债务。民法对可抵销债务的形成时间并无限制。而在破产法上,可用于破产抵销的债务被明确地限定为破产债权人于破产申请受理前对破产人所负的债务。这意味着,破产申请受理以后,破产债权人对破产财产所负的债务必须全部履行,而不得与破产债权相抵销。例如,在破产变价过程中,破产债权人购买属于破产财产的财物的,应当实际履行支付价金的义务。在这种情况下,如果允许买受人以价金支付义务与他的破产债权相抵销,则无异于允许个别破产债权人由破产财产优先获得全额清偿,这有悖于破产法的公平清偿原则。(3)该债权和债务的抵销,不受债的种类和履行期限的限制。民法上的抵销,以债务标的种类相同和二者均已到期为条件。因此,种类不同的债务不得相互抵销,未到期的债务亦不得抵销。但是,在破产申请受理后,所有债务都转换为金钱债务,并且都被视为已到期。由此推论,则破产申请受理后的所有债务都具有可抵销性。也就是说,首先,非金钱之债与金钱之债之间,以及非金钱之债相互间,都可以折价抵销。其次,破产债权人可以不论原有的债务履行期,于破产申请受理后随时主张破产抵销。银行以其对借款人的信贷债权与其对借款人的存款债权相抵销的行为,无论发生在破产程序的开始前还是开始后,都符合上述特点。

2. 破产程序前银行划扣的保护需求

目前,鉴于金融合同的特殊性,国际上许多国家对破产情况下的金融合同终止权和抵销权都有特殊的规定。2004 年联合国国际贸易法委员会《破产立法指南》在建议 101 - 107 中指出:"破产法应确认与金融合同相关的由合同规定的终止权,这种权利允许在破产程序启动后迅速终止这些合同,并对这些合同范围内的未偿债务进行抵销和净额结算。如果破产法暂停终止合同或在破产程序启动时限制自动终止条款的可执行性,金融合同应排除在此种限制之外。""债务人的金融合同一旦被相对方终止,破产法应允许该相对方净额结算或抵销这些已终止金融合同所涉及的债务,以确定相对于债务人的风险暴露净额头寸。应允许作此种终止和抵销以确定风险暴露净额,而不管这些合同的终止是发生在破产程序启动之前还是之后。如果破产法限制或终止在破产程序启动时行使抵销权,金融合同的抵销和净额结算应排除在此种限制范围之外。""破产法应规定,符合市场惯例的破产前日常转账,例如为金融合同设立保证金以及清算金融合同债务的转账,应被排除在撤销范围之外。""破产法应确认和保护通过支付和结算系统对金融合同进行的金额清算、清算和结算在系统的一方参与人破产时具有的终局性。”①

总体来说，破产法对金融合同和净额清算采用特殊处理原则，是基于三个方面的考虑：一是金融交易的系统性，即维护金融债权的稳定性以减少金融市场的系统性风险，符合“公共利益优先”的原则；二是金融惯例的优先性，即尊重金融市场交易规则在效率和确定性方面的特殊需求，符合“特别法优先于普通法”的法理；三是金融市场的国际性，即保持金融结算规则的统一性和维护国际支付运行秩序，符合本国在全球化背景下的国家利益。

在我国，《企业破产法》第40条规定了破产程序开始后债权人主张抵销的权利。这一规定符合我国“大银行金融”体制下信贷市场稳定、高效运行的需求。② 其实，即使是破产程序开始前的抵销，仍可受到该条规定的保护。因为，倘若在破产程序开始后管理人提起的撤销诉讼中，人民法院支持管理人的主张，撤销了破产程序开始前银行的划扣行为，则双方的债权关系便按照恢复原状原则回到划扣前的互负债务状态。由于这种状态符合《企业破产法》第40条规定的抵销条件，银行仍有权主张抵销。

三、破产程序前抵销在我国破产法上的效力空间

关于银行在债务人破产前实施的划扣行为是否属于《企业破产法》第32条规定的可撤销行为，首先，可以明确的是，该条规定所禁止的，是债务人在法定期间内实施的个别清偿行为，而银行划扣是债权人实施的抵销行为。不允许债务人对个别债权人进行清偿，并不等于不允许个别债权人对债务人进行清偿。其次，根据《合同法》第99条的规定，抵销行为属于单方行为，由一方主张抵销并通知另一方而发生效力，无须借助另一方的给付行为。尽管债权人的抵销主张导致的是双方互为清偿的结果，但这毕竟不是基于债务人意思的行为。所以，应认为《企业破产法》第32条的规定不适用于破产前债权人的抵销行为。

有人认为，在债务人破产情况下，实施抵销给个别债权人带来了优于其他债权人的清偿利益，有违破产法的公平清偿原则。但是，如上所述，即使在破产程序开始后，按照《企业破产法》第40条的规定，这种情况也是破产法秩序所接受的。因此，即使是债务人在《企业破产法》第32条规定的时间内实施的抵销行为，《最高人民法院关于适用〈中华人民共和国企业破产法〉若干问题的规定（二）》（以下简称《破

---

① 联合国国际贸易法委员会编：《破产立法指南》，2006年纽约，中文版第142～143页。

② 王卫国：《论大银行金融体制》，载《金融法学家》（第九辑），中国政法大学出报社2018年版。

产法解释(二)》)第44条也并非一般地予以否定,而是仅仅在有恶意抵销情形时才认定其无效。该条规定:“破产申请受理前六个月内,债务人有企业破产法第二条第一款规定的情形,债务人与个别债权人以抵销方式对个别债权人清偿,其抵销的债权债务属于企业破产法第四十条第(二)、(三)项规定的情形之一,管理人在破产申请受理之日起三个月内向人民法院提起诉讼,主张该抵销无效的,人民法院应予支持。”

由于实践中债务人银行与债务人企业之间往往频繁地发生存贷款交易和其他账户往来,其行为是否属于《企业破产法》第32条但书第2项、第3项规定的情形很难认定。《破产法解释(二)》第45条将债权人以有财产担保的债权与债务人抵销的情形,排除于该但书的适用范围之外。该条规定:“企业破产法第四十条所列不得抵销情形的债权人,主张以其对债务人特定财产享有优先受偿权的债权,与债务人对其不享有优先受偿权的债权抵销,债务人管理人以抵销存在企业破产法第四十条规定的情形提出异议的,人民法院不予支持。但是,用以抵销的债权大于债权人享有优先受偿权财产价值的除外。”这意味着,如果银行划扣时用以抵销的债权是有财产担保的贷款债权,并且担保物价值能够覆盖该债权,即使存在《企业破产法》第40条但书规定的情形,仍然可以抵销。其理由是,抵押权等担保物权在破产程序中享有优先受偿的权利,其债权与其无担保的债务抵销,既不影响其他债权人的利益,也不会导致破产财产的减损,不构成破产法上的偏颇性清偿行为。① 实践中,由于大多数银行贷款都设定了较为充足的财产担保,只要银行债权人在主张抵销时明确说明了用于抵销的债权的合同依据和担保物情况,则可以依据该条规定主张抵销有效。

至于银行在债务人破产前实施的划扣行为是否属于本法第31条第4项规定的“对未到期的债务提前清偿的”情形,要区分其主张抵销所依据的债务人的债务到期是否具有合法依据。如果借款合同没有加速到期的约定,或者银行主张加速到期所依据的事实不符合合同约定的加速到期事由,或者银行存在《企业破产法》第40条但书第2项、第3项所规定的不得抵销事由而且不具备《破产法解释(二)》第45条规定的豁免条件,管理人可以主张该抵销行为因一方债务未到期或者存在法定阻却事由而不生效力。

因此可见,目前我国的破产法对银行债权的保护政策和措施,与国际惯例是基

---

① 参见最高人民法院民二庭编著:《最高人民法院关于企业破产法司法解释理解与适用——破产法解释(一)、破产法解释(二)》,人民法院出版社2017年版,第483页。

本接轨的。

四、对策建议

本文对人民法院处理银行提前收贷条款引起的纠纷的处理，提出以下几点建议。

第一，对于目前银行贷款交易中普遍采用的提前收贷条款，如果不具备《合同法》规定的无效和可撤销事由，人民法院应予承认和保护。但是，如果提前收贷条款设置的条件不符合行业惯常做法，并且超出了保护债权人合法权益所必要的合理范围，或者其表述过于宽泛、含糊，存在违反合同条款设置目的的任意解释空间，人民法院可以依据《合同法》第40条、第41条关于格式条款的规定，对其适用范围加以适当的限制。对于非信贷的金融合同中的加速到期条款，要根据合同的性质、目的和商业惯例，进行具体甄别，对于违反诚实信用原则，滥设或滥用提前终止事由，不公平地限制对方权利或者向对方转嫁风险的行为或主张，人民法院不应支持。

第二，对于银行依据合同实施的提前收贷行为，原则上应予承认。但是，超出合理范围的提前收贷，人民法院可以依据诚实信用和公平交易原则予以否认。目前，银行业的贷款合同实践中，提前收贷的条件大多为以下情形：(1)债务人不按时足额支付利息或者分期偿付的本金的；(2)债务人提供虚假信息或者隐瞒真实信息，或者以隐匿、私分等方式非法处分财产的；(3)债务人因经营不善发生亏损，危及贷款安全的；(4)债务人与第三者发生财产或债务纠纷，危及贷款安全的；(5)债务人生产经营状况、财务状况恶化，危及贷款安全的；(6)债务人的综合信用指标(依据贷款审查标准)恶化，危及贷款安全的；(7)保证人的财务、信用恶化，或者担保物灭失、贬值，危及贷款安全，且债务人不能提供充分的替代担保的。对于这些情形，法院可以根据案件的实际情况确定其合理限度，也可以通过司法解释规定合理标准。对于“危及贷款安全”的诸种情形，人民法院在审理时需要综合考虑债务人财产和信用的整体情况，确定其是否给银行债权产生了可预期的风险。例如，对于债务人与第三者的诉讼纠纷或者个别负责人受刑事追究是否危及贷款安全，需要综合相关事件所涉财产或债务的规模、对债务人整体偿债能力的影响等因素综合考量。又如，对于债务人财务状况恶化对贷款安全的影响，要综合考虑债务人债务恶化的原因、债务人纾解困境的能力和机会等因素，确定债权人提前收贷的时间是否适当或者其提前收贷之前是否穷尽了其他合理的风险防控措施。如果认定债权人本应当给予债务人适当的宽限期或者只需要求债务人提供补充担保即可化解贷款风险，人民法院可以不支持其提前收贷的主张。

第三，对于银行在企业破产前实施的“提前收贷 + 划款抵销”的做法，破产管理人援引《企业破产法》第 31 条、第 32 条的规定请求撤销的，人民法院一般不予支持。在案件审理中，应当对银行提前收贷的合同依据和事实依据进行审查，以确定其是否具备提前收贷的条件。对于破产前不具备提前收贷条件，在破产后仍不具备抵销条件的，应支持管理人的撤销主张，责令银行返还所划扣的款项。破产前不具备提前收贷条件，但在破产后具备抵销条件的，应允许其依据《企业破产法》第 40 条、第 46 条和《破产法解释(二)》第 42 条的规定主张抵销。但是，在这种情况下，人民法院仍应撤销其先前的抵销行为，并责令退还其划扣款项从抵销到破产申请受理期间的利息。

危机银行：自救还是政府救助？*

马科·博德里尼

伦敦玛丽女王大学银行与金融法副讲师。

潘蔓玲 译

中国政法大学法律硕士学院经济法方向硕士研究生。

在欧盟现行法律框架下引入自救机制，将更有利于完善市场纪律，减少道德风险和降低纳税人负担。适用自救机制并不必然导致政府救助的自动消失。因为在有些银行危机中政府救助可能会比自救效率更高、成本更低。近期的意大利银行危机案似乎可以佐证该观点。

一、引言

将自救机制(bail-in)引入欧盟法律框架的主要原因在于，政府希望能借此不再动用公共资金来拯救金融机构。① 在全球金融危机中，②确实，这种策略造成一些成员国公共金融状况的严重恶化，甚至严重影响了他们的公共债务储备。③ 2014 年，为防止类似情形再次发生，欧洲议会与欧盟通过了《银行风险恢复与处置指令》

---

* 本文略有删节。本文原刊载于《欧洲商业组织法律评论》(European Business Organization Law Review)2018 年 2 月刊，已获得作者授权。

① See Kokkoris and Olivares-Caminal(2016), p316; see Ringe(2016), p. 3，自救的基本目标为避免纳税人为金融机构买单；see also Avgouleas and Goodhart(2015), pp. 3 – 4，自救的目的就是保护纳税人，即避免动用不菲的公共资金来救助金融机构。

② See European Commission(2016). 2008 年至 2015 年，欧盟委员会批准了针对金融机构的国家援助措施，如担保、资产救助干预、注资和流动性措施，援助金额达 4.966 万亿欧元。

③ See European Central Bank(2015), p. 80. 在 2008 年至 2014 年，由于政府对金融机构的援助，欧元区的政府债务增加，占国内生产总值的 4.8%。政府对支持金融机构所产生债务的影响因国而异。爱尔兰、希腊、塞浦路斯和斯洛文尼亚的政府债务大幅增加，约占国内生产总值的 20%。同样对德国、奥地利和葡萄牙产生了巨大影响，主要是由于政府在金融危机开始时采取的相关救助干预。相比之下，意大利和法国的政府债务几乎没有受到对金融机构救助的影响。

(EU Bank Recovery and Resolution Directive, Directive 2014/59/EU),[①]重点关注银行与投资公司处置中的自救。[②] 该指令为了实现不使用公共资金的目标,[③]引入了业务出售、债务过渡、资产分离和自救等处置工具。[④]

当今终止政府救助的最佳手段是自救,[⑤]即利用银行股东和债权人已经提供的内部资源,对银行实施资本重组,以吸收其亏损。自救作为金融机构危机处置的一种工具,是《银行风险恢复与处置指令》中唯一的制度创新。[⑥] 只有自救工具能够通过减少股东和债权人的权利,为陷入危机的金融机构提供新的实际价值。资本工具和负债的减记(write-down of capital instruments and liabilities)及转换权益(conversion into equity)等工具可以被认为是一种新的资产价值保护方式,可以减少未来需要偿还的债务。

在某些情形下,自救工具仍不足以有效处置银行,实现处置目标。在特定情形下,使用公共资金仍然是必要的。认为自救机制可以取代政府救助有误导之嫌。[⑦] 最优的做法是,危机处置机构在使用公共资金时同时运用两种工具,妥善有效地处理复杂的银行危机。

从纳税人利益保护的角度来看,自救机制是向前迈出的重要一步。通过债务减记或债转股等工具可以减少拯救该银行所需的外部资源。[⑧]

---

① 欧洲议会和理事会于 2014 年 5 月 15 日发布第 2014/59/eu 号指令,建立了信贷机构和投资公司的复苏和处置框架,详见[2014]OJl173/190;see Binder(2016),pp. 25 – 26.

② 《银行风险恢复与处置指令》第 2 条第 1 款第 1 项所指的"处置"是指"适用处置工具或第 37(9)条所指的自救工具,以实现一项或多项处置目标"。第 31(2)条规定:(1)确保关键职能的维持;(2)避免对金融体系产生重大不利影响,特别是防止包括市场基础设施在内的危机蔓延,以及维持市场纪律;(3)通过尽量减少对公共财政的依赖来保护公共资金;(4)保护指令 2014/49/eu 所涵盖的储户和指令 97/9/ec 所涵盖的投资者;(5)保护客户资金和客户资产;see Armour(2015),p. 453,作者将处置定义为一个行政程序,其目标是保护短期债权人尤其是储户的流动性需求,并以保持金融资产价值和破产机构资本价值的方式管理金融资产;see also Ringe(2016),p. 7,作者将处置定义为一个总括性术语,其目的是将银行倒闭的社会成本降至最低。

③ See Recital 1of the BRRD,在危机期间,会员国被迫用纳税人的钱来拯救银行;see Lastra and Olivares – Caminal(2011),p. 310。

④ See Recital 67 of the BRRD,有效的处置机制应尽量避免由纳税人承担处置破产机构的费用。

⑤ See Lupo-Pasini and Buckley (2015),p. 208,当财政部使用纳税人的钱来拯救破产银行时,就是政府救助。

⑥ See LaBrosse(2009),p. 222.

⑦ See Ringe(2016),p. 19,自救被认为是政府救助的替代品。

⑧ See Conlon and Cotter(2014),在金融危机期间实施的自救应当尽量减少使用纳税人的钱。

二、欧盟前危机时代的立法

次贷危机后，欧盟成员国试图完全避免通过政府干预以拯救危机中的银行。[①]过去欧盟没有应对银行危机的专设法律机构，正常的破产程序[②]也不适用于银行等特殊机构。[③] 银行的核心业务活动是吸收存款、发放贷款，并承担支付结算这一关键功能。[④] 由于不能确保银行[⑤]的核心业务与关键职能[⑥]能否得以维持，正常的破产程序可能会造成金融活动的不稳定，[⑦]在极其严重的情况下甚至会产生系统性风险，[⑧]雷曼兄弟破产案也印证该观点。[⑨] 此外，传统的破产程序旨在清算企业实体，而不是为了维持经营，[⑩]但维持经营有存在必要，能够保障相关各方的利益。[⑪]

---

① 《银行风险恢复与处置指令》前言指出，金融危机表明欧盟严重缺乏足够的工具来有效处理不健全或破产的信贷机构和投资公司。需要这些工具来防止破产，或者在破产发生时，通过维护有关机构具有系统重要性的职能来尽量减少负面影响。

② 根据《银行风险恢复与处置指令》第2条第1款第47项，正常破产程序被界定为集体破产程序，包括部分或全部剥夺债务人的资产，并任命清算人或管理人，这通常适用于根据国家法律制定的机构或专门机构，或者任何自然人或法人。

③ See Ringe(2016)，p. 5，传统的破产程序不适用于全球性银行，因为它们时间耗时长且内容复杂，存在可能破坏市场信心、破坏金融体系稳定性的风险；see also Shleifer and Vishny (2011)，p. 29.

④ 《银行风险恢复与处置指令》前言4补充说，这是不适当的，因为它们不能维护金融的稳定，同时，根据前言45，破产机构原则上应在正常的破产程序下进行清算。然而，在正常的破产程序下进行清算，可能会危及金融稳定、破坏关键功能的维护，以及无法保障储户的利益。在这种情况下，将破产机构置于处置之下并运用处置工具而不是诉诸正常的破产程序，可能更符合公众利益。因此，处置的目标应该是确保关键职能的连续性，避免对金融稳定造成不利影响，尽量减少对破产机构的公共财政支持，以及保护存款人、投资者、客户资金和客户资产。

⑤ See Schillig(2013)，p. 754，"传统银行执行准效用函数"是许多金融和非金融机构的主要流动性资源。

⑥ 《银行风险恢复与处置指令》第2条第1款第35项将关键职能界定为：在一个或多个成员国中断的活动、服务或运营，由于规模、市场份额、外部和内部相互联系、机构或团体的复杂性或跨境活动等因素，将影响实体经济的正常运营或破坏金融稳定性。

⑦ See Arner (2007)，p. 72，作者将金融稳定定义为：防止金融危机和减少偶尔发生的极端金融风险；see Andenas and Chiu (2013)，pp. 342 – 343，作者将金融稳定定位为指导监管机构和决策者的总体政策目标；see also Lastra (2006)，pp. 92 and 302，作者认为金融稳定是一个不断发展的概念，包含各种要素。

⑧ See Ringe(2016)，p. 6，破产是一个需要法院监督的过程，旨在保护所有债权人的实体权利与程序性权利，而不特别考虑公共利益。

⑨ See Calello and Erwin (2010)，雷曼兄弟15%的优先级债务减记本来可以通过向银行注资来避免其崩溃；此外，美国联邦储蓄保险公司(FDIC)认为，雷曼兄弟的处置只会对美元造成3%的损失，而在破产程序中则将产生79%的损失，；see Federal Deposit Insurance Corporation (2011)；see Wojcik (2016)，p. 92，雷曼兄弟没有得到政府救助给整个金融体系带来了风险。

⑩ See Huertas (2013)，pp. 167 – 168.

⑪ See Guynn (2012)，pp. 121，137 – 140，破产干预会侵蚀金融机构的价值，加剧债权人的损失。

在缺乏适当的法律手段来解决银行危机的情况下，受金融危机影响更大的成员国只能采用传统方法，即政府救助。然而，增加资本、国有化和其他形式的救助都是用纳税人的巨额资金来完成的。显然，这一战略带来了许多严重的后果，首当其冲的将是增加那些被金融危机严重打击了成员国的公共债务负担。①

（一）欧盟后危机时代的立法：排除政府救助

面对金融危机的强烈冲击，二十国集团（G20）司法管辖区域内的监管机构就是否需要动用公共资金展开过激烈辩论。② 这场辩论间接催生了《银行风险恢复与处置指令》，并引入处置机制。该指令背后的基本原理正是避免使用纳税人的钱来拯救陷入危机的银行。为实现这一目的，新指令将主要依靠银行的内部资源，即股东和债权人的资源。③

让纳税人对一个实体遭受的损失负责在本质上就是错误的，因为纳税人与经济实体没有任何关系。换句话说，很难找到充分的理由让纳税人为拯救银行而支付更高的税款，且此种策略会增加道德风险。④

这必须与金融危机的另一惨痛教训相联系，即银行在转向普通破产程序的过程中可能会产生系统性风险和金融动荡，进而对实体经济造成危险。因此，面对银行危机，自救机制是在可能导致金融不稳定的情况下，尽一切必要的努力来避免银行倒闭以及随之而来的破产程序。

需要在既要避免银行倒闭，又要防止纳税人遭受损失这两个相反的目标之间达到艰难的平衡。⑤ 为此，欧盟遵循金融稳定理事会（Financial Stability Board）的指导方针，提出了一种新的监管方法：由股东首先承担损失，债权人按照优先次序原则在股东之后承担损失。股东和债权人可以在购买股票和向银行贷款时决定是否承担风险。从本质上，他们比纳税人更适合承担损失。⑥

---

① See European Central Bank (2015), p. 80.

② See Financial Stability Board (2011a), p. 3; see also Ringe (2016), p. 5，终止由纳税人出资的政府救助。

③ 《银行风险恢复与处置指令》前言 5 指出，该制度应确保股东首先承担损失，债权人在股东之后承担损失，债权人不应承担比正常清算程序更多的损失。

④ See Krugman (2009), p. 63，道德风险被定义为，正常情况下，一个人可以决定承担多大的风险，而如果情况不佳，则由其他人承担。

⑤ See Biljanovska (2016), pp. 105 – 106，市场纪律和金融稳定无法同时实现。

⑥ See Biljanovska (2016), p. 121，在自救机制下，股东和债权人有动力管理他们的银行，因为他们不得不承担破产的后果。

(二)新对策

面对银行危机,政府首先必须评估银行的倒闭以及随之而来的破产程序是否会影响整个金融系统。如果答案是肯定的,①那么在政府能够实行有效处置的前提下,②应用处置工具势在必行。③ 换言之,如果银行倒闭及其随后申请的破产程序可能会导致金融不稳定和传播系统性风险,那么出于公共利益,必须处置该银行。④然而,关键是要提前确定银行的倒闭是否会造成金融动荡并触发公共利益处置机制,而这相当困难。⑤ 同样地,要选择合适的时机介入把濒临倒闭的银行送交处置,也是非常困难的。因为过早的介入会对股东产生不利影响,而过晚的干预则会对债权人产生不利影响,在严重情况下甚至会对市场产生不利影响。⑥

三、欧盟的回应:自救工具应运而生

自救工具正是欧盟应对全球金融危机的对策,旨在有效管理处置中的银行,同时不影响纳税人的利益。⑦ 它在概念上与政府救助完全不同,自救强调银行损失不应当由纳税人承担而是由股东和债权人承担,而政府救助却恰恰相反。

自救被定义为"第三条道路",即介于中央银行向流动性不强的银行提供流动

---

① 如果一家银行的危机不能造成金融不稳定,例如因为它规模非常小或者与许多其他金融机构没有密切联系,那么这家银行可能会被提交进行清算或正常的破产程序。

② 根据《银行风险恢复与处置指令》第 15 条第 1 款,如果处置机构在正常的破产程序下对银行进行清算,或通过对银行运用不同的处置工具和方法进行处置,同时尽可能避免对该银行所在成员国或欧盟的金融系统,包括在更广泛的金融不稳定或重要性系统风险的情况下,产生任何重大的不利影响,并确保该机构履行关键职能的连续性,则应认为该机构具有可处置性。

③ 这一一般性原则在《银行风险恢复与处置指令》前言 49 中得到了明确解释:只有在为了公众利益而追求金融稳定的目标时,才应该对那些已经破产或可能破产的银行适用处置工具。特别是,如果机构为了不破坏金融体系的稳定而无法在正常的破产程序下清算,或者为了确保维持具有系统重要性的职能,以及如果没有任何其他合理的私人处置的办法能够恢复银行的生存能力,则应采用处置工具。

④ See Ringe (2016), p. 16,作者持相反观点。由于银行持有相当数量其他金融机构的债务,其他金融机构持有的债务通过自救可以延缓系统性风险蔓延。基于这个原因,金融稳定理事会(The Financial Stability Board)起草了一些新的规则,要求限制银行可以在其他银行持有的可自救债务数额;see Financial Stability Board (2015), pp. 7 – 8.

⑤ 已经拟订了一些标准,例如,英格兰银行设定了一些门槛,可以在修改后的破产程序和处置方案之间进行选择。这些门槛是:(1)资产总额超过 150 亿英镑;(2)交易账户数量超过 40,000。See Bank of England (2016), p. 14. 与此不同的是,2015 年,意大利银行向一家仅有 47 亿欧元资产的银行提交了清算方案。See Banca d' Italia (2015).

⑥ See Goodhart (2004),提前关闭银行,银行所有者可能提起诉讼,而推迟关闭,存款人可能提起诉讼。

⑦ See Sommer (2014), p. 208,作者认为为瑞士信贷行业工作的银行家 WilsonErvin 创造了自救的概念。

资金与破产银行逐步停业之间的过渡,以便在没有公共资金的情况下处理倒闭银行。① 该工具也被看作一种可以使资不抵债的银行恢复稳定状态而不必再使用纳税人资金的有效方法。②

自救是一种有别于清算的重组程序,因为其主要目的是维持破产银行的基本运作。③ 为达到这一目的,根据《银行风险恢复与处置指令》第 36 条,处置机构基于独立专家提供的估价,对银行债务进行深度重组。④ 的确,债务减记使由于银行遭受损失而导致的债务价值与资产价值之间的负差相等。

四、支持自救的论据

欧盟监管机构引入自救的理由有一定合理性。

由纳税人承担拯救银行的成本缺乏合乎逻辑的理由。除了避免银行倒闭,及其可能通过所谓的多米诺效应⑤造成危机蔓延⑥和随之而来的金融不稳定等理由外,股东和债权人相较于纳税人而言更应当承担责任。例如,某公司股东决定承担公司倒闭的风险,当公司真正面临倒闭时,该股东将损失用于购买或认购股票的资金。公司法和破产法的基本原则之一就是如此。⑦ 对于债权人来说,理由是相似的。当一个投资者决定借钱给一个公司,例如通过购买该公司债券,当交易完成后则表明该投资者接受了交易对手的风险,即借款人破产的风险。如果后者真的倒闭了,那么贷方/投资者就失去了收回部分资金或全部资金的机会。

基于以上原因,股东和债权人有义务承担银行倒闭的损失,这既符合公司法和破产法的一般原则,也与他们能够自由独立地决定是否承担风险的立场相一致。⑧

或许可以假设,自救工具将在越来越多的处置程序中发挥重要作用,因为其他

---

① See Ringe (2016), p. 3.

② See Bates and Gleeson (2011), p. 264.

③ See Armour (2015), p. 471.

④ 这意味着,处置机构可以行使的权力与自救工具是密切相关的,See Ferran (2014), p. 14,作者认为这种权力近乎独裁。

⑤ See Bodellini (2017a), p. 432.

⑥ Art. 3 of Commission Delegated Regulation (EU) 2016/860 of 4 February 2016 [2016] OJ L 144/11 区分了以下两种情况:(1)直接蔓延,即由于减记债务而导致对手方的直接损失,导致这些对手方违约或可能违约;(2)间接蔓延,即债务减记或债转股引起市场参与者的负面反应,导致金融系统严重动荡,有可能损害实体经济。

⑦ See Avgouleas and Goodhart (2015), p. 3,市场经济的主要原则之一是自由,所有者和债权人应共同承担企业倒闭的损失。

⑧ See Biljanovska (2016), p. 121,强制股东和债权人承担损失可以使他们更加积极地经营银行。

处置工具似乎不足以有效地处置银行。这一论点可以从启动处置程序所必须满足的条件中推导出来。根据《银行风险恢复与处置指令》第32条第1款的规定，触发处置程序必须满足三个条件：银行"倒闭或可能倒闭"、无其他可靠的私人替代措施、①公共利益要求采取处置行为。②

《银行风险恢复与处置指令》第32条第4款列举了可以视为"倒闭或可能倒闭"的几种情形：资本充足率不足、资不抵债、资产流动性较差、需要公共财政支持。③ 这说明该银行已经处于非常困难的境地，因为它已经失去或即将失去资产的稳定性，而且可能面临资不抵债或资产流动性差等的问题，无力偿还债务的同时可能还需要寻求公共财政援助。④

在这种情况下，设立过渡性银行⑤、资产分离⑥或出售业务⑦等处置工具，具有一定积极作用但并不足以有效解决危机，因为它们仅仅引入了一些重组措施，但并未提供额外的援救价值，也没有提供新的资金来源。

尽管自救工具也不能提供新的资金来源，但自救工具通过减记股本或债转股能够减少债务，从而吸收损失，并对银行进行资本重组。从资产负债表看，这有助于实体资产的增加。

五、反对自救机制的论据

反对自救机制的论点并不关乎其作为处置工具的效力，因为从这种观点来看，

---

① 这些措施包括政府的早期干预权，以及根据《银行风险恢复与处置指令》第59条，普通股一级减记或额外一级和二级资本工具的减记或债转股。see Schillig(2014)，p. 89，作者强调欧盟第575/2013号法规要求当该银行的CET1资本比率低于5.125%时，所有额外一级工具必须允许减记或转换为CET1工具。

② 根据《银行风险恢复与处置指令》第32条第5款："如果为了实现一项或多项处置目标，并且在正常破产的情况下对该银行进行清算是必要的，则该处置应被视为符合公共利益。"See Wojcik(2016)，p. 98，作者认为，政府必须评估将破产银行提交处置的方案是否能比在正常破产程序中将其清算更好地实现处置方案的目标。显然，这样的评估具有很大程度的自由裁量。

③ 根据《银行风险恢复与处置指令》第2条第1款第28项，公共财政支持被界定为第107条第1款含义范围内的国家援助，或超越国家一级的任何其他公共财政，如果在国家一级作出规定，将构成国家援助。提供这种援助是为了维护或恢复第1条第1款(b)、(c)或(d)项所述机构或实体的生存能力、流动性或偿付能力。

④ See European Banking Authority(2015)，p. 3.

⑤ 这是一种银行根据处置发行的股票或其他所有权工具，或银行根据处置发行的资产、权利或债务转让给过渡机构的机制。

⑥ 这是一种机制，由处置机构将某银行根据处置所拥有的资产、权利或负债转移至资产管理工具。

⑦ 这是一种机制，用于由处置机构将某银行根据处置发行的股票或其他所有权工具，或银行根据处置发行的资产、权利或债务转让给非过渡机构的机制。

自救能够为处于处置状态的银行带来利益。反对的论点在于，将其引入欧盟法律框架的方式极其可能影响股东和债权人的基本权利。

（一）溯及力和对基本权利的干涉

欧盟和各成员国适用自救工具的问题在于，这种工具还可以应用于引入监管体系之前发行的股票和债务。显然，这种追溯可能会损害投资者的利益，主要是损害债券持有人的头寸。在《银行风险恢复与处置指令》实施和在欧盟管辖区内适用之前，投资者并没有意识到此类风险。意大利金融机构监管委员会（CONSOB）①同样不赞同此种追溯的做法，并指出适用处置工具具有追溯力这一立法选择与法律基本原则相抵触。② 意大利政府建议修正该法规，确定自救工具仅适用于在引入自救工具后发行的业务。③

关于自救对财产权的干预，《欧洲基本权利宪章》（EU Convention of Fundamental Rights）第 17 条④和《欧洲人权公约第一议定书》（Protocol No. 1 of the European Charter of Human Rights）第 1 条⑤均保护拥有、使用和处置自己财产的权利。这项一般性原则的例外情况是，有可能出于保护公共利益而根据法律规定剥夺某人的财产，但仍应当给予公正补偿。⑥

以公司股份和债务工具为基础的债权都被视为财产权。⑦ 使用自救工具所引发的主要问题在于，股东和债权人的基本权利可能受到影响而无法获得赔偿。然而，作为一家处于处置状态的银行，股票和债务工具都可能大幅贬值。如果银行没

---

① Consob 是 Commissione Nazionale per le Societa'e la Borsa 的缩写，负责监管意大利金融市场。

② See Consob（2017），p. 8.

③ Ibid.

④ 《欧洲基本权利宪章》第 17 条规定，每个人都有权拥有、使用、处置和遗赠其合法所得的财产。不得剥夺任何人的财产所有权，除非是为了公共利益，且在法律规定的情况下。还需及时为损失财产所有权支付公平的补偿。出于一般利益的考量，财产使用可能受到法律的限制。

⑤ 《欧洲人权公约第一议定书》第 1 条规定，每个自然人或法人都有权平等享有财产权，任何人不得剥夺，除非是为了公共利益，并要符合法律和国际法一般原则。但是，上述规定不得以任何方式损害一国执行其认为必要的权利，例如按照公共利益控制财产的使用，或确保缴纳税款或罚款。

⑥ See Wojcik（2016），p. 118.

⑦ See ECtHR, Sovtransavto Holding v. Ukraine, Appl. No. 48553/99, judgment of 25 July 2002, para92; see ECtHR, Fomin and Others v. Russian Federation, Appl. No. 34703/04, judgment of 26 February 2013, para. 25.

有使用自救工具被处置，股东和债权人将会面临损失更多的风险。[①]

更大的问题在于，自救作为一种处置工具，旨在实现处置目标，包括防止危机蔓延、维护金融稳定和保护纳税人。这些处置目标显然包括在公共利益的一般概念中，但在实践中很难拟订一项规则使所有目标都能同时实现，这意味着所有的利益都有被损害的可能性：一边是公共利益；另一边是被处置银行投资者的利益，必须平衡两者的利益。在相互冲突但仍然合法的利益之间找到这种妥协正是处置政府的职责。

（二）自救的“自足性”

自救工具本身是否真的足够有效以实现处置目标，以及如欧盟立法者所期望的那样结束政府救助，仍是需要考量的问题。[②] 在将维持经营作为处置目标[③]同时使用资产分离、业务出售和过渡银行等处置工具时，以及在维持经营的前提下清算破产机构的剩余部分时，这种考虑都是必不可少的。

在发生重大银行危机和系统性风险时，自救是替代政府援助的另一种选择，[④]但这两种工具有时可能需要相互结合，因为自救工具本身可能尚不足够。

自救机制是一种会计操作，通过减少一部分自有资金或将其转换为权益来重新平衡资产负债率，但自救并不能增加新的资金。如果处于危机中的银行资不抵债且流动性极差，[⑤]只要有足够多的与损失有关的可自救债务，就可以解决破产问

---

① See CJEU，Kotnik and Others v. Drˇzavni zbor Republike Slovenije，Case C－526/14，judgment of 19 July 2016，ECLI：EU：C：2016：570，para. 75：困境银行股东遭受的损失规模无论如何都是相同的，都必须以分摊责任为先决条件，无论这些损失是由于没有得到任何国家援助而发出的法院破产令造成的，还是由于实行国家援助的程序造成的；para. 78 follows from point 46：责任分摊措施不能对次级债权人的财产权造成任何损害，因为这些债权人在没有获得这种援助之后的破产程序中不会遭受这种损害；para. 79：在这种情况下，不能认为责任分摊措施合理，因为该措施已经干涉了股东和次级债权人的财产权。

② See Recital 67 of the BRRD.

③ See Schillig（2014），pp. 90－91，作者认为只有在以下情形才能使用自救工具：有实现可能性，管理人员根据业务重组计划实施的自救措施与其他措施相结合，不仅可以实现相关的处置目标，而且可以使银行恢复资金稳定和长期生存能力。如果这些条件得不到满足，处置机构可以使用其他处置工具和自救工具，以便将过渡机构资本化。

④ “系统性风险”的定义也载于《银行风险恢复与处置指令》第 2 条第 1 款第 30 项，根据该定义，“系统性风险”指对金融系统的破坏，有可能对内部市场和实体经济造成严重的负面影响。在某种程度上，所有金融中介机构，市场和基础设施都可能具有系统重要性。

⑤ 流动性不足和资不抵债往往难以区分，特别是在危机时期。see Cochrane（2014），pp. 197，205，指出在危机中，流动性不足和资不抵债基本上是无法区分的，流动性不足很容易导致破产。另 Also see Mitts（2015），pp. 51－52，那些被认为流动性不足的银行通常会破产。

题,但这并不能解决资金流动问题。[①] 在流动性不足的情况下,尽管只能向有偿付能力的银行提供流动性援助,但外部融资或公共干预仍是必要的。

在某些极端情形下,即使对可自救的债务进行自救,也有可能无法有效处置处于危机中的银行,尤其是当债务自救后仍不能吸收银行损失时。[②] 对此,监管机构要求银行保持最低数额的可自救债务,为此还引入"自有资金和合格债务的最低标准(MREL)",[③]以及"总损失吸收能力"(TLAC)[④]等参考标准。不过,当损失巨大且难以限制时,如存在系统性风险,即使预先确定一定数额的可自救债务也可能并不足够。此外,对于银行尤其是那些实力较弱的银行来说,发行可自救的债务将变得越来越困难且花费巨大。

包括自救在内的处置工具旨在避免造成金融动荡和系统性风险,而过度使用自救工具可能与处置的原本目的背道而驰,例如产生风险蔓延、金融不稳定和系统性风险等后果。当其他银行和金融机构持有大量可自救债务时,就可能出现这种情况,因为破产银行的风险很可能通过自救转移到债权银行和金融公司。FSB 也在一直强调不要持有具有全球系统性重要银行(G - SIBs)发行的可自救债。[⑤] 在题为《处置状态下全球系统性重要银行的吸收亏损和注资原则》一文的"传染限度"部分提出一项原则,即政府应对全球系统性重要银行和其他国际上活跃的银行实行

---

① See Ringe (2016), pp. 4, 7, 更广泛地说,管理者向破产机构提供流动性以保持关键职能运转,是处置方案的关键之一。作者还指出,自救工具应当同时适用于破产和流动性不足的机构,但目前的规则并不涉及流动性这一选项,因为它们只侧重于破产银行的资本重组。

② Ringe (2016), p. 14, 银行必须有可救济的债务,否则自救工具无法运转。

③ 《银行风险恢复与处置指令》第 45 条规定,成员国应确保银行在任何时候都满足对自有资金和合格债务的最低要求。最低要求应以自有资金和符合条件的负债数额占机构负债和自有资金总额的百分比计算。每个机构自有资金和合格负债的最低要求将由处置政府在与主管政府协商后,根据若干标准确定。欧洲银行管理局(European Banking Authority, EBA)在其监管技术标准(Regulatory Technical Standards, RTS)中进一步明确了这些要求, see European Banking Authority (2016), p. 1; see Ringe (2016), p. 14, 欧洲银行管理局和欧盟委员会目前对标准存在分歧。

④ 金融稳定理事会公布了一些参考标准,例如规定全球系统重要性银行必须具有一定的总损失吸收能力(Total Lost Absorb Capability, TLAC), see Financial Stability Board (2015), p. 3; Similarly, see International Monetary Fund (2012), p. 4。

⑤ See Financial Stability Board(2011b), p. 1, SIFIs 指金融机构的困境或无序失败,因为他们的规模、复杂性和系统性的相互关联,将造成更广泛的金融体系和经济活动的重大破坏。为了避免这种结果,政府常常别无选择,只能提供公共资金,来防止此类机构破产。正如全球金融危机所呈现的,对私人激励机制和公共财政都产生了有害的后果。金融稳定理事会和巴塞尔银行监理委员会(Basel Committee on Banking Supervision)已经确定了 30 家具有全球系统重要性的银行; see Basel Committee on Banking Supervision (2013), p. 1。此外,巴塞尔银行监理委员会储备委员会和金融稳定理事会创建了区分系统重要性银行的类别, see Basel Committee on Banking Supervision (2012), p. 1。在执行这些指引时,欧盟采用了"其他具有系统重要性的机构"(O - SIIs)的定义, see European Banking Authority (2014), p. 1。

适当的审慎限制，即要求上述两类银行持有全球系统性重要银行发行的债务时，都应具有“最低总损失吸收能力”。理由是，为避免全球系统性重要银行的处置风险向全球银行系统蔓延，必须坚决要求国际上活跃的银行持有全球系统性重要银行发行的债务时具有“最低总损失吸收能力”。[①] 该原则的问题在于，在实践中切断金融机构之间的联系非常困难，也会增加银行寻找合适融资的负担。

根据《银行风险恢复与处置指令》第44条第3款，当使用自救工具可能造成资金不稳定时[②]，处置机构可以对某些债务免除自救[③]。如果大量债务被免除自救，[④] 那么必须找到一些替代资源吸收银行亏损并充分注资，具体需要取决于银行损失的金额以及免除自救债务的金额。此时，只剩下两种选择：一种是选择使用私人外

---

① See Financial Stability Board (2015), p. 7; see also Tröger (2015), p. 588，金融稳定理事会指出，适用自救工具不得破坏市场稳定。为了防止连锁效应，可自救债务必须由有足够承受能力的投资者来吸收，如保险公司、养老基金。在这种情况下，银行倒闭可能成为一个非破坏性事件，不会危及市场参与者对金融机构的信任。

② 《银行风险恢复与处置指令》第44条第3款规定，在特殊情况下，处置机构可以裁量性排除合格债务：(1)合理时间内无法将相关债务纳入自救范畴；(2)为维持银行关键功能和核心业务持续运营；(3)自救会破坏债权价值，导致其他债权人承担的损失超过了所排除的债务；(4)避免风险的进一步蔓延。

③ See Commission Delegated Regulation (EU) 2016/860 of 4 February 2016，授权条例前言4进一步规定在何种情况下，有必要根据《银行风险恢复与处置指令》第44条第3款排除合格债务。该条规定，应适用自救工具或其他处置工具，以实现2014/59 / EU指令第31(2)条中的处置目标。同样，这些处置目标也应为有关工具的使用提供依据，包括在特定案例中，将部分合格债务排除。

④ See Commission Delegated Regulation (EU) 2016/860 of 4 February 2016，《委员会授权条例》(Commission Delegated Regulation)第8条指出，在根据第2014/59/EU号条例第44(3)(c)条基于直接蔓延风险排除合格债务时，处置政府应尽可能评估受处置机构与其对手方之间的相互联系。评估应包括以下所有内容：(1)考虑相关交易对手可能面临的风险；(2)面临失败风险的交易对手的系统重要性，特别是对其他金融市场参与者和金融市场基础设施提供者而言。在根据第2014/59/eu号指令第44(3)(c)条考虑基于间接蔓延风险排除合格时，处置机构应尽最大可能根据多个客观相关指标评估排除的必要性。指标包括：(1)具有与被处置机构类似特征机构的数目、规模和相互关联性，因为这可能影响对银行或整个金融体系的信心；(2)直接和间接受处置影响的自然人人数，因为这极有可能破坏对银行业或更广泛的金融体系的总体信心；(3)受自救影响的对手方的数目、规模、相互关联性，包括来自非银行部门的 市场参与者，以及这些对手方履行的关键职能的重要性；(4)鉴于特定情况，交易对手是否有能力接触被评定为可替代的其他服务供应商；(5)在获得自救后，是否有大量交易对手撤回资金或停止与其他机构进行交易，或者由于此类机构的自救，市场是否会停止正常运行，尤其是在普遍亏损的情况下造成市场恐慌；(6)大量提取短期资金或存款；(7)有可能满足早期干预条件或满足第2014/59/eu号指令第32条第(4)款规定的失败或可能失败的机构的数目、规模或重要性；(8)关键功能的中止运转或此类功能价格大幅上涨；(9)股价或资产价格普遍大幅下跌，下跌可能对银行的资本状况产生影响；(10)可供银行使用的短期或中期资金普遍大幅减少；(11)银行同业资金的运作受到严重损害，表现为保证金要求大幅提高，可获得的抵押品减少；(12)与银行财务状况有关的信贷违约保险价格普遍大幅上升，或恶化其他市场参与者的信贷评级。

部资源，然而私人参与者不太可能为了挽救倒闭的银行而决定承担重大损失；另一种是选择使用公共资金。

六、外部处置融资安排

为了确保能有效运用处置工具，《银行风险恢复与处置指令》还引入了其他形式的外部融资，被称为"处置融资安排"，也称为处置基金，这些处置基金将强制由银行缴纳填补，①但不直接用于承担被处置银行的损失或用于注资。②

根据《银行风险恢复与处置指令》第 44 条第 5 款，只有符合下列情形才能适用处置资金：通过债务减记、债转股或其他自救措施吸收亏损和资本重组所涵盖的总债务不低于 8%；处置基金承担损失不超过总债务的 5%。根据自救原则，股东必须首先承担银行损失，其次由债权人承担。因为只有在股东和债权人强制承担损失并达到一定数额之后，才能使用外部资源，以减少道德风险。

（一）处置融资安排的主要缺点

处置基金仍然存在两大问题。

其一，在极端情形下，特别是当外部资源有限时，可能难以有效处置银行。例如，当损失巨大或根据《银行风险恢复与处置指令》第 44 条第 3 款大量免除债务自救时，根据损失和免除债务的数额，可能需要相应的外部资源，数额甚至可能超过《银行风险恢复与处置指令》设定的限制。

其二，《银行风险恢复与处置指令》第 102 条指出，到 2024 年，处置基金将达到一定数量，仅占所有授权机构存款总额的 1%。因此即使在过渡期结束后，银行也不会拥有巨额资金可用。③

---

① 根据《银行风险恢复与处置指令》第 102 条，成员国应确保在 2024 年 12 月 31 日之前，其融资安排至少达到其领土内所有授权银行的存款数额的 1%。

② 根据《银行风险恢复与处置指令》第 101 条，根据第 100 条规定的融资安排，只有在确保有效应用处置工具的情况下，才可以将融资用于以下目的：（1）为被处置机构、其子公司、过渡机构或资产管理工具的资产或负债提供担保；（2）向该被处置机构、附属公司，过渡机构或资产管理工具提供贷款；（3）根据处置方案购买该机构的资产；（4）为过渡机构和资产管理工具提供资金；（5）根据第 75 条向股东或债权人支付赔偿；（6）向处置机构提供资金以代替合格债务被排除；（7）根据第 106 条自愿提供其他融资安排；（8）以上几点的任意组合情形。

③ 自 2016 年 1 月 1 日起，根据法规（EU）2014/806 ［2014］ OJ L 225/1，参加单一监督机制（Single Supervisory Mechanism，SSM）的欧元区国家/地区将受到单一处置机制（Single Resolution Mechanism，SRM）的约束。建立单一处置基金（Single Resolution Fund，SRF）。根据第 2014/806 号条例的规定，成员国必须从 2016 年 1 月 1 日起向单一处置基金缴纳资金。在过渡期结束时，单一处置基金将拥有相当于备抵存款 1% 的资金，约合 550 亿欧元。

这两个问题可能会导致在处置大型银行或与金融机构有紧密关联的银行时，或者当许多银行同时处于处置状态时，处置基金很难发挥相应的作用。①

（二）反思意大利银行危机案

这些缺陷在近年意大利的几例案件中表现的尤为突出。在2015年自救规则生效前，四家小型意大利本地银行（Banca delle Marche，Cassa di Risparmio di Ferrara，Banca Popolare dell'Etruria e del Lazio 和 Cassa di Risparmio della Provincia di Chieti）相继被处置。② 为了处置这四家银行，意大利处置政府结合使用了资产分离、过渡银行与责任分摊机制等处置工具。③

这四个案例具有重大意义，因为它们证明了处置工具即使有用，也不足以有效地处置银行。尽管只是处置小型地方银行，这些工具也不能提供必要的新的资金来源。在这四个案例中，意大利处置基金（Italian Resolution Fund）提供了新的公共资源。2017年年初，将主要是不良贷款的部分不良资产与良好资产分离后，处置基金以每家1欧元的价格将这4家银行出售给了另外两家意大利银行（UBI Banca 和 Banca Popolare dell' Emilia Romagna）。④

这四家银行总资产仅有466亿欧元、净客户贷款总额301亿欧元、存款总额195亿欧元，⑤仅占意大利全银行系统存款的1%。⑥ 为处置这四家银行，意大利处置基金已经花费了近37亿欧元，⑦远超出由股东和次级债权人承担的8.7亿欧元损失。⑧ 为筹集这笔价值37亿欧元、几乎占意大利银行业2024年前需要提供给单一清算基金70%的资金，⑨意大利处置基金需要向意大利三大银行（Unicredit，Intesa San Paolo 和 UBI Banca）⑩借入大量资金，因为银行系统常规的缴费并不足够。⑪

如果不仅仅是采取责任分摊机制，而是将更多债务减记或债转股，那么处置基金提供的资金数额就会更加有限。处置工具很重要，但它们本身可能不足以处置

---

① See Ringe (2016), p. 36.

② 自救工具条款于2016年1月1日生效。

③ See Bancad' italia(2015). 关于责任分摊原则，see Lo Schiavo (2014), p. 442，主张国家援助资金必须限于最低必要数额，受益银行必须自己承担一定部分资金。

④ See Reuters (2017b); and Reuters (2017a).

⑤ See European Commission (2015), passim.

⑥ See Banca d' Italia (2015), passim.

⑦ See Banca d' Italia (2016a), passim.

⑧ See Banca d' Italia (2016c), passim.

⑨ See Banca d' Italia (2016a), passim.

⑩ Ibid.

⑪ Ibid. 2015年，缴纳数额约为5.88亿欧元。

一家银行，即使是小型的地方银行。案例显示，处置基金并不充沛，甚至不足以用来有效处置小型地方银行。在欧元区，单一处置基金在 10 年后的规模将达到 550 亿欧元。从数字上不难推断处置基金机制仍是一把未开刃的"剑"。[①]

如果处置基金对于处置小型地方银行已经如此困难，那么对于处置重要系统性银行以及与金融机构密切相关的银行来说则更加艰难。在这种情况下，使用处置工具和处置基金总是能够实现处置目标的说法是完全不可信的。

如果预期的目标是避免银行倒闭，以及避免由于银行倒闭可能造成的金融不稳定或系统性风险，那么处置工具和处置基金并不能够完全取代政府救助。

七、《银行风险恢复与处置指令》与政府援助的相互作用

原则上，自救工具可以适用于多种处置程序，因为它是最有效的处置工具。当自救工具不足以实现处置目标时，或者当处置政府根据《银行风险恢复与处置指令》的第 44 条第 3 款，为了避免关联机构之间的危机加速蔓延[②]而决定免除大量债务自救时，则需要使用到公共资金。

问题在于，欧盟政府援助框架限制了成员国使用公共资金干预银行危机的可能性。[③]《欧盟运作条约》（TFEU）第 107 条规定，任何政府援助均与内部市场不相容，除非它属于《欧盟运作条约》第 107(2)条规定的例外情形，或者它属于《欧盟运作条约》第 107(3)条规定的情形之一。[④] 根据《欧盟运作条约》第 107 条第 3 款（b）项，解决成员国的严重经济动荡问题是允许公共干预的最合理理由。

（一）欧委会的危机政策文件

2008 年至 2011 年，欧委会通过了 6 份文件，详细说明在银行危机背景下，评估

---

① See Ringe (2016), p. 36，单一处置基金不是处置一家大型银行的可靠资金支持。See also Gordon and Ringe (2015), pp. 1354 – 1358.

② See Recital 21 of the Commission Delegated Regulation (EU) 2016/860 of 4 February 2016，防止危机蔓延以避免对金融体系产生重大不利影响，这可以作为说明自救工具不是万能的合理理由。只有发生严重的危机蔓延，以至于会严重扰乱金融市场运作，从而可能对一个成员国或欧盟经济造成严重紊乱的情况下，才能排除自救。

③ See Dewatripont(2014), p. 40，欧盟是世界上唯一拥有国家援助政策的组织。

④ See Lo Schiavo(2014), pp. 435 – 438.

政府援助措施是否符合《欧盟运作条约》时应采用哪些标准。① 2013 年,根据银行业联盟的新监管框架②,欧委会发布了 2013 年新银行业政策文件③,向次级债权人提供责任分摊工具,④并要求重组计划在获得政府援助之前必须得到同意与采用。⑤因此,只有在股东和次级债权人参与通过债转股或债务减记吸收损失的情况下,才能采取政府援助措施。在此过程中,欧委会始终强调,政府援助的主要目的应是确保金融稳定。⑥ 当责任分摊工具可能会危及金融稳定时,欧委会有权排除此种工具的应用。⑦

(二)政府金融稳定工具

必须将新银行业政策文件与《银行风险恢复与处置指令》引入的新规则纳入共同考量。⑧ 政策文件提供了两种不同的政府金融稳定工具,可供成员国在处置期间使用,即第 57 条⑨项下的公共权益支持工具与第 58 条项⑩下的临时公有工具。这

① 危机政策指引(Crisis Communications)是指:(1)欧盟在 2008 年 10 月 25 日发布的关于在当前全球金融危机的背景下将国家援助规则适用于与金融机构有关措施的指引([2008]OJ C 270/8);(2)欧盟在 2009 年 1 月 15 日发布的关于在当前金融危机中金融机构注资的指引:将援助限制在最低限度,并防止不当竞争([2009]OJ C 10/2);(3)欧盟 2009 年 3 月 26 日发布的关于共同体金融系统减值资产处理的指引([2009]OJ C 72/1);(4)2009 年 8 月 19 日欧盟发布的关于根据国家援助规则,在当前危机中恢复金融体系生存能力和评估金融机构重组措施的指引([2009]OJ C 195/9);(5)欧盟 2010 年 12 月 7 日发布的关于自 2011 年 1 月 1 日起适用国家援助规则以支持金融危机背景下金融机构发展的指引([2010]OJ C 329/7);(6)欧盟 2011 年 12 月 6 日发布的关于 2012 年 1 月 1 日起适用国家援助规则以支持金融危机背景下有利于金融机构的发展的指引([2011]OJ C 356/7)。

② See Moloney(2014), p. 1610; Binder(2015), p. 467; Nielsen(2015), p. 805; Gortsos(2015), p. 402; Troger(2014), p. 450; Nieto(2015), p. 540; Ferrarini(2015), p. 514.

③ 欧盟 2013 年 7 月 30 日发布关于从 2013 年 8 月 1 日起适用国家援助规则以支持金融危机下银行发展的指引([2013]OJc216/1)。

④ See Lo Schiavo(2014), p. 442,责任分摊意味着必须将政府援助限制在最低限度内,并且银行要承担一部分责任。

⑤ See Dewatripont(2014), p. 42.

⑥ See Micossi et al. (2014), p. 4.

⑦ 参见委员会 2013 年 7 月 30 日发布的关于从 2013 年 8 月 1 日起适用国家援助规则以支持金融危机下银行发展的指引,第 45 点。

⑧ See Kokkoris(2013), pp. 392 – 393.

⑨ 《银行风险恢复与处置指令》第 57 条规定,成员国可以在遵守本国公司法下,通过向银行提供资本来换取以下债务,但须遵守第(EU)575/2013 号法规的要求:(a)普通股本一级债务;(b)其他一级债务或二级债务。

⑩ 《银行风险恢复与处置指令》第 58 条规定,"成员国可使银行转变成临时国有化。成员国可以发出一项或多项股份转让指令,其中受让人为:(1)国家指定的受让人;(2)国家全资拥有的公司"。

两种工具可应用于其他处置工具后，是能抓住的最后救命稻草。① 其目的在于，在条件允许的情况下，尽快将已处置的股权转移给私有部门。② 但是，根据《银行风险恢复与处置指令》第56条第4款的规定，在以下情形才能使用这两种工具：当处置工具不足以消除重大不利影响时；在中央银行已经向银行提供特别的流动性援助后，处置工具的应用仍然不足以保护公共利益时；关于临时公共所有权工具，在中央银行已通过股权支持工具向银行提供援助后，处置工具的应用仍然不足以保护公共利益时。

此外，在……使用之前必须符合以下条件：股东和债权人通过债务减记、债转股或其他方式吸收的亏损和注资不得少于该银行总负债的8%；政府援助已经过欧委会授权。③

《银行风险恢复与处置指令》第57条和第58条指出，为适用这两种工具，除了维护公共利益外，还要求只有在银行危机可能严重破坏整个金融系统稳定性的情形下，才能适用公共援助。“银行危机”既可以是大型银行危机，也可以是重要的系统性危机。《银行风险恢复与处置指令》第57条也指出，欧委员会在评估政府稳定工具时，根据《欧盟运作条约》第107条的规定，④还应评估“是否存在系统性危机的特殊情况”。

除了评估存在多种困难且必须由委员会裁量决定外，还有一个因素需要考量。如果正在处置的只是一家即使倒闭也不会破坏整个系统稳定性的中小型银行，那么在现行欧盟法律框架下，是不允许提供公共资金实施政府援助的。

---

① See Tröger (2015), p. 590，在可自救债务至少达到8%时，才可以使用此类工具，因为这可能会加剧破坏金融稳定。作者建议使用自救的比例应受到系统性例外的约束。

② See Lannoo(2014), pp. 630 – 632.

③ 《银行风险恢复与处置指令》第37条第10款规定，这些工具可用于系统性风险的特殊情形。

④ 《欧盟运作条约》第107条第1款规定，除条约另有规定外，成员国或通过国家资源以任何形式提供的任何以有利于某些企业或某些产品生产的援助，只要影响市场主体之间的贸易，就会产生不正当竞争。《欧盟运作条约》第107条第2款和第3款规定了禁止国家援助的例外情况。第107条第2款规定，下列援助应与国内市场活动兼容：(1)授予个人消费者的具有社会性质的援助，条件是该援助的授予与所涉产品的原产地无关；(2)帮助弥补自然灾害或特殊事件造成的损害；(3)给予受德国分裂影响的德意志联邦共和国某些地区经济的援助，只要这种援助是必要的，以弥补该分裂所造成的经济劣势。《里斯本条约》生效五年后，安理会根据委员会的提议采取行动，可能会通过一项决定废除这一点。《欧盟运作条约》第107条第3款规定，以下内容可被视为与内部市场兼容：(1)协助促进生活水平异常低下或严重就业不足的地区的发展；(2)协助促进执行具有欧洲共同利益的重要项目，或排除对成员国经济的严重干扰；(3)促进某些经济活动或某些经济领域发展的援助，但这种援助不会在不利于共同利益的前提下影响贸易发展；(4)促进文化和遗产保护的援助，但这种援助不会在损害共同利益的范围内影响欧盟的贸易与竞争；(5)理事会根据委员会的提议做出的其他类别的援助。

当然,也需要考虑如何更省时省力地避免地区性中小银行倒闭。因为即使是一家中小型地区性银行倒闭,也可能影响其业务所在区的其他银行。换句话说,即使这家银行倒闭不大可能造成整个金融系统的不稳定,但可能破坏所在区域的社会和经济稳定,风险甚至可能蔓延到其他地区。

如果一些中小型银行同时倒闭,也会产生相同的问题。① 在这种情况下,我们仍然难以确定是否应该使用政府稳定经济的工具。如果处置资金过于薄弱以至于无法提供有效帮助,这种问题将会变得非常棘手。更重要的是,由于在使用政府稳定经济的工具前,大量债务需要通过自救机制减记,这种措施可能会适得其反,造成与处置目的相反的结果,破坏金融系统的稳定。

八、意大利银行危机案与预防性资本重组

2017 年有三家意大利银行面临着非常严重的危机(这三家银行分别是 Banca Popolare di Vicenza、Veneto Banca 与具有系统重要性的银行 Monte dei Paschi di Siena)②。③ 在压力测试失败后,政府要求这些机构全部资本重组。④ 然而,很难找到一个市场处置方案,让其他私人金融机构有机会参与重组。与此同时,大量的处置基金已经用于 2015 年实施的四次清算重组,无法再次使用此基金进行干预。这三家银行规模远远大于 2015 年破产的四家银行,且三家银行同时提交破产申请,并提出对其大量债务进行自救的申请。在此情况下,银行自救不仅会导致国家层面的金融动荡,还会造成更大范围的金融不稳定。⑤ 对此,政府的首要备选方案是,根据

---

① See Micossi et al. (2016), p. 3.

② See Banca d'Italia (2016b), p. 1.

③ 实际上,意大利银行系统的发展状况更为严峻,根据中期银行(Mediobanca)2015 年发布的一项资产负债表调查,将有 114 家银行的不良贷款额是其价值的 2 倍至 8 倍。See Mediobanca (2015), passim. See also the International Monetary Fund (2015), p. 9,指出不良贷款是许多金融机构面临的严重问题,在主要依靠银行融资的国家中尤为常见,如欧元区。银行资产负债表中大量的不良贷款通过增加融资成本和占用资本来降低其盈利能力。这会对信贷供应产生负面影响,并最终影响整个经济体系;在意大利,不良贷款的问题尤为严重,因为不良贷款在 2015 年约为 3600 亿欧元,占所有贷款的 17%;see Jassaud and Kang(2015), passim. See De Groen (2016), p. 2。

④ 前两家银行分别被要求增资 33 亿欧元和 31 亿欧元,第三家银行增资 88 亿欧元。

⑤ 这三家银行都受到欧洲央行(European Central Bank)的严格监管。

《银行风险恢复与处置指令》第 32(4)(d)(iii)条[①]进行预防性资本重组(precautionary recapitalization)[②]。在股东和次级债权人承担损失之后,这些银行可以用意大利政府提供的公共资金进行资本重组,除非委员会决定不采用债务分摊规则以避免造成经济不稳定。[③] 然而,必须在官方评估确定银行仍有偿付能力,且国家干预符合国家援助监管框架之后,预防性资本重组机制才能启用。[④]

经过欧洲中央银行、欧委会和单一处置委员会与意大利银行、意大利财政部和三家银行进行的长时间谈判,决定只有 MontedeiPaschi 银行能够用公共资金进行资本重组,[⑤]Veneto Banca 银行和 Banca Popolare di Vicenza 银行被评估为资不抵债[⑥],宣告破产。[⑦] 最终欧委会还是决定,允许使用国家援助手段帮助另外两家无力偿债的银行清算管理。[⑧]

意大利银行危机案再次表明,为解决银行危机,公共干预虽存在矛盾之处但仍是必需手段。

九、结语

毫无疑问,引入自救机制是向银行危机管理迈出的重要一步。它不仅有助于降低道德风险,肃清市场,严明纪律,[⑨]还可以保护纳税人利益,限制未来用于拯救

---

① 根据《银行风险恢复与处置指令》第 32 条第 4 款(d)项,为了拯救成员国经济的严重动荡和维护金融稳定,公共财政可以采取预防性资本重组的形式,即注入自有资金或以不会给银行带来好处的价格和条件购买资本金。这些措施应局限于有偿付能力的银行,并应以欧盟国家援助框架下的最终批准为前提,具有预防性和暂时性,按比例弥补严重干扰的后果,不得用于弥补银行损失。预防性资本重组仅限于注入必要资金,局限于解决国家、欧盟或单一监督机制范围内的压力测试,确保达到欧洲中央银行、欧洲银行管理局或国家主管部门的资产质量审查标准。

② See Micossi et al. (2016), p. 7, 作者认为这一工具应定义为,是新的法律框架下向银行提供公共援助的唯一途径,且无须减记负债或将其转换为权益。

③ 根据《银行业指引》第 45 点,在实施政策文件将危及金融稳定或导致不公平时,可以排除责任分摊;see Micossi et al. (2014), p. 4, 根据这些标准,经过压力测试后,即使需要临时的公共干预,可以合理认为对有偿付能力的银行进行审慎的资本重组不会给初级债权人带来损失。

④ See Olivares - Caminal and Russo (2017), p. 13.

⑤ 根据 2017 年 6 月 1 日专员 Vestager 与意大利财政部部长 Pier Carlo Padoan 达成的重组计划原则协议,欧盟已批准 54 亿欧元的国家援助,用于对锡耶纳银行(Monte dei Paschi di Siena, MPS)进行预防性资本重组。该协议的两个条件现在都得到了满足,即欧洲中央银行以监管机构身份已确认锡耶纳银行具有偿付能力且资本符合要求,且获得了私人投资者购买该银行不良贷款组合的正式承诺。

⑥ See European Central Bank (2017), passim.

⑦ See Single Resolution Board (2017), passim.

⑧ See European Commission (2017b), passim.

⑨ See Gardella (2015), p. 373.

银行机构的公共资金数额。

政府救助不会因为自救的引入而自动消失。① 当必须尽一切努力避免银行破产以及随之而来的破产程序时，政府救助将再次出现。因为政府救助的成本可能低于金融不稳定所造成的损失。② 即使自救是一种立竿见影的工具，但它本身可能无法有效地处置处于危机中的银行并达到处置机制的预定目标。原因很简单，如果一家银行能够通过自救有效地进行处置，则意味着这家银行没有面临着"无法治愈"的危机，因为它已经有相当可观的内部资源可以实施债务减记或债转股。而当银行状况不佳时，自救资源对于危机中的银行是不足够的。这就是为什么自救固然有用，但可能需要与外部资源相互结合。对中小型银行而言，这些外部资源可以来自处置基金，可以给它们提供更多的资金。

自救可能会将损失转嫁到其他金融机构或非金融机构，导致系统不稳定。在发生重大银行危机和系统性危机时，很难找到可替代公共资金的更有效的办法，处置基金本质上不可能拥有与国家救助相同的权力，因为它们仅从市场上得到有限的资金支持。③ 未来可能仍会再次采取政府救助的办法，尽管它们的表现形式会有所不同。此外，欧盟各机构也通过引入公共股本支持工具（public equity support tool）、临时国有化工具（temporary public ownership tool）以及预防性资本重组工具来表明对政府救助机制的重视。

仍然很难找到一个合理的理由来解释欧委会为什么会决定提供国家援助来帮助 Veneto Banca 银行与 Banca Popolare di Vicenza 银行实施清算管理。这种策略显然是不合逻辑的，并与欧盟新规则背后的原理相矛盾。④ 该矛盾基于这样一个假设，这些银行之所以提交清算，是因为单一处置委员会（single resolution board）认为通过其处置方案无法维护公共利益。即便假设成立，也很难理解在与 2013 年《银行业指引》（Banking Communication）第 65 点相矛盾的情况下，仍允许对这两家银行在清算阶段实施国家救助，因为这种措施显然与新的法律框架相抵触。也无法肯定这种策略能够始终保护所有利益相关者的利益。同时还有一个反常现象，2017

① Similarly, see Wojcik（2016）, p. 138，作者认为尽管自救将大大减轻纳税人的负担，但它不会使公共干预自动终止。

② See Dewatripont（2014）, p. 37; see also Micossi et al.（2016）, pp. 16 – 17，作者呼吁制定一项"与条约兼容的计划"（treaty compatible scheme），允许成员国在欧洲银行业仍遇到困难的情况下，用公共资金对有偿付能力的银行进行预防性与临时性注资。

③ Similarly, see Schillig（2014）, p. 102，当此类处置资金不足时才能要求纳税人提供必要的资金。

④ See Bodellini（2017b）, p. 161.

年选择关闭 Banca Popolare di Vicenza 银行和 Veneto Banca 银行的决定与 2015 年意大利央行决定处置四家小规模银行的决定存在明显的矛盾。换言之,如果 2015 年选择处置四家小型银行是因为这四家小型银行涉及公共利益,那么由此推断 2017 年 Veneto Banca 银行与 Banca Popolare di Vicenza 银行也同样涉及公共利益,因为这两家银行的规模比另外四家银行的规模要大得多,与金融体系的联系也更加紧密。这些决定之间的矛盾表明欧盟和成员国处置政府之间缺乏协调,这不仅仅将对单一监管机制和单一处置机制的正常运行产生严重影响,可能还会威胁整个银行联盟的存留。

如果要回答题目中哈姆雷特式的问题,①可以这么说,自救并不一定能够取代政府救助,但是如果能够合理地将两种工具相结合,那么即使在发生重大危机的情况下,也可以保障纳税人的利益。相较于全球金融危机前的法律框架,现有机制是向前迈出的一大步。

① See Shakespeare (1793), p. 156, where it reads "To be, or not be, that is the question".

破产执业者

BANKRUPTCY
LAW REVIEW

破产行政管理体制改革报告

中国政法大学破产法与企业重组研究中心
执笔人：李曙光、张钦昱、郑海黎、李吉鹏。

导　论

企业破产是净化市场环境的主攻方向。价高者得、公平竞争、优胜劣汰是市场经济的三大“铁律”，是市场运行的基本规则，也是企业破产的根本原因所在。在公平、有效的市场环境下，资源自由流动，价格起了决定性作用。有竞争力的企业吸引市场资源向其流动，将落后企业原本占有的资源剥离。劣后企业被抢占、剥夺资源和市场份额，丧失市场竞争力，无法继续经营和产出，被淘汰后成为“僵尸企业”。“去产能”是供给侧结构性改革的核心，处置“僵尸企业”则是整个“去产能”任务的核心。2017 年 12 月中共中央经济工作会议将进一步深化供给侧结构性改革确定为 2018 年八项重点工作之一，并提出要“大力破除无效供给，把处置‘僵尸企业’作为重要抓手，推动化解过剩产能”。中共十九大报告强调，建设现代化经济体系，必须以供给侧结构性改革作为主线，把提高供给体系质量作为主攻方向，坚持去产能、去库存、去杠杆、降成本、补短板，优化存量资源配置，扩大优质增量供给，实现供需动态平衡。清理和处置“僵尸企业”、高效推进企业破产工作已成为目前中央经济工作的重中之重。

破产行政管理是打通破产程序“经脉”的重要环节。企业破产耗时兼复杂，绝非法院一家所能胜任，从破产申请，到作出破产裁定，再到清算和重整，各个环节都需要行政职能的辅助。质言之，“僵尸企业”破产需要法院、破产管理人和各级政府三方协同共治，才能顺利、高效完成，政府在破产工作中的作用不容小觑。2017 年最高人民法院《关于为改善营商环境提供司法保障的若干意见》中指出，协调完善破产配套制度，提升破产法治水平。推进府院联动破产工作统一协调机制，统筹推进破产程序中的业务协调、信息提供、维护稳定等工作。积极协调政府运用财政奖补资金或设立专项基金，妥善处理职工安置和利益保障问题。2018 年 3 月最高人民法院在《全国法院破产审判工作会议纪要》(法〔2018〕53 号)中指出,“健全破产审判工作机制,最大限度释放破产审判的价值。要进一步完善破产重整企业识别、政府与法院协调、案件信息沟通、合法有序的利益衡平四项破产审判工作机制,推动破产审判工作良性运行,彰显破产审判工作的制度价值和社会责任。”此外,国务院总理李克强在 2019 年政府工作报告中,着重强调了政府在处置僵尸企业、优化营商环境工作中的重要角色。① 7 月 16 日,国家发展改革委员会、最高人民法院等 13 个部门联合发布《加快完善市场主体退出制度改革方案》,其中明确提到“鼓励地方各级人民政府建立常态化的司法与行政协调机制,依法发挥政府在企业破产程序中的作用,协调解决破产过程中维护社会稳定、经费保障、信用修复、企业注销等问题,同时避免对破产司法事务的不当干预”,“进一步明确政府部门承担破产管理人监督管理、政府各相关部门协调、债权人利益保护、特殊破产案件清算以及防范恶意逃废债等破产行政管理职责”。②《企业破产法》中没有出现“政府”字眼,行政权力的影响力却有目共睹,政府不仅辅助法院进行破产善后,甚至每个破产环节都有政府的身影。实践中,中央和地方政府在破产法实施中往往扮演重要角色。

其一,政府是破产进程牵引者。上一轮政策性破产,新一轮供给侧结构性改革,处置僵尸企业、优化营商环境一直是政府工作的重中之重。在涉及“僵尸企业”市场出清时,政府的相关决策影响案件处理走向,以及破产案件的受理数量。可以说,政府的政策导向能极大地影响破产工作和市场出清,10 月 8 日通过的《优化营商环境条例》,就为净化市场、清理僵尸企业提供了一个可靠、稳健的抓手。一直以来,政府在破产实施的进程中“退居二线”,由法院主导、管理人负责大部分的企业破产工作,政府的牵引和推进作用并未充分发挥,行政职能在破产管理工作中并未完全体现,这不仅加大了法院开展破产工作的难度,还导致如下岗职工生活保障不到位、企业注销难、产业结构调整环节缺失等一系列遗留问题。做一个合格称职的破产推动者,积极发挥能动性,是政府职能之所在,也是

---

① 国务院总理李克强在 2019 年 3 月 5 日政府工作报告中提到:过去一年,深化供给侧结构性改革,实体经济活力不断释放,要加大“破、立、降”力度。随着供给侧改革的纵深推进,加快处置僵尸企业,优化营商环境,成为政府工作的重要抓手。企业破产涉及清理税务、工商注销、职工安置、社会救济等问题,离不开政府的管理和服务,需要科学的宏观调控,有效的政府治理,规范的依法行政,充分的政府服务,需要法院与政府形成有效联动。

② 《国家发展改革委员会关于印发〈加快完善市场主体退出制度改革方案〉的通知》(发改财金〔2019〕1104 号)。参见 http://zfxxgk. ndrc. gov. cn/web/iteminfo. jsp? id = 16232,最后访问日期:2020 年 7 月 16 日。

供给侧改革之亟须。

其二，政府是破产环节的参与方。政府行政权具有主动性和扩张性，以效率优先为价值取向，偏向于积极主动干预社会公众的经济和生活，其目的是维护社会的安全秩序与普遍的社会福利与公共服务。① 在破产程序中，政府既是公共服务提供者，也是社会职责履行者，强化“健全优胜劣汰市场化退出机制，完善企业破产制度”的责任意识，积极贯彻落实中央优化营商环境、清理僵尸企业的政策部署，主动配合法院落实破产案件的府院联动机制，是各级政府的职责所在。政府参与破产程序，典型如职工安置问题，政府需支持企业多途径多渠道安置下岗职工，通过内部培训转岗、鼓励职工自主创业等方式，做好善后工作；对解除劳动合同的职工，政府需督促和监督企业依法及时支付经济补偿；对内退职工，政府需指定机构为其代发生活费和代缴相关社会保险费，直至退休。实践中有些地方政府的参与明显不足，协调安置工作不到位，态度不够积极，这是推进破产行政管理、优化府院联动机制的一大突出问题。此外，一旦涉及国有企业破产，政府就是重要的利益关切方，必须全身投入并跟进破产工作，因为政府是国有企业的监管者，更是出资方，此时政府的“主人翁”身份就充分显露出来。在国有企业破产案件中，政府往往会直接指派人员作为清算组进行清算；按照国有资产交易相关规定，对相关国有资产进行依法处置，如组建综合性资产经营公司承接不良资产等。当然，对资产处置损失，政府还应积极向国家争取不良资产处置政策等，切实解决不良资产处置难题。破产程序需要行政权力的深度参与，没有政府辅助，清理僵尸企业根本无从谈起。

其三，政府是破产推进的守夜人。政府参与破产工作的原因之一，是弥补市场机制失灵，保障破产的稳步推进。破产过程中会遇到很多棘手问题，比如下岗职工安置、税收减免审批、法人资格注销、破产后信用修复等，都会触及众多主体利益甚至社会利益，需要政府尽职尽责，确保每一环节无疏漏、无拖沓，需要政府内部上下级协调配合，不同部门紧密联动以提供支持。当前尚未设立破产管理部门，但不影响政府对前期风险和后期收尾工作的介入和保障。成立企业破产风险处置工作领导小组，加强政府前期风险处置工作与企业破产审判工作的对接和协调，是更好推进破产风险处置工作的需要，也是提升政府在破产审判公共服务职能的要求。另外，目前我国的破产管理人的管理基本由各级法院负责，法院

① 杨俊广、曹文兵：《破产审判中行政权适度介入之法理思考》，载《人民法院报》2017 年 12 月 27 日。

作为裁判者,应当时刻保持中立地位。法院兼负监管管理人的职责,引发对其公正性、权威性的质疑的同时,还极有可能造成腐败乱象,降低效率。让行政机关承担一部分对管理人的监管职责,把政府的监督功能放大,势必能极大优化当前破产管理体制。

然而,相关研究表明,政府在破产案件处理进程中未能发挥应有的推进功用;相反,"府院联动"机制的实施效果不尽人意,行政权力不作为、滥作为导致破产工作难度增加、社会大众强烈不满的现象仍时有发生。[①] 究其原因,在于政府与法院的沟通协调机制不健全、不完善;更深层次,缺乏一个和破产法实施相配套的政府主管机构,政府应当发挥的关键作用在企业破产的社会转轨进程中相对缺失。建立一套行之有效的制度体系,疏通破产行政管理工作障碍,厘清政府在破产法实施中的角色定位,深化既有"府院联动"机制改革,推进全国破产管理人自治协会的成立和运转,是破产行政管理体制改革的重中之重。

一、破产行政管理体制改革面临的主要问题

政府是法院实施破产工作的"同盟军",行政权积极配合司法工作的实施,为推进破产案件提供必要的便利条件,是实现破产案件高效、顺利解决的关键推力。从其他国家和地区的经验来看,政府在个人破产、破产管理人的管理等方面都发挥了重要作用。[②] 然而,分散监管模式下,我国破产案件数量虽有增长但仍处低迷(见图1、见图2),部分地方政府忽视企业破产对完善市场退出机制的作用,职能履行不充分,与法院对接协调时不配合。破产程序涉及的政府部门众多,没有一定级别的牵头部门推进,没有统一的对接部门,都极大地制约了行政职能的发挥,同时也阻碍了破产工作的顺利推进。

---

① 破产案件中政府、法院履职不到位,导致债权人、债务人等利益相关主体在互联网上对案件处理进度和结果表达不满的情况并不少见,如"沅江市人民法院不作为,违法指定破产管理人"(http://people.rednet.cn/PeopleShow.asp?ID=1960561),"青岛城阳人民法院、政府在喜盈门集团破产案件中涉嫌的不法行为"(http://blog.sina.com.cn/s/blog_15f282cac0102w0x1.html)等。最后访问日期:2019年12月6日。

② 如美国通用公司和雷曼兄弟这些大型破产案件,美国破产管理局一定会参与其中并施加重大影响。

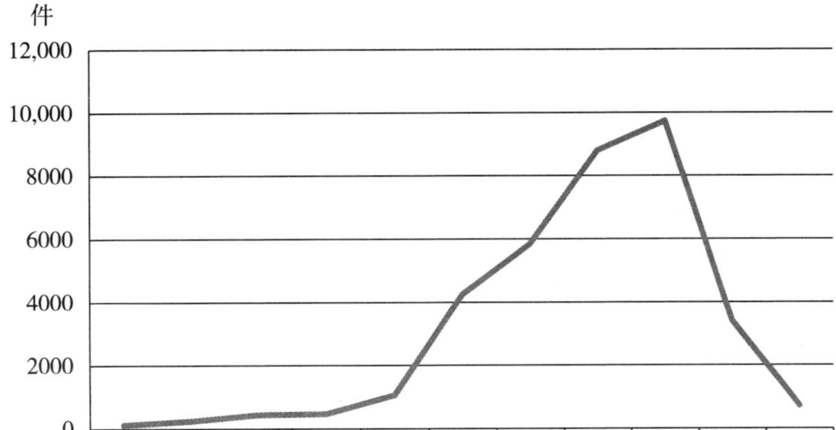

	2009年	2010年	2011年	2012年	2013年	2014年	2015年	2016年	2017年	2018年	2019年
案件数量	128	247	444	469	1061	4249	5841	8801	9742	3403	724

图 1　2009～2019 破产案件数量可视化分析(2009.1.1～2019.5.1)

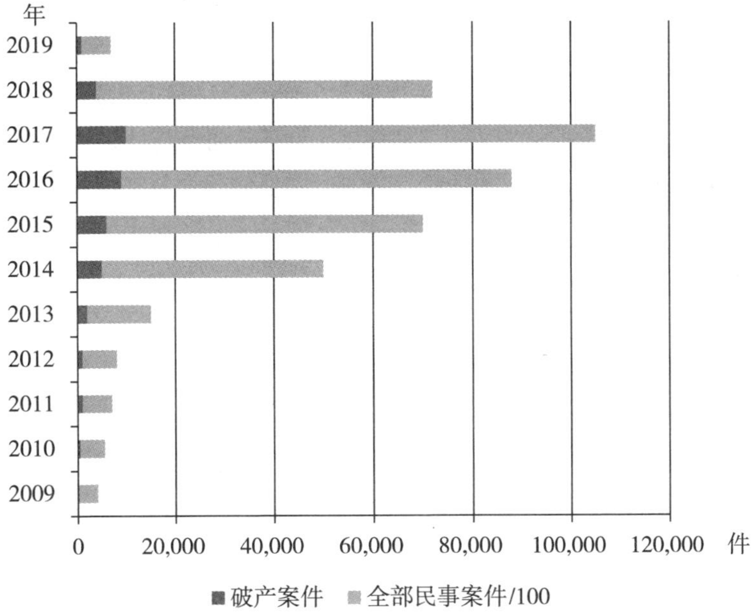

图 2　破产案件与普通民事案件数量对比(2009.1.1～2019.5.1)

(一)破产程序中政府定位有偏差

目前大部分政府部门在遇到企业破产时,心理上会存在两相博弈的不平衡。一方面,大部分地方政府在遇到企业破产时,选择直接干预法院受理破产案件。原因很简单,一个中大型企业破产,将直接削减地方政府税收,拉低地方政府业绩,威胁地方稳定。此外,在大部分地区基本保障制度还不健全的情况下①,破产企业职工安置也是地方政府一大沉重负担。在这种情况下,没有地方政府甘愿对本地企业破产袖手旁观,在“稳定压倒一切”的政策指引下,地方政府会尽力避免企业退出市场,甚至不惜打破行政权力的边界,对法院受理企业破产案件进行直接干预。而我国的普遍状况是,法院获取资源仰赖于地方财政,即便在法院系统独立于地方政府的呼吁不断的情况下,地方司法机关面对行政权力依然处于弱势地位,其结果就是政府不当干预甚至主导企业破产的发展方向,司法机关则无力抗衡听之任之。

另一方面,政府在破产进程中反而扮演消极角色,在法院寻求帮助时选择回避和缺位。破产案件归属法院管辖,但法院只审理债务清偿的有关问题,对破产企业的善后,则并非法院职责范围之内。换言之,法院手中现有资源也不允许其直接处理职工安置、产权调整、税务清理等工作,破产绝非法院一家之事。但实践中,法院却面临诸多难题。首先,政府支持缺位。一些政府部门担心政绩、形象,害怕破坏社会秩序、影响业绩而反对破产;一些领导借口法院独立审判,急于甩掉破产“包袱”而不予配合,或者口头表示支持,实际消极怠工,甚至暗中阻挠。其次,部门协调困难。破产程序不同于一般民事案件,一家企业破产牵涉到的利益成千上万,涉及多少政府职能,就需要多少政府部门出面处理,其中不乏需要行政机关费尽心思、极大损耗人力物力财力才能解决的“难题”,职工安置和失业救济就是典型。最后,追责机制缺失。目前政府职能能否及时有效发挥,完全取决于政府自身的主观能动性,缺乏外在追责制度的约束和监督。在这种情况下,一些相关部门有意无意推脱责任,导致动员和协调困难重重,行政职能未能充分发挥。

(二)破产程序中政府职能待整合

当前我国缺乏一个处于上位的统筹协调部门,对各个破产程序相关的政府部门进行统一指导、调度和监督,促使其充分履职,并且对各自的职能进行进一步的优化,以更匹配破产案件顺利、高效推进的需要。一个企业破产,其房屋土地产权的确认需要国土局出面,税收减免优惠需要财税局审批,法人资格注销需要工商局确认,职工下岗失业需要社保局配合……而就税收这一个方面,破产企业又会面临利息税、流转税、营业税、个人所得税、增值税、企业所得税等巨额未缴税费,税务部门作为债权人,本应在破产程序启动之初就及时申报债权,而现实是相关税务局申报

① 如失业保险覆盖面还比较窄、社会保险统筹层次低、信息化建设发展水平不均衡、管理服务基础薄弱、再就业培训体系不健全等问题尚未得到根本解决等。

债权的情况少之又少，当破产程序终结、管理人办理企业注销手续时，税务部门则会以存在欠缴税款及滞纳金为由不予注销。其后果是企业不能顺利完成破产、退出市场，僵尸企业残留，破产清算程序无法正常发挥“清道夫”作用。法院虽然主导企业破产进程，但在司法系统和行政系统相互独立的情况下，法院根本无法直接干预政府决策，甚至无法对接到具体部门进行协调，极大地限制了政府职能的发挥，更降低了破产案件处理的效率。如果存在一个统一进行破产行政管理的上位部门，如美国的破产管理局，上述部门割据、互不配合的问题将会迎刃而解。

（三）府院联动机制协调对接不充分

根据最高人民法院《关于审理企业破产案件指定管理人的规定》和《关于审理企业破产案件确定管理人报酬的规定》，破产管理人相关事务的决定权、解释权和执行权，基本由法院独揽，破产处理进程也就间接掌握在法院手中。[①] 这样的制度设计大大强化了法院的主导地位，隐性增加了法院自由裁量的空间，导致政府参与的空间和可能性在无形中被压缩，使二者配合不足，联动疲弱。府院联动机制在中央大力推动下，即便已经政策化、成熟化，部分地方的府院联动根本没有协调程序的内容，有的虽然规定了协调程序，在法院和政府之间的联动的基础上，却强调、强化管理人对法院的依附地位，完全忽视了其独立性，当管理人作为第三方机构与政府部门对接协调时，通常会受到不同程度的冷遇，甚至直接的拒绝。这种情况下，以府院联动实现破产进程高效推进的目的，不仅未能达成，反而筑起新的壁垒。

在上述背景下，政府自身定位不准，不作为、滥作为，也是联动机制效力受阻的原因之一。一些地方政府没能正确理解府院联动的适用目标，只是被动执行上级政策，认为破产工作由法院主导，自己就可以做“甩手掌柜”，需要其支持发力，却不管不问不行动，生怕增加工作负担、动用人力物力财力资源。实践中，破产处理有相当一部分工作都是行政性事务，政府具有天然的优势和独厚的资源，如劳动社保、工商税务等方面，政府消极懈怠的态度，直接影响破产事务的处理进度，法院和管理人只能避重就轻，简化甚至省略一些必要的行政性工作，导致问题遗留，后患无穷。

就大部分已建立府院联动机制的地区而言，法院和政府也并未真正实现和落实

---

① 如《关于审理企业破产案件指定管理人的规定》第 4 条，社会中介机构及个人申请编入管理人名册的，应当向所在地区编制管理人名册的人民法院提出，由该人民法院予以审定；第 31 条，债权人会议根据《企业破产法》第 22 条第 2 款的规定申请更换管理人的，应由债权人会议作出决议并向人民法院提出书面申请；再如《关于审理企业破产案件确定管理人报酬的规定》第 1 条，管理人报酬由审理企业破产案件的人民法院依据本规定确定。上述规定将管理人选任、报酬、更换的决定权直接交到法院手中，法院即可通过指示管理人把控整个破产进程，相对而言会产生排挤行政权力介入的后果，导致政府参与不足。

"联动",没有建立常态化沟通机制和沟通平台,仅是就案论案、就事论事。只有在大型企业破产,涉及大批职工下岗、房产抵押变卖或者上市企业时,政府才会给予足够的重视,和法院成立工作组,召开部门联合会议商讨对策、解决难题。但显然,政府的积极响应仅限于个案,只是迫于维稳压力,或政绩考量,才参与其中,并非出于常态化配合协调法院的破产工作之动机。结果就是,这些临时性联动协调机制不健全、连贯性差,更多依靠的是领导专案专办,特别审批;即使成立联动工作小组,一纸会议纪要,缺乏明确职责分工和完善的对接机制,既不具备规范性也不具备普适性,当管理人真正落实和对接工作时,各职能部门常常相互推诿、拖延进度,"单打独斗",严重影响破产事务的推进,府院联动机制仅限于一句口号。这种不均衡不到位的"联动",还只是停留在表面,未能"落地生根",实际产生的正面效应也就极为有限。

(四)府院联动落实地域分布不均衡

当前已构建起来的府院联动,大部分局限在市级、区级,上升到省级层面的少之又少,目前在省级层面构建起府院联动机制的,除四个直辖市外,只有浙江和甘肃两省。现有地市级联动机制,表现也相对不均衡,中东部沿海地区已积累相对成熟的经验,内地却刚刚起步甚至有的闻所未闻,整体来看,各地建立起来的府院联动常态化机制是不均衡的。

"府院联动"机制建立的区域和成熟度,取决于各地法院和政府对处置破产企业、优化营商环境的重视程度,往往经济发达的地区,市场竞争激烈,一轮又一轮优胜劣汰的筛选使效益落后的"僵尸"企业被迫退出市场,淘汰的僵尸企业越多,对破产行政管理、府院联动机制的需求度越高。目前我国很多地区在处理破产案件时,可能也存在政府参与和对接,但仅是针对个案处理,并未建立法院和政府间破产处置的常态化联动机制,这就很容易为地方政府敷衍塞责、懒政怠政大开方便之门。市场主体的高效、有序退出,离不开行政和司法权力的联动,离不开政府和法院的衔接,在市场主体退出和供给侧结构性改革推进的关键时期,要想进一步优化营商环境,保证破产程序的顺利推进和破产法的高效实施,必须把"府院联动"机制贯彻和落实下去,形成制度化、规范化、常态化的协同对接机制,改善目前该机制地域分布不均衡的状态,从而保证在处理破产企业税收、市场监管、下岗职工安置等问题时,行政权力能够不缺位、不懈怠,及时跟进破产案件处置进程。

二、破产行政管理改革的理论基础

(一)弱势司法权威与政府行为理论

关于司法权,汉密尔顿(Alexander Hamilton)曾论断:"大凡认真考虑权力分配方案者必可察觉在分权的政府中，司法部门的任务性质决定该部对宪法授予的政治权力危害最寡，因其具备的干扰和危害能力最小。行政部门不仅具有荣誉地位的分配权，而且执掌社会的武力；立法机关不仅掌握财权，且制定公民权利义务的准则，与此相反，司法部门既无兵权，又无财权，不能支配社会的力量和财富，不能采取任何主动的行动。故可正确断言：司法部门既无强制，又无意志，而只有判断；而且欲实施其判断亦需借助行政部门的力量"；司法权是一种裁判权，"并且是通过将一般的法律规则适用于具体案件上，来发挥其裁判案件这一功能的"①，司法权天然具有被动型、中立性的特征。换言之，如果社会平安无事，大家都遵规守纪，那么司法权作为一种被动的权力，没有主动性去干预社会规则和制度运行，这在一定程度上会削弱司法权威对社会的震慑力，同时作为解决争端的主要手段，其无可替代性较差，如果在司法程序、司法效率、司法成本等各方面不如其他途径实用，那么司法权发挥作用的空间就会严重受限。在我国，由于法官的自由裁量权有限，资源相对于行政和立法部门而言相当稀缺，司法权在各方面都处于相对弱势地位。

此外，司法活动是一种专业化的技术活动，其倡导的精英群体理念说明了法官在从事审判时，是需要技术层面的专门技能的。我国的现状是，各地法官能力和水平参差不齐，在发挥主观能动性时，法官的司法技术无法保证整齐划一，更何况每位法官长期积累的经验在司法技术中占有相当的分量，有经验的法官和刚入门的法官在对待同类案件的处理上，无疑会存在偏差，从而对司法权威的建构、问题的有效解决均会产生负面影响。再加上我国司法体系地方化、行政化倾向明显，司法权力依附于行政权力的问题突出。

而政府行为理论层面，马歇尔认为，自由竞争下的均衡并不意味着满足了最大化。他指出两种原因：首先，均衡并不会自然地导致收入的均等化，因此，均衡并不意味着交换各方的满足达到了最大化，因为收入的再分配可以使个人的福利总和进一步增加。在这里，他虽然没有明显指出政府的作用，但在现实中，政府作为收入再分配的主体是明显的。此后，在马歇尔理论的基础上，威克塞尔主张政府发挥作用的场合可以概括为两点：一是保持宏观经济的稳定状态，消除经济波动；二是改进收入分配状况，促进社会福利。同时，威克塞尔的政府行为也是有条件的，比如他提出政府干预的前提条件是政府必须建立在民主主义的原则上，"只要一国的政府建立在民主主义的原则上，那就存在这种措施只在其有利于大多数人时才被采取

---

① 陈瑞华：《司法权的性质——以刑事司法为范例的分析》，载《法学研究》2000 年第 5 期。

的确实(虽然不是常常可靠的)保证”。①

企业破产面临的是冗长繁复的程序和一系列棘手的问题,处理一件破产案件所需耗费的时间和成本都不是普通民事案件所能比拟的(见图3),不少企业破产案件法院裁判后持续数年仍在处理后续工作。司法权的特性决定了法院在其职能范围内仅仅审理涉及债务清偿的问题,在整合社会资源和动员其他社会资源方面,法院相对于政府部门明显存在局限性,仅凭法院的司法裁判难以统筹解决破产审判遇到的诸如企业风险安置、资产变现、职工安置、税费减免、引入战略投资人、政策帮扶等社会层面的行政事务性问题,相反,政府对以上工作具有得天独厚的条件。政府具有公共服务和社会管理的职能,应当为市场化、法治化破产创造条件,为破产进程的推进营造良好的社会环境和法治环境,使破产程序突破行政领域局限性的瓶颈,真正实现司法权指导、行政权辅助的有序破产局面。

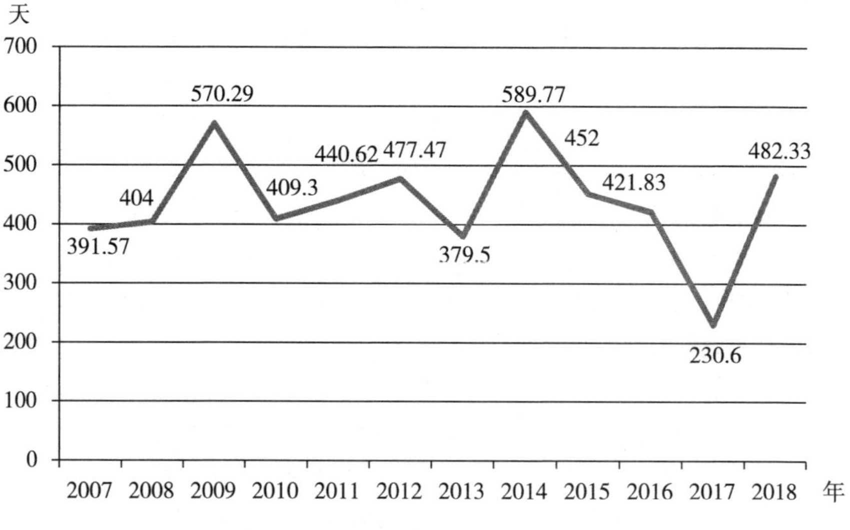

图3 破产案件平均所需审结天数(以上海市为例)

(二)公共行政理论与行政组织理论

现代民主在理念和制度上确立了公众的主体地位。在现代民主政治框架下,公共行政以公众为导向,逐渐确立和发展起来。从一般的公共政策过程来说,公共行政为增进公共利益、回应公众期待,主要由确立有效的政府角色、建立有效的政府组织和治理模式、切实建构公众和政府之间的价值互动关系三个环节组成。正

---

① See Burmeister, E. 1976. *Real Wickcell effects and regular economies.* In essays in Modern Capital Theory, ed. M. Brown, K. Sato and P. Zarembka. Amsterdam: North – Holland. pp. 145 – 164.

如马克思·韦伯所言，行政权具有如下特征：其一，专业化。这不仅是对行政组织内部个人的要求，也是对组织内部分工的要求。在层级制组织中，具体工作根据工作类型和目的进行划分，并且明晰标明具体分工的责任，以此规范行政组织内每个人能够够严格遵守责任规范，照章办事，不允许组织成员超越职权扩大行为范围。其二，层级化。组织机构和成员严格按照层级规定进行行政管理，在层级化的组织体系中，行政管理人员按照层级和权威一致的标准，形成自上而下的指挥链条，以此将高层的命令依次传递到最基层，下级接受上级的命令和监督，从而实现组织的整体行动。其三，规则化。行政组织内部运行必须严格遵守组织的规则，这些规则依据合理合法原则制定，并且具有稳定性。其四，非人格化。行政组织成员对权威的服从，仅限于非人格化的法定义务。成员职务等级界限明确，官员既不拥有所在机关的财产权，也不拥有对任何机关附属资源的主张权。其五，技术化。在行政组织内部，成员依据自己的技术特长和能力获得任用，行政组织也具有技术化的程度和手段。其六，明确的方向。在明确的原则和规则下，行政组织同时具备专门化、可操作性、技术性的特点，因此组织内管理者的行为具有可预见性。因此，韦伯认为，"精确性、工作的速度、任务的准确性、对文件的熟悉程度、活动的连续性、权限的划分、指挥的统一、严格的上下关系、人员摩擦的控制，以及在物质和人员方面的成本的减少……行政权的行使将达到最佳状态"。

企业破产案件往往表现出法律关系多元化、触及的利益主体多、矛盾纠纷复杂化、法律适用与企业管理复合化、社会影响巨大等特征。它不仅牵涉破产企业与其债权人、债务人之间的各类债权债务关系，还涉及物权、股权、知识产权、证券、保险等法律问题，甚至还涉及劳动、土地、税务、市场监管等行政管理部门之间的错综复杂的管理关系，具有开庭与开会相结合、办案与办事相结合、裁判与谈判相结合的特点。加上我国计划经济体制历史遗留问题复杂，不可避免地嵌入着政府行政管理职能的内容，这也就决定了破产案件的审理不仅仅是一个单一的事实认定与法律适用问题，而且是一项需要统筹兼顾、多方协调、整体推进的多元化系统工程。①行政管理发生在社会生活的全过程，政府的行政权具有主动性和扩张性，以效率优先为价值取向，偏向于积极主动去干预社会公众的经济活动的生活，目的在于维护社会的政治、经济、安全秩序以及普遍的社会福利和公共服务，这一点恰恰和破产的社会性事务相吻合，显然，企业破产衍生的社会问题，是政府行政职能之所在。无

---

① 杨俊广、曹文兵：《破产审判中行政权适度介入之法理思考》，载《人民法院报》2017 年 12 月，第 7 版。

论是维护下岗职工的稳定，还是与债权人沟通、投资人谈判，政府都具有天然的优势地位，并且有劳动社会保障、金融监管、工商、税务、公安等方面的职能资源优势。正如彭德尔顿·赫林所说："调整团体差异并且使那些通过立法程序而达成的经济妥协和社会妥协有效可行的担子基本都落在了行政组织的肩上。"

（三）市场失灵理论与国家干预理论

市场失灵理论认为：完全竞争的市场结构是资源配置的最佳方式；但在现实经济中，完全竞争市场结构只是一种理论上的假设，理论上的假设前提条件过于苛刻，现实中是不可能全部满足的。由于垄断、外部性、信息不完全和在公共物品领域，仅仅依靠价格机制来配置资源无法实现效率——帕累托最优，出现了市场失灵。为了实现资源配置效率的最大化，解决市场失灵问题，就必须借助于政府的干预。

企业破产也是由市场起决定性作用，遵循市场的基本特征和规律。价高者得、公平竞争和优胜劣汰是市场经济的"三大铁律"，也是企业破产的主要原因：企业参与市场竞争，接受优胜劣汰，优化产业结构，实现资源合理配置，这不仅是市场有效性的体现，有时恰恰也是市场失灵的信号，即市场无法保证宏观经济的稳定运行。此时需要政府与法院配合，为破产企业顺利退出市场创造条件、指引方向。就政府保障破产法实施过程中，政府与市场之间存在如下关系：在破产实施转轨成本层面，政府和市场相互替代；在下岗职工劳动保障方面，政府和市场相互互补；在破产管理人管理层面，政府和市场则双失灵。当政府和市场表现为互补关系时，二者应当良性互动、相互配合，为企业破产优化环境；当政府和市场双失灵时，二者应当保持一定的谦抑性，为法定权力主体让位。企业破产的市场化改革导向并不排斥政府保障法律实施的职能，亦并不意味着完全忽视和绝对弱化政府的职能作用。因为众多破产案件的审理亟须政府解决相关社会问题，完全切断或绝对回避政府行政干预几无可能，也不符合我国当前的现实国情。申言之，绝非完全摒弃行政权对破产案件的干预和介入，而是顺势引导和合理规范行政权在破产程序中的界限，将行政权的介入控制在合理的范围之内，充分发挥政府行政权对破产法实施的促进作用。

市场失灵理论为行政权的介入提供了合理基础，但并不意味着政府可以为所欲为，完全无视市场经济运行规律。实践中利用行政手段按指标压缩产能，违背优胜劣汰的市场竞争规律，往往低效的企业并没有压缩，而高效率的企业却被压缩，不利于营造健康的市场环境。当前存在的过剩产能、过多库存、过高杠杆率现象正是需求侧管理失效的表现。过于僵化、行政命令式、强制性、政策性极强的企业出清方式完全不适用我国市场经济发展的要求。在市场经济条件下,政府职能由全能管理型政府向有限政府、服务型政府转变,既需要行政权的适度介入,又要把握其限度,减少行政权的不利影响。

三、破产行政管理制度的域外经验

(一)美国联邦破产管理署

美国在破产制度上实行严格的行政权与司法权分离体制,破产管理权与破产案件审理权分别由政府和法院来行使。自1986年以来,美国联邦司法部下组建美国联邦破产管理署(USTP)(以下简称“美国破产署”),在首都华盛顿设有联邦托管人办公厅,作为破产管理署的中枢管理机构,并在全国设有21个分署,分别管理全国及各自辖区的破产事务。

联邦破产管理人的主要角色是作为破产程序的监管者(watchdog over the bankruptcy process),就如《联邦破产管理人目标宣言》所述:“联邦破产管理人的工作目标在于:通过执行破产法律、对私人破产管理人进行监督以及维持良好的运作管理水平来维护联邦破产体系的完整(integrity)以及提高其效率”。

图4 美国联邦破产管理署

由于破产重整案件规定在《美国破产法》第十一章,故通常将破产重整案件称为第11章案件。无论是办理个人消费破产案还是企业破产案,抑或是破产清算案、破产重整案,美国破产署的核心职责都是确保破产程序中的所有参与者严格执行《美国破产法》(Bankruptcy Code)的规定。根据《美国破产法》,美国国会负责制定破产程序规则和破产的公共政策,这些规定对参与破产程序的各方均具有法律效力,当然也包括法官和破产当事人。法官在行使自由裁量权时、破产当事人在达成各类协议时,均不得违反破产程序规则和政策,更不能用个人的倾向性意见替代法律规定。

美国破产署为正当履行法定职责,经常在案件中采取既不站在债务人一方,也不站在大额债权人一方的相对独立立场,这一立场是由其在法律程序中,特别是在多方利益错综复杂的破产程序中的法定角色决定的。

在处理第十一章案件中,美国破产署的监管职责主要体现在对案件的日常监督和必要时直接驳回一些不符合破产法律规定的申请方面。例如,美国破产署会审核内部人员因从事日常工作(包括以假马竞价方提出的价格处置资产的事项等)而提出的津贴申请。此外,尽管《美国破产法》第503(c)条有明确规定,美国破产署仍然会对提请确认包含有续约津贴(retention-bonus)条款的动议进行严格审查。大部分案件中,通常只有美国破产署一方认为应当驳回这些申请,而实践中也确实有大量案件在美国破产署的坚持下削减了续约津贴的申请金额,但美国破产署仍认为这远未达到法律对续约津贴限制适用的要求。

美国联邦破产管理人制度是美国司法制度(department of justice)体系的一个重要组成部分。其运作的目的在于使所有利益相关者——债权人、债务人与社会公众的利益最大化,而促进美国破产法律制度体系的完善,同时提高其运作效率。联邦破产管理人是破产法的中立执行者,这个制度立法初衷,便把它定位为破产法律制度的监管者。笼统的讲,联邦破产管理人负责对各种类型破产案件——从自然人的破产到大型企业的清算——操作的全过程进行监督。为了依据破产法公正、快速、有效地处理破产案件以促进公共利益,管理人关注破产案件中的当事人以及私人破产管理人的行为合规性,监督行政管理方面的运作,同时保证案件的处理符合相关实体和程序法的规定。另外,它还会依据联邦刑事方面的法律对破产案件中的欺诈(fraud)和权力滥用(abuse)的行为进行调查。为使其顺利履行职责,管理人拥有行政管理、规章制定以及诉讼等广泛的权力。

联邦破产管理人的核心任务之一在于与破产案件中的欺诈和滥用权力行为作斗争。管理人对债务人逃避用其部分税后所得支付其债务的行为、隐藏资产的行为、进行虚假的财产申报行为以及其他不履行破产法所规定的义务的行为进行调查,以及采取必要的行动来保证破产法的实施。同样,管理人也会对在破产案件中侵害债务人利益的债权人、律师以及破产申请准备人(petition preparers)等行为人进行调查与处罚。

联邦破产管理人根据联邦破产法律负责对下列破产案件的运作进行监督：

1.《美国破产法》第七章的清算程序（liquidation proceedings）。在第七章的清算程序中，除了部分免于向债权人清偿的财产外，其他都要被收集和清算变现。然后由一个被指定来管理债务人财产的私人破产管理人分配给各债权人，一个合格的债务人的破产申请被法庭批准后，除了根据联邦破产法所禁止的以外，其大部分债务可以被注销。

2.《美国破产法》第十一章的重组程序（reorganization proceedings）。根据第十一章提出破产的申请人大部分是企业。债务人通常在债权人的参与下制定一个重组计划以决定是对债务进行全额抑或是部分清偿。"占有财产债务人"一般会继续经营企业直到重组完成，除非有破产管理人根据第十一章被指定。

3.《美国破产法》第十二章农场主和渔业经营者债务调整程序（family farm and fishermanreorganization proceedings）。第十二章允许一个合格的农场主和渔业经营者提出破产申请，重组其农场业务以及渔业，清偿全额或部分债务，同时继续经营。联邦破产管理人根据破产法任命永久破产管理人担任债务人财产的管理人，直到破产申请提出地联邦破产法院所确认的清偿方案中的债务人债务已经得到清偿为止。

4.《美国破产法》第十三章自然人债务重整程序（wage-earner reorganization proceedings）。第十三章一般称为自然人破产，主要运用于自然人根据一个在三年至五年内必须完成的债务清偿计划对其资产进行重组。要符合第十三章的债务注销条件，自然人必须有固定的收入来源，同时负债不能超过一定数额。联邦破产管理人根据破产法任命永久破产管理人担任债务人财产的管理人，直到破产申请提出地联邦破产法院所确认的清偿方案中的债务人债务已经得到清偿为止。

5.联邦破产管理人的其他具体职责

（1）任命与监督私人破产管理人在破产案件中依照破产法第七章、第十二章、第十三章进行财产收集以及向债权人分配资产，同时在私人破产管理人不能或不愿任职时担任破产管理人；

（2）审查相关信息披露说明（disclosure statements）以及专业人员留任的申请，保证在破产案件中相关信息通过文件、日程表、信息披露报告、重组计划书等形式进行传播时符合破产法的规定；

（3）保证破产财产的管理是及时和有效率的，同时付给专业人员的报酬是合理的，审查相关专业人员，比如说律师、会计对经费的运用情况；

（4）对在破产案件中是否存在欺诈以及滥用权力的情况进行监督，涉及犯罪时，根据美国破产管理人制度的相关程序向检察官报告；

(5)在根据《美国破产法》第十一章进行的重组案件中，负责指定债权人会议成员和召集债权人会议；

(6)推动《美国破产法》实体与程序上的规定在现实生活中的有效运用。

(二)英国破产管理署

英国破产管理署是在英国工商部(Department of Tradeand Industry)属下的一个机构，成立于1884年。破产署在破产业务上独立于政府，债权人可以较为自由地参与破产程序。管理署由署长(inspector general)领导，宏观指导和监督破产案件，通过指派和监督其属下的官方接管人和破产管理人来实现对破产案件的总体调控。目前破产署在英国伦敦主要中心区域以及英格兰大部分地区都设有办公机构。除伦敦外，基本上每一行政区域内都设立一个办公室，负责其行政区域内有破产管辖权法院的案件的处理。

在组织架构上，总体而言，破产署由署长领导，下设多个机构，譬如政策制定机构，人力资源机构，调查与执行机构还有办公服务机构等。其下包括：(1)指导委员会(Steering Board)。指导委员会不具有行政管理职能，它的角色是通过署长向国务秘书(Secretary of State)提出相关建议，具体包括：与其服务方向相一致的规划建议；改进服务和运营质量的措施；未达到上述目标而需采取的相关手段。(2)审计委员会(Audit Committee)。审计委员会是指导委员会的一个附属委员会，它也不具有行政管理职能。由指导委员会的独立成员担任主席，其召开会议时，破产署署长有权列席。委员会批准年度及长期审计的范围及优先考虑事项。同时，对向署长等管理人员在风险管理、内部控制、年度财务报告等方面提出的质询事项提出建议。(3)管理委员会(Directing Board)。破产署署长是破产署的机构负责人，主持机构的日常事务，他在管理委员会的帮助下协调高级管理人员的工作，管理委员会还为署长就相关工作提出建议。

破产管理署中的被遣散员工费用支付办公室(redundancy payments office)则担负着在破产案件，特别是其中的公司清算案件中，保护员工的权益有效实现的任务。办公室的主要工作为：根据具体案件的考量，在认为确有需要时，向申请破产的个人,合伙企业以及公司的被遣散员工支付除国家保险基金外的其他遣散费用以及补偿金。同时,在每一宗破产案件中,办公室都会将相关裁员信息汇总,交给当地的就业服务中心以及政府部门,以便协助被遣散者寻找新的工作岗位或是进行再就业职技能培训。另外,办公室在向被遣散者支付国家保险基金的同时,也会代表他们向申请破产企业追讨相关的员工费用。

在破产署署长领导和指挥下(少数情况下直接受国务秘书的指导)执行公务的公职人员称为官方接管人。官方接管人的职位一般由法律直接创设,但与此同时,他们也隶属于相关法院。因而,官方接管人一方面对法院负责、执行法院下达的命令,同时,也须履行其法定职责,扮演着破产程序中的临时接管人(interim receiver)和临时破产清算人(provisional liquidator)、接管人(receiver)、托管人(trustee)与清算人(liquidator)以及监督者(supervisor)等多重角色。

(三)俄罗斯联邦企业重整与破产管理局

俄罗斯政府 1992 年设立联邦企业重整与破产管理局,同时在各大区和地区设立了相应的垂直领导的分支机构。该局的主要职能是提出有关破产法律、规范性法律文件以及相关政策的建议,制定相关规则,在破产案件中行使国家债权人的职能,培训和管理破产管理人。

内设 8 个司局,135 人。同时在 7 个大区和 89 个联邦州市设立了垂直的企业重整和破产管理分支机构。三级机构共有公务员 1051 人。这些机构的运行费用全部来自联邦财政预算。

俄罗斯企业重整与破产管理局的职能主要有三项:一是立法起草和提出制定企业重整和企业破产的法规、政策建议。俄罗斯破产法从 1992 年以来的三次破产立法都是经俄罗斯企业重整与破产管理局起草、国家杜马通过的。二是在企业破产中行使国家债权人的职能,如代表国家处理破产企业国有资产和企业拖欠税款、拖欠劳保基金、国有银行贷款等方面的债务。三是管理破产管理人,对破产管理人进行资格认定、专业培训、监督检查、颁发和吊销执照等。由于俄罗斯企业重整与破产管理局权利过大,经国家杜马议定,目前开始将管理破产管理人的职能移交给司法部。

(四)中国香港破产管理署

香港破产管理署成立于 1992 年 6 月 1 日。作为香港特别行政区政府和财政部的下属部门,破产管理署负责在全港执行各项与破产清盘相关的法定职务,比如在破产程序中进行的调查、监督等;必要时,也担任官方接管人(或清盘人),以推动程序的进行。破产管理署就个人破产、公司清盘服务所扮演的角色,是确保香港能够

提供符合国际标准的高质素破产、清盘服务、

1. 破产管理署组织架构

香港破产管理署的职责在于为市民提供有效率的破产与清盘服务。该署由三个主部构成,分别为个案处理部、法律事务部及财务部。如图5所示:

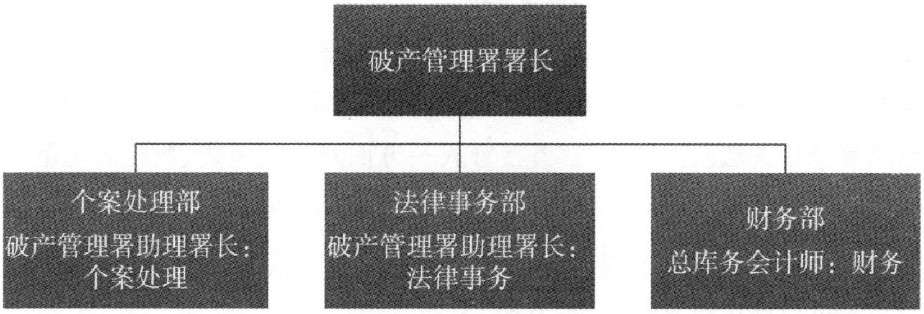

图5　中国香港破产管理署组织架构

(1)破产管理署署长

破产管理署署长的职能由《破产条例》法定,突出体现了破产管理署职能的核心,可以具体概括为三类,即程序性职能、监督性职能以及行政性职能。程序性职能,是指署长在破产程序中扮演受托人(或清盘人)、临时受托人(或临时清盘人)的角色,从而推动程序进行的职能。监督性职能,是指署长对破产人、破产人的董事高管以及受托人、清盘人等人员的行为、操守进行广泛的监督和及时应对的职能。行政性职能,是指署长在破产程序中扮演着具备行政性质的调整角色。如当债务人或债权人提出破产申请后,破产管理署署长亲自出席法院聆讯,可以传召、询问或盘问任何证人,借助行政力量调查破产事务。

(2)个案处理部

个案处理部由助理署长(个案处理)掌管,职员包括破产管理主任。如果破产管理署署长获委任为受托人或清盘人,该部会负责破产清盘管理的工作,包括变现资产、裁定债权人的申索、派发债款、调查破产与清盘的原因、破产人或公司的操守及事务,以及执行有关清盘及破产事宜的条例。如果私营机构清盘从业人员在强制清盘案或破产案中获委任为受托人或清盘人,该部会负责监察他们的操守。

(3)法律事务部

法律事务部由助理署长(法律事务)掌管,该部负责就破产与清盘案中任何有关破产与清盘案财产的管理事宜提供法律意见,包括出席非正审及最终的法院聆

讯,及在复杂的个案中聘任大律师。此外,调查及检控触犯无力偿债罪行的人士以及向法院申请取消公司董事、清盘人及接管人的资格。

(4)财务部

财务部由总库务会计师(财务)掌管,职员计有库务会计师及会计主任。该部的主要职务包括对破产与清盘案进行财务及会计调查、对外间清盘人提交的账目进行法定的核数工作、管理破产与清盘案财产帐户的款项,并为其安排投资事宜,以及监管外间清盘人。

2. 破产管理署使命

香港破产管理署使命是确保香港能够提供符合国际标准的高素质破产与清盘服务,而有关法例亦能配合香港位于主要金融中心前列位置的目标。

当破产管理署署长获法院委任为受托人与清盘人时,为履行相应的使命,破产管理署所从事的主要工作包括:

(1)尽快和有效地保护无力偿债公司或破产人的资产及将资产变现、裁定债权人的债权及并将变现所得款项分发给优先债权人及普通债权人;

(2)调查破产人和无力偿债公司的董事与职员的行为操守及有关事项;

(3)在适当情况下,采取行动检控无力偿还债项的违例人士和申请取消个别人士出任公司董事的资格;

(4)监察破产与强制清盘案中私营机构从业人员的行为操守,确保他们尽速有效地执行职务,并在有需要时,采取行动对付那些在处理个案时有疏忽或作出欺诈行为的从业人员,其中包括进行取消其资格的程序;

(5)确保强制清盘案和自动清盘案中所有私营机构从业人员在规定的期限内,尽快将款项存入公司清盘账户,并管理上述款项的投资事宜;

(6)不时检讨有关破产与清盘案的政策、法例和程序,并在这些方面提出一些必须的修订。

3. 破产管理署具体工作

破产管理署就个人破产与公司清盘服务所扮演的角色,是确保香港能够提供符合国际标准的高素质破产与清盘服务,而有关法例亦能配合香港位于主要金融中心前列位置的目标。

破产管理署由三个主部组成,分别为个案处理部、法律事务部及财务部。三部的主要功能如下:

(1)当法院及债权人委任破产管理署署长为受托人或清盘人时,提供破产与清盘管理服务,把无力偿债公司及破产人的资产变现、调查及商定债权人的申索;分

发收益;

(2)担任小额个案的受托人或清盘人,作为最后解决方法;

(3)调查破产人和无力偿债公司董事及高级职员的资产负债状况,向法院报告公司经营失败的原因,以及就触犯无力偿债罪行的人士提出检控;

(4)监察私营机构专业人员的行为操守、把变现资产所得的款项投资、审核账目及调查针对清盘人及受托人的投诉;

(5)检讨与无力偿债问题有关的法律、政策及程序和提出修订建议,并与处理无力偿债事宜的国际机构保持联系;

(6)为涉及无力偿债问题的其他政府部门及法定团体提供支援。

四、我国破产行政管理制度改革的基本框架

(一)破产行政机关职能的精进

1.企业破产风险处置机制的常态化

当前虽未设立破产行政管理部门,但很多破产行政事务都需要政府部门强力推进。为进一步推动市场化导向的企业破产审判工作,应当切实加强政府前期风险处置工作与破产审判工作的对接和协调,明确和提升在企业破产审判中政府提供的公共服务职能,这就需要各地政府及时组建破产风险处置工作领导小组,为破产行政性事务的解决提供政策性意见和建议,并落实相关会议决策,减轻破产企业不必要的行政性负担。

例如,温州市政府和温州中级人民法院在经多方沟通和调研,针对破产审判过程中遇到的企业所得税预缴等问题,在会议纪要中明确规定法院裁定受理债务人企业进入破产程序即表明该企业已经具备资不抵债的情形,其财产处置不应当预缴企业所得税(包括财产在执行程序中处置,但处置所得由破产程序分配的情形)。这一做法被后来出台的浙江省加快处置僵尸企业22条意见所吸收。实践中,大部分破产企业存在生产经营异常、管理人员离岗、内部行政管理混乱等情况,有别于正常生产经营的企业。而且这些企业在税务方面往往会存在逾期申报等违法违规行为,从而被税务机关经法定程序认定为非正常户。当破产企业为非正常户的一般纳税人的情形下,在破产财产处置后,买受人要求开具发票时,往往会因为是非正常户而无法开票,这就导致不动产转让时存在过户难题,而且将导致买受人无法抵扣进项税额、列支成本费用,这会缩小买受人的范围,降低通过自由竞争获得合理价格的可能性,若处置的财产是不动产,还会因房产交易过户困难而导致管理人存在违约可能这极大影响了破产程序的推进进程。针对这一难题,风险处置工作

领导小组对破产企业非正常户转换成正常户的具体操作流程进行了规范,包括恢复正常户——违法违章处理——非正常户解除三个步骤,在行政层面上给破产企业退出市场所遇到的税务难题指明方向。此外,破产风险处置小组还履行一定的监督职责,对责任不落实、归口办理、拖拉搪塞等行政不作为问题,明确由牵头单位督办,进一步提高行政事务办理效率。①

2. 破产费用援助基金的制度化

企业走上破产之路,一般都是迫不得已,很多情况都是资产不足以清偿债务,或者出现了资不抵债的可能性。换言之,这些破产企业一般都是资金链断裂、资金周转出现困难、资金严重短缺。目前许多"无产可破"企业进入破产程序后,资产往往"所剩无几",账面上连启动破产程序的资金都不够,实践中许多破产管理人都是自己垫付相关费用才能开展工作,并且垫付的资金还可能面临最终无法收回的风险,还有一些破产企业面临巨额的职工债权无力支付。在没有资金支持的情况下,政府若不能出面兜底解决,管理人的工作根本无法继续,企业破产程序根本无法正常进行,无力支付职工薪酬还会引发为数众多的职工不满,导致社会动乱。此外,遇到这种业务多、风险大、周期长、资金无保障的案件时,许多破产管理人的工作热情和积极性大打折扣,甚至有些会草草了结,对破产企业的稳妥处理带来了隐患。实际上,即使是无产可破的企业,也应当进入司法破产程序,理由如下:(1)企业进入破产程序并被宣告破产、裁定终结破产程序之后,工商部门便可注销企业的工商登记,从而可以释放出一定数量的用地指标、商誉商号等宝贵的社会资源,缓解用地紧张、商号竞争激烈的现象。(2)进入司法破产程序的无产可破企业,若查明股东存在滥用法人独立资格的行为或未履行股东清算义务的,债权人则可以另行诉讼以追究股东个人的责任,从而最大限度地保护债权人的权益。

无产可破企业由于并无财产可供分配,有的企业甚至连破产案件的公告费用也无法承担,故债权人或者债务人不愿意申请司法破产,同时由于利益驱动管理人对此类案件的工作积极性也不高,因此无产可破企业的司法破产审判工作一直进展缓慢。针对这一问题,法院和破产管理人都因为自身条件有限,"心有余而力不足",导致无产可破的企业进入司法破产程序后一直都是相当棘手的问题。而只有政府部门能够集结和动用一部分社会资源,为上述破产难题提供解决方案。如相关政府部门可设立专门的破产援助基金,针对没有资金、无法启动破产程序的企

① 参见《企业金融风险处置工作府院联席会议纪要》(温政办〔2017〕84 号),载 http://toutiao.manqian.cn/wz_2AXzBLyyC2n.html,最后访问日期:2019 年 12 月 6 日。

业,垫付破产企业维稳资金和支付破产费用资金,以提高债务人与债权人申请司法破产以及管理人的工作积极性,加快破产案件的审理进度。

3. 破产管理人培训和管理的规范化

依照《企业破产法》第 13 条规定,人民法院不仅有权裁定受理破产申请,同时有权指定管理人,并明确管理人的管理办法由最高人民法院规定。不难看出,在法院的裁判之外又赋予了人民法院对管理人行业的行政管理职能,但鉴于人民法院在承担破产案件的审判工作者、对破产管理人个案中履职行为的监督者以及在破产管理人与债权人等群体发生冲突时的裁决人这些角色之外,还是破产管理人行业准入的决定者、破产管理业务的分配者、破产管理人的培训与管理者和对破产管理人不当行为的惩戒者。法院集司法审判和行政管理于一身,不仅不利于人民法院严格依法、高效、中立行使其法定的破产审判、监督与裁决职权,反之亦给破产管理人队伍的建设与发展带来了巨大的负作用。一方面,伴随中央供给侧结构性改革政策的逐步推进,破产案件数量逐年增长,人民法院本已有限的破产审判人力资源和专业力量,在应对案件审判工作主业时已基本超负荷,难以拨出精力制定、细化破产管理人相关管理制度,更难以充分实现对破产管理人行业与队伍的日常、动态管理。这种破产管理人的管理制度迟迟无法建立完善、管理和监督职能长期难以到位的情况,将直接影响破产管理人队伍的建设、发展与及时净化;另一方面,也使人民法院中立、监督者的外观形象大打折扣,甚至有时被动为破产管理人的不当行为“背锅”,甚至有可能导致法院超越法定职权,直接指挥干涉破产管理人具体职权内的行为,从而使得破产管理人制度被实质性虚化。

因此,应改变法院在破产程序中的主导作用,突出管理人的独立性和中立性,将管理人从法院分离出来,弱化法院对管理人的行政管理职能,设置专门的破产行政管理机构,部分承担起对管理人的行政管理职能。同时,破产管理人作为一个专业性极强的职业群体,需要一个破产行政机关对协会的日常工作进行针对性的管理和指导。在其他国家和地区,比如英、美、德、俄等国和香港地区的破产管理局(管理署)均具有对管理人进行管理的法定职能,如美国设置联邦破产管理人,对债务人逃避用其部分税后所得支付其债务的行为、隐藏资产的行为、进行虚假的财产申报行为以及其他不履行破产法所规定的义务的行为进行调查,以及采取必要的行动保来证破产法的实施。同样地,管理人也会对在破产案件中侵害债务人利益的债权人、律师以及破产申请准备人(petition preparers)等行为人进行调查与处罚。英国则在工商部下设破产管理署,由署长领导,宏观指导和监督破产案件,通过指派和监督其属下的官方接管人和破产管理人来实现对破产案件的总体调控。

4. 破产法制教育和宣传的普及化

破产法的功能要得到充分发挥，需要一个过程，特别是破产法律意识的形成和对纠正破产法的错误认识都需要时间。我国企业破产法从2007年施行至今，破产案件的数量一直处于低水平状态，破产机制的应有功能并未得到充分发挥。和一般民事案件相比，破产案件的数量平均只有民事案件的千分之一，甚至万分之一，这一巨大差距说明我国破产法尚不能真正落到实处，相关案件极为匮乏。在美国，每年的破产案件数量至少是我国的百倍乃至千倍之多，这样的落差是和当前我国的GDP增长水平不相匹配的。不难想到，市场经济高速发展的我国，每年淘汰的企业绝对不止进入法院破产处理系统的数量，大部分企业即使已经"病入膏肓"，甚至早已停产绝产，依然存活在市场之中，成为占据资源、加剧经济泡沫的"僵尸企业"。破产法没有落实到位，应用有限，很大程度是因为社会大众对"破产"还不能有正确的认识，甚至不知道破产程序，或畏惧进入破产程序。因此，为了提升社会公众对破产制度价值和功能的认识，加大对破产法制的正面宣传力度是重要方面。

通常情况下，破产宣传工作由法院主导，政府在此工作中参与较少。但实际上，法院的精力和资源有限，对破产法的宣传往往是不到位，甚至是不存在的，这就需要政府发挥能动性，弥补法院在破产宣传层面的缺失。在政府相关部门的指导下，可以通过网络、电视、报纸等新闻宣传媒体，扩大破产法的受众面和社会影响力；通过安排破产管理人代表、债权人会议主席等相关人员参加访谈等方式，加大对债权人、债务人等破产参与方的破产法制观念的正面宣传力度；同时，搭建破产信息发布平台，全面梳理汇总经营困难、面临破产的企业信息，及时向社会公布破产重整企业相关信息和法院破产案件审理情况，给信息需求方提供多层次信息源，并引导危机企业树立正确的破产理念，帮助破产重整企业引进战略投资者、选择新的经营模式等，有效保障困难企业优质资产资源重组和经济转型升级。

（二）"府院联动"机制的健全

如何积极稳妥地解决府院联动中的各类矛盾和问题，是一个必须硬啃下去的硬骨头，当前应尽快建立在党委领导下，政府牵头搭建，由法院、经信、国资、财政、人社、税务、工商、公安、金融监管等多部门共同参与的府院联动破产机制，以协调解决在破产案件中产生的职工安置、社会保险、税收优惠、保全解除、查控办理、招商引资、企业注销、信用恢复、破产费用保障、民生权益保障等方面的问题。企业破产中的府院联动机制应充分考察和尊重市场参与各方的利益诉求,并应全面遵循如下工作原则:第一,顺应市场,依法破产。顺应市场重在发挥市场在资源配置中的决定性作用,加大环保、能源、水耗、安全、质量、技术执法力度,建立健全开放透明、公平竞争、优胜劣汰的市场机制;而依法破产重在强化法治意识,严格履行相关程序,公开规范操作,依法依规处置债权债务,妥善做好职工安置。第二,企业破产,政府支持。司法实践中企业破产需要地方党委与政府的支持,更需要发挥政府在政策制定、环境营造、社会保障、统筹协调等方面作用,停止对"僵尸"企业的补贴和各种形式的保护。当然,强化企业破产的主体责任,充分尊重企业意愿,自主选择退出途径和方式。第三,有的放矢,分类破产。坚持破产保护理念,即充分公平保障破产案件中债权人、出资人、债务人、战略投资人的合法权益多兼并重组、破产重整、破产和解,少破产清算,加大企业兼并重组力度,加强产业整合,优化资源配置,盘活存量资产;充分考虑破产企业的行业特点和企业实际,合理分类,一企一策,选择合适的破产方式。第四,结构优化,统筹兼顾。当前传统经济结构继续调整优化,发展经济需要立足产业基础和着眼长远发展,统筹推进,准确把握工作节奏和力度,不搞"一刀切",对于煤炭、钢铁等产能过剩行业作为破产重点,可将"三煤一钢"作为突破口,与化解过剩产能相结合,与产业转型升级相统一,促进企业扭亏脱困、转型发展,提升市场竞争力。

具体而言,优化改进目前的府院联动机制,需要从以下方面着手:

1. 政府、法院及管理人的协调互动机制

法院是破产案件的主导者,破产管理人是破产事务的具体执行者,对破产事务中可能面临的困难最清楚。因此,在处置破产企业的各个环节,尤其是遇到债权人与债务人矛盾尖锐,宜诱发群体性事件的案件,以及涉及法院职权范围之外的政策不配套等问题时,法院和破产管理人应积极主动与党委、政府沟通,通过政府召集财政、国土、税务、人社、工商、住建、银行、经信、公安、信访等部门一起研究突破破产中涉及的产权瑕疵、债务处理、职工安置、税收优惠、信用修复、企业注销、引入战略投资者、破产费用保障以及刑民交叉等重难点问题。探索建立有效的沟通协调机制,确定对接手续、对接流程、对接人员等问题,将繁杂的协调性事务程序化、制度化,避免府院联动机制的形式化。同时,法院和破产管理人要督促政府将上述研究成果转化成制度文件,推动个案协调向制度化对接转变,补齐企业破产社会配套保障机制的短板,与政府合力推动府院联动机制的规范化,促进破产案件处理的质效,维护社会主义市场经济秩序。

同时,因职责不同,法院与政府在破产事务的处理中可能会存在目标的不一致,处理方式的不一致。此时,法院切不可让位,要始终坚守破产法的立法目的和宗旨,坚守法院作为破产案件主导者的地位,坚持原则性与灵活性相结合的原则,依法依规的与政府协商处理。只有法院、政府、破产管理人三方无缝对接、合力协作,府院联动机制才能发挥最佳效果,破产案件才能快速处置、有序分配。破产管理人作为破产事务的具体执行者,承担了大量破产事务的处理,若破产管理人在破产案件的处理中没有积极性,被动工作,再完美的府院联动机制都不能发挥其应有的作用。

2.“僵尸企业”破产的信息共享机制

各地定期监测评估法院和政府部门涉及破产企业和“僵尸企业”的相关信息,及时报送市政府和属地县、区人民政府,定期通报企业破产审判和“僵尸企业”处置工作情况,汇总编发典型案例,总结推广有效做法和经验。在处置“僵尸企业”的各个环节,法院应积极主动与党委、政府沟通,争取工作主动,特别是在破产审判中,及时传递破产审判工作信息,寻求支持协调破解障碍,通过府院联动机制,突破破产中遇到的融资、职工、税收、信用修复等方面的瓶颈,打好法律政策“组合拳”。同时,可由政府牵头,定期对政府职能部门和法院掌握的大数据进行梳理分析,从中提炼出引发企业债务危机的关键数据和节点,如企业投资规模、治理模式、资产负债等,创建动态的危困企业名册,及时发布预警信息,主动防御风险。通过“僵尸企业”处置和破产审判工作,透析本地经济整体发展中存在的缺陷和短板,将大数据反映的问题反馈到实体经济领域,向各经济体、行业协会提出意见建议,为党委制定当地经济发展战略提供信息支持和决策依据。

3.财政政策与税收政策的扶持引导机制

对连年亏损、丧失偿付能力、不能清偿到期债务的僵尸企业,和“无产可破”的“零资产”企业,政府应当在符合破产法制度与程序的基础上,对破产企业予以融资支持、税收优惠、财政补贴和债务冲抵。具体包括加大财政政策支持力度,加快建立企业破产职工安置基金、破产程序启动基金,解决企业破产必要资金垫付和支出缺口;加大社会保障政策支持力度,切实解决破产企业职工安置问题;加大税收政策支持力度,在现行法律框架内,尽可能给予破产企业更大税收优惠;加大财产处置政策支持力度,对接政府招商引资政策和平台,推动缓解破产财产处置难问题;加大土地管理政策支持力度,解决涉企业破产相关历史遗留问题、用地规划调整问题,推动加快土地使用权处置进程。

4.破产重整动向的识别审查机制

企业是否具有重整价值,在破产法中的表述是原则性、方向性、有弹性的,这就需要进一步明确破产和重整路径的识别审查。适合进入重整程序的应当是具有挽救希望的、有重整价值的企业，对于企业的重整价值，可以抓住以下三个维度予以考量：第一，企业是否具有营运价值。企业能否继续运营，是否值得挽救，是综合内外部情况加以全面判断的结果，需要结合企业所处行业的前景及企业在行业中的地位、企业的股权结构状况和股东实力、企业自身的治理情况和内部文化、企业的信用能力和负债水平等加以考量。第二，企业是否具有资质价值。对于一些特许经营行业，企业的牌照资质本身就是一项重要的资产。对于某些具有资质的企业，可以通过转让资质实现变现，这对战略投资者具有较强的吸引力。此外，中国现有的上市环境下，上市公司的“壳”资源本身也是一种可变现的较为重要的资产。第三，企业是否具有公共价值。对于一些影响重大民生、具有公益目的的企业，因其具有的公共属性而不适合破产清算。在我国，这种情况多为国有企业，且多数因为治理效率较低导致企业的偿付能力出现问题，其公共属性决定了此类国有企业具有重整的价值。此外，对于战略投资者而言，更重要的是重整成功后的退出通道。企业重整之后可以再出卖或者实现上市，在重整成功后能够自由退出，同时实现投资目的，这是战略投资者的重要考量，应当着重针对性地加以优化。

（三）全国破产管理人协会的筹建和工作对接

依照《企业破产法》第13条的规定，人民法院不仅有权裁定受理破产申请，同时有权指定管理人，并明确管理人的管理办法由最高人民法院规定。不难看出，在法院的裁判之外又赋予了人民法院对管理人行业的行政管理职能，但由于人民法院内部业务繁忙，没有也不可能切实担负起对破产管理人行业的管理职责。而在实践中，管理人行业的管理工作实际上是由律师协会、注册会计师协会以及企业清算行业协会筹备委员会来承担，但他们之间却是各自为政、各行其是，存在各方利益的冲突。建立全国破产管理人协会，由全国协会领导地方进行自我规范、自我管理、自我提升、自我监督，既能够有效分担法院对管理人的行政管理职责，保证法院司法的中立地位，提高审判的高效性和权威性；又能通过协会的自治管理，弥补破产管理人行业行政管理不周的漏洞，改善各中介机构自行其是的混乱现状，促进管理人行业的有序发展。

筹建全国破产管理人协会，应当妥善处理好人民法院、政府和协会之间的三方关系，处理好权力的分配和让渡，保证整个破产行政管理体系融通自洽，协调配合。为了实现这一目标，全国破产管理人协会应当尤其审慎处理以下要点，并能有一个相对完善的解决方案：

1. 全国破产管理人协会的主管单位

根据《社会团体登记管理条例》第 3 条的规定,“成立社会团体,应当经其业务主管单位审查同意,并依照本条例的规定进行登记。”社会团体在申请筹备时,应向登记机关提交业务主管单位的批准文件。例如,我国律师事务协会的业务主管单位是司法部,注册会计师协会的主管单位是财政部。然而,在现有法律法规制度对破产管理人协会的业务主管单位却只字未提,这直接导致地方破产管理人协会的设立受到很大掣肘,各地实践操作极为不统一,有将人民法院作为业务指导单位的,也有将司法局作为主管单位的,有的省市甚至因为主管单位无法确定,就暂时搁置协会成立计划,可见目前我国亟需明确破产管理人协会的主管单位。

鉴于长期以来我国的破产程序和实务工作都是在由人民法院主导,法院在长期对管理人的指导和监督过程中积累了丰富的经验,对破产案件和破产管理人都有深入的了解和认识,和其他部门或机构相比,将人民法院作为破产管理人协会的业务指导单位,能够省去繁复长期的业务熟悉过程,具有天然的优势。因此,应当明确最高人民法院为全国破产管理人协会的业务指导单位。这一选择也符合我国目前的制度框架和实践现状:第一,法院作为业务主管单位,符合国家有关规定和司法政策。民发〔2000〕41 号通知明文规定:“社会团体业务主管单位的职能应能涵盖所属社会团体的业务范围,并能够对主管的社会团体进行业务指导”,同时“县级以上政府、党委相应部门、检察院、法院和经县级以上党委、政府授权的组织等,可以作为社会团体的业务主管单位”。而《最高人民法院印发〈关于在中级人民法院设立清算与破产审判庭的工作方案〉的通知》(法(〔2016〕209 号)规定:“中级人民法院设立的清算与破产审判庭,职能范围主要包括:……5. 负责破产管理人的管理、培训等相关工作。”因此,由最高人民法院作为全国破产管理人协会的业务主管单位符合我国法律相关规定。第二,法院最具备作为业务主管单位的条件。根据《企业破产法》和最高人民法院的相关规定,管理人名册由法院编制破产案件由法院决定受理,管理人由法院指定,管理人报酬由法院决定,甚至“破产管理人的管理、培训等相关工作”也由法院负责,因此,法院具有监督、指导和管理破产管理人的法定职权,完全具备作为破产管理人协会业务主管单位并履行相应职责的条件。第三,破产管理人与法院的关系,更需要法院作为协会的业务主管单位。如上所述,破产管理人与法院的关系相对于其他部门和组织来说,要密切得多。这不仅是因为《企业破产法》有关于管理人应“向人民法院报告工作”等明文规定,实践中,负责具体破产案件的法官还需与管理人保持良好沟通,并对重大事项的处理形成统一意见,否则，破产程序将无法顺利推进。破产管理人协会在法院的主管下，可以更好地制定和贯彻执行业务操作规范及其他自律文件；管理人可以与从事破产审判业务的法官共同参与培训，从而更有利于形成统一认识；法院对破产管理人的管理等工作可以与协会对会员的考核管理工作相结合，甚至实现相关信息共享，有利于减轻法院相应工作量。第四，地方破产管理人协会大多是在人民法院的组织和倡导下成立的，法院是协会建立的主要推动者，将人民法院作为协会的业务主管单位也是绝大多数地方破产管理人协会的选择。倘若全国破产管理人协会将最高人民法院之外的其他机构作为业务主管单位，将与地方协会的管理主体相矛盾，从而导致破产管理人行业内部的冲突和混乱，显然不是明智之举。因此，选择最高人民法院作为全国破产管理人协会的主管单位是理论和现实共同决定的。

但基于前述，法院在破产管理人事务上，既做“裁判者”，又做“管理者”，已是学界广为争议的问题。鉴于破产管理业务的综合性、复杂性和专业性，是需要法院和政府机构相互协调和配合的动态过程，因此，有必要引入一个政府机构，承担起法院的“不可承受之重”——行政管理职能，同时也能有效消解业界对法院“既是裁判员又是运动员”的质疑。考虑到实践操作中一直是国家发展和改革委员会牵头，负责僵尸企业市场推出和过剩产能出清工作，因此可以由国家发改委作为全国破产管理人协会的另一业务主管单位，负责对管理人的准入、指定、培训、管理和惩戒等行政工作，减轻法院负担，促使法院回归审判者的中立地位。

2. 全国破产管理人协会的职能

在法律上，全国破产管理人协会是一个独立的法人。在社会主义市场经济条件下，全国破产管理人协会应是行业管理的重要方面，是联系政府和企业的桥梁和纽带，在行业内发挥服务、自律、协调、监督的作用，同时又是政府的参谋和助手。而明确全国破产管理人协会的职能，将有助于其在企业市场退出和进行行业管理等方面充分发挥作用。

参照一般协会的职能架构，全国破产管理人协会职能范围应涵盖行业服务、行业自律、行业代表和资源整合四大方面，即对内维护会员权利，开展业务培训，制定全国统一的履职规范，约束管理人行为，指导组织和监督各省市协会开展工作等；对外协调与行政、司法机关的关系，优化履职环境，集中行业资源，提升地区管理人行业影响力等。

具体而言，包括以下方面：其一，制定本协会章程以及相关行为规范，为全国破产管理人行业发展提供制度保证。要大力发展符合社会主义市场经济体制要求的破产管理人协会,尽快制定全国性的协会的专门性法规,通过立法对协会的地位、功能、权力和义务予以明确,订立章程和必要的制度,从宏观上对管理人的活动进行指导并予以必要的监督。其二,要加大社会宣传力度,提高社会各界对破产管理人独立地位、法定职权等方面的正确认识,改变以往那种破产案件法院主导地位的牢固认识。管理人协会可以沟通与法院以及债权人、债务人、第三人利益诉求,适度地为双方提供优质服务,作为法院与破产企业的沟通桥梁。其三,组织制定统一的破产管理人业务操作规范、职业技术规范,同时实行行业自律和必要的惩戒,以确保破产管理人能够依据规范、勤勉尽责、有法可依,有章可循。其四,组织统一的管理人考试、考核、资信评级制度。借鉴英国破产法制度设计,管理人要取得从业资格有两条途径:一是需要向工商部申请个人营业执照,二是参加政府承认的职业团体。申请人必须是达到 5 家指定的职业授权机构所要求的相关教育水准并已经通过专业考试、被授予这些专业机构成员资格的人。类似地,在我国也应该建立破产管理人统一考试制度,并将管理人从业资格的授权赋予管理人协会行使。同时制定统一的业务考核规则,对破产管理人实行职务的情况进行考核、登记并在履行相关程序后公示,同时在全行业进行咨询评级,以保证管理人能满足具体案件的实践需要。会计师、律师、清算师只有经过严格的考试进入制度以及专业的考核制度,才能在破产事务中高效、公平地履行自己的职责。

3. 破产管理人的选拔与监管

根据《全国法院破产审判工作会议纪要》的通知要求,中国各级法院要建立科学的绩效考评体系。要尽快完善清算与破产审判工作绩效考评体系,在充分尊重司法规律的基础上确定绩效考评标准,避免将办理清算破产案件与普通案件简单对比、等量齐观、同等考核。优质的管理人队伍是成立全国破产管理人协会的基础所在。破产管理人需要掌握大量的法律、会计知识但又不限于此,目前法院编制管理人名册时主要的还是从律师事务所、会计师事务所中选择,随着社会的发展,通过破产程序退出市场的企业会越来越多,市场对破产管理人的需要是在不断扩大的,需要不断充实、更新我国的破产管理人队伍。

实践中,通过像国家统一法律职业资格考试、注册会计师考试等目前发展良好的专业资格考试选拔具备专业理论知识的人员是一个确实可行的方法。开展破产管理人执业资格考试,也是适应经济发展,与国际接轨的需要,目前破产管理人资格考试制度已经成为西方各国通行的一项制度,例如在英国担任破产管理人必须经由专门的授权机构进行培训并通过专业的资格考试才可以。破产管理人资格考试是一项与司法考试、注册会计师相同性质的职业资格考试,只要通过该考试的人员才具有从事破产管理人行业的资格,性质相同,但是并不重复,破产管理人需要掌握大量的法律、会计知识,但并不局限于这两类专业,而且从事的工作也不是每个法律学科、会计学科都要掌握,所涉及的法律、会计知识具有特定性。破产管理人从事的事务更多的是管理、沟通协调、评估分配等工作,所以破产管理人资格考试包括法律、会计、管理、评估、沟通等多个领域和破产管理人从业所需要的知识与实用技能。眼下,必须尽快完善管理人考核和准入门槛,同时采用联合竞争管理人的方式带动管理人队伍的快速成长,如对管理人分级管理,一级管理人联合二级、三级管理人,运用一级管理人的业务能力带动低级别管理人的发展。两家不同性质的管理人通过联合,互相发挥长处、弥补短板。尽快培养出高质量的管理人队伍,改善管理人内部管理涣散的局面,通过年度考核、业绩考核、能力考核、个案考核等方式,对会员开展的管理人工作进行科学考评,尽快制定《破产管理人工作细则》及《破产管理人考核标准》,实现自律与他律相结合,为人民法院选任和评价管理人提供依据,并形成合理化激励和淘汰机制。

在破产管理人的日常选拔、培训、管理和淘汰方面,除了全国破产管理人协会需要加强自治管理以外,政府的行政管理也不容忽视。前已论及,法院囿于繁重的破产案件审理的压力,对破产管理人的选拔和管理仅限于具体案件层面,但若意欲将破产管理人打造为一支专业化队伍,就必须对破产管理人实施日常化的监督和管理,显然法院资源和能力有限,无法承担这一方面的重任。单纯由全国破产管理人协会自治,又难以保证公平、公开和公正。即便假设协会能高度自觉自治,将资格考试选拔、后续考核监督的权力交给协会,也难以保证公信力和权威性,容易引起社会对破产管理人能力的质疑。正如法律职业资格的选拔和通过由司法局负责,破产管理人的相应事务也可以交给有权的行政机关,如国家发展改革委员会等,恰好可以对接行政机关对“管理人培训和管理”的破产行政职能,从而实现由法院、政府、协会对破产管理人三方共治的局面。

五、我国破产行政管理改革的具体方案

(一)破产管理局的构设要点

为完善破产法的行政实施,统筹破产事务的行政职能,推动破产程序的有序进行,必须设置统一管理破产行政性事务的上位机构——破产管理局,指挥调度相关政府职能部门,与法院的破产管理工作无缝对接。优化既有府院联动机制,应在保持法院中立的基础上,明确行政管理的职责和权能之所在,廓清行政权和司法权的边界。推进管理人自治协会的成立和完善,采用竞争机制对管理人进行选择,实现

管理人名册的常态化更新调整，提升管理人整体水平，从而增进法院处理破产案件的效率，反向推动行政机关的依法行政、高效履职。

具体方案如下：

1. 破产管理局设置的指导思想

(1) 为完善破产法的行政实施，统筹破产事务的行政职能，推动破产程序的有序进行，成立该机构。

(2) 为衔接破产法实施的行政与司法机制，进一步优化“府院联动”机制，有效保护破产当事人的合法权益，成立该机构。

2. 破产管理局的权力层级

(1) 中央一级破产管理局

中央一级破产管理局下设于国家发展和改革委员会，接受其垂直领导，负责全国范围内破产法的具体实施和对破产管理人的日常监督管理，其预算源于中央财政。

破产管理局由秘书处、破产管理人事务处、破产案件管理一处、破产案件管理二处、信息化发展处组成，各部门之间应当分工明确、相互配合、相互制约、互相监督。

破产管理局内部构成图：

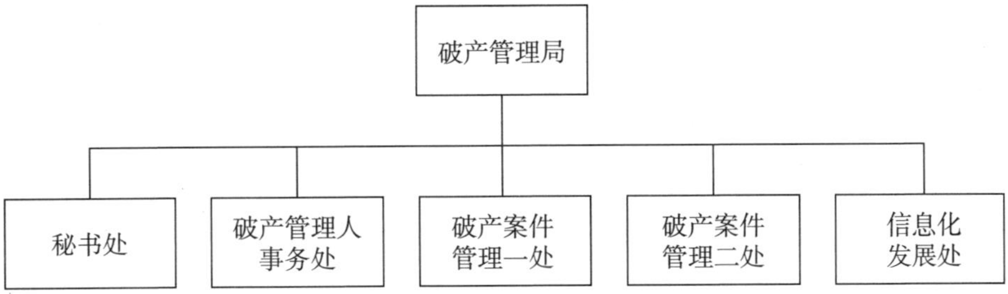

图 6 破产管理局内部构成

(2) 地方各级破产管理局

地方各级破产管理局下设于省、自治区、直辖市和设区的市、自治州的地方发展改革委员会，相应由地方各级发展改革委员会分管，负责本行政区域内的破产行政管理工作，其预算源于地方财政，自上而下形成一套完整的破产行政管理体系。

3. 破产管理局的职责定位

(1) 立法领域：就破产法律实施状况进行调研、报告及反馈，为立法机构提供有关建议，推动我国破产法律法规的进一步完善。

(2)执法领域:积极发挥行政机关的主动性,统筹协调破产事务中的行政职能,推动破产程序的高效运行。

(3)司法领域:有效衔接破产程序中行政与司法机制的功能发挥,保障破产程序中法院的中立地位,维护破产当事人的合法权益。

(4)社会领域:及时发布破产事务的相关数据,推广及普及破产法律法规,消除大众对于破产事业的偏见从而树立正确的破产观念。

职责定位图:

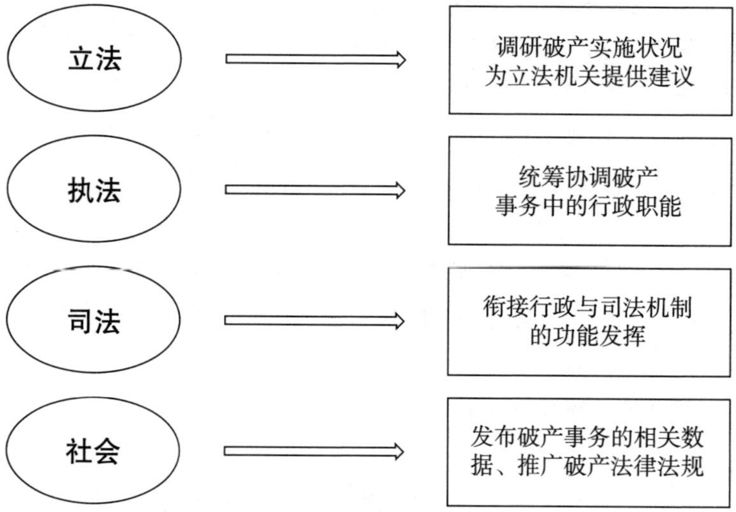

图7 破产管理局职责定位

4. 破产管理局的具体职能

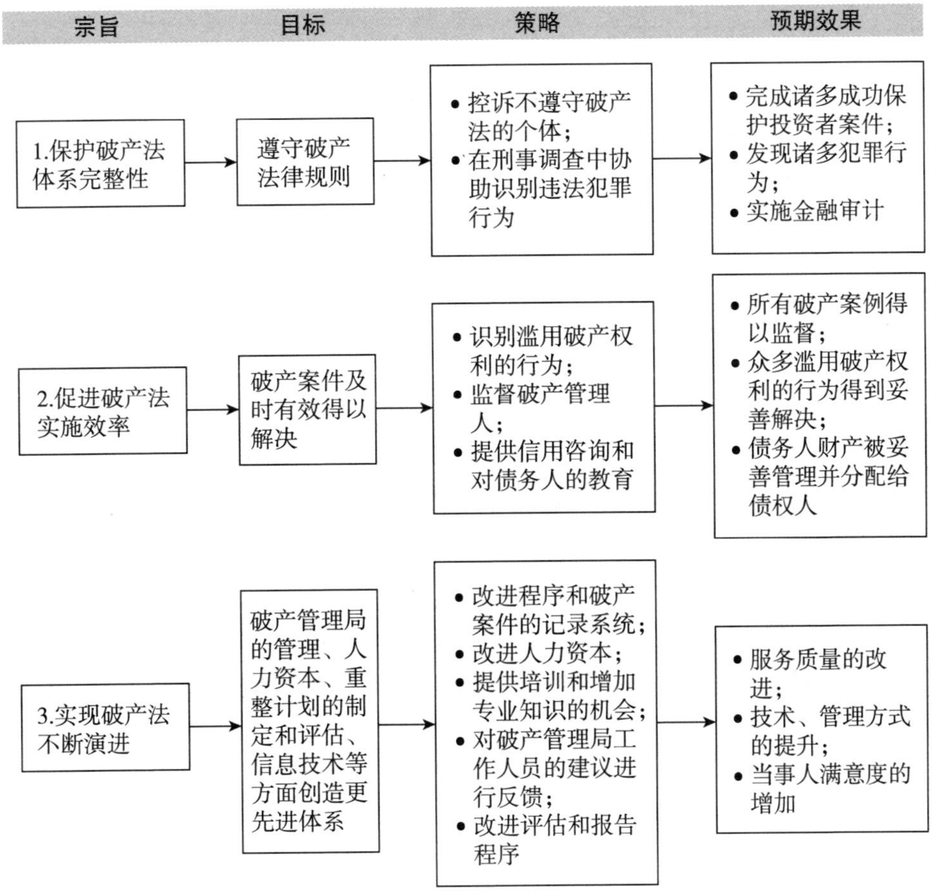

图8　我国破产管理局总体框架

（1）追踪破产法实施并整理法律实施数据，为决策者制定和实施决策提供实证基础。破产管理局应当针对破产法实施的经济效用、社会效果、政治影响等内容进行调查研究，科学评估其总体效果，并将相关数据与结论以报告的方式展现；破产管理局应当召集专家学者对前述报告进行论证，并向社会公布以征求意见，在此基础上可以定期发布《破产法实施白皮书》，为有关决策者提供参考意见和实证基础。

（2）负责破产法实施中操作规程的制定以及为立法的修改提供建议，推动立法水平和质量的不断提升和完善。围绕破产企业的识别、债务人财产的界定、可撤销权的行使范围、破产重整程序的启动等事项，破产管理局应当协法院一同制定出一套行之有效、公平合理的操作流程,共同为破产立法提供合理的建议。

(3)主管破产管理人协会,保障和监督其开展自身业务。破产管理局作为破产实施的行政主管机构,负有指导和监督破产管理人协会的职责。同时这种指导和监督应当限定内在合理范围内,不能对自治机构进行不当干预。

破产管理局应当保障支持管理人协会开展自身业务职能,包括管理人业务培训、经费保障等方面。

破产管理局应当对管理人协会在业务指引、行业规范和考核管理制度等方面进行指导和监督。

(4)选拔和任用破产管理人,编制管理人名册,并对破产管理人进行监督管理。破产管理局应当采用市场化机制选用破产管理人,引入管理人之间的竞争机制,实现管理人名册的常态化更新调整,不断提高管理人的专业能力和综合水平。

破产管理局应当通过与法院的合作,致力于采用管理人与案件的分级管理,推动管理人指定方式的改革,完善破产案件中管理人的科学选任机制,以推动破产程序的高效运行。

破产管理局应当促进管理人的薪酬体系建设,完善破产管理人的监督与追责制度,建立健全管理人的激励与约束机制,有效防范并化解管理人的职业道德风险。

(5)具体承担破产案件中的行政事务管理职责,统筹协调企业破产涉及的相关行政职能。作为管理破产事务的行政机构,破产管理局应当就以下破产事项进行统筹管理:第一,破产企业的职工安置、劳动债权清偿事项;第二,企业破产案件中的地方性维稳问题;第三,破产企业的税收债权合理调整事项;第四,国有企业破产中的国有资产保持事项;第五,破产企业清算结束后的市场主体资格注销、企业档案保存管理事项;第六,重整企业信用修复事项;第七,其他相关破产事项。

(6)对于重点领域的破产事务与其他相关部门展开合作、共同应对,最大限度地实现债权人的公平合理清偿,维护社会主义市场经济秩序的稳定。

上述重点领域包括:金融机构破产领域;上市公司重整领域;国有企业破产领域;公用事业破产领域。

上述"相关部门"主要包括证券业监督管理部门、银行保险监督管理部门、国有资产监督管理部门、税务部门、劳动与社会保障部门等。

(7)追踪董事、监事和高管落实公司法规定的诚信义务情况,严惩损害债务人及债权人合法利权益的不法行为。破产管理局作为破产案件中的监督机构，针对那些对企业亏损破产负有直接责任的董事、监事和高管，有权进行监督和追究。同时，破产管理局应当维护债务人财产的真实完整，防止债务人转移、隐藏财产等不当行为，配合公司法落实公司董事、监事和其他高管的诚信义务，提升我国市场经济的诚信水平。

(8)积极落实破产实施保障机制，抓紧建设有关配套制度。破产管理局可以应当积极推动常态化的政府财政支持企业破产社会费用制度，保障职工群体的基本权益；除此之外，破产管理局还可以推行职工工资保障基金、管理人报酬保障基金等制度，探索社会化的途径来解决“无产可破”债务人的破产问题，最大限度地保障破产当事人的基本权益。

(9)建设破产实施的信息平台，实时发布破产事务的法律法规及相关数据资料。破产管理局应当借助信息化手段，将破产法律法规、破产实施的有关数据及时完整地公布，向公众提供破产方面的公共咨询服务，承担起破产法的推广及普及的职责，不断提升公众对于破产法的正确认知。

(10)作为公共管理人管理个人破产案件。未来我国有必要顺应国际破产法趋势，建立个人破产制度，其破产事务的管理因为没有盈利，私人职业者没有动力参与。政府作为市场经济的信用提供者和公共产品提供者，有义务以法律援助的形式为私人破产提供管理服务。

5. 破产管理局的内部机构

破产管理局由秘书处、破产管理人事务处、破产案件管理一处、破产案件管理二处、信息化发展处组成，其具体职责如下：

秘书处：负责文电、会务、机要、档案等机构日常运转工作；承担机构财务、资产管理、内部审计等工作。

破产管理人事务处：承担主管破产管理人协会的职责，对其进行业务指导及监督，保障其自身业务开展；负责管理破产管理人，编制管理人名册，监督和督促管理人。

破产案件管理一处：负责破产案件中的行政事务管理，统筹协调企业破产涉及的相关行政职能，就破产企业的职工安置、劳动债权清偿、地方性维稳问题、破产企业的税收债权合理调整等破产事项进行统筹管理。

破产案件管理二处：负责金融机构破产、上市公司重整、国有企业破产、公用事业破产等重点领域的破产事项行政管理，与其他相关部门通力合作，保障破产当事人的基本权益。

信息化发展处：负责追踪、采集、归纳破产事务相关数据，结合信息化手段进行发布，为立法机构的立法决策提供实证基础，并宣传和普及破产法知识。

（二）“府院联动”机制的优化方案

1.“府院联动”机制改进的思路

（1）通过设立破产管理局，承担起破产案件的行政事务职能，厘清破产法中司法权力与行政权力的边界，实现明晰化发展方向。

（2）法院则负责破产案件的审理，并且在具体破产案件中从管理人名册中选择合适的管理人，以实现司法权与行政权在破产案件审理中的有效衔接，突出法院的中立地位。

（3）将破产管理人协会挂靠在破产管理局下面，管理人由破产管理局进行管理，同时也应成立全国性的破产管理人协会，突出管理人协会的高度自治性，以此来反向推动行政机关的依法行政、高效履职。

（4）破产管理人的任用应当符合市场化的发展方向，采用竞争机制对管理人进行选择，实现管理人名册的常态化更新调整，提升管理人整体水平，进而增进法院处理破产案件的效率。

2.“府院联动”机制改进的原则

一般而言，处理司法权和行政权的关系主要有三项原则，对于处理破产案件中法院与政府之间的关系有着宏观的指导意义。主要包括：

（1）司法权和行政权无冲突原则。理论上讲，司法权和行政权基于科学分工，在功能上既不可相互替代，也不应当存在冲突，而应当是相互配合。

（2）司法权监督审查暨司法最终裁判原则。为了防止行政权力对公民权利的威胁，司法监督机制逐渐成为防止行政权滥用的一把利剑。司法权具有最终裁判的效力。

（3）司法权一定程度上尊重行政权原则。司法权的终极性并不影响其对行政权必要程度的尊重，“分权体制下权力的专属性（从主体上而言）、专业性（从内容上而言）、确定性（从范围上而言）使每一个特定的国家机关在职权范围内处理的问题都有其特定的权限内容与权力边界，任何一个部门通过权力所产生的问题都具有特殊性质”，“作为一种独立自主行使的权力形态，行政权的运作本身就不允许其他机关的介入”。

我国破产行政管理体制改革，必须在把握以上三个原则的基础上，明确行政管理的职责和权能之所在，廓清行政权和司法权的边界，才能进一步为“府院联动”机制的优化和改进提供框架和依据。

3.“府院联动”机制改进的内容

(1)行政权和司法权界定的明晰化

行政机关的权力:对于管理人协会及管理人的管理权和破产案件的行政事务管理权。行政机关可以履行对于管理人协会及管理人的管理权,保障及监督管理人协会及管理人的本职工作;对于破产案件中的行政事务,包括职工债权的清理、地方维稳状况、国有资产保持等事项,行政机关负有管理职责。

法院的权力:在破产案件中行使程序性权力和实体性权力。程序性权力主要包括:案件受理权、管理人指定权、第一次债权人会议召集权、对财产变价与分配方案以及重整计划的批准权、破产宣告权、重整程序终结权以及对重整计划的监督权等;实体性权力主要包括围绕破产财产的撤销、取回、抵消权,对破产欺诈的裁判权。

(2)法院地位的中立化

在明晰化司法权和行政权边界的基础上,我国行政系统内部通过设立破产管理局,承担起目前破产案件中法院承担的的非司法职能,完成行政处置机构的补位,以此推动破产案件中法院地位的中立化。破产管理局应当代表行政权力在企业破产相关配套制度的完善方面发挥作用,推进劳动保障、职工权益保护制度的优化,加快研究破产启动保障基金、破产企业职工安置保障基金、重整保障基金等社会化路径解决破产企业的各种问题,及时解决破产企业的注销、信用恢复、企业档案等行政性事务。

法院的中立性不仅需要保持与行政权力的清晰边界,还应当通过自身职能的不断优化来提升。法院应当扎实履行好破产案件的审判职能,提升破产案件的审判质量,树立法院的权威。例如虽然“执转破”为解决执行难问题提供了一个思路,但直接“执转破”的案件并不多,意味着的执行难的问题不能光靠“执转破”解决问题。执行问题的解决,更多要从“执行”自身下功夫。比如,执行时限、执行的权威性,法院之间的协调等。

总之,“府院联动”不应变成一方主导,而应该是各司其职,密切配合,政府应按照《企业破产法》的规定,尊重法院的破产审判权。

(3)破产行业的自治化

自治团体的组建发展:破产行业中不仅要有律师自治、会计师自治,还应当有破产执业者自治。作为一个独特的行业,破产有自己的章程、标准、行规和习惯,有自我治理的一套体系,地方的管理人协会已经为行业自治做了很多探索与实践,现在我国需要建立全国性的破产管理人协会,真正建立起管理人自治的行业标准,使其得到有效落实。

破产行业的信息化:在现有破产重整案件信息网的基础上,法院要想实现破产审判的全程信息化,使信息网不仅是信息的发布平台,更成为审理平台与破产财产网拍平台,就需要借助自治团体的力量。自治团体内部多有破产行业的相关职业者组成,其专业实力较强,信息化渠道容易获取,只要给予应有的保障和支持,相信整个行业会迅速实现信息化,也有利于法院对于破产信息的获取。

破产行业的合意化:针对目前破产法的实施困境,我国《企业破产法》应当引入预重整制度。较之单一的破产重整,预重整将协商重整计划草案内容、制作重整计划草案、将重整计划草案提交主要债权人表决这三项步骤前移出司法程序,交市场自治完成,大幅压降了破产重整的时间、费用和资源成本。较之单一的市场重组,预重整又用足了破产重整的制度保障,能够完成规范详尽的尽职调查,推动重整投资人、债权人、债务人及其原股东的理性选择,同时运用债权人、债务人原股东的多数决和法院的强制批准,解决大量非理性分歧。

(4)破产管理人选择的市场化

破产管理人任用的专业化:我国需要改变目前法院直接任命的管理人选任方式,促进管理人选任的透明化。政府层面的破产管理局负责编制管理人名册,采用市场化机制选用破产管理人,引入管理人之间的竞争机制,实现管理人名册的常态化更新调整,同时履行对管理人日常事务的管理与监督职责。在具体破产案件中,法院以监督者的角色,保证管理人选任程序的公开、透明、公正,确保行政、司法各归其位。

破产管理人考核的常态化:破产管理局不仅要推动管理人指定方式的改革,还要完善管理人的内部考核以及业务培训机制,使其成为常态化事项。同时,管理局还应当与法院共同建立健全破产管理人的监督与追责制度,逐步完善管理人的激励与约束机制、末位淘汰机制,不断提高管理人的专业能力和综合水平。

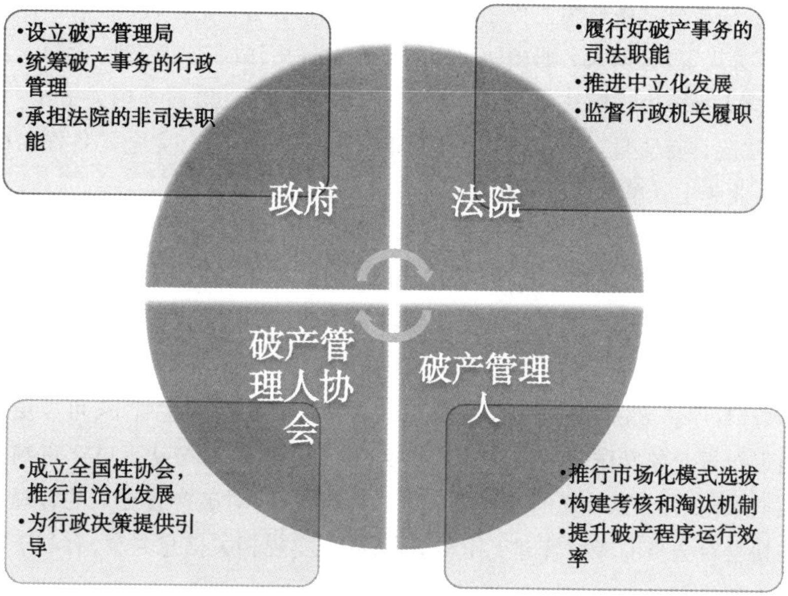

图 9 “府院联动”机制

（三）全国破产管理人协会的组建方案

1. 全国破产管理人协会的挂靠单位

方案一：挂靠单位为最高人民法院。

说明：长期以来我国的破产程序和实务工作都是由人民法院主导，法院在长期对管理人的指导和监督过程中积累了丰富的经验，对破产案件和破产管理人都有深入的了解和认识。与其他机构相比，将人民法院作为破产管理人协会的业务指导单位，能够省去繁复长期的业务熟悉过程，避免职能变更带来的成本，具有天然的优势。

最高人民法院作为全国破产管理人协会的业务指导单位，符合我国目前的制度框架和实践现状：

第一，法院作为业务主管单位，符合国家有关规定和司法政策。民发〔2000〕41 号通知明文规定：“社会团体业务主管单位的职能应能涵盖所属社会团体的业务范围，并能够对主管的社会团体进行业务指导”，同时“县级以上政府、党委相应部门、检察院、法院和经县级以上党委、政府授权的组织等，可以作为社会团体的业务主管单位”。《最高人民法院印发〈关于在中级人民法院设立清算与破产审判庭的工作方案〉的通知》（法〔2016〕209 号）规定，中级人民法院设立的清算与破产审判庭，职能范围主要包括：……负责破产管理人的管理、培训等相关工作。

第二,法院最具备作为业务主管单位的条件。根据《企业破产法》和最高人民法院的相关规定,管理人名册由法院编制破产案件由法院决定受理,管理人由法院指定,管理人报酬由法院决定,甚至“破产管理人的管理、培训等相关工作”也由法院负责,法院具有监督、指导和管理破产管理人的法定职权,完全具备作为破产管理人协会业务主管单位并履行相应职责的条件。

第三,破产管理人与法院的关系,更需要法院作为协会的业务主管单位。破产管理人与法院的关系相对于其他部门和组织来说,要密切得多。这不仅是因为《企业破产法》有关于管理人应“向人民法院报告工作”等明文规定,实践中,负责具体破产案件的法官还须与管理人保持良好沟通,并对重大事项的处理形成统一意见,否则,破产程序将无法顺利推进。破产管理人协会在法院的主管下,可以更好地制定和贯彻执行业务操作规范及其他自律文件;管理人可以与从事破产审判业务的法官共同参与培训,从而更有利于形成统一认识;法院对破产管理人的管理等工作可以与协会对会员的考核管理工作相结合,甚至实现相关信息共享,有利于减轻法院相应工作量。

第四,地方破产管理人协会大多是在人民法院的组织和倡导下成立的,法院是协会建立的主要推动者,将人民法院作为协会的业务主管单位也是大多数地方破产管理人协会的选择。若全国破产管理人协会将最高人民法院之外的其他机构作为业务主管单位,将与地方协会的管理主体相矛盾,导致破产管理人行业内部的冲突和混乱。

方案二:挂靠单位为国家发展和改革委员会。

说明:将对破产管理人的行政管理职能加诸法院身上,也是广受理论与实务界诟病之处。法院作为人民法院在承担破产案件的审判工作者、对破产管理人个案中履职行为的监督者以及在破产管理人与债权人等群体发生冲突时的裁决人这些角色之外,还是破产管理人行业准入的决定者、破产管理业务的分配者、破产管理人的培训与管理者和对破产管理人不当行为的惩戒者。法院集司法审判职能和行政管理职能于一身,不利于人民法院严格依法、高效、中立行使其法定的破产审判、监督与裁决职权,亦给破产管理人队伍的建设与发展带来了负作用。

伴随中央供给侧结构性改革政策的逐步推进,破产案件数量逐年增长,人民法院本已有限的破产审判人力资源和专业力量,在应对案件审判工作主业时超负荷,难以拨出精力制定、细化破产管理人相关管理制度,更难以充分实现对破产管理人行业与队伍的日常、动态管理。这种破产管理人的管理制度迟迟无法建立完善、管理和监督职能长期难以到位的情况,将直接影响破产管理人队伍的建设、发展与及时净化。将人民法院作为破产管理人的挂靠单位也与其中立、监督者的外观形象大打折扣,有时被动为破产管理人的不当行为"背锅",有可能导致法院超越法定职权,直接指挥干涉破产管理人具体职权内的行为,使破产管理人制度被虚化。

2. 全国破产管理人协会秘书处的设立

方案一:秘书处设立在最高人民法院。

说明:最高人民法院是我国最高审判机关,对于破产审判工作具有重要的指导作用。秘书处设立在最高人民法院能够及时把握最高审判机关对具有较大争议的破产实务问题的态度,为全国破产管理人协会提供及时有效的信息,方便协会更好地指导各级破产管理人协会开展工作。最高人民法院能够及时接受秘书处对全国破产管理人协会近期活动的汇报,及时指出和纠正在协会日常管理、指导地方各级破产管理人协会的过程中出现的违反法律法规的行为,强化对协会工作内容的司法监督,保障协会在法律的范围内开展协会自治。

方案二:秘书处设立在国家发展和改革委员会。

说明:国家发展和改革委员会作为中央国家行政机关,在供给侧结构性改革特别是僵尸企业市场退出过程中发挥着重要作用,秘书处设立在发改委能够便于其及时把握最新的政策动向,为地方各级破产管理人协会提供及时、有效且有针对性的指导。行政机关对于人员机构的管理、调配和资源的分配方面等行政性工作具有较为丰富的经验,秘书处作为全国破产管理人协会日常工作的承担者,需要对协会每日的具体事务进行系统的、有条理的梳理和管理,提高协会内部的办事效率。

方案三:秘书处可设立在中国政法大学。

说明:秘书处作为负责具体落实协会全国破产管理人代表大会、理事会、常务理事会的各项决议、决定的执行机构,承担协会的日常工作,属于最基本的组织机构单元,贯彻和落实协会的具体事务。鉴于中国政法大学在协会的筹备、组建中发挥了举足轻重的作用,有在业界享有盛誉的破产法与企业重组研究中心作为后盾和根基,专家学者众多,在管理人培训等方面具有专业性优势和便利,若将秘书处设在中国政法大学,能够保证秘书处顺利、高效开展工作。

3. 全国破产管理人协会的发起人

发起人包括全国性的社会团体机构发起人和地方破产管理人协会发起人。

全国性的社会团体机构发起人包括:中华全国律师协会、中国注册会计师协会;

地方破产管理人协会发起人包括:具有较大影响的省级破产管理人协会和省会城市破产管理人协会。

说明:考虑到破产业务需要较多从事法律、会计等方面的专业机构和从业者,建议在全国性的社会团体机构中,选择中华全国律师协会和中国注册会计师协会作为全国破产管理人协会的发起人。为了加强同地方破产实务的联系和交流,建议将具有较大影响的省级破产管理人协会和省会城市破产管理人协会作为全国破产管理人协会的发起人。根据目前的数据,这些协会包括但不限于:河北省破产管理人协会、重庆市破产管理人协会、江西省破产管理人协会、浙江省破产管理人协会、成都市破产管理人协会、广州市破产管理人协会、济南市破产管理人协会、杭州市破产管理人协会、南京市破产管理人协会和沈阳市破产管理人协会。

4. 全国破产管理人协会的发起人需要缴纳的费用

方案一:每个发起人缴纳 2 万元。

说明:此方案立足于发起人的较多数量的角度,对所有发起人采取一视同仁的做法,在协会设立初期一次性缴纳相同的费用用于协会日常活动开支。

方案二:全国性的社会团体机构发起人缴纳 50 万元,地方破产管理人协会发起人缴纳 2 万元。

说明:此方案对发起人做出区分,主要考虑到全国性机构和地方机构在资金能力上的客观差距,且全国律协、中注协作为全国性的行业自治协会,在日常管理和内部建设方面都会对全国破产管理人协会发挥更为全面、重要的作用,因此在缴纳费用方面也应当承担更多的部分。

方案三:全国性的社会团体机构发起人在设立时交纳 20 万元,协会设立后每年缴纳 2 万元;地方破产管理人协会发起人在设立时缴纳 1 万元,协会设立后每年缴纳 5000 元。

说明:此方案在方案二的基础上,采用分期缴纳的方式,保障协会内部在成立初期每年都有充足的资金进行日常事务的处理,保证日常工作的运转。

5. 全国破产管理人协会需要向民政部提交的材料

(1)申请书

申请书共分为两个部分,包括“领域(学科)的基本情况”和“成立该社会团体的必要性和可行性”。还须附上发起人情况简介。

(2)业务主管单位文件

全称为“关于同意作为××(社团名称)业务主管单位的函”,系拟申请成立的社团的业务主管单位开具,在向民政部门申请时递交。

(3)章程

章程包括提前拟定的“《全国破产管理人协会章程》(草案)”及“《全国破产管

理人协会章程》(草案)起草说明”。

(4)住所证明

住所证明需要由提供住所的个人或单位出具房屋产权证复印件。若该个人或单位与房屋产权人不一致,还需出具房屋使用权证明或租赁合同的复印件。

(5)资金划转承诺书

此文件系向拟成立的社团无偿捐赠活动资金的个人或单位出具的承诺,承诺内容为所捐赠的活动资金为本人(本单位)的合法财产。

(6)负责人名单

负责人,是指会长(理事长)、副会长(副理事长)、秘书长。负责人名单需要提供前述人员的身份信息、国籍、政治面貌、社团职务、是否为专职、其他社会职务以及本人主要简历(从参加工作至填表时)等信息,并提供本人有效身份证件复印件粘贴在备案表背面。

负责人在国家机关、事业单位、国有企业任职,同时兼任社团负责人的,应依照有关规定,按干部管理权限审批或备案后,再加盖本人所在单位人事专用章;负责人在其他单位工作同时兼任社团负责人的,应由本人所在单位盖章。

(7)会员名单

会员名单包括会员的姓名(单位名称)、工作单位及职务(法定代表人)和联系电话。每个个人会员、单位会员均需要填写一份会员回执。个人会员回执须由本人签字或加盖人名章;单位会员回执须加盖单位公章,并由法定代表人签章或加盖人名章。

(8)秘书长专职承诺书

系拟成立的社会团体秘书长承诺在社团名称成立后专职从事该会秘书长工作,不再兼任其他任何单位职务的承诺。

(9)社会团体法定代表人登记表

需提供法定代表人的身份信息、国籍、政治面貌、社团职务、是否为专职、其他社会职务以及本人主要简历(从参加工作至填表时)等信息。

(10)社会团体法人登记表

包括社团中文名称、英文名称及缩写、登记证号、组织机构代码、登记时间、联系电话、法定代表人、注册资金、单位会员数、个人会员数、理事数、常务理事数、业务主管单位、住所及邮编,以及法定代表人签章、业务主管单位审查意见、登记管理机关审批和社团主要负责人信息。

(11)社会团体负责人备案表

需要提供负责人的身份信息、国籍、政治面貌、社团职务、是否为专职、其他社会职务以及本人主要简历(从参加工作至填表时)等信息,并提供本人有效身份证件复印件粘贴在备案表背面。

浅论债务人内部责任人员及时申请破产义务

赵坤成

赵坤成，北京市金杜律师事务所合伙人。

胡荣杰

胡荣杰，北京市金杜律师事务所资深律师。

李则达

李则达，北京市金杜律师事务所律师。

2019 年 6 月 22 日，国家发展改革委、最高人民法院、工业和信息化部等十三部门联合印发《加快完善市场主体退出制度改革方案》（以下简称《改革方案》），高屋建瓴地为市场主体退出问题提出了全面的改革意见。其中，第四部分的第一小节“完善企业破产制度”中提出：“研究规定企业和企业高级管理人员等相关责任主体在企业陷入财务困境时负有及时申请破产清算或重整义务的必要性和可行性”。

《改革方案》对于上述义务的表述较为笼统、模糊，且我国目前并无对此义务的明确规定，学界对此亦未有深入全面研究。为在我国构建此制度，应在研究其必要性的基础上，厘清其概念内涵、责任主体、适用条件、法律责任等细节性问题。借由本文，笔者抛砖引玉，提出对这一制度的粗略设想，以期在其构建过程中贡献微薄之力。

一、何为及时申请破产义务

（一）及时申请破产义务的概念

关于破产申请，《企业破产法》第 2 条及第 7 条作出了明确规定。其中，第 7 条第 1 款、第 2 款规定，在符合法定条件时，债务人、债权人都有权向法院提出破产申请；其第 3 款则规定，在企业法人已解散但未清算或者未清算完毕时，符合法定条件的,依法负有清算责任的人应当申请破产清算。

由其表述可见,上述第一款、第二款系从权利角度,对享有启动破产程序权利的主体作出了规定,并不带有强制性色彩;而第三款则是对破产义务人在特定情况下申请破产清算义务的规定,具有强制性。本文所称的及时申请破产义务与第三款规定类似,属于强制性的义务,而非权利资格,但因主体扩展到了债务人及其内部责任人员,且适用条件与第三款不同,因此实际上超越了目前法律明文规定的范围。

从比较法角度考察,以德国法为例:其《德国破产法》第15a条第1款规定"若某一法人丧失清偿能力或资不抵债,则法人代表机关成员或清算人应无过错地、毫不迟延地,最迟在丧失清偿能力或资不抵债起3周内,提出破产申请",第3款规定"若有限责任公司的代表机关丧失,则每位股东,若股份有限公司的代表机关丧失,则每位监事会成员,应负担上述申请义务,除非其不了解有关丧失清偿能力或资不抵债的状态",第4款规定"违反上述申请义务,未提出、未正确提出或未及时提出破产申请,则处以3年以下有期徒刑或罚金",第5款规定:"过失违反前款义务,处以1年以下徒刑或罚金"。[①] 其他大陆法系国家的立法例与之类似。

基于上述考察,结合学界研究及比较法上定义,所谓"及时申请破产义务"是指,在满足特定条件的情况下,债务人企业内部相关责任主体负有在一定期限内及时、主动地向法院提出破产或重整申请的义务;若未能及时履行上述义务,则可能承担民事责任、刑事责任等相关后果。

(二)我国确立及时申请破产义务的必要性

如前所述,我国《企业破产法》中未对企业相关责任主体及时申请破产的义务予以规定,但基于我国市场经济及公司治理结构现实情况,为切实保障债权人合法权益,确立完善的企业相关责任主体及时申请破产义务有其必要性。

1. 濒临破产公司中相关责任人员激励结构发生变化

对于持续经营的公司和濒临破产的公司,其内部相关责任人员的风险偏好可能存在显著差异,由此导致激励结构存在明显差别。

在公司生产经营能够持续开展的情况下,尤其是资可抵债时,因股东享有正的所有者权益,股东及公司管理人员往往偏向于参与风险适当或风险较低的商业项目,以防止其所有者权益因项目亏损而被消耗。在此情况下,因资可抵债,债权人的利益能够实现,维持所有者权益不贬损的决策偏好同时也能维护债权人的利益,因

① 参见许德风:《破产法论——解释与功能比较的视角》,北京大学出版社2015年版,第116页。

此在此种情况下，债权人的利益与公司股东的利益一致。

而在公司濒临破产的情况下，为使公司摆脱进入破产程序的风险，股东及公司管理人员“孤注一掷”的可能性大大增加，相比较公司正常生产经营状态下更可能偏好风险较高的商业项目，以获取更高的利润或现金流；即便决策失误，股东也会因仅承担有限责任而不会遭受更为严重的损失。但是此种决策倾向将使原本即可能无法全部收回债权的债权人暴露在更大的风险之中，此时债权人的利益与股东的利益不一致。①

据此，有学者指出，在公司濒临破产时，股东不再是公司的剩余索取者，转而由债权人享有公司的控制权，在此种情况下公司内部管理人员应当承担对债权人的一般性保护义务，而不应继续仅对股东负责。② 在此种情况下，要求公司内部责任主体及时申请破产，通过破产程序体系性的规范切实保护债权人合法利益，防止债务人资产和运营情况进一步恶化，亦可大大降低交易风险，提高交易安全性，提高交易效率。

我国《企业破产法》对在破产程序中债务人及内部管理人员的行为作出了限制，如第 16 条规定债务人对个别债权人的债务清偿无效等；此外，对于仍未进入破产程序的企业，债务人实施的第 33 条规定的行为无效，且管理人可依据第 31 条、第 32 条的规定对债务人的有关行为予以撤销。但是上述规定皆为禁止债务人及内部责任人员直接侵害债权人利益的行为，而没有对债务人内部责任人员在公司濒临破产时承担的对债权人的利益维护义务予以规定。我国《公司法》第 46 条直接规定“董事会对股东会负责”，更是忽视了公司濒临破产时的特殊情况。由此可见，根据我国现行法律，债务人及内部管理人员在公司进入破产程序前并无明确的保护债权人利益的义务，存在一定漏洞。

综上所述，债务人内部管理人员在债务人濒临破产时其经营行为应当对债权人负责，因此应当承担对债权人的利益保护义务，在满足条件时及时申请破产，尽快、顺利启动破产程序，防止经营进一步恶化而导致债权清偿遭受更为严重的影响。

2. 债务人在启动破产程序方面具有天然优势

从我国破产程序启动的现实情况观察，债权人在破产重整的启动阶段往往处

---

① 参见张学文：《公司破产边缘董事不当激励的法律规制》，载《现代法学》2012 年第 6 期；李飞：《反常诱因与不法交易规则模式》，载《澳门法学》2012 年第 1 期。

② 参见张学文：《公司破产边缘董事不当激励的法律规制》，载《现代法学》2012 年第 6 期。

于被动的地位,主要有以下原因:一是很多债权金额较小的债权人怠于提起诉讼主张权利,即便提出申请也可能无法引起法院的重视;二是债权人获取债务人企业相关信息的渠道往往有限,导致其无法全面掌握准确信息,导致债权人往往无法及时获知债务人企业濒临破产的情况。

相比之下,债务人内部的相关责任人员具有申请破产的天然优势。以企业的董事为例,其有更为直接的渠道去了解企业目前的资产负债情况,对于企业是否处于濒临破产状态应当有相对明确的认识,且对于企业继续经营是否有扭转颓势的可能应当有相对合理的预估,在企业内部沟通决策方面的成本也远远小于债权人。

正是基于上述考虑,大陆法系及英美法系代表国家均对债务人及内部责任人员的及时申请破产义务以某种形式作出了规定:如前所述《德国破产法》第 15a 条关于债务人内部责任主体在企业满足特定情况时应及时申请破产,否则将承担民事或刑事责任的规定;再如,《英国破产法》中通过禁止董事不当交易的方式,引导董事在企业濒临破产时及时申请破产。[①]

回顾我国相关法律法规,企业内部责任主体及时申请破产义务与我国现行法律体系并不冲突。《公司法》第 149 条规定了董事、监事、高级管理人员不当行为给公司造成损失,应承担赔偿责任。如前所述,在公司濒临破产时,债权人取代股东成为公司的剩余索取者,此时不给债权人造成损失也就是不给公司造成损失,这就为及时申请破产义务的确立留下了空间。据此,我国现行法律制度与及时申请破产义务并无抵牾,建立这一制度具有可行性。

二、及时申请破产义务的责任主体范围认定

根据《改革方案》的精神,其要求"及时申请破产义务的责任主体"在企业符合《企业破产法》规定的破产清算或重整条件下,主动向法院申请破产。但是,《改革方案》中的描述较为模糊,关于及时申请破产义务的主体范围,有必要进一步明确。

(一)比较法视角下及时申请破产责任主体范围的认定

1. 大陆法系国家对及时申请破产责任主体范围的认定

对于德国,如前所述《德国破产法》第 15a 条规定将公司法人代表机关成员、有限责任公司的股东以及股份有限公司的监事会成员均列为及时申请破产责任主体。除该条规定外,《德国有限责任公司法》第 64 条及《德国民法典》第 43 条也对

---

① 参见曾宛如:《论董事与监察人对公司债权人之责任:以公司面临财务困难为核心》,载《台大法学论丛》2008 年第 1 期。

董事的及时申请义务作了重申。①

日本则仅将公司理事或董事作为及时申请破产义务的主体。《日本民法典》第70条规定:"①法人已经不能以其财产清偿其债务时,法院可根据理事或债权人的请求或以职权决定破产程序的开始。②如有前项规定的情况,理事必须立即提出破产程序开始的请求。"②同时其《日本商法》第266条第3款也对未履行上述义务的赔偿责任进行规定。

2. 英美法系国家对及时申请破产的责任主体范围的认定

英美法系国家也普遍将公司董事认定为及时申请破产责任主体。其中,1986年《英国破产法》第214条规定,当董事知道或应该知道公司不存在避免破产清算的合理可能时,经清算人的申请,法院可以要求其在法院认为适当的程度内,对公司做出充实资产的支付。英国法学界一般将其称为"不当交易"制度,但是董事在此情况下承担的并非对债权人的责任,而是充实公司资产的责任,在立法模式上与大陆法系存在差异。③

在美国法上,董事、高级管理人员的义务以对股东、债权人同时负有信义义务的方式体现,若存在"加深破产"的行为则应承担相应的侵权责任。④

(二)我国法律体系中及时申请破产责任主体范围的认定

如前所述,不同国家对及时申请破产责任主体的规定存在一定差别,但公司董事均承担这一义务。此外,德国法上还将有限责任公司的股东以及股份有限公司的监事会成员列为责任主体,美国法则规定高管亦应承担相应信义义务。

为切实落实及时申请破产义务制度,确保债权人合法权益得到有效保障,有必要对及时申请破产义务的主体范围予以确认。基于我国《公司法》等相关法律法规的规定,对我国责任主体范围分析论证如下:

1. 公司董事应负有及时申请破产的义务

首先,根据我国《公司法》的规定,董事会是公司的经营管理机构,制定公司解

---

① 《德国有限责任公司法》第64条规定:"当公司临界破产状态时(支付不能或资不抵债),董事应无过失、无迟延的,向法院申请启动破产清算程序(无支付能力程序)。"《德国民法典》第43条规定:"在债务人支付不能或资不抵债时,董事应无迟延向法院申请启动开始破产程序,董事会成员由于过错、重大过失迟延申请破产的,与公司共同对债权人债权减损承担连带赔偿责任。"参见喻峰:《公司临界破产时董事申请破产的强制性义务》,华侨大学2013年硕士学位论文,第16页。

② 参见渠涛编译:《最新日本民法》,法律出版社2006年版,第19页。

③ 参见[英]托米:《英国公司与个人破产法》,汤维建等译,北京大学出版社2010年版,第369页。转引自许德风:《破产法论——解释与功能比较的视角》,北京大学出版社2015年版,第117页。

④ 参见许德风:《破产法论——解释与功能比较的视角》,北京大学出版社2015年版,第119页。

散方案为董事会的职权之一。因此,对于濒临破产的公司,要求董事或董事会及时申请破产是其在公司治理结构中地位的应有之义,也是权责一致的必然要求。

其次,根据《公司法》第 147 条规定,公司董事对公司负有忠实义务和勤勉义务。董事的忠实与勤勉义务应当贯穿于公司的整个“生命周期”,当然也包括公司濒临破产或已经进入破产程序的期间。如前所述,当公司濒临破产时,其剩余索取权由公司的债权人享有,因此董事对公司的忠实与勤勉义务与对债权人合法权益的维护义务是一致的,应当承担及时申请破产的义务。

最后,董事会在了解公司经营状况、财务状况方面有天然的优势,也更能基于其经营管理的地位综合考虑多方因素判断公司是否有扭亏为盈的可能,因此由董事承担及时申请破产义务也是更为可行的。

因此,笔者认为董事会及全体董事应当承担及时申请破产的义务,基于其在公司治理中的地位及时获取公司经营、财务相关信息、作出商业判断,维护债权人的合法权益。

2. 公司监事应负有及时申请破产的义务

根据《公司法》的规定,公司监事的主要职责在于检查公司财务,以及监督公司董事、高级管理人员的经营管理行为。同时如前所述,根据《公司法》第 147 条的规定,监事亦对公司承担忠实及勤勉义务。在公司董事怠于履行及时申请破产义务时,监事显然有要求其纠正的职权。

还需进一步讨论的是,若董事经督促仍未及时向法院申请破产,监事是否有义务直接向法院申请破产。对此,可以参照的是我国《公司法》第 151 条关于监事代表诉讼的规定,对于董事、高管在执行职务时违反法律、法规或章程的行为,为弥补公司已经造成的损失或避免遭受难以弥补的损失,经符合一定比例股东书面请求,监事有权提起诉讼。类似地,在公司濒临破产时,董事不及时对外申请破产属于消极不履行其法定义务,为避免公司持续经营进一步遭受损失,应当认为监事在督促董事纠正其违法行为而仍未取得成效时有权直接采取积极行动,向法院申请破产。同时,考虑到股东出于其利益最大化原则往往不愿申请破产,同时因董事属于消极未履行法定义务,股东往往并不知情,此时不应要求监事必须取得股东书面请求才可行动,以充分发挥其监督作用。

3. 公司股东原则上不应负有及时申请破产的义务

首先,公司股东虽然是公司内部的权力机构,其职权包括对公司解散、清算等事项作出决议,但这种表决方式同时也意味着股东对公司是否解散、清算等事项并无强制义务。类似地,当公司濒临破产时,股东作为出资人也不应承担强制申请破产义务,否则将从根本上违背公司独立人格与股东有限责任两大基本原则①,这种强行要求股东利益取向与债权人利益取向保持一致既不现实也不合理。此时应当要求公司经营机构及经营人员作为掌舵人,在股东利益与债权人利益之前保持平衡。

其次,具体到股东人数较多且较分散的股份有限公司,绝大部分的股东只是作为以单纯获取投资收益为目的的投资人。在前述情形下,相较于公司的实际经营状况、财务状况,该部分股东更加关注自己能够获得的实际投资收益,也不会参与公司的实际经营决策,其知情权以查阅账簿为主要内容,股东大会一般一年只召开一次,因此股东对公司日常经营状况存在严重信息不对称,难以独立、高效地对公司申请破产的适用性作出准确判断。故当公司已经深陷债务危机、濒临破产时,绝大部分股东可能仍然不知情。因此,规定股东负有及时申请破产义务不符合公司治理实际情况,也是不现实的。

最后,对于股东人数较少的有限责任公司,股东可能兼任董事或监事的职位。这类股东也能实际了解到企业的经营状况、财务状况,参与企业的经营决策或承担监督职责,故基于与董事及监事相同的依据——经营责任或监督职责,该类股东应当被负有及时申请破产义务,但实际上该义务是通过其董事或监事身份承担。② 需要特别指出的是,实践中可能存在某股东并不是公司董事或监事,但是具有对公司的生产经营决策的掌控力的情况。参考英国法理论,此种情况下,股东构成该公司的事实董事或"影子董事",与股东实际兼任董事一职相似,也应当承担及时申请破产的义务。③

此外值得注意的是,最高人民法院对于有限责任公司股东是否一概承担清算义务的观点也发生了变化,目前的观点也对参与公司经营管理的股东与其他股东进行了区分:

2012 年 9 月 18 日发布的最高人民法院第九号指导案例"上海存亮贸易有限公司诉蒋志东、王卫明等买卖合同纠纷案"认为未履行或怠于履行清算义务的股东不

---

① 参见梁上上:《有限公司股东清算义务人地位质疑》,载《中国法学(文摘)》2019 年第 2 期。虽然该文系就股东应否作为清算义务人进行讨论,但其逻辑与本文所论述的股东应否作为及时申请破产责任主体相通。

② 参见梁上上:《有限公司股东清算义务人地位质疑》,载《中国法学(文摘)》2019 年第 2 期。虽然该文系就股东应否作为清算义务人进行讨论,但其逻辑与本文所论述的股东应否作为及时申请破产责任主体相通。

③ 参见赵金龙:《英国法上影子董事制度评述》,载《北方法学》2010 年第 1 期。

能以其不是实际控制人或者未实际参加公司经营管理为由,免除吊销营业执照之后的清算义务。

而2019年11月14日最高人民法院发布的《全国法院民商事审判工作会议纪要》第14条则将《公司法》司法解释(二)第18条第2款规定的“怠于履行义务”的行为解释为有限责任公司股东在法定清算事由出现后,在能够履行清算义务的情况下,故意拖延、拒绝履行清算义务,或者因过失导致无法进行清算的消极行为,并明确指出小股东举证证明其既不是公司董事会或者监事会成员,也没有选派人员担任该机关成员,且从未参与公司经营管理,以不构成“怠于履行义务”为由,主张其不应当对公司债务承担连带清偿责任的,人民法院依法予以支持。

该会议纪要将参与公司经营管理的股东与其他股东予以区分,并明确将担任公司董事或监事、或选派人员担任该机关成员作为参与公司经营管理的判断标准之一,进一步佐证了上述论证的合理性。

综上所述,公司的股东原则上不应负有及时申请破产义务。唯有其兼任董事、监事一职,选派人员担任董事、监事,或为公司的“影子董事”时应承担该义务。

4. 公司高级管理人员仅负有对内报告及时申请破产情形的义务

根据《公司法》第216条的规定,公司高管的范围包括公司的经理、副经理、财务负责人,上市公司董事会秘书和公司章程规定的其他人员。根据《公司法》第147条规定,高管对公司负有忠实、勤勉义务。学界通说认为,高管的勤勉义务内涵与董事不同,高管作为董事会决议的执行者,并不享有生产经营的决策权,因此其勤勉义务具体是指履责义务以及监督义务。① 据此,对于濒临破产的公司,高管不应承担及时申请破产的决策性义务,而应作为董事会决议的执行者,以及基于其直接参与公司经营管理的地位及时了解公司的经营状况、财务状况,并向董事会报告应申请破产情形的义务。

此外,特别需要关注的是,同时担任公司法定代表人的经理是否应当额外承担对外申请破产义务。首先,笔者认为法定代表人制度更多是强调其对外代表公司做出意思表示的内涵,而对于公司内部意思表示的形成与决定则仍应以《公司法》及公司章程等确定的公司治理结构为准,由此才会产生越权代表等问题,②在此意义上董事会或董事才是有权对是否申请破产进行决策的主体;其次,法定代表人制

---

① 参见翁贞、朱敏:《公司高级管理人员违反勤勉义务的司法认定》,载《人民司法(案例)》2013年第6期。

② 参见蔡立东:《论法定代表人的法律地位》,载《法学论坛》2017年第4期。

度诞生的意义更多在于便利公司对外开展民商事活动，决定是否应申请破产、是否公司仍应存续等事项并未包含在法定代表人的制度内涵中。因此，担任法定代表人的经理也不应负有对外及时申请破产的义务。

综上所述，笔者认为在公司陷入经营困境，面临破产清算、重整境遇时，公司董事会及全体董事或执行董事、监事会及不设监事会的有限公司的监事以及具有董事或"影子董事"地位的股东均应负有及时申请破产的义务，高管应负担对内的报告义务，但不负担对外及时申请破产的义务。

三、及时申请破产义务的适用条件

在确定企业内部承担及时申请破产义务的主体后，还应进一步确定的是，在何种情形中上述主体应当向法院申请破产。鉴于申请行为的目的在于启动破产程序，首先应当符合《企业破产法》及相关司法解释关于申请破产原因的规定。此外，考虑到董事、监事等作为公司内部工作人员的身份，在其同时对公司承担忠实义务、勤勉义务的背景下，还应从兼顾公司合法权益的角度出发，探讨对适用条件的具体影响。

（一）我国《企业破产法》关于申请破产原因的规定

如前所述，我国《企业破产法》第 2 条和第 7 条对破产原因作出了规定。对于该规定，正如某些学者指出，并未针对破产程序各阶段的特点分别规定所应满足的条件，也即未区分当事人提出破产申请、破产程序启动及法院宣告破产清算分别应满足的条件。但是在债务人或债务人内部工作人员申请破产的情况下，考虑到他们获取企业财务信息的便利性，以上述规定作为申请破产原因并无明显不当。①

据此，我国《企业破产法》规定的申请破产原因包括以下几种情形：（1）债务人不能清偿到期债务并且资不抵债；（2）债务人不能清偿到期债务并且明显缺乏清偿能力；（3）债务人有明显丧失清偿能力的可能。债务人在前两种情况下可申请破产清算，在三种情形下均可申请破产重整。

值得讨论的是，在上述第三种情形下责任主体是否也应当及时向法院申请破产。由于在此情形下，债务人并未实际陷入不能清偿到期债务或资不抵债的财务困境，而只是存在陷入明显丧失清偿能力这一财务困境的可能，主观性过强而没有明确的判断标准，若作为承担义务的标准则有可能导致义务范围过大，影响市场主体的正常生产经营，对市场秩序造成不利影响。《德国破产法》即明确将及时申请

① 参见韩长印：《破产界限之于破产程序的法律意义》，载《华东政法大学学报》2006 年第 6 期。

破产义务的适用条件规定为:“丧失清偿能力或资不抵债”;类似地,我国台湾地区“民法典”第35条及“公司法”第211条也将适用条件规定为“法人之财产不能清偿债务”或“公司资产显有不足抵偿其所负债务”上。①

综上所述,及时申请破产义务的适用条件应当首先满足我国《企业破产法》关于破产原因的规定,也即债务人不能清偿到期债务并且资不抵债,或者债务人不能清偿到期债务并且明显缺乏清偿能力,而“债务人有明显丧失清偿能力可能”则因界限不明,不适宜列为及时申请破产义务的情形之一。

(二)判断企业经营扭亏无望——忠实、勤勉义务的应有之义

及时申请破产义务的适用条件,除了要满足现行《企业破产法》关于破产原因的规定,还要从忠实、勤勉义务的角度出发,探讨除上述破产原因外是否还应满足其他条件。

如前所述,《公司法》第147条第1款规定:“董事、监事、高级管理人员应当遵守法律、行政法规和公司章程,对公司负有忠实义务和勤勉义务”。所谓忠实义务,是指应遵循法律和公司章程,忠于公司的利益,为公司最大利益服务,其自身利益与公司利益发生冲突时,应当维护公司利益,不得利用地位牺牲公司利益,为自己或第三人牟利。② 所谓勤勉义务,我国现行法系采用与德、法类似的严格模式,即指处理公司事务应尽到普通商人或善良家父在相似的地位和情况下所应有的合理的谨慎、勤勉和注意。③

忠实、勤勉义务的存在,对董事和监事提出了及时申请破产义务两个方面的要求:忠实义务意味着,董事、监事应忠实于公司利益,合理判断其是否确实濒临破产且应申请破产,保证股东利益与债权人利益的平衡。勤勉义务意味着,在判断企业是否满足申请破产义务的适用条件时,责任主体应起到与其地位相配的在注意力、判断力等方面的要求。

基于忠实义务之要求,可见在申请破产前,董事等责任主体应当合理判断公司持续经营是否有扭亏的可能,若公司因外部环境等因素而一时处于财务困境且可基于其持续经营扭转该局面,则此时持续经营同时符合股东及债权人利益最大化原则,不应当申请破产;而若公司确实扭亏无望,持续经营无法改善公司经营及财务状况,则应当出于最大化公司利益的角度及时申请破产。

---

① 参见许德风:《破产法论——解释与功能比较的视角》,北京大学出版社2015年版,第116~120页。

② 参见李玉香:《论董事的忠实义务》,载《中外法学》1998年第1期。

③ 参见任自立:《公司董事的勤勉义务标准研究》,载《中国法学》2008年第6期。

而对于扭亏无望的判断,就与勤勉义务息息相关。董事等责任主体在判断企业是否扭亏无望时,应承担一定的勤勉、注意义务。笔者认为,此时的评判标准设计应满足两方面的要求:首先对责任主体的要求不能过于严格,若严格按照我国现行法规定的严格模式衡量其是否遵守勤勉义务缺乏科学性与合理性,董事进行决策时的信息必然具有不完整性,对于公司能否扭亏也更多是基于其商业经验而做出的判断,即使高度小心也难免不犯错误,[①]因此不应苛求其做出一定准确的判断,只要其能举证证明其在决策过程中有充足、合理的依据即可,否则将会对董事等责任主体实施公司的经营管理行为带来过多限制;其次是对责任主体的要求不能过于宽松,责任主体对企业状况的判断应有足够依据,且在当时环境下这一决策应具有正当性。

笔者认为,可引入美国的商业判断规则作为衡量责任主体是否尽到勤勉义务的标准:假定责任主体在作出商业判断时是以熟悉情况为基础,怀有善意,并且真诚相信所采取的行为符合公司的利益,除非能证明上述假设不正确,否则法院将尊重责任主体的商业判断。[②]

(三)申请破产义务的"及时性"要求

及时申请破产义务不仅要求董事、监事、高级管理人员在企业符合条件时主动向法院申请破产,更要求其"及时"向法院提出申请。为此,应对该义务设定履行期限,超期未履行义务当为对该义务的违反,应承担相应的法律责任。

如前所述,《德国破产法》第15a条要求法人代表机关成员或清算人应"最迟在丧失清偿能力或资不抵债起3周内,提出破产申请。"[③]而其他国家和地区对于"及时"地规定,大都限定为"无迟延""立即"等词汇,少有规定具体地履行期限。

对此,笔者认为,对于该处"及时"的规定,应采取概括式的立法模式,即不应直接规定具体的履行期限,而应采取"无迟延"或者类似表述,主要原因是我国的企业之间规模比较悬殊,既有一人公司,又有大型跨国企业,不同规模的企业进行是否符合及时申请破产义务适用条件的判断时,所需的时间、资源,采取措施的快慢等方面都有较大差异,设定具体的履行期限难以符合所有企业的实际情况。但概括式的立法模式也需要可行的判断标准,笔者认为,在判断责任主体是否符合"无迟延"或其他类似标准时,应从两个角度入手:一是责任主体所用时间是否是必要的;

---

① 参见任自立:《公司董事的勤勉义务标准研究》,载《中国法学》2008年第6期。

② 参见刘敬伟:《董事勤勉义务判断标准比较研究》,载《当代法学》2007年第5期。

③ 参见许德凤:《破产法论——解释与功能比较的视角》,北京大学出版社2015年版,第116页。

二是此段时间是否导致了企业状况明显恶化、偿债能力明显下降。

(四)禁止通过章程或其他内部文件规避义务承担

及时申请破产义务之设立目的,在于避免企业经营情况进一步恶化,维护债权人之利益,具有一定的强制性;同时,该义务并非企业内部人员对股东或出资人的义务,而是对外部债权人的义务,因此不能因企业意思自治而可得以豁免。

据此,建议《企业破产法》或其他相关法规、司法解释对及时申请破产义务予以明确规定,同时禁止章程或其他内部文件对该义务予以规避,或者认定章程或其他内部文件中要求董事等主体不得申请破产的规定无效,以防止股东等出资人为阻挠濒临破产企业及时进入破产程序而在章程或其他内部文件中作出相反的约定。

四、申请破产的企业内部程序

当企业濒临破产边缘,且生产经营状况缺乏好转可能性时,董事等责任主体应及时向法院申请破产,本部分将对公司内部程序进行分析并构想如下:

(一)及时申请破产不以股东会或股东大会决议为前提

在国外立法例中,及时申请破产义务大多规定由董事径行向法院申请破产。但是,根据我国《公司法》,董事会有权制定公司解散、清算的方案,而作出公司解散、清算决议的职权属于股东会或股东大会,由此产生问题:责任主体履行申请破产的义务,是否须经股东会或股东大会决议?董事会能否独立决议公司破产这类重大事项?如以股东会决议为必须,则责任主体实行何种行为至何种程度能被认定为履行完毕申请义务?

笔者认为,如前所述,股东并非及时申请破产的责任主体,同时从公司治理结构和保护债权人利益的角度出发,结合濒临破产公司的实际情况,责任主体履行申请义务,不以取得股东会或股东大会的决议为必要,否则与及时破产申请义务的制度立意相悖。具体理由如下:

1.股东无经营权,并非及时申请破产责任主体

从公司治理结构剖析,董事会是公司的经营管理机构,董事更容易掌握公司在什么情况下具有申请破产的必要性,并作出商业判断。[①] 除了董事会,随着公司规模的扩张、现代经理人制度的广泛采用,公司高管往往才是最接近和了解公司财务状况的人,因此高管也应承担及时报告应申请破产情况的义务。相比之下,股东不

---

① 参见白江:《公司支付不能或资不抵债时申请破产的义务和责任》,载《华东政法大学学报》2008年第1期。

参与公司经营管理,通过股东会决议决定是否申请破产,一方面,有违及时申请破产义务这一特殊制度最大化利用财务信息的目的;另一方面,违反权责一致原则,可能将倒逼股东承担不必要的经营责任。

2. 主要责任转移,对董事、高管的反向激励作用削弱

如前所述,公司濒临破产时,董事、股东为了摆脱困境,更可能采纳高风险、有损债权人利益的商业决策。① 此时股东和债权人存在明显的利益冲突,董事的经营方向将对二者的利益产生重大影响,在这样的三角关系中债权人处于弱势地位。而及时申请破产义务的设定,其独到之处在于产生对董事、高管的反向激励作用,防止董事、高管恶意作出高风险的商业决策侵害债权人利益,是对债权人和债务人之间利益平衡的重新调整。②

若以召开股东会/股东大会作为履行申请义务的前置程序,则及时申请破产的主要责任将实质地转移至股东身上,申请破产的最终决定权归属于股东,而股东由于利益冲突申请破产意愿较低。董事、高管的责任将局限于召开股东会、向股东充分披露财务状况等,形式意义大于实质意义;若股东会召开后未通过决议、公司仍陷于困境,则很难归责于任何一方,因为难以判断其缘由是董事、高管未充分履行披露义务,还是其他因素影响了股东决策;若存在这些归责阻碍,董事、高管就有了义务履行的懈怠空间,其很可能出于继续经营的意愿,怠于向股东充分说明公司申请破产的必要性,因为董事、高管只需证明自己实施了相关程序即可,然后将未能申请破产的原因归结为股东因其他因素未通过决议,如此便使及时申请破产义务的反向激励作用失效,该义务有成为空中楼阁的危险。

3. 特殊时期,避免风险继续升高

及时申请破产义务的适用时点较为特殊,是在公司濒临破产前,“及时”二字即可体现出时间的紧迫性。就经济效益而言,“命悬一线”的公司越早进入破产重整程序,越有恢复现金流、提振生产经营状况的可能性。此时的企业如同住在ICU病房的病人,如果医生不及时进行手术,则其可能彻底失去“起死回生”的机会。众所周知,股东会或股东大会从提议、通知至召开、决议,其周期不短、程序冗长,若再加上对各个股东展开充分说明、沟通的时间,整个过程时间长、成本高,规模越大的公司,越难以承担这一过程中可能产生的种种风险。因此,以股东会决议为实行及时

---

① 参见张学文:《公司破产边缘董事不当激励的法律规制》,载《现代法学》2012年第6期。

② 参见喻峰:《公司临界破产时董事申请破产的强制性义务》,华侨大学2013年硕士学位论文,第22页。

申请破产义务的前置程序,缺乏现实性的考量。

总之,及时申请破产义务制度设计的初衷,是为了在债务人怠于行使申请破产权利、公司陷入僵局时,提供另一条反向激励的解决路径,但没有必要将及时申请破产的义务范围扩大至全体股东。所以,笔者建议,不以股东会或股东大会通过决议作为责任主体及时申请破产义务的前置程序,以董事会决议作为申请破产的企业内部前置程序,更符合本制度保护债权人利益的立场,更有利于协调债权人与股东之间的利益平衡。

(二)申请破产前公司内部程序构想

在上述论述的基础上,对申请破产前公司内部程序构想如下:

1. 董事会决议及例外情形

首先,董事会是公司的经营决策主体,也是在公司濒临破产时就是否满足应申请破产情形进行决策的首要主体。若企业陷入经营危机,符合及时申请破产义务的适用条件时,董事长应在法定期限内(如5日)召集董事并召开临时董事会会议;发现企业符合及时申请破产义务适用条件的董事,亦有责任立即敦促董事长及时召开董事会。董事会会议应就公司资产负债、现金流等财务信息和经营状况进行充分披露、深入研究,必要时可请公司经理、财务负责人等高管列席说明,促成各方达成共识。就申请破产事项,须经三分之二以上出席会议的董事通过决议同意。不设董事会、只设执行董事的有限责任公司,若出现本义务适用情形,执行董事可自行决策。

其次,高管作为公司的经营执行主体,若高管发现企业符合及时申请破产义务的适用条件,应当及时报告董事长,提议召开董事会,同时应提交相应证据材料并进行充分披露,由董事会决定是否向法院申请破产;只设执行董事的有限责任公司,则其高管应及时报告执行董事,由执行董事决定是否向法院申请破产。

最后,监事会作为公司的经营监督主体,根据《公司法》第54条,有权调查公司经营的异常情况,若监事发现企业满足本义务的适用情形,且董事会未在法定期限内召开,或董事会已经召开,但未能通过申请破产的决议,监事会应行使其监督、纠正的职权,敦促董事会召开或再次召开并作出决议,同时监事会成员有权列席董事会听取情况,在确实符合应申请破产情形而董事会仍未作出申请破产决议时,监事会有权直接向法院申请破产;只设执行董事、监事的有限责任公司,监事应督促执行董事及时向法院申请破产,在确实符合应申请破产情形而执行董事迟迟未采取行动时,监事有权直接向法院申请破产。

2. 通知股东

虽然股东不是承担及时申请破产义务的责任主体，但其对公司的基本权利，例如知情权，应予以尊重。董事会通过申请破产的决议后，或执行董事向法院申请破产前，应立即通知全体股东申请破产的事宜，全面披露公司的经营状况及财务信息，阐明申请破产的缘由，使股东充分了解信息。

3. 股东异议

股东收到董事会（或执行董事）通知后，若超过 1/10 以上表决权的股东提议，可召开临时股东会，就该事项进行商议。若股东会未能达成增资、引资等切实解决公司经营困境的合理提议，则董事会（或执行董事）应当及时申请破产。若股东认为公司不应申请破产，且董事、高管的申请行为有损公司利益，可根据《公司法》第 152 条向法院提起诉讼。

五、法律责任

对于未能履行或未能及时履行申请破产义务的情况下，企业内部责任主体是否应当对债权人、债务人企业及股东承担法律责任，以及应承担的具体责任为何，本章分别论述如下：

（一）企业内部责任主体违反义务时对债权人的责任

通过观察比较法，明确企业内部责任主体承担及时申请破产义务的国家，大都对违反该义务的法律责任进行了规定。例如，在德国法上，企业内部责任主体违反此义务属于《德国民法典》第 823 条第 2 款所规定的“因违反保护性法律”而产生的侵权行为，债权人可依据《德国破产法》第 15a 条的规定向相应责任主体提起侵权损害赔偿之诉。此外，英美法上，若责任人员未能履行及时申请破产义务，也应承担相应的赔偿责任，具体到英国法上表现为董事补充公司资产的责任，美国法上则为董事、高管对债权人承担侵权赔偿责任。① 法谚云：无责任则无义务。在确定对公司董事、监事等主体应设定及时申请破产之义务的基础上，也应同时规定配套的法律责任来保证义务得以履行。

1. 违反义务的表现

首先，需要讨论的是，在怎样的情况下应当认定承担及时申请破产义务的企业内部人员未履行该义务。具体而言：

---

① 参见许德风：《破产法论——解释与功能比较的视角》，北京大学出版社 2015 年版，第 116 ~ 119 页。

对于董事长或其他董事会成员，在发现企业满足应申请破产的情形时，无迟延地召开董事会或通知董事长召开董事会，在决议时同意申请破产并履行通知股东等内部程序，且在向法院申请破产时积极、全面履行提供申请材料等义务，应认定其已完全履行该义务；对于执行董事，则应在掌握情况后及时履行通知股东等内部程序，并向法院申请破产且积极、全面履行提供申请材料等义务，否则存在违反义务的可能。

对于高管，应在发现企业满足破产原因时及时将情况报告董事会或执行董事，并在董事会或执行董事的要求下提供相应材料、接受询问、出席董事会等，否则存在违反义务的可能。

对于监事会主席或其他监事会成员，以及不设监事会的有限公司的监事，应在发现董事、高管未完全履行上述义务时，积极、及时督促其纠正违法行为，且在董事、高管仍未依法申请破产时，及时向法院申请破产并要求董事、高管提供相应申请材料，否则存在违反义务的可能。

2. 对应申请破产时已缔约的债权人承担的责任

对于在董事等责任主体应申请破产时已享有债权的债权人，董事等主体因未履行及时申请破产义务，造成债权人通过破产程序可获清偿减少，侵犯了债权人的债权，应当承担侵权责任①，若违背义务的人员超过一人则应承担连带责任。

对于其承担侵权责任范围，德国法上以公司丧失清偿能力之时（至多是在丧失清偿能力后的3周）为截点区分新债权人与旧债权人分别确定，有其合理性。对于在董事等责任主体应当申请破产而未申请破产之前已经对债务人享有债权的债权人，董事等责任主体应承担的侵权赔偿责任范围为，及时申请破产时债权人本可获得清偿的金额与实际经破产程序获得清偿的金额之差；对于出现应当申请破产事由之后因董事等责任主体未申请破产企业持续经营而发生新债权的债权人，上述责任主体应承担的赔偿责任范围为，债权人与债务人发生法律关系后所遭受的全部财产损害。上述两种赔偿范围，均符合填补原则的要求，也即应填补至董事等责

① 由于此种侵权行为侵犯的并非绝对权，《德国民法典》第823条第2款对于此种行为专设“违反以保护他人为目的的法律”类一般侵权行为类型予以规范。我国《侵权责任法》无此类规定，若按照第6条第1款一般侵权行为规定的文义进行解释则会造成对绝对权和相对权不加区分保护的后果。参见葛云松：《纯粹经济损失的赔偿与一般侵权行为条款》，载《中外法学》2009年第5期。对此，在不改变《侵权责任法》立法模式的情况下，笔者认为最适宜的立法模式是在规定及时申请破产义务的同时对违反该义务而应承担的侵权责任予以明确规定，从而与《侵权责任法》第7条相衔接。

任主体若及时申请破产债权人可获得的清偿状态。①

3. 对应申请破产而未申请破产期间缔约而享有债权的债权人承担的责任

对于发生应申请破产事由时尚未与债务人缔约，在债务人真正进入破产程序前又与债务人缔约并享有债权的债权人，董事等责任主体应对其承担侵权赔偿责任，赔偿范围与前述第二类债权人相同，即债权人与债务人发生法律关系后所遭受的全部财产损害。

除侵权责任外，德国法上认为，董事等责任主体还应向此类新缔约的债权人承担缔约过失责任，因为债权人在明知债务人濒临破产的情况下基于其商业判断往往不会与债务人缔结新的法律关系，但是董事等责任主体在与债权人就缔约事项进行协商过程中提供了关于公司经营、财务状况的虚假信息或者隐瞒了真实信息，此种行为构成对先合同义务的违反，债权人有权直接向董事等责任主体主张赔偿其信赖利益损失。②

基于上述论述可见，在董事等责任主体违反及时申请破产义务时，往往将会导致其承担巨额的赔偿责任。比较法上相应的，往往也都同时确立了个人破产制度，在责任主体承担责任与保护债权人利益之间达成平衡。值得注意的是，《改革方案》同时明确提出我国要探索建立个人破产制度。但鉴于超出本文讨论范畴，不再赘述。

（二）企业内部责任主体对公司及股东的责任

《公司法》第 149 条规定，董事、监事、高级管理人员执行公司职务时违反法律、行政法规或者公司章程的规定，给公司造成损失的，应当承担赔偿责任。第 152 条规定，董事、高级管理人员违反法律、行政法规或者公司章程的规定，损害股东利益的，股东可以向人民法院提起诉讼。如前所述，在企业濒临破产时，为扭转局面，董事等责任主体有孤注一掷，实施高风险商业活动的倾向。如因董事等责任主体未及时申请破产，反而实施违背商业逻辑的高风险行为导致公司、股东利益受损，公司及股东可依据上述条文要求其承担相应的赔偿责任。

相反地，如果董事、监事、高级管理人员对于企业经营状况判断有误，贸然申请有前景的企业破产，此时其是否应当向公司及股东承担赔偿责任？在此情况下，笔者认为，也应当参照商业判断规则，对董事等责任主体的行为进行审视：如果申请

---

① 参见许德风：《破产法论——解释与功能比较的视角》，北京大学出版社 2015 年版，第 116 页；白江：《公司支付不能或资不抵债时申请破产的义务和责任》，载《华东政法大学学报》2008 年第 1 期。

② 参见白江：《公司支付不能或资不抵债时申请破产的义务和责任》，载《华东政法大学学报》2008 年第 1 期。

者是因为故意忽视经营前景，或者因重大过失未注意到经营前景，其应当对企业的损失承担责任。如果申请者在进行商业判断时怀有善意，并且已经尽其所能掌握全面资料，则不应当承担责任。防止董事等责任主体陷于进退两难境地，影响公司正常经营管理活动的开展。

（三）对企业内部责任主体的其他惩戒机制

1. 剥夺董事、高管及监事的职位

英国法上，对于缺乏商业诚信，行为失当或懈怠无能的董事，有关的国家机关可以在一定期限内剥夺其任职资格，从而对起到震慑和约束作用。[①] 我国《企业破产法》第 125 条仅对董事、监事、高管"违反忠实义务、勤勉义务，致使所在企业破产"的情形进行了规定，此时相关人员将在破产程序终结之日起三年内剥夺董事、监事及高管的任职资格。笔者认为，我国可以参考英国法的上述制度，将剥夺任职资格的情形扩展到严重失职未及时申请破产上。

2. 将违法记录纳入信用记录系统

《改革方案》明确提出："对……未按规定及时履行清算义务等违法违规行为责任人，建立信用记录，纳入全国信用信息共享平台、国家企业信用信息公示系统和金融信用信息基础数据库。建立直接责任人员失信行为联合惩戒机制。"该规定表明了我国要大力推动相关企业退出市场，方式之一就是通过信用惩戒机制，来强迫清算义务人履行义务。而及时申请破产义务之目的，也是为了使经营困难、应该退市的企业尽快、尽早进入破产程序，从而达到维护债权人利益、改善市场环境之目的。故笔者认为，针对违反及时申请破产义务的自然人，亦可以参照方案中对于违反清算义务之自然人的惩戒方式，用信用惩戒制度来鞭策其履行义务。

信用制度是市场经济现代模式中最核心的一项制度。"经济领域中的信用制度来源于市场经济主体之间基于长期的经济交往而形成的信任关系和信誉评价。"我国现在已有了针对企业的信用惩戒手段——企业经营异常名录与严重违法企业名单，下一步也要着手建立与完善针对自然人的信用惩戒系统。笔者认为，针对自然人的信用惩戒制度应当与如今的失信被执行人制度有所衔接，失信被执行人制度中的诸如限制高消费、限制出境、限制在公司任职等惩戒手段可以被借鉴。将违反及时申请破产义务之企业人员纳入信用惩戒系统，再结合经济赔偿责任，可以较好地保证该义务得以履行。

---

① 参见［英］托米：《英国公司与个人破产法》，杨维建等译，北京大学出版社 2010 年版，第 252 页。转引自许德风：《破产法论——解释与功能比较的视角》，北京大学出版社 2015 年版，第 118 页

此外,参照比较法相关规定,在董事等责任主体未履行及时申请破产义务,情节严重并造成严重后果时,还可追究其刑事责任。

结　语

企业内部责任主体及时申请破产义务作为破产法领域的重要制度之一,契合濒临破产企业的实际情况,有力地保障了债权人的合法权益,而我国迄今仍未建立这一制度,亦尚未有成熟且深入的相关研究。本文受篇幅所限,仅从笔者从业多年对破产法的理解出发,对这一制度的几点核心问题进行了初步探讨,其他细节性问题以及与此配套的个人破产等一系列制度有待广大法律人进一步探索。

破产执业者道德准则*

国际破产协会专家组

国际破产协会专家组是致力于研究不同司法辖区内破产与重整法律制度的立法和执行工作研究机构,第十专家小组主席为 Samantha Bewick 先生,曾任职于英国毕马威会计师事务所。第十专家组长期关注破产职业领域道德准则的发展,本文系该小组系列研究成果之一。

李正洋 译

中国政法大学民商经济法学院经济法专业硕士研究生,美国纽约大学法学院 LL. M. 。

1. 道德准则的宗旨

本准则的主要宗旨是:

· 为破产执业者的实践提供最佳建议;

· 向国际破产协会破产执业者介绍最佳行为方式;

· 通过提供专业指导和道德指引,帮助破产执业者开展最佳实践;

· 为利益相关方和职业道德监督机构提供参考性指导。

破产执业者既要关注准则的具体条款,同时也应当吸收本准则所蕴含的精神。

1.1 与立法和监管的互动

本准则不是对现行法律、法规和司法审判规则的重述。相反,它建构了破产执业行为的国际标准。准则中的部分内容相较于部分地区现行法律有更高的标准。当法律就某些问题没有规定或条文模棱两可的情况下,准则可以更好地阐释最佳执业实践行为。

如果本准则与当地的法律法规冲突,并不意味着准则能够凌驾于这些法律法规之上。

---

* 文章来源:国际破产协会专家小组报告《面向 2021》。本文所倡导的准则所蕴含的概念旨在为国际破产协会广大破产执业者会员提供最佳实践指南,同时尊重不同司法辖区的立法和破产实践的特别规定。为阅读方便,译者将原文中有关"member"的表述均译为"破产执业者"。

确立本准则的目的是加强和保护破产执业者的正直，建立一个公平、有效、实用和易于理解的准则框架。

1.2　基本准则

破产重组和企业复苏的实践复杂多样，破产职业者可能会遭遇诸如激烈的竞争环境、严格的时间要求和复杂的法律和融资问题，因次编写和构建概念明确、描述清晰的场景和情境是困难的。本准则试图建立具有普遍适用价值的实践标准，而非具体狭隘的规则，避免被错误地解释为鼓励、禁止某些明确定义的特定行为。

尽管准则的内容存在高度的概括性，但是我们在准则之外提供了相应的解释性指引，帮助和指导破产执业者做出决定和开展行动。除此之外，本准则还通过更好地阐释破产专业顾问履行职责的某些局限性，帮助拟获得相关咨询建议的利益相关方设定合理的期望。

破产执业者应当合理运用其专业技能和商业判断。如有疑问，应当在破产程序开始之前寻求法律或其他建议，或向有管辖权的法院寻求帮助。

1.3　非强制性准则

本准则不对破产执业者施以强制性要求，但是希望破产执业者在专业实践中能够发现准则的适用价值，在准则的指导下开展执业实践。

本准则从两个层次来描述和解释其应用方式：

· 实现最佳执业行为的推荐行为（“应该/不应该”从事某种行为）；

· 允许较大自由裁量的任意性表述（“可以”从事某种行为）。

1.4　监管机构和法院

不同司法辖区内破产职业人员监管内容和方式存在差异，破产执业人员的行为可能会受到职业道德督查机构和法院根据当地要求的裁决。

本准则旨在使监管机构、职业道德督查机构和法院可以使用本准则，认可合理的破产执业实践，确立广泛接受的行业标准。

本准则旨在为这些机构提供资源和指南而不非指令。本准则始终受现行法律和司法、监管机构的约束。

1.5　其他专业标准

许多破产执业者可能同时也是其他专业协会的会员，这些协会可能具有与本准则相似的指导准则或要求。

在适用本准则时，破产执业者应当遵守当地监管机构颁布的有关监管指南。在一定程度上，本准则与特定司法辖区内现行法律、法规或其他协会组织发布的执业准则相比，对破产执业者施加了更高的标准，破产执业者应当妥善考虑本准则的适用。

若相关法律、法规或协会规则在某些方面对破产执业者施加更高标准,这些更高的标准应当优先适用。与此同时,遵守本准则不会替代或者超越任何地方性规定。

1.6 准则的应用

根据当地法律、法规和司法实践被任命或聘用为破产执业人士的所有国际破产协会会员,均应当遵守本准则。

序号	准　　则	评　　论
1	正直 除遵守法律外,破产执业者应当竭尽所能地坦率、诚信和真诚,以实现最大程度的正直;以较高的道德准则约束自己在专业实践的各方各面。	正直包含公平交易,诚信和真诚。
2	客观、独立和公正 破产执业者在行使权力和履行义务的过程中,应当展现出最高层次的客观、独立和公正。 破产执业者应当避免任何可能导致利益冲突的情形。 除法定报酬外,被任命管理财产的破产执业者不应当索取或侵占任何债务人财产或者现金。 破产执业者应拒绝不当得利,例如秘密收取回扣或佣金。	独立性既应作为事实考虑,也应当从知情的外部观察者的角度评判。应当考虑有关司法辖区内的是立法的、专业的或基于守则的指导意见。独立准则的基本宗旨应当是确保破产执业者的行为不被视为不公平地、不正当地偏向于任何一方,包括破产执业者自己或者其关联方。如果破产执业者或其关联方与公司董事或任何利益相关者的关系会导致可能或被认为缺乏独立性,则该破产执业者不应当接受与破产财产有关的任命。 对客观性、独立性和公正性的威胁可能包括以下一种或多种情形: ·个人利益; ·自我审查; ·(不正当)宣传 ·熟悉度; ·恐吓。 每个术语均在准则后的术语表中有定义。 缺乏独立性不一定可以通过披露或任命独立的联合执业者或负责人弥补。必要时这两种选择可以同时考虑,在某些情况下它们可能是适当的。 如果破产执业者从破产财产中购买或转移资产或现金(不包括经法定批

续表

序号	准　　则	评　　论
		准的薪金酬劳),则可能涉嫌违反独立性、客观性或公正性要求。虽然事实上上述行为可能并没有违反这些要求,此类行为可能削弱利益相关方对破产执业者和破产程序正当性的信任。 如果破产执业者管理商业零售商的破产财产时,这些零售商正在向公众出售商品,此时破产执业者购买商品或服务的行为通常是允许的。换言之,该破产执业者能够在日常生活中从零售商那里购买此类物品。例如,该执业者与其他购买者以相同的条件在零售商中购买食物。但是,破产执业者不应利用员工折扣或特殊付款条件,因为这样做可能会被视为削弱其独立性。 不允许破产执业者为接受工作或向他人提供工作而行贿、给予现金或收取秘密佣金。 破产执业者利用诸如家族、关联方等关系开展收购行为,通常会导致面临与破产执业者自身直接开展收购相同的问题。因此,直系亲属和近亲属的业务联系应受到与破产执业者相同的限制。 在利益相关者事先明确许可的情况下,司法机构可能会允许破产执业者或与该执业者存在亲密关系的一方购买资产。
3	专业技术能力 破产执业者及其所在的专业机构应保持合格的专业能力水平。这可以通过以下方式实现: · 与法律、法规修订保持同步; · 参加持续的职业教育; · 参与足够的案件积累经验。	破产执业者及其所在的专业机构应有足够适当的经验和资源开展业务,或者可以根据需要寻找专家或其他资源。 若破产执业者无法给予足够的关注度或者无法提供专业技术,利益相关者无法获得最佳结果,可能会使该破产执业者的专业声誉受损。 即使没有继续教育或资格要求,破产执业者也应当努力保持其所在领域的高水平,勤勉尽职地提供职业服务,严格遵守法定职责。

续表

序号	准则	评论
4	执业行为 破产执业者应当及时与利益相关者沟通,告知案件的进展。破产执业者应努力做到准确、诚实、清晰、简洁和及时。 与其他破产执业者和裁决机构开展专业合作和沟通交流符合破产执业者的职业发展的内在要求。但是,破产执业者的首要责任是保护和管理破产财产。 破产执业者在提升自己及其公司而开展工作时,应当诚信行事,并避免专业声誉受损。	破产执业者应当向与破产程序有任何实际利益的当事方提供关于程序进展和债务偿付的信息,包括但不限于债权人和股东。这并不意味着破产执业者能够或者应当对提出的所有询问请求做出回应。 信息披露应当与保守商业保密义务相平衡,破产执业者还应当考虑准备回复的成本与回复后带来的收益。 在得到广泛关注的案件中,许多对此案没有实际利益的人可能会要求提供信息。破产执业者应当权衡提供信息的优势与相关成本以及对破产执业者所在单位或破产财产的影响。决策应符合破产财产及其利益相关者的最大利益。 破产执业者应当及时履行职责,遵守法律规定的各项时限,有效地完成案件,不要拖延。 尽管破产执业者会自然而然地卷入行业竞争,但是破产执业者对维护破产执业团体有着共同的利益。 破产执业者不应当因为与其他破产执业者的某些个人关系或私益诉求,对破产财产的交易做出不当行为或产生不利影响。尤其是,如果不同的破产执业者管理不同的破产财产或者集团公司财产的不同内容,每位破产执业者应当竭尽所能维护该部分财产。若发生整体财产与部分财产冲突时,破产执业者应当确保其所负责的部分利益最大化。例如,同意一项共同的财产解决方案将导致破产执业者所负责的那部分财产处于比另一种处理方式获得更差的结果,即是对该义务的违反。

续表

序号	准　　则	评　　论
5	报酬 破产执业者有权根据必要有益和适当履行标准获得报酬。破产执业者应提供并持续、充分地向破产专业人员薪酬主管机构披露有关薪酬信息，该机构以此为基础就薪酬是否合理做出决定。实际薪酬应仅根据该机构的实际批准情况提取	薪酬是一个非常敏感的话题。如果现行法律未提供薪酬的决定程序或计算标准，仔细考虑执业者的要求和提供薪酬理由的方式是很重要的。在没有专门薪酬主管机构批准的情况下，可以在法律或专业人士指导的情况下自行支付。 可接受的薪酬计算方法包括但不限于： 固定费用； 已变现资产价值和/或已分配价值的百分比； 按小时计费，或者以投入到案件中的适当时间为基准； 风险代理费用安排； 以上方法的组合。 任何风险代理费用安排的酬劳，包括基于已实现价值的报酬）应当充分透明，可客观衡量，并在适当的情况下，由合适的主管部门或利益相关者同意或批准。 破产执业者应当就所开展的工作的合理性提供必要的证明。例如，证明其行为是法律要求的，某些司法管辖区可能要求向监管机构报告，这些报告不会使利益相关者受益，但会有利于公共利益；或者证明此类工作的合理性基于以下原因： 案件的复杂性； 破产执业者的履责强度； 破产执业者履行职责的有效性； 破产资产和负债的价值和性质； 破产财产自身产生的收益。 应当区分支出、报酬和计入破产财产的第三方成本。 应当披露直接由破产执业者或其工作单位向第三方支付住宿、差旅等费用。 在适当情况下，应当偿付由破产执业者或其工作单位垫付的费用支出，例如使用会议室举行法定会议产生的费用。 第三方费用不视为报酬或支出，因此，执业者应根据当地法律和法规单独披露。

续表

序号	准　　则	评　　论
6	执业管理 采取下列合理和适当的措施,有利于保障符合破产执业者及其代理人和服务提供者的利益、落实相关社会政策、促进破产法律系统的有效运转: 记录存档; 质量控制; 风险管理; 合规管理; 投诉管理;和 专业赔偿/雇员忠诚保险(如有)。	破产执业者应当努力遵守法律有关时限的规定,及时履行职责。 破产执业者应当在必要或合理的情况下考虑并获得适当的专业赔偿和/或忠诚保险,以符合利益相关者的最大利益。 如果破产执业者疏忽行事,专业赔偿保险可为利益相关者提供补偿。 如果破产执业者存在破产欺诈行为,雇员忠诚保险会保护利益相关者。

词　汇　表

(不正当)宣传(advocacy)	破产执业者推行某种立场或观点,以至于影响或损害随后的客观性准则。例如,执业者已经代表部分债权人采取行动以提高该债权人的地位,在这种情况下,其他组别债权人不太可能认为该执业者对他们是公正的。
代理人(agent)	破产执业者所代表的破产财产根据代理协议聘用的个人/公司来执行任务或提供服务,例如,聘用法律顾问。
关联(associate)	与破产执业者存在某种关系的朋友、熟人、配偶、伴侣、雇员、雇主、同事,破产执业者配偶的亲属。
紧密的商业关联(close business associate)	通过专业方式与破产执业者建立联系的人,包括雇佣、合伙、公司股东或董事、公司信托安排等。
债权人(creditor)	对债务人宣称享有债权的人,无论这种债权是否已经确定、已经偿付或尚未实现。
支出(disbursements)	破产执业者或其单位向第三方支付的总和,或由破产执业者或其单位产生的从破产财产中支取和分配的费用。
破产财产(estate)	根据相关法律规定指定破产从业人员管理的破产实体及其资产。
熟悉度(familiarity)	破产执业者与个别利益相关者的关系损害或可能损害了破产执业者的公正性和客观性,因为该破产执业者过于支持或反对其他人的利益。例如,该破产执业者是一位重要债权人、股东或破产财产的董事的近亲属。

续表

亲属关系(family)	直系亲属(包括继父母)。因婚姻产生的直系亲属关系中的抚养、扶养和赡养关系。家庭中其他受抚养/扶养/赡养人(成人或儿童)。 以下情形将产生亲属关系:(i)如果破产执业者已婚,或以类似于婚姻的关系生活在一起,则该执业者与另一人有亲属关系;(ii)相隔不超过两代血亲或姻亲。如果存在个体直接或间接控制法人或非法人组织,则该执业者与公司、合伙企业或其他法人和非法人实体存在关联关系。
破产和重组工作人员(insolvency and restructuring officeholders)	包括正式和非正式任命的工作人员。例如,清算人、临时清算人、破产管理人、接管人、重组官和破产问题解决专家。
破产和重组专家(insolvency and restructuring professionals,IPs)	专家包括从事破产管理、重组和重整业务领域的专业人员,以及从事这些业务领域的顾问人员。
胁迫(intimidation)	破产执业者受到或可能受到威胁或被施加压力的情况。例如诉讼,毫无依据的投诉,甚至人身伤害等。
破产执业者(member)	有权根据现行法律、实践和法规接受破产财产任命的国际破产协会会员。
监管者(regulators)	任何根据当地法律和指导规范监督破产从业人员执业行为的专业机构,无论其是单独还是职业监管机构的一部分。
自利(self - interest)	破产执业者对获得特定结果具有或被认为具有直接利益。例如,该执业者或利害关系人同时也是破产财产的债权人或股东。
自我审查(self - review)	破产执业者独自审查由自己、所在单位、近亲属或关联公司的行为。例如,执业者所在单位在破产程序开始前处置某些破产财产,这些处置行为的正当性在某种程度受到怀疑。
股东(shareholder)	依据当地法律和会计准则的定义,在破产财产中拥有股权的人,包括普通股,优先股,受限股。
利害关系人(stakeholder)	对破产财产享有实际利益的人。
实际利益(tangible interest)	直接或间接的财产或经济性利益。
第三方花销(third party costs)	直接从破产财产中支付给第三方供应商的花销。第三方供应商应当向破产财产开具发票。

美国破产管理人手册*

美国破产管理局编

项丽环 译

中国政法大学民商经济法学院经济法专业硕士研究生。

第1卷　美国破产管理局政策与实践手册概览

第1-1章　介　　绍

《美国破产管理局政策与实践手册》(以下简称“本手册”)旨在帮助美国破产管理局(United States Trustee Program)履行管理人职责。本手册内容涵盖一般政策、程序规则、管理局与司法部其他部门及其他政府机构关系,为管理人履行《司法制度和司法程序法》(United States Code:Title 28 Judiciary and Judicial Procedure)第586条所授予的职责提供指导性建议。本手册具有全面性,有望取代其他早期文件、指导意见以及政策说明。如果手册内容与之前美国破产管理局或者司法部(Attorney General)的有关说明矛盾,以本手册内容为准。

本手册内容仅适用于破产管理局内部。它无意于,也不是,更不能授权任何机关强制执行。① 正如美国国税局(Internal Revenue Service)手册仅规定了机构内部执行程序,而不是根据宪法制定的正当程序法规。本手册旨在帮助确保美国破产管理局工作的连续性和高效率。

如果需要研究相关法律法规,本手册并非原始资料。本手册为美国破产管理局查询重要事项提供初步指导。破产法律或政策会随着时间的推移而发生改变,本手册力求不断更新以适应这种变化。我们正广泛征求业界对手册的意见,并将其转发给美国破产管理局执行办公室(Executive Office for U. S. Trustees,EOUST)。

---

* 因篇幅限制,译者截取《美国破产管理人手册》中最具代表性的第1卷及第2卷第2-1章、第2-2章中2-2.1、2-2.2、2-2.3、2-2.4翻译。

① 参见 See Lojeski v. Boandi,788 F.2d 196 (3d Cir. 1986)。

1－1.1　手册适用的组织

本手册包含数卷内容,目录、正文卷号及标题分别标注。根据《政府组织与雇员法》(Government Organization and Employees)第552(a)(2)(c)条以及《信息自由法》(Freedom of Information Act,FOIA)规定的主动披露要求,美国破产管理局执行办公室将在其公共网站上公布本手册全部内容。但是,如果披露内容严重阻碍侦查或起诉,相关信息就不会向公众公开。此外,某些仅解决内部问题且与公众无关的部分也尚不公开。

1－1.2　参数编号和交叉引用主题

为方便引用、检索和修订内容,本手册采用段落编号体系。在必要情况下,段落编号也可用于引用手册其他部分中的相似主题。

第1卷:美国破产管理局概览

第2卷:涉及《美国破产法》(Bankruptcy Code)第7章的案件管理

第3卷:涉及《美国破产法》第11章的案件管理

第4卷:涉及《美国破产法》第12和第13章的案件管理

第5卷:涉及《美国破产法》第9章的案件管理

第6卷:涉及《美国破产法》第15章的案件管理

第7卷:银行和债券的案件管理

第8卷:行业道德规范

第9卷:信用咨询和债务人教育

1－1.3　发布与披露

美国政府保留本手册的版权及解释权。美国破产管理局执行办公室可能会定期在美国破产管理局内网上发布辅助性参考资料,仅美国破产管理局工作人员有权访问。此类仅限官方使用的资料,未经美国破产管理局执行办公室的书面许可,不得将其在外网发布。美国破产管理局员工离职之前,需要将所有的电子、纸质手册及辅助性参考资料归还给所在地区的行政官员。

1－1.4　手册更新

1－1.4.1　手册修订

美国破产管理局的任何人都可以校正手册内容。但修改建议需提交至副主任管理局(Deputy Director for Management)审批。

1－1.4.2　政策变更

如有政策变更,美国破产管理局执行办公室将及时发布,并更新手册相应内容,并发送电子邮件通知美国破产管理局的员工。

1 -1.4.3　员工职责

持有电子版、纸质版手册或任何上述卷宗的员工都有责任校正并合理保管相关资料。

第1 -2章　司　法　部

1 -2.1　司法部部长(Attorney General)

司法部部长是司法部的负责人。其负责监督司法部所有执法活动,在法律事务上在最高法院或其他符合规定的法院代表美国担任首席律师,并为总统、内阁、行政机构和机构负责人提供法律咨询和意见。① 作为内阁成员,司法部部长还需协助制定和实施国家政策。

1 -2.2　司法部副部长(Deputy General)

司法部副部长有权行使司法部部长的所有职权,但法律规定由部长本人亲自行使或者已将相关职权专门委派给其他官员的除外。副部长协助部门的总体监督和管理,以及部门主要政策和计划的制定和实施。②

1 -2.3　司法部助理部长(Associate Attorney General)

司法部助理部长为司法部部长和司法部副部长提供咨询和协助,以制订和实施该部门以及广泛的民事局法事务有关的政策和计划。美国破产管理局执行办公室主任通过司法部助理部长向司法部副部长和司法部部长报告工作。③

1 -2.4　检察长(Solicitor General)

检察长在最高法院审理的案件中代表美国政府,并监督代表政府的一方在所有上诉法院中的辩诉行为。在某些特殊情况下,美国政府有权在最高法院审理的案件中自行辩诉。此外,美国政府仅在取得司法部部长授权的前提下,才可提出证明书申请或直接向最高法院上诉。④ 检察长授权政府向上诉法院提出上诉及上诉范围,包括重新开庭审理的请愿书以及向法院发出特别令状的请愿书。⑤ 此外,检察长可以授权政府介入国会行为合宪性审查的案件。⑥

检察长还协助司法部部长、司法部副部长和司法部助理部长制定各种部门

---

① 《司法制度和司法程序法》(Code of Federal Regulations:Title 28 Judicial Administration)第503条。

② 《司法行政法》第0.15条。

③ 《司法行政法》第0.19条。

④ 《司法行政法》第0.2条。

⑤ 《司法行政法》第0.20(b)条。

⑥ 《司法行政法》第0.21条。

规章。

1－2.5　监察长办公室（Office of the Inspector General）

监察长负责调查和审计司法部的经济状况和工作效率，并负责监察由司法部管理或资助的机构或工作，防止出现欺诈和滥用权力。为履行监察长职能，监察长可以查询部门的所有工作记录和文件，向联邦或州的任何政府机构获取包括宣誓就职、誓章、传票在内的信息，还可以要求相关机构协助工作。①

1－2.6　职业责任办公室（Office of Professional Responsibility，OPR）

职业责任办公室直接向司法部部长报告，负责监督司法部检察官、刑事调查员或其他执法人员调查犯罪和道德不端的行为，并确保司法部员工按照国家执法机构的专业标准履行职责。②

1－2.7　法律顾问办公室（Office of Legal Counsel）

法律顾问办公室负责拟定司法部部长的正式意见；拟定或修改由总统或司法部部长批准的命令、公告、法规和类似事项，并就文件的格式和合法性向总统和司法部部长提出建议；向司法部部长、司法部各局负责人以及各政府机构发送非正式意见和法律建议；解决行政部门之间的法律纠纷；并执行司法部部长、司法部副部长和司法部助理部长特别委任的任务。③

1－2.8　信息政策办公室（Office of Information Policy）

信息政策办公室负责管理该部门与《信息自由法案》相关的职责。这些职责包括协调发展和政府各部门遵守《信息自由法案》的情况，并根据《信息自由法案》或《隐私法》（Privacy Act）规定，就拒绝提供部门记录的行政上诉做出裁决。④

1－2.9　隐私和公民自由办公室（Office of Privacy and Civil Liberties）

隐私和公民自由办公室为司法部各办公室提供有关保护公民隐私和公民自由的指南，包括遵守1974年《隐私法》、2002年《电子政务法》（E－Government Act）中涉及隐私的规定以及《联邦信息安全管理法》（Federal Information Security Management Act）的建议。

1－2.10　公共事务办公室（Office of Public Affairs）

公共事务办公室是司法部与公众、新闻界的主要联络中心，它通过新闻媒体以及个人与公众接触来传播有关司法部的信息，通过回复查询、发布新闻稿和声明、

---

① 《司法行政法》第0.29－0.29j.条。

② 《司法行政法》第0.39－0.39c.条。

③ 《司法行政法》第0.25条。

④ 《司法行政法》第0.24条。

安排采访、举行新闻发布会以及邮件往来为记者提供服务。[①]

1－2.11 立法事务办公室(Office of Legislative Affairs,OLA)

立法事务办公室协调司法部的立法活动及该部与国会等机构的沟通,司法部证人在国会委员会出证,以及司法部与国会议员之间的信件往来。

1－2.12 司法管理司(Justice Management Division,JMD)

司法管理司是司法部负责行政管理的主要部门。在司法部行政助理部长的指导下,司法管理司担任司法部的主要行政管理机关,并针对各种管理、行政和组织事务制定部门行政政策、规划和程序。司法管理司还审查部门活动,以确保符合联邦法律法规以及部门指令与政策。此外,司法管理司还为司法部各办公室、各司、各局提供管理、财务及行政协助,包括中心行政设施和服务的运行。[②]

1－2.13 美国检察官办公室(United States Attorneys)

美国检察官办公室是根据1789年的《司法法》(Judiciary Act)设立的,该法规定"每个地区都有1位法定的有资质的人担任美国的检察官……其负责起诉当地所有违反美国法的违法犯罪行为,以及牵涉美国政府的民事行为"如今,与1789年相关规定一样,美国检察官除其他职责外,仍负有"对所有针对美国的罪行提起公诉"的职责[③],并受司法部部长监督[④]。实践中,美国检察官基于这种法定授权,在办理涉及美国政府的案件中代表美国政府。美国检察官是其司法区主要的联邦法执法人员。[⑤]

1－2.14 民事局(Civil Division)

《司法行政法》第0.45条规定了民事局助理检察官的职权:负责所有涉及海事、运输、外来财产及相关事宜的诉讼;在提起索赔的法院和联邦巡回上诉法院中为美国政府辩护(《司法行政法》第0.65条授权给环境和自然资源司或第0.70条授权给税务司的案件除外);根据联邦消费者保护法产生的所有民事和刑事诉讼以及大陪审团诉讼;涉及海关的诉讼;外国法庭的诉讼及有关事项;起诉因政府欺诈(反托拉斯、土地和税收欺诈除外)引起的民事索赔;对于未另行指定机构起诉的案件,代表政府提起索赔和金钱诉讼;以及在美国所有法院参加支持或反对美国政府、政府机构和官员的诉讼,除非另有规定,否则不得转让职权。

---

① 《司法行政法》第0.28条。

② 《司法行政法》第0.75－0.79条。

③ 《司法制度和司法程序法》第547(1)条。

④ 《司法制度和司法程序法》第519条。

⑤ 《司法行政法》第0.22条。

民事局最重要的职能是代表政府在破产案件中主张其债权，以及代表司法部参与雇员针对本部门雇佣行为提起的诉讼。民事局也在各种诉讼中代表美国政府及其官员、机构，根据《行政诉讼法》审查、质疑政府的政策、程序及行为的合宪性或合法性。

1 - 2.15　民权局（Civil Rights Division）

民权局负责执行 1957 年、1960 年、1964 年和 1968 年的《民权法》（Civil Rights Act）；1965 年、1970 年、1975 年和 1982 年《投票权法》（Voting Rights Act）；《平等信贷机会法》（Equal Credit Opportunity Act）；1990 年《美国残疾人法》（Disabilities Act）以及其他许多法规中的民权条款。这些法律禁止在教育、就业、信贷、住房、公共住宿和设施、投票以及某些联邦资助和实施计划领域的歧视行为。

民权局还负责根据若干刑事民权法规提起诉讼；协调联邦机构的民权执法工作，包括《1964 年法案》第 6 编、1972 年《教育法修正案》（Education Amendments）第 9 编、修改后的 1973 年《康复法案》（Rehabilitation Act）第 504 条以及各种针对特定联邦机构的民权法规；并协助联邦机构甄别和消除政策和计划中涉及性别歧视的规定。

1 - 2.16　刑事局（Criminal Division）

刑事局负责制定、执行和监督所有联邦刑法的实施，但专门授予其他机构的除外。除了直接的诉讼职责外，刑事局还制定和实施刑事执法政策，并为此提供建议、帮助。例如，刑事局就刑法事宜向司法部部长、国会、管理和预算办公室（Office of Management and Budget）及白宫提供建议；向联邦检察官和调查机构提供法律咨询和帮助；并领导协调国际、联邦、州和地方执法事务。①

1 - 2.17　联邦调查局（Federal Bureau of Investigation，FBI）

联邦调查局是司法部的主要调查机构之一，负责调查违反美国法律的行为，并收集美国政府作为或有可能作为利益相关方的案件证据，除非根据法规或其他方式，以上职责被特别授予给了其他调查机构。因此，联邦调查局尽管可能会参与，但不会主动调查内部税收问题、伪造虚构政府债务、酒精税或其他违法收入、移民和入籍事宜或其他不属于司法部管辖的事务。②

1 - 2.18　美国法警局（United States Marshals Service）

美国法警局局长负责指导和监督美国法警局的所有活动。其中包括按指示

---

① 《司法行政法》第 0.55 - 0.64 - 5. 条。

② 《司法行政法》第 0.85 - 0.89a 条。

执行联邦逮捕令、假释令、拘留令和引渡令;调查所有联邦逃犯;调查某些联邦债券违约规章;协助所有民事和刑事程序;保护联邦法官、法院官员、政府证人和其他受威胁者;移送由法警局拘留的囚犯或根据政府间合作协议移送囚犯。①

1-2.19 其他办公室(other offices)

有关司法部的组织以及司法部其他办公室的进一步信息,应参考《司法行政法》。

第1-3章 美国破产管理局(United States Trustee Program)

美国破产管理局是美国司法部的组成部分,其宗旨是促进破产法律制度体系的完善,提高其运作效率,完整高效运行,以使债务人、债权人和公众等利益相关者的利益最大化。美国破产管理局监管破产各方当事人和私人破产管理人的行为,监督相关行政机关履行职责,并采取行动确保上述主体遵守相关法律和程序性规定。美国破产管理局还与美国检察官、联邦调查局和其他执法机构合作,确定并协助调查破产欺诈和滥用行为。

美国破产管理局执行办公室位于华盛顿特区,由其主任领导,负责美国破产管理局的行政管理。美国破产管理局下设21个地区分署及93个驻地办事处,各分署由美国破产管理局管理,各驻地办事处由联邦助理管理人(Assistant U. S. Trustees)监督。每个地区分署的属地管辖权由法规规定。美国破产管理局的员工90%以上都在驻地办事处工作。

除亚拉巴马州和北卡罗莱纳州,美国破产管理局在所有联邦司法区均具有管辖权。

1-3.1 美国破产管理局执行办公室(Executive Office for United States Trustees)

司法部部长设立美国破产管理局执行办公室,以协助司法部部长、司法部副部长以及机构员工,处理法律、行政和管理事务。美国破产管理局执行办公室还执行由司法部长发布的准则所规定的美国破产管理局的政策和规划,并监督美国破产管理局的驻地办事处。②

下图说明司法部与美国破产管理局执行办公室之间的组织关系:

① 《司法行政法》第0.111-0.114条。

② 《司法行政法》第0.37-0.38条。

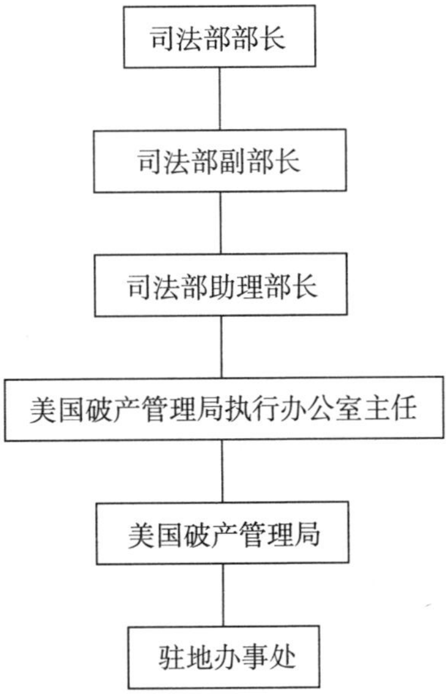

1 – 3.2　美国破产管理局执行办公室组织图

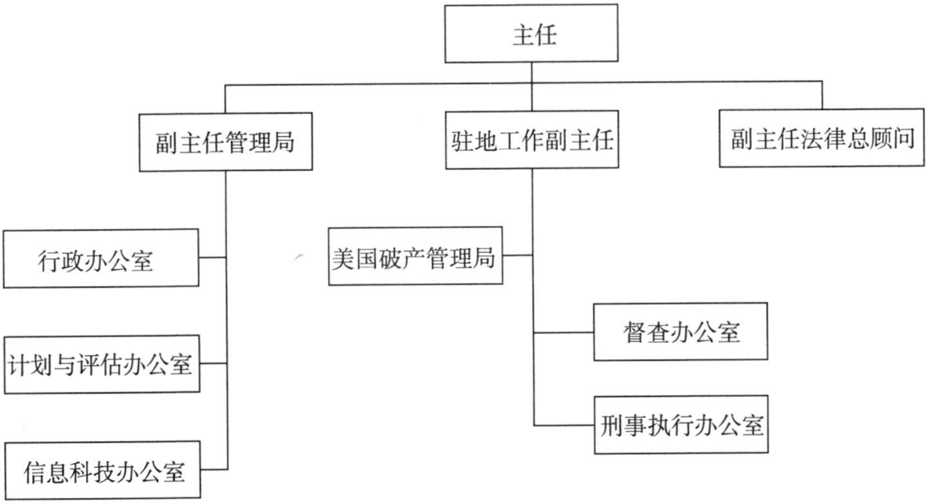

1 – 3.3　执行办公室的运营(Executive Office Operations)

美国破产管理局执行办公室内各个办公室的职责如下：

1 – 3.3.1　主任(Director)

主任批准美国破产管理局政策并协调与其他行政部门、国会和司法机关的互动。

1－3.3.2　副主任法律总顾问(Deputy Director/General Counsel)

为确保相关人员遵守司法部的指南、法规和法定要求,副主任法律总顾问监督总法律顾问办公室(Office of the General Counsel ,OGC),并向主任和美国破产管理局工作人员提供法律指导和意见。

1－3.3.3　总法律顾问办公室

为确保相关人员遵守司法部的指南、法规和法定要求,总法律顾问办公室的主要职责是为主任和美国破产管理局提供法律咨询,协调、协助美国破产管理局的诉讼活动,并提供法律指导和意见。

在实现这些目标时,总法律顾问办公室监督或处理美国破产管理局作为当事方的所有上诉活动,在出现影响美国破产管理局的情况时,协助破产法院开展诉讼,并参与美国破产管理局政策的制定。作为美国破产管理局的法律顾问,总法律顾问办公室向驻地办事处提供法律援助和诉讼支持;提出破产立法的草案和意见;起草、审查监管建议并提出意见;联系政府并指导政府间法律事务;回应国会议员和公民的询问。

总法律顾问办公室还为遭受权利侵害、平等就业机会受阻等不利行为的员工提供法律援助。当员工因公务行为被起诉时,司法部是否需要委派代表出席,总法律顾问办公室审查并提出建议,以尽力维护、捍卫美国破产管理局及其雇员的相关利益。总法律顾问办公室还根据《信息自由法》和《隐私法》处理所有信息公开请求,并就一般性道德问题和利益冲突问题提供指导、培训和建议。

1－3.3.4　驻地工作副主任(Deputy Director for Field Operations)

驻地工作副主任监督美国破产管理局驻地工作、督查办公室和刑事执法办公室。

1－3.3.5　督查办公室(Office of Oversight)

督查办公室负责制定和监督美国破产管理局的政策审核、私人管理人报告要求和私人管理人挪用资金行为,协调审计并监督因审计引起的解决措施以及重建管理人财务记录。此外,督查办公室还培训、监督管理人的外勤人员,分析管理人的安全评估表和背景调查,并评定管理人绩效的书面评估。

督查办公室还负责信用咨询和债务人教育协会。信用咨询和债务人教育协会负责监督、批准和更新信用咨询机构和债务人教育机构。

1－3.3.6　刑事执法办公室(Office of Criminal Enforcement, OCE)

刑事执法办公室负责协调美国破产管理局的刑事执法活动,并为美国破产管理局的工作人员、私人管理人和联邦执法人员提供培训。刑事执法办公室监督所有刑事执法活动，包括专门的工作组、破产欺诈工作组和特别助理联邦检察官（Special Assistant United States Attorney）的案件分配。

1－3.3.7　副主任管理局（Deputy Director for Management）

副主任管理局监督行政办公室、计划与评估办公室以及信息技术办公室。

1－3.3.8　行政办公室（Office of Administration）

行政办公室提供行政服务，例如人事、采购合同、自动化、财务预算、培训和设施管理，并确保美国破产管理局人员、办公室和会议室的安全。行政办公室制定书面政策和程序，负责预算的制定与执行，协调对行政职责的例行和特别审计。

行政办公室还负责所有驻地行政官员的监督、沟通和培训。

1－3.3.9　计划与评估办公室（Office of Planning and Evaluation，OPE）

计划与评估办公室负责战略规划、评估、研究、培训和交流。战略规划为美国破产管理局实现其目标奠定基础。评估和研究工作的重点是提高美国破产管理局的绩效，确保责任落实，加深对破产制度的认识。

计划与评估办公室还管理国家破产培训学院（National Bankruptcy Training Institute，NBTI）、同级评估机构（Peer Evaluation Program）、债务人审计机构（Debtor Audit Program）和执行秘书处（Executive Secretariat），并监督媒体和公众的沟通。

1－3.3.10　信息技术办公室（Office of Information Technology，IT）

信息技术办公室为美国破产管理局所有计算机系统提供技术指导和管理。这些职责包括信息系统的计划、开发、获取、维护、培训、技术支持和评估，以及整个美国破产管理局范围内的司法联合办公网络（Justice Consolidated Office Network，JCON）的集中管理和行政管理。

此外，信息技术办公室制定政策和程序，以确保全国范围内计算机系统和网络支持的统一应用。

1.3.4　驻地工作

1－3.4.1　驻地办事处地址

美国破产管理局由21个地区组成，设有93个驻地办事处。地区办事处是美国破产管理局的总部。驻地办事处位于美国的不同地区，由美国助理破产管理人（Assistant U. S. Trustee）领导。办事处的组织和人员配备因地区而异。

1－3.4.2　职位与职责

美国破产管理人（United States Trustee）：根据《司法制度与司法程序法》第581条规定，美国司法部部长任命美国破产管理人，任期为5年，领导每个地区，并担任该地区的首席执行官。除了监督该地区的所有雇员外，美国破产管理人还负责任命各管理人,并监督该地区的所有破产案件和管理人。[1] 美国破产管理人是与法律界、公众、美国破产管理局执行办公室、司法部和其他联邦机构的地区联络人。

美国助理破产管理人(Assistant United States Trustee):根据《司法制度与司法程序法》第582条的规定,司法部部长可以为了公共利益需要,在任何地区任命11名或多名美国助理破产管理人。美国助理破产管理人协助美国破产管理人监督对破产案件和管理人的行政管理,并与当地破产界保持联络。美国助理破产管理人担任美国破产管理人的高级顾问,处理政策问题以及特殊或者异常案件。美国助理破产管理人还直接负责对驻地办事处工作人员的日常监督。

庭审律师(Trial Attorney):庭审律师代表美国破产管理局,将案件提交法院,并向驻地办事处的其他员工提供与案件有关的法律咨询。庭审律师分配案件并监督进度,以决定是否应采取法律措施,准备并讨论合适的诉状。庭审律师为美国破产管理人或美国助理破产管理人提供适当的行动建议、准备各种申请和司法诉状,并促进债权人委员会的成立和运作。

破产分析师(Bankruptcy Analyst):破产分析师运用经济和金融分析技能,主要根据《美国破产法》第7章、第11章、第12章、第13章监管企业和消费者提出的破产案件的行政事项。破产分析师会审查财务和经营报表、债务人的破产申请和日程安排、业务记录、定期财务报告以及拟议的重组计划,以确保企业的资产重组具有充分的技术可行性。破产分析师还协助监督管理人,确保适当管理案件,并与当事方协商解决问题。

检察官专职助理(Paralegal Specialist):检察官专职助理负责各种需要应用法律知识和财务分析技能来审查和处理根据《美国破产法》提出的案件。检察官专职助理审查破产申请书是否符合《美国破产法》,并移转可能需要调查或采取措施的案件。必要时,检察官专职助理会开展研究以协助检察官,起草诉状,并参与监督和审查管理人履职情况。

法律数据技术员(Legal Data Technician):法律数据技术员负责协助维护各办公室的自动破产案件管理信息系统和文字处理系统。其职责可能包括以下内容:从破产申请和日程安排中提取数据,并将其输入到复杂的案件管理信息系统中;安排债权人会议;编写管理案例报告;协助培训用户使用信息系统;协助评估文字处理和数据处理的工作量。法律数据技术人员还可能需要为信息技术专家提供技术支持。

---

① 《司法制度和司法程序法》第586条。

法律助理(Legal Clerk):法律助理在与破产案件有关的日常办公中提供文职协助。主要职责包括:电子案件的备案;将信息从草稿输入法律文件;从破产申请书、日程安排和其他文件中提取并整合数据,并将数据输入复杂的自动化案件管理信息系统中;协助安排债权人会议和出庭;创建并维护文件和记录;回答债务人和债权人的律师、法庭书记员和管理人的电话咨询;接待访客并提供访客申请信息或告知访客向其他适当的人申请;存档记录。法律助理可能需要为信息技术专家提供技术支持、秘书及行政支持。

行政官员(Administrative Officer):行政官员协助美国破产管理局管理该地区的行政事务,包括人员、采购和其他行政职能。行政官员负责维护行政文件和记录,监督该地区预算的执行情况,并确保该地区遵守美国破产管理局和司法部的行政政策和程序。

信息技术专家(Information Technology Specialist):信息技术专家是该地区所有计算机硬件、软件和电信服务的技术专家。信息技术专家负责计划、监督和操作各种技术性的计算机系统和电信服务。

秘书(Secretary):秘书负责协调和开展行政和文书工作。秘书为监管人记录日程,安排约谈、会面和会议,采购办公用品和各种服务。秘书与内部工作人员、管理者以及组织外部的人员沟通交流,以协调、获取信息,并执行办事处自动化任务。

1-3.5 美国破产管理基金(United States Trustee System Fund)

《司法制度与司法程序法》第589a条设立了美国破产管理基金(以下简称“基金”),该基金可以自筹资金。基金的款项来源于以下4个方面:

1. 部分破产案件申请费;

2.《美国破产法》第11章案件的季度费用;①

3.《美国破产法》第12章或第13章的永久管理人(standingtrustees)②收取的超额费用;

4. 用于投资的既有款项产生的收益。

司法部部长每年都会通过总统预算案向国会提交年度报告,其中列出了存入基金的金额以及支出说明。资金并非来自国库,但美国破产管理局的拨款仍必须

① 根据《司法制度与司法程序法》第1930(a)(6)条,《美国破产法》第11章的案件(第11章第5分章下的小型企业案件除外),从提交破产申请之日起至法院作出终结案件的最后判决、驳回案件或将案件移交《美国破产法》另一章之日止,每个季度应向美国破产管理局基金支付季度费用。译者注。

② 永久管理人负责所有农场主破产和市政破产的案件。

由国会授权。

第1-4章　美国破产管理局的任务和作用

美国破产管理局是美国司法部的诉讼部门,负责监督美国的破产制度。美国破产管理局的任务是通过执行破产法来实现破产法律制度的完善,提高其运作效率;监督私人管理人;确保包括债务人、债权人、律师和其他专业人员在内的参与破产程序的人员履行法律义务。为执行任务,美国破产管理局有权参与其管辖的每个破产案件。在亚拉巴马州和北卡罗来纳州,美国破产管理局不享有管辖权。

1-4.1　历史

根据1978年《美国破产法》,美国司法部内部建立了美国破产管理局作为试点。[①]《美国破产法》对联邦破产制度作出重大修改,旨在减轻法官在破产案件中的行政工作,将司法职能集中到裁决纠纷上。美国破产管理局履行先前由破产法官行使的行政职能和职责。1986年《破产法官、美国破产管理人和家庭农场主破产法》(Bankruptcy Judges, United States Trustees and Family Farmer Bankruptcy Act)规定,美国破产管理局成为永久性机构,在全国范围内设立。[②]

在1978年《美国破产法》颁布前,美国的破产案件由联邦政府司法部的破产裁判员(bankruptcy referees)处理。裁判员负责解决或决定债务人、债权人、管理人和其他利益相关方之间的争端,并负责执行其他行政职责。这些职责要求裁判员与各方单独沟通。这有可能影响裁判员公正裁决,滋生不当行为,引发了针对裁判员徇私的指控。

1968年,参议院司法委员会破产小组(Subcommittee on Bankruptcy of the Senate Committee)举行听证会,以确定是否应成立一个审查美国破产法执行情况的委员会。经过此次听证会,美国于1970年成立了破产法委员会(Commission on the Bankruptcy Laws),以研究、分析、评估和建议修改联邦破产法的实质和管理内容。破产法委员会发现,旧《美国破产法》裁判制度下案件管理效率低下,前后不统一。

布鲁金斯学会(Brookings Institution)对破产法委员会展开了研究,并于1970年发表了一份由斯坦利(Stanley)、格思(Girth)等人撰写的报告《破产:问题,过程,改革》(Bankruptcy: Problem, Process, Reform)。该报告指出,许多破产管理问题在很大程度上是由于《美国破产法》体现的债权人控制理论瓦解。研究还发现一些有关

---

① Pub. L. No. 95-598, 92 Stat. 2549(1978).

② Pub. L. No. 99-554, 100 Stat. 3088 (1986).

选任案件管理人的问题:在个别程序中选任管理人缓慢、错漏;任命管理人时出现政治庇护或任人唯亲;管理人资质和能力参差不齐;管理人唯利是图,忽视债权人的利益。为解决这些问题,破产法委员会建议将破产案件的管理从裁决争议中分离出来,创建一个日常运作分散且独立的联邦机构,并受国家统一监督,以确保实现破产制度目标。

1973 年 7 月,破产法委员会将布鲁金斯学会的研究报告连同拟定的新法规一起提交给总统、美国首席大法官和国会。在第 93 届国会期间,参议院与众议院均提出了破产法委员会拟定的新法规。与此同时,众议院还提出了由全国破产法官会议拟定的一项竞争法案。但是,由于当时的总统理查德・尼克松(Richard Nixon)弹劾案悬而未决,立法工作暂停了。

在第 94 届国会中,众议院重新提出破产法委员会的法案,命名为"H. R. 31 法案"和"H. R. 32 法案";参议院也重新提出全国破产法官会议拟定的法案,命名为"S. 236 法案"和"S. 235 法案"。国会举行了许多听证会以论证这些法案。国会听取了各当局的意见和建议,在第 95 届国会期间提出了,一项新的法案,即"H. R. 6 法案",以调和破产委员会法案和全国破产法官法案之间的诸多差异。经过进一步修改,该法案提交给了众议院司法委员会,即"H. R. 8200 法案"。1977 年 9 月 8 日,司法委员会向参议院全体报告了该法案。

在"H. R. 8200 法案"随附的报告中,司法委员会支持以美国检察官制度为蓝本设计美国破产管理局。众议院提议,所有联邦司法区均应采纳美国破产管理局制度。1978 年 2 月 8 日,众议院通过了"H. R. 8200 法案",并送交参议院。同时,参议院司法委员会正在制定破产法案,即"S. 2266 法案",该法案与 H. R. 8200 法案除了部分实质差异,其他内容大体类似。经过听证、委员会审查和修正后,参议院吸收了"H. R. 8200 法案",将"H. R. 8200 法案"颁布后的所有条文都纳入了"S. 2266 法案"。参议院与众议院的法案区别在于法院和行政机关的设立。众议院的法案中,第 3 条设立了独立的破产法院,并将案件的管理交由司法部的美国破产管理局管理。参议院的法案允许破产法院作为美国地方法院的附属机构存在,没有规定美国破产管理局。因此,只有众议院的报告中记载了美国破产管理局的立法历史。

1978 年 9 月 22 日,参议院一致通过了"H. R. 8200 法案"。随后众议院和参议院协商,产生了破产法案的最终版本,即 1978 年《美国破产法》。1978 年 11 月6 日,吉米·卡特(Jimmy Carter)总统签署了《美国破产法》,该法典正式成为了法律。[①] 1978 年的《美国破产法》规定了美国破产管理局制度为期 5 年的试点运行,美国破产管理局有权管理 18 个司法区的破产案件。

在 5 年期限结束时,司法部部长将向美国国会、总统和司法会议报告美国破产管理局的研究结果,以决定美国破产管理局制度是否有效,是否可取,是否应将该制度扩展到全国。1984 年 1 月,司法部部长将报告提交给有关官员,表明美国破产管理局制度成功运行,并提出了该制度推广的大体计划。[②]

但是,美国破产管理局制度并没有立即推广。根据 1983 年第 98 - 166 号《商务部、司法部、州政府、司法机关和相关机构法》(Departments of Commerce, Justice, and State, the Judiciary, and Related Agencies Appropriation Act)[③],美国破产管理局制度推广计划延至 1984 年 9 月 30 日。根据 1984 年《破产法修正案和联邦审判法》(Bankruptcy Amendments and Federal Judgeship Act)[④]再次延期至 1986 年 9 月 30 日。直到 1986 年《破产法官、美国破产管理人和家庭农场主破产法》通过,国会才制定了在全国范围内推广美国破产管理局制度的日程表。截至 1988 年 11 月,除亚拉巴马州和北卡罗来纳州,美国全部司法区都建立了美国破产管理局制度。

1 - 4.2 任务和目标

1 - 4.2.1 任务宣言

美国破产管理局是美国司法部的组成部分,其宗旨是促进破产法律制度体系的完善,提高其运作效率,以使债务人、债权人和公众等所有利益相关者利益最大化。

1 - 4.2.2 目标

美国破产管理局的战略计划记载了该机构的目标、宗旨和策略。该计划每3 ~ 5 年更新一次。

1 - 4.3 美国破产管理局的法定义务

美国破产管理局履行义务以确保对破产制度的管理,从而为债务人和债权人解决财务困境提供一个有效的行为指导。《司法制度和司法程序法》第 586 条规定了美国破产管理局的法定职责。

---

① Klee 所著《新破产法的立法历史》[破产法学院(MB)1979 年第 15 版],详细说明了 1978 年《美国破产法》的立法历史。

② 《司法部部长关于美国破产管理局制度的报告》(1984 年)。

③ No. 98 - 166, 97 Stat. 108.

④ Pub. L. No. 98 - 353, 98 Stat. 333(1984).

《司法制度和司法程序法》第 586（b）条规定，如果根据《美国破产法》第 12 章或第 13 章的规定有足够的案件数量，且经司法部部长批准，美国破产管理局可以任命 1 名或多名永久管理人，或指定 1 位或多位美国助理破产管理人为第 12 章或第 13 章规定的永久管理人。美国破产管理局应监督所有被任命的永久管理人切实履行职责。

《司法制度和司法程序法》第 586 条规定，司法部部长应根据相关规则规定破产管理人小组成员和永久管理人的资格。司法部部长与美国破产管理局协商，确定第 12 章和第 13 章规定的永久管理人的年度酬金。

《司法制度和司法程序法》第 586(f)条规定美国破产管理局有权与独立的公司签约，按照未编入法典的《破产滥用防范法》(Bankruptcy Abuse Prevention)第 603(a)条和 2005 年《消费者保护法》(Consumer Protection Act)规定的程序，对美国破产管理局指定的属于第 7 章和第 13 章规定的案件开展审计工作。审计公司出具的审计报告应提交法院，并找出债务人收入、支出或资产中是否存在重大错误陈述。如果存在，美国破产管理局应适时向美国检察官报告，并在合适的情况下对债务人采取适当行动。此类行动应包括但不限于《美国破产法》第 727(d)条规定的启动撤销债务人清偿行为的程序。

第 2 卷

第 7 章　案件管理

第 2 -1 章　破产管理人小组和破产管理人的任命

2 -1.0　关键条款

“CAR”是指案件管理审查(case administration review)。

“CFTC”是指商品期货交易公司(commodity futures trading corporation)。

“CPA”是指注册会计师(certified public accountant)。

“EOUST”是指美国破产管理局执行办公室(executive office for U. S. trustees)。

“Handbook”是指第 7 章管理人的手册。

“office of the general counsel”是指美国破产管理局执行办公室中的总法律顾问办公室(office of the general counsel in the executive office for U. S. trustees)。

“PII”是指个人身份信息(personally identifiable information)。

“PDA”是指个人数字助理(personal digital assistant)。

“SEC”是指证券交易委员会(securities and exchange commission)。

"SIPC"是指证券投资者保护公司(securities investor protection corporation)。

"TDR"是指破产管理人分配报告或最终账户(trustee distribution report or final account)。

"TIR"是指破产管理人中期报告(trustee interim report),包括个人房地产资产记录和报告(表格1),现金收支记录(表格2)和临时资产汇总表(表格3)。

"TIR-RP"是指破产管理人中期报告自动审核程序(trustee interim report automated review program)。

"TFR"是指破产管理人最终报告(trustee final report)。

2-1.1 第7章破产管理人小组的建立

根据法律授权,美国破产管理局[①]设立私人破产管理人小组。[②] 小组成员由美国破产管条理局任命,担任第7章案件的临时管理人。[③]

美国破产管理局决定破产管理人小组的组建,并可以更改破产管理人小组的规模。在决定小组最佳规模时,美国破产管理局应以确保第7章的案件得到快速、有效且完整的管理,公平公正的分配为主要目标。美国破产管理局应定期检查破产管理人小组,并决定是否需要更改破产管理人小组的规模和组成人员。破产管理人小组的规模主要取决于特定地区的第7章的案件数量、地理因素和其他当地特殊因素。美国破产管理局应尽可能确保破产管理人小组的规模足以保证每位管理人有足够的时间来履行合理监督的职责。案件数量可以有效激励管理人及资产清算。美国破产管理局不应仅仅将管理人的履职水平作为选任破产管理人小组成员的标准,还应有效考虑破产管理人小组成员的多样性。美国破产管理局应定期审查破产管理人小组的规模和案件统计数据,以决定是否需要更改。

2-1.2 招聘和广告

美国破产管理局应实行公开招聘制度,以招聘有志在破产管理人小组中任职的人员。美国破产管理局应积极实现管理人的广泛代表性。为实现这一目标,美国破产管理局应该与文化背景不同的组织和社会团体开会、交流,以消除社会组织参与破产程序的现实障碍或认知障碍,提高人们对破产制度的认识水平。

破产管理人小组中的职位出现空缺或需要扩招小组成员时,美国破产管理局应将招聘启事和征求意见书连同备忘录、信件一起提交给督查办公室,文件需注明

---

① 除非另有说明,否则关于美国管理人的所有表述均应包括美国管理人的指定人。

② 《司法制度和司法程序法》第586条。

③ 《美国破产法》第701(a)(1)条。除非另有说明,否则本文中的所有法定参考文献均指《美国破产法》(《美国法典》第11卷第701章及后续版本)。

增加破产管理人小组成员的原因。招聘文件包括拟议的公告、社会团体的特殊联系方式、社团列表，以及初步拟定的提高申请人的多样性的外联工作计划。美国破产管理局机构采用了标准的公共职位通知方式，以吸引各种各样的合格申请人。所有招聘启事都必须遵守督查办公室发出的公告。

美国破产管理局必须将招聘启事的副本以及拟刊登启事的出版物清单发送给督查办公室审查并由督查办公室提出建议。根据美国破产管理局的决定，并经督查办公室审查，行政长官（administrative officer）或美国破产管理局指定的人将在各种出版物上刊登招聘启事。督查办公室负责在美国破产管理局网站上发布职位空缺公告。美国破产管理局负责在本地发布公告。美国破产管理局还向任何本地专业团体提供有关职位空缺的信息，以便必要时通知各团体成员。所有破产管理人小组成员的任命都应在合理时间内发布招聘启事。

美国破产管理局必须遵守本局的招聘规则，未经充分宣传和通知，不得开始选任。如果招聘启事和职位空缺发布后较短时间内，出现了新的空缺，且新空缺职位信息与已发布通知的信息一致，美国破产管理局可以使用已发布的通知招聘新的空缺职位。如果超过 12 个月，美国破产管理局必须重新刊登招聘启事。如果确有必要，美国破产管理局可以尽快重新刊登广告。

2-1.3　第 7 章的小组成员资格

美国破产管理局应积极鼓励才华横溢的有资质的又不想成为检察官或律师的人士申请成为破产管理人小组成员。尤其应当尽力任命能代表当地社区多样性的成员。

2-1.3.1　小组成员资格（《司法行政法》第 58.3 条）

申请人必须具备《司法行政法》第 58.3 条规定的所有条件以及《美国破产法》第 321 条规定的协助案件处理的资格要求。《司法行政法》第 58.3 条是美国司法部部长根据《司法制度和司法程序法》第 586（d）条制定。根据《司法行政法》第 58.3 条，1 年内在美国破产管理局任过职的人，都没有资格成为破产管理人小组成员。在接受任命之前，每位成员必须参加面试，知悉其应当履行的职责以及案件分配的方法。

2-1.3.2　处理案件的资格（《美国破产法》第 321 条）

除了考虑破产管理人小组成员的资格外，美国破产管理局还应确定候选人在案件中任职的一般资格。《美国破产法》第 321 条规定了资格要求。具体而言，管理人必须：

1. 有能力履行第 7 章规定的管理人职责；

2. 居住在案件待决地或相邻地,或者虽未居住,但设有办事处;

3. 经公司授权可担任管理人的个人或公司。

根据《美国破产法》第321条,在特定情况下公司有资格担任临时管理人,且履行管理人职责的个人须满足《司法行政法》第58.3条的规定。鉴于管理人需承担其信义义务,很少有明文指出管理人需要承担主持债权人会议的职责,“一揽子”担保或单独担保可能复杂化或者破产资产、公司支出可能增加。《司法行政法》第58.3条规定,法律、会计类的专业公司,合伙企业或类似实体,均无资格担任第7章规定的管理人。

2-1.4 破产管理人小组成员的任命

2-1.4.1 任命

当美国破产管理局任命破产管理人小组成员时,必须完成安全调查,并通过传真或24小时特快专递提交给督查办公室初步审查。待美国破产管理局向美国破产管理局执行办公室确认申请人的背景调查材料完整且合格之后,美国破产管理局可按照美国破产管理局执行办公室规定的形式任命管理人。如果美国破产管理局因冲突而无法发布任命通知,则由美国破产管理局执行办公室负责发布,并由驻地工作副主任签署。任命书的副本应发送至督查办公室。

督查办公室保留所有申请的副本,并保存所有破产管理人小组成员的名册。督查办公室必须知悉破产管理人小组成员的姓名、地址及变更情况,以及成员的辞职、罢免或中止。

任命管理人时的初始背景调查和后期的定期调查必须符合要求。根据《司法行政法》第58.6条的规定,该任命可以随时暂停或终止。

2-1.4.2 安全保障

任命破产管理人小组成员,需完成特定的背景调查,包括姓名、指纹检查以及信用记录报告。拟议的被提名人必须向美国破产管理局提交背景调查表、SF-85P表格(公共信托职位调查表)、DOJ-488B表格(免税检查表)、2张FD-258卡(指纹卡)、I-9表格(就业资格验证)、金融帐户发布表、计算机和软件供应商发布表、306可选表(联邦就业声明)和DOJ-555(a)表[根据《商业和贸易法》(United States Code:Title 15 Commerce and Trade)第1681条、《公平信用报告法》(Fair Credit Reporting Act)涉及消费者报告的披露和授权]。美国破产管理局审查确保文件完整、准确,再将其转交给督查办公室最后审查。表格接收完成后,背景调查符合要求,申请人就可以被任命为管理人。对于需要管理人进一步澄清的地方,督查办公室负责通知该管理人提供暂章或澄清。

无论管理人是否属于破产管理人小组，每年均须更新背景调查表。管理人可以将背景调查表与中期报告一起提交，美国破产管理局也可以要求所有管理人每年同时提交相关表格。

无论管理人是否属于破产管理人小组，每 5 年均须重新接受调查，美国破产管理局有正当理由也可以要求管理人提前重新接受调查。管理人必须提交公共信托职位调查表，免税检查表，联邦就业声明，涉及消费者报告的披露和授权，以及 2 张指纹卡，并按照上述初始背景调查的程序接受审核。

2 - 1.4.3　任期

本节内容已失效。

2 - 1.4.4　续约

本节内容已失效。

2 - 1.4.5　管理人履职审查

美国破产管理局必须按照美国破产管理局执行办公室规定的格式，至少每 2 年[①]开展 1 次书面履职审查。一旦新的管理人或履职出现了问题，审查可能更频繁。履职审查的副本应提供给管理人和督查办公室。

履职评估的目的是审查管理人履职能力、信义义务遵守情况以及是否恪守承诺为债权人的利益追回资产。

由美国破产管理局或美国破产管理局助理指定的履职审查小组持续监督各管理人。履职审查小组和其他具有监督职责的人员通常会记录管理人的履职情况、文件备忘录、审计和其他审查情况，并将相关信息备案，汇总审查情况。履职审查的内容，请参见手册 2 - 2。

2 - 1.4.6　暂停和终止任命

根据《司法行政法》第 58.6 条的规定，美国破产管理局的任何中止或终止破产管理人小组成员任命的决定，均应书面通知管理人，说明作出该决定的原因，附上决定的依据，先前通知，并以 24 小时特快专递提交到管理人办公室，以便在下 1 个工作日交付并抄送督查办公室相关文件副本。美国破产管理局暂停和终止的行政程序应符合《司法行政法》第 58.6 条的规定。在暂停和终止之前，应先咨询监督部门的主任助理，以确保通知和理由都符合规定。除非美国破产管理局发布了临时指示，否则管理人对暂停或终止通知的上诉权可能会影响管理人的案件分派。[②]

---

① 非破产管理人小组管理人无须每 2 年 1 次的履职审查。

② 有关更多信息，请参见 USTM 2 - 3.3。

2-1.4.6.1 自愿中止案件分派

管理人可提交自愿中止案件分派的通知,暂时中止案件分派。该项通知不受《司法行政法》第58.6条约束。自愿中止通知的常见原因包括休假、育儿假、因照顾家人、处理个人事务或健康。①

2-1.4.6.2 由于管理人能力不足而暂时中止案件分派

管理人可能会暂时丧失工作能力,在有限的时间内无法履行其职责。破产管理人小组的其他管理人可以自愿参加《美国破产法》第341条规定的会议,并酌情处理其他事项,或者管理人暂时退出案件轮换(rotation)。如果两种方案都可行,那么美国破产管理局在采取任何行动之前应当与督查办公室、该无法履职的管理人及其家人协商。

美国破产管理局需要评估该无法履职的管理人恢复履职的时间、是否需要暂时中止案件分配、是否需要根据《美国破产法》第703条任命继任的管理人以及管理人辞职应如何解决。在适当的情况下,美国破产管理局应采取一切必要行动,以保护资产并执行在本手册第2-1.7.3节中列出的适当的任务。

2-1.4.7 培训

美国破产管理局应为新上任的管理人制定培训计划,并培训所有新任破产管理人小组管理人。新任管理人应接受本手册中涉及的全面培训,并在分派案件之前熟悉管理人的职责和美国破产管理局的报告要求。美国破产管理局为新的管理人指派1名导师,允许该管理人向资深管理人学习、交流,帮助新任管理人适应工作环境。在培训过程中,美国破产管理人应尽一切努力参加该管理人在《美国破产法》第341条规定的会议,以提供现场培训和帮助。在初始学习过程中,美国破产管理局应减少新任管理人案件量。第1年,美国破产管理人应定期与新任管理人会面,以审查案件管理、报告、内部控制以及其他重要事项。

美国破产管理局还应在以下领域持续为管理人提供培训:

1. 美国破产管理局政策和程序,例如,准备无资产报告、管理人最终报告(TFR)、管理人分配报告(TDR)和管理人中期报告(TIR);

2. 破产欺诈和滥用,包括识别和报告潜在的破产犯罪;

3. 保证金和银行存款的要求;

4. 内部会计控制和防止资金缩水;

5. 管理人遇到的法律问题;

---

① 有关更多信息,请参见USTM 2-3.3。

6. 担保和清算资产；

7. 召开债权人会议；

8. 管理人的道德标准，包括利益冲突和案件的合理拒绝；

9. 多元性；

10. 本手册规定的其他要求。

美国破产管理局每年应为破产管理人小组成员提供1次或多次讲座，总计至少4个小时的培训。这种培训往往可以获得继续教育的学分，美国破产管理局可能希望取得这种成果。在培训时，受邀的发言人及管理人可以提出实务中的信息，通常会得到好评。

2－1.5　临时管理人的任命和资格

《美国破产法》第701条规定，在获得救济命令后，美国破产管理局应立即任命1名不具有利害关系的破产管理人小组成员担任第7章的案件的临时管理人。[①]

为履行职责，管理人必须向国家交纳担保金，保证忠实履行管理人的职责。[②]除非美国破产管理局另有指示，否则由区域或地区"一揽子"保证金承保的破产管理人小组成员不必每次均单独提交保证金。[③]

临时管理人任职期限为根据《美国破产法》第702条、第322条选任出合格的管理人为止。根据第702(d)条，如果没有选举出任何管理人，则临时管理人将成为正式的管理人。临时管理人承担永久管理人的所有职责。[④]

2－1.6　案件分派

2－1.6.1　随机轮换

美国破产管理局将有资产和无资产的案件单向随机轮换，力图在公平和公正的基础上任命第7章的案件的破产管理人小组成员。在随机轮换下，每个管理人都可以收到所有案卷中具有代表性的数量相当的案件，债务人无法申请避免或选择特定管理人。立案时，案件将按照美国破产管理局预定的方式分配给破产管理人小组成员。

随机轮换的制度避免了偏私行为，减少了案件单独分配的需求。在合理的时间内，随机轮换的制度有利于保证有资产案件在破产管理人小组之间公平、平均分配。随机轮换制度不向公众公开分配的顺序，减少了"挑选管理人"(trustee shop-

---

① 《美国破产法》第701(a)条。关于非自愿案件中临时管理人的任命，请参见本手册2－1.6.6。

② 《美国破产法》第322条。

③ 有关保证金的要求，请参见本手册7－2。

④ 有关管理人的选任，请参见本手册2－1.6.9。

ping)①的现象。美国破产管理局应定期审查第7章的案件的处理情况,以评估案件分配程序的效率和公平。

从第13章转换为第7章的案件也应按照随机轮换制度分配给管理人。尽管第13章的案件管理人有资格被继续任命,但是未经督查办公室协商批准,就不得继续任职。

从第11章转换为第7章的案件时,即使第11章的案件管理人不是破产管理人小组成员,也有资格继续担任管理人。美国破产管理局应考虑每个案件的特殊情况来决定第11章的案件管理人能否继续任职,或者从第7章破产管理人小组中选任管理人。如果美国破产管理局决定从破产管理人小组中任命管理人,仍应遵循随机轮换制度。

2-1.6.2　轮换制度的例外

当发生下列情况时,为案件分配管理人不适用随机轮换制度:

1. 特定案件存在特殊情况,包括管理人之间的冲突;
2. 为公平分配破产管理人小组成员之间的案件;
3. 在案件分配中管理人被暂停履职;
4. 重启或转换的案件,管理人参与了先前的程序;
5. 地理因素;
6. 培训新的破产管理人小组成员。

轮换制度的任何例外情况都必须经美国破产管理局的记录和批准。除有关个别案件的备忘录外,每个办公室都要记录随机轮换的例外情况。相关日志与其他任何有关随机轮换例外情况的文件,在管理人、利益相关人或公众要求时都可供其查阅。

2-1.6.3　通知和接受任命

临时管理人收到任命通知。如果收到任命通知的管理人属于地区"一揽子"担保范围内,其在收到通知后5天内没有拒绝任命,就视为接受任命。如果管理人不能接受任命,例如,管理人存在利益冲突或是本案的审查员,那么管理人必须明确拒绝该任命。②

---

① "挑选管理人"是指在案件中,债务人提交申请选定或逃避特定的管理人。

② 《美国联邦破产法程序规则》第2008条。参见本手册2-1.6.4。

如果所选人员不在地区“一揽子”担保范围内，[①]那么管理人应在收到选定通知后5日内以书面形式通知法院和美国破产管理局接受通知，否则就视为拒绝任命。如果接受任命，管理人接受委任书的副本应附有委任通知，以便可以将指定文件提交给办事机构。管理人还必须向美国破产管理局和法院提交保证金的副本。

2-1.6.4　拒绝任命

除有利益冲突或其他特殊情况，管理人应接受所有分配的案件。

管理人应熟悉第101(4)条、第101(13)条和第701(a)条，并且当相关任命与管理人存在利益冲突或涉及私人利益时，管理人应当拒绝该任命。管理人及时转送案件及其理由，以及管理人对利益冲突的确认和评价，应由美国破产管理局用书面形式记载，以便评估管理人拒绝的正当性。[②]

2-1.6.5　案件转移中的非破产管理人小组中的管理人

当案件转换为第7章时，临近转换前，管理该案件的管理人，无论其是否是第7章破产管理人小组的成员，都可以由美国破产管理局任命为临时管理人。[③] 从第11章转换为第7章的案件，美国破产管理局将评估原管理人继续任职的可行性。美国破产管理局应将管理人的表现视为第11章管理人履职表现，包括履行的报告职责以及第7章的管理人职责。第11章的管理人继续任职第7章的案件，不能免除其汇报职责[④]并由美国破产管理局监督履行。

2-1.6.6　非自愿的第7章的案件

非自愿的第7章的案件中，美国破产管理局在收到救济指令前，不应指定临时管理人。但是，如果法院根据《美国破产法》第303(g)条规定指定1名管理人，美国破产管理局应根据《美国破产法》第701条指定1名临时管理人。如果资产正在流失，而且收到了救济指令，债权人没有指定临时管理人的，美国破产管理局可以根据《美国破产法》第303(g)条的规定指定1名临时管理人。

2-1.6.7　利益冲突

本手册规定了管理人出现利益冲突时，管理人不得接受相关任命，并且有义务披露可能发生冲突的事由。美国破产管理局应确保管理人遵守本手册第2.K章规

---

① 通常，破产管理人小组管理人将获得区域或地区的“一揽子”担保，这可能仅适用于当选的管理人。但是，在其他情况下，管理人可能不受区域或地区“一揽子”担保所覆盖，例如在转换案中任职并被任命为第7章管理人的非破产管理人小组管理人。

② 利益冲突的相关规则，请参见本手册2-1.6.7。

③ 《美国破产法》第701(a)(1)条。

④ 《美国联邦破产法程序规则》第1019条。

定的职责。

联合管理的案件(jointly administered cases)可以任命1名管理人。[①] 在联合管理的案件中,必须仔细审查债务人之间是否存在债权债务关系,因为此类债权不属于管理人自动取消资格的情况。[②]。联合管理的案件应当受到监督,以免冲突发生时,需要单独任命管理人。

在有些地区,第13章的永久管理人同时也是破产管理人小组成员。这些地区需加强监督从第13章转换到第7章的案件,防止原管理人继续任职。

2-1.6.8 联邦管理人(United States Trustee)担任案件管理人

《司法制度和司法程序法》第586(a)(2)条和《美国破产法》第701(a)(2)条授权联邦管理人可以在破产管理人小组成员拒绝任职的情况下担任案件管理人。依据本手册内容,除非有冲突或其他特殊情况,否则管理人不得拒绝任命。因此,联邦管理人担任案件管理人的情况较少发生。但是,在某些情况下(如管理人辞职、可能挪用公款),联邦管理人可能需要任职。

联邦管理人无须担保即可担任案件管理人。[③] 联邦管理人将获得的酬金支付给破产法院的书记员,由法院将资金上交美国破产管理局基金。[④]

2-1.6.9 管理人的选任

《美国破产法》详细介绍了第7章的管理人的选任程序。一般情况下,债权人需要事先通知美国破产管理局将在债权人会议上选任管理人。美国破产管理局一旦收到通知,应该熟悉选举规则,并准备主持会议。

2-1.6.9.1 要求选举和投票的资格

第7章的案件的债权人可以要求在债权人会议上选举管理人。[⑤] 如果持有20%符合条件的债权额的债权人要求选举,可以合理开展选举。债权人提出选举请求并取得投票权,必须同时满足以下条件:

1.根据《美国破产法》第726(a)(2)-(4)条、第752(a)条、第766(h)条、第766(i)条规定,持有有权分配的正当的、无争议的、固定的、已清算的、非优先的无担

---

① 《美国联邦破产法程序规则》第2008条。

② 参见In re BH&P Inc.,949 F.2d 1300(3d Cir.1991)。

③ 《美国破产法》第322(b)(1)条。

④ 《美国破产法》第330(d)条。

⑤ 《美国破产法》第341条。

保债权；①

2. 除不会对债权人产生实质不利的抵押债权，对有权分配的债权人利益不具有重大不利影响；

3. 非内幕人士；

4. 已经“提交了权利证明，证明有权根据《美国破产法》第 702(a) 条投票的事实，除非该权利证明存在异议或权利证明效力不足。” ②

如果候选人获得了参与投票的债权人的多数票，则该候选人将当选。③

2－1.6.9.2　管理人选任的程序

如果债权人要求选举管理人，那么由美国破产管理局主持选举，可以消除临时管理人主持的利害冲突。《美国破产法》和《美国联邦破产法程序规则》(Federal Rules of Bankruptcy Procedure)均没有要求债权人事先通知其要求选举的目的。如果债权人未经事先通知，就在债权人会议期间选择选举管理人，则临时管理人需要休会并通知美国破产管理局。美国破产管理局应于当日或以后主持选举。如果破产法院的书记员根据《美国联邦破产法程序规则》第 2002(e) 条通知债权人无须提出权利证明，美国破产管理局须重新通知债权人必须提交权利证明才能参加选举。

后续程序中，主持人应注意记录：

1. 案件名称；

2. 案件标号；

3. 日期；

4. 请求选举的债权人的姓名；

5. 提出请求的债权人的债权金额，是否有债权证明或其他书面证明，以及是否对债权提出了书面或口头反对意见；

6. 代表请求方的人；

7. 被提名的管理人；

8. 是否对选举有异议，确定异议人和异议原因。

---

① 担保不足的债权人可以将其有担保和无担保的债权分为两部分，以根据第 702 条要求选举投票。同样，具有清算和未清偿债权的债权人可以主张其债权的清算部分，以决定是否有资格投票给第 7 章管理人。See In re Klein, 119 B. R. 971, 981－82 (N. D. Ill. 1990), appeal dism'd, 940 F. 2d 1075 (7th Cir. 1991).

② 《美国联邦破产法程序规则》第 2003 条。

③ 《美国破产法》第 702 节和《美国联邦破产法程序规则》第 2003 条。

下一个重要程序是确定有资格参与表决的无抵押债权的总额。[①] 除非另有异议，否则应以债务人债务表上列出的“无优先权无担保债权”总额为准。在没有债务表的情况下，债务人应宣誓提供符合条件的“无优先权无担保债权”总额。

在计算总额的20%时，美国破产管理局应计入有担保的债权中的无担保部分，排除有争议的、未清算的无担保债权，排除严重不利于其他债权人的无担保债权。[②] 无论如何，应报告总额的确定方法及异议。

下一步要确定请求选举的债权人的债权数额是否达到了启动选举所必要的债权总额的20%。如果还有其他人提出债权，需要确保保证书符合《美国联邦破产法程序规则》第2006条要求并出示同意选举的授权书。如果主持的官员确定选举结果未达到债权总额的20%，应通知各方当事人该选举结果。选举程序继续进行，以便法院如实报告。

如果各方当事人对选举结果有异议或争议未得到协商解决，那么在债权人请求法院解决基本争议之前，选举程序暂停。

主持会议的官员应着手准备选举，向各方征求提名候选人。提名完成后，主持人主持表决。获得持有债权人多数票的候选人当选。投票债权人人数无关紧要，因为投票结果取决于债权金额。

最后一步是报告获得最多选票候选人的姓名，并宣布临时管理人将继续任职，直到《美国联邦破产法程序规则》第2003(d)条规定的异议期满并且当选的管理人满足条件。主持官员应公示任何争议或反对意见，美国破产管理局在选举后尽快向法院报告选举结果。根据《美国联邦破产法程序规则》第2003(d)条规定，主持官员还应告知各方当事人，填写报名表的人将收到美国破产管理局报告的通知，债权人可在报告提交后14天内向法院请求解决选举纠纷。

当事人也应该知晓如果在《美国联邦破产法程序规则》第2003(d)条规定的期限内没有向法院提出申请，临时管理人将依法正式成为管理人。

选举结束后，临时管理人或美国破产管理局可审查债务人，或允许债权人审查债务人。美国破产管理局应在选举报告提交前或选举纠纷解决前继续审查债务

---

① 关于确定20%的界限存在意见分歧。一种观点认为，仅需要实际提出的索赔的20%。In re Lake States, 173 B. R. 642(Bankr. N. D. Ill. 1994) leave to appeal denied, Michael v. Fisher, 185 B. R. 259 (N. D. Ill. 1995). 另一种观点认为，在其他情况下，无论是否在选举时提出申诉，都必须有20%的合格申诉。In re Oxborrow, 104 B. R. 356 (E. D. Wash. 1989), aff' d, 913 F. 2d 751 (9th Cir. 1990). 美国破产管理局应该熟悉举行选举的地区判例法。

② 《美国破产法》第702条。

人,以便当选管理人可以参与审查。一旦所有利益相关方都有机会审查债务人,债权人会议就可以结束。

2－1.6.9.3　委任代表投票

债权人可以在债权人会议上通过代理人行使表决权,但代理人必须持有符合《美国联邦破产法程序规则》第9010(c)条规定的授权委托书。委托书是债权人授权他人成为代理人,投票表决与债权人债权有关事项的书面文件。《美国联邦破产法程序规则》第2006(c)条规定,只有以下主体可委托代理,且必须采用书面形式:

1. 在提出申请之日持有正当无担保债权的债权人。

2. 根据《美国破产法》第705条选出的委员会。

3. 以债权人的多数票以及多数债权金额选出的债权人委员会:(a)债权确定且已清算;(b)符合《美国破产法》第702(a)条规定的有资格的债权人;(c)出席或派代表出席会议的债权人,至少提前5天书面通知债权总额超过500美元的债权人或债权最多的100名债权人,并在会议记录中记录出席或派代表出席会议的债权人的姓名及其债权金额。

4. 诚信交易及信贷协会,但该协会会员是信用良好且提出申请之日有正当无担保债权的债权人。

《美国破产法》第2006(d)条规定禁止委托:

1. 有除了一般债权人以外利益的其他任何利益;

2. 管理人或者代表管理人;

3. 临时管理人或者根据《美国破产法》第702(a)条无投票资格的任何个人或其代表;

4. 代理人或者法定代理人;

5. 债权的受让人或代表债权的受让人。

在债权人会议开始表决之前,或在法院指定的任何其他时间,持有2份及以上委托书的代理人必须向美国破产管理局提交1份经核实的被代理人名单,以及各代理人执行、交接事项的说明。[①] 根据利益相关方申请或法院自行决定,法院可以裁定委托行为是否违反《美国联邦破产法程序规则》第2006条的规定,或者是否有其他与委托投票代理有关的不当行为。经通知和审理后,法院有理由驳回委托书,撤销因委托投票而作出行为,或采取任何其他适当行动。

---

① 《美国联邦破产法程序规则》第2006(e)条。

2-1.6.9.4 选举报告

无论是否有人反对选举,选举报告必须由美国破产管理局撰写,并在选举后尽快提交法院。① 如果选举无争议,美国破产管理局应提交1份无争议选举报告,并通知当选管理人当选结果以及交付保证金的要求。

如果选举有争议,美国破产管理局必须向法院提交有争议选举报告。美国破产管理局不能解决选举过程中的任何争议。虽然《美国联邦破产法程序规则》第2003(d)条没有具体说明除了争议事实,报告还应包含哪些事实,但是该规定第3款表示,如果对拟表决的一项债权的数额或正当性提出异议,除非法院另有命令,否则美国破产管理局应将这一争议涉及的备选方案罗列成表。如果确定选举结果需要解决这一争议,则应将每一备选方案表报告法院。《美国联邦破产法程序规则》第2007.1(b)(3)(B)条规定的内容适用于《美国破产法》第11章有争议的选举,对《美国破产法》第7章报告的格式也具有指导意义。第2007.1(b)(3)(B)条规定报告应告知法院"争端的性质,以及根据争端提出的备选方案中当选的候选人的姓名和地址"。选举报告应简明、客观,会议上收到的所有有关文件应作为证据附在报告之后。

2-1.6.9.5 有争议的选举

美国破产管理局不能解决选举过程中的任何争议。美国破产管理局作为会议主持官员,必须立即在选举报告中告知法院存在争议。在争议解决之前,临时管理人应继续履职。在选举报告提交后14日内,未对解决选举争议提出申请的,临时管理人继续担任管理人。②

2-1.6.9.6 民选管理人的资格

当选的管理人一旦发出接受选举的通知并附上保证金,即具有成为管理人的资格。③《美国联邦破产法程序规则》第2008条要求美国破产管理局通知当选人如何取得资格及保证金金额。

2-1.6.9.7 民选管理人的职责

民选管理人的法定职责与根据《美国破产法》第702(d)条成为管理人的临时管理人的职责相同。当选的管理人还必须遵守美国破产管理局的要求,接受背景调查。如果管理人拒绝接受背景调查,美国破产管理局应与监督部门的主任助理

---

① 《美国联邦破产法程序规则》第2003(d)条。

② 《美国联邦破产法程序规则》第2003(d)条。

③ 《美国破产法》第322条。

联系。

美国破产管理局可以向当选管理人提供本手册、美国破产管理局报告和其他要求的信函。

2－1.7　继任管理人——辞职、去世或免职

2－1.7.1　一般资料

如果管理人死亡、辞职、不符合《美国破产法》第 322 条规定资格、永久丧失行为能力或根据《美国破产法》第 324 条被免职，为了进一步管理案件，美国破产管理局应根据《美国破产法》第 703(b)条指定临时管理人，以保全或防止财产遭受损失。临时管理人必须是根据《司法制度和司法程序法》第 586(a)(1)条设立的私人管理人小组中无利害关系的成员。

债权人有权按照《美国破产法》第 702 条所指明的方式选举担任继承管理人的人。① 如果要求选举，美国破产管理局应召开债权人特别会议，以选举继任管理人。② 在选举继任管理人时，必须严格遵守《美国破产法》第 702 条规定的程序。③ 根据《美国破产法》第 321 条，债权人选出的人员必须具有担任管理人的资质。

根据《美国破产法》第 703 (c)条规定债权人没有选出继任管理人的，或者根据《美国破产法》第 350 条重新审理的案件需要管理人，美国破产管理局应指定 1 名无利害关系的人员担任案件中的管理人。该管理人必须是根据《司法制度和司法程序法》第 586(a)(1)条规定设立的私人管理人小组的成员。

如果债权人没有按照《美国破产法》第 702 条所指明的方式选出继任管理人，那么根据第 703(b)条委任的临时管理人应根据第 702(d)条的规定担任继任管理人。如果债权人根据第 703(a)条选举继任管理人，且继任管理人符合第 322 条规定，那么根据第 703(b)条指定的临时管理人就终止履职。

2－1.7.2　管理人辞职

在获悉管理人有意辞职后，美国破产管理局应当：

1. 立即通知督查办公室。

2. 确定管理人是否要从破产管理人小组和所有未决案件中辞职，还是只从破产管理人小组辞职。

3. 管理人提出书面辞呈，须注明暂停案件委派、辞去破产管理人小组成员职务

---

① 《美国破产法》第 703(a)条。

② 《美国联邦破产法程序规则》第 2003(f)条。

③ 参见本手册 2－1.6.9.2。

的日期,以及有可能全面辞去在指定日期前尚未结案的案件的职务。如果管理人辞职是为了担任法官或美国破产管理局的雇员,那么从未结案件中辞职的日期就非常重要。

4. 在适当情况下,如果有案件未在截止日期前结案,可以针对个别案件提出特殊辞呈。

5. 如果管理人没有当即从所有案件中辞职,那么需要审查管理人的未结案件,是否在管理人辞职后还需要管理,再与管理人讨论当即辞职是否可行。如果美国破产管理局和管理人同意在这些案件中立即指定继任管理人,则管理人可以辞职。

6. 确定是否要求管理人提交季度或半年度中期报告,以利于美国破产管理局审查管理人结案的进展。

7. 与该地区的结案联合团队(case closing consolidation team)协商,以决定由谁来审查破产管理人的最终报告和破产管理人分配报告或最终帐户。如果管理人业绩不佳或未及时提交报告,美国破产管理局可以将管理人报告的审查工作适当重新分配给驻地办事处的分析员或者律师团队。

8. 通过优先审查破产管理人最终报告、分配报告或最终账户,协助管理人减少案件数量。

9. 定期审查结案数据,以确保管理人按时结案。

2-1.7.3 管理人永久丧失工作能力或死亡

当管理人永久丧失工作能力或死亡时,美国破产管理局应立即通知督查办公室。美国破产管理局将根据具体情况采取不同的措施。

美国破产管理局必须立即采取措施,以确定案件管理状况良好,保护破产债务人的银行账户、资产、文件和计算机设备完好。美国破产管理局需要联系管理人的工作人员、雇佣的专业人员和家庭成员。美国破产管理局采取相关措施必须符合专业精神,富有同情心,确保案件持续管理并顺利过渡给继任管理人。

以下是美国破产管理局任务清单,包括但不限于:

1. 将原管理人签署的资金发放账户书交给继任管理人存放,并尽快确保财产银行账户的安全。这需要与管理人的工作人员协商,获取最新的案件存款和账户清单。向软件供应商(software vendors)获取未付支票清单,并将清单交付新任管理人保管。必要时美国破产管理局办公室可联系软件供应商核准提交付款的支票。

2. 确定管理人是否有需要立即处理的有形资产。确定管理人维护的安全储存装置的位置和内容。如果管理人正好在处理涉及易变质资产的案件,比如宠物店或杂货店的债务人破产案件,那么在指定继任管理人之前,应采取适当行动保护资产的价值。

3. 通知破产法院和书记员，并采取必要措施确保管理人不再管理该案件。

4. 向管理人的硬件或软件供应商提供管理人签署的计算机和软件供应商文件，并安排与美国破产管理局工作人员和软件供应商的信息技术专家或代表举行现场会议。供应商代表处应提交以下信息：

a. 供应商提供的位于管理人办公室的设备清单；

b. 账户代码；

c. 破解管理人加密软件的密钥；

d. 所有未付支票的清单。

通过管理人的软件供应商、办公室工作人员的电子邮件、备忘录，确认管理人的案件管理软件数据已在供应商网站上备份。如有要求，确认管理人的案件管理数据备份可供美国破产管理局工作人员或继任管理人访问。

5. 从案件自动化管理系统生成管理人未结案件的列表，核对管理人的记录，并向法院[①]获取、核对未结案件清单。

6. 联络管理人的职员及受聘的专业人士，以确定涉及诉讼及法庭聆讯、销售或拍卖，或其他重要问题。必要时启动休会。

7. 在最近归档的案件中，确定是否需要以及何时需要安排《美国破产法》第341条规定的债权人与股权人会议。另1名破产管理人小组中的管理人可以自愿在一段时间内管理未决会议。应当明确自愿协助的期限，以免对自愿协助的管理人产生不利影响。对已经排期尚未举行的债权人与股权人会议，最好立即任命临时继任管理人。任命的继任管理人主持已经通知的债权人与股权人会议，尽量减少干扰债务人、债权人等。如果由于未指定继任管理人，或继任管理人无法主持拟定的会议而需要重新安排会议日期，美国破产管理局应确保每种情况均附上了重新安排的会议日期，并以适当方式通知债务人、债权人和所有有关各方重新安排的会议日期。

8. 在指定继任管理人之前，与管理人的工作人员协商，以确保所有邮件的安全。

9. 如可行，美国破产管理局可在必要时委任临时继任管理人，把案件分给若干管理人。如果案件数量很多，则可以在破产管理人小组成员之间公平分配案件。分

① 法院可能会受理非因管理人案件管理原因而重新审理的管理人的案件。法庭将把这些案件作为“未决”记录下来。

配案件的方法应该记录在案。[①] 特需注意的是,《美国破产法》第703(b)条和第701(a)(2)条规定,只有破产管理人小组中的管理人无人愿意担任的情况下,美国破产管理局才能担任继任管理人。[②]

10. 任命继任管理人应符合《美国破产法》第703条,并确定是否设立债权人特别会议,是否通知债权人其举行选举的权利,以及请求选举的截止期限。[③]

11. 一旦指定继任管理人,应向原管理人的家庭或财产代理人提供继任管理人的姓名和联系方式,以及分配给继任管理人的案件名称和案件编号。

12. 联系原管理人的银行,把资金转移到继任管理人账户。银行很可能会要求美国破产管理局助理出具确认转账的信函。美国破产管理局助理在出具之前,亦应咨询原管理人及继任管理人的硬件或软件供应商。

13. 确保继任管理人可以获取原管理人的所有账簿、记录和档案。还要保证继任管理人提交由原管理人管理财产的报告。[④] 该报告必须是原管理人在完全控制下独立作出的针对性记录。《美国联邦破产法程序规则》第2012(b)条没有规定提交报告的截止日期。在没有挪用公款或其他损害财产的证据的情况下,继任管理人可以采用美国破产管理局要求的个别财产纪录及报告和现金收支纪录的形式提交报告,也可以采用美国破产管理局或当地破产法院要求的其他形式。[⑤]

14. 提醒继任管理人留意原管理人的家庭或财产代理人有关赔偿及开支的事宜,并适时通知他们管理人的最终报告及补偿申请。《美国破产法》第326(c)条,管理人补偿总额仅限于单一管理人可以获得的补偿。继任管理人还要负责验证通知是否及时发出。

15. 所有继任管理人的委任程序完成后,酌情取消原管理人的保证金,并确保保证金利息记入了正确的财产账户中。

16. 原管理人已结案件档案可以留给原管理人的公司或家庭。美国破产管理局应通知档案保管人,必须在本手册规定的期限内保留这些记录。[⑥] 还应指示保管人必须以粉碎或焚烧的方式销毁档案,以防止个人信息泄露。

---

① 参见本手册2-1.6.2。

② 参见本手册2-1.6.8。

③ 参见本手册2-.7.1关于管理人选举的内容。

④ 《美国联邦破产法程序规则》第2012(b)条。

⑤ 参见本手册补充材料中的表格和说明。

⑥ 参见本手册5-18。

2－1.7.4　根据第 324 条撤销管理人

总法律顾问办公室必须审查和批准美国破产管理局撤销管理人职务的申请。[①] 美国破产管理局最好在提交申请前与督查办公室协商。

如果第三方根据《美国破产法》第 324 条申请解除管理人的职务，美国破产管理局必须通知督查办公室。

如果根据《美国破产法》第 324 条，管理人职务被解除，美国破产管理局必须立即与管理人开户银行联系，冻结管理人的银行账户，并通知银行必须得到美国破产管理局批准才能支付未付款的支票。银行在执行美国破产管理局要求之前，可要求美国破产管理局出示管理人在被任命为破产管理人小组成员时签发的财务账户发放表。

此外，美国破产管理局应执行本手册第 2－1.7.3 节所列的任务。根据本手册第 2－3.9 节规定，美国破产管理局还需判断管理人是否遗失财产。一旦遗失，未得监督部门的主任助理批准，美国破产管理局在调查完成之前，不得向美国破产管理局以外的继任管理人提供案件档案、财务记录或其他财产文件。[②] 此外，美国破产管理局应与主管监督事务主任助理协商确定需要采取何种措施以保存证据和有效监管，尤其是有可能涉及刑事犯罪。

2－1.8　重启案件

美国破产管理局不应在案件重审时指定管理人，除非法院另有指令。[③] 在案件重审中，美国破产管理局必要时可申请任命或重新任命管理人。美国破产管理局依法定程序监督管理人回避重审案件，除非法院指定管理人参与重审案件。[④]

在重审案件中，美国破产管理局可以通过随机轮换程序任命继任管理人，但以前曾在案件中任职的管理人不可以再随机轮换。如果原管理人在本案中尽忠职守，美国破产管理局可以重新任命其为管理人。如果美国破产管理局要重新任命原管理人，可以选择采随机轮换的方式。如果原管理人不再是私人管理人小组成员，该管理人不得在重审案件中再次任职。

第 2－2 章　管理人的监督及评估

2－2.1　一般资料

在第 7 章的案件中，美国破产管理局的主要职能是设立、维持和监督管理人小

---

① 参见 USTM2－3.5 条。

② 参见本手册参见 2－3.9.5。

③ 《美国联邦破产法程序规则》第 5010 条。

④ 《美国联邦破产法程序规则》第 5010 条。

组,以及根据《美国破产法》第 7 章监督案件管理。因此,对于第 7 章的案件,美国破产管理局以完整、经济、公平且迅速管理案件为目标,允许管理人在履行信义义务时作出合理的专业判断。

监督管理人包括持续监督管理人的案件数量,以及管理人在每个案件中的履职情况。管理人履职水平评估标准包括《美国破产法》、《美国联邦破产法程序规则》、地方法规、司法管辖区的判例法以及本手册的规定。管理人监督和履职评估因素包括但不限于:

1. 民事和刑事执法;

2. 管理人在债权人会议上及在法庭上的履职表现;

3. 管理人对专业人员的监督;

4. 管理人的案件数目及时间;

5. 管理人的结案情况;

6. 管理人分配给债权人的资金最大化;

7. 管理人的未分配报告、最终报告、分配报告或最终账户、中期报告和《美国破产法》第 7 章规定的报告的准确性、及时性和完整性;

8. 管理人保护财产的程序;

9. 管理人决定是否管理资产的判断;

10. 管理人遵守银行、担保政策及程序的情况;

11. 管理人在审计、检查和审查方面的合作和回应;

12. 管理人管理案件的行为,包括处理债务人、债权人、律师、法院和美国破产管理局的关系;

13. 针对管理人的投诉数量、性质,以及管理人对投诉的处理情况。

监督管理人与案件管理,从指定管理人处理案件时开始,贯穿整个履职过程。其中,案件管理效果评估主要考察管理人在个案中的履职情况。

美国破产管理局的管理人监控系统,收集、整合和分析来自各方的信息,为各管理人生成对应的监督文档,并由当地的美国破产管理局办公室保管。监督文档应包含管理人的履职审查,补救行动的备忘录,以及所有用于履职审查或采取补救行动的证明文件。证明文件包括:临时报告、最终报告和账目、案件结案和其他事项相关文件;有关审查债权人会议、法院工作以及赔偿要求的备忘录;审计、检查或审查的结果;相关诉状的副本;针对解雇或《美国破产法》第 707(b)条规定及转刑事程序的异议资料;公众投诉及其处理方法以及其他任何用以证明履职审查或补救行动的资料。管理人监督档案还必须包含所有根据《司法制度和司法程序法》第

58.6 条中止或终止管理人任命的函件和文件。[①]

管理人监督档案中的信息用于撰写 2 年期(或更频繁的)履职审查,以证明管理人履行信义义务的能力和诚信。管理人履职审查中的结论和建议必须以监督档案的文件为基础。履职审查的副本应交付管理人,管理人可能需要与美国破产管理局商讨。

任何不符合规定的案件管理行为都必须通知破产管理局,以便管理人立即纠正。管理人在履职审查中的所有书面答复也属于监督内容之一。管理人可请求查阅监督档案,但工作文件、机构内部通信以及为执法编制或使用的记录或资料除外。管理人根据《信息自由法》请求查阅全部档案的,必须向总法律顾问办公室提交书面申请。

管理人监督档案和案件记录必须按照美国破产管理局的要求予以保存和处理。

2-2.2　监督管理人在债权人会议上的表现

美国破产管理局应至少每年审查分配给管理人的案件,亲自出席会议或听取会议记录,评估管理人在债权人会议上是否提出了适当的问题,会议时长是否与案件性质和难度匹配,提问是否足够透彻,是否查明了请愿书中的违规行为,对所有当事方的行为是否合理、专业,是否规定了后续的必要期限。在债权人会议上,美国破产管理局可以拟订 1 份需要记录在案的问题清单。[②] 在记录时,管理人必须确保每个债务人都知道《美国破产法》第 341(d)条的规定。审查结果必须以书面形式记录并保存在管理人监督文件中。

2-2.2.1　主持会议的责任

《美国破产法》第 341(a)条规定,美国破产管理局应主持债权人会议。第 341(a)条规定,债权人会议是正式会议,债务人必须出庭并宣誓回答管理人、债权人和其他与财产有关的利益方提出的问题。管理人是美国破产管理局指定的主持债权人会议的官员,不得转授主持职责。管理人如果不能主持,必须事先获得美国破产管理局的书面批准。如果美国破产管理局指定另 1 名管理人在债权人会议上任职,并确保指定的管理人具备主持会议的资格且经过培训。美国破产管理局必须保证管理人合理主持债权人会议,未经美国破产管理局核准他人不得替代管理人。

债务人有正当理由无法亲自出席的,美国破产管理局应确认管理人遵守了批

---

① 参见本手册 2-3。

② 参见本手册补充材料。

准债务人出席债权人会议的替代出席程序。正当理由可能包括服兵役、身患绝症或身处监禁。在这种情况下,债务人可以通过其他方式出席债权人会议,例如宣誓后的电话会议。管理人不得单方面免除债务人出席债权人会议的义务。

美国破产管理局还应确认,当管理人知道债务人如耳聋等残疾时,管理人应立即通知美国破产管理局,以便作出合理安排。美国破产管理局应制定替代程序,解决债务人的特殊需要,包括为债务人安排手语翻译。提供手语翻译的费用由美国破产管理局支付。

债务人不懂英文,或非熟练应用英文的,美国破产管理局应确认管理人在举行会议时遵循了美国破产管理局规章。

2-2.2.2 主持会议

美国破产管理局必须确认,管理人举行会议的方式灵活有序,并向债务人确认相关影响财务和行为的事项。管理人对所有当事人的行为举止应当合理、专业。

美国破产管理局还必须确认管理人审查债务人的范围合理适当,以确定是否存在资产转移、不当豁免、事先申报、欺诈、滥用程序和其他情况。辅助专业人员(Paraprofessionals),例如律师助理或申请人,不得在会议上坐在债务人旁边向其提供咨询意见,或在会议上代表债务人的律师。媒体代表可以出席,但除经认证的法庭记录员外,任何人不得电视转播、拍照或以电子方式记录诉讼过程。债权人和其他利益相关方可以提问。代表债权人但不是律师的个人可以出席会议。一般来说,管理人应当允许出席人员审查债务人,但部分司法管辖区可能认为该行为没有法律依据。美国破产管理局应向管理人说明当地的规定。

管理人在债权人会议期间应拒绝法律咨询,美国破产管理局应核实,避免造成管理人审判的情况。如果要求选举管理人,应遵循本手册2-1.6.9规定的程序。

美国破产管理局还应核实管理人在会议期间是否合理约束了债务人、律师和债权人的行为。债务人不合作或不服从的,管理人应提醒债务人《美国破产法》第521条和《美国联邦破产法程序规则》第4002条规定的职责,特别是在财产管理中与管理人合作的义务。管理人行使质询权,不得骚扰债务人,也不得一直集中于某一债务的偿还问题发问。

债权人会议必须以电子方式记录。管理人须确保录音设备正常,宣布证词正被录音,当事人须清楚表达。如果当事人申请需要录音副本,则正式出庭的所有当事方应正式签署其姓名。

美国破产管理局须合理保管债权人会议的录音,核实管理人使用本机构提供的设备记录所有会议且录音完整无损。管理人应在当天会议结束后尽快把录音送交美国破产管理局。在特殊情况下，例如当管理人位于偏远地区时，管理人在将原始录音送交美国破产管理局之前，应当制作 1 份录音复本，并签署誓章保证合理保管录音，必要时还需取得法院批准。债权人会议录音必须由美国破产管理局保留 2 年。[①]

根据美国破产管理局的要求，管理人还可能需要在会议记录表上记录每个案件完成程序，并立即提交美国破产管理局副本，如果书记员要求，还应当提交破产法院书记员副本。管理人必须保留 1 份副本。

管理人必须单独向每个债务人宣誓，而不是向整个债务人群体宣誓。根据《美国破产法》第 341(d)条，管理人必须记录债务人已经知悉：

1. 在破产程序中撤回破产申请的潜在后果，包括可能对债务人的信用记录产生影响；

2. 根据《美国破产法》不同章节提出破产申请的效力；

3. 根据《美国破产法》第 7 章接受债务清偿的效力；

4. 重新确认债务的效力，包括《美国破产法》第 524(d)条规定的内容。

美国破产管理局提供的资料须包括以上内容。管理人须核实债务人收到且阅读资料。如果债务人没有收到，管理人须提供 1 份资料副本，并延期会议直至日程结束或其他适当时间。债务人阅读完资料之前，不得结束会议。

在会议期间，如果债务人主张第五修正案规定的反对自证其罪的特权，管理人应继续提问。提问结束后，管理人须继续会议，并立即通知美国破产管理局。美国破产管理局通知联邦检察官债务人主张特权，仅联邦检察官可以代表债务人主张豁免权，并由地区法院批准请求。

2 - 2.2.3　重新安排和延期

《美国破产法》尚未规定债权人会议的延期，因此只有在特殊情况下才能批准延期。美国破产管理局应通知管理人，债务人请求重新安排偿还期限及当地延期的规则、惯例。

当债务人出席债权人会议时，管理人应暂停会议。如果会议必须继续，那么管理人须尽可能向首次出席会议的当事人、美国破产管理局、必要时还要通知破产法院的书记员继续举行会议的日期。豁免义务异议期届满，方可继续或重新安排会议，异议期延长的除外。通常不得豁免债务人义务，除非在会议上债务人已经接受了审查。继续或重新安排的会议，债务人没有出席的，管理人应解除债务人参加会

---

① 《美国联邦破产法程序规则》第 2003(c)条。

议的资格，除非解除债务人参会资格不利于财产的最佳利益。

2-2.2.4 律师未出席

债务人的律师未出席不影响管理人继续举行会议或继续询问债务人。在一般情况下，继续举行会议更有利。在特殊情况下，如果当地法律和司法辖区内规则明确允许可以继续审查债务人时，管理人应当继续询问债务人。

根据《美国破产法》第329(b)条，若律师未出席会议，管理人有理由申请债务人的律师强制退还所收到的酬金。管理人应向美国破产管理局报告债务人律师屡次无理由拒绝出庭的情况。

美国破产管理局应确保管理人审查无律师的债务人时程序适当。

2-2.2.5 债务人未出席会议

债务人是合伙企业、公司的情况下，合伙企业或公司指定的代表必须出席债权人会议。《美国破产法》规定，当配偶双方共同提出破产申请时，双方均须出席会议。债务人未出席会议的，美国破产管理局应当核实管理人采取了下列补救办法之一：

1. 延期会议，并通知美国破产管理局新的日期，必要时通知破产法院的书记官；

2. 申请驳回案件；

3. 如果债务人不是自然人，申请指定个人履行债务人义务。① 如果被指定的人未出席会议，管理人应申请强制其出席。

债务人请求免于亲自出席债权人会议的，管理人应通知美国破产管理局。美国破产管理局应征询总法律顾问办公室的意见，妥善处理此类请求。

2-2.2.6 重新确认

为了避免滥用重新确认程序，美国破产管理局应：

1. 在债权人会议室张贴告示，通知债务人重新确认的效力。例如，“通知：任何偿还债务的协议无效，除非向破产法院提出申请。没有律师的债务人签署的还款协议无效，除非向破产法院提出申请并得到批准”。

2. 核实管理人按照《美国破产法》第341(d)条的要求在债权人会议上口头审查债务人是否知悉重新确认债务的影响和第524(d)条的要求。

3. 禁止债权人在债权人会议上请求重新确认、赎回或“非正式”放弃财产，允许债务人根据第521(2)(b)条作出说明。

4. 债务人的律师未能履行《美国破产法》第524(c)条规定的义务时，美国破产

---

① 《美国联邦破产法程序规则》第9001.5条。

管理局可要求律师返还酬金。为了保障律师对免责的合理抗辩权,防止债务人的律师利用重新确认程序以避免诉讼,美国破产管理局应认可律师免责申诉的合理费用。

这些措施将扩大美国破产管理局在债权人会议中的权力,减少滥用重新确认程序的可能性,并使债务人更有可能了解《美国破产法》第341(d)条所要求的重新确认的程序和效果。

2-2.3　监督管理人的案件数目、时间及结案进度

除了本节的内容,美国破产管理局工作人员应该熟悉理解美国破产管理局执行办公室和美国法院行政办公室之间关于结案和确认后第11章监督的修正备忘录。《最后报告》中规定了最后报告的时间要求与责任内容。

2-2.3.1　无资产案件

如果管理人对债务人资产清算的决定没有对债权人作出实质性的分配,那么管理人应及时向法院和美国破产管理局提交未分配报告。[①] 美国破产管理局必须确保管理人的未分配报告符合美国破产管理局执行办公室规定的国家统一格式。管理人应在债权人会议之日起60天内向法院提交未分配报告。

管理人未能及时正确提交未分配报告的,应采取适当的补救措施加以解决。

美国破产管理局应确保,只要能够向债权人作出实质性的分配,管理人就应管理案件,对于没有实质分配的案件无须采取管理措施。

2-2.3.2　保障不动产安全

管理人必须快速占有资产,为债权人的利益保全资产。美国破产管理局应当核查管理人是否有效查明、清点资产,且采取适当措施以控制、保全财产。[②]

美国破产管理局应审查管理人放弃资产通知和最后报告,以确定放弃资产或不管理资产的决定是否有利于财产的最佳利益。如果相关决定没有足够的信息资料,美国破产管理局应要求管理人在放弃通知或最后报告中补充材料。美国破产管理局应尽早审查放弃行为,如果放弃或不管理资产的决定不符合财产的最佳利益,则应反对该决定或采取其他适当措施。

美国破产管理局应核实管理人是否采取必要且适当的措施,减轻或防止财产对环境造成的污染。如财产没有价值,并可能危害公众健康或安全,根据《美国破产法》第554(a)条规定,管理人应立即放弃该财产。但是在放弃财产之前,管理人

---

① 《美国破产法》第704(9)条。

② 请参阅本手册第4章。

应该对财产的有价部分尽可能采取了预防措施,并与适当的联邦、州和地方当局协商。

2-2.3.3 审查管理人的中期报告

《美国破产法》第704(2)条及《美国联邦破产法程序规则》第2015(a)条规定管理人须负责其收到的所有财产,并提出财产管理报告。为了正确履行管理人职责,有效管理有资产的案件,管理人必须使用由美国破产管理局执行办公室建立的统一记录和报告规则。该规则包括3个不同的报告:

1. 个别财产纪录及报告(表格1);

2. 现金收支纪录(表格2);

3. 中期资产报告(表格3),统称为管理人中期报告(TIR)。

填写表格1、2及3的指示,载于以下各表格的简介。

2-2.3.3.1 个别财产记录及报告(表格1)

个别财产记录及报告为每宗资产案件描绘了蓝图,详细说明包括表内、表外的资产及资产处置状态。个别财产记录及报告记载债务人对每项计划资产价值的意见、管理人对每项资产的估值与实现的实际价值,以及管理资产的决定。对于没有管理的资产,个别财产记录及报告反映放弃过去或未来的资产、正式或非正式的放弃。对于正在管理或将要管理的资产,个别财产记录及报告反映已实现的金额和未完全清算资产的预计剩余价值。

以下案件都必须编制、保存个别财产记录及报告:管理人预期或已经宣布为资产案件的;管理人已收到案件资金的;自债权人会议初步审查债务人120天内,尚未提交未分配报告。债务人的所有资产必须列在申请书、附表和资产负债状况说明书中。所有由管理人确定的非表列资产也必须记录。

转换到第7章的案件,应列出最后报告中要求的资产或转换后表中的资产。[①] 如果没有报告或资产表,个别财产记录及报告须列出案件的剩余资产。财产由原管理人管理,或由债务人占有并管理的,个别财产记录及报告应当列出此类财产,且注明转换时管理人占有的资金。管理人应在财产档案内保存1份记录,表明如何确定个别财产记录及报告所列的资产。管理人可以通过在原始资产表上注明在转换时仍然存在的资产。

如果管理人在第7章的案件中担任继任管理人,个别财产记录及报告应说明债务人原始和经修订的财务附表和财务报表所列的所有财产,以及原管理人和继

---

① 《美国联邦破产法程序规则》第1019(5)条。

任管理人确定的而未列入清单的债务人资产。原管理人对资产的部分或全部管理,应在个别财产记录及报告中注明或在影响结案的程序中释明。①

2 -2.3.3.2　现金收支记录表

现金收支记录表是现金收支记录的组合。破产财产的所有支票账户、货币账户、储蓄账户或存款证均有独立的现金收支记录表。现金收支记录表记载了所有账户的所有收入、支出和银行账户转账情况。交易一旦发生,管理人必须按时间顺序输入现金收支记录表,不应在银行出具月对账单之后才输入。在开立银行账户前,无须填写现金收支记表。

转换到第 7 章的案件,继任管理人应从原管理人或占有财产的债务人交还时的余额开始记录现金收支记录表。

第 7 章的案件,管理人是继任管理人的,必须确保已经注销原管理人的银行账户,并以继任管理人的名义开立新账户。为了与继任管理人的银行对账单保持一致,继任管理人应从原管理人交出时的余额开始,记录新账户的现金收支记录表。如果原管理人已经准备了现金收支记录表,继任管理人应下载原管理人的现金收支记录表。这主要是为了保障继任管理人在结案前准备最终报告和分配报告具有准确、完整的数据。②

2 -2.3.3.3　中期资产报告,统称为管理人中期报告

中期报告列出管理人预期或已经宣布的所有待决资产案件、管理人已收到资产的所有案件,以及自债权人会议初步审查债务人 120 天以来尚未提交未分配报告的所有案件。所有案件按其编号顺序输入中期报告。中期报告上的许多内容都可在个别财产记录表及报告和现金收支记表中直接引用。

2 -2.3.3.4　第 7 章的管理人呈报规定

管理人每年至少提交 1 次中期报告,美国破产管理局要求多次提交的,遵循其要求。除中期报告外,管理人亦须提交每宗未决案件的财产记录表及报告和现金收支记表,除非出现下列情况之一:

1. 在本报告的报告期间或上一报告的报告期间,已提交资产案件的破产管理人分配报告;

2. 在本报告的报告期间或上一报告的报告期间,已提交资产案件的破产管理人最终报告;

---

① 个别财产纪录及报告的编制参见本手册补充资料中的案例 2。

② 现金收支记表的编制参见本手册补充资料中的案例 2。

3. 在本报告的报告期间,已提交转换、驳回或重新分配的资产案件的破产管理人最终报告;

4. 在本报告的报告期间,已提交资产案件的破产管理人未分配报告。

这些特殊情况只需在中期报告上列出。[①]

管理人必须在报告期结束后30天内提交中期报告。如果管理人无法在截止日期前提交中期报告,应在截止日期前以书面形式向美国破产管理局申请延期。

《美国联邦破产法程序规则》第2012(b)条规定继任管理人向法院提交并向美国破产管理局转交原管理人财产管理的会计报表。该会计报表必须是原管理人在完全控制下独立作出的针对性记录。第2012(b)条规定的会计报表最终可能是刑事调查、原管理人罚款、暂停或终止任命原管理人或对资产受让人给予赔偿的基础。这条规则没有规定提交会计报表的最后期限。在没有挪用公款或其他损害财产证据的情况下,继任管理人按照美国破产管理局的要求提交标准报告时,可以一并提交会计报表。

2-2.3.3.5 美国破产管理局审查

破产管理人中期报告撰写了有关管理人财务管理、内部控制、组织活动和案件法律管理的信息。美国破产管理局必须在收到中期报告60天内利用破产管理人中期报告自动审核程序(TIR-RP)审查中期报告,并向管理人发布书面报告。管理人必须在21天内做出回应。

此次审查旨在确保管理人在处理第7章的案件时履行了信义义务。尤其是管理人以下义务:为债权人的利益,尽全力查明、追索和恢复资产;及时结案;遵守美国破产管理局的要求;《美国破产法》第704条规定的管理人职责。美国破产管理局与管理人之间的信件往来,记录了管理人存在的问题,这是管理人监督的一部分。中期报告及相关审查说明可单独保留。

审查过程中出现的任何重大问题,美国破产管理局都必须与管理人讨论。在案件管理方面不足的管理人,需要遵守美国破产管理局或法院各种合规规定。

独立审计中期报告时,美国破产管理局仅能利用中期报告自动审核程序。当中期报告作为实地审查的一部分时,美国破产管理局应遵循实地审查程序,而不是中期报告审查程序。[②]

---

① 参见本手册第5章及补充资料。

② 审计和考试参见本手册2-2.7。

2 -2.3.4　监督第 7 章的案件履职

根据《美国破产法》第 721 条,法院可授权管理人限期经营债务人的业务。法院批准必须满足 2 个基本要求:经营必须符合财产的最大利益;经营行为必须符合财产清算要求。管理人向法院申请前,必须与美国破产管理局协商,讨论业务性质、现金管理控制以及月度业务经营报告表①。

如果延长经营期有利于财产价值,美国破产管理局应鼓励管理人根据《美国破产法》第 706(b)条申请将案件转换为第 11 章的案件,并要求根据第 1104(a)条指定第 11 章的管理人。管理人应确保拟议的清算计划符合第 1129 条的规定。如果符合,管理人没有要求转换案件和指定第 11 章的管理人的,美国破产管理局应采取适当措施。

2 -2.3.4.1　美国破产管理局审查月度经营报告

美国破产管理局应在收到月度业务报告后 15 天内审查该报告,以确定管理人的保证金是否足额;是否及时、适当地管理了案件;是否有可能出售营业,或将案件转换为第 11 章重组。审查结束后,报告存在不足的,美国破产管理局应立即书面通知管理人补正,并告知补正的截止日期。

如果管理人没有按照《美国破产法》第 704(8)条的要求提交报告,或者报告显示财产受损,美国破产管理局应当申请终止管理人经营,或者如果继续经营符合财产的最佳利益,则申请解除管理人的职务。

即使法院认为业务经营不会损害财产,反而会增加财产价值,管理人也应尽力在短期内经营业务。管理人应在合理时间内结案、清算业务,或将案件转换为第 11 章的案件——自批准经营业务之日起不超过 1 年。

案件管理不良的管理人需要遵守美国破产管理局或法院各种合规规定。

如果管理人未能保证足够利润,或者未提交必要的业务报告,或报告表明财产受损,且管理人未补正其不足,影响案件完整管理,美国破产管理局应当申请终止管理人经营业务,或者如果继续经营符合财产的最佳利益,则申请解除管理人的职务。

2 -2.3.5　监督案件进展

《美国破产法》第 704 (1) 条规定,管理人应"尽快冻结财产以保护相关各方最大利益",因为拖延冻结会降低债权人受偿率,破坏债权人和公众对破产制度的信心,增加管理人酬金,提高行政管理费用,增加债务人税负的罚息,引发公众对破产程序的批评。

---

① 《美国破产法》第 704(8)条。

为了确保管理人尽快结案，根据第704(1)条，美国破产管理局须监督未结案件的数量、时间以及未结原因。美国破产管理局报告显示，“陈案”是指已经开庭3年以上的案件。美国破产管理局应加强审查管理人对案件的管理情况，在管理人陈案过多或未迅速处理、结案时采取补救措施。一般情况下，如果管理人的陈案占管理案件总数的10%及以上，就视为超过陈案数量限度。美国破产管理局在确定管理人是否超过限度或没有迅速处理、结案时，必须考虑陈案的占比、数量、一般案件的进展情况以及其他相关因素。

督查办公室每季度展示管理人提交的案件数量报告，其载明了超过3年未结案件的数量以及管理人所有未结案件的时间。

美国破产管理局必须定期审查驻地办事处办理第7章的案件情况。需要评估的领域包括：

1. 美国破产管理局受理和指派新案件的程序的效率和公平；
2. 结案过程的效率，包括管理人最后报告的提交和审查；
3. 法院规则或地方习俗对高效管理案件的影响；
4. 区域或地区“一揽子”保证金及独立保证金是否足够；
5. 破产管理人小组成员的教育和培训。

美国破产管理局应及时补救上述领域的不足之处，畅通与当地律师协会、破产法院书记员或破产法院首席法官等交流渠道，改善沟通及其他明显的问题。

2-2.3.6　审查管理人的最终报告

当准备结案时，第7章的管理人必须撰写并向美国破产管理局提交最终报告，在案件提交法院之前先行审查。美国破产管理局必须确保管理人撰写的最终报告符合美国破产管理局规定统一的国家格式，即以电子方式提交给美国破产管理局的使用数据的格式。鼓励美国破产管理局以电子方式审查，不要求管理人提交纸质版。

最终报告由管理人签署，一旦作伪证将受到处罚，并证明所有资产已经清算、妥善入账，资金可供分配。管理人在可用数据的最终报告中的签名可参照此格式："s/John Doe, Trustee"。破产管理局还需要根据当地法院规定的程序保留管理人“湿签名”。[①]

所有款项一经收到，债权请求权经法院审查或确定，或者债权人提出债权请求权期限届满，管理人就必须立即准备最终报告，且在向债权人分配资金之前提交，

---

① “湿签名”就是用钢笔、铅笔或其他任何书写工具在纸上书写的签名。——译者注

除非法院事先下令临时分配。在任何情况下，最终报告均须在最终分配资金之前提交。①

最终报告须向美国破产管理局和其他利益方展示管理人决定如何支付资金。管理人提交最终报告时，须一并提交所有未支付的专业人员的酬金和费用申请。

一般来说，在管理人准备将资金分配给债权人之前，财产基金应保存在计息账户中。最终报告中预计的分配与分配报告的分配存在差异的，管理人应在分配报告中注释说明，不再修改最终报告。尽管许多管理人不收取额外费用，但如果得到法院的授权，管理人可以收取额外费用。如果管理的财产余额少于 5000 美元，管理人在向美国破产管理局提交最终报告时，可酌情将资金转移到无息账户。此数额可由美国破产管理局酌情调整。如果美国破产管理局未按时批准最终报告，管理人将根据债权人最大收益原则对资金再投资。如果报税成本超过收益，那么管理人在撰写最终报税表后，不得将资金再投资。通常情况下，这种情况只会出现在公司或合伙企业的案件中。

最终报告必须根据《美国破产法》第 726 条作出分配。美国破产管理局必须确保管理人按照法定优先权分配财产。

美国破产管理局必须在收到最终报告后 60 天内审查，以评估管理人是否对财产适当全面地管理。如果管理人行政管理上存在不足或其他错漏，美国破产管理局应提请管理人注意及时纠正。

在完成这次审查后，美国破产管理局将向法院提交最终报告。如果美国破产管理局与管理人之间就报告发生争议，管理局提出反对意见，由法院裁决。美国破产管理局提交最终报告时，在备审案件表中列入证明，以表明美国破产管理局已审查了最终报告和酬金申请。

《美国联邦破产法程序规则》第 2002(f)条规定，如果分配的金额是 1500 美元及以上，管理人在向债权人分配之前，须向所有债权人发布最后报告通知(NFR)。最终报告通知须符合美国破产管理局执行办公室的规定。

如果没有人对最终报告通知提出异议，管理人可以根据最终报告分配。

2 - 2.3.6.1　分配

管理人请求分配资产须经美国破产管理局批准，并作为审查最终报告的内容。支付管理人和专业人员的酬金和开支，以及对索赔的异议处理，均须取得法院指令。但在管理人向债权人普遍分配资金时，如果对最终报告没有异议，则不必取得

---

① 参见《美国联邦破产法程序规则》第 5009 条。

法院指令。如果没有人对最终报告提出异议,管理人应在法院作出指令的上诉期限届满后,立即支付款项。[①] 如果法院修改了酬金和开支,美国破产管理局必须在收到修改后的分配报告后 10 天内对其审查。管理人必须在法院下达最终命令后 30 天内向债权人支付款项。

管理人可能会遇到债权人因债务已经偿还而拒绝支付利息。管理人是否需要将返还的资金重新分配给其他债权人,取决于返还款项的数额、以其他方式收到分配款的债权人的数目,以及当地法院的规定或程序。由于补充分配通常在最终分配报告提交之前,所以补充分配应作为美国破产管理局审查管理人最终分配报告的内容。

通常情况下,管理人在案件结束时分配资产,但特殊情况下,可向债权人临时分配。只有在债权确定并保留了足够的资产,才能开始临时分配。美国破产管理局必须审查、批准管理人提议的临时资金分配办法。

2－2.3.7　审查决算账目/管理人分配报告(TDRs)

在允许最终酬金和费用的命令签署后 125 天内,管理人必须将分配报告提交美国破产管理局审查。美国破产管理局必须确保管理人使用的分配报告符合机构规定的国家统一格式,即以电子方式提交给美国破产管理局的可使用数据的格式。鼓励美国破产管理局以电子方式审查,不要求管理人提交纸质文件。

分配报告由管理人签署,一旦作伪证将受到处罚,并证明所有资产已经得到充分管理。管理人在可用数据的分配报告中的签名可参照此格式:"s/John Doe,Trustee",并依据当地法院规定的程序保留管理人的湿签名。

美国破产管理局必须按程序监督及时分配,并提交分配报告。

提交分配报告时,须附上无余额的原始银行对账单和已注销的原始支票,其他支票附在最终报告中提交。管理人必须证明所有资金均已按照分配报告支付,所有支票已经转让或提交法院,财产已经得到充分管理。根据《美国破产法》第 347 条,如果在最后分配后 90 天仍有支票未兑现,管理人必须停止支付支票,并根据《美国联邦破产法程序规则》第 3011 条的规定将款项作为无人认领的资金存入破产法院登记基金。但是,管理人在向法院提交资金之前,应当努力设法找到债权人并重新签发支票。

管理人应将分配报告提交给美国破产管理局,管理局必须在收到后 30 天内审查。如果发现任何问题或差异,美国破产管理局应采取后续措施。如果管理人分配

① 参见《美国联邦破产法程序规则》第 3009 条。

合理，分配报告无误，那么美国破产管理局应将分配报告提交给破产法院书记员。美国破产管理人必须在备审案件表上写明分配报告已经审查且无异议。如果美国破产管理局或其他利益相关方均没有及时提出反对意见，则推定财产已得到充分管理，法院可以结案。

除非破产法院的书记员另有要求，无余额的原始银行对账单和已注销的原始支票可以由美国破产管理局保存或退还给管理人。银行对账单和已注销支票必须在《美国破产管理局》第322(d)条规定的保存2年，或者按照国税局的要求保存更长期限。

2-2.4　监督管理人的法律管理、法庭表现和对专业人员的监督

美国破产管理局审查管理人履职情况和对律师的监督情况，诉讼和法律问题的管理，诉讼分析，法律工作和诉讼请求的成本效益分析，对费用和开支的控制以及所提供的法律服务的质量。

管理人或律师出席的法庭听证会，美国破产管理局可出席审查法律工作，应特别注意管理人法律服务或陈述的准备、行为举止和专业素质等情况。美国破产管理局审查管理人的选举情况、对律师的监督情况、提出申请的情况。法院以书面形式记录律师的履行情况。

2-2.4.1　申请

美国破产管理局应审查管理人申请的及时性、充分性和必要性。需要仔细审查的申请包括雇佣申请、职业收费申请、出售资产申请、放弃资产申请、豁免异议、解雇异议以及对方的投诉。所有申请费用的准备工作均须符合审查开支补偿和报销申请的指南。

2-2.4.2　出庭表现

美国破产管理局应当例行观察管理人出庭的表现，应特别注意法律服务或陈述的准备、行为举止和专业质量，并将调查结果记录在监督文件中。

2-2.4.3　专业人员的保留和酬金

美国破产管理局审查管理人对专业人员的选举和监督。管理人雇佣专业人员必须符合案件需求。美国破产管理局应仔细审查雇佣申请，以确定是否必要以及费用是否合理。美国破产管理局还应在最初就确定专业工作的水平以及评估费用和效果。不允许管理人随意雇佣专业人员以及使用证明雇佣合理的套话。如果法律或会计服务存在问题且未得到解决，美国破产管理局应反对雇佣申请。如果管理人的申请表格仅使用套话，而不说明提供服务的必要性，美国破产管理局不得通过。

雇佣申请应提供证据证明管理人已经分析了诉讼或其他工作,确定了成本和收益。美国破产管理局应审查由管理人雇佣的专业人员撰写的诉状、文件或报告,并出席专业人员出庭的法庭听证会,以便评估专业人员的准备工作、行为举止以及法律服务或陈述的专业工作。管理人不得将其《美国破产法》第 704(b)条规定的决策权授予专业人士。管理局应认可管理人为增加雇佣专业人员的多样性而作出的努力。

继任管理人不想继续雇佣现有专业人员时,美国破产管理局应审查新的申请,以确保更换该专业人员会降低管理成本、增加债权人分红或具有其他必要、合理原因。

美国破产管理局审查管理人对专业人员支付的费用和开支。管理人应证明专业人员提供了优质的专业服务,费用和开支合理,工作高效。管理人批准酬金请求必须有足够的证据支撑。① 申请专业费用不得包括履行管理人职责的部分;费用申请必须仅包含实际和必要的费用。管理人必须在适当情况下有效协商减少费用或提出异议。

如果管理人雇佣了拍卖人,管理人必须确保拍卖人在接管资产之前有足够涵盖所有销售的保证金。保证金应该符合联邦规定,且与其他州规定不同。保证金金额符合当地破产规则或由美国破产管理局确定。管理人应向美国破产管理局保证拍卖人的保证金足以涵盖其拍卖的所有资产。所有原始保证金应送交美国破产管理局。管理人还应当确定拍卖人已经投保,以防财产丢失或被盗。财产一旦丢失或被盗,管理人可能会要求保险人赔偿。

出售前的一段时间内,资产由拍卖人控制。委托人应当盘点存放的资产,定期核实资产是否仍然存在且状况良好。一旦资产遗失或被盗,管理人应及时提出保险理赔,并通知美国破产管理局。

如果管理人不遵守上述规定,美国破产管理局可驳回雇佣拍卖人的申请。美国破产管理局的代表应定期参加拍卖,以确保未发生胁迫或其他违法行为,销售正常进行。

美国破产管理局还应审查管理人对自己佣金的申请。《美国破产法》第 330(a)(7)条规定,管理人的费用应视为“佣金”。一般情况下,管理人可以就“向本案利益方(不包括债务人,但包括有担保债权的持有人)支付或移交资金”获得全额法定佣金。特殊情况较为罕见,如管理人的案件管理效果难以令人满意,或者管理人

---

① 见审查开支补偿和报销申请的指南第二部分 A5。

已将大部分职责委托给律师或其他专业人士。

《美国破产法》第 331 条规定管理人可以根据第 330 条向法院申请临时补偿或报销。第 326（a）条规定管理人临时补偿的上限。第 326 条字面规定管理人只有在支付当事人资金之后才能获得补偿。但一系列案例表明，在某些情况下，尽管管理人可能没有向债权人分配资金，仍可获得合理的临时补偿。美国破产管理局应认真审查、批准或驳回管理人的临时补偿申请。

管理人提出的临时补偿申请须以临时分配债权人为基础，美国破产管理局可以批准。但是，如果管理人长期管理某个案件，为资产提供了大量服务时，可以因此获得临时补偿。

美国破产管理局必须审查确保前管理人和继任管理人的酬金公平分配，且总额不超过第 326(a)条规定的上限。①

① 《美国破产法》第 326(c)条。

破产伦理规范*

联合破产委员会

联合破产委员会（Joint Insolvency Committee）于1999年组建，目的是加强职业授权机构之间的联系，尽可能确保彼此之间的长期沟通，每个职业授权机构均在联合破产委员会派驻代表。

李吉鹏 译

中国政法大学民商经济法学院经济法专业硕士研究生。

第一部分　一 般 适 用

破产实践

介绍

1.1　《破产伦理规范》（以下简称《规范》）设定了破产执业者的相关义务，以实现破产执业者应有的道德要求。

1.2　在合理可行范围内，授权机构必须致力于保护和促进公共利益。《规范》设定了实现上述目标的框架部分。

要求和适用根据

1.3A1　要求和适用根据的阅读和应用是为了遵守《规范》基本原则以及应用概念框架。

要求

1.3A2　要求条款前以字母“R”标示，大多数情况下，它使用“shall”一词。《规范》中“shall”意味着为破产执业者施加义务，要求其遵守带有“shall”一词的特定条款。

1.3A3　某些情况下，《规范》规定了某项要求的特定例外情形。此时，该条款

* 《英国破产伦理规范》由联合破产委员会于2007年制定，经多次修订。本文依2020年5月1日生效的修订版本翻译。

以“R”标示，但使用的是“may”或者其他用词。

1.3A4　当《规范》中使用“may”，它表示允许在特定情形下采取特定行为，包括作为一项要求的例外情形。“may”一词不指代可能性。

1.3A5　当《规范》中使用“might”，它表示一个问题出现、一件事情发生或者一个行动被采取的可能性。当“might”与某种风险联系起来，依据某个问题、事情或行动的事实情形来评估该风险的大小程度，它并不表示风险发生可能性的具体程度。

适用根据

1.4A1　除要求外，《规范》还涉及适用根据，其提供了《规范》理解的有关背景。适用根据致力于帮助破产执业者理解如何将概念框架应用于具体情况，以及理解和执行某项特殊要求。尽管适用根据本身并不构成要求，但对于《规范》要求的合理适用，包括框架概念的适用，考虑适用根据是必不可少的。适用根据前以字母“A”标示。

1.4A2　适用根据提供的示例清单并未穷尽列举所有情形。

R1.5　为保护和促进公共利益，任何破产执业者应当遵循和执行《规范》。如果法律或者法规禁止破产执业者执行《规范》部分规定，破产执业者也应当执行《规范》其他规定。

1.5A1　《规范》树立了破产执业者的基本道德原则，为破产执业者提供一个框架，使其：

a）识别对于遵守基本原则的风险；

b）评估已识别风险的影响力；以及

c）采取合理可行的防控措施将风险降至特定水平，该风险水平须经破产执业者从理性且知情第三人角度测试，其能够认可自身遵守了基本原则。

R1.6　任何破产执业者在应用上述框架时都应采用自身专业判断。

1.6A1　《规范》描述了如何将伦理框架应用于具体情形。《规范》提供了合理应对基本原则所面临风险的方法示例。《规范》也描述了无从应对的一些情形，那么该情形或关系应当予以避免。

范围

R1.7　无论是破产任命行为还是可能引发破产任命的情形下，破产执业者都应始终遵循《规范》。

R1.8　在职业和商业活动中，无论有无报酬或是其他情形，破产执业者都应遵循基本原则，运用《规范》的概念框架并遵守其特殊要求。如果破产执业者没能做到，就会损害其破产执业的声誉。

R1.9　破产执业者不仅应遵循《规范》条文，也应贯彻《规范》精神。

1.9A1　破产执业者考虑相应职位过程中，《规范》提供了破产执业者应当考虑问题的示例，但道德因素不仅限于以上问题示例。破产执业者需要考虑一个理性且知情第三人对于其行为的看法。

R1.10　尽管破产任命是针对破产执业者个人，而非其破产执业机构或雇佣机构，破产执业者仍应确保其所承担的工作以及所在破产团队成员的工作都与《规范》相符合。

基本原则

通则

100.1A1　破产执业者需遵守以下五项基本道德原则：

a）诚信原则

破产执业者在所有职业和商业关系中应当是坦率而诚实的。

b）客观原则

破产执业者不能让偏见、利益冲突或他人的不当影响凌驾于其职业或商业判断之上。

c）专业能力和适当注意原则

i. 破产执业者应当跟随技术、专业标准和相关立法的最新发展，保证专业知识和技能上的应有水平，确保客户或雇主获得合格的专业服务；并且

ii. 应按照相关技术和专业标准勤勉履责。

d）保密原则

破产执业者应尊重基于职业和商业关系而获得信息的保密性。

e）职业行为原则

破产执业者应遵守相关法律和法规，避免采取明知或应当知道的有损职业声誉的行为。

R100.2　任何破产执业者都应当遵守所有基本原则。

100.2A1　基本道德原则为破产执业者设定了行为标准。概念框架建构了破产执业者应当如何执行上述基本原则的方法。《规范》第 R101.1 —R105.1 A2 条规定了每个基本原则涉及的要求和适用根据。

100.2A2　破产执业者可能会遇到基本原则相互冲突的情形。此时，破产执业者在必要情况下可以考虑匿名咨询下列主体：

· 所在破产执业机构或雇佣机构的其他人员；

· 监管人员；

· 来自其他破产执业机构的破产执业者；
· 专业机构；
· 授权机构；
· 法律顾问。

然而，咨询活动并未免除破产执业者运用专业判断解决上述矛盾的责任，也未能在必要情形下摆脱引发矛盾的问题，除非法律或法规对该问题予以禁止。

诚信原则

R101.1　破产执业者应当遵守诚信原则，其在所有职业和商业关系中应当是坦率而诚实的。

101.1A1　诚信原则意味着公平交易和真实性。

R101.2　如果破产执业者认为报告、回复、通信或其他信息涉及以下内容，就不应当与其产生关联：

a）实质性错误或误导性评论；

b）草率提供的评论或信息；

c）存在遗漏或模糊的必要信息，引发误导性。

101.2A1　如果破产执业者针对上述报告、回复、通信或其他信息，出具一份修改过的报告，其将不会违反《规范》第 R101.2 条。

R101.3　当破产执业者认识到其与第 R101.2 条描述的信息存在关联，破产执业者应当采取措施解除相应关联。

客观原则

R102.1　破产执业者应当遵守客观原则，不能让偏见、利益冲突或他人的不当影响凌驾于其职业或商业判断之上。

102.1A1　客观性是一种仅考虑手中任务相关事项的思维方式，而不考虑其他任何事项。

R102.2　如果某种情况或关系不恰当地影响了破产执业者关于某项活动的专业判断，那么破产执业者不应从事此项专业活动。

专业能力和适当注意原则

R103.1　破产执业者应当遵守专业能力和适当注意原则，其应当：

a）跟随技术、专业标准和相关立法的最新发展，保证专业知识和技能上的应有水平，确保能够提供合格的专业服务；并且

b）应按照相关技术和专业标准勤勉履责。

103.1A1　专业能力原则要求破产执业者从事专业活动时，运用专业知识和能

力以取得最合理的判断。

103.1A2　维持专业能力需要对于相关技术、专业和商业发展的持续了解。专业的持续进步促使破产执业者在专业环境下维持专业能力。

103.1A3　勤勉履职要求破产执业者小心、谨慎、及时地完成任务。

R103.2　为遵守专业能力和适当注意原则，破产执业者应当采取措施，确保那些依靠专业能力工作、处于破产执业者管理下的人员受到适当的训练和监督。

R103.3　适当的情况，破产执业者应当使破产执业者服务、活动的使用者或他们的雇佣机构，了解其所提供服务或活动的固有局限。

保密原则

104.1A1　保密原则不仅是为了保持信息机密性，也为了采取合理措施保护信息机密性。信息是否具有机密性取决于其自身性质。

R104.2　担任官方接管人的破产执业者有义务向破产结果的利益相关者报告相关信息。破产执业者应根据案件的情况，始终以透明和可理解的方式全面报告其行为和交易。破产执业者应考虑到他人预期以及理性和知情的第三方认为适当的做法。

R104.3　破产执业者应遵守保密原则，尊重基于职业和商业关系而获得信息的机密性。破产执业者应当：

a)警惕疏忽大意的信息泄露，包括在社交环境中，尤其是紧密的生意伙伴、直系或近亲属；

b)在破产执业机构或雇佣机构内信息保密；

c)维护雇佣机构披露信息的机密性；

d)除非有法定或职业上的披露责任或权利，不能在没有合理特定权限的情况下，向执业机构或雇佣机构以外披露因职业和商业关系而获得的机密信息；

e)因职业和商业关系而获得的机密信息，不得用于为破产执业者或第三方谋取个人利益；

f)职业和商业关系结束后，不使用或披露因上述职业和商业关系而获取的机密信息；以及

g)采取合理措施，确保破产执业者控制下的员工以及提供咨询或协助的人员尊重破产执业者的保密性义务。

104.3A1　以下几种情形，破产执业者被要求或可能被要求披露机密信息，或者披露可能是合理的：

a)法定披露，例如：

i. 为破产者债权人提供法定报告；

ii. 针对破产机构董事的行为提交报告；

iii. 法律诉讼中提交文件或证据；

iv. 向有关公共当局披露所发现的违法行为；

b）披露获得法律允许，并得到雇佣机构授权；以及

c）破产执业者拥有专业的披露责任或权利，同时不为法律所禁止：

i. 接受授权机构的质量审查；

ii. 配合授权机构或监管部门的质询或调查；

iii. 保护破产执业者在法律诉讼中的职业利益；或者

iv. 实现包括道德要求在内的技术和专业标准。

104.3A2　根据具体情况，在决定是否披露机密信息过程中，破产执业者需考虑的因素包括：

· 如果客户或者雇佣机构同意破产执业者披露信息，任何一方当事人，包括利益可能受影响的第三方的利益是否会受影响。

· 所有相关信息是否已知、是否得到证实，甚至是可行的。决定是否披露的影响因素包括：

o 未经证实的事实；

o 不完整信息；

o 未经证实的结论。

· 拟定的通信类型以及通信对象。

· 通信对象是否是合适的接收人。

R104.4　即使破产执业者与雇佣机构的关系结束后，破产执业者仍应遵守保密原则。当雇佣关系改变或者接受一项破产任命时，破产执业者有权利用先前的经验，但不允许使用或披露任何基于职业或商业关系而获取的机密信息。

职业行为原则

R105.1　破产执业者应遵循职业行为原则，遵守相关法律和法规，避免采取任何明知或应当知道会有损职业声誉的行为。如果破产执业者明知某种生意、职位或者活动会或可能会有损诚信、客观性或职业声誉，破产执业者不应涉及上述生意、职位或活动，否则就会违背《规范》基本原则。

105.1A1　可能影响破产执业者职业声誉的行为，包括理性且知情第三人提出反对意见从而影响其职业声誉的情形。

105.1A2　职业行为的概念意味着破产执业者在执行工作时应礼貌谨慎地对

待其接触的所有人。

概念框架

介绍

110.1　某些情况下,破产执业者的行为可能会使基本原则面临风险。本节规定了要求和适用根据,包括概念框架,以协助破产执业者遵守基本原则并且履行为公共利益服务的职责。要求和适用根据立足于广泛的事实和情况,而这些事实和情况会给基本原则带来风险,包括不同的专业活动,利益和关系。另外,要求和适用根据禁止破产执业者仅因为某种情况并不被《规范》所特别禁止,就允许该种情况发生。

110.2　概念框架强调一种方法,使破产执业者:

a)识别基本原则面临风险;

b)评估已识别风险;并且

c) 消除风险或将其降至可接受水平。

要求和适用根据

通则

R111.1　破产执业者应当利用概念框架,以识别、评估和处理《规范》第100~105条中基本原则面临的风险。

R111.2　破产执业者应格外注意识别破产任命之时或之前就已存在的风险,或在破产任命期间能够合理预期的潜在风险。

R111.3　采取识别风险措施过程中,破产执业者应当考虑到破产执业机构属于网络的一部分。

R111.4　应对道德问题时,破产执业者应当考虑问题产生或可能产生的背景。破产执业者实施专业活动中,无论其与破产执业机构的关系是承包人、雇员还是所有者,破产执业者个人都应遵守本《规范》。

R111.5　破产执业者运用概念框架时,应当:

a)采用专业判断;

b)对于新信息和事实情况变化保持关注;并且

c)采用《规范》第113.1A1条中的理性且知情第三人测试。

采用专业判断

112.1A1　专业判断涉及运用相关训练、专业知识、能力和经验,与事实情况相匹配,这些事实情况包括特定专业活动的性质和范围,牵涉利益和关系。在承担专业活动过程中,当破产执业者运用概念框架采取适当行为,以及判断特定情形下的决定是否适当时,破产执业者就必须采用专业判断。

112.1A2 对已知事实和情况的了解是合理运用概念框架的先决条件。对于选择抓取上述事实情况的必要行动和判断基本原则是否得到遵循而言,采用专业判断是非常必要的。

112.1A3 采用专业判断了解已知事实和情况过程中,破产执业者在其他问题中可能会考虑是否存在以下情况:

· 有理由担心破产执业者已知的事实情况会误导潜在相关信息。

· 已知事实情况与破产执业者的期待存在矛盾。

· 破产执业者的专业性和经验足以得出结论。

· 需要咨询其他具备相关专业性和经验的人。

· 有关信息为得出结论提供了合理的基础。

· 破产执业者自身感知或偏见可能正影响其专业判断的运用。

· 从可用信息中可以得出其他合理的结论。

理性且知情的第三人

113.1A1 理性且知情的第三人测试,是指破产执业者站在另外一方当事人的角度,考虑是否能够得出相同结论。这种考虑是站在理性且知情的第三人的角度,他们权衡破产执业者已知或应当知道的相关事实情况,并同时做出结论。理性且知情的第三人不需成为破产执业者,但需要具备相关知识和经验,能够公正地理解和评估破产执业者所下结论的合理性。

风险识别

R114.1 破产执业者应识别基本原则面临的风险。

114.1A1 对事实情况的了解,包括可能损害基本原则的专业活动、利益和关系,是破产执业者识别特定风险的先决条件。由行业、法律、法规、破产执业机构或雇佣机构建立的特定环境、政策和程序,能够促进破产执业者履行道德责任,也能帮助破产执业者识别基本原则面临的风险。

114.1A2 以下是特定环境、政策和程序的示例,它们也是评估风险严重性的影响因素(也见“职业与个人关系”):

a)强调遵守基本原则重要性的破产执业机构领导力;

b) 实施和监督工作质量控制的政策和程序;

c)关于需要识别遵守基本原则面临的风险、评估风险的严重性以及实施防控措施以消除或降低风险至可接受水平的书面政策;

d)遵守基本原则需要的书面内部政策和程序;

e)决定是否接受破产任命之前,识别基本原则面临风险的政策和程序;

f)识别破产执业机构或执业机构人员与第三方之间的利益或关系的政策和程序;

g)禁止非破产团队成员对破产任命结果产生不正当影响的政策和程序;

h)及时将破产执业机构政策和程序,包括所有变化情况传达给执业机构人员,并就此政策和程序适当培训和教育;

i)指定一名高级管理人员负责监督执业机构质量控制系统的充分运作;

j)促进遵守相关政策和程序的纪律机制;

k)制定公开的政策和程序,对任何有关遵守相关基本原则的问题,鼓励和授权执业机构人员与执业机构高层展开沟通。

114.1A3 遵守基本原则面临的风险可能来自于广泛的事实和情况。描述所有产生风险的具体情形是不可能的。另外,业务和工作任务的性质可能不同,因而也会带来不同类型的风险。

114.1A4 遵守基本原则面临的风险属于以下一种或几种范畴:

a)自身利益风险:破产执业机构,执业机构人员或其近亲、直系亲属的财产或其他利益,对于破产执业者的判断或行为产生不正当影响;

b)自我审查风险:破产执业者并未合理评估某个执业机构人员先前做出判断或提供服务的后果,在提供现阶段服务中还需依靠前一评估形成判断;

c)利诱风险:破产执业机构人员支持一种立场或意见,以致可能损害客观性原则;

d)熟人请托风险:因长期或密切关系,破产执业机构人员太过同情或敌视他人的利益,或者太过接受他们的工作;以及

e)胁迫风险:因实际存在或可察觉的压力,包括对破产执业者施加不正当影响,破产执业者未能客观履行职责。

114.1A5 以下事实和情况示例,其中每种风险都会给破产执业者造成威胁:

a)破产执业者可能面临的自身利益风险包括以下情形:

i. 需要主观裁决有关争议时,执业机构人员与债权人、潜在债权人或交易相对人存在利益关系;

ii. 执业机构人员与债权人、潜在债权人或交易相对人存在紧密商业关系;

iii. 评估某一执业机构人员先前提供服务的结果时,破产执业者发现实质性错误;

iv. 担心可能损害商业合作关系;

v. 担心未来就业问题。

b）破产执业者可能面临的自我审查风险包括以下情形：

i. 接受某机构的破产任命，而该执业机构人员最近已被该机构雇用或借调；

ii. 破产执业者或执业机构已经为某一机构提供过任何形式的专业工作，包括连续的破产任命。

c）破产执业者可能面临的利诱风险包括以下情形：

i. 以咨询者身份为破产机构的债权人服务；

ii. 在机构破产以前以咨询者身份为其服务；

iii. 在与破产机构的诉讼或争议中担任破产执业机构客户的律师。

d）破产执业者可能面临的熟人请托风险包括以下情形：

i. 执业机构人员、直系亲属或近亲属成员，与董事、官员、职员、雇员以及任何跟破产机构有利益关系的人员之间存在密切关系；

ii. 执业机构人员、直系亲属或近亲属成员，与破产财产和/或企业的潜在购买者以及任何与潜在购买者有利益关系的人员之间存在密切关系。

在此方面，密切关系包括密切的职业关系和密切的个人关系。

e）破产执业者可能面临的胁迫风险包括以下情形：

i. 以解雇或代替方式威胁破产执业机构人员；

ii. 以诉讼、投诉或负面宣传威胁破产执业机构人员；

iii. 以暴力或其他报复方式威胁破产执业机构人员。

114.1A6　一种情形可能带来几种风险，一种风险可能会损害不止一条基本原则。

风险评估

R115.1　当破产执业者识别某种基本原则面临的风险时，破产执业者应当评估该风险是否处于可接受水平。

可接受水平

115.1A1　可接受水平意味着破产执业者采用理性且知情第三人测试，能够认定自身始终遵循着基本原则。

评估风险水平的相关因素

115.2A1　定性和定量因素的考虑与破产执业者对风险的评估有关，如果可行的话也是多种风险的共同效果。

115.2A2　《规范》第114.1 A1 A2条中的环境、政策和程序，也可能成为评估基本原则面临风险水平的相关因素。前述环境、政策和程序包括以下示例：

a)公司治理要求；

b)专业教育、训练和经验要求；

c)专业标准；

d)有效的投诉系统，促使破产执业者和公众关注不道德行为；

e)报告违反道德要求行为的定期义务；

f)行业或监管机构的监督和纪律机制；

g)对于破产执业者提供的报告、回复、通信或信息，由法律授权的第三方展开外部审查。

对新信息或事实情况变化的考虑

R115.3 如果破产执业者认识到，新信息或事实情况变化可能会影响将风险消除或降低至可接受水平，破产执业者应相应重新评估和处理该风险。

115.3A1 整个破产任命过程中，破产执业者始终保持警惕，有利于确认是否有新信息或事实情况变化发生，这些新信息或事实情况变化有以下特征：

a)影响风险水平；或者

b)影响破产执业者认定应对已识别风险的防控措施是否一直合理。

115.3A2 如果新信息造成新风险的识别，破产执业者应评估并尽可能适当地处理该风险。

风险处理

R116.1 如果破产执业者发现已识别风险并未处于可接受水平，破产执业者应将该风险消除或降低至可接受水平。破产执业者应采取以下行动：

a)消除特定情况，包括引发风险的利益或关系；

b)采取可行适当的防控措施，将风险降低至可接受水平；或者

c)拒绝或结束该破产任命。

消除风险的行为

116.1A1 根据事实和情况，破产执业者可通过消除产生风险的具体情况来应对风险。然而在某些情况下，破产执业者只能通过拒绝或结束破产任命，或者从执业机构或雇佣机构辞职。这是因为造成风险的情况难以消除，并且没有防控措施能够将风险降低至可接受水平。

防控措施

116.1A2 防控措施是破产执业者单独或共同采取的行为，致力于将基本原则面临风险降低至可接受水平。

116.1A3 防控措施视具体事实和情况而定。特定情况下应对风险的防控措

施如下所示：

· 当一个破产任命已被接受时，将已接受的任务交由另外有时间与资质的员工，可以应对自身利益风险。

· 拥有一个破产团队以外的合适审查者，对破产执业者的工作或建议进行必要审查，可以应对自我审查风险。

· 引入另外破产执业者执行或再次执行部分任务，可以应对自身利益风险，自我审查风险，利诱风险，熟人请托风险或者胁迫风险。

· 披露由于推荐服务或产品而获取的推荐费或佣金安排，可以应对自身利益风险。

针对破产任命的防控措施规定在《规范》后文。

重大判断的考虑和总体结论的判定

R116.2　对于破产执业者采取或打算采取的应对风险行动，能否将风险消除或降低至可接受水平，破产执业者应当做出总体结论。形成总体结论过程中，破产执业者应当：

a）审查已做出的重大判断或已得出的结论；并且

b）采用理性且知情第三人测试。

违规行为

R120.1　如果发现违反《规范》其他规定的行为，破产执业者应当评估其严重性及其对破产执业者遵守基本原则能力的影响。破产执业者还应：

a）尽快采取一切可能的措施，以令人满意的方式解决违规的后果；

b）确定是否将违规行为报告给有关各方。

120.1A1　可能受违规行为影响的人或者某个授权机构，都可能接到关于违规行为的报告。

记录保存

130.1A1　破产执业者将有理由证明其行动的合理性。在引起破产任命行为中以及破产任命过程中，破产执业者都应通过同期书面记录，证实其关于识别、评估和应对风险所采取的措施和得出的结论。

R130.2　破产执业者应记录：

a）事实；

b）与讨论事项涉及人员之间任何通信，以及与上述人员相关的人员；

c）所考虑的行动方针，做出的判断和决定；

d）可行的应对风险防控措施；

e）问题如何解决；

f）在相关情况下，为什么适合接受或继续破产任命。

130.2A1　破产执业者保存的与其采取措施和得出结论有关的记录，应当足以使一个理性且知情的第三人能够认同其行为的适当性。

道德冲突的解决

140.1　贯彻基本原则过程中，破产执业者可能需要面对基本原则之间产生的冲突。

140.1A1　在启动正式或非正式冲突解决程序时，以下因素单独或与其他因素一起，可能与解决程序有关：

a）相关事实；

b）涉及道德问题；

c）与所涉事项有关的基本原则；

d）已建立的内部程序；

e）替代行动方案。

140.1A2　考虑到相关因素后，破产执业者有必要确定适当的行动方案，并权衡每种可能行动方案的后果。如果问题仍未解决，则破产执业者可以咨询执业机构内其他适当人员，以寻求解决方式。

140.1A3　如果问题涉及与破产机构的冲突或机构内部冲突，破产执业者需要决定是否咨询机构管理人员，例如董事会或高管团队。

R140.2　破产执业者应记录问题的实质，所进行讨论的细节以及就该问题作出的决定。

140.2A1　破产执业者应参考记录保存（《规范》第130条）。

140.2A2　破产执业者的行动应足以解决基本原则面临的风险。因此，例如对于法院、债权人或其他利益相关者，破产执业者应注意向其披露有关风险以及已确定和采用的防控措施。

140.2A3　如果重大冲突无法解决，则破产执业者可以考虑向授权机构或法律顾问寻求建议。如果破产执业者以匿名方式同授权机构讨论问题，或在法律允许下与法律顾问讨论问题，破产执业者通常可以在不违反保密原则的前提下获得有关道德问题的指导。

R140.3　如果穷尽一切可能性后，道德冲突仍未解决，破产执业者应在可能的情况下摆脱造成冲突的问题。在这种情况下，对于撤出破产任命，或从破产执业机构或雇佣机构辞职是否适当，破产执业者需要予以确定。

第二部分　特 殊 适 用

介绍

200.1 此部分《规范》规定破产执业者如何将概念框架适用于具体情况。本部分并未穷尽列举破产执业者可能遇到的所有情况和关系,这些情况和关系可能给遵守基本原则带来风险。因此,破产执业者应对这些情况和关系保持警惕。

要求和适用根据

R200.2　破产执业者不得故意从事任何损害或可能损害诚信,客观性或职业声誉的活动,那将违背基本原则。

R200.3　破产执业者应运用专业判断,确定如何最好地应对处于不可接受水平的风险,是否采取防控措施消除威胁或将其降低至可接受水平,还是在可能的情况下摆脱带来冲突的问题。

200.3A1　在运用上述专业判断时,破产执业者应站在理性且知情第三人的视角,权衡当时获取的所有具体事实和情况,认定是否可以通过实施防控措施,消除风险或将风险降低至可接受水平,确保不损害基本原则。

200.3A2　在工作环境中,防控措施根据事实和情况而有所不同。工作环境防控措施包括整个破产执业机构现有的和针对某个破产任命的防控措施。

200.3A3　针对某个破产任命的防控措施包括以下行为:

a)咨询独立第三方,例如授权机构或其他破产执业者;

b)获取债权人委员会的意见;

c)向债权人和其他利益相关者披露道德问题;

d)引入其他破产执业者执行或重新执行部分业务;

e)向具有适当经验和专业知识的事务律师、出庭律师或辩护律师寻求法律建议。

一般行为

R200.4　法规或派生立法对相关情况做出规定的,破产执业者应遵守此类规定。

200.5　破产执业机构主要受法规和派生立法规制,许多情况下最终要受法院的控制。

R200.6　破产执业者还必须服从规制其行为的司法机构,遵循法院的指导。

R200.7　破产执业者应采取符合担任合适法院职位的方式履行职责,并履行其可能承担的任何准司法的、约定的以及其他职责。

R200.8　破产执业者应遵守其授权机构发布的标准或规定。

R200.9　对于破产任命行为或引发破产任命的工作,授权机构,破产服务局和其他有关部门发布了相关指导,破产执业者应当予以重视。

破产任命

介绍

210.1　破产执业者必须遵守基本原则,并应用概念框架来识别、评估和应对风险。210.2 接受破产任命可能会损害一项或多项基本原则。本节设定了这种情况下运用概念框架的相关特定要求和适用根据。

要求和适用根据

R210.3　破产执业者在同意接受包括联合任命在内的任何破产任命之前,应考虑接受任命是否会给基本原则的遵守带来风险。

210.3A1　利益冲突对客观性基本原则的威胁尤为重要。更多细节规定于《规范》"利益冲突"一节,即《规范》第 310—311.2 A4 条。

210.3A2　在识别基本原则面临风险时,破产执业者需要识别并评估可能影响基本原则遵守的任何职业或个人关系(见《规范》"以专业知识履职"一节,第 300 条以下)。破产执业者应考虑对上述关系引起的风险做出适当回应,并确定和采取合理防控措施。

R210.4　如果发现已识别的基本原则面临风险处于不可接受水平,破产执业者应通过消除风险或将其降低至可接受水平的方式来应对风险。破产执业者应通过以下行为完成上述目标:

a)消除特定情况,包括带来风险的利益或人际关系;或者

b)在恰当可行情况下采取防控措施,将风险降低至可接受水平。

R210.5　基本原则面临风险被识别以前,破产执业者不得接受破产任命,除非该风险已被消除或降低至可接受水平。

210.5A1　评估风险水平的相关因素包括防止未经授权披露机密信息的措施,这些措施包括:

· 破产执业机构内部设有承担专门职能的独立执业区域,可以阻碍在执业区域之间传递客户的机密信息。

· 限制获取客户资料的政策和程序。

· 破产执业机构员工与合伙人签署保密协议。

· 从物理空间和电子系统上隔离机密信息。

· 特定和专门的培训和交流。

210.5A2　可能采取的防控措施包括以下示例：

a）根据情况从破产执业机构内部或外部引入其他破产执业者，由其审查已完成的工作，执行或重新执行部分工作，或根据需要提供其他建议。这可能包括联合任命其他破产执业者；

b）更换破产团队成员或使用独立的工作人员；

c）终止引起风险的财务或商业关系；

d）向法院寻求指示。

210.5A3　破产任命以前，破产执业者应考虑是否将存在风险以及已采取的防控措施，向法院或指定破产执业者代表其行事的债权人披露，以及无人反对破产执业者的任命。

210.5A4　如果《规范》特别禁止一个破产执业者作为个人接受破产任命，包含该破产执业者的联合任命也不是合理的防控措施，该任命也不应被接受。

210.5A5　破产执业者需要运用专业判断，确定应对已识别风险的合理举措。在运用上述专业判断时，破产执业者应站在理性且知情第三人的视角，权衡当时获取的所有具体事实和情况，认定是否可以通过实施防控措施，消除风险或将风险降低至可接受水平，确保不损害基本原则。

R210.6　破产执业者可能会遇到无法消除风险且无法采用防控措施将风险降低至可接受水平的情况。在此情况下，破产执业者不得接受破产任命。

R210.7　接受破产任命后，破产执业者应继续审查已识别风险，并应警惕产生基本原则面临的其他风险。

210.7A1　整个破产任命过程中，破产执业者始终保持警惕，有利于确认是否有新信息或事实情况变化发生，这些新信息或事实情况变化有以下特征：

a）影响风险水平；或者

b）影响破产执业者认定应对已识别风险的防控措施是否一直合理。

破产执业机构合并

210.8A1　如果破产执业机构合并，在合并之后，出于评估基本原则面临风险的目的，他们将被视为一个机构。

R210.9　执业机构合并时，破产执业者应审查现有的破产任命并识别所有风险。

210.9A1　合并后执业机构的负责人和员工，受到与其接受前一执业机构的客户新的破产任命有关的共同道德约束。如果执业机构对机构合并的详细审查没有发现明显和直接的道德冲突,因合并明显违反《规范》的现有破产任命不必予以自动限制。

R210.10　如果执业机构人员在先前执业机构中为某机构从事的事务工作与目前执业机构的破产任命相冲突,则该人员不应参加上述破产任命的工作。

以专业知识履职

介绍

300.1　破产执业者应当遵守基本原则,运用概念框架去识别、评估和应对风险。300.2 专业能力和适当注意原则要求破产执业者只有具备或能够获取足够专业知识时,才能接受破产任命。例如,如果破产执业者或破产团队不具备或无法获得执行破产任命所需的能力,专业能力和适当注意基本原则会面临自我利益风险。这种情况下的专业知识获取包括通过聘请专家或借助其他资源的方式。本节设定了这种情况下应用概念框架的相关要求和适用根据。

要求和适用根据

通则

R300.3　破产执业者不得就其拥有的专业知识或经验水平故意误导雇用机构。300.3 A1 专业能力和适当注意原则要求破产执业者仅承担其已经或能够获得足够培训或经验的重要任务。

300.3A2　如果破产执业者具有以下情况,专业能力和适当注意原则可能面临自身利益风险:

·没有足够时间来执行或完成相关职责;

·用于履行职责的信息不完整,受限制或其他方面不充分;

·经验,培训和/或教育不足;

·用于履行职责的资源不足。

300.3A3　评估上述风险水平的相关因素包括:

·破产执业者与他人合作的程度;

·破产执业机构内执业者的相对资历;

·关于工作的监督和审查级别。

300.3A4　评估专业知识时应考虑的因素包括:

a）对机构、机构所有者、机构管理者以及治理和商业活动负责人的适当认知和了解;

b)对机构业务的性质,业务的复杂性,业务的具体要求以及需执行工作的目的、性质和范围的适当理解；

c）对有关行业和专业问题的了解；

d）拥有或能够获取有关监管和报告要求的经验；

e）可获取充足拥有专业能力的人员；

f）必要时寻求专家协助的渠道；

g）遵守质量控制政策和程序，合理保证只接受能够胜任的特定工作。

300.3A5　维持和获得专业能力需要对相关技术和专业发展的持续了解和掌握。

300.3A6　可以应对上述风险的防控措施包括：

· 从具有必要专业知识人员获得帮助或培训。

· 确保足够时间履行相关职责

R300.4　如果无法应对遵守专业能力和适当注意原则面临的威胁，破产执业者应确定是否拒绝履行有关职责，是否接受或继续破产任命。如果破产执业者认为拒绝接受破产任命是适当的，破产执业者应说明原因。

R300.5　关于整个破产任命所需的专业知识，破产执业者应持续接受审查。

利益冲突，职业和个人关系

介绍

310.1　破产执业者应当遵守基本原则，运用概念框架去识别、评估和应对风险。

310.2　利益冲突不仅对遵守客观性原则构成风险，也可能对其他基本原则构成风险。

310.3　发生利益冲突时，信息机密至关重要。

310.4　本节设定了将概念框架运用于利益冲突的相关特定要求和适用根据。

要求和适用根据

通则

R311.1　破产执业者不得让利益冲突损害职业或商业判断。

R311.2　破产执业者可能会遇到无法将客观原则或其他基本原则面临的风险消除，并且无法运用防控措施将风险降低至可接受水平的情况。在此情况下，破产执业者不得接受破产任命。

311.2A1　可能造成利益冲突的情况包括与该机构或同该机构有联系的人员之间存在重大关系，或者破产执业者：

· 必须处理有关利益冲突或竞争，这些利益冲突或竞争发生在他们支配的人员或获得任命的执业机构内其他人员之间。

·或执业机构中的其他破产执业者之前曾担任一家公司的官方接管人,该公司拥有一名或多名一般董事。后来,该破产执业者已被任命为多家具有一位或几位相同董事破产公司的官方接管人,利益冲突发生风险会显著增加。

·或执业机构内其他人员曾经为一家机构和/或其集团执行一项或多项任务,然后他们被任命为该机构或其关联机构的官方接管人。

·或执业机构内其他人员曾经为一家机构抵押权人或利益相关者执行一项或多项任务,然后该破产执业者被任命为该机构或其关联机构的官方接管人。

·被最近一项抵押的浮动抵押权人任命为管理人,资产变卖给购买者,而该购买者与浮动抵押权人存在联系。

·被任命为债务人个人自愿安排中的监督人或者债务人破产或扣押程序中的受托人,并已被一家公司任命为官方接管人,或执业机构内另一名破产执业者被这家公司任命为官方接管人,而该债务人是该公司的董事或在过去三年中担任董事。

·被委派处理破产人的个人事务,而破产执业者或执业机构内另外人员曾参与该个人破产程序。如果破产执业者要求支付未付费用,则利益冲突风险会增加。

311.2A2　如果破产执业者或其执业机构先前已经为一家机构、其背后集团、其抵押权人或利益相关者执行过许多工作,冲突发生的风险将会增加。若先前工作持续时间过长,也会增加风险。风险水平取决于之前提供的服务,以及之前执行工作的性质。

311.2A3　如果破产执业者或执业机构内其他人员已经为某机构执行了一项或多项任命前的事务,并且该破产执业者被任命为破产官方接管人,而前述人员或执业机构内另外人员被任命为即将而来破产程序的官方接管人,如此风险会显著增加。

311.2A4　破产执业者或其执业机构或许没有得到执行任务的正式约定,或没有取得报酬,但这一事实并不排除发生利益冲突的可能性。

职业和个人关系

介绍

312.1　破产执业者工作环境及其职业和个人生活中形成的关系能给客观性基本原则带来风险。

要求和适用根据

R312.2　如果破产执业机构人员,他们的近亲属或直系亲属或者执业机构本身,与其所考虑破产任命有过或曾经有过职业或个人关系,客观原则可能会受到威胁。

312.2A1　前述关系包括(但不限于)以下类型:

a)机构自身;

b)机构高管、董事、影子董事、前董事或前影子董事;

c)机构的股东或主要控制人;

d)机构的任何负责人或雇员;

e)机构的商业伙伴;

f)由机构控制的公司或机构;

g)与机构受共同控制的公司;

h)潜在购买者;

i)债权人;

j)出资人,包括股东,私募公司和机构债券持有人;

k)机构债务人;

l)机构(如果是个人)或其职员(如果是企业组织)的近亲或直系亲属;

m)与破产执业机构有商业关系或与执业机构内人员有私人关系的其他人。

312.2A2　以上示例并非穷尽列举,破产执业者应考虑任何关系的实质。

R312.3　对于正在考虑的破产任命,破产执业者应确保执业机构拥有识别执业机构内人员和第三方之间关系的政策和程序,并且是以适当与合理的方式。

R312.4　接受破产任命之前,破产执业者应采取合理措施,识别出可能造成利益冲突并因此损害一项或多项基本原则的情况,包括任何关系。这些措施应包括识别:

a)相关利益的性质以及利益相关者之间关系;以及

b)为机构或关联机构所从事前期工作的性质、程度和时间安排,及其对利益相关者的影响。

312.4A1　在决定是否接受破产任命之前和整个破产任命期间,有效的冲突识别程序都可以帮助破产执业者采取合理措施,识别出可能造成实际或潜在利益冲突的利益和关系。这样一个程序包括考虑例如破产机构的董事或破产人等外部主体所发现的问题。实际或潜在的利益冲突越早被发现,会计师处理利益冲突带来风险的可能性就越大。

312.4A2　识别实际或潜在利益冲突的有效程序将考虑以下因素:

· 为机构或关联机构进行的任何前期工作的性质;

· 破产任命的性质;

·破产执业机构规模；

·客户基础的规模和性质；

·破产执业机构的结构，例如办公室的数量和地理位置。

R312.5　如果识别了第312.2 A1条中的职业或个人关系，破产执业者应基于正在寻求或考虑的破产任命，评估这种关系的影响。

312.5A1　在评估关系是否会给基本原则带来风险时，需要考虑的问题包括：

a）在与机构的较早关系中，破产执业机构所承担的先前职责的性质；

b）对于正在考虑的破产任命，破产执业机构针对机构财务状况和/或财务稳定性所从事工作具有的影响；

c）对于破产执业者、执业者所在部门或执业机构本身而言，工作费用或产生的成本是否重要；

d）因工作或成本而收取的费用是否可观；

e）执业机构最近从事过何种专业工作。执业机构最近三年的工作可能会对基本原则造成或预期造成更大的风险。对于非审计工作，任何风险都处于可接受水平。相反情形，执业机构的工作须经相当长的一段时间才能将风险降低至可接受水平；

f）正在考虑的破产任命是否涉及执业机构之前为该机构开展的工作；

g）任何个人关系的性质，破产执业者与处于关系之中个人的接近程度，以及在适当情况下，个人与同破产任命有关的机构的接近程度；

h）对于关系之中的有关个人，是否存在任何报告义务，例如有义务报告与破产任命有关的公司董事和影子董事的行为；

i）在先前与机构的关系中，个人在执业机构中所承担职责的性质；

j）破产团队与同机构有联系的个人之间的熟悉程度。

312.5A2　在评估前期完成工作的性质时，即使没有正式约定和/或未为破产执业机构产生费用，破产执业者也应考虑到已完成的工作。

R312.6　破产执业者识别并评估对基本原则造成风险的关系之后，应考虑其对策，包括采取任何合理防控措施，将风险降低至可接受水平。

312.6A1　《规范》第210.5 A2条中列举了一些可能将职业或个人关系造成风险降低至可接受水平的防控措施。其他防控措施包括：

a）终止在可能情况下引起风险的经济或商业关系；

b）将执业机构中无论直接还是间接存在的关系或者所获经济利益披露给机构或由破产执业者代表履行职责的人员。

312.6A2　虽然破产执业者可能无法退出破产团队，但如果该执业者退出破产团队，可将另外一人职业或个人关系引发的风险降低至可接受水平。

R312.7　对职业或个人关系引起的风险，破产执业者可能会遇到没有能够消除或将其降低至可接受水平的合理防控措施的情况。在此情况下，这种关系可构成重要的职业关系或重要的个人关系。此时，破产执业者不应当接受破产任命。

R312.8　在决定是否接受破产任命时，破产执业者应始终考虑第三方的看法。

312.8A1　破产执业者可能认为某种关系不会影响破产任命，但在某些情况下第三方的不同看法却足以使上述关系对破产任命产生影响。要考虑第三方的看法，破产执业者需要站在理性且知情第三人的角度，权衡当时能获取的所有事实和情况。

R312.9　破产执业者应记录：

a）事实；

b）与讨论事项涉及人员之间任何通信，以及与上述人员相关的人员；

c）所考虑的行动方针，做出的判断和决定；

d）可行的应对风险防控措施；

e）问题如何解决；

f）在相关情况下，为什么适合接受或继续破产任命。

R312.10　破产执业者保存的与其采取措施和得出结论有关的记录，应当足以使一个理性且知情的第三人能够认同其行为的适当性。

情况变化

R313.1　作为一个官方接管人时，破产执业者应注意随着时间的推移，可能引发风险的服务、利益和关系的性质会发生变化。

313.1A1　利益和关系的性质可能在破产任命期间就发生变化。破产执业者在对抗情形中接受破产任命，这种情况尤其如此，即使利益相关者最初可能没有卷入纠纷。破产任命期间债务被出售或转让，破产执业者接受任命从而替代官方接管人，成员自愿清算中的清算人将清盘转换为债权人自愿清算，或债权人进入破产程序，这些情形都容易产生前述变化。

社交公司（network firms）

R314.1　如果是社交公司，则破产执业者应考虑到因为社交公司与其控制与被控制公司存在的利益和关系，利益冲突可能存在或产生。

314.1A1　在确定涉及网络执业机构的利益和关系时要考虑的因素包括：

· 所提供专业服务的性质

·网络系统服务的客户

·相关当事人的地理位置

利益冲突引发的风险

315.1　通常而言,专业服务与当事人利益冲突问题之间的联系越直接,风险水平就越不可能处于可接受水平。

315.2　与评估利益冲突引发风险水平有关的因素,包括破产执业者在处理存在利益冲突的两个或更多破产机构的破产任命时,阻止未经授权披露机密信息的措施。这些措施包括:

·破产执业机构内部设有承担专门职能的独立执业区域,可以阻碍在执业区域之间传递客户的机密信息;

·限制获取客户资料的政策和程序;

·破产执业机构员工与合伙人签署保密协议;

·从物理空间和电子系统上隔离机密信息;

·特定和专门的培训和交流。

315.3　可以作为解决利益冲突引发风险的防控措施包括以下示例:

·拥有独立的业务团队,为他们提供明确的政策和程序以保持机密性。

·由不参与服务提供或未受利益冲突影响的适当审查员,审查所执行的工作,评估关键判断和结论是否适当。

R315.4　破产执业者应运用专业判断,确定应对利益冲突引发风险时,利益冲突的性质和重要性是否足以使特别披露和明确同意成为必要。

315.4A1　确定是否需要特别披露和明确同意时要考虑的因素包括:

·造成利益冲突的情况;

·可能受影响的各方当事人;

·可能出现问题的性质;

·特定事件以意外方式发展的可能性。

315.4A2　披露和同意可以采取不同的形式,例如:

·向法院披露申请法院执行或其他命令的信息

·获得债权人委员会的同意

·获得抵押债权人的同意

·向债权人披露

315.4A3　通常而言,任何披露都应包括特定冲突的情况以及如何解决所带来的风险。

315.4A4　有关接受破产任命的更多信息，请参见《规范》“破产任命”一节，第210条。

保密原则

通则

R316.1　破产执业者应时刻注意保密原则，包括在破产执业机构或网络系统内披露或共享信息，以及寻求第三方指导时。

316.1A1　《规范》第104.1—104.4条规定了可能损害保密原则情况的有关要求和适用根据。

专家建议和服务

介绍

320.1　破产执业者应当遵守基本原则，运用概念框架去识别、评估和应对风险。

320.2　如果破产执业者从他人获取专家建议或服务，一项或多项基本原则可能会面临自身利益风险。本节设定了在这种情况下应用概念框架的特定适用根据。

要求和适用根据

R320.3　当破产执业者打算依靠来自执业机构内部或第三方其他人的建议或工作时，破产执业者应评估建议或工作是否合理。

R320.4　任何建议或承包工作均应体现破产执业者所从事工作的最佳价值和服务。

320.4 A　评估最佳价值和服务的有关因素是：

· 服务费用；

· 服务提供者的专业知识和经验；

· 服务提供者拥有相应的监管授权；

· 适用于服务提供者的职业和道德标准。

R320.5　破产执业者应定期审查相关任务，确保每次破产任命都能持续获得最佳价值和服务。

R320.6　破产执业者应记录选择特定服务提供者的原因。

320.6A1　如果服务来自破产执业机构内部的常规渠道，或者来自与破产执业者、执业机构、执业机构内部人员有商业或个人关系的一方，基本原则可能会面临诸如熟人请托、自身利益等风险。

320.6A2　商业或个人关系可能包括以下内容：

· 直系亲属,例如配偶、父母、子女、兄弟姐妹等;

· 商业伙伴;

· 与破产执业机构拥有共同股权或具有共同受益人的任何公司或企业;或其中一家公司或企业控制或拥有其他公司或企业。

320.6A3　以上示例并未穷尽列举,破产执业者应考虑到破产执业者、破产执业机构或执业机构内人员与服务提供者之间关系的实质。

320.6A4　在采取措施评估此类关系的性质时,破产执业者应考虑到利益冲突以及职业和个人关系。

320.6A5　尽管破产执业者可能认为某种关系不值得关注,但他人的看法可能有所不同。要考虑第三方的看法,破产执业者需要站在理性且知情第三人的角度,权衡当时能获取的所有事实和情况。

320.6A6　可以作为应对前述风险的防控措施包括:

a)针对前述关系,在破产执业机构内部采用明确指导方针和政策;

b)向全体债权人或债权人委员会(如果存在的话)披露相关关系,以及最佳价值和服务的评估程序;

c)破产财产全额收取协商后商业条款的有关利益,例如数量或结算折扣。

320.6A7　如果破产执业者没能控制专业建议或服务提供者的选择,为了能够遵守本节《规范》中的要求,破产执业者需要获取足够的信息,明确其与提供者之间关系的属性。具体参考《规范》“作为雇员的破产执业者”一节,见第380条。

代理和推荐

介绍

330.1　破产执业者应当遵守基本原则,运用概念框架去识别、评估和应对风险。

330.2　如果破产执业者收到推荐工作,将工作转介给他人或建立代理机构,一项或多项基本原则可能会面临自身利益风险。推荐可以是在职业关系中提出的正式请求,以寻求选择潜在专业顾问的建议。推荐也可以是非正式请求,包括在破产执业者与请求者之间不存在联系的情况。本节设定了在这种情况下应用概念框架的有关特定适用根据。

330.3　关于个人信息使用的法律规定也应得到重视。

330.4　有关推荐费和佣金的要求,请参见《规范》“推荐费和佣金”一节,第340条。

要求和适用根据

R330.5　破产执业者应考虑第三方的目标与其提出的推荐建议或正在考虑的

代理安排是否符合,以满足服务接受者的需求。

330.5A1 破产执业者应考虑他们所知道的任何因素,这些因素表明根据潜在协议,拟提议的第三方不符合有关目标。破产执业者需要考虑到理性人可能期望破产执业者知道的内容。

330.5A2 可以作为应对推荐和代理安排引发风险的防控措施包括:

a)针对推荐和代理安排,在公司内部采用明确的指导方针和政策;

b)向全体债权人或债权人委员会(如果存在的话)披露最佳价值和服务的评估程序,以及相关关系。

330.5A3 在考虑是否符合目标时,破产执业者应考虑到第三方的行业或监管现状。

R330.6 破产执业者不得基于自身利益,亲自或通过破产执业机构与另一服务提供者达成任何财务安排,这会损害其本人或执业机构的客观性。

R330.7 在接受或继续与另一服务提供者的代理安排之前,破产执业者应确信其履行专业义务的能力没有受到损害。

330.7A1 在推荐工作或建立代理安排时,破产执业者应确保推荐行为与《规范》相符,因为破产执业者不能或不能被视为通过他人来履行其必须亲自履行的责任。

R330.8 当破产执业者或执业机构考虑建立代理机构时,无论适用性如何,代理合同的条款(实际的或默示的)均无须独家推荐。这将使重要防控措施无法实施。

R330.9 如果破产执业者知道更好的选择,即使有免责声明,也不得向第三方做出推荐。

R330.10 破产执业者应记录与另一服务提供者建立代理机构或推荐特定提供者的原因。

R330.11 当引入服务或产品被允许时,破产执业者应解决遵守基本原则面临的风险。

330.11A1 当允许向破产任命约束对象介绍服务或产品时,与此类介绍有关的因素包括:

· 受到破产任命或预期破产任命约束或在其中具有财务利益人员的知识和专业水平;

· 受到破产任命或预期破产任命约束或在其中具有财务利益的人员,其质疑破产执业者提供或经其同意的信息的能力;

·提供给受到破产任命或预期破产任命约束或在其中具有财务利益人员的信息,以使他们做出明智决定;

·受到破产任命或预期破产任命约束或在其中具有财务利益的人员是否同意,将其个人信息与服务或产品的提供者共享;

·服务费用;

·对受破产任命或预期破产任命约束或具有财务利益人员的财务影响;

·服务或产品提供者的监管现状;

·向受破产任命或预期破产任命约束或在其中具有经济利益人员披露推荐或安排的性质。

330.11A2　任何推荐或代理安排保持透明,并以书面形式分享给与安排性质相关的人员可以成为适当的防控措施,见《规范》第330.5 A2条。

330.11A3　在交流推荐或代理安排的信息时,破产执业者应提供以下信息:

·所提供服务或产品的优缺点;

·能以不同的价格从其他提供者处获得类似的服务或产品;

·如果接受服务或产品,破产执业者或执业机构可能获得的直接或间接利益;

·应该考虑寻求独立的建议。

R330.12　如果破产执业者或执业机构与第三方有关系,例如家庭关系或自动推荐安排,明显的自身利益或熟人请托风险就会出现,这种关系也应公开。披露内容应包括他们或其他人将直接或间接获得的潜在利益。

330.12A1　除了R330.12条要求的披露内容外,破产执业者还应考虑披露330.11 A3条中列出的其他信息。

330.12A2　当破产执业者正在考虑推荐具有代理协议或推荐安排的另一家提供者的产品,并且破产执业者、执业机构或执业机构内人员与服务提供者有商业或个人关系时,330.12 A1条规定显得尤其重要。

330.12A3　商业或个人关系可能包括以下内容:

·直系亲属,例如配偶、父母、子女、兄弟姐妹等;

·商业伙伴;

·与破产执业机构拥有共同股权或具有共同受益人的任何公司或企业;或其中一家公司或企业控制或拥有其他公司或企业。

330.12A4　以上示例并未穷尽列举,破产执业者应考虑到破产执业者、破产执业机构或执业机构内人员与服务提供者之间关系的实质。

330.12A5　在采取措施评估此类关系的性质时,破产执业者应考虑到利益冲突以及职业和个人关系。

330.12A6 尽管破产执业者可能认为某种关系不值得关注,但他人的看法可能有所不同。要考虑第三方的看法,破产执业者需要站在理性且知情第三人的角度,权衡当时能获取的所有事实和情况。

330.12A7 披露要求包括以下情况,破产执业者与第三人之间实质上属于一对一关系,例如破产执业者是该地区唯一破产执业者,而第三人是唯一事务律师,这意味着自动推荐。

R330.13 破产执业者在任何情况下都不得给人以其作为负责人而不是代理人的印象,不得通过以上方式管理执业机构。

330.13A1 《规范》第 R330.13 条中的要求包括考虑建筑、网站上标志以及所使用的其他外部标志或文献。

330.13A2 如果破产执业者没能控制执业机构内部的推荐和代理决定,为了能够遵守本节《规范》中的要求,破产执业者需要获取关于任何安排的足够信息。具体参考《规范》"作为雇员的破产执业者"一节,见第 380 条。

推荐费和佣金①

介绍

340.1 破产执业者应当遵守基本原则,运用概念框架去识别、评估和应对风险。

340.2 支付或收取推荐费和佣金,一项或多项基本原则可能会面临自身利益风险。本节设定了在这种情况下应用概念框架的有关特定适用根据。

要求和适用根据

340.3 如果由破产执业者、执业机构或伙伴提供或支付推荐费或佣金,客观原则以及专业能力和适当注意原则会面临自身利益风险。

R340.4 破产执业者、执业机构或伙伴不得为获得破产任命而支付或提议支付任何费用或佣金。

340.4A1 由劳资关系产生的报酬通常不包括在上述第 R340.4 条中提及付款范围内。

340.4A2 如果破产执业者、执业机构或伙伴收取介绍费或佣金,客观原则以及专业能力和适当注意原则会面临自身利益风险。

R340.5 如果某项约定可能引起破产任命,破产执业者不得接受推荐费或佣

① 根据 2014 年《公司法》第 642 条,爱尔兰共和国严格禁止推荐费和佣金。

金，除非他们采取行动将此类费用或佣金带来的风险降低至可接受水平①。

340.5A1　可以作为应对自身利益风险的防控措施包括：

a）事先向任命机构、债权人或其他相关利益相关者披露所有安排，

b）获得债权人委员会的意见。

R340.6　如果在破产执业者、执业机构或伙伴收到任何此类付款之后，破产执业者接受破产任命，则应将所收取费用或佣金的金额和来源向债权人披露。

R340.7　在破产任命期间，破产管理者、执业机构或伙伴不应接受推荐费或佣金，除非上述费用被纳入破产财产。任何此类付款应向债权人披露。

R340.8　如果破产执业者或执业机构为了获取破产任命，从商品和服务提供者处获得优惠合同条款，破产财产应全额收取所得收益，例如数量或结算折扣。

340.8A1　破产执业者或执业机构的“伙伴”包括以下：

· 直系亲属，例如配偶、父母、子女、兄弟姐妹等；

· 商业伙伴；

· 与破产执业机构拥有共同股权或具有共同受益人的任何公司或企业；或其中一家公司或企业控制或拥有其他公司或企业。

340.8 A2　以上关于“伙伴”的示例并未穷尽列举，破产执业者应考虑到破产执业者和/或破产执业机构与推荐费或佣金的接收者或支付者之间关系的实质。

340.8 A3　在采取措施评估此类关系的性质时，破产执业者应考虑《规范》“利益冲突，职业和个人关系”一节，第310.1—311.2 A4条。

340.8 A4　尽管破产执业者可能认为某种关系不值得关注，但他人的看法可能有所不同。要考虑第三方的看法，破产执业者需要站在理性且知情第三人的角度，权衡当时能获取的所有事实和情况。

340.8 A5　提交工作时，破产执业者有责任确保推荐工作遵守《规范》，因为破产执业者不能做或不能被视为做一些事，而这些事他只能通过其他人来做。

340.8 A6　如果破产执业者没能控制推荐和佣金安排，为了能够遵守本节《规范》中的要求，破产执业者需要获取足够信息，明确已支付或已收到款项的性质和目标。具体参考《规范》“作为雇员的破产执业者”一节，见第380条。

① 在爱尔兰共和国境内执业或为一家爱尔兰公司执业的破产执业者，无论何种情况，都不应收取推荐费或佣金。

利诱，包括礼品和招待

介绍

350.1　破产执业者应当遵守基本原则，运用概念框架去识别、评估和应对风险。

350.2　对于破产任命，破产执业者提供或接受利诱可能会引发自身利益风险、熟人请托风险或胁迫风险，进而损害基本原则，尤其是诚信、客观和专业行为原则。

350.3　本节设定在不违反法律法规前提下，破产执业者将概念框架运用于提供和接受利诱过程的相关要求和适用根据。本节还要求破产执业者在提供或接受利诱时必须遵守相关法律和法规。

要求和适用根据

通则

350.4 A1　利诱是用来影响他人行为的一种客体、情况或行为，并不必然带有不当影响他人行为的目的。利诱包含从轻微招待行为到导致违反法律法规的行为。利诱可以采取许多不同的形式，例如：

· 礼物；

· 招待；

· 娱乐；

· 政治或慈善捐款；

· 友谊和忠诚请求；

· 就业或其他商业机会；

· 优惠待遇、权利或特权。

350.4A2　破产执业机构、执业机构内人员或其近亲或直系亲属以及破产执业者个人都有可能受到利诱。为他人提供利诱仍然会给基本原则遵守带来风险。

法律法规禁止的利诱

R350.5　在许多司法管辖区中，惩治贿赂和腐败相关法律法规禁止特定情况下的提供或接受利诱行为。遇到这些情况时，破产执业者应了解并遵守相关法律法规。

法律法规未禁止的利诱

350.5A1　提供或接受法律法规未禁止的利诱仍然会给基本原则遵守带来风险。

意图不当影响他人行为的利诱

R350.6　破产执业者自身、或其以理性且知情第三人角度考虑认定某种利诱带有不当影响接受者或另一人行为的意图,则破产执业者不得提供或鼓励他人提供该利诱。

R350.7　破产执业者自身、或其以理性且知情第三人角度考虑认定某种利诱带有不当影响接受者或另一人行为的意图,则破产执业者不得接受或鼓励他人接受该利诱。

350.7A1　如果利诱致某人以不道德方式行事,将被视为不正当影响他人行为。这种不正当影响可以指向接受者,也可以指向与接受者有某种关系的个人。破产执业者在考虑自身与他人之间,何种情况构成不道德行为时,基本原则是一个适当的参考框架,需要的话,还可以采用类推方式。

350.7A2　当破产执业者提供或接受,或鼓励他人提供或接受利诱,意图不当影响接受者或另一人的行为时,就会违反诚信基本原则。

350.7A3　确定是否存在不当影响行为的实际意图或可察觉意图,破产执业者需要运用专业判断。需要考虑的相关因素可能包括:

· 利诱的性质、频率、价值和累积效应;

· 对于可能影响的行为或决定,提供利诱的时间;

· 特定情况下的利诱是否属于一种习俗或文化实践,例如在宗教节日或婚礼之际提供礼物;

· 利诱是否附属于破产任命,例如提供或接受与商务会议有关的午餐;

· 利诱的提供仅限于单个接收者还是更广泛的群体。广泛群体可能存在于破产执业机构内部或外部,例如利诱提供者的其他供应商;

· 提供或被提供利诱个人的角色和职位;

· 破产执业者是否知道或有理由相信接受利诱会违反接受者的政策和程序;

· 提供利诱的透明度;

· 接受者是否要求或请求利诱;

· 已知的利诱提供者先前行为或声誉。

更多行为的考虑

350.8A1　如果破产执业者意识到某个利诱带有不当影响行为的实际或可察觉意图,即使满足《规范》第 R350.6—R350.7 条中要求,基本原则仍然可能面临风险。

350.8A2　可以作为应对此类风险的防控措施包括:

· 将利诱提供告知破产执业机构高管或负责管理提供者人员;

· 修改或终止与提供者的商业关系。

意图不当影响行为的利诱

350.9A1　当破产执业者认定利诱不带有不当影响接受者或另一人行为的实际或可察觉意图时,破产执业者需要适用概念框架中规定的要求和适用根据。

350.9A2　如果利诱是微不足道和无关紧要的,其所带来的风险将处于可接受水平。

350.9A3　即使破产执业者认定利诱不带有不当影响行为的实际或可察觉意图,提供或接受该利诱仍然可能引起风险,这样的情况包括以下情形:

· 自身利益风险

o 破产企业的潜在购买者向破产执业者提供招待。

· 熟人请托风险

o 破产执业者定期带某人参加活动。

· 胁迫风险

o 破产执业者接受招待,一旦公开披露,其性质可能被认为是不合适的。

350.9A4　评估提供或接受利诱行为引发风险水平的相关因素包括《规范》第350.7 A3 条中确定意图的因素。

350.9A5　可能消除提供或接受利诱行为引发风险的行为包括:

· 拒绝或不提供利诱;

· 将提供专业服务的责任转移给另一人,破产执业者没有理由相信此人会在提供服务时受到或将受到不当影响。

350.9A6　可以作为处理提供或接受利诱引发风险的防控措施包括:

· 关于提供或接受利诱情形,对破产执业机构高管保持透明;

· 将利诱记录在日志中,该日志由执业机构高管或负责执业机构道德监管人员监控,或者由接受者保存;

· 安排一名不涉及破产任命的适当审查员,审查破产执业者关于利诱提供者执行的工作或做出的决定;

· 收到利诱后将其捐赠给慈善机构,并适当地将该捐赠向执业机构高管或利诱提供者等人员披露;

· 偿还收到的利诱费用,例如招待费;

· 最初接受利诱后,尽快返还,例如一件礼物。

R350.10　如果破产执业者遇到无法采取合理措施将礼物或招待引发风险降低至可接受水平的情况,破产执业者应认定不能接受这项利诱。

R350.11　破产执业者不得提出或提供礼物或招待,以免对基本原则遵守造成不可接受的风险。

直系亲属或近亲属

R350.12　针对破产执业者的直系亲属或近亲属被提供或提供的利诱对基本原则带来的潜在风险。破产执业者应保持警惕。

R350.13　如果破产执业者意识到其直系亲属或近亲属提供或被提供利诱，并认定或从理性且知情第三人角度认定该利诱带有不当影响行为的意图，破产执业者应告知直系或直系亲属不要提供或接受该利诱。

350.13A1　《规范》第350.7 A3条中列出的因素与确定是否存在不当影响行为的实际或可察觉意图有关。另一个相关因素是下列主体之间关系的性质或密切程度：

a)破产执业者与其直系或近亲属之间；

b)直系或近亲属和对方之间；以及

c)破产执业者和对方之间。

例如，破产债权人在正常招聘程序之外向破产执业者的配偶提供工作，可能表明其具有不当影响行为的意图。

350.13A2　即使直系亲属或近亲属遵循了《规范》第R350.13条中给出的建议，第350.8 A2条中的适用根据也适用于应对他们不当影响行为的实际或可察觉意图引起的风险。

概念框架应用

350.14A1　如果破产执业者意识到《规范》第R350.12条提到的利诱，以下情况基本原则可能会面临风险：

a) 直系或近亲属提供或接受利诱，违反破产执业者根据《规范》第R350.13条提出的建议；或者

b) 破产执业者没有理由相信存在不当影响行为的实际或可察觉意图。

350.14A2　《规范》第350.9 A1—350.9 A6条中的适用根据，与识别、评估和应对利诱引发风险的目的有关。在此情况下，评估风险水平的相关因素还包括第350.13 A1条中规定的关系性质或密切程度。

破产团队成员的经济奖励

350.15A1　雇主可能会为破产执业者或破产团队成员提供利诱，实现破产任命的有关目标。这些安排可能会给基本原则遵守带来风险。

350.15A2　可能带来自身利益风险的情况包括破产执业者或破产团队成员：

a)在雇佣机构中拥有直接或间接的财产利益，该破产执业者的决定可能直接

影响财产利益的价值；

b)有资格获得与利润相关的奖金，该破产执业者的决定可能直接影响奖金的价值；

c)参与为实现目标提供奖励的安排。

宣传，营销和其他推广活动

介绍

360.1 破产执业者应当遵守基本原则，运用概念框架去识别、评估和应对风险。

360.2 当破产执业者通过广告或其他形式的营销或促销活动，寻求破产任命或可能带来破产任命的工作时，诚信和专业行为基本原则的遵守会面临一定风险。

360.3 本节设定了将概念框架运用于争取破产任命广告和营销的要求和适用根据，包括网站和其他促销活动的内容。

360.4 《规范》“专家建议和服务”一节(320 条)以及“推荐费和佣金”一节(340 条)同样需要参考。

要求和适用根据

R360.5 进行市场营销或促销活动时，破产执业者不得有损职业声誉。破产执业者应诚实可信，不得从事以下行为：

a)夸大宣传破产执业者所提供服务、资格或经验；或者

b)对他人工作毁谤性引用或进行毫无根据的比较。

R360.6 破产执业者在考虑是否接受破产任命时应确信，令自己获得破产任命的任何宣传、营销或其他形式促销活动是：

a)公正且没有误导；

b)避免没有根据或贬低的言论；

c)遵守有关执业机构规范和广告指引；

d)可明确定性为宣传或营销材料，并且是合法、正当、诚实和真实的。

360.6A1 如果破产执业者在广告或其他营销形式中提及费用或所提供服务的成本，破产执业者需确信费用成本的计算依据和涵盖的服务范围也被提及。破产执业者应确保关于服务确切范围和涉及时间期限的引用足够清晰。

360.6A2 如果破产执业者对广告或营销形式是否合理存有疑问，鼓励破产执业者咨询其授权机构。

R360.7 如果破产执业者或执业机构通过第三方代表他们获取工作或从事营销活动，则破产执业者应负责确保第三方遵守上述适用根据。

360.7A1　当通过第三方获取工作或从事营销活动时,破产执业者有责任确定推荐方式是否符合《规范》规定,因为破产执业者不能做或不能被视为做一些事,而这些事他只能通过其他人来做。

R360.8　破产执业者不得以骚扰的方式促进或寻求促进自身或其他破产执业者的服务。

机构资产的处理

介绍

370.1　破产执业者应当遵守基本原则,运用概念框架去识别、评估和应对风险。

370.2　当破产执业者处理资产时,一个或多个基本原则可能会面临风险。本节设定了将概念框架运用于此类情形的特别适用根据。

要求和适用根据

R370.3　除明显不损害破产执业者客观性的情况外,接受与机构有关的破产任命的破产执业者本身不应直接或间接获取该机构的任何资产,也不得在明知情况下,允许执业机构人员,或执业机构人员的近亲或直系亲属直接或间接从事该行为。

370.3A1　如果破产执业者在任命后不久以预先商定的条件出售破产公司的资产和业务,这可能给客观性造成实际或可察觉的风险。债权人或先前未参与协议的其他人可能将该出售视为客观性面临的风险。

370.3A2　应对客观原则面临风险的防控措施可以包括:

a)所出售资产或业务独立估值;

b)考虑其他潜在购买者。

370.3A3　尤为重要的是破产执业者必须谨慎确保不违背任何法律或职业义务,对于所有可能受该销售或拟销售影响的第三方,其决策过程是透明、可理解且易于识别的。

作为雇员的破产执业者

介绍

380.1　破产执业者应当遵守基本原则,运用概念框架去识别、评估和应对风险。

380.2　如果破产执业者是破产执业机构的雇员,破产执业者可能面临遵守基本原则的特定风险。本节设定了将概念框架适用于这种情况下的特定适用根据。本节没有描述作为雇员的破产执业者可能遇到的所有事实和情况,包括专业活动、利益和关系,这些事实和情况可能会给遵守基本原则带来风险。因此,概念框架要求作为雇员的破产执业者要警惕这些事实和情况。

380.3 某些情况,如果破产执业者是雇员或正在考虑接受工作邀请,破产执业者可能无法应对遵守基本原则面临的风险。在这种情况下,破产执业者需要考虑是否能够接受工作邀请或辞职。

要求和适用根据

380.4 破产执业者可能是执业机构内的雇员、承包人、合伙人或董事。破产执业者与其雇主之间关系的法律形式与施加于破产执业者的道德责任无关。

R380.5 作为雇员的破产执业者应遵守基本原则。

380.5A1 作为雇员的破产执业者控制或影响执业机构内部事务的能力可能会下降,这可能会影响破产执业者应对基本原则面临风险能够采取的防控措施。

380.5A2 以下是可能给作为雇员的破产执业者带来风险的事实和情况:

· 有资格获得与实现目标或利润有关的奖金;

· 没有足够的资源来执行破产任命;

· 对流程和内部治理缺乏控制;

· 因对破产任命的不同意见而面临解雇或降职的风险;

· 试图影响破产执业者决策过程的个人。

R380.6 在接受工作邀请之前,破产执业者应考虑是否有适当防控措施确保遵守基本原则。

380.6A1 破产执业者在接受工作邀请之前,可以应对其成为雇员引发风险的防控措施包括:

a)与雇主的雇佣协议或单独法律协议中有适当规定,承认破产执业者有义务遵守其授权机构的《规范》,并且破产执业者将能够采取他们认为必要的所有措施去遵守基本原则;

b)确保执业机构内部制定了政策和程序,以禁止非破产团队成员不当影响破产任命的进行;

c)确保执业机构发布政策和程序,鼓励和授权执业机构内个人就遵守其基本原则有关问题与执业机构内高层沟通;

d)获得足够的信息以了解执业机构的结构和所有权。

380.6A2 如果没有任何行为能处理上述风险,希望破产执业者能够考虑接受工作要求是否合适。

380.6A3 特定情况下,由行业、法律、法规、执业机构或雇佣机构制定的政策

和程序,可以促进破产执业者遵守道德规范,也有助于识别基本原则面临的风险。在此情况下,这些因素可能包括:

a)执业机构内部制定了政策和程序,禁止非破产团队成员不当影响破产任命的进行;

b)发布政策和程序,鼓励和授权执业机构内个人就遵守其基本原则有关问题与执业机构内高层沟通。

380.6A4 可能在特定时间应对风险的防控措施包括:

a)向执业机构高管报告问题;

b)向其授权机构寻求法律意见或建议;

c)向其授权机构或投诉门户报告问题。

380.6A5 破产执业者的职位越高,获得信息能力和机会就越大,影响执业机构相关人员制定的政策、决策和采取行动的能力和机会也就越大。考虑到他们在组织中的职位和资历,尽其所能,破产执业者应鼓励和促进机构中的以德为本文化。可以采取的行动包括以下内容的引入、实施和监督:

·道德教育和培训项目;

·道德规范和举报政策;

·旨在防止违反法律法规的政策和程序。

R380.7 如果无法消除基本原则面临的风险或将其降低至可接受水平,破产执业者不得接受破产任命或否认与带来风险的问题存在联系。

380.7A1 在某些情况下,这可能意味着需采取辞职措施。

380.7A2 还应参考《规范》"专家建议和服务"一节以及"推荐费和佣金"一节。

违法行为应对

介绍

390.1 破产执业者应当遵守基本原则,运用概念框架去识别、评估和应对风险。

390.2 当破产执业者意识到违反法律法规或疑似违反法律法规行为时,就会给诚信和专业行为原则的遵守带来自身利益风险或胁迫风险。

390.3 破产执业者在进行专业活动时可能会遇到或被告知违规或疑似违规。本节指导破产执业者在应对违规或疑似违规回应时,评估此事的影响以及可能采取的行动方针,依靠以下内容:

a)公认对破产任命有直接影响的法律和法规;

b）对破产任命没有直接影响的其他法律和法规，但遵守它们可能对任命结果至关重要；

c）对破产任命没有直接关系的其他法律法规，但遵守它们可能对雇佣机构的业务运营、继续经营能力或避免重大处罚至关重要。

关于违反法律法规的破产执业者目标

390.4　破产执业的显著标志是其履行服务公共利益责任。在应对违规或疑似违规时，破产执业者的目标是：

a）遵守诚实和专业行为原则；

b）通过提醒管理层或在适当情况下提醒负责机构管理的人员，寻求：

i. 使其能够纠正、补救或减轻已发现或疑似违规的后果；或者

ii. 阻止尚未发生的违规行为；以及

c）通过提醒管理层或在适当情况下提醒负责雇佣机构管理的人员，寻求：

i. 使其能够纠正、补救或减轻已发现或疑似违规的后果；或者

ii. 阻止尚未发生的违规行为；以及

d）为了公共利益采取适当进一步行动。

要求和适用根据

通则

390.5A1　违反法律和法规行为（违规行为）包括有意或无意的疏忽或实施行为，与下列各方遵循的现行法律或法规相抵触：

a）已任命破产执业者的机构；

b）负责机构治理的人员；

c）机构管理层；

d）在机构或机构指导下工作的其他人员；

e）破产执业者的雇佣机构；

f）负责雇佣机构管理的人员；

g）雇佣机构管理层；

h）在雇佣机构或在雇佣机构指导下工作的其他人员。

390.5A2　本节涉及法律法规包括以下方面：

· 破产进程和程序；

· 欺诈，腐败和贿赂；

· 洗钱，恐怖分子资助和犯罪所得；

· 证券市场和交易；

·银行及其他金融产品和服务;
·数据保护;
·税收和养老金债务和付款;
·环境保护;
·公共卫生与安全。

390.5A3　违规行为可能给机构或雇佣机构造成罚款、诉讼或其他后果,可能严重影响其财务报表。重要的是,对债权人、雇员、投资者或公众的潜在重大损害而言,这种违规行为可能具有更广泛的公共利益涵义。就本节目标而言,造成重大损害的行为是在财务或非财务方面对任何一方造成严重不利影响的行为。例如,违反环境法律和法规行为会危害雇员或公众的健康或安全,以及对破产财产的欺诈,导致债权人遭受重大财务损失。

R390.6　在某些司法管辖区中,有法律或法规条文规定破产执业者应如何处理违规或疑似违规。这些法律或法规规定可能与本节规定有所不同或超越本节规定,例如反洗钱法规。破产执业者在遇到此类违规行为或疑似违规行为时,应了解并遵守这些法律或法规,包括:

a)要求向有关部门报告此事;以及

b)禁止提醒有关当事人。

390.6A1　例如根据反洗钱立法,提醒有关当事人可能会受到禁止。

390.6A2　除非其他法律或法规要求,否则破产执业者遇到或意识到明显无关紧要的事项时,破产执业者无须遵守本节规定。例如,英国的一名破产执业者需要遵守反洗钱法规,该法规没有最低限度的举报门槛。破产执业者应根据问题性质及其对财务或其他方面的影响,对机构或雇佣机构,其利益相关者和公众的影响,来判断该问题是否明显无关紧要。

390.6A3　本节不涉及:

a)与机构或雇佣机构的业务活动无关的个人不当行为;以及

b)除非其他法律或法规要求,第390.5 A1条所指定当事人以外其他当事人的违规行为。例如,客户已经聘请破产执业者对第三方机构展开尽职调查,而该债权人已实施已确认或疑似违规行为。

但是,破产执业者可能会发现本节中的指导有助于其考虑如何应对这些情况。

管理职责和治理职责

390.7A1　机构或雇佣机构的管理层在负责治理人员的监督下,负责确保机构商业活动符合法律和法规。管理层和负责治理人员还负责通过以下主体识别和应对违规行为：

a)机构或雇佣机构；

b)负责机构或雇佣机构治理的个人；

c)管理层成员；或者

d)为该机构或雇佣机构工作，或者在其指导下工作的其他人员。

全体破产执业者的职责

R390.8 如果破产执业者的雇佣机构内存在解决违规或疑似违规行为的议程和程序，则破产执业者在确定如何应对此类违规行为时应考虑这些议程和程序。

390.8A1 许多雇佣机构已经建立关于如何从内部举报违规或疑似违规行为的议程和程序，它们包括道德政策或内部举报机制。此类议程和程序可能允许通过指定渠道匿名举报问题。

R390.9 如果破产执业者发现本节涵盖的问题，则应及时采取措施，确保遵守本节规定。及时采取措施中，破产执业者应考虑问题的性质以及对机构、债权人、雇员、投资者或公共利益的潜在危害。

390.9A1 特别提醒破产执业者注意上文第 R390.6 条中的指南，其关涉最主要的法律法规。

了解问题并与管理层和负责治理的人共同解决

R390.10 如果破产执业者认识到有关违规或疑似违规行为的信息，该破产执业者应寻求对此问题的了解。这种了解应包括违规或疑似违规行为的性质以及它们已经发生或可能发生的具体情况。

390.10A1 破产执业者应当运用知识和专业技能，并进行专业判断。但是对于法律法规的理解程度，破产执业者不需要超过破产任命所要求水平。行为是否构成实际违规行为最终将由法院或其他适当裁决机构决定。

390.10A2 根据事项的性质和重要性，破产执业者可能会在保密基础上，咨询破产执业机构内其他人、网络执业机构、专业机构或法律顾问。

390.10A3 特别提醒破产执业者注意上文 R390.6 条中的指南，其关涉最主要的法律法规。

R390.11 如果破产执业者发现或怀疑已经发生或可能发生违规行为，则破产执业者应与适当层级管理层讨论此事。如果破产执业者可以接触负责机构治理的人员，破产执业者还应与其适当层级讨论此事。

390.11A1 讨论的目的是厘清破产执业者对该事项的相关事实和情况及其潜在后果的理解。讨论还可能促使管理层或负责治理的人员调查此事。

390.11A2　讨论此事管理层的适当层级是专业判断的问题。要考虑的相关因素包括：

·问题的性质和情况；

·实际或潜在参与人员；

·合谋的可能性；

·问题的潜在后果；

·该级别的管理层是否能够调查此事并采取适当的措施。

将问题向外部审计员传达

R390.12　如果破产执业者为以下主体担任成员自愿清算中的清算人：

a)破产执业机构或网络执业机构的审计客户；或者

b)执业机构或社交公司审计客户的组成部分，

破产执业者应酌情考虑是否将违规或疑似违规情况传达给破产执业机构内部或网络执业机构。通信过程中，破产执业者应依据执业机构或社交公司议程或程序。在没有此类议程和程序的情况下，应直接向审计合伙人提出。

R390.13　如果破产执业者是公司自愿安排的监督人，该破产执业者应考虑是否将违规或疑似违规情况告知作为客户外部审计员的破产执业机构(如果有的话)。

相关考虑因素

390.13A1　根据第R390.12条和第R390.13条考虑沟通的有关因素包括：

·是否违反法律或法规；

·在对违规或疑似违规行为的持续调查中，监管机构或检察官对外披露是否有限制；

·管理层或负责治理的人员是否已经将此事项通知机构的外部审计员；

·该事项对客户财务报表审计的重要性，或与集团组成部分有关事项对于集团财务报表审计的重要性。

沟通目的

390.13A2　在《规范》第R390.12—R390.13条所述情况下，沟通的目的是使审计合伙人能够了解违规或疑似违规情况，并确定是否，如果可以的话，以及如何按照本节规定处理。

是否采取进一步措施的考虑

R390.14　破产执业者应考虑是否出于公共利益需要采取进一步行动。

390.14A1　是否需要采取进一步的行动及其性质和范围，将取决于以下因素：

·法律法规框架；

· 管理层以及在适当情况下负责治理的人员的回应适当性和及时性；

· 紧急情况；

· 管理层或负责治理人员的参与；

· 对于客户、投资者、债权人、雇员或公众利益造成实质性伤害的可能性。

390.14A2　破产执业者的进一步行动可能包括：

· 即使没有法律或法规要求，将此事项披露给有关部门；

· 在法律法规允许的范围内辞去该任命。

390.14A3　考虑是否向有关部门披露信息时，要考虑的相关因素包括：

· 是否违反法律或法规。

· 对违规或疑似违规行为的持续调查中，监管机构或检察官对外披露是否有限制。

R390.15　如果破产执业者确定在这种情况下向有关部门披露违规或涉嫌违规行为是适当的做法，那么该披露便获得《规范》第 R104.3(d)款的允许。披露过程中，破产执业者在提出声明和主张时，应诚实谨慎行事。破产执业者还应考虑在披露此事之前，将其意图告知机构是否合适。

即将违规

R390.16　在特殊情况下，破产执业者可能会察觉到实际或预期的行为，破产执业者有理由相信这种行为即将构成违法违规行为，将对投资者、债权人、雇员或一般公众造成重大伤害。首先考虑是否与管理层或负责机构治理人员讨论此事后，破产执业者应做出专业判断并确定是否应立即向有关部门披露此事，以防止或减轻即将而来违规行为的后果。如果进行了披露，则《规范》第 R104.3(d)款允许进行披露。

寻求建议

390.16A1　破产执业者可以考虑：

· 内部咨询；

· 获得法律建议，了解采取任何行动方针的专业或法律意义；

· 与监管机构或授权机构进行保密协商。

文档资料

390.16A2　对于本节范围内违规或疑似违规行为，鼓励破产执业者记录以下内容：

· 事项本身；

· 与管理层以及(可行的话)负责治理的人和其他各方的讨论结果；

· 管理层,可能的话以及负责治理的人员对此事项的回应;

· 破产执业者考虑的行动方针,做出的判断和决定;

· 破产执业者如何确信自身已经履行《规范》第 R390.14 条规定的职责。

390.16A3　鼓励破产执业者考虑是否需要单独归档此类文档。

破产团队成员的职责

R390.17　如果破产团队成员在进行专业活动的过程中察觉到违规或疑似违规有关信息,则该成员应寻求对此事项的了解。这种了解应包括违规或疑似违规行为的性质以及它们已经发生或可能发生的情况。

390.17A1　破产团队成员应当运用知识和专业技能,并进行专业判断。但是对于法律法规的理解程度,破产团队成员不需要超过其在雇佣机构中作用所要求的水平。行为是否构成违规行为最终将由法院或其他适当裁决机构决定。

390.17A2　根据事项的性质和重要性,破产团队成员可能会在保密基础上,咨询雇佣机构内其他人、授权机构或法律顾问。

390.17A3　破产团队成员应注意《规范》第 R390.17 条的内容。

R390.18　如果团队成员发现或怀疑已经发生或可能发生违规行为,团队应根据第 R390.17 条规定通知直属上级,以使上级能够采取适当行动。如果团队成员的直接上级卷入该事项,该团队成员应通知雇佣机构内的更高一级部门。

R390.19　特殊情况下,破产团队成员可以确定这种情况下向有关部门披露此事项是适当的做法。如果团队成员根据《规范》第 390.17 A2 款和第 A3 款这样做,那么该披露便获得《规范》第 R104.3(d)款的允许。披露过程中,团队成员在提出声明和主张时,应诚实谨慎行事。

文档资料

390.19A1　对于本节范围内违规或疑似违规行为,鼓励破产团队成员记录以下内容:

· 事项本身;

· 与成员上级,管理层以及(可行的话)负责治理的人和其他各方的讨论结果;

· 成员上级对此事项的回应;

· 破产团队成员考虑的行动方针,做出的判断和决定。

390.20A2　鼓励破产执业者考虑是否需要单独归档此类文档。

500　概念框架特别情形的适用

特别情形介绍

500.1　以下示例说明了给遵守基本原则带来风险的具体情况和关系。这些示例可以帮助破产执业者和破产团队的成员，评估其他相似但不同的情况和关系对于遵守基本原则的意义。

500.2　《规范》第510条包含与先前或现有破产任命无关的示例。第520节包含与先前或现有破产任命有关的示例。第530节包含一些根据苏格兰法律的示例。第600节包含与爱尔兰共和国有关的示例。

500.3　本部分包含的示例并不是穷尽列举，应考虑情况和关系的实质。

500.4　在考虑特别情形时，破产执业者应参考"职业和个人关系"一节以及情况变化的部分。由于任命期间的利益和关系可能会发生变化，破产执业者在先前的破产中担任官方接管人，可能会导致重要职业关系。破产执业者在评估他们是否具有重要专业关系时，应同时考虑破产任命前的约定和/或先前的破产任命。破产执业者评估特别情形时，应记录下他们的考虑和结论。

510　与先前任命或现有任命无关的示例

510.1　审计相关工作后的破产任命

先前关系：该执业机构或该执业机构中人员已完成审计相关工作。

对策：如果审计相关工作发生在之前3年以内，重要职业关系通常将出现。如果无法采取适当措施将基本原则面临风险降低至可接受水平，破产执业者不应接受破产任命。

如果审计相关工作完成于破产执业者任命的提出日期超过3年以前，遵守基本原则仍然会面临风险。破产执业者应评估任何此类风险，并考虑是否可以通过防控措施将风险消除或降至可接受水平。

该限制不适用于成员自愿清算程序中的破产任命；破产执业者通常可以被任命为清算人。但是破产执业者应考虑是否还有其他情况给遵守基本原则带来不可接受的风险。此外，破产执业者应当确信董事的破产声明能够以事实证明。

510.2　受债权人的鼓动被任命为调查会计师

先前的关系：该执业机构或执业机构人员受债权人或在机构中拥有经济利益的其他方的指示而对其调查、监视或提供建议。

对策：下列情况下，通常不会构成重要职业关系：

(a)执业机构人员没有直接参与机构的管理；和

(b)执业机构与债权人或其他方之间存在主要客户关系，而不是与公司或业务所有人；

(c)机构意识到这一点。

但是，破产执业者应在接受破产任命之前考虑所有情况，包括围绕公司财务状况与公司董事展开讨论或缺乏讨论的影响，以及这种情况是否会给遵守基本原则带来不可接受的风险。

如果破产执业者应担保债权人的请求或在其鼓动下作为会计师调查破产企业的财务状况，该债权人又要求破产执业者接受管理人或行政接管人的任命，则破产执业者应确信由董事会不会反对他接受破产任命。如果担保债权人未事先向公司发出上述破产任命的提醒，或者发出了提醒而公司反对，但是担保债权人仍希望任命该破产执业者，则他们应考虑这种情况是否会给遵守基本原则带来不可接受的风险。

520　与先前或现有任命有关的示例

520.1　被任命为行政接管人或其他接管人之后的破产任命：

先前的任命：执业机构人员曾担任行政接管人或其他接管人。

提议的任命：任何破产任命。

对策：如果没有合适的举措将遵守基本原则面临风险降低至可接受水平。破产执业者不应接受破产任命。

但是该限制不适用于法院指定执业机构中个人作为接管人的情况。在这种情况下，破产执业者应考虑是否有任何其他情况会给基本原则的遵守带来不可接受的风险。

520.2　被任命为自愿安排的监督人后的破产管理或清算：

先前的任命：执业机构人员已经成为公司自愿安排的监督人。

提议的任命：破产管理人或清算人。

对策：破产执业者通常可以接受任命作为破产管理人或清算人。但是，破产执业者应考虑是否有任何情况会给遵守基本原则带来不可接受的风险。

520.3　被任命为破产管理人后的清算

先前的任命：执业机构人员已经成为破产管理人。

提议的任命：清算人。

对策：破产执业者通常可以接受任命作为清算人，只要他已遵守相关的立法规定。但是，破产执业者应考虑是否有任何情况会给遵守基本原则带来不可接受的风险。

520.4　会员自愿清算转换为债权人自愿清算

先前的任命：执业机构人员已经成为会员自愿清算中的公司清算人。

提议的任命：债权人自愿清算中的清算人，有必要获得公司债权人的提名。

对策：如果存在重要职业关系，破产执业者只有在认定该公司最终能够全额偿还其债务以及利息的情况下，并经债权人的决定或视为同意，才可以继续或接受任命。

但是，破产执业者应考虑是否有任何其他情况会给遵守基本原则带来不可接受的风险。

520.5 被任命为个人自愿安排监督人后的破产：

先前的任命：执业机构内的个人已经成为个人自愿安排的监督人。

提议的任命：破产受托人。

对策：破产执业者通常可以接受任命作为破产受托人。但是，破产执业者应考虑是否有任何情况会给遵守基本原则带来不可接受的风险。

530 适用苏格兰法律的案件示例

530.1 根据债权人的委托书被任命为受托人之后的扣押（sequestration）：[①]

先前的任命：根据债权人的委托书（trust deed），[②]执业机构人员已经成为受托人。

提议的任命：扣押程序中的临时受托人或受托人。

对策：破产执业者通常可以接受任命作为扣押程序中的临时托管人或受托人。但是，破产执业者应考虑是否有任何情况会给遵守基本原则带来不可接受的风险。

530.2 根据债权人的委托书被任命为受托人之后，破产会计师作为受托人的扣押

先前的任命：根据债权人的委托书，执业机构人员已经成为受托人。

提议的任命：根据与破产会计师的破产服务合同，管理扣押程序。

对策：根据与破产会计师的破产服务合同，破产执业机构通常可以接受任命。但是，执业机构内人员应考虑是否有任何情况会给遵守基本原则带来不可接受的风险。

530.3 根据债务安排计划，被任命为长期资金顾问后的扣押或委托书受托人

先前的任命：根据债务人的已撤销债务安排计划，破产执业机构人员已成为长期资金顾问。

提议的任命：扣押或委托书中的受托人

---

① Sequestration 可被翻译为扣押、封存等，此处指苏格兰特有的一种破产制度，可参考英国政府官网中关于扣押制度的介绍，https://www.gov.uk/guidance/insolvency-and-vat-notice-70056。——译者注。

② Trust deed 可被翻译为信托契约、委托书等，可参考英国政府官网中关于委托书的介绍，https://www.gov.uk/guidance/insolvency-and-vat-notice-70056。——译者注。

对策:破产执业者通常可以接受任命成为委托书下或扣押中的受托人。但是,破产执业者应考虑是否有任何情况会给遵守基本原则带来不可接受的风险。

600　爱尔兰共和国中的适用

概念

600.1　关于爱尔兰共和国境内的破产实践,应采用以下修订后概念:

授权机构:根据爱尔兰共和国破产管理立法设立的法定会计机构;

根据爱尔兰共和国破产法设立的监督机构;或者

根据2012年《个人破产法》第8节设立的爱尔兰破产服务局。

破产任命:根据爱尔兰共和国法律,必须由破产执业者承担的正式任命。

破产执业者:根据爱尔兰共和国2014年《公司法》有资格担任清算人的个人,或在爱尔兰被指定为公司或公司资产接管人的个人。

600.2　破产执业者应遵守《规范》中有关爱尔兰共和国境内破产实践的规定。"推荐费用和佣金"一节已注明,根据2014年《公司法》第642条规定,禁止向任何债权人或成员支付此类费用和佣金,这会导致第二类违法行为。

600.3　以下示例描述了给遵守基本原则带来风险的特别情况和关系。这些示例旨在帮助破产执业者和破产团队成员评估相似但不同的情况和关系的含义。

600.4　被任命为接管人后的清算

先前的任命:破产执业机构人员已成为公司或其集团内关联公司全部资产的接管人。

提议的任命:清算人

对策:在过去三年以内完成接管的情况下,如果没能采取适当措施将遵守基本原则面临的风险降低至可接受水平,破产执业者或执业机构内人员不得作为清算人接受任命。

如果接管工作完成于清盘程序的提出日期超过3年以前,遵守基本原则仍然会面临风险。破产执业者或执业机构内人员应评估任何此类风险,并考虑是否可以通过防控措施将风险消除或降至可接受水平。

600.5　重要职业关系后的任命

先前的任命:破产执业机构或执业机构内人员与公司或其集团内关联公司具有重要职业关系。

提议的任命:任何破产任命

对策:重要职业关系在过去三年以内出现,如果没能采取适当措施将遵守基本原则面临的风险降低至可接受水平,破产执业者或执业机构内人员不得接受破产任命。

如果重要职业关系终止于破产任命的提出日期超过3年以前,遵守基本原则仍然会面临风险。破产执业者或执业机构内人员应评估任何此类风险,并考虑是否可以通过防控措施将风险消除或降至可接受水平。

600.6　审查后的清算

先前的任命:破产执业机构人员已经是审查员,审查员无法为公司生存提出建议,或者法院未能确认审查员的建议,公司随后进入清算程序(自愿或通过法院命令)。

对策:破产执业者通常可以作为清算人接受任命,只要他们遵守相关立法要求。但是,破产执业者还应考虑是否有任何情况给遵守基本原则带来不可接受的风险。

600.7　审查后的接管

先前的任命:破产执业机构或执业机构内人员已是审查员,审查员无法为公司生存提出建议,或者法院未能确认审查员的建议,公司随后进入清算程序(自愿或通过法院命令)或担保债权人任命一个接管人。

对策:破产执业者通常可以作为接管人接受任命,只要他们遵守相关立法要求。但是,破产执业者还应考虑是否有任何情况给遵守基本原则带来不可接受的风险。

600.8　审计相关工作后的破产任命

先前关系:该执业机构或该执业机构中人员已完成审计相关工作。

对策:如果审计相关工作发生在之前3年以内,重要职业关系通常将出现。如果无法采取适当措施将基本原则面临风险降低至可接受水平,破产执业者不应接受破产任命。

如果审计相关工作完成于破产执业者任命的提出日期超过3年以前,遵守基本原则仍然会面临风险。破产执业者应评估任何此类风险,并考虑是否可以通过防控措施将风险消除或降至可接受水平。

注意:当审计员在破产任命开始日期之前24个月里曾经或一直是任何客户的审计员(即使有清偿能力)时,2014年《公司法》第635节禁止审计员担任清算人。

概念和解释

授权机构:根据英国有关破产管理的规定,被认定为职业授权机构的主体。

近亲或直系亲属:配偶,民事伴侣(或相当的人),受抚养者,父母,子女或兄弟姐妹。

雇员:与破产执业者或者破产执业机构订立雇佣合同或服务协议的个人。

机构:任何自然人或法人或上述主体形成的集团,包括合伙企业。

破产执业机构:破产执业者与以下机构共同执业形成的主体,其可能是单独执业者,合伙,有限责任合伙或者公司:

a)通过所有权,管理权或其他方式控制执业机构的机构;

b)通过所有权,管理权或其他方式受到执业机构控制的机构;

c)通过所有权,管理权或其他方式与执业机构受到共同控制的机构。

破产执业机构人员:破产执业者,执业机构内的任何负责人以及雇员。

破产任命:根据英国法律规定,正式任命必须由破产执业者接受。

破产执业者:由授权机构授权或承认的在英国境内具有破产执业者资格的个人。

破产团队:破产执业者控制或指导下的所有成员。

社交公司:一个大的组织架构:

a)致力于合作共赢;以及

b)致力于利润分享或成本共担,分享共同所有权、管理控制权、共同质量控制政策和程序、共同商业策略、共同商标或者专业资源重要部分。

负责人:根据破产执业机构的性质,

(a)当破产执业机构是公司时:负责人是其董事;

(b)当破产执业机构是合伙企业:负责人是其合伙人;

(c)当破产执业机构是有限合伙企业时:负责人是其成员;

(d)当破产执业机构由一名唯一执业者组成时:负责人即该人;

或者,该破产执业机构内任何被认定为董事、合伙人或成员的人。

个人破产数据

BANKRUPTCY LAW REVIEW

美国个人破产数据(2018年)*

李鹦键 译
中国政法大学中欧法学院经济法专业硕士研究生。

申请破产的数量：

按破产类型和破产依据的章节划分(2018年①)

单位：个

	合计	商事破产	非商事破产
第11章	7095	6078	1017
第7章	475,575	13,678	461,897
第12章	498	498	
第13章	290,146	1874	288,272
以上章节合计	773,418	22,232	751,186

依据不同章节申请破产的数量(1990～2018年)

单位：个

年份	合计	第7章	第11章	第12章	第13章
1990	782,960	543,334	20,783	1346	217,468
1991	943,987	656,460	23,989	1495	262,006
1992	971,517	681,663	22,634	1608	265,577
1993	875,202	602,980	19,174	1243	251,773

* 以下翻译源自新世代研究有限公司(New Generation Research, Inc.)：《2019年美国破产年鉴指南》(第29版)[The 2019 Bankruptcy Yearbook & Almanac](the 29th Annual Edition)，经过作者和出版社授权。

① 2018年还有104个案件依据次要章节申请破产(包括100个案件依据第15章申请，4个案件依据第9章申请)。

续表

年份	合计	第 7 章	第 11 章	第 12 章	第 13 章
1994	832,829	567,240	14,773	900	249,877
1995	926,601	626,150	12,904	926	286,588
1996	1,178,555	810,400	11,911	1083	355,123
1997	1,404,145	989,372	10,765	949	403,025
1998	1,442,549	1,035,696	8386	807	397,619
1999	1,319,465	927,074	9315	834	382,214
2000	1,253,444	859,220	9884	407	383,894
2001	1,492,129	1,054,927	11,424	383	425,292
2002	1,577,651	1,109,923	11,270	485	455,877
2003	1,660,245	1,176,905	9404	712	473,137
2004	1,597,462	1,137,958	10,132	108	449,129
2005	2,078,415	1,659,017	6800	380	412,130
2006	617,660	360,890	5163	348	251,179
2007	850,912	519,364	6352	376	324,771
2008	1,117,771	744,424	10,160	345	362,762
2009	1,473,675	1,050,832	15,189	544	406,962
2010	1,593,081	1,139,601	13,713	723	438,913
2011	1,410,653	992,332	11,529	637	406,084
2012	1,221,091	843,545	10,361	512	366,532
2013	1,071,932	728,833	8980	395	333,326
2014	936,795	619,069	7234	361	310,061
2015	844,495	535,047	7241	407	301,705
2016	794,960	490,365	7292	461	296,655
2017	789,020	486,347	7442	501	294,637
2018	773,418	475,575	7095	498	290,146

申请破产的商事破产和非商事破产的数量(1985~2018 年)

单位:个

年份	合计	商事	非商事	比率（非商事/商事）(%)
1985	412,431	71,242	341,189	4.8
1986	530,008	80,879	449,129	5.6
1987	574,849	81,999	492,850	6.0
1988	613,606	63,775	549,831	8.6
1989	679,980	63,227	616,753	9.8
1990	782,960	64,853	718,107	11.1
1991	943,987	71,549	872,438	12.2
1992	971,517	70,643	900,874	12.8
1993	875,202	62,304	812,898	13.0
1994	832,829	52,374	780,455	14.9
1995	926,601	51,959	874,642	16.8
1996	1,178,555	53,549	1,125,006	21.0
1997	1,404,145	54,027	1,350,118	25.0
1998	1,442,549	44,367	1,398,182	31.5
1999	1,319,465	37,884	1,281,581	33.8
2000	1,253,444	35,472	1,217,972	34.3
2001	1,492,129	40,099	1,452,030	36.2
2002	1,577,651	38,540	1,539,111	39.9
2003	1,660,245	35,037	1,625,208	46.4
2004	1,597,462	34,317	1,563,145	45.6
2005	2,078,415	39,401	2,039,214	51.8
2006	617,660	19,695	597,965	30.4
2007	850,912	28,322	822,590	29.0
2008	1,117,771	43,546	1,074,225	24.7
2009	1,473,675	60,837	1,412,838	23.2
2010	1,593,081	56,282	1,536,799	27.3
2011	1,410,653	47,806	1,362,847	28.5
2012	1,221,091	40,075	1,181,016	29.5
2013	1,071,932	33,212	1,038,720	31.3

续表

年份	合计	商事	非商事	比率（非商事/商事）（%）
2014	936,795	26,983	909,812	33.7
2015	844,495	24,735	819,760	33.1
2016	794,960	24,114	770,846	31.9
2017	789,020	23,157	765,863	33.1
2018	773,418	22,232	751,186	33.8

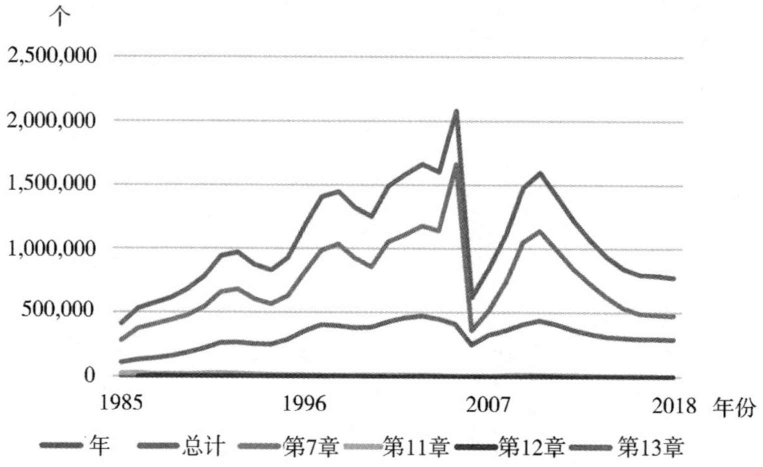

（依据第7、11、12章和第13章的申请及合计）

破产申请的趋势（1985～2018年）

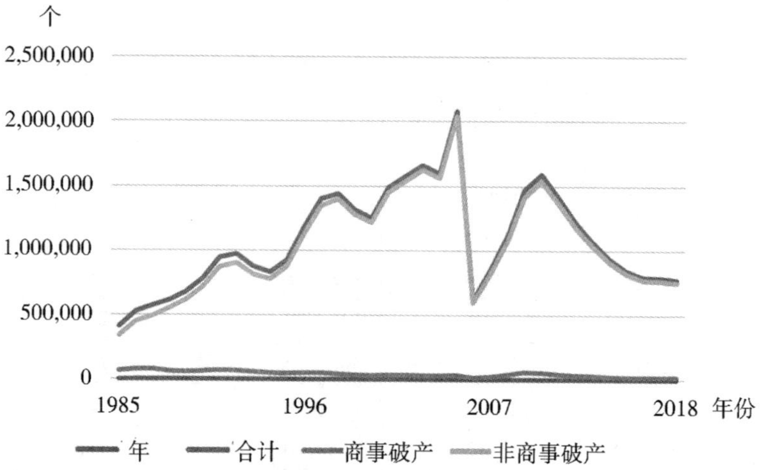

破产种类（1985～2018）

巡回法院审理破产案件的数量:按破产类型划分(2012 ~ 2018 年)
(非商事破产/商事破产)

	2018	2017	2016	2015	2014	2013	2012
合计	773,418	789,020	794,960	844,495	936,795	1,071,932	1,221,091
非商事	751,186	765,863	770,846	819,760	909,812	1,038,720	1,181,016
商事	22,232	23,157	24,114	24,735	26,983	33,212	40,075
%	2.9%	2.9%	3.1%	2.9%	2.9%	3.0%	3.3%
华盛顿特区巡回法院合计	824	750	695	706	791	833	883
非商事	785	711	657	655	718	760	828
商事	39	39	38	51	73	73	55
%	4.7%	5.2%	5.8%	7.2%	9.2%	8.6%	6.2%
第一巡回法院合计	21,892	21,952	24,728	26,400	29,038	33,138	38,461
非商事	21,138	21,103	23,572	25,278	27,843	31,822	36,891
商事	754	849	1156	1122	1195	1316	1570
%	3.4%	3.9%	4.9%	4.2%	4.1%	3.9%	4.1%
第二巡回法院合计	41,343	39,574	36,540	37,219	40,114	45,017	50,797
非商事	39,032	37,447	34,547	35,288	38,194	42,968	48,179
商事	2311	2127	1993	1931	1920	2049	2618
%	5.6%	5.4%	5.8%	5.2%	4.8%	4.5%	6.4%
第三巡回法院合计	50,691	52,610	50,302	50,457	54,120	59,944	64,632
非商事	48,527	50,299	48,006	48,390	51,862	57,073	61,687
商事	2164	2311	2296	2067	2258	2871	2945
%	4.3%	4.4%	4.8%	4.1%	4.2%	4.7%	4.6%
第四巡回法院合计	63,630	64,927	64,896	66,998	71,886	79,537	86,841
非商事	62,150	63,372	63,326	65,086	69,957	77,281	84,072

续表

	2018	2017	2016	2015	2014	2013	2012
商事	1480	1555	1570	1912	1929	1517	2769
%	2.3%	2.4%	2.4%	2.9%	2.7%	1.9%	3.2%
第五巡回法院合计	60,569	61,095	58,621	59,064	62,608	69,100	77,254
非商事	57,424	57,846	55,622	56,488	59,880	66,064	73,632
商事	3145	3249	2999	2576	2728	3036	3622
%	5.2%	5.3%	5.4%	4.4%	4.4%	4.3%	4.7%
	2018	2017	2016	2015	2014	2013	2012
第六巡回法院合计	116,191	119,887	118,438	123,815	133,024	150,779	164,684
非商事	114,640	118,131	116,579	121,753	130,811	147,865	161,166
商事	1551	1756	1859	2062	2213	2914	3518
%	1.3%	1.5%	1.6%	1.7%	1.7%	1.9%	2.1%
第七巡回法院合计	87,784	91,918	95,212	102,718	111,818	123,550	130,748
非商事	86,317	90,270	93,493	100,703	109,613	120,757	127,461
商事	1467	1648	1719	2015	2205	2793	3287
%	1.7%	1.8%	1.8%	2.0%	2.0%	2.3%	2.5%
第八巡回法院合计	48,431	48,585	48,642	50,675	56,208	63,718	72,884
非商事	47,301	47,371	47,145	49,419	54,847	62,020	70,699
商事	1130	1214	1497	1256	1361	1698	2185
%	2.3%	2.5%	3.2%	2.5%	2.4%	2.6%	3.0%
第九巡回法院合计	123,777	127,253	132,347	146,967	176,762	222,544	288,797
非商事	119,425	122,685	127,595	141,695	170,787	214,796	279,133
商事	4352	4568	4752	5272	5975	7748	9664
%	3.5%	3.6%	3.7%	3.6%	3.4%	3.4%	3.3%

续表

非商事	40,800	42,953	43,514	45,844	52,295	60,233	68,134
第十巡回法院合计	41,902	44,083	44,779	47,076	53,612	61,940	70,243
商事	1102	1130	1265	1232	1317	1707	2109
%	2.6%	2.6%	2.9%	2.6%	2.5%	2.7%	3.0%
第十一巡回法院 合计	116,384	116,386	119,760	132,400	146,814	161,832	174,867
非商事	113,647	113,675	116,790	129,161	143,005	157,081	169,134
商事	2737	2711	2970	3239	3809	4751	5733
%	2.4%	2.3%	2.5%	2.4%	2.6%	2.9%	3.3%

英国个人破产数据(2018 年)*

李鹨键 译

李鹨键,中国政法大学中欧法学院经济法专业硕士研究生。

一、概览

主要信息:2018 年的个人破产。破产总数连续第三年上升至 115,299 人,为 2011 年以来的最高水平。主要动因是个人自愿安排(individual voluntary arrangements)大幅增加,创下年度水平的最高纪录

(一)英格兰及威尔士个人破产情况

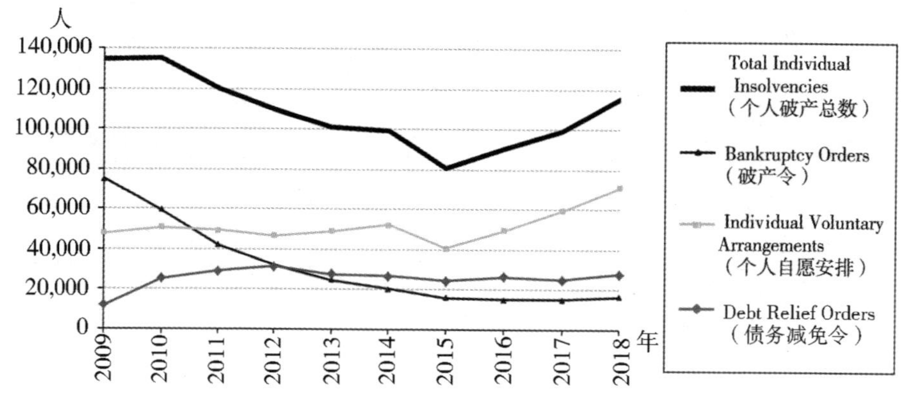

图 1　英格兰及威尔士个人破产情况(年度数据)

来源:英国破产服务局。

* 数据来源:英国破产服务(Insolvency Service),https://www.gov.uk/search/research-and-statistics?content_store_document_type=published_statistics&organisations%5B%5D=insolvency-service。

2018 年度要点

所有类型的个人破产案件都有所增长	2018 年英格兰及威尔士个人破产人数达 115,299 人，较 2017 年增长 16.2%，个人破产达到自 2011 年以来的年度最高水平。
个人自愿安排(IVAs)创下新高	2018 年个人自愿安排为 71,034 例，比 2017 年上涨 19.9%，创下年度水平的最高纪录。
债务减免令(DROs)案件增加	2018 年债务减免达 27,683 例，比 2017 年增加 11.2%。
破产令(bankruptcy)案件增加	2018 年破产案例为 16,582 件，较 2017 年上升了 9.8%。债务人申请增长 10%，债权人申请增长 9.1%。
个人自愿安排是最热门的破产程序	在 2018 年申请个人破产的 115,299 人中，有 61.6% 选择个人自愿安排，24.0% 选择债务减免令，14.4% 选择破产令。
年终个人破产比例上升	在 2018 年，每 401 个成年人中就有 1 人破产，2017 年为每 466 人。

(二)总结表:历年数据比较

表 1　英格兰及威尔士个人破产情况①②

	破产数量					% 2017 ~ 2018 年变化(百分比)
	2014	2015	2016	2017	2018(暂定)	
个人破产总数	99,223	80,404	90,657	99,219	115,299	16.2
破产令	20,345	15,845	15,044	15,105	16,582	9.8
债务减免令	26,688	24,175	26,196	24,894	27,683	11.2
个人自愿安排	52,190	40,384	49,417	59,220	71,034	19.9

来源:英国破产服务局。

二、英格兰和威尔士的个人破产

下列统计数据涉及负担债务并已进入正式破产程序的个人，而不涉及企业。个人也可通过其他非正式途径来处理负债问题，如债务管理计划，但这方面的官方数据未作收录。

---

① 随附的详细表格中提供了追溯至 2008 年的更多信息。

② 不包括控制下的债权人自愿清算。

(一)破产,债务减免令和个人自愿安排①

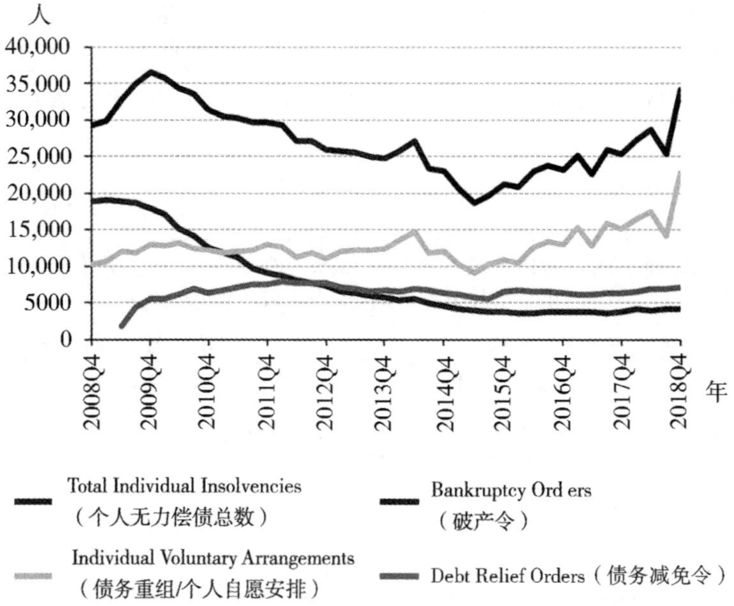

图2　英格兰和威尔士的个人破产(季度数据,经季节调整)

来源:英国破产服务局。

关键术语解释

破产令(bankruptcy orders):一种针对无力偿债者的债务减免形式。所拥有的资产将归属于受托人,由其出售并将收益分配给债权人。减免通常发生在破产令颁布12个月后。

债务减免令(debt relief orders,DROs):一种针对低收入、低资产、负债少于20,000英镑(2015年10月前为15,000英镑)之人的债务减免形式。债权人不受到分配。减免通常发生在债务减免令颁布12个月后。债务减免令始于2009年4月。

个人自愿安排(individual voluntary arrangements,IVAs):一种自愿偿还债权人部分或全部债务的形式。一旦由75%或更多债权人批准,该安排对所有人均有约束力。有资质的破产从业者监督个人自愿安排。

所有进入这些程序的个人都会被列入个人破产登记册(individual insolvency

① 从2009年第二季度开始,个人破产总数的计算包含了2009年4月6日引入的债务减免令案件。

register），并一直保留在该名单上，直至其破产结束后三个月。

2018 年第四季度，英格兰和威尔士共有 34，108 例个人破产案件；达到自 2010 年第二季度以来的最高水平。其中，共有个人自愿安排（IVAs）案件 22，717 例，创下历史新高。在 2018 年第四季度，占比最高的是个人自愿安排（占破产总数的 66.6%），另有 7196 例债务减免令（占总数的 21.1%）和 4196 例破产令（占总数的 12.3%）。

与上一季度相比，破产总数增长了 34.7%。个人自愿安排比上一季度增长 60.5%，导致了前述破产总数的上升。

持有公司的专业领域执照的破产从业者可以监督个人自愿安排。在 2015 年后的每一年，这类公司中最大的 3 家，在个人自愿安排案件中占比达到了 51% 至 62%，数据发生变化的一部分原因可能是公司获取新客户的方式发生了变化。有关个人自愿安排的更多信息，请参见我们发布的个人自愿安排统计数据（IVA outcome statistics）。

为了消除自然周期变化，这些数据都按照季节性作出调整。在调整之前，个人自愿安排通常在每年的第三季度达到峰值，因此向下作出调整。然而在 2018 年，未经调整的第三季度数值低于第二季度和第四季度，经过正常的季节调整后，第三季度和第四季度之间的差异被拉大。

除了个人自愿安排增长之外，与 2018 年第三季度相比，债务减免令和破产令两类案件分别升高 2.9% 和 1.0%。自 2005 年第二季度以来，个人自愿安排的注册数总体呈上升趋势，债务减免案件连续六季保持增长。

长期情况：考虑到基础人口会随时间发生变化，个人破产可以用成年人口的百分比表示。本节将对滚动的 12 个月的个人破产总数和估算的英格兰及威尔士成人（18 岁以上）人口数进行比较。

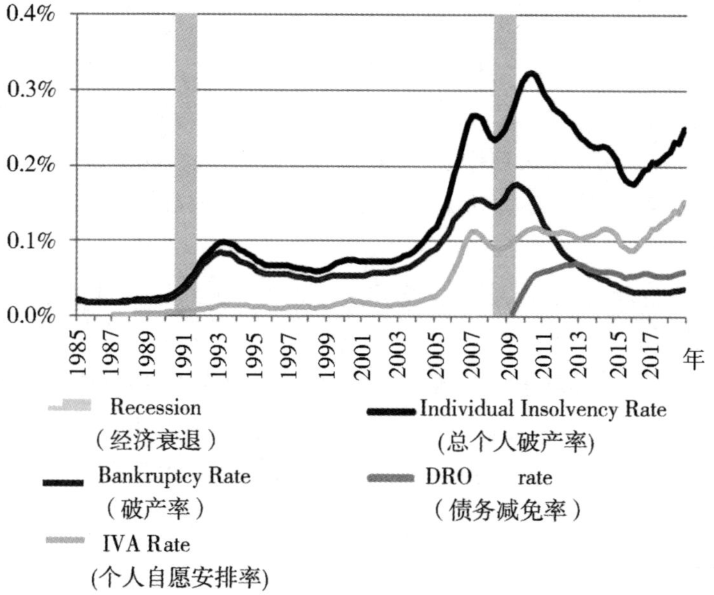

图 3　英格兰和威尔士的个人破产(12 个月的滚动比率)

来源:英国破产服务局。

关键术语解释

总破产率(insolvency rate):最近 12 个月内的破产令、个人自愿安排及债务减免令总数,除以英格兰和威尔士的平均估算成年(18 岁以上)人口数。

破产率、个人自愿安排率和债务减免率以相同方法计算。

在 2018 年第四季度前的 12 个月中,每 401 名成人中有 1 人破产(每 10,000 名成人中有 24.9 人破产)。截至 2018 年第三季度末的 12 个月中,每 434 名成年人中有 1 人破产(每 10,000 名成年人中有 23.0 人破产),而截至 2017 年第四季度末的 12 个月中,每 466 名成年人中有 1 人破产(每 10,000 名成年人中有 21.5 人破产)。

自 2016 年第一季度以来,破产率和债务减免率基本保持稳定,但在 2018 年全年以及 2018 年第四季度中有小幅上升。

总个人破产率与家庭债务水平和经济增长有关。在 2004 年以前,每 10,000 名成人中少于 10 人破产,当前总个人破产率上升。在 2000 年代早期至中期,信贷的大量扩张与总个人破产率的升高相一致。

(二)破产令案件的特征

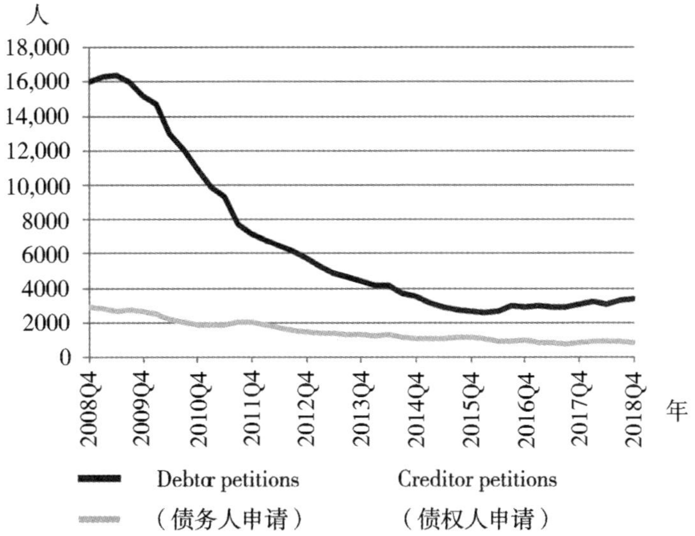

图 4　英格兰和威尔士的破产令案件——申请类型(季度数据,经季节调整)

来源:英国破产服务局。

2018 年第四季度,债务人申请破产令案件 3394 起,比上一季度高出 3.4%,比 2017 年同期高出 12.4%。自 2016 年 4 月 6 日起,债务人申请破产的流程发生了变化,法院不再介入。申请必须通过英国中央政府网站(https://www.gov.uk/)在线提交给破产服务局的裁定人。在此过程中,允许分期支付申请费用。

2018 年第三季度,债权人提起破产令申请 801 起,比上一季度低 13.4%,比 2017 年同期下降 4.4%。在 2015 年,对债权人提出破产申请所要求的最低债务数额有所调整,从 750 英镑增加到 5000 英镑,自 2015 年 10 月 1 日起实施,这使债权人申请数量减少。

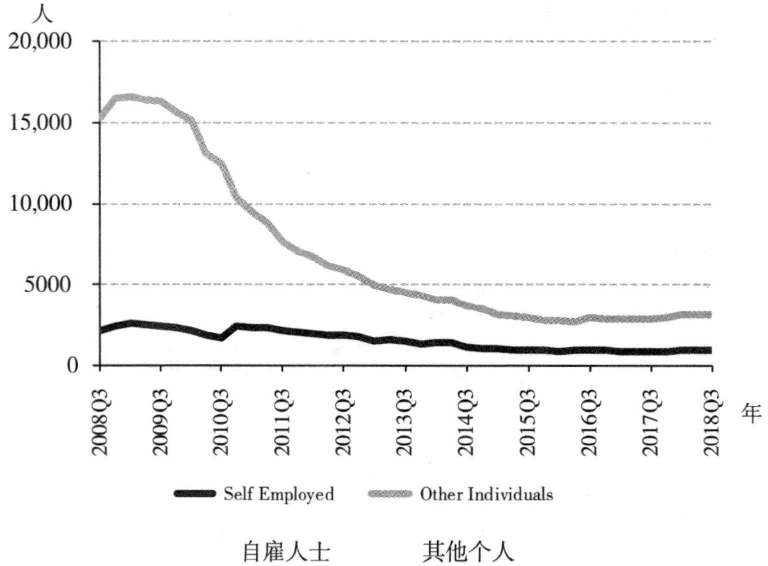

图5　英格兰和威尔士破产令案件——交易状态(季度数据,经季节调整)

来源:英国破产服务局。

关键术语解释

自雇人士(self – employed):在进入破产程序时自称为自由职业者的个人。

其他个人(other individuals):在进入破产程序时不是自由职业者,或状态信息不明的个人。

为捕获交易状态和行业代码的相关信息,部分数据库曾受更改。在图中用垂直线表示。

因此,从2006年第四季度开始按交易状态细分的数据与该季度之前的数据,不应被视作完全一致。

对任一季度而言,经季节性调整的自雇个人数及其他个人数将不会被纳入为经季节性调整的总破产数。这是因为它们使用了不同的模型分别进行调整。在一个日历年中,总数会匹配所选的模型。

与此版本中的多数其他统计数据相比,由于在破产令发布后,记录交易状态可能要花费几周的时间,这些统计数据在时间上滞后了四分之一。

在2018年第三季度,有990起自雇人士的破产令案件,比2018年第二季度高出 5.5%，较 2017 年第三季度增长 17.7%。自雇人士破产达到了自 2015 年第一季度以来的最高季度水平。

2018 年第三季度，其他个人的破产令案件有 3178 起，比上一季度高出 0.7%，较上年同期上升 11.0%。

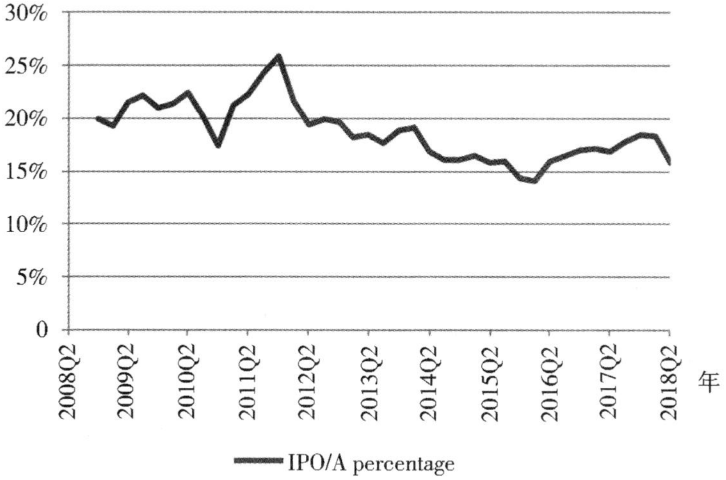

图 6　英格兰和威尔士在破产令案件中使用收入支付协议或收入支付令的比率（季度数据，经季节调整）

来源：英国破产服务局。

关键术语解释

根据收入支付协议（IPA），可以合理偿还债务的破产者必须进行偿还。

如果他们不同意，官方接管人或受托人将向法院申请收入支付令（IPO）。

收入支付协议或收入支付令的钱来自盈余收入，这是扣除合理生活费用后从收入中剩余的数目。

一项收入支付协议或收入支付令通常持续 36 个月。

与此版本中的多数其他统计数据相比，上述统计数据在时间上滞后了两个季度。这是由于制定收入支付协议（IPA）和收入支付令（IPO）通常需要花费数月。2018 年第二季度中，641 起破产令案件通过收入支付协议或收入支付令的途径得以解决（占案件总数的 15.7%），较之 2018 年第一季度的 764 件有所减少。从 2016 年第一季度开始，收入支付协议一直呈稳定上升趋势，自那时起，今年是第二次出现绝对数量下降的情况。

三、苏格兰的个人破产

苏格兰拥有个人破产事项的立法权。在苏格兰，破产管理局被称为破产管理会计师(accountant in Bankruptcy)，负责苏格兰的个人破产事务。

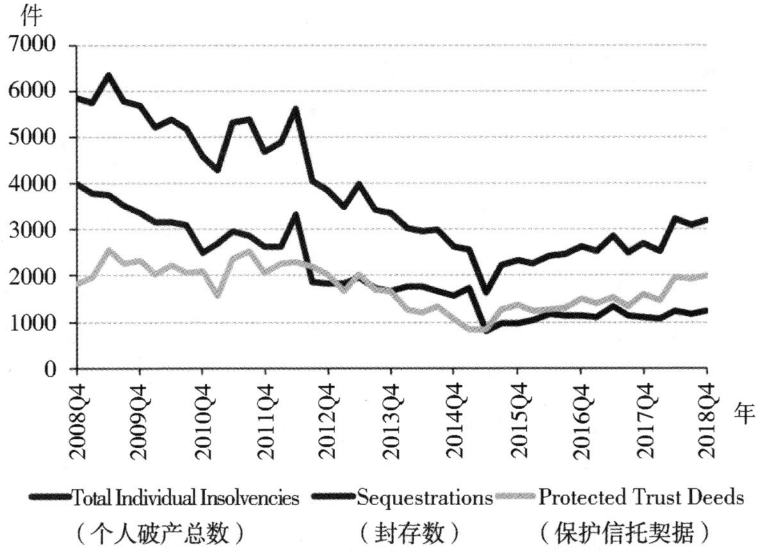

图 7　苏格兰的个人破产(季度数据，未经季节调整)

来源：破产管理会计师。

关键术语解释

在英格兰和威尔士，封存(sequestration)与破产作用相同。

2008 年 4 月修改法律后，为低收入和低资产(low income and low assets /LILA)的个人提供了新的封存途径，造成苏格兰的封存案件数量激增。

2015 年 4 月，最低资产处置(minimal asset process)取代了 LILA，加上受到其他因素的影响，封存案件大幅减少。

保护信托契约(protected trust deeds，PTDs)是苏格兰的自愿破产安排，与英格兰和威尔士的个人自愿安排有非常类似的作用。但它们在设立和管理方式上具有差异，意味着苏格兰的数据与英格兰和威尔士或北爱尔兰的个人自愿安排数据会有所不同。

苏格兰的统计数据不包括偿债计划下的债务支付计划，债务支付计划并不是正式的破产程序。

在 2018 年第四季度，苏格兰有 3198 起个人破产案，与 2017 年第四季度相比，涨幅达到 18.1%。

2018 年第四季度的封存案件达到 1217 起，相较 2017 年同期增长了 9.9%。其中，有 562 人采用最低资产处置的方式进行封存。

2018 年第四季度，有 1981 起保护信托契约案，比 2017 年同期上升 23.8%。

四、北爱尔兰的个人破产

北爱尔兰与英格兰和威尔士的个人破产立法不同但大致相似，因此分别列出相关数据。

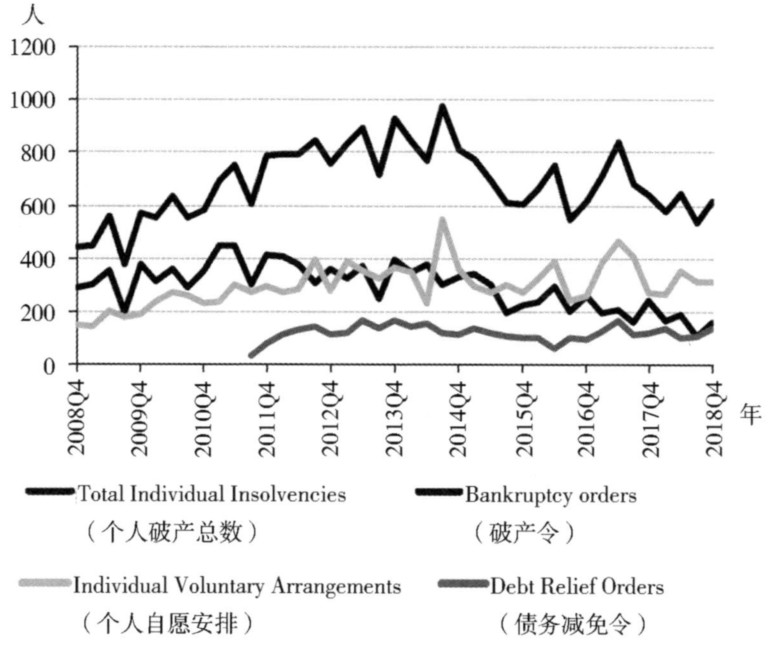

图 8　北爱尔兰的个人破产（季度数据，未经季节调整）

来源：北爱尔兰经济部。

关键术语解释

破产令（bankruptcy orders）：一种针对无力偿债者的债务减免形式。所拥有的资产将归属于受托人,由其出售并将所得收益分配给债权人。减免通常发生在破产令颁布12个月后。

债务减免令(debt relief orders,DROs):一种针对低收入、低资产、负债少于20,000英镑(2015年10月前为15,000英镑)之人的债务减免形式。债权人不获得分配,减免通常发生在债务减免令颁布12个月后。债务减免令始于2011年9月。

个人自愿安排(individual voluntary arrangements,IVAs):一种自愿偿还债权人部分或全部债务的形式。一旦由75%或更多债权人批准,该安排对所有人均有约束力。个人自愿破产受到有资质的破产从业者的监督。

2018年第四季度,北爱尔兰有615例个人破产案件,与2017年同期相比,下降3.9%。

其中,破产令案件163例,比去年同期减少33.5%。自2016年第四季度以来,每季度的破产令数量普遍呈下降趋势。自2016年11月30日起,上调了对债权人提起破产申请要求的最低债务数额,从750英镑增加到5000英镑,导致债权人申请数量减少。

今年共有312起个人自愿安排,比去年同期上升13.0%。

债务减免令案件为140起,较去年同期增长17.6%。2016年11月30日修改了适用债务减免令的资格标准,债务数额提高到20,000英镑(之前为15,000英镑),资产数额提高到1000英镑(之前为300英镑)。

尽管从上图来看,变化趋势非常明显,应当注意的是,数据会产生波动是由于个人破产数量太少,因此,任何细微的数量变动都会使百分比发生较大的变化。

德国个人破产数据（2018年）

李鹦键 译

中国政法大学中欧法学院经济法专业硕士研究生。

月份	破产				与去年同期相比	与去年同期相比的比例	工作员工	应收债权
	公开	不足以支付破产费用而未能启动破产	通过债务清算计划	总共				
	数值					%	数值	欧元（百万）
1～12月	65,564	504	1,529	67,597	71,896	-6,0	X	29,535
1月	5688	29	148	5865	5635	4,1	X	2987
2月	5288	19	143	5450	5679	-4,0	X	2309
3月	5585	26	141	5752	6821	-15,7	X	2566
4月	5429	15	140	5584	5506	1,4	X	2379
5月	5399	50	125	5574	6330	-11,9	X	2276
6月	5869	39	115	6023	6086	-1,0	X	2553
7月	5844	67	114	6025	6047	-0,4	X	2853
8月	5518	60	138	5716	6253	-8,6	X	2379
9月	5040	44	128	5212	5583	-6,6	X	2564
10月	5433	52	109	5594	5820	-3,9	X	2189
11月	5684	54	123	5861	6553	-10,6	X	2439
12月	4787	49	105	4941	5583	-11,5	X	2042

法国个人破产数据（1990～2019年）*

钟　林 译

种林，中国政法大学博士后，山东政法学院副教授。

根据民商分立的原则，法国商事破产和民事破产分别规定在《商法典》《消费法典中》。民事破产制度可以追溯到1879年的《民事破产法》，该法至今在阿尔萨斯、洛林等地区仍然有效。在适用法国全境的现行法律中，没有能和中文语境中的"个人破产"含义完全对应的法律概念，相关联的概念有"个人重整"（redressement personnel）、"超负债"（surendettement）以及"个人破产"（la faillite personnelle）。根据法国现行《消费法典》（2019年12月15日修订）第七编"超负债状况的处理"的有关规定，超负债是指明显不能清偿所有已经到期和即将到期的非职业性债务。处于超负债处境的善意自然人债务人可以申请启动个人恢复程序（La procédure de rétablissement personnel）。"个人破产"（la faillite personnelle）则仅适用于企业主（chefs d'entreprise）。

表1　1990～2018年度法国超负债情况

	1990	1991	1992	1993	1994	1995	1996	1997	1998	1999
案件数量	90,174	68,075	63,830	68,863	68,608	70,112	86,999	95,756	117,854	142,219
受理（各地超负债委员会或者司法机关）	64,320	60,240	55067	57,003	59,000	56,400	71,588	80,161	94,349	107,062
达成债务清偿方案	13,662	36,866	35755	32,934	37,280	32,131	43,357	55,971	62,677	67,599

* 数据来源：法兰西银行，https://www.banque-france.fr。

续表

	1990	1991	1992	1993	1994	1995	1996	1997	1998	1999
结案	6334	14,029	10,470	9317	8895	6847	10,865	12,859	14,118	18,539
其中作出指导决定(2018 年法律修改之前可以予以受理)										
由各地超负债委员会提出或建议采取的处理措施(包括适用 2014 年银行法规定的情况)										
由各地超负债委员会提出处理意见并得到司法机关认可						1062	11,246	11,131	11,321	11,314
在个人恢复程序中达成协议①										
	2000	2001	2002	2003	2004	2005	2006	2007	2008	2009
案件数量	148,373	137,994	145,348	165,493	188,176	182,330	184,866	182,855	188,485	216,396
受理(各地超负债委员会或者司法机关)	125,462	118,691	118,533	144,231	153,185	155,946	157,950	154,938	159,967	182,695

① 此数据包括适用 2010 年 11 月 1 日生效法律所创立的无须进行司法清算的个人恢复程序处理的案件。

续表

	2000	2001	2002	2003	2004	2005	2006	2007	2008	2009
达成债务清偿方案	81,934	81,131	81,294	93,012	94,415	97,391	95,853	84,343	87,673	95,426
结案	24,328	19,832	18,229	20,221	20,506	19,859	19,296	19,387	18,944	20,106
其中作出指导决定(2018 年法律修改之前可以予以受理)			5972	6109	5988	5949	5945	5297	3970	3727
由各地超负债委员会提出或建议采取的处理措施(包括适用 2014 年银行法规定的情况)										
由各地超负债委员会提出处理意见并得到司法机关认可	17,173	23,635	24,552	26,615	31,927	29,514	29,991	29,836	37,668	35,515
在个人恢复程序中达成协议					16,321	19,259	24,190	27,959	33,378	41,045
	2010	2011	2012	2013	2014	2015	2016	2017	2018	
案件数量	218,102	232,493	220,836	223,012	230,935	217,302	194,194	181,123	162,936	
受理(各地超负债委员会或者司法机关)	182,007	202,900	194,866	195,219	205,787	197,823	175,098	166,939	148,066	

续表

	2010	2011	2012	2013	2014	2015	2016	2017	2018	
达成债务清偿方案	86,419	73,945	70,531	66,601	39,266	26,994	22,530	20,171	14,312	
结案	26,910	33,357	32,133	30,144	22,314	19,990	15,978	14,129	12,312	
其中作出指导决定(2018 年法律修改之前可以予以受理)	3745	4181	4200	4011	3705	3863	3351	3133	3961	
由各地超负债委员会提出或建议采取的处理措施(包括适用 2014 年银行法规定的情况)	47,559	57,371	60,399	59,159	94,379	97,878	79,248	63,901	71,685	
由各地超负债委员会提出处理意见并得到司法机关认可	37,386	48,797	79,508	86,172	92,937	103,707	101,332	105,261	27,662	
在个人恢复程序中达成协议	43,098	1035	1341	1346	1458	1629	1633	1861	1995	

表 2　2018 年度法国超负债情况

		2018 年度
	案件数量	162,936
	各地超负债委员会作出的决定	154,861
(A)	受理	146,353
	不予受理	8508
(B)	个人恢复措施	79,282
	Mesures imposées suite RP sans LJ	77,287
	未经司法清算,依据启动个人恢复程序申请达成协议	1995
(C)	债务处理措施	85,997
	达成债务清偿方案	14,312
	其中延期清偿方案	5612
	其他措施(含免除债务已经未免除债务)	71,685
	其中延期措施	17,064
(D)	结案(含不影响申请其他措施的确认)	12,312
(A+B+C+D)	各委员会处理案件的数量	186,099
	法院受理的案件	1600

		2018 年 1 ~ 11 月合计	2019 年 1 ~ 11 月合计	2019 年 12 月①
	案件数量	151,310	132,605	10,390
	各地超负债委员会作出的决定	142,477	129,434	10,515
(A)	受理	134,605	122,682	9898
	不予受理	7872	6752	617

① 截至目前统计。

续表

		2018 年 1～11 月合计	2019 年 1～11 月合计	2019 年 12 月
(B)	个人恢复措施	73,571	57,367	4744
	未经司法清算,受理后根据个人重整程序处置	71,724	56,253	4709
	未经司法清算,依据启动个人恢复程序申请达成协议	1847	1114	35
(C)	债务处理措施	7956	67,188	6214
	达成债务清偿方案	13,188	10,826	1018
	其中延期清偿方案	5017	6019	567
	其他措施(含免除债务已经未免除债务)	66,374	56,362	5196
	其中延期措施	16,094	10,494	892
(D)	结案(含不影响申请其他措施的确认)	11,400	8744	792
(A+B+C+D)	各委员会处理案件的数量	172,405	140,051	12,367
	法院受理的案件	1532	1057	60

来源:法兰西银行。

根据表 2 的数据,2019 年 11 月各地超负债委员会在现行立法规定的框架内共收到了 10,390 件超负债情况的申请,并已处理了 12,367 件。与 2018 年前 11 个月相比,2019 年前 11 个月提交给各委员会的超负债情况减少了 12.3%(2019 年前 11 个月 132,605 件,2018 年前 11 个月 151,310 件)。截至 2019 年 8 月底,过去 12 个月中又有 66,320 件重新提起,较前 12 个月减少 15.8%。同时,首次提起的案件数量下降了 8.2%。

俄罗斯个人破产数据（2015～2019年）*

刘 冰 译

华北电力大学人文与社会科学学院，讲师。

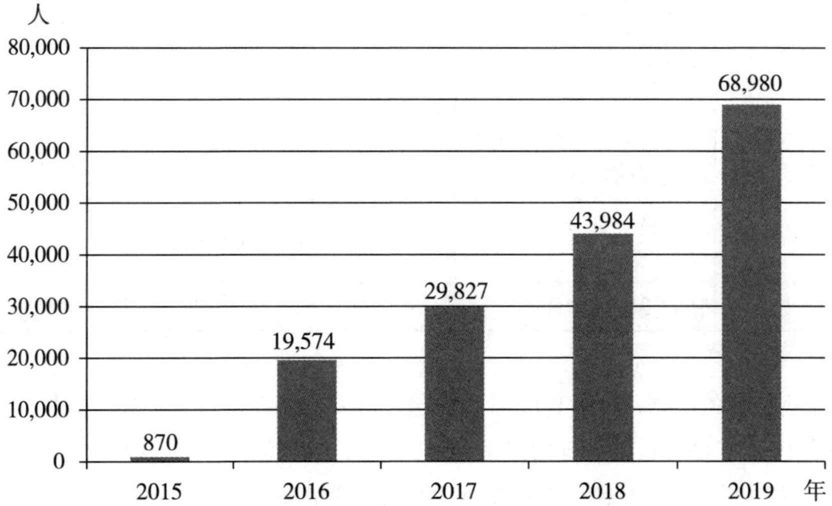

图1　2015～2019年6月公民破产裁决数量

·2019年宣布公民破产的仲裁法院裁决数量是2018年1.56倍，高达68,980件。

·在消费者破产制度实施的4年中，共有163,235名俄罗斯公民申请了消费者破产，占潜在破产者的16%，根据俄罗斯信用机构估计潜在破产者约有100万人。

* 数据来源于俄罗斯联邦破产清算统一登记信息网，http://bankrot.fedresurs.ru/。

表 1　公民破产裁决、财产出售和重整案件数量

自然人和个人企业家破产仲裁法院裁决数量①	2018 年第 1 季度	2018 年第 2 季度	2018 年第 3 季度	2018 年第 4 季度	2019 年第 1 季度	2019 年第 2 季度
宣布公民破产并出售财产	8965	10,088	11,316	13,615	13,305	15,712
公民财产出售	3902	4970	5192	7294	6651	8775
宣布公民破产并提出合理调整债务的申请	2124	2324	2463	2838	2866	3186
完成债务重整的公民	52	77	76	107	89	153

·2018 年已完成财产出售程序的数量是 2017 年的 1.7 倍，共 21,358 件。

·2018 年仲裁法院宣布破产的公民人数为 94,255 人，占潜在破产人数的 13%（根据联合信贷局的数据，截至 2019 年 1 月 1 日有 74.82 万人）。2019 年 1 月至 6 月仲裁法院裁决数量是 29,297 件（包括个人企业家），比 2018 年同期增长52.3%，仲裁法院宣布破产的公民人数为 123,272。

·2018 年每 10 万人中就有 64 名破产者，截至 2019 年 6 月 30 日俄罗斯每 10 万人中就有 84 名破产者。

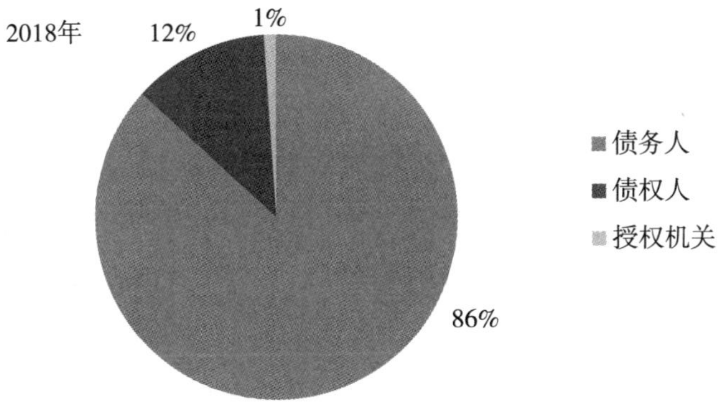

图 2　公民破产申请类型占比

① Количест во судебных решений в от ношении физ. лици индивидуальных предпринимат елей. 俄罗斯破产法会区分自然人和个人企业家，在数据统计时又会用 гражданина 统一称呼自然人和个人企业家，在本数据中翻译为公民。

·2018 年公民债务人申请自己破产的案件占破产案件总数量的 86%，这些案件信息已经披露。

·债权人提出破产申请的案件为总数量的 12%，授权机构申请的约为 1%。

表 2　个人破产法院裁定类型及数量

法院裁定	2015	2016	2017	2018	2019
宣布公民破产并出售财产	870	19,574	29,827	43,984	68,980
宣布公民破产并合理调整债务	338	7730	7998	9749	15,768
批准公民债务重组计划	5	165	188	179	204
完成公民财产出售	6	2495	12,358	21,358	37,868
完成公民债务重组		79	182	312	731
终止诉讼	339	446	633	838	1400

我国香港特别行政区破产数据（2018年）*

整理：李鹦键

李鹦键，中国政法大学中欧法学院经济法专业硕士研究生。

破产呈请及破产令（2018年1月至2018年12月）

年份	月份	提交呈请书的数目			接管令/破产令数目		
		由债务人提出	由债权人提出	总数	应债务人的呈请而发出	应债权人的呈请而发出	总数
2018	1	555	55	610	581	71	652
	2	476	39	515	472	39	511
	3	634	44	678	528	42	570
	4	553	50	603	543	35	578
	5	640	72	712	597	32	629
	6	579	44	623	558	40	598
	7	552	52	604	677	33	710
	8	620	43	663	532	50	582
	9	465	44	509	523	41	564
	10	623	62	685	594	38	632
	11	668	44	712	489	26	515
	12	528	38	566	570	35	605
周年总计		6893	587	7480	6664	482	7146

* 数据来源：香港特别行政区政府破产管理署，https://www. oro. gov. hk/sc/stat/stat. htm。

有关破产人概况及呈请人类别的周年统计数字①

(2018 年 1 月至 2018 年 12 月)

破产人概况

破产人年龄	百分比
30 岁或以下	15.76%
30 岁以上至 40 岁	23.13%
40 岁以上至 50 岁	26.19%
50 岁以上	34.92%
总数	100.00%

破产人的每月收入	百分比
0 元	35.47%
0 元以上至 10,000 元	15.47%
10,000 元以上至 15,000 元	22.01%
15,000 元以上至 20,000 元	15.39%
20,000 元以上至 25,000 元	6.64%
25,000 元以上	5.02%
总数	100.00%

破产人的负债水平	百分比
200,000 元或以下	22.24%
200,000 元以上至 400,000 元	36.13%
400,000 元以上至 600,000 元	18.61%
600,000 元以上至 800,000 元	8.15%
800,000 元以上至 1,000,000 元	4.76%
1,000,000 元以上至 2,000,000 元	6.40%
2,000,000 元以上至 6,000,000 元	2.64%
6,000,000 元以上	1.07%
总数	100.00%

---

① 本署是根据截至 2019 年 1 月 8 日为止,从年内已作出破产令或接获呈请的个案中的破产人或有关人士(如债权人)搜集所得的资料,制备上述统计数字。

破产人的住所类别	百分比
公共房屋	55.12%
私人住宅(已按揭/押记)	1.39%
私人住宅(其他①)	43.49%
总数	100.00%

破产原因	百分比
营运成本高昂	0.10%
员工开支高昂	—
租金高昂	0.05%
高利率	0.18%
现金流量问题–资金不足	0.29%
现金流量问题–贷款人撤回信贷	0.03%
现金流量问题–坏帐过多	0.24%
货物/服务丧失或没有竞争力	0.08%
退货	—
营业额下降	1.15%
管理不善	4.31%
管理失当	0.21%
欺诈	0.29%
董事/股东之间的争拗	—
过度信贷	9.25%
超支	32.20%
失业	36.10%
个人担保引起的负债	0.99%
赌博	5.41%
股票投机等	0.31%
投资亏损	1.15%
其他	7.66%
总数	100.00%

① 主要包括破产人并非属于业主/共同业主的物业。

呈请人类别

呈请人类别	百分比
法律援助署署长	0.08%
商业债权人	0.01%
银行或财务机构	3.54%
业主	0.01%
股东	—
债务人自行提出呈请	92.16%
其他	4.20%
总数	100.00%

我国台湾地区破产数据(2008 ~ 2018 年)*

整理:李鹦键

李鹦键,中国政法大学中欧法学院经济法专业硕士研究生。

本数据中的消债事件资料自 2008 年 4 月开始收集。

同一事件之不免责原因有逾 2 款以上者,故各款不免责原因之加总数可能逾各年度不免责之件数。

表 1　地方法院消债事件申请免责及不免责原因分布统计

单位:件;件次;百分比

年度	终结情形					不免责原因								
	终结总件数	免责	不免责	其他	免责比例	§ 133	§ 134①	§ 134②	§ 134③	§ 134④	§ 134⑤	§ 134⑥	§ 134⑦	§ 134⑧
2008 年	6	3	2	1	50.00					2				
2009 年	460	72	382	6	15.65	53		9	2	317	1	2		7
2010 年	1153	86	1059	8	7.46	200		6	8	889	5	3	1	21

* 数据来源:我国台湾地区“司法院”网站。

续表

年度	终结情形					不免责原因								
	终结总件数	免责	不免责	其他	免责比例	§ 133	§ 134①	§ 134②	§ 134③	§ 134④	§ 134⑤	§ 134⑥	§ 134⑦	§ 134⑧
2011 年	842	68	770	4	8.08	160		6	3	667	1	1	1	18
2008～2011 年	2461	229	2213	19	9.31	413		21	13	1875	7	6	2	46
2012 年	629	309	287	33	49.13	173		29	2	52	1	5	3	79
2013 年	585	317	224	44	54.19	114		30	1	34		4	1	91
2014 年	478	250	216	12	52.30	125	1	36		36		4	1	71
2015 年	543	300	222	21	55.25	155		25		13		7	1	62
2016 年	663	396	245	22	59.73	170		26	1	19	2	1	3	68
2017 年	726	413	286	27	56.89	227		20		17	1	1	1	53
2018 年	894	523	326	45	58.50	283		16		12		5		52

表2　地方法院消债执行事件终结情形统计

单位：件；百分比

年度	更生执行事件终结件数			清算执行事件终结件数		
		（执消债更）			（执消债清）	
	终结总件数	认可更生方案	认可比例	终结总件数	程序终止（终结）	程序终止（终结）比例
2008年	114	28	24.56	8	4	50.00
2009年	3138	1962	62.52	252	204	80.95
2010年	4604	3298	71.63	890	766	86.07
2011年	1807	1314	72.72	579	512	88.43
2008～2011年	9663	6602	68.32	1729	1486	85.95
2012年	1333	1161	87.10	284	260	91.55
2013年	1856	1622	87.39	256	246	96.09
2014年	1994	1733	86.91	274	258	94.16
2015年	2211	1863	84.26	470	444	94.47
2016年	2472	2128	86.08	575	535	93.04
2017年	2548	2166	85.01	624	597	95.67
2018年	2382	1971	82.75	767	730	95.18

表 3　地方法院申请更生事件经裁定开始清算原因分析统计

单位:件;件次

年度	终结件数	原申请更生嗣经裁定开始清算原因						
		小计	债务人未依限提出更生方案(§53)	债务人有第五十六条之情形(§56)	除有第十二条、第六十四条规定之情形外,更生方案未依§59、§60规定可决(§61)	法院应不认可更生方案(§63I、§64II)	债权人申请对债务人为强制执行时(§74)	自法院认可更生方案之翌日起一年内,发見债务人有虚报债务、隐匿财产,或对于债权人中之一人或数人允许额外利益之情事者(§76)
2008 年	41	41	8	2	30	1		
2009 年	600	602	77	40	431	53	1	
2010 年	872	877	50	43	721	62	1	
2011 年	340	353	18	5	297	33		
2008～2011 年	1853	1873	153	90	1479	149	2	
2012 年	96	106	9	7	64	26		
2013 年	149	168	14	11	84	59		
2014 年	171	193	4	9	106	74		
2015 年	243	258	15	14	139	90		
2016 年	231	265	13	30	140	82		
2017 年	245	271	22	21	139	89		
2018 年	271	285	34	13	179	59		

表4 地方法院消债更生程序清偿成数及件数比例

单位:件;新台币元;百分比

年度	平均清偿(分配)成数	清偿(分配)总金额	债务总金额	清偿成数之比例(以件数计)							
				合计	1% ~ 10%	10% ~ 20%	20% ~ 30%	30% ~ 40%	40% ~ 50%	50% ~ 60%	60% ~
				比例	比例	比例	比例	比例	比例	比例	比例
2008年	57.49	26,055,494	45,322,914	28	1	2	1	4	4	5	11
				100.00	3.57	7.14	3.57	14.29	14.29	17.86	39.29
2009年	51.26	2,007,262,723	3,915,654,523	1962	25	30	154	386	349	305	713
				100.00	1.27	1.53	7.85	19.67	17.79	15.55	36.34
2010年	44.85	3,623,446,818	8,078,542,792	3298	31	89	446	652	657	466	957
				100.00	0.94	2.70	13.52	19.77	19.92	14.13	29.02
2011年	38.70	1,521,732,461	3,932,150,298	1314	12	66	315	257	223	149	292
				100.00	0.91	5.02	23.97	19.56	16.97	11.34	22.22
2008－2011年	44.95	7,178,497,496	15,971,670,527	6602	69	187	916	1299	1233	925	1973
				100.00	1.05	2.83	13.87	19.68	18.68	14.01	29.88
2012年	24.29	944,840,351	3,890,127,078	1161	98	336	297	164	94	65	107
				100.00	8.44	28.94	25.58	14.13	8.10	5.60	9.22
2013年	18.43	1,103,564,004	5,987,646,974	1622	340	525	341	173	91	56	96
				100.00	20.96	32.37	21.02	10.67	5.61	3.45	5.92

续表

年度	平均清偿（分配）成数	清偿(分配)总金额	债务总金额	清偿成数之比例(以件数计)							
				合计	1% ~ 10%	10% ~ 20%	20% ~ 30%	30% ~ 40%	40% ~ 50%	50% ~ 60%	60% ~
				比例	比例	比例	比例	比例	比例	比例	比例
2014 年	17.11	1,164,125,427	6,803,370,224	1733	421	606	325	178	82	46	75
				100.00	24.29	34.97	18.75	10.27	4.73	2.65	4.33
2015 年	15.79	1,179,641,737	7,471,956,704	1863	518	638	322	141	93	51	100
				100.00	27.80	34.25	17.28	7.57	4.99	2.74	5.37
2016 年	14.42	1,286,598,723	8,923,799,241	2128	675	713	314	179	86	56	105
				100.00	31.72	33.51	14.76	8.41	4.04	2.63	4.93
2017 年	14.09	1,264,562,505	8,975,987,681	2166	684	775	301	171	67	48	120
				100.00	31.58	35.78	13.90	7.89	3.09	2.22	5.54
2018 年	13.26	1,097,835,289	8,281,057,769	1970	708	635	278	132	78	48	91
				100.00	35.94	32.23	14.11	6.70	3.96	2.44	4.62

表 5　地方法院消债清算程序清偿成数及件数比例

单位:件;新台币元;百分比

年度	平均清偿(分配)成数	清偿(分配)总金额	债务总金额	清偿成数之比例(以件数计)							
				合计	1% ~ 10%	10% ~ 20%	20% ~ 30%	30% ~ 40%	40% ~ 50%	50% ~ 60%	60% ~
				比例	比例	比例	比例	比例	比例	比例	比例
2008 年											
2009 年	40.54	42,775,458	105,501,386	33	20	2	1	1	2		7
				100.00	60.61	6.06	3.03	3.03	6.06		21.21
2010 年	14.68	92,754,959	631,921,454	182	123	18	8	4	4	5	20
				100.00	67.58	9.89	4.40	2.20	2.20	2.75	10.99
2011 年	10.24	120,384,223	1,175,499,377	259	180	31	10	13	3	2	20
				100.00	69.50	11.97	3.86	5.02	1.16	0.77	7.72
2008 – 2011 年	13.38	255,914,640	1,912,922,217	474	323	51	19	18	9	7	47
				100.00	68.14	10.76	4.01	3.80	1.90	1.48	9.92
2012 年	9.32	75,144,957	806,108,993	142	91	14	13	5	7	7	5
				100.00	64.08	9.86	9.15	3.52	4.93	4.93	3.52
2013 年	4.49	41,641,648	928,253,187	115	84	12	8	4	2	1	4
				100.00	73.04	10.43	6.96	3.48	1.74	0.87	3.48

续表

年度	平均清偿（分配）成数	清偿（分配）总金额	债务总金额	清偿成数之比例（以件数计）							
				合计	1% ~ 10%	10% ~ 20%	20% ~ 30%	30% ~ 40%	40% ~ 50%	50% ~ 60%	60% ~
				比例	比例	比例	比例	比例	比例	比例	比例
2014 年	4.84	39,939,652	824,808,197	120	88	13	7	5	1		6
				100.00	73.33	10.83	5.83	4.17	0.83		5.00
2015 年	3.31	58,834,505	1,777,744,790	215	172	22	11	6	3		1
				100.00	80.00	10.23	5.12	2.79	1.40		0.47
2016 年	2.67	63,654,774	2,380,399,676	259	207	26	15	6	1	2	2
				100.00	79.92	10.04	5.79	2.32	0.39	0.77	0.77
2017 年	2.39	74,297,836	3,114,780,638	347	303	26	5	6	3	2	2
				100.00	87.32	7.49	1.44	1.73	0.86	0.58	0.58
2018 年	0.78	100,811,719	12,886,804,840	428	373	28	13	6	4	1	3
				100.00	87.15	6.54	3.04	1.40	0.93	0.23	0.70

表 6　地方法院消债申请事件终结情形及裁准比例统计(含驳回原因)

单位:件;件次;百分比

年度	申请更生事件终结件数及驳回原因①［消债更(更)］																			申请清算事件终结件数［消债清(更)］			协商认可事件终结件数(消债核)		
	终结总件数	裁准开始更生	裁定驳回更生申请	裁准比例	驳回原因															终结总件数	裁定开始清算	裁准比例	终结总件数	裁定认可	裁准比例
					§3	§6	§8	§42	§43	§44	§46①	§46②	§46③	§80	§81	§82	§151	§153	其他						
2008 年	9215	2621	4869	28.44																591	157	26.57	17,281	17,176	99.39
2009 年	11,268	4579	5314	40.64																1722	1195	69.40	37,160	37,086	99.80
2010 年	3113	1410	1414	45.29																1370	1166	85.11	18,138	18,133	99.97
2011 年	1931	1122	629	58.10	60	16	154	12	7	6	1	1	29			1	69	4	5	589	497	84.38	13,947	13,941	99.96
2008～2011 年	25,527	9732	12,226	38.12	60	16	154	12	7	6	1	1	29			1	69	4	5	4272	3015	70.58	86,526	86,336	99.78
2012 年	1803	1368	246	75.87	44	25	122	6	10	10	1	2	31				45		11	310	253	81.61	14,363	14,359	99.97
2013 年	2619	2060	278	78.66	73	13	139	9	7	9	2	1	48				33	5	2	419	347	82.82	15,973	15,894	99.51
2014 年	2857	2202	291	77.07	63	32	131	9	4	6	3	1	66				28	2	1	584	454	77.74	12,796	12,791	99.96
2015 年	3486	2562	421	73.49	93	49	217	22	5	6	2	1	63				38	1	12	888	687	77.36	11,744	11,697	99.60
2016 年	3612	2521	438	69.80	116	37	205	19	20	31	3		89			9	31		8	954	751	78.72	13,104	13,101	99.98
2017 年	3524	2388	436	67.76	125	43	173	17	20	24	4	3	100				21		5	1057	830	78.52	11,835	11,824	99.91
2018 年	3420	2444	393	71.46	75	29	146	13	17	24	8	1	80				32		4	1054	832	78.94	11,350	11,344	99.95

① 申请更生驳回原因由 2011 年 6 月开始收集。驳回原因由各地院统计室同仁依裁定书粗略判断。

表 7　地方法院消债申请事件新收件数统计

单位:件;百分比

年度	更生申请件数(消债更(更))	清算申请件数(消债清(更))	协商申请核定件数(消债核)	合计
	比例	比例	比例	比例
2008 年	15,530	1148	17,525	34,203
	45.41	3.36	51.24	100.00
2009 年	5970	1364	37,151	44,485
	13.42	3.07	83.51	100.00
2010 年	2472	1244	18,220	21,936
	11.27	5.67	83.06	100.00
2011 年	1795	554	13,933	16,282
	11.02	3.40	85.57	100.00
2008 ~ 2011 年	25,767	4310	86,829	116,906
	22.04	3.69	74.27	100.00
2012 年	2094	342	14,282	16,718
	12.53	2.05	85.43	100.00
2013 年	2702	442	15,988	19,132
	14.12	2.31	83.57	100.00
2014 年	2957	630	12,955	16,542
	17.88	3.81	78.32	100.00
2015 年	3549	931	11,559	16,039
	22.13	5.80	72.07	100.00
2016 年	3822	1014	13,407	18,243
	20.95	5.56	73.49	100.00
2017 年	3486	1108	11,985	16,579
	21.03	6.68	72.29	100.00
2018 年	3548	1045	11,006	15,599
	22.75	6.70	70.56	100.00

表 8　地方法院消债事件终结平均日数与终结经过时间统计①

单位：件；日；百分比

年度	案件字别/比例	终结平均日数	终结经过时间					
			总件数	2 月以下	逾 2 月至 6 月	逾 6 月至 1 年	逾 1 年至 1 年 6 月	逾 1 年 6 月以上
2008 年	消债更	81.31	9203	3865	4861	477		
	比例		100.00	42.00	52.82	5.18		
	消债清	84.36	590	247	296	47		
	比例		100.00	41.86	50.17	7.97		
	执消债更	93.22	114	22	90	2		
	比例		100.00	19.30	78.95	1.75		
	执消债清	29.5	8	7	1			
	比例		100.00	87.50	12.50			
2009 年	消债更	153.82	11,124	2216	5298	2998	592	20
	比例		100.00	19.92	47.63	26.95	5.32	0.18
	消债清	101.36	1707	798	588	267	49	5
	比例		100.00	46.75	34.45	15.64	2.87	0.29
	执消债更	234.35	3138	46	991	1786	313	2
	比例		100.00	1.47	31.58	56.92	9.97	0.06
	执消债清	165.83	252	34	122	85	11	
	比例		100.00	13.49	48.41	33.73	4.37	
2010 年	消债更	114.11	3073	1152	1401	371	106	43
	比例		100.00	37.49	45.59	12.07	3.45	1.40
	消债清	53.67	1366	1007	264	66	25	4
	比例		100.00	73.72	19.33	4.83	1.83	0.29
	执消债更	349.72	4604	47	606	1832	1769	350
	比例		100.00	1.02	13.16	39.79	38.42	7.60
	执消债清	244.86	890	70	311	322	149	38
	比例		100.00	7.87	34.94	36.18	16.74	4.27

① 此处统计不含废弃发回之“消债更更”“消债清更”等事件。

续表

年度	案件字别	终结平均日数	终结经过时间					
	比例		总件数	2月以下	逾2月至6月	逾6月至1年	逾1年至1年6月	逾1年6月以上
2011年	消债更	76.32	1916	926	878	108	4	
	比例		100.00	48.33	45.82	5.64	0.21	
	消债清	43.42	586	439	131	15		1
	比例		100.00	74.91	22.35	2.56		0.17
	执消债更	290.97	1807	66	484	682	489	86
	比例		100.00	3.65	26.78	37.74	27.06	4.76
	执消债清	300.36	579	19	199	164	123	74
	比例		100.00	3.28	34.37	28.32	21.24	12.78
2008~2011年	消债更	116.78	25,316	8159	12,438	3954	702	63
	比例		100.00	32.23	49.13	15.62	2.77	0.25
	消债清	75.68	4249	2491	1279	395	74	10
	比例		100.00	58.63	30.10	9.30	1.74	0.24
	执消债更	298.24	9663	181	2171	4302	2571	438
	比例		100.00	1.87	22.47	44.52	26.61	4.53
	执消债清	250.93	1729	130	633	571	283	112
	比例		100.00	7.52	36.61	33.02	16.37	6.48
2012年	消债更	71.21	1801	843	889	68	1	
	比例		100.00	46.81	49.36	3.78	0.06	
	消债清	61.86	310	179	120	10	1	
	比例		100.00	57.74	38.71	3.23	0.32	
	执消债更	228.82	1333	171	422	486	248	6
	比例		100.00	12.83	31.66	36.46	18.60	0.45
	执消债清	339.94	284	13	79	92	50	50
	比例		100.00	4.58	27.82	32.39	17.61	17.61

续表

年度	案件字别 / 比例	终结平均日数	总件数	2月以下	逾2月至6月	逾6月至1年	逾1年至1年6月	逾1年6月以上
2013年	消债更	86.12	2613	1089	1275	249		
	比例		100.00	41.68	48.79	9.53		
	消债清	69.48	418	221	170	27		
	比例		100.00	52.87	40.67	6.46		
	执消债更	193.02	1856	64	1021	593	167	11
	比例		100.00	3.45	55.01	31.95	9.00	0.59
	执消债清	234.18	256	13	137	63	28	15
	比例		100.00	5.08	53.52	24.61	10.94	5.86
2014年	消债更	90.11	2851	1098	1436	314	2	1
	比例		100.00	38.51	50.37	11.01	0.07	0.04
	消债清	69.60	583	305	234	43	1	
	比例		100.00	52.32	40.14	7.38	0.17	
	执消债更	207.48	1994	33	946	787	222	6
	比例		100.00	1.65	47.44	39.47	11.13	0.30
	执消债清	199.47	274	8	158	75	23	10
	比例		100.00	2.92	57.66	27.37	8.39	3.65
2015年	消债更	82.11	3477	1494	1697	284	2	
	比例		100.00	42.97	48.81	8.17	0.06	
	消债清	68.78	882	466	354	62		
	比例		100.00	52.83	40.14	7.03		
	执消债更	238.29	2,211	23	743	1,140	286	19
	比例		100.00	1.04	33.60	51.56	12.94	0.86
	执消债清	220.47	470	9	226	167	55	13
	比例		100.00	1.91	48.09	35.53	11.70	2.77

续表

年度	案件字别	终结平均日数	终结经过时间					
	比例		总件数	2月以下	逾2月至6月	逾6月至1年	逾1年至1年6月	逾1年6月以上
2016年	消债更	92.32	3597	1329	1874	391	3	
	比例		100.00	36.95	52.10	10.87	0.08	
	消债清	82.12	952	445	406	100	1	
	比例		100.00	46.74	42.65	10.50	0.11	
	执消债更	269.06	2472	23	697	1163	554	35
	比例		100.00	0.93	28.20	47.05	22.41	1.42
	执消债清	228.03	575	8	247	230	73	17
	比例		100.00	1.39	42.96	40.00	12.70	2.96
2017年	消债更	107.67	3511	1052	1904	551	4	
	比例		100.00	29.96	54.23	15.69	0.11	
	消债清	88.54	1,052	460	449	142		1
	比例		100.00	43.73	42.68	13.50		0.10
	执消债更	272.23	2548	16	770	1117	584	61
	比例		100.00	0.63	30.22	43.84	22.92	2.39
	执消债清	275.50	624	15	214	227	121	47
	比例		100.00	2.40	34.29	36.38	19.39	7.53
2018年	消债更	110.62	3406	1056	1705	619	26	
	比例		100.00	31.00	50.06	18.17	0.76	
	消债清	93.46	1,052	457	443	146	6	
	比例		100.00	43.44	42.11	13.88	0.57	
	执消债更	278.79	2382	19	834	858	539	132
	比例		100.00	0.80	35.01	36.02	22.63	5.54
	执消债清	262.31	767	19	316	258	114	60
	比例		100.00	2.48	41.20	33.64	14.86	7.82